SAG NIE, ICH BIN ZU ALT DAFÜR

Inge Lona Koch & Rainer Koch

SAG NIE,
ICH BIN ZU ALT
DAFÜR

EROTIK UND SEX AB FÜNFZIG

*Achtundzwanzig Liebesläufe
von Männern und Frauen*

Schwarzkopf & Schwarzkopf
Verlag

DAS BESTE IST DER DURCH
PARTNERLIEBE »GEADELTE« SEX

Vorwort von Dr. Hans-Joachim Maaz

Über Sexualität ehrlich zu sprechen ist auch heute noch ungewöhnlich. Über Sexualität im Alter zu sprechen gleicht nahezu einem Tabubruch. Insofern ist das vorliegende Buch ausgesprochen mutig und sehr wichtig. Die interviewten Männer und Frauen geben Zeugnis davon, wie sehr Liebe und Sexualität unser menschliches Leben ausmachen, und zwar solange der Mensch lebt. Die Interviews geben einen Einblick in das erotische Leben – so wie es wirklich ist – und sind damit wesentlich spannender, weil authentischer als die vielen Stories, Filme und Berichte der Sex-Industrie, die uns oft eine völlig falsche, »aufgeblasene«, technische und funktionale Sexualität verkaufen, die weit weg ist von der Realität. Die Wirklichkeit aber ist vielfach Angst, Scham, Konflikte und seelische Not, aber auch Zärtlichkeit, Zufriedenheit, Dankbarkeit und eine Glückseligkeit in der Partnerschaft, die nicht durch das Aussehen, das Alter und die körperliche Beschaffenheit wesentlich beeinflusst werden. Menschliche Zuneigung geht andere Wege als die Mode.

Was die Berichte so wertvoll macht, ist die Ehrlichkeit und Offenheit der Erzähler. Wir lesen von der sexuellen Not in der Jugend und bei Alleinstehenden, aber auch davon, wie in der Ehe das sexuelle Interesse erkaltet und wie mit Sexualität Beziehungen auch terrorisiert werden. Wir hören von Vergewaltigung und Missbrauch, wir erfahren etwas über Fremdgehen und Masturbation und immer wieder über die Liebe als das wichtigste Lebenselixier – alles Themen, wie sie vom Leben geschrieben werden und wohl keinem fremd sind.

Als Psychotherapeut könnte ich unendlich viele Geschichten hinzufügen, die alle von einem künden: von der großen Not und der großen Lust, die mit Sexualität verbunden sind. Entgegen der scheinbaren sexuellen Liberalität, die uns der Sex-Markt vorgaukeln will, sind die meisten Menschen auch heute noch voller Unsicherheiten und Hemmungen und vor allem oft ohne gutes erotisches Wissen. Unsere Jugend kennt Bilder und Filme sexuellen Inhalts, sie wissen schon sehr zeitig, wie »es geht« und benutzen Worte wie »ficken« und »bumsen« bereits im Kindergarten. Was sie aber niemand lehrt, das ist die Kunst der Zärtlichkeit und Lust und wie man wirklich zueinander in Beziehung kommt. Der große Unterschied zwischen »lieben« und »sich verlieben« wird einem Heranwachsenden kaum vermittelt, und dass »Liebe« und »Sex« sehr verschiedene Angelegenheiten sein können, das wird zumeist erst nach den ersten Beziehungskrisen verwirrt zur Kenntnis genommen.

Liebe heißt, dafür zu sorgen, dass es dem Geliebten/der Geliebten gut geht. Wenn man verliebt ist, glaubt man, endlich jemanden gefunden zu haben, der einen so mag und bestätigt, wie man ist. Liebe geschieht aus einem mit Liebe gesättigten Zustand, Verliebtsein geschieht aus Bedürftigkeit und Mangel an Liebe.

Wir Psychotherapeuten haben gelernt, die Welt – zumindest das Verhalten der Menschen – aus der Perspektive der ersten Lebenserfahrungen zu verstehen. Dies mag belächelt oder sogar abgewiesen werden, das ändert aber nichts an der Tatsache der entwicklungspsychologischen Zusammenhänge, die auch längst hinreichend wissenschaftlich belegt sind. Wenn ein Kind nicht ausreichend geliebt worden ist, wenn seine Eltern dazu weder bereit noch in der Lage waren, bleibt zeitlebens eine Sehnsucht, doch noch die Zuneigung und Bestätigung zu erfahren, nach der man so gehungert hat. Dies ist die Quelle immer wieder neuer Hoffnungen ins Verliebtsein, die regelmäßig enttäuscht werden müssen, weil nicht wirklich nachzuholen geht, was anfangs nicht geschenkt worden ist. Nur die Erkenntnis, verbunden mit Schmerz und Trauer über den erlittenen Mangel, befreit von der quälenden Sehn-Sucht.

Mit dem entwickelten sexuellen Triebdruck wird unerfüllte Liebessehnsucht häufig in Sexualität verwandelt. Kurzfristige Intimität und zwangsläufiger Körperkontakt, Erregung und Lust lassen glauben, dass jetzt alles gut wird. Aber dieses Vergnügen mit falscher Hoffnung erschöpft sich bald, dann glauben viele, sie müssten die sexuelle Technik verbessern oder den Partner wechseln und verlängern damit nur den bitteren Irrtum. Mittlerweile mag auch ein Kind gekommen sein, die Sexualität tritt in den Hintergrund und es bleibt gar kein Feld mehr für die ungestillte Bedürftigkeit. Manche Väter werden sogar eifersüchtig auf das Baby, weil sie glauben, dass es ihnen die Zuwendung der zur Mutter gewordenen Partnerin raubt. In anderen Fällen führt die enttäuschte Liebessehnsucht zur Rationierung von Sex, und das Beste, was sich erwachsene Menschen an Befriedigung und Entspannung über Sex verschaffen können, verkommt auf einem Kampffeld von Forderung und Verweigerung zu Stress, Ärger und Hass. Über Sexualität toben sich so die Affekte früher seelischer Verletzungen der Eltern-Kind-Beziehungen aus. Wer das schwer glauben mag – obwohl es ausreichend bewiesen ist –, der sei nur aufmerksam gemacht auf eines der häufigsten Missverständnisse in Partnerschaften, wenn das Nähe-Bedürfnis nach »Kuscheln« als sexuelles Angebot fehlgedeutet wird.

Natürlich gibt es Liebe ohne Sex und Sex ohne Liebe. Aber am besten ist die Partner-Liebe, die durch guten Sex bereichert wird, und der Sex, der durch Liebe »geadelt« wird. Zur Liebe findet man aber nur, wenn über die unerfüllte Sehnsucht geweint werden konnte, und zum guten Sex kann man erst gelangen, wenn Enttäuschung, Ärger und Trauer über Lebenslasten kommuniziert und losgelassen werden können. Wer Sex aber einsetzt, um Stress zu mildern, der beschränkt auch das Lustpotential. Es ist also wesentlich besser – um es etwas metaphorisch auszudrücken –, v o r dem Sex zu weinen als danach.

Wir wissen allerdings auch, dass lustvolle Sexualität das allerbeste Mittel ist zur ganzheitlichen Entspannung. Guter und regelmäßiger Sex hält am besten jung und gesund. Bei sexueller Enthaltsamkeit werden Verstimmungen und Beschwerden zunehmen, und es gibt keine Erkrankung, die nicht auch ihren Schatten auf das Sexualleben werfen würde.

Sexualität wirkt vor allem durch ihr Lustpotential. Der Orgasmus wächst mit der Fähigkeit zur Hingabe und zum Loslassen. Aber diese Kunst will eingeübt sein. Es ist nicht möglich, sich an eine Lustwelle hinzugeben, ohne auch andere Gefühle dabei mitzureißen. So werden verborgene Bedrückungen und Ängste den Orgasmus verhindern oder abschwächen und mit zum Ausdruck kommen, und man wundert sich, dass im Augenblick der erwarteten Lust plötzlich auch Panik und Trauer zu spüren sind.

Das Wichtigste, was wir Menschen brauchten, wäre eine »Lustschule«. Das würde nicht nur den Krankenkassen viel Geld sparen, sondern auch so manche Feindseligkeit aus der Welt schaffen.

Die Lebenslust wächst mit der Liebe, auf die Kinder ein Anrecht haben, und wird immer wieder befreit mit dem Gefühlsausdruck über unvermeidbares Leid und wird eingeübt mit der Möglichkeit, sich ganz öffnen und mitteilen zu dürfen. So genannte »Aufklärung« darf sich nicht beschränken auf die Technik des Sexualaktes und die Frage, wie die Kinder entstehen, sondern muss auch vermitteln und lehren, wie man zur Lust kommt und wie man seine Liebe befreit.

In diesem Buch teilen ältere Menschen mutig ihre sexuell-erotischen Erfahrungen mit. Daraus können auch Jüngere rechtzeitig lernen, worauf es wirklich ankommt: auf die Überwindung von Scham und Hemmung, die einem durch falsche Erziehung oder mangelhafte Beziehungen auferlegt wurden. Wer eine Scheu verspürt, über sein Liebesleben nachzudenken und über die tiefsten Ängste und Wünsche zu sprechen, dem sei dieses Buch besonders empfohlen, um ermutigt zu werden, sich Partnern, Freunden oder auch mal einem Therapeuten anzuvertrauen, um sich aus alten Zwängen zu befreien, sich von falschen Vorstellungen zu entlasten und durch Offenheit und Austausch zu neuen Erfahrungen zu finden.

Dr. Hans-Joachim Maaz ist Chefarzt
der Klinik für Psychotheraphie und
Psychosomatik im Diakoniewerk Halle

WIR HABEN VIEL
ÜBER UNS SELBST ERFAHREN

Vorwort der Autoren

Wann beginnt der erotische Lebensabend? Spätestens jenseits der Fünfzig, das galt jedenfalls, als wir Jugendliche waren. Manche unserer Eltern hatten die Fünfzig noch nicht einmal erreicht und waren doch schon jenseits von Gut und Böse – sexuell gesehen. Oder schien es nur so? Sie redeten ja nicht darüber und taten auch nichts, was uns die Vermutung nahegelegt hätte, sie täten es doch noch miteinander – oder mit anderen.

Heute haben wir selbst die Fünfzig längst überschritten und wollen vom erotischen Ruhestand nichts wissen. Aber ungewollte Pausen haben wir doch schon eingelegt, es läuft eben nicht immer, wie man es sich wünscht – schon gar nicht immer öfter. Und wie geht es damit anderen Frauen und Männern unserer Generation – den Mittfünfzigern – und der Generationen vor uns? Was wissen wir von ihren Vorstellungen zu Sex und Erotik? Warum redet man selbst in einer Zeit, die doch sonst kaum ein Thema auslässt, über Erotik im letzten Lebensdrittel auch weiterhin kaum, und wenn, dann meist in Form anzüglicher Witze? Wollen die anderen auch noch oder haben sie bereits Essen als Erotik des Alters für sich entdeckt?

Solche Fragen stellt man wohl erst, wenn sie einen selbst betreffen. Und dann wird man richtig neugierig auf die Antworten. So kamen wir auf die Idee, sie uns von anderen Leuten zu holen. Doch wir waren unsicher.

Würden Frauen und Männer jenseits der Fünfzig überhaupt freimütig zu Sex und Erotik Auskunft geben? Und wovon würden ihre Berichte handeln? Von trostloser Ruhe auf längst erkalteten Lagern früherer Lust? Von tristem Ehealltag und Selbstbefriedigung im Verborgenen? Oder würden wir hinter dem Vorhang bürgerlicher Existenz das unverhofft reiche erotische Leben der älteren Generation entdecken?

Nun, viele Freiwillige meldeten sich nicht auf unsere Annoncen in überregionalen Zeitungen und Zeitschriften, aber über vierzig waren es am Ende doch. Frauen und Männer, Ossis und Wessis. Mehr Ossis als Wessis immerhin, aus welchen Gründen auch immer. Die Jüngste war 51, die Älteste wurde einen Tag nach dem Interview 76. Am begeistertsten waren zwei Paare aus Düsseldorf und Osnabrück, die uns für die Idee am Telefon mit Lob überschütteten – um danach die vereinbarten Interviews kühl abzusagen.

Die anderen rangen teilweise mit sich – und dann waren alle so ehrlich, dass wir vor ihnen nur den Hut ziehen konnten. Ihnen gilt unser Dank. Sie haben uns vertraut und uns etwas von sich anvertraut, sie haben vor unseren Mikrofonen ihr Innerstes geöffnet, von ihren geheimsten Sehnsüchten, Wünschen und Vorstellungen gesprochen, aber auch von ihren Seitensprüngen und dem, was sie für ihre Sünden halten.

Es versteht sich von selbst, dass wir die Berichte weitgehend anonymisiert, also Namen oder Orte verändert haben. Nur einem Teilnehmer war das egal. Das hat uns überrascht, aber wir haben selbstverständlich auch das respektiert.

Es waren anregende und bewegende Interviews, bei denen zuweilen die Gefühle beide Seiten im Griff hatten. Wir erfuhren viel von diesen Frauen und Männern und dabei auch etwas über uns selbst. Wir hoffen, dass es den geneigten Lesern ähnlich ergehen möge. Fast alle Teilnehmer haben zum ersten Mal so ausführlich und offen über sich berichtet. Manche und mancher waren selbst zutiefst bewegt, als sie ihre Geschichte zur Autorisierung lasen. Niemand hat nach dieser Lektüre die Zustimmung zur Veröffentlichung zurückgezogen. Auch dafür danken wir allen Beteiligten.

Wir haben aus diesen Protokollen gelernt, dass es für Erotik und Sex wohl kein allgemeines Verfallsdatum geben kann, wenn eine Fünfundsiebzigjährige von mehreren Orgasmen in einer Nacht berichtet. Wir haben ihnen auch entnommen, dass sexuelle Erfüllung kein rechtlicher Anspruch ist, den wir bei der Natur oder bei Partnerin und Partner geltend machen können. Erfüllung, auch sexuelle, stellt sich nicht von selbst ein. Nun ja, das wussten wir auch schon vorher, aber es ist schön, wenn man sich bestätigt fühlt.

Wem in seinem Leben bisher nicht alle erotischen Blütenträume reiften, der wird aus diesem Buch die Erkenntnis gewinnen, dass er damit nicht allein steht – aber auch, dass man die Hoffnung darauf nie aufgeben sollte. Wunder sind selten, doch es gibt sie, sogar in deutschen Betten.

Schließlich wurde uns einmal mehr bestätigt, dass Männer und Frauen nicht nur der viel zitierte kleine Unterschied trennt – und dass uns trotzdem viel verbindet. Wir leiden nicht selten aneinander, aber wir halten uns auch oft gegenseitig fest und ziehen uns zuweilen sogar aus den seelischen Tälern wieder nach oben ins Leben. Mehr können wir voneinander wohl nicht verlangen.

Nicht zuletzt haben wir weitaus mehr über praktizierten Sex und gelebte Erotik gehört, als wir anfangs zu hoffen wagten. Wenn Fred mit 69 Jahren von sich behaupten kann, er habe heute besseren Sex als je zuvor, dann muss man ihn beglückwünschen – und darf sich gleichzeitig, wenn es mit Mitte fünfzig nicht mehr wie erhofft läuft, ein wenig Mut für die Zukunft zusprechen.

Dass die Geschmäcker auf diesem Gebiet so verschieden sind wie auf allen anderen, dass nicht jeder die gleichen Praktiken liebt und erotische Lebensbilanzen sehr unterschiedlich ausfallen, war schon vorher bekannt. Aber in diesen Interviews wird es auf spannende und sehr vielfältige Weise bestätigt. Manches Problem relativiert sich dabei ganz überraschend. Wenn etwa Dorothea ihrem erotischen Leben ohne einen einzigen Orgasmus entgegenhält, dass alle Orgasmen heute längst vorbei wären, ihre drei Kinder aber immer noch da seien. Wer wollte ihr widersprechen, wenn sie das für wichtiger hält?

Orgasmen sind nicht alles im Leben, aber wenn man Marlene und manchen anderen in diesem Buch zuhört, haben sie doch etwas ganz Besonderes, sie bereiten einem Erlebnisse, die mit nichts zu vergleichen sind. Da wird einem dann schnell bewusst, dass gerade von der schönsten Sache der Welt die Rede ist.

Wenn wiederum Hans seine Beziehungen zu Frauen mit der Feststellung bilanziert: »Ich habe keine Ruinen hinterlassen«, fällt einem der Kavalier ein – aber nicht unbedingt der alten, sondern einer neuen Schule, in der nicht der Macho Primus ist. Mancher wird das als Folge der achtundsechziger sexuellen Revolution sehen, sicher nicht zu Unrecht. Wer allerdings Alexandras Anmerkungen zu diesem Punkt liest, kann sich wohl ihrer Logik auch nicht ganz entziehen.

Man muss SM nicht mögen, aber nach Walters Bericht kann man Fesselspiele durchaus mit anderen Augen betrachten. Jeder mag es eben auf seine Art – und solange man damit die Gefühle anderer nicht verletzt, ist das auch völlig in Ordnung.

Es gehört im Übrigen zu den ausgesprochenen Glücksfällen des Lebens, dass sich zwei mit den gleichen Vorstellungen und Vorlieben treffen. Erotisch gesehen ist das wie sechs Richtige im Lotto. In diesem Buch wird einmal mehr der Beweis geführt, dass Glück eine rare Erscheinung ist.

»Von Liebesglück erfüllte Menschen haben ein ganz verinnerlichtes Wesen«, schrieb der französische Schriftsteller Stendhal, sein Landsmann und Kollege Romain Rolland notierte dagegen:

»Liebeskummer währt das ganze Leben.« Für beides findet sich in den vorliegenden Berichten reichlich Bestätigung. Sie gewähren zudem einige interessante Einsichten zur Frage, ob Liebe und Sex zusammengehören oder auch voneinander getrennt erlebt werden können. Das ist ebenfalls ein Punkt, in dem es jeder auf seine Weise hält.

Zwei dieser erotischen Lebensberichte fallen etwas aus dem Rahmen, weil Meta und Konrad nicht hetero-, sondern homosexuell sind. Doch Meta hat Männer geliebt, bevor sie zu Frauen fand, und Konrad ist erst über die Frauen auf den Mann gekommen. Beide haben aus den anfänglichen Irrwegen ihrer Liebesläufe Kinder mitgebracht, die nun in ihrem zweiten Leben für sie ganz besonders wichtig sind. Sie können von beiden Ufern berichten.

Zudem führen auch Meta und Konrad den Beweis, dass Liebe, Sex und Erotik für alle die ganze Palette der Gefühle bereithalten – von Euphorie bis zu tiefster Verzweiflung. Ganz gleich, ob Frau einen Mann liebt, Mann einen Mann oder Frau eine Frau.

So wird jede und jeder andere Erkenntnisse aus diesen offenen Bekenntnissen gewinnen, und es wäre schön, wenn möglichst viele Leser nach der Lektüre mit Erika übereinstimmten, die mit 75 Jahren für sich beschlossen hat: »Ich würde nie mehr sagen, dass ich dafür zu alt bin.«

Vielleicht ist jenseits der fünfzig oder gar der siebzig manches nicht mehr möglich, was man in jungen Jahren im Bett und anderswo mit Hingabe betrieb. Zuwendung, Zärtlichkeit und Wärme aber sind an kein Alter gebunden – und wenn man sich darauf versteht, sind Sex und Erotik weit weniger schwierig, als viele glauben.

Inge Lona Koch
Rainer Koch

ICH BIN NICHT SO LÜSTERN,
ECHTES AUFZUOPFERN

Thomas, 58

Ich bin satt. Nein, satt ist vielleicht nicht der richtige Ausdruck, eher sehnsuchtsvoll und suchend. Aber eigentlich resigniert – ja. Weil alles irgendwie merkwürdig geworden ist. Dieses Überangebot heute, das erschlägt einen. Du machst die Glotze an, und schon geht es um Sex: Rein, raus. Raus, rein. Im Internet kannst du einfach 'ne geile Frau abrufen und dir selber einen runterholen, wenn du willst. Du kannst heute in jeden Beate-Uhse-Laden gehen und kriegst alles, sogar »Schamlippengewichte«. Ekelhaft. Das ist bar jeder Erotik und jeder Sinnlichkeit.

Vor ein paar Tagen war im Fernsehen so eine Talk-Runde mit Roger Willemsen, diesem intellektuellen Journalisten. Der sagte sinngemäß: Wenn ich hier diese ganze Fickerei und Sexualität sehe, dann bin ich ein absolut fundamentalistischer Erotiker. Es kotzt mich an. Und Willemsen ist ja ziemlich direkt. Das hat mir sehr gefallen, weil mich das auch ankotzt.

Wenn du dagegen Henry Miller liest – in seinen Büchern wird er ja auch sehr direkt und intim – das ist was ganz anderes. Da beschreibt er die Blume und das Zögern und den Geschmack des Weines. Da spürst du die Stimmung des Abends, den Wind und den Sand auf der Haut ... Ich glaube, dass viele Leute voll sind mit solcher Sehnsucht.

Trotzdem geht es heute meist nur Bumbumbum! und – drauf! Und wie man sieht, boomt das Geschäft mit dem Sex. Im Westen ja schon lange vor der Wende. Und heute kommt noch eins dazu – dieser unendliche Faktor Aids. Was hatten wir damals in der DDR? Wir hatten Prag. Wir hatten Warschau. Wir hatten die Ostsee und die FKK-Strände. Wir hatten Saufen, Ficken, Fernsehen. Mehr nicht. Das hat uns aber nicht gereicht und uns vielleicht auch für andere Dinge frei und offener gemacht.

Das war und ist im Westen anders. Ich kann das beurteilen, weil ich schon fast zwanzig Jahre in dieser Gesellschaft lebe. Klar ist im Westen alles freizügiger, aber frei ist man trotzdem nicht. Da gibt es die ökonomischen Zwänge – auch in der Ehe. Und wenn die dann zur Hölle wird, kommt man schwer wieder raus. Und wenn du keinen Arsch in der Hose hast, das zu klären, dann wächst der Druck auf die Seele und echte Gefühle bleiben auf der Strecke. Das ist doch krank.

Aber weil der Druck in der Hose ja irgendwie raus muss, müssen eben Geliebte dulden oder leiden und Nutten immer häufiger blasen. Dann lügt man sich in die eigene Tasche und belügt den Partner. Viele Männer haben ja auch keinen Mut zur Schwäche, weil sie keine Schwäche zeigen können oder wollen. Die haben einfach Angst. Auch Angst, sich zu offenbaren, sich aufzumachen dem anderen, wie ich das jetzt gerade mache gegenüber einer fremden Frau. Sie sind keine Psychologin und ich weiß auch nicht, ob Sie damit verantwortungsvoll umgehen. Trotzdem mache ich es. Und wann hast du schon mal jemanden, der dir so detailliert zuhört? Oder den das überhaupt interessiert.

Ja, wo fange ich am besten mit meiner Geschichte an? Vielleicht irgendwo mittendrin:

Es war kurz vor meiner Ausreise in den Westen, da habe ich in einem Restaurant eine Frau getroffen. Wir guckten uns an und – es stimmte. Also erst mal auf dem erotischen Sektor, nicht jetzt totale Liebe oder so was, sondern Baff! Ich habe sie gesehen und gedacht: Das ist sie! Bis dahin wusste ich nicht, dass es so etwas gibt. Und ich habe das bisher auch nur zweimal erlebt. Jedenfalls entwickelte sich daraus eine mehrjährige, wirkliche Superbeziehung. Wir haben uns dann in regelmäßigen Abständen in Budapest getroffen, aber wir hätten nie zusammen leben können, weil wir absolut identisch sind – in der Schlampigkeit, in der Unfähigkeit, das Leben zu bewältigen.

Die ersten erotischen Erlebnisse sind natürlich sehr prägend. Also, die Pornosammlung meines Vaters habe ich schon als elf-, zwölfjähriger Junge durchforstet. Die lag in einem Geheimfach in seinem Schreibtisch. Den Schlüssel dafür hatte er hinten links in der Schublade »versteckt«. Und wenn er abends auf der Bühne stand, habe ich mir heimlich diese Hefte angesehen, die er in den fünfziger Jahren aus Westberlin mitbrachte. Da hatte ich ein Lieblingsheft mit einem Lieblingstitelbild: Das war eine nackte, vollbusige Frau, die lehnte so an einer klassischen Säule. Die hatte eine Hand am Busen, die andere an der Hüfte, eine völlig rasierte Scham, tolle Taille und tolle Hüften. Das hat mich tief beeindruckt.

Meinen ersten Geschlechtsverkehr hatte ich so mit zwölf. Über uns wohnte damals ein Tischlermeister, der hatte eine Laube irgendwo am Wald. Da bin ich mal mit seinem Sohn gewesen, der zu mir sagte: »Komm doch mit, da kannste och mal die Mausi ficken.« Und da bin ick mit und habe die Mausi gefickt. Die war so ein bisschen geistig behindert. Es war also recht horrend, mein erstes Mal. (Lacht)

Eines Tages, da war ich so dreizehn, sagte mein Vater zu mir: »Du, ich muss dich mal sprechen.« Und der geht ins Arbeitszimmer, setzt sich an den Schreibtisch und greift zu dem Schlüssel für das Geheimfach. Und ich denke: Scheiße, jetzt hat er dich erwischt! Obwohl ich immer darauf geachtet habe, dass alles wieder an seinem Platz lag. Er schließt auf, hält mir mein Lieblingsheft unter die Nase und sagt: »Gefällt dir das?« Ich sage: »Ja.« Und – Bums! Schublade wieder zu. Jahre später habe ich ihn mal gefragt, warum er das gemacht hat? »Na«, sagt er, »du warst damals immer nur mit Jungs zusammen, und da wollte ich wissen, ob du schwul bist.«

Bei dieser Gelegenheit hat er mir erzählt, dass seine Aufklärung darin bestand, dass sein Vater, als er fünfzehn war und seine schulischen Leistungen nachließen, zu ihm gesagt hat: »Ja, mein Junge, was soll ich da sagen? Wenn einem erst die Fotzen in den Kopf kommen, dann ist der Verstand im Arsch.« (Lacht) Und mein Großvater war so ein vornehmer, großbürgerlicher Mensch, der am Kaiserdamm lebte.

Parallel kam bei mir hinzu, dass die damalige Frau meines Vaters sehr hübsche erotische Spielchen nachts in ihrem Zimmer machte. Und manchmal habe ich durchs Schlüsselloch geguckt und sie dabei beobachtet. Diese Stiefmutter hat mich dann als Minderjährigen auch ein bisschen missbraucht, mich also sehr subtil und raffiniert in die Mache genommen. Das war so eine Art Gouvernanten-Zöglings-Verhältnis, an dem sie ihren Spaß hatte. Das hat mich auch geprägt in einer gewissen Form. Ob es mir geschadet hat, weiß ich nicht. Jedenfalls haben wir, nachdem es vorbei war, nie wieder darüber gesprochen. Ich hatte auch eine Tante an der Ostsee, die ging immer nackt baden. Und das hat mich als kleinen Jungen auch sehr erregt.

Dann passierte es, dass ich mit dreizehn in einer Bande war und wir gemeinschaftlich ein Sexualdelikt begingen. Wir haben damals ein Mädchen gegen ihren Willen festgehalten und alle unseren Finger in ihre Scham gesteckt. Zuerst hat sie es zugelassen, aber wir waren ja zu sechst. Und sie ist natürlich dreckig und mit völlig zerrissenen Schlüpfern nach Hause gekommen. Dann wurde nachgeforscht, und wir kriegten alle zwei Jahre Jungendgefängnis. Ja, ich war wirklich ein reizendes Kind. (Lacht) Kam aber dann auf Bewährung wieder raus und durfte später sogar studieren. Als Kind war ich hyperaktiv und oft krank. Einmal lag ich fast ein Jahr im Krankenhaus, so dass ich die neunte Klasse wiederholen musste. Da war ich fünfzehn. Damals bekam ich Nachhilfeunterricht in Russisch, und dabei lernte ich in der Wohnung der Lehrerin deren Tochter kennen. Die war zehn Jahre älter als ich. Mit der entwickelte sich sozusagen meine erste große Liebe, auch mit gemeinsamem Kind und den schrecklichen Problemen, die wir dadurch mit unseren Familien bekamen. In dieser Zeit hatte ich viel Stress mit meinem Vater. Als ich siebzehn war, hat er mich auch mal geschlagen. Er hatte immer irgendwelche Weiber in unserer Wohnung. Und einmal ging die Tür auf, und er griff nach so einer Frau, die er da zu sich bestellt hatte, und sagte: »Hier, willste die ficken?« – »Na klar.« – » Musste aber rüberkommen zu mir, det will ick sehen.« Das war schon eine ziemlich komplizierte Situation.

Damals wollte ich unbedingt aus der Wohnung meines Alten weg, darum bin ich dann mit dieser zehn Jahre älteren Frau zusammen in eine Bude gezogen. Und da gingen meine Erfahrungen los, ohne zu wissen, was es war. Also, ich traf beim Sex ihren so genannten G-Punkt und erlebte zum ersten Mal in meinem Leben eine multiorgastische Frau. Das war gigantisch. Und mein ganzes Leben danach war eigentlich geprägt von der Suche nach dem sexuellen Erfolgserlebnis, wie ich es bei dieser Frau erlebt hatte.

Das war eine Form von weiblichem Orgasmus, die ist schwer zu beschreiben. Das geht einher mit einer ejakulatähnlichen Flüssigkeit, die so halb zahnputzbecherweise aus der Scheide fließt. Darüber habe ich mal mit einem Gynäkologen gesprochen, der sagte, dass passiere vielleicht bei einer von hundert Frauen, wenn überhaupt. Und bei der Frau war das eben der Fall. In ihrer ersten Beziehung war ihr das wohl auch schon passiert. Da soll der Mann sie geschlagen und gebrüllt haben: »Du alte Sau, piss mich nicht an!« Seitdem war sie völlig irritiert und verklemmt. Und dann ging sie so auf mit mir. Es waren vier glückliche Jahre. Als es vorbei war, war sie Ende zwanzig und ich neunzehn.

Ich ging dann zum Studium in eine andere Stadt. Ihre Eltern haben mit aller Macht jemanden für sie gefunden, der älter war und der unser gemeinsames Kind adoptiert hat. Von wem es war, wurde totgeschwiegen, und es wurden irgendwelche Lügenmärchen erfunden. Ich weiß heute von der Entwicklung des Mädelchens nichts Genaues.

Mein erstes Arbeitsverhältnis hatte ich an einem Provinztheater, wo wir fast eine reine Männertruppe waren. Als wir damals mit dem Bus zu Gastspielen unterwegs waren oder nach der Vorstellung zusammen soffen, kam es natürlich auch zu Schweinigeleien unter den Kollegen, die sich gern über Weiber und übers Ficken unterhielten. In diesem Kreis gab es zwei Tanzbodenmachos, die ich beneidet habe, weil die immer Weiber kriegten. Denen war es auch egal, ob sie die Frauen befriedigten oder nicht.

Dann gab es einen Kollegen, der war zwanzig Jahre älter als ich, so ein richtiger Filou und ein Genussmensch. Mit dem sprach ich mal über diesen G-Punkt und das Multiorgastische bei Frauen. Und da sagte er: »Was, das kennst du? Du bist doch noch so jung?« – »Ja, das ist mir schon passiert.« – »Sei glücklich«, sagte er.

Und diese Machos mit ihren Riesenschwänzen unter der Dusche, die einen nur deprimierten und die immer von ihren Weibergeschichten prahlten, die wussten nicht, wovon wir sprachen. Die waren so vierzig und für mich jungen Kerl schon richtige Vollmänner, die mit tollen Frauen verheiratet waren und glaubten, alles zu wissen. Glücklich die, die nicht merken, dass sie andere verletzen. Also, die wollen gar nicht wehtun, die merken es einfach nicht.

Damals hatte ich einige sexuelle Episoden, die aber nicht von Bedeutung waren. Als dieses Engagement dann zu Ende war und kein neues in Sicht, fing ich mit dem Trinken an. In dieser Zeit lernte ich eine Frau kennen, die überhaupt nicht mein Typ war. Die war klein, zart und hatte einen großen Busen, unter dem sie sehr litt. Die rutschte irgendwo so in mein Leben rein. Das war keine Liebe auf den ersten Blick. Aber mit der bin ich jetzt schon über dreißig Jahre zusammen, und wir haben eine gemeinsame Tochter, die bald dreißig wird.

Geheiratet haben wir aber erst vor sechs Jahren, denn ich habe jahrelang versucht, dieser Frau meine sexuellen Wünsche zu vermitteln, was mir nicht gelang. Wenn sie zu mir sagte: »Lass uns doch zusammen in eine Wohnung ziehen«, da habe ich gekniffen.

Damals war ich allerdings schon schwerer Alkoholiker. Also, meine Alkoholkarriere eskalierte immer mehr, auch durch die unsichere Freiberuflichkeit und andere Widrigkeiten, die dann folgten. Ich soff immer mehr und immer mehr, und sie hat sich um mich gekümmert.

In dieser Phase habe ich ihr meinen Willen aufgezwungen, zwar nicht mit körperlicher Gewalt, aber was erotische Wäsche oder Lederklamotten und so betraf. Das habe ich ihr eigentlich alles aufgedrängt. Das kam nicht aus ihrem Selbstverständnis heraus, sie hat es mitgemacht. Vielleicht aus Angst, wieder einen Krach zu provozieren oder mich zu verlieren. Sie hat nie den Mut gehabt, zu sagen: »Das ist nicht mein Ding.«

Trotzdem blieb sie immer an meiner Seite. Viele Alkoholiker, die dann »trocken« sind, werden ja von ihren Frauen verlassen, weil die sagen: »Jetzt haben wir endlich den Mut und die Kraft, weil wir nicht totgeschlagen werden, jetzt können wir abhauen.« Aber sie hat in furchtbaren Lebenssituationen zu mir gehalten. Sie hat mir die Flocken unterm Bett weggewischt und mir was zu Essen gekocht. Sie hat mich geliebt und mir eigentlich das Leben gerettet. Und ich habe ihr gegenüber ein tiefes Schuldgefühl, weil ich einmal im Suff zu ihr gesagt habe: »Ich habe keine Lust mit so einer ausgehungerten Fotze wie dir ins Bett zu gehen.« Stellen Sie sich das mal vor! Ich habe auch unser Kind aufs Fensterbrett gesetzt und gesagt: »Gib mir die Flasche oder ich lasse das Kind fallen« und solche schrecklichen Sachen. Erst nachdem ich dann in Therapie gegangen bin, konnte sie sagen: »Du, das ist mir eigentlich alles zuwider.« Aber dann kam zu ihrem seelischen Stress noch der physische hinzu, der sie körperlich abgebaut hat. Dadurch war sie für mich überhaupt nicht mehr reizvoll, denn mein Schönheitsideal von Frauen ist ja ein ganz anderes. Sie ist bis heute noch eine kleine, zarte Frau, wo alle sagen: »Wieso denn ausgerechnet die? Du magst doch Ärsche und solche Titten.« Dann sage ich: »Ja, aber so ist das.«

Als ich dann wieder mal ein Engagement hatte, geriet ich an eine zwölf Jahre Jüngere. Mit der habe ich auch eine längere Beziehung aufrechterhalten. Das war eine Tänzerin, sehr zart und schlank, also auch was völlig anderes als meine sonstigen Frauenvisionen. Die kriegte sogar beide Beine hinter den Kopf. Dann hatte die so eine Dachmansardenwohnung, wo wir Verkehr miteinander hatten, und dabei guckte ich in eine Hügellandschaft. Es war traumhaft. Da zogen die Nebenschwaden durch die Gegend. Dazu kamen Lyrik und Goethe. Irgendwann war auch das wieder vorbei.

Danach hatte ich eine Beziehung mit einem Vollweib, das zwölf Jahre älter war als ich. Das hat mir sehr viel gegeben. Mir ist später aufgefallen, dass Frauen, die mich erotisch angezogen haben und mit denen ich mich auch sexuell blendend verstand, vom chinesischen Sternbild her Schwein waren. Entweder waren sie zwölf Jahre älter oder zwölf Jahre jünger als ich. Aber das könnte auch Zufall sein.

Doch immer dann, wenn eine Frau verlangte, dass ich mich entscheiden solle, habe ich gekniffen, obwohl ich das Verhältnis gern aufrechterhalten hätte. Und wenn die Frau dann irgendwann Nein sagte, habe ich sofort die Hände von ihr gelassen. Einige haben mich später mal gefragt: »Warum hast du nicht weiter gedrängelt?«, da habe ich gesagt: »Du wolltest doch nicht mehr.« Und sie: »Ja, aber ...«

Nach meiner Entziehungskur habe ich mich von meiner späteren Frau erst mal getrennt. Dann habe ich mich entschieden, nach Westberlin zu gehen, und einen Ausreiseantrag gestellt. Die Kulturpolitik in der DDR kotzte mich an. Und kurz vor der Ausreise, wie gesagt, lernte ich diese Frau mit den strammen pommerschen Beinen und dem großen Busen kennen, von der ich am Anfang sprach. Mit der hatte ich über ein Jahr eine wunderschöne erotische Beziehung.

Ja, und dann war ich in der »Stadt der toten Augen«. Ich raste durch Westberlin und dachte: Was ist hier los? Keine Kontakte, keinen Job, nichts. Auch ein völlig anderes Denken. Selbst ein völlig anderes Flirtverhalten. Ich wusste gar nicht, vögeln die hier miteinander oder was machen die hier? Es war grauenhaft. Und dann traf ich mich auch sofort mit dieser Freundin in Ungarn.

Natürlich war meine Aura, meine Strahlkraft völlig im Arsch. Das hat mir aber keiner gesagt. Und wenn man sucht, dann findet man ja auch nichts. Wenn man nicht sucht, dann passiert manchmal was. Irgendwann, so nach vier Monaten, fuhr ich mal mit dem Bus durch Westberlin, und da war so eine Stange zum Festhalten. Hinter der Stange stand eine Frau, die sah ganz hübsch aus. Und von ihr kam so ein Lächeln zurück – und diese Augen ... Diesen Moment werde ich nicht vergessen. Sie steigt aus und sieht mich an und – Bums! die Türen waren zu. Sie guckt noch zurück zu mir und zuckt lächelnd mit den Schultern. Ich dachte: Mein Gott, gibt es das tatsächlich auch hier?

Es hat sich dann wieder eine Beziehung ergeben, eine rein sexuelle. Die Frau war Italienerin und so ein androgyner Typ. Überhaupt nicht meine Welt, aber die war genauso einsam wie ich. Doch das war nur eine Episode.

Irgendwann fasste ich Fuß und habe eine Zeit lang richtig gut verdient. Ich bin damals viel gereist, von Asien bis Amerika. Ich konnte diese Reisen auch genießen, denn ich war ja inzwischen

»trocken.« Ich darf überhaupt keinen Alkohol mehr trinken, will das auch nicht mehr. Also nicht mal ein Gläschen Wein geht, sonst würde ich gleich drei Flaschen Wodka wollen und wäre in vierzehn Tagen dort, wo ich vor zwanzig Jahren aufgehört habe.

Irgendwann kam meine feste Freundin und heutige Frau nach Westberlin. Die hatte auch einen Ausreiseantrag gestellt, der erst später genehmigt wurde. Zwar ist sie zu mir in die Wohnung gezogen, aber wir haben zwölf Jahre nicht miteinander geschlafen. Es ging nicht. In diesen zwölf Jahren habe ich aber nicht nur onaniert oder vor Pornoheften gesessen, sondern ich hatte da schon meinen schizophrenen Ausgleich.

Ich habe darunter gelitten, dass ich ihr keine sexuelle Erfüllung geben konnte, aber sie sprach mich erotisch überhaupt nicht an. Dabei habe ich einen ungeheuer starken Partner in ihr, der menschlich alles in meinem Chaos ordnet. So, wie es hier in meiner Tasche aussieht, sieht es auch in meinem Kopf aus. Und das alles wird von einer kleinbürgerlich groß gewordenen, hart arbeitenden, kleinen, energievollen Frau relativiert. Also, ich bin in der Lage, aus Ihrer Wohnung innerhalb von drei Wochen eine Messihöhle zu machen. Darum bin ich glücklich, dass sie der Gegenpol ist. Außer ihr hatte ich keine familiären Bindungen. Wir können das ja mal tiefenpsychologisch analysieren.

Also, ich hatte eine grausige Kindheit, auch in meiner frühkindlichen Phase. Als ich so zwei Jahre war, ist meine Mutter rüber nach Westberlin und hat mich zurückgelassen. Ein halbes Jahr später haben sich meine Eltern dann scheiden lassen, und wenn meine Mutter an Wochenenden zu Besuch kam, gab es immer ein Micky-Maus-Heft, Kaugummi und eine Wasserpistole. Zwar wurde kurz geherzt und geküsst, aber das war's. Das geschiedene Paar schimpfte dann aufeinander, und ich spielte beide wunderbar gegeneinander aus, ohne genau zu wissen, was ich tat.

Meine Mutter hat mich auch nie gestillt. Vielleicht resultiert ja daraus meine große Busensehnsucht. Ich hatte nur ein Geborgenheitsgefühl bei meiner Großmutter. Das war eine kräftige, ehemalige Rot-Kreuz-Schwester und Physiotherapeutin mit einem riesigen Busen. Und beim Omele durfte ich immer kuscheln. Das war der einzige Mensch in meiner Kindheit, wo ich geborgen und geschützt war. Auch der einzige Mensch, den ich wertfrei, also ohne Wenn und Aber, geliebt habe. Bis heute. Also meine Mutter nicht, meinen Vater nicht, meine Frau nicht, meine Tochter nicht. Ja, bei Omele habe ich mich als Kind wohl gefühlt, daher stand ich wahrscheinlich immer auf große Frauen, kräftige Frauen.

Es gab in den Siebzigern auch mal solche Marina-Vlady-Typen. Die haben mir mit ihren Öko-Fummeln, ihren buntgestrickten Patchwork-Klamotten auch ganz gut gefallen. Also nicht solche Rubensfrauen, die so aus einem Stück sind, sondern Frauen mit schönen runden Formen.

In meinen ersten Lebensjahren lebte ich bei meiner Großmutter väterlicherseits und deren Schwester an der Ostsee. Beide haben versucht, mich zu erziehen. Manchmal haben sie mir welche mit dem Rohrstock übergezogen, weil sie mit mir völlig überfordert waren. Märchen haben sie mir auch kaum vorgelesen. Dafür bläuten sie mir mit vier Jahren Goethes *Osterspaziergang* ein: »Vom Eise befreit sind Strom und Bäche …«, weil sie damit meinen Vater beglücken wollten. Später lebten sie mit in seiner Wohnung und haben den Haushalt für ihn gemacht.

Ich wohnte dann auch wieder in Berlin bei meinem Vater, der furchtbare Sachen mit mir machte und mich überhaupt nicht erzog. Der holte mich nachts aus dem Bett, war total besoffen, weinte, küsste mich ab, sabberte dabei und spielte mir am Klavier klassische Musik vor. Und ich stand daneben, so als Vier-, Fünfjähriger, und guckte nur verzweifelt, weil ich wieder in mein Bett wollte. Mein Vater hat mir total, aber total die Liebe zur klassischen Musik verekelt. Ich habe es immer und immer wieder versucht – ich konnte es nicht. Ich finde absolut keinen Zugang zu klassischer Musik. Der hat sich auch nicht für mich interessiert, keine Zeugnisse unterschrieben und so. Er war nur mit sich und seinen Rollen beschäftigt und hat seine großen Erfolge gefeiert, die er damals auch im Ausland hatte.

Damit kam der nicht klar. Er war völlig verzweifelt, ein ewig Suchender und eigentlich ein armer, schizophrener Mensch. Wenn der nüchtern war morgens und auf sein Taxi wartete – im grauen Mantel, mit Hut und Aktentasche – wirkte er wie ein braver Kleinbürger. Und sobald der zwei Schnäpse intus hatte – Baff! – da war Doktor Jekyll Mister Hyde.

Irgendwie bin ich ja auch schizophren, bin auch fremdgesteuert, ohne mir dessen bewusst zu sein oder es zu wollen. Ich bin auch nicht entscheidungsfreudig, eher so ein schweres Blut. Vor allem, wenn es darum ging, mich zu trennen. Es waren attraktive Angebote von Frauen dabei, also nicht nur von der Optik her, auch künstlerisch oder wirtschaftlich interessante Freundinnen. Aber es waren für mich immer nur so Verhältnisse, die parallel liefen zu meiner festen Partnerin, die absolut nichts von meinen Beziehungen wusste.

Also, das meine ich mit dieser Schizophrenie. Die alleinstehenden Frauen, mit denen ich Verhältnisse hatte, die wollten spätestens nach anderthalb Jahren, dass ich Tacheles rede und mich entscheide. Aber dann ging es eben immer auseinander. Die verheirateten oder in festen Beziehungen lebenden Frauen konnten genauso schizophren sein und 17.30 Uhr sagen: »Aufstehen, anziehen, Kinder von der Krippe holen.« Und dann war jeder wieder in seiner Familie drin.

Bei einigen Beziehungen habe ich auch Geschenke hinterlegt. Wie sich dann später in der Analyse mit den Frauen zeigte, wurden die Geschenke von ihnen auch als solche erkannt. Also, ich habe sie dafür bezahlt. Das war mal eine Flasche Parfüm aus dem

Intershop oder so, das war ja schon was. Und die dachten: Wenn der wiederkommt, da gibt es wieder ein Pulloverchen oder einen Packen Strumpfhosen. Denn ich hatte immer das ungute Gefühl, du entziehst der Frau eigentlich die Liebe oder gibst ihr keine, sondern du willst mit ihr nur eine erotische Bindung haben. Aber es gab auch Frauen, die sagten: »Das wollen wir auch nur, wir treffen uns mal, machen es und mehr nicht.«

Ich habe auch mal so eine SM-Geschichte erlebt. Das war zwar immer mal in meinem Kopf, aber ich habe es nicht ausgelebt oder vermisst oder gesucht. Bis ich irgendwann in jungen Jahren eine Frau kennen lernte, die mich besuchte. Und da hingen an meiner Wand ein paar alte Requisiten vom Theater – neben einer Trompete und einem Florett auch eine Peitsche –, was man sich so hinhängt in die erste eigene Bude. Und sie fragte: »Hast du die Peitsche schon mal benutzt?« Ich sagte: »Nee.« Und da ergab sich das dann, im beiderseitigen Einverständnis natürlich. Diese Frau, die längst verheiratet ist, habe ich vor kurzem mal wiedergetroffen. Und als ich sie darauf ansprach, hat sie das völlig von sich geschoben. Sie wollte davon überhaupt nichts mehr wissen. Ich sagte zu ihr: »Moment mal, du hast mir doch diese so genannte Blaue Stunde erst beigebracht. Und wir lagen da und waren unendlich glücklich.«

Glücklich, das ist wohl nur ein momentaner Zustand. Es gibt Glücksmomente, die sind scheinbar kleinkariert, aber so erfüllend und für den anderen gar nicht nachvollziehbar. Sorgen drücken einen runter, aber Glücksmomente hat man immer wieder mal. Und natürlich ist der Kuss der Venus – das ist so eine schöne Formulierung – dieser Moment des Erfülltseins, also das harmonisch auf einen Punkt zu bringen, ganz wunderbar. Aber das ist schon höllisch schwer.

Ich bin überhaupt nicht der Typ Rammler. Mir macht es übrigens ungeheuren Spaß ohne direkten Koitus. Mein Vater hat mir mal gesagt, da war ich noch ein junger Mann: »Solange ein

Mann seine zehn Finger an der Hand und seine Zunge im Mund hat, ist er nicht impotent.« Und auf diesen Moment, wenn die Frau einen Orgasmus bekommt, ohne dass ich in sie eindringe, warte ich gern und versuche auch, es bei ihr auszulösen.

Jetzt schießt mir noch ein anderer Gedanke durch den Kopf – der Unterschied zwischen Mann und Frau. Der ist grundsätzlich, ist auch rein physischer Natur. Das hat mir mal meine Stiefmutter gesagt, als ich so gelitten habe, nachdem mich meine erste Frau verließ.

Die hat mich auch verlassen, weil ich fremdgegangen bin. Meine Stiefmutter hat damals gesagt: »Ein Mann verlässt die Frau und kann sich danach abwaschen. Für die Frau dagegen ist der Mann immer in ihr.« Das ist ein ganz anderer Wesenszug in der zwischenmenschlichen Beziehung. Dieses Aufnehmen ist was ganz anderes, als wenn der Mann nur rein und wieder raus und wo ist die Wasserleitung? Fertig! Dieses Grundsätzliche geht bis ins Hirn und überhaupt in alle Bereiche des Lebens und des Zusammenlebens. Deshalb ist der Mann als Jäger und Sammler auch so multierotisch und die Frau als die Gebärende und Weitertragende viel monogamer als ihr Partner. Die Löwin lässt nicht jeden Löwen an sich ran oder das Reh nicht jeden Hirsch. Die gucken schon genau.

Das ist, denke ich, bei vielen Männern so. Die Frauen schaffen das Heim, kümmern sich um die Kinder und den Mann, und die Männer brauchen das, wollen es aber nicht wahrhaben. Sie ziehen durch die Gegend und kehren wieder nach Hause zurück. Lieber sich eine kleine Sklavin suchen, vierzehn Tage rein ins Bett und dann kann die wieder abhauen. Das sind so ganz archaische Grundprinzipien. Deshalb ist das Verhältnis zwischen Mann und Frau niemals eine völlige Symbiose. Kann ja auch gar nicht. Ich weiß auch nicht, ob das erstrebenswert ist. Ich glaube, mit mir auszukommen ist schon wahnsinnig schwer. Und ich kann mich nicht verstellen.

In Brechts *Dreigroschenoper* gibt es eine Szene, die vielleicht dazu passt. Da bewirbt sich Charles Filch – das ist so ein junger Bettler – bei Mister Peachum für eine Rolle als Bettler. Der Filch kommt also rein und Mistres Peachum sagt zu ihm: »Ziehen Sie mal die Klamotten aus, da werden jetzt Wachsflecken reingebügelt und das ist dann Ihr Kostüm, also ein armer junger Mann, der mal bessere Tage gesehen hat.« Und da sagt der Filch: »Wieso kann ich das nicht einfach spielen, das ist doch mein Leben?« Darauf sagt der alte Peachum: »Weil einem niemand sein eigenes Elend glaubt.« Das war auch der ständige theatralische Ausruf meines Vaters: »Weil einem niemand das eigene Elend glaubt!« Das höre ich heute noch. (Lacht)

Schauspieler ist ja ein schizophrener Beruf. Er besteht aus zwei Hauptwörtern – aus Schau und Spiel. Schauspieler können auch wahnsinnig faul sein, das sind die faulsten in der Kunst überhaupt. Tänzer und Musiker müssen üben, Maler müssen trainieren, Schriftsteller setzen sich von morgens bis nachts hin. Als Schauspieler musst du 19.30 Uhr auf die Bühne, und ständig bist du was anderes. Also, diese Schizophrenie ist schon wunderbar. Die sättigt und zerreißt dich zugleich. Dann ist es 22.30 Uhr, und plötzlich bist du nicht mehr der Orest in Goethes *Iphigenie*, sondern wieder du selbst. Früher habe ich nach der Vorstellung meist in der Kantine gesessen und gesoffen. Hatte ich Erfolg, habe ich auf den Erfolg gesoffen, hatte ich keinen, vor Kummer. Einen Grund gab es immer.

Weibliche Wesenszüge scheine ich auch ein paar zu haben. Wie Sie sehen, kleide ich mich gerne bunt – da mal ein Reifchen am Arm, dort ein Kettchen oder einen Brilli im Ohr oder so. Ich bekenne mich zu meinen Schwächen, was die meisten Männer ja nicht können.

Ich kann auch weinen, und ich schäme mich nicht dafür. Mich können Winzigkeiten zu Tränen rühren, ich bin mitfühlend. Wenn ich heute diese grauenhaften Berichte aus Moskau sehe, wo diesen Winter so viele Menschen erfrieren, wenn ich also sehe, dass so ein dreißigjähriger Mann in einem Asylheim sitzt, wo ein eiserner Ofen gerade noch so geheizt wird und eine Schwester streicht ihm eine Desinfektionslösung über schwarze erfrorene Finger und Zehenspitzen, dann rührt mich das zu Tränen. Und ich denke, wenn ich die armen Kinder in Afrika oder Afghanistan sehe: Was ist das für eine grauenhafte Welt mit diesem Herrn Bush. Aber das ist eine andere Geschichte.

Wie gesagt, ich hatte zwölf Jahre keine erotische Bindung zu meiner Frau und auch keinen Verkehr mehr mit ihr. Die litt natürlich darunter, weil sie wusste, dass ich auf dicke Titten und dicke Ärsche stehe. Die wurde also immer dünner, kriegte fast Bulimie und wog zeitweise nur vierzig Kilo.

Das Dumme war nur, dass sie auch noch ins Klimakterium kam und nicht begreifen wollte, dass es da recht gute Hormonbehandlungen gibt, um auch weiterhin ein erfülltes Leben zu führen. Dass Schwindelanfälle, Schweißausbrüche oder Dauerblutungen nicht sein müssen. Davor hat sie sich ein bisschen gescheut, und ich versuchte, sehr lieb, verständnisvoll und mitfühlend zu sein.

Dann hat sie doch mal eine Hormonkur gemacht und dabei acht Kilo zugenommen. Hat einen kleinen runden Po gekriegt, der Busen wurde wieder straffer, ihre Schenkel wieder fester. Und plötzlich war sie von der Optik her für mich einfach wieder reizvoll. In der Zeit kam es wie aus heiterem Himmel, dass wir nach zwölf Jahren wieder Sex miteinander hatten. Das passiert seitdem zwar nur sporadisch, aber es passiert. Sie muss jetzt wahnsinnig viel powern in ihrer Firma und wird dort leider auch gemobbt. Und dann ist sie am Wochenende eben erschöpft.

Ältere Männer sagen ja, es lässt dann langsam nach da unten. Mich quält das schon noch. Und doch bin ich schon etwas resigniert, also kämpfe nicht mehr um irgendeine Beziehung. Selbst wenn jetzt so eine Frau käme und Baff! und alles – und dann muss ich wieder gehen. Und dann ihre Fragen: »Wann kann ich dich wiedersehen? Morgen? Übermorgen?« Ich hätte immer ein schlechtes Gewissen dieser Frau gegenüber, wenn die keinen Partner hat und nur auf mich warten würde.

Vor drei Jahren habe ich mir mal ein Stück Holz genommen, habe mir ein Schweizer Eisen gekauft und noch ein anderes Schlageisen und habe einfach angefangen mit der Bildhauerei. Alles erotische Motive, so arbeite ich einen Teil meiner erotischen Phantasien ab. Ich sublimiere also und schlage mir selber vollbusige Weiber mit schlanker Taille und dicken Ärschen aus dem Holz. Diese Dinge kommen auf mich zu, ich mache das bar jeder handwerklichen Voraussetzung. Der Bildhauer, den ich kenne, ist ganz begeistert und bestärkt mich darin, aber ich lasse es auch genauso wieder fallen. Meine Frau ist ganz verzweifelt. Sie sagt: »Das ist wieder mal so ein Strohfeuer für ein Jahr, und dann ist es wieder weg.« Das kommt bei mir so wellenförmig.

Ich glaube übrigens fest, dass der Mann genauso einem Zyklus unterliegt wie die Frau. Das ist sogar nachgewiesen. Das wird von vielen Männern totgeschwiegen, aber wir haben alle unser Klimakterium. Hypersensible umso mehr. Oder Hypochonder wie ich. Ich bin ein absoluter Hypochonder, ich habe ständig Angst, dass ich krank werde oder sterbe. Es ist furchtbar, es drückt dir die Seele ab. Ich denke, dass liegt daran, dass ich als Kind so viel krank war und so lange im Krankenhaus gelegen habe. Da kriegst du ein Krankenhaustrauma allerfeinster Güte. Dann verstarb mein Vater mit einundfünfzig an Leberkrebs, der sah ja damals schon wie siebzig aus. Und seine Frau, also meine Stiefmutter, starb kurz danach an Unterleibskrebs. Scheiße, jetzt kommen mir schon wieder die Tränen. (Pause)

Früher habe ich übers Älterwerden nicht nachgedacht, wie man das eben in seiner Jugend nicht macht. Jetzt schon. Ich glaube nicht, dass wir da besser dran sind als Frauen, weil das Klimakterium der Frau eine physiologische Geschichte ist, die ja vom Kopf her nicht sein muss. Ich bin sicher, es gibt für eine Frau da auch weiter Erotik. Ich hatte ja schon was mit älteren Frauen. Da konnte man so ein Vertrauensverhältnis schaffen und das langsam angehen.

Aber es ist schon ein großes Problem für mich, morgens in den Spiegel zu schauen. Weil ich im Kopf immer noch so siebzehn, achtzehn, neunzehn bin. Sehen Sie ja auch – da noch einen Schnulli dran und am Gürtel noch eine kleine Taschenlampe. Und dann guckst du in den Spiegel und denkst: Mein Gott, deine Haare werden immer grauer. Also, da leide ich richtig drunter, wirklich sehr. Ich bekenne mich noch nicht zu meinem Alter.

Ich durfte nie richtig Kind sein und bin heute ein verderbtes Kind. Ich möchte ein bisschen ruhiger sein, mehr so in der Waage, aber dann wäre ich vielleicht auch ärmer in mir selber. Ich wünschte mir manchmal, dass ich mehr Gespür hätte, wie ich mich gesellschaftlich ein bisschen besser präsentieren könnte. Aber die Ökonomie würgt einem heute ja so die Kehle ab, dass man nicht mehr mit Leichtigkeit über die Probleme des Lebens nachdenkt. Die Frauen und Männer haben ihren Kopf nicht mehr frei.

Manchmal möchte ich auch härter sein oder ein bisschen brutaler. Ich kann keine Maus töten und rette alle Katzen bei mir dort auf dem Lande. Meine Frau sagt: »Du hast eine Vollmacke.« Aber die Viecher lieben mich, und dafür bin ich dankbar. Ich vermisse auch an mir, im richtigen Moment die richtige Entscheidung zu treffen.

Ich denke, mir wird nicht mehr die große Liebe begegnen, weil es für mich zu viele Unwägbarkeiten geben würde und ich Angst hätte, mich noch mal reinzuschmeißen und alles aufzugeben. Man gibt sich doch immer anders, als man wirklich ist. Auch hier im Gespräch. Meine Depressionen und meine Durchhänger sehen Sie ja nicht. Und das können Sie sich auch kaum vorstellen – oder mittlerweile vielleicht doch.

Aber man spielt ja auch gut. Wenn ich also jetzt wieder rausgehe, bin ich anders als in diesem Moment. Und darum kann ich es mir einfach nicht vorstellen, mich noch einmal einem neuen Menschen zu offenbaren. Überhaupt nicht. Ich versuche alte Beziehungen zu reaktivieren, aber auch nicht sehr intensiv. Ich lasse es ein bisschen auf mich zukommen, also diese Entscheidungen, die immer andere treffen.

In der Tragikomödie *Celestina* von de Rojas – die spielt im 17. Jahrhundert in Spanien und da geht es um eine Kupplerin, an die das Schicksal der Liebenden gebunden ist – heißt es: »Ich bin nicht so lüstern, seltsamen Neuerungen Echtes aufzuopfern«. Das ist zwar nur in etwa das, was ich meine, aber schon in dem Sinn. Wenn es passiert, melde ich mich wieder.

ICH HABE MEIN HERZ NIE AN
EINEN MANN GEHÄNGT

Marlene, 76

So eine Geschichte wie meine bekommen Sie nie wieder, darum habe ich mich auf Ihre Anzeige gemeldet. Morgen werde ich nämlich sechsundsiebzig – und aus diesem Grund bin ich in Berlin.

Als ich gestern am Bahnhof Zoo aus dem ICE gestiegen bin, ist mir ein Mann aufgefallen. Der lachte mich fröhlich strahlend an, und da habe ich gedacht: Scheiße, dass der jetzt nach Hamburg fährt. (Lacht) Der war vielleicht so Mitte sechzig, dieses Alter akzeptiere ich für mich. Der sah sehr sympathisch aus. Wenn der mit mir in einem Abteil gesessen hätte, wäre ich bestimmt auf den eingegangen.

Ich gucke schon hin, wenn da ein älterer Herr ist, der gut aussieht und gepflegt. Denn ich sehe für mein Alter auch noch gut aus und achte sehr auf mein Äußeres. Sie sehen ja: Langer Luchsmantel – natürlich kein echter –, den habe ich mir extra für Berlin gekauft. Und immer Absatzschuhe, normalerweise auch bei diesem Wetter.

Außerdem kenne ich keine Frau in meinem Alter, die noch eine solche glatte Haut hat wie ich. Da ist nichts geliftet. Mein Geheimtipp dafür ist, dass ich praktisch seit meinem zwanzigsten Lebensjahr das Gesicht nie mehr warm oder heiß gewaschen oder behandelt habe, sondern nur mit kaltem Wasser. Ich schminke mich auch nur mit kaltem Wasser ab und nehme dazu Seife, manchmal sogar Kernseife. Für die Nacht nehme ich Jojoba-Öl, richtig dick drauf. Gut, der Bettbezug wird dadurch ölig, aber mir ist eine glatte Haut wichtiger als ein öliger Bezug. Am Tag nehme ich eine Fettcreme, da glänze ich zwar leicht, aber das ist mir wurscht. Ich nehme auch kein Make-up. Ich male die Augen ein bisschen an, die Lippen, töne meine Haare goldblond und habe mir gerade eine dezente Dauerwelle machen lassen. Ich kann mich wirklich noch sehen lassen, aber es wird immer schwerer, Kontakte zu knüpfen, sehr schwer.

Meine letzte Beziehung, die ich in München hatte, war eine Annoncen-Bekanntschaft. Da war ich schon über siebzig. Zirka zwanzig Zuschriften habe ich damals bekommen, aber mehr als die Hälfte davon konnte man vergessen. Als es zum ersten telefonischen Kontakt kam, wollten die meisten wissen, wie alt ich bin. Aber ich habe nie mein Alter verraten, sondern immer gesagt: »Wissen Sie, ich bin eine Dame, bitte beurteilen Sie mein Alter, wenn Sie mich sehen.« Wenn ich gesagt hätte, ich bin siebzig oder dreiundsiebzig, da hätten die doch gedacht: Was will denn die alte, blöde Kuh? Und die hätten nie erfahren, wie ich wirklich aussehe.

Diese letzte Beziehung in München war ein Architekt, ein mehrfacher Millionär. Der war drei Jahre älter als ich und ein sehr gepflegter Herr. Das Problem war nur, dass er impotent war. Das hat er mir auch gleich am Anfang gesagt, und ich dachte: Ich werde mal sehen, was man da machen kann. Und dann habe ich ihm immer wieder auf die Sprünge geholfen – ich darf doch offen reden, ja? Also, er konnte keinen Geschlechtsverkehr mehr ausüben und hatte bis dato schon zwölf Jahre keinen Samenerguss mehr. Darum hatten wir Oralverkehr und dabei war ich sehr aktiv. Und plötzlich kam der wieder. Das war natürlich eine Sternstunde für ihn, ganz klar.

Für mich war das auch befriedigend, obwohl er keinen Verkehr mehr ausüben konnte. Leider verstand er es nicht, mich zu *dem* Orgasmus zu bringen, den ich kannte und den ich mir damals so sehr erträumte. Sagen wir mal, er brachte mich zum klitoralen Orgasmus. Während ich Orgasmen kenne, die nicht jede Frau hat. Der Orgasmus meines Lebens ist zuerst der klitorale und unmittelbar danach der vaginale Orgasmus. Wenn das zusammenkommt, werde ich fast ohnmächtig. Und das haben in meinem Leben bisher nur drei Männer geschafft. Das ist auch ein Kunststück, das hinzukriegen. Und ich brauche dazu keine erotischen Phantasien, nur Hände, Zunge und Penis.

Das Verhältnis zu diesem Mann aus München ging zweieinhalb Jahre gut. Er war noch verheiratet, lebte aber schon mehrere Jahre von seiner Frau getrennt. Die wohnte in einem Haus bei München, das beiden gehörte. Und er hatte sich eine sehr schöne Wohnung in der Stadt gekauft. Aber es gab noch Bindungen zu dieser Frau.

Zum Beispiel ließ er sich seine Wäsche von ihr waschen. Ich habe zu ihm gesagt: »Mein Gott, bring die doch zur Wäscherei. Und wenn du willst, fahre ich sie auch dorthin.« »Nein«, sagte er, »keiner wäscht so gut wie sie« oder: »Keine Maschine wäscht so gut wie ihre.« (Lacht) So in dem Stil.

Sechstausend Mark Unterhalt hat er seiner Frau im Monat gezahlt. Aber ich muss ehrlich sein, mir gegenüber war er auch nicht kleinlich. Zu Weihnachten und so habe ich auch meine dreitausend Mark bekommen. Das war nicht als Bezahlung gedacht, sondern so nach dem Motto: »Hier, nimm, du hast sicher viele Ausgaben.« Also alles sehr nett.

Dann kriegte ich einen Herzanfall, und das war scheußlich. Ich musste in die Klinik eingeliefert werden. Dort wollte man mir eine künstliche Herzklappe einbauen, aber ich habe gesagt, dass ich es noch mal ohne versuchen möchte. Zweiundsiebzig war ich zu der Zeit. Aufgrund des Herzanfalls konnte ich dann natürlich nicht mehr so, wie ich gern wollte. Da war ich auch nicht mehr so auf Hingabe getrimmt, also war erst mal Ruhe zwischen uns. Als ich mich erholte, hatten wir wieder Sex miteinander.

Dann brach ich mir eines Tages die Schulter, hatte einen Black-out und fiel um. Als ich wieder zu mir kam, spürte ich einen irrsinnigen Schmerz und konnte nicht mehr aufstehen. Ich wurde operiert, und da war es erst mal aus mit meiner Beweglichkeit.

Und in dieser Zeit wurde mein Partner etwas unangenehm und sagte: »Ach, du machst wohl jetzt auf alte, kranke Frau?« Er hat dann auch seine Zahlungen reduziert, und das fand ich ganz übel. Aber mein größter Ärger mit ihm war diese Frau im Hintergrund. Ihm gehörten viele Häuser, die ihm natürlich große Mieteinnahmen brachten. Er hatte auch einen Safe bei einer Bank, in dem er sein Geld hortete. Er rechnete ja damit, dass irgendwann die Scheidung anfällt, dann sollte seine Frau nicht die Hälfte von seinen Millionen bekommen.

Er besaß auch einige Krüger-Rand – wissen Sie, was das ist? Das sind südafrikanische Goldmünzen, 99er Gold. Und Goldbarren hatte er auch. Der war wirklich steinreich. Ich habe mal zu ihm gesagt: »Wenn du so viel davon hast, bring mir doch mal einen Barren mit oder ein paar Krüger-Rand.« Aber nichts. Später bin ich dahinter gekommen, dass er eine Frau suchte, die noch nicht so alt aussieht – also eine wie mich – und die dann eine billige Pflegerin für ihn ist.

Er hatte für mich eine Wohnung in seiner Nähe gekauft, aber auf seinen Namen. Und mir war klar, dass ich da rausfliege, wenn er vor mir die Augen schließt und seine Frau dann käme. Wissen Sie, Männer sind Egoisten, die suchen für sich immer das Beste heraus. Mit seiner Frau hatte er seit Jahren nichts mehr. Kinder hatten sie auch nicht. Darum sah er das Verhältnis mit mir als eines bis zu seinem Ableben.

Seine Geschenke waren auch merkwürdig. Zum Beispiel hat er mir mal eine Rolex gekauft, für dreizehntausend Mark. Die habe ich verkauft, als es aus war. So was Blödes! Mit über siebzig noch so eine dicke Uhr am Arm, und aufziehen müssen Sie das teure Ding auch noch. Und die Eigentumswohnung, in der ich dann wohnte, hat er in seiner Nähe ausgesucht, damit ich schnell greifbar bin, wenn ihm mal was passiert.

Testamentarisch bedacht hat er mich jedenfalls nicht. Das ist allerdings kritisch, wenn man nur die Geliebte ist. Als mein Mann sich in den fünfziger Jahren wegen mir scheiden ließ, war das auch schon ein Problem. Ich war damals praktisch zuerst seine Geliebte, und er wusste nicht, wie es mit der Scheidung wird. Er wollte schon vor unserer Ehe ein Testament machen, in dem ich mit bedacht werde. Aber dann hat er mir gesagt, dass das nicht möglich sei. Und er musste es ja wissen, denn er war Rechtsanwalt. Das Testament zu meinen Gunsten hätte die Ehefrau anfechten können, weil eine Geliebte unsittlich war. Wie das heute in der Rechtssprechung ist, weiß ich nicht, vielleicht hat sich da was geändert.

Problematischer bei meinem Münchner Freund war aber, dass er mit meiner Krankheit nicht umgehen konnte. Er kühlte mir gegenüber immer mehr ab, denn ich war dann nicht mehr bereit, mich auf die Matte zu legen, weil meine gebrochene Schulter noch sehr wehtat. Heute würde er sich wundern, wie ich damit umgehe. Jedenfalls hat er sich nicht um mich gekümmert.

Damals musste ich auch jedes halbe Jahr ins Krankenhaus zur Ultraschalluntersuchung, weil ich Jahre zuvor Lungenkrebs hatte und sich durch die vielen Bestrahlungen Wasser in meiner Lunge angesammelt hatte, das abgesaugt werden musste. Wird das nicht gemacht, kann man daran ertrinken. Können Sie sich das vorstellen?

Das Wasser steigt und steigt – das ist richtig lebensgefährlich, bis heute. Dann kann ich manchmal nicht richtig reden, weil das Wasser in den Bronchien steht.

Durch die Bestrahlung und die Chemotherapie hatte ich auch eine vernarbte Lunge. Dadurch hat man nicht mehr das normale Atemvolumen. So eine Narbe ist mir vor zwei Jahren mal kaputtgegangen, was zu einer massiven Lungenblutung führte. Das

Blut haben sie mir dann durch die Nase herausgezogen. Das war mein schlimmstes Erlebnis.

Na ja, beim ersten Mal ist er noch mitgekommen ins Krankenhaus, dann nicht mehr. Auch darum wollte ich weg von dem Mann, weil ich mir gesagt habe: »Das sind vertrödelte Jahre. Wenn er dich braucht, dann springst du. Wenn du ihn brauchst, dann kommt er nicht.« Aber mir war auch klar, dass ich aus der Wohnung raus muss. Deshalb habe ich überlegt, wo ich dann hinziehen könnte. Südlich von München war mir zu teuer, dort muss man ja den Blick auf die Alpen mit bezahlen. Und eines Tages las ich in der Zeitung: »In München arbeiten, in Augsburg preiswert wohnen.« Und das war's!

Natürlich hat er das mitbekommen, denn praktisch war der Mann den ganzen Tag über bei mir, obwohl er eine wunderschöne Wohnung hatte. Er wollte sich von mir bedienen lassen und nicht alleine sein. Sein Ideal war, nicht auszugehen. Das ist unbequem und kostet Geld. Reiche Männer sind fast immer knauserig und geizig in kleinen Dingen. Wenn ich mal Taxi gefahren bin, dann hat er gesagt: »Um Gotteswillen, du musst ja Geld haben.« Aber für mein Auto hat er mir die Hälfte dazu gegeben.

Ihm war also aufgefallen, dass ich immer Zeitungen durchlas, und er fragte mich dann: »Was soll denn das?« – »Na, ich schaue mich nach einer Wohnung um.« Und er: »Wieso, willst du weg von mir?« »Ja«, habe ich gesagt. Daraufhin ist er aufgestanden und gegangen. Seitdem habe ich nie wieder etwas von ihm gesehen oder gehört. Wir waren fünf Jahre zusammen und haben uns vor zwei Jahren getrennt. Dann bin ich nach Augsburg gezogen.

Manchmal hatte ich Momente, Weihnachten oder so, wo ich dachte, ich sollte vielleicht mal anrufen und fragen, wie es ihm geht. Aber das kann ich nicht tun, denn dann denkt er, mir geht es schlecht oder ich kann was nicht bezahlen oder ich brauche ihn. Dieses Gefühl will ich ihm nicht geben, denn ich brauche ihn nicht. Natürlich wäre ich glücklicher, wenn ich wieder einen Mann fände, mit dem ich noch einmal eine erotische Beziehung aufbauen könnte. Ich vermisse Erotik sehr, aber ich bin sehr wählerisch geworden. Also, einen Mann nicht mehr um jeden Preis. Als ich jung war, war ich da lockerer. Aber damals gab es noch kein Aids, da sah die ganze Sache noch anders aus.

Ja, die erotischen Gefühle haben sich kein bisschen verändert oder vermindert. Ich bin auch heute noch orgasmusfähig – absolut. Obwohl es der Mann verstehen muss, die Frau zum Orgasmus zu bringen. Die meisten Männer können das ja nicht, die wollen nur zur Sache kommen und fertig und aus. Darum habe ich so ab meinem fünfzigsten Lebensjahr, wenn das Thema Sex zur Sprache kam, den Mann als erstes gefragt: »Was kannst du mir machen? Kannst du das, machst du jenes? So mit rein und raus bei mir, nein danke. Suche dir jemand anderes.« Als junge Frau kann man das natürlich so nicht sagen, weil man keine Erfahrung hat. Ich hatte ja auch keine und war ziemlich lange naiv.

Mit siebzehn bin ich entjungfert worden. Von vier deutschen Soldaten, die mich vergewaltigt haben. Meine Eltern hatten ein Grundstück bei Berlin, und dort haben mich 1944 vier deutsche Soldaten einfach genommen. Sicher, das war scheußlich und ekelhaft, aber ich muss sagen, auch wenn es vielleicht merkwürdig klingt, dass ich niemals darunter gelitten habe. Das war schrecklich und sicher auch leichtsinnig von mir, damals dort allein zu sein, aber deshalb hat meine Psyche nicht gelitten.

Mit zwanzig habe ich meinen ersten Ehemann kennen gelernt, von dem auch meine Tochter ist. Der war so alt wie ich und den mochte ich sehr. Da war ich schon verliebt oder vielleicht war es sogar Liebe, was man in dem Alter so Liebe nennt. Und es war phantastisch, wenn mich dieser Mann zum Orgasmus gebracht hat. Ich habe damals gedacht, die Welt stürzt ein. Zwar hatte er keine große sexuelle Erfahrung, aber wir haben uns da so rangetastet. Ende der vierziger Jahre kam dann meine Tochter.

Die Ehe ging aber bald in die Brüche, weil der Mann immer fauler wurde. Das war ja in der Nachkriegszeit, wo kein Mensch einen richtigen Beruf hatte und Berlin in Trümmern lag. In den letzten Jahren der Hitlerzeit war ich auf einer Lehrerbildungsanstalt und er bei irgendeiner Zeitung tätig. Obwohl ich keinen Abschluss machen konnte, habe ich nach dem Krieg als Lehrerin gearbeitet, während mein Mann zu nichts mehr Lust hatte. Als ich dann schwanger war und mein Bauch immer dicker wurde, durfte ich nicht mehr unterrichten. Ich hatte eine Klasse von dreiundzwanzig Jungs. Damals ging das nicht.

Mit unserer Tochter wohnten wir bei meinen Eltern, und da musste ja irgendwie auch Geld ins Haus kommen. Ich habe mich dann um Anstellung in einem Büro bemüht. Ich habe mir für fünfzehn Mark eine Schreibmaschine gekauft und mir selber das Maschineschreiben beigebracht und Stenografie auch. Als ich das einigermaßen konnte, habe ich mich bei der HO – das war die Handelsorganisation im Osten – als Kontoristin beworben. Nach einem halben Jahr war ich schon Sekretärin des Abteilungsleiters. Ich habe auch gemerkt, dass ich den anderen Damen bildungsmäßig haushoch überlegen war. Und nach einem Jahr war ich Chefsekretärin. Mein Chef war ungebildet und hat mir oft falsche Wörter diktiert, die ich dann richtig geschrieben habe. Einmal habe ich gehört, wie er zu jemandem sagte: »Ich kann das Weib nicht leiden, aber ich brauche es.«

Mit meinem Geld kamen wir halbwegs über die Runden, und mein Mann hörte ganz auf zu arbeiten. Das hat mich gestört, aber ich habe ihn geliebt, bis meine Mutter dann eines Tages gesagt hat: »Weißt du, mein Kind, so geht das nicht weiter. Du musst den vor die Tür setzen.« Ich habe furchtbar mit mir gekämpft und mir dann gesagt: »Du hast das Kind und du musst leben.« Ich war ja so verrückt, dass ich morgens vor der Arbeit

rüber in den Westen bin – das ging ja damals noch –, dort Zigaretten gekauft habe, die meinem Mann ans Bett brachte und danach zur Arbeit fuhr.

Ich habe dann auf meine Mutter gehört, habe seinen Koffer
gepackt und ihm vor die Tür gestellt. Er hat den Koffer genommen und gesagt: »Ach, das ist schön, dass du mir den Koffer gepackt hast. Ich wäre schon längst ausgezogen, wenn ich nicht so
faul gewesen wäre.« Wir waren noch nicht geschieden, hatten
aber keinen Kontakt mehr. Er war ein gutaussehender, schlanker Mann. Heute ist er fett, sagt meine Tochter.

Und dann lernte ich eines Tages – das war noch in den fünfziger Jahren – einen Mann kennen, der mich in Westberlin einfach angesprochen hat. Ich ging mit meiner Tochter an der Hand
die Straße entlang, und es war ein schreckliches Wetter, Schnee-
regen und Matsch. Da kam dieser feine Herr mit seinem Wagen
angefahren, hielt neben uns an, stieg aus und sagte: »Liebe gnä-
dige Frau, Sie und das Kind, bei dem Wetter, wo darf ich Sie
hinfahren?« Heute würde ich auf so etwas nie mehr eingehen.
Oder vielleicht doch? In meinem Alter würde mich ja keiner
mehr vergewaltigen oder verschleppen. (Lacht)

Ich bin also mit meiner Tochter in sein Auto gestiegen. Er hat
sich vorgestellt und uns dann nach Pankow zu meinen Eltern
gefahren. Und bevor wir ausstiegen, fragte er: »Darf ich Sie wiedersehen?« Da habe ich zugesagt. Danach haben wir uns regelmäßig im Westteil der Stadt getroffen und sind ausgegangen.
Dafür hat er mir auch entsprechende Kleidung gekauft, denn
die hätte ich nie bezahlen können. Ich habe von ihm auch gute
Westmark bekommen, die ich im Schuh versteckt habe, wenn
ich über die Grenze bin. Dafür habe ich meiner Tochter Oran-
gen und Bananen gekauft, die es ja im Osten nicht gab.

Natürlich habe ich zur Kenntnis nehmen müssen, dass er noch
verheiratet war und seine Ehefrau auch ein Verhältnis hatte, zu
einem Mann aus der Filmbranche, mit dem sie nach der Schei-

dung in die USA gegangen ist. Aber bis zur Scheidung wohnten sie noch zusammen. Wahrscheinlich wegen der Steuern und der gesellschaftlichen Stellung meines späteren Mannes. Er war ja ein renommierter Rechtsanwalt.

In diese Gesellschaft musste ich erst hineinwachsen, was mir am Anfang sehr schwer gefallen ist. Er hatte eine Acht-Zimmer-Wohnung in einem Jugendstilhaus am Kurfürstendamm, das nicht zerstört worden war. Zwei Räume waren mit einer großen Glastür verbunden und wenn man die öffnete, war das fast wie ein Saal. Da hatten wir manchmal Gesellschaften mit über zwanzig Personen. Zu seinen Mandanten gehörte auch ein stinkreicher Libanese mit seiner Frau, die aus Amerika stammte. Da lässt man sich eben nicht so schnell scheiden, wenn man in so eine feine Gesellschaft integriert ist.

Fünfundzwanzig Jahre war er älter als ich. Als Ehefrau wollte er immer eine jüngere. Seine erste war auch zehn Jahre jünger als er. Merkwürdig war, dass er mich nie mit meinem Vornamen angeredet hat. Er hat mich immer nur »Töchterchen« genannt. Interessant fand ich allerdings, dass er im Bett lieber ältere Frauen mochte. Deshalb sagte er immer zu mir: »Mein Gott, Töchterchen, werde erst mal dreißig, damit du zur Frau wirst.« Wie bekloppt habe ich auf meinen dreißigsten Geburtstag gewartet – es passierte aber nichts.

Erst als ich vierzig war, wusste ich, was er gemeint hat. Also, wenn ich als junge Frau mit einem Mann im Bett war, habe ich immer darauf geachtet, wie ich aussehe oder auf den Mann wirke; ob ich gut geschminkt bin; ob ich so liege, dass der Busen auch richtig gut fällt; ob ich reizvolle Unterwäsche anhabe oder so. Als ich älter wurde, war mir das scheißegal. Da wollte ich mich gehen lassen und das genießen. Und das ist der Unterschied.

Mein zweiter Mann hat mich nach Strich und Faden betrogen. Als ich das mitbekam, war ich natürlich schrecklich unglücklich. Meistens waren das Mandantinnen, mit denen er ins Bett ging. Aber er sagte dann zu mir, wenn ich ihn daraufhin ansprach: »Mein Gott, was willst du denn, Töchterchen, du allein bist meine Königin.« Und er hat mich ja sehr verwöhnt. Mit ihm war ich das erste und einzige Mal auf dem Wiener Opernball. Dafür habe ich ein Abendkleid nach Maß geschneidert bekommen und zur Krönung hat er mir ein Cape aus weißem Fuchs geschenkt.

Viermal im Jahr bin ich damals verreist. Gut, ich habe in seiner Kanzlei mitgearbeitet, eigentlich war ich dort seine Hauptkraft, aber ich konnte mir auch die Zeit für die Reisen nehmen. Zweimal bin ich mit meiner Tochter verreist, die ich dann von meinen Eltern nach Westberlin nachgeholt habe. Doch als sie ins Pubertätsalter kam, hatte mein Mann, der keine eigenen Kinder hatte, überhaupt kein Gespür für sie. Der wollte allein mit mir verreisen. Darum bin ich jedes Jahr zweimal mit ihm und zweimal mit meiner Tochter verreist. Ich bin manchmal nach Hause gekommen und habe zu meinen beiden Hausmädchen gesagt: »Wascht mal schnell meine Sachen, ich muss nächste Woche schon wieder weg.«

Ich hatte ein Leben, das können Sie sich gar nicht vorstellen. Er hat mir auch viel Schmuck geschenkt. Hier, dieser Ring ist von ihm. Das ist ein Brillantring, ein Einkaräter, und das sind Rubine. Und das hier ist ein Ring aus Weißgold mit kleinen Brillanten, den liebe ich sehr. Ein sehr wertvolles Stück. Ich habe von ihm auch ein breites Halsband aus Gold bekommen, das trage ich selten, aber es ist wunderschön. Ich wollte es morgen zum Geburtstag tragen, aber Berlin ist ein heißes Pflaster, und da habe ich es lieber zu Hause gelassen.

Aber mit diesem Ehemann hatte ich nicht einen einzigen Orgasmus. Stellen Sie sich das mal vor: Sie sind eine maßlos behütete Ehefrau, Sie haben Hochzeitstag und liegen im Bett, der Mann kommt und stellt Ihnen eine schneeweiße Saffianledertasche hin, die solch ein Ausmaß hat. Sie machen diese Tasche auf – und da liegt dieser Brillantring drin. Da denkt man doch: Ach Gott, da brauche ich halt ein bisschen weniger Orgasmus oder mache es mir in einer stillen Stunde selbst. Dieses Luxusleben war schon toll.

Liebe hatte ich ja. Liebe ist ja nicht gleichbedeutend mit Sexualität, gar nicht. Er sagte doch immer: »Du bist meine Königin und ich mache alles für dich.« Liebe war schon da, auch Zärtlichkeit. Er hat auch mit mir geschlafen, aber er war ein Rein-und-Raus-Typ. Verletzend waren natürlich seine ewigen Liebeleien. Es kam vor, dass ich in der Wäsche blutige Unterhosen oder Shorts von ihm fand, weil die Dame, mit der er gerade zusammen war, ihre Tage hatte. Da war mir schon schlecht, aber ich konnte es ertragen.

Am Anfang unserer Ehe allerdings noch nicht. Nach zwei Jahren wollte ich mich scheiden lassen. Ich hatte mich damals meiner Mutter offenbart, die aus kleinen Verhältnissen stammte, aber eine sehr lebenskluge Frau war. Von ihr habe ich die wahnsinnige Energie geerbt, auch gegen mich selbst. Mein Vater war dagegen ein Weichei, aber ein sehr schöner Mann. Als er tot war, erzählte mir meine Mutter, dass sie ihren Mann nicht ein einziges Mal nackt gesehen hätte, dass sie nur im dunklen Schlafzimmer miteinander verkehrten – wenn überhaupt – und dass er trotzdem nie fremdgegangen sei.

Jedenfalls hat meine Mutter damals zu mir gesagt: »Wenn alles normal verläuft, überlebst du ihn, kriegst eine gute Witwenpension und brauchst für niemanden mehr die Hände krumm zu machen. Lass dich nicht scheiden.« Ich habe mich nach ihr gerichtet. Gott sei dank! Heute lebe ich von der Pension.

Ein Segelboot hatte mein Mann auch, einen richtigen Kreuzer, der seetüchtig war. Und wenn die Sonne schien, ist er raus aufs Boot. Ich konnte oft nicht mit, denn da musste ständig ein Schriftsatz fertig gemacht werden, der am nächsten Tag beim

Gericht sein musste. Also blieb ich in der Kanzlei und habe gearbeitet. Wenn er dann auf seiner Jacht war, hat er Frau Soundso angerufen und sie aufs Boot bestellt, irgendeine konnte immer. Und dann hat er die dort vernascht. Als er tot war, musste ich auch in diesen Segelklub, um alles ins Reine zu bringen. Und da sagten die dort hinter meinem Rücken: »Hat er sich jetzt endlich tot gevögelt.« Wenn der mit den Frauen Sex im Boot hatte, wackelte das natürlich immer hin und her. Das nennt man übrigens »Stegsegeln«.

Während der Ehe bin ich nicht fremdgegangen. Doch – ein einziges Mal. Mit diesem Libanesen, der Mandant meines Mannes war. Der hat ständig versucht, mit mir anzubändeln. Das habe ich mal meinem Mann erzählt, und da hat er gesagt: »Na, hör mal, du wirst dich doch in deinem Alter eines Mannes erwehren können.« Da habe ich gedacht: Na, da kannst du es ja mal versuchen, und habe mich von dem vernaschen lassen. Das war der blödeste Sex, den ich in meinem Leben hatte. (Lacht) Der war so langweilig und doof, das war der Allerletzte. Rein und Raus und Aus.

Mein Mann ist dann mit dreiundsechzig Jahren gestorben, da war ich Ende dreißig. Danach hat mir mal sein Arzt gesagt, dass er wahrscheinlich sexsüchtig war. Das geht bei Frauen eigentlich gar nicht. Denn wenn eine Frau einen richtigen Orgasmus hätte, brauchte sie doch nicht jedem Kerl hinterher zu rennen. Wenn ich solche richtigen Orgasmen habe, bin ich fertig für den Rest des Tages. Ich bin so beansprucht und muss mich davon erst mal richtig erholen.

Nachdem ich alles abgewickelt hatte, bin ich fort von Berlin, weil ich schon immer aus der Großstadt weg wollte, und gleich ins finsterste Niederbayern gezogen, wo man sich an die Leute ja ein bisschen anpassen muss. In der Nähe von Passau habe ich mir ein Grundstück mit Häuschen gekauft und bin mit meinem Schäferhund, den ich schon in Berlin hatte, dahin gezogen.

Dort musste ich zum Einkaufen immer den Berg runter ins Dorf. Und da gab es eine Metzgerei, in der ich mein Fleisch kaufte. Eines Tages ging ich an dieser Metzgerei vorbei, und da kam ein Mann raus und auf mich zu. Der hatte mich durch die Scheibe gesehen und den Metzger gefragt: »Was ist denn das für eine Dame in Ihrem Dorf?« Und da soll der Metzger zu ihm gesagt haben: »Ach, das ist eine Zugereiste aus Berlin.« Ich fiel dort natürlich auf: Blondes Haar, dunkle Augen, immer hochhackig und anders gekleidet als die Dorfschönen. Und dieser Mann sprach mich also an. Daraus wurde dann eine Beziehung, die zirka sechs Jahre hielt. Ich war schon Mitte fünfzig und er so zwanzig Jahre jünger als ich, was man ihm nicht angesehen hat, weil er sehr kräftig war.

Starke Männer sehen immer leicht älter aus. Und ich war ja noch eine flotte Biene. Er hatte eine große Firma und führte das Geschäft zusammen mit seiner Mutter.

Diese Beziehung war sexuell auch nicht so schrecklich toll, aber ich kam auf meine Kosten. Er war unverheiratet und sehr bemüht um mich. Da ich so fünfzig Kilometer von ihm entfernt wohnte, in einer Gegend, wo der Schnee manchmal meterhoch lag und ich nicht aus der Garage rauskam, hat er für mich ein Appartement in der Stadt gemietet. So war ich immer greifbar für ihn. Das war sehr hübsch. Ich war aber nur den Winter über dort oder wenn wir mal ausgehen oder rüber nach Wien wollten.

Der Mann hat damals am Gardasee gerade zwei Häuser gebaut. Da fuhren wir dann jedes Wochenende hin. Mein Lieblingshund war auch dabei, ein Dalmatiner – übrigens der einzige Hund, der lächeln kann. Aber das ging nicht lange gut, denn einmal hat er dort im Restaurant jemandem die Hose zerrissen. Deshalb habe ich ihn dann in eine Hundepension gegeben, wo man ihn aber ganz schlecht behandelt hat. Das wurde mir dann alles zu stressig. Irgendwann wollte ich nicht mehr jedes Wochenende mit dem Mann zum Gardasee fahren. Er hat dann eine andere Frau kennen gelernt.

In dieser Zeit kam er mal von dort zurück und hatte sich verspätet. Ich habe auf ihn gewartet und als er kam, habe ich in Anwesenheit meines Hundes gesagt: »Weißt du, Cäsar, Herrchen kommt jetzt immer so spät, der hat bestimmt eine Freundin.« Und da sagt der doch: »Ja.« Und ich: »Ist das jetzt ein Strohfeuer oder ein Seitensprung oder was?« Und er: »Das ist eine Deutsche, die da unten lebt und die sehr reich ist. Und zweigleisig will ich nicht fahren, also lass uns lieber Schluss machen.« Darüber war ich sehr traurig. Damals war ich sechzig.

Geliebt habe ich ihn zwar nicht, aber wenn man älter wird, gibt es auch eine gewisse Gewohnheit, wenn man mit einem Mann so lange zusammen lebt. Man kennt auch seine Gewohnheiten im Bett, was ja wichtig ist. Bei einem neuen Mann weiß ich ja gar nicht, bringt er mich zum Höhepunkt oder nicht? Ja, und danach – ich war immer sehr energisch – habe ich mir in der Nähe von München eine hübsche kleine Wohnung gekauft. In die bin ich dann mit meinem Hund gezogen. Dort lernte ich über Annonce einen Mann kennen, der eine gute Stellung bei Bosch hatte. Zu dem bin ich dann gezogen, samt Hund und allem Krempel und habe meine Wohnung aufgegeben.

Das war eine gute Beziehung, aber ohne erotische Höhepunkte. Der hatte Haus, Hof und Garten. Ich brauchte auch seine Wohnung nicht zu putzen, denn er hatte eine Zugehfrau. Aber der verlangte, dass ich abends, wenn er von der Arbeit kam, vier Gänge für ihn kochte. Damals habe ich über siebzig Kilo gewogen, weil ich ständig mit ihm essen musste. Nach zwei Jahren hatte er sich an mein Vier-Gänge-Menü gewöhnt und daran, dass er eine Frau hatte, die ständig bereit war, auf Deutsch gesagt die Beine breit zu machen, und er sich dabei nicht groß anzustrengen brauchte. Aber mit der Zeit fielen ihm meine Schwachpunkte auf. Mein Hund war das größte Problem für

ihn. Eines Tages sagte er: »Also, entweder der Hund oder ich.«
Da habe ich ganz spontan geantwortet: »Der Hund.«

Und ich bin ja ein kluges Kind. Ich habe in den zwei Jahren,
die ich mit ihm zusammen war, sehr viel gespart. Ich brauchte
ihm ja nichts abzugeben, auch meine Garderobe hat er mir gekauft. Sie sehen also, ich habe mir die Männer auch danach ausgesucht.

Als diese Beziehung aus war, habe ich mir wieder eine Wohnung in der Nähe von München genommen und bin dann zu einem Rechtsanwalt ins Büro gegangen, bei dem ich heute noch
stundenweise arbeite. Damals habe ich mir gesagt: »Da kannst
du Geld verdienen, bist unter Menschen und sitzt mit dem Hund
nicht nur zu Hause rum.«

Dann habe ich wieder eine Annonce aufgegeben und lernte
einen selbstständigen Handwerksmeister kennen. Der war zirka zehn Jahre älter als ich und hässlich wie die Nacht. (Lacht)
Er sprach von sich selber nur von der »hässlichen Kartoffel«.
Aber der war im Bett so was von einem Traummann, das kann
ich kaum beschreiben. Der benutzte auch Hilfsmittel. Ich habe
die aber nie zu sehen bekommen, ich habe die nur gespürt. Das
war ein ganz kluger Kerl, aber wenn Sie den gesehen hätten, der
sah aus wie ein treudeutscher Familienpapi – und war so ein raf-
finierter Hund!

Wenn ich heute an den denke, da kommt alles wieder ganz
heiß hoch. (Lacht) Der hatte kein großes Glied. Ein großes Glied
ist ja auch nichts wert, wenn der Mann damit nicht umzugehen
weiß. Außerdem, wie soll ich sagen, das Glied an sich löst bei
einer Frau sowieso keine wahnsinnig erotischen Gefühle aus,
weil eine Frau in der Scheide keine Nerven hat. Das hat mir mal
ein Chirurg gesagt, der mir in jungen Jahren meine Gebärmutter rausgenommen hat, weil ich Myome hatte und fast verblu-
tet wäre. Das eigentliche Zentrum für die Empfindung der Frau
sind die Klitoris und ihr G-Punkt in der Scheide. Und da kommt

der Mann auch nicht so einfach mit dem Penis ran. Dazu muss er meist den Finger nehmen. Ein Mann, der das kann, der erwischt den auch. Und der konnte das. Wie gesagt, ich bin manchmal halb ohnmächtig gewesen.

Also, der hat mich mit der Hand oder mit der Zunge immer so kurz vor den Höhepunkt gebracht. Entweder hat er das selbst gespürt oder ich habe gesagt, dass ich kurz davor bin – und in dem Moment hat er aufgehört. Das ist eigentlich ganz typisch für Tantra, der Sinn von Tantra, kurz vorm Umkippen aufzuhören. Und wenn der Mann dann wieder anfängt, also wenn Sie das zwei-, dreimal machen – mehr geht sowieso nicht – und dann kommen, das ist wie eine Welle, die über Sie hinwegschießt. Also immer kurz davor und dann – weg. Aber das muss ein Mann verstehen.

Ja, das war in dem Sinne mein tollster Mann. Leider kriegte der dann einen Herzinfarkt und ist bald darauf verstorben. Seine Tochter hat mir danach gesagt, dass er zu meiner Zeit noch mit zwei anderen Frauen ein Verhältnis hatte.

Damals war ich so Mitte sechzig. Danach sind mir immer mal wieder Männer über den Weg gelaufen und das geht mir heute noch so. Vielleicht habe ich ja wirklich eine erotische Ausstrahlung. Männer springen immer noch auf mich an. In dem Zusammenhang erinnere ich mich an einen Nachbarn, der dreißig Jahre jünger war als ich. Mit dem habe ich mich mal in der Tiefgarage unterhalten. Der hat an seinem Auto gewerkelt, und wir wechselten ein paar Worte. Nach einer Weile sagt der doch: »Gehen Sie bitte weiter, es passiert sonst was. Ich mache gleich irgendwas mit Ihnen, bitte gehen Sie weiter.«

Genauso mein Chef, für den ich noch ein paar Stunden in der Woche arbeite. Mit dem habe ich aber nichts, kommt gar nicht in Frage. Der würde auch nie was mit mir anfangen wollen, dazu ist der viel zu kleinbürgerlich. Aber neulich sagt der doch zu mir: »Wissen Sie, ich kriege immer eine Erektion, wenn Sie neben mir stehen. Sie werden bestimmt neunzig und die Männer gucken sich immer noch nach Ihnen um.« (Lacht) Wir können so miteinander reden, ich bin ja schon fast fünfzehn Jahre bei ihm. Ich weiß nicht, woran das liegt. Man hat mir auch schon mehrmals gesagt, dass ich heute so ähnlich aussehe wie Marlene Dietrich, als sie von der Bühne abgegangen ist.

Wissen Sie, was ich von den Männern gelernt habe? Dass man nie sein Herz an einen Mann hängen soll, denn die meisten Männer sind wie Hunde. Wenn Sie mit einem Rüden auf der Straße gehen und auf der anderen Straßenseite läuft eine Hündin – ist der weg. Ein Mann gibt jede Beziehung auf, wenn er was Jüngeres haben kann, Hübscheres, vermeintlich Besseres. Es sei denn, er ist sehr krank oder sehr alt oder ein absoluter Trottel.

Für die Männer ist es auch bequemer, an der Ehefrau festzuhalten und sich nebenher eine Geliebte zu suchen. Die wollen ihren heimischen Herd haben, zu dem sie immer wieder zurückkehren können, ihren sicheren Hafen. Und sie haben das Bewusstsein, dass sie ein ganz toller Kerl sind, weil sie ja eine Geliebte haben, nicht?

In dem Zusammenhang fällt mir ein Witz ein: Treffen sich zwei Freunde nach Jahren wieder. Der eine sieht ganz toll aus, der andere sehr schlecht. Sagt der schlechter Aussehende: »Du siehst ja so toll aus. Wie kommt das denn?« Sagt der Schöne: »Na, ich habe mir eine Frau geangelt, die alles, was ich brauche, in sich vereint. In der Küche ist sie eine gute Hausfrau, im Salon brilliert sie wie eine Dame und im Bett ist sie wie eine Hure. So eine musst du dir auch angeln, dann wird es dir besser ergehen.« Ein paar Jahre später treffen sich die beiden wieder. Der Schöne sieht immer noch schön aus, der andere immer noch schlecht. Fragt der Schöne: »Bist du meinem Rat nicht gefolgt?« – »Doch, ich habe jetzt auch eine Frau.« – »Na und, wie ist sie?« – »Ach, die ist in der Küche wie eine Dame, im Bett wie eine Hausfrau und im Salon wie eine Hure.« (Lacht)

Der letzte Mann, den ich hatte – der impotente – sagte immer: »Wenn Mann fremdgeht, ist er ein toller Kerl. Wenn Frau fremdgeht, ist sie eine Schlampe.« Jedenfalls ist das in Bayern so. Wenn ein gut verheirateter, ganz seriöser Mann in seinem Männerkreis ist und sagt: »Mensch, ich habe jetzt eine, die hat vielleicht Titten und die hat das und das und die ist eine Kanone im Bett«, dann wird er von den anderen bewundert, dann ist er der King. Zu Hause hat er seine liebe Ehefrau, die sich um die Kinder kümmert, die das Essen und die Wäsche macht und seine Hemden bügelt und bestimmt nichts davon weiß, weil er vor ihr kuscht wie ein Hund, damit sie nicht misstrauisch wird.

Wenn ich mich in meinem bayerischen Umfeld umgucke, im Kreis von Gleichaltrigen – da läuft absolut nichts mehr. Eine sehr gute Bekannte, die ein bisschen älter ist als ich, macht sich zwar noch nett zurecht und so, aber wenn wir mal über das Thema reden, hebt sie abwehrend die Hände und sagt: »Bloß keinen Mann mehr!« Dann habe ich eine sehr nette Freundin gefunden, die mich oft besucht, und die sagt auch: »O Gott, bei mir kommt kein Mann mehr in die Wohnung rein. Die wollen doch immer nur das Eine, und dann soll ich sie noch bekochen.«

Eine zehn Jahre jüngere Freundin, mit der ich sehr oft zusammen war, hat auch immer so geredet. Aber dann ist sie mit dem Erstbesten, der sie in einer Kneipe in München angesprochen hat, gleich ins Bett gegangen. Und von da an hatte sie für nichts mehr Zeit und war nur noch für den Mann da. Das gibt es auch.

Meine erste Ehe hat am Anfang funktioniert. Meine zweite hat auch irgendwie funktioniert. Aber nachher läuft sich das meist tot. Die Ehepartner geben sich halt keine Mühe mehr. Die meisten Ehen scheitern ja auch am Alltag oder an Geldsorgen. Manchmal erlebt man auch in meinem Alter noch Sachen, die will man gar nicht glauben. Als ich vor zwei Jahren von Passau nach Augsburg gezogen bin, habe ich eine Annonce aufgegeben und gefragt, wer mir beim Umzug helfen kann. Da haben sich zehn Männer gemeldet, von denen ich mir zwei ausgesucht habe. Einer sollte mir die Gardinenstangen anbringen. Der kam die Treppe hoch, guckte mich an und sagte: »So, jetzt gehen wir erst mal zusammen ins Bett.«

Ich dachte: Mein Gott, was mache ich denn jetzt? Der war so Anfang sechzig. Am liebsten hätte ich gesagt: »Hauen Sie ab!«, aber der stand schon in der Wohnung. Und ich wollte meine Vorhänge und hatte keinen anderen Mann zur Hand. Und da habe ich dann gesagt: »Wissen Sie, so früh am Morgen habe ich noch keine Lust dazu.« Darauf er: »In Ordnung, kleine Frau«, und dann hat er mir die Gardinenstangen angebracht.

Heute kommt er alle zwei Monate und hilft, wenn ich was anzubringen oder wegzuschaffen habe. Wenn ich ihm dann Kaffee mache, tatscht er mich immer so an. Also, mit dem könnte ich, wenn ich wollte. Der hat mir auch schon ein Angebot gemacht – jede Woche einmal. Da hätte er seine Befriedigung und ich meine. Aber das will ich nicht, weil der einfach nicht mein Typ ist. Dieses Feiste und Dickbäuchige ist überhaupt nicht mein Fall.

Nach dem Tod meines Mannes habe ich lange gebraucht, um allein leben, allein in den Urlaub fahren und allein essen gehen zu können. Und damals habe ich auch noch geraucht und festgestellt, dass ich mich an der Zigarette einfach nur festgehalten habe. Das ist verkehrt. Und dann kamen auch immer so Blicke von Frauen, die mit ihren Männern am Tisch saßen, so nach dem Motto: Die will sich hier bloß einen aufgabeln. Als ich selbstbewusster war, habe ich mal zu einer Frau, die ihren Mann neben sich hatte und in meine Richtung eine blöde Bemerkung machte, im Vorbeigehen gesagt: »Wissen Sie, ich habe meinen Mann nicht umgebracht.« Dann habe ich mich hingesetzt, gegessen und eine geraucht.

Aber das musste ich erst lernen. Heute kann ich das alles. Meine Erfahrung ist, man darf im Urlaub nicht auf eine Beziehung hoffen, weil dort meistens Paare sind. Und wenn doch mal ein Mann in meinem Alter dabei ist, dann ist es meist der Opa, den die Kinder mitgenommen haben. Ich gehe ja auch nicht in die Oper oder ins Theater, um einen Mann kennen zu lernen. Nein, den Abend genieße ich ganz allein für mich. Ich war letzten Sommer auch allein an der Ostsee und es war schön.

Ich habe mir jetzt vorgenommen, wieder eine Annonce aufzugeben. Meinen hässlichen Traummann habe ich ja auch so kennen gelernt. Vielleicht klappt es ja noch mal. Aber der müsste schon in etwa so viel Geld haben wie ich. Er müsste sympathisch, gepflegt, sauber und verträglich sein. Aber ich würde nie wieder mit einem Mann zusammen ziehen. Vom Jahrgang her bin ich ja doch schon eine alte Frau, wenn ich jetzt eine Beziehung zu einem Mann in meinem Alter finden würde, könnte es mir ja passieren, dass er bald bettlägerig wird. Und dass ich dann ein schreckliches Leben führe, weil ich ihn pflegen müsste.

Ich kann natürlich auch krank werden. Meine Tochter und meine Enkeltochter könnten nicht weg von Berlin, um mich zu pflegen. Das würde ich auch nicht wollen. Wahrscheinlich würde ich mir dann das Leben nehmen, vielleicht nach Zürich fliegen und mir dort Tabletten kaufen. Für ein paar tausend Mark kann man die dort kaufen. Darüber denke ich schon nach.

Ich habe einen Lungenkrebs hinter mich gebracht und drei Monate Bestrahlung.

Ich habe das geschafft – mit einem eisernen Willen. Die Ärzte im Krankenhaus wollten mich sogar als positives Beispiel vorführen, was ich aber abgelehnt habe. Wissen Sie, durch Chemotherapie habe ich zwei Jahre Glatze gehabt. Und wenn Sie Glatze kriegen, haben Sie beim Kämmen immer mehr Haarbüschel in der Hand. Also, ich konnte nicht mehr in den Spiegel sehen. Aber dann habe ich mir eine schicke Perücke gekauft, so eine weißblonde. Und wenn ich mir morgens die Augen und die Lippen schminken wollte, habe ich mir aus einem Kopftuch einen schicken Turban gebunden, damit ich meine Glatze nicht im Spiegel sehen muss.

Ja, der Krebs war schrecklich. Meine Zähne haben damals alle gewackelt, weil der Kiefer sich zurückbildete. Aus allen Schuhen bin ich rausgerutscht und alles hing an mir runter, weil ich sehr abgenommen hatte. Ich dachte: O Gott, du wirst dich liften lassen müssen, wenn das so bleibt. Aber ich habe mir immer gesagt: Du schaffst es, du schaffst es, du schaffst es. Und es kam alles wieder in Ordnung.

Noch eins war ganz wichtig. Der Mann, den ich damals geliebt habe, hat mich verlassen, weil ich Krebs hatte. Der wohnte nur zwei Aufgänge weiter von mir. Da habe ich mir gesagt: Du musst wieder gesund werden und nach dem Krebs genauso aussehen wie zuvor. Wenn dir das gelingt, wird er sich alle zehn Finger nach dir ablecken. Aber dann kriegt er dich nicht mehr. Und das habe ich auch geschafft. Die Ärzte haben mir damals gesagt: »Es war gut, dass der Mann Sie verlassen hat. Wahrscheinlich haben Sie dadurch so viel Energie aufgebracht, die anderen Menschen fehlt, weil sie keinen Antrieb haben.« Darum habe ich mir immer gesagt: Du schaffst es! Und wenn du es nicht schaffen solltest, dann springst du irgendwo raus oder fährst mit deinem Auto gegen einen Pfeiler. Aber dann habe ich gedacht: Schade um das schöne Auto, das möchte deine Tochter doch so gerne haben. (Lacht)

Morgen werde ich also sechsundsiebzig. Wenn da eine gute Fee käme und sagen würde: »Ich könnte dir jedes Alter herbeizaubern«, da würde ich sagen: »Ach, bitte schön, fünfzig.« Nicht jünger. Mit fünfzig hatte ich ein gesundes Selbstbewusstsein. Ich war mir meiner erotischen Anziehungskraft bewusst. Ich konnte den Sex genießen, indem ich mich nicht mehr im Bett drapierte, sondern mich einfach gehen ließ.

SEX WAR MEINE
LIEBLINGSBESCHÄFTIGUNG

Vincent, 57

Manchmal frage ich mich schon, wie lange ich es noch bringe oder wie lange ich es überhaupt noch brauche. Früher brauchte ich ja auch Parties. Mindestens eine am Wochenende sollte es schon sein, am liebsten in der Woche noch eine dazwischen. Das ist aber auch längst vorbei. Heute bin ich gern allein, zu meiner eigenen Verwunderung, muss ich sagen. Ich komme überraschend gut mit mir zurecht.

Dass erotisch bei mir der Vorruhestand eingetreten wäre, das kann ich wirklich noch nicht sagen. Aus der Rentenperspektive hätte ich das Alter ja erreicht, und manche meiner Freunde sagen auch schon, Frauen seien für sie kein Thema mehr. Kann ich von mir nicht behaupten. Gut, man wird mit der Zeit etwas ruhiger. Früher hat es schon in mir rumort, wenn ich mal eine Woche keinen Sex hatte. Dann habe ich mir gleich Sorgen gemacht. So in der Art: Jetzt verpasst du etwas, was du nie nachholen kannst.

Was in gewisser Weise auch stimmt. Man kann ja kaum etwas wirklich nachholen, außer vielleicht einen Schulabschluss. Was du heute kannst besorgen, das verschiebe nicht auf morgen – da steckt viel Lebensweisheit drin. Aber dieses Gefühl, keine Nummer auslassen zu dürfen, das mag auch daran gelegen haben, dass ich ein bisschen spät gestartet bin und dafür früh geheiratet habe. Ich war bei der Heirat erst zweiundzwanzig und meine älteste Tochter war schon im Anmarsch.

Vorher hatte ich mit meiner Frau übrigens ein ziemlich lebhaftes Sexleben. Ehrlich, es gab Nächte, da haben wir ein halbes Dutzend Mal miteinander geschlafen und ich hatte jedes Mal einen Orgasmus.

Den ersten Sex hatte ich, da war ich schon fast einundzwanzig. Aber dann hat es auch gleich heftig gerappelt, so als wollte ich die Jahre davor im Schnelldurchlauf aufarbeiten. Aber weil es eben damals mit der Verhütung ein bisschen schwieriger war als heute, kam bald die erste Schwangerschaft. Also unsere wilden Nächte blieben nicht ohne Folgen, und irgendwie waren sie danach auch nie mehr so wild. Das scheint ja so eine Art natürliches Gesetz zu sein, dem viele Frauen folgen. Nach dem ersten Kind wird es im Bett deutlich ruhiger.

Das wirkt im Grunde bis heute nach. Vielleicht hätte ich mich gar nicht scheiden lassen, wenn wir sexuell auf einem bestimmten Level durchgehalten hätten. Ich meine, ein halbes Dutzend Mal in der Nacht, du lieber Gott, davon träume ich heute wirklich nicht mehr. Wenn ich es noch zweimal schaffe, dann möchte ich am liebsten einen Artikel darüber schreiben. Mit siebenundfünfzig ist das Leben nicht zu Ende, aber die Dauererektionen sind trotzdem nur noch eine schöne Erinnerung. Obwohl diese Erinnerung so rundum schön auch wieder nicht ist.

Meiner Frau sind diese Erektionen wohl ziemlich oft auf die Nerven gegangen, jedenfalls mit der Zeit. Sie hatte sich um unsere Kinder gekümmert – die zweite Tochter kam vier Jahre später –, sie hatte vielleicht gerade die Bude sauber gemacht oder für das Fernstudium gearbeitet, und dann kam ich mit meinen Erektionen, wenn sie nur noch schlafen wollte.

Nein, rücksichtslos in dem Sinne war ich nicht. Ich habe Verkehr nie erzwungen. Das wäre nicht mein Fall gewesen, und mir lag auch immer daran, dass die Frau genauso viel davon hat wie ich. Das ist heute nicht anders. Aber früher habe ich schon mal so lange gedrängelt, bis ich dann eben doch noch zum Zuge kam.

Da hat mir meine Natur einfach keine Ruhe gelassen. Da bin ich heute viel ruhiger.

Eine Frau ist natürlich auch in einer deutlich besseren Lage. Der sieht man das ja nicht an. Wenn beim Mann die Hormone in Schwung kommen, kann er das nicht verbergen, sein kleiner Freund verpetzt ihn. Und das kann manchmal wirklich peinlich sein. Auf der Oberschule waren wir mal mit der Klasse in den Ferien, und da wurde natürlich mit den Mädels rumgeknutscht und man hat gegrabscht, wann immer sich eine Gelegenheit bot. Wir waren an einem See, und da bot sich eine solche Gelegenheit zum Beispiel beim Baden. Es gab da einen Bootssteg, der war schon im tiefen Wasser, und dort haben wir die Mädels umkreist, um ihnen an die Brust zu fassen und, wenn sie es zuließen, auch zwischen die Beine.

Manche haben das wirklich zugelassen, einfach so, deshalb habe ich auch nie geglaubt, dass der Geschlechtstrieb was rein Männliches ist. Und ich, obwohl ohne ernste Absichten, bin da mit um die Mädels geschwommen, und als ich ahnungslos aus dem Wasser stieg, ging das Gelächter los.

Später ist mir noch mal etwas ähnlich Peinliches passiert, nur war ich schon zwanzig Jahre älter, und da ist das dann natürlich noch härter. Auf einer Party habe ich mit einer mindestens zehn Jahre älteren Frau getanzt und wir waren beide angetrunken. Ich weiß nicht, was die wirklich vor hatte und ob es vielleicht bloß der Alkohol war, aber sie hat sich an mir gerieben, und da ist es passiert. Ich hatte eine ganz leichte Stoffhose an, und so konnte man sehen, dass unten bei mir viel Leben in die Bude kam. Meine Frau hat das leider auch gesehen. Ich habe ein halbes Jahr gebraucht, ehe der Segen wieder einigermaßen im Gleichgewicht war.

Aus der heutigen Perspektive schaue ich manchmal auf mein jüngeres Ich und denke mir: Alter Bock, du hättest vermutlich die wildesten Sprünge gemacht, wenn man dich nur gelassen hätte. Ja, ich gebe es zu, Sex war für mich vielleicht nicht gerade eine Obsession, aber es war meine Lieblingsbeschäftigung. Im Grunde ist das heute auch noch so, nur kann ich locker die Fassung bewahren, wenn ich längere Zeit auf Sex verzichten muss.

Natürlich hängt das mit dem Alter zusammen. Aber es ist mehr das neue geistige Stadium als körperliche Schwäche. Für mich haben sich Prioritäten verschoben. Was früher besonders wichtig war, ist nach hinten gerutscht, anderes nach vorn, zum Beispiel das Bedürfnis nach Ruhe und Entspannung. Das steht seit einigen Jahren bei mir ganz oben an. Hängt vielleicht auch damit zusammen, dass man als Selbstständiger davon nicht allzu viel hat.

Ich weiß nicht, ob sich körperlich wirklich schon so ein spürbarer Wechsel bei mir vollzogen hat. Ich meine, siebenundfünfzig ist nicht mehr siebzehn, aber unter der Asche spüre ich schon noch Glut. Wie gesagt, das mit der Potenz hat natürlich nachgelassen, aber wenn ich mich bei meinen Freunden so umschaue, gibt es keinen Grund zur Beunruhigung. Da sind viele, die neben Fußball, Garten und Haus nun wirklich keine Leidenschaften mehr pflegen. Ich weiß nicht, warum das so ist, aber ich habe so meine Vermutungen. Man zahlt ja für jeden Vorteil im Leben irgendeinen Preis – auch für eine dauerhafte Beziehung.

Einige meiner Freunde leben noch mit der ersten Frau, und ich müsste mich schon sehr irren, wenn man bei denen im Bett noch mehr als Schnarchen hören kann. Mehr soziale Sicherheit durch weniger Sex, sage ich immer. Aber die waren wohl ohnehin nicht sehr an der Sache interessiert wie ich.

Nee, das ist jetzt vielleicht auch ungerecht. Ich habe einen anderen Freund, der noch mit der ersten Frau zusammen lebt. Und dieser Freund ist auch noch ein engagierter Erotiker. Der trifft sich so drei- bis viermal im Monat mit einer anderen Frau, ich glaube, die ist auch verheiratet, und dann geht da für eine Stun-

de die Post ab. Davon hat er mir mal erzählt. Danach sind die
beiden wieder fit für ihre ruhigen Dauerverhältnisse, bei denen
Sex auch längst auf kleinster Sparflamme kocht. Nein, ich hätte über so etwas nie gesprochen, nicht einmal mit meinem besten Freund. Ja, der Kavalier schweigt und genießt, aber das ist
nicht mal der Punkt. Zum einen ist mir Sex zu intim, um das
mit jemandem zu besprechen, der nicht dabei war, und zum anderen finde ich es den Frauen gegenüber unfair.

Diese Sexualprotzerei, die ich noch aus der Zeit kenne, als ich
aktiv Fußball spielte, »das Nachspiel in der Kabine« haben wir
immer gesagt, das ist mir ganz fremd gewesen. Schon als ich
noch ein ganz junger Bursche war. Es ist für die Frau, mit der
du es machst, eine fiese Indiskretion. Ich meine, wenn ihr daran liegt, muss sie es selbst unter die Leute bringen. Vor allem
aber ist es auch unfair der eigenen Frau gegenüber.

Nun ja, ich war auch nicht durchweg treu. Ich habe es nicht
Seitensprung genannt, sondern Abtauchen. Mal wieder richtig
sich in Sex verlieren, das geht in der Ehe meist verloren. Ich
glaube alten Ehepaaren ihr angeblich tolles Sexleben einfach
nicht. Gut, es mag sein, dass es welche gibt, die wirklich auch
nach dreißig Jahren Ehe noch einen ordentlichen Spaß dabei haben. Aber dass die Post so richtig abgeht, dazu braucht man dieses Kribbeln im Bauch, und das gibt es nur bei ganz frischen Lieben oder beim Fremdgehen. Verbotenes ist eben immer etwas
Besonderes.

Aber die Frau sollte davon nach Möglichkeit nichts erfahren.
Es hätte ihr wehgetan, uns nicht geholfen und mir ein schlechtes Gewissen gemacht. Das sind drei gute Gründe für Diskretion.

Warum man fremdgeht? Weil man auch als zivilisierter
Mensch seine Hormone nicht immer im Griff hat. Und weil man
nicht dauernd der Ehefrau mit seinen Erektionen unter die Augen treten will. Wenn man erst einmal anfängt, um Sex zu bit-

ten, dann ist der Spaß vorbei. Es ist nicht mal der Orgasmus – obwohl das schon herrliche Momente sind –, es ist einfach auch der heftigste Beweis dafür, dass du noch lebst. Und solche Beweise braucht man im Lauf der Jahre einfach.

Erotisch ist für mich ein weiter Begriff. Der Gang einer Frau kann erotisch sein. Die Art und Weise auch, wie sie mit den Händen ihr Haar ordnet. Ich habe das immer besonders gemocht, wenn man dann das Achselhaar sehen konnte. Achselhaar ist für mich außerordentlich erotisch, deshalb bin ich in unseren rasierten Zeiten schon ziemlich fehl am Platze. Diese ganz und gar ausrasierten Frauen – meine Töchter machen das ja auch – sind für mich immer wie ein Stück Seife.

Und dann sind natürlich der Hintern, die Beine und die Brust hoch erotische Partien. Wenn ich da in der Straßenbahn oder draußen beim Spaziergang etwas sehr Schönes sehe, schlägt mein Puls bis heute gleich ein wenig höher. Dabei geht es gar nicht so um extreme Schönheiten. Perfektion mag ich weniger, manchmal sind es ja gerade die Unebenheiten, die eine Frau reizvoll machen: eine zu kräftige Nase, ein zu voller Mund oder andere körperliche Unvollkommenheiten. Deshalb sind Frauen wie Verona Feldbusch für mich nicht sexy, die kommen mir eher wie Kunstprodukte vor.

Ich frage mich wirklich, wie die jungen Leute heute mit diesen verqueren Schönheitsidealen leben sollen. Die sehen die makellosen Gesichter von den Titelseiten lächeln, und wenn sie dann ihre eigenen Pickel betrachten, denken sie an Selbstmord. Wenn die Jungs auf solche Vorbilder geeicht werden, dann suchen die später auch nach solchen Frauen. Da werden sie eine suchen, der sie am Computer die letzte Unebenheit und den letzten Pickel retuschieren können. Bloß wird es solche Computer nicht geben.

Ich frage mich auch, wer eigentlich auf all diese glatten Schönheiten steht? Noch grotesker wird es, wenn sie dann eine der

Hollywood-Schönen im Bademantel mit ungewaschenen Haaren und ohne Make-up fotografieren. Eben hat sie dir noch von der Titelseite fleckenlos entgegengelächelt, und jetzt siehst du jeden einzelnen Pickel. Aber führt das etwa dazu, dass die mit den blöden Hochglanzfotos aufhören? Keine Spur. Die fallen lieber über eine Frau her, die einfach nur natürlich aussieht, weil man eben am frühen Morgen kein Cover-Gesicht haben kann.

Meine beiden Töchter haben natürlich auch diese Pickelphase gehabt, bei der jüngeren hat es bis in die Zwanziger hinein gedauert. Da musste man viel psychologische Schwerarbeit leisten, um sie vor dem seelischen Absturz zu bewahren. Ich glaube schon, dass es geholfen hat, wenn ich ihnen meine Vorstellungen von der erotischen, unvollkommenen Frau entwickelt habe.

Liebe und Sex – das ist auch so ein kompliziertes Feld. Liebe ohne Sex hat mit dem Vibrieren zwischen Mann und Frau nichts zu tun. Das ist dann eher Liebe zum Nächsten, Liebe zu Gott oder zu den Kindern, also eine ganze andere Liebeslandschaft. Aber ich gebe zu, auch zwischen Mann und Frau können Liebe und Sex auseinander driften. Ich habe meine Frau auch noch geliebt, als es mit dem Sex zwischen uns schon ganz ruhig geworden war. Aber ich kann keine neue Frau ohne Sex lieben. Ich kann ihr eng freundschaftlich verbunden sein, ich kann sie ungeheuer mögen und schätzen, aber lieben kann ich sie ohne Sex nicht. Ich meine, dass Sex und Liebe nicht zu trennen sind, wenn man eine Frau kennen lernt.

Ja, um noch einmal darauf zurückzukommen: Wenn man die Fünfzig überschritten hat, dann werden die anderen Gefühle sicher immer wichtiger. Sich auf jemanden verlassen zu können, beispielsweise. Das hat für mich heute viel mehr Bedeutung als vor dreißig Jahren. Oder auch einfach intellektuell auf nahen Wellenlängen zu senden. Zu Kunst und Literatur oder zum Fernsehprogramm eine ähnliche Meinung zu haben; sich einig zu sein, wann man ein Kino oder ein Theater vorzeitig verlässt, das ist heute für mich von enormer Bedeutung, weil sich sonst zwischen zwei Menschen viel schneller Stress aufbaut.

Also, wenn ich mit einer Frau im Theater sitze und mich zu Tode langweile, während sie sich prächtig unterhält, dann ist der Abend danach einfach auch schwieriger. Schließlich redet man nach der Vorstellung über das Stück, und wenn die Geschmäcker weit auseinander liegen, dann schafft das Distanz.

Ich lebe seit ein paar Jahren mit einer anderen Frau zusammen, aber in dem lockeren Rahmen, den ich für mich festgelegt habe. Wir haben beide eine Wohnung, und einen großen Teil der Woche verbringen wir getrennt. Wir telefonieren öfter, aber wir sehen uns nicht. Sie hat ein kleines Unternehmen und ist genauso intensiv auf den Beinen wie ich. Auch sie hat Kinder aus einer früheren Ehe, und auch sie muss sich um die Kinder und die Enkel kümmern. Sie ist dreiundfünfzig und noch sehr aktiv, auch sexuell, das muss ich wirklich sagen. Ja, bei ihr habe ich es nach zehn Jahren Pause erstmals wieder geschafft, an einem Abend zweimal zu ejakulieren. Das war ein Wahnsinnsgefühl.

Wahrscheinlich hat sie mir meine Eitelkeit an dem Abend angesehen, man ist ja als Mann zuweilen doch noch wie ein Silberrücken bei den Gorillas. Man möchte gern ein bisschen auf der breiten Brust trommeln, auch wenn die so breit gar nicht ist. Aber meine Lebensgefährtin ist sehr diskret. Sie sieht genau die Schwächen anderer, aber sie spricht nicht darüber. Ich nehme an, dass darin ihr Erfolg im Beruf besteht. Sie ist Imageberaterin, das klingt ziemlich abgefahren, aber ich bin ganz sicher, dass ihre Tipps für die Kunden jeden gezahlten Euro wert sind.

Ja, das gemeinsame Heim ist wirklich nicht der Punkt in unserer Beziehung. Wir hatten zunächst beruflich miteinander zu tun und sind dann ein paar Mal gemeinsam bei Veranstaltungen gewesen. Es fing eigentlich erst richtig an, als sie mich nach ein paar Wochen ganz spontan zu einem Kinobesuch eingeladen hat.

Danach waren wir noch essen, und als ich sie nach Hause gebracht habe, hat sich alles plötzlich wie von selbst ergeben.

Wir haben gemerkt, dass wir nicht nur gut gemeinsam durch Galerien wandern können, sondern auch erotisch auf einer Welle senden. Wenn ich da jetzt an die ersten Male zurück denke, spüre ich gleich wieder dieses Prickeln.

Ich war damals dreiundfünfzig, schon geschieden und seit mehreren Jahren sexuell auf ganz kleiner Flamme. Ein oder zwei flüchtige Sachen im Jahr, mehr nicht. Ich dachte schon, ich könnte gar keine dauerhafte erotische Beziehung mehr durchstehen. Also, ich war nicht in Panik, ich habe nicht den Schatten des Alters gesehen oder so etwas. Ich hatte mich einfach innerlich darauf eingestellt, dass die erotischen Messen nun gelesen waren, von kleinen Aufregern zwischendurch mal abgesehen.

Und dann zeigte mir diese Frau, wie sehr ich mich geirrt hatte. Sie war auch viel offener als meine Frau. Oralsex kannte ich mehr oder weniger nur aus der Literatur. Jetzt kenne ich ihn auch ganz praktisch und sehr intensiv, beiderseitig sozusagen. Sogar Analsex, was ich bis dahin immer für eine Zumutung aus Sicht der Frau gehalten hatte. Aber sie hat mir gezeigt, wie man es machen kann, damit es keine Zumutung ist. Wir haben experimentiert wie junge Leute, und dabei sind wir statistisch gesehen schon beide auf der Kalkseite des Lebens.

Natürlich ist es seither auch zwischen uns wieder ruhiger geworden. Das ist meiner Meinung nach in jeder Lebensphase so, dass man mit großer Hitze aufeinander trifft und dann die Temperatur langsam nachlässt. Aber zwischen uns ist sie noch immer hoch. Ich denke, das hat auch damit zu tun, dass wir den Alltag nicht miteinander teilen. Uns zermürben keine gemeinsamen Sorgen um die Kinder, wir streiten nicht über die Farbe der Wände oder die Art der zu kaufenden Möbel oder wer eigentlich mit den Hausarbeiten an der Reihe ist. Wir erledigen jeder unseren Alltag allein und treffen uns für die Sonn- und Feiertage. Dabei können die manchmal durchaus mitten in die Woche fallen.

Natürlich können Frauen meiner Generation erotisch sein. Ich habe ja die ganz praktische Erfahrung gemacht und mache sie noch immer. Aber sie können sich eben nicht mehr auf die Gaben der Natur verlassen. Meine Lebensgefährtin geht zweimal die Woche ins Fitnesscenter und einmal schwimmen. Zum Schwimmen gehen wir oft gemeinsam, ich jogge dafür lieber. Aber ich will damit sagen, dass wir einiges dafür tun, uns füreinander auch noch attraktiv zu halten. Ich finde, wer sich einfach einen Bauch wachsen lässt, sendet seiner Partnerin oder ihrem Partner auch ein eindeutiges erotisches Signal: Es ist mir nicht mehr so wichtig, wie ich auf dich wirke.

Trotzdem könnte ich mir schon vorstellen, auch mit einer Frau zusammen zu sein, die von Erotik nichts mehr wissen will, mit der mich aber sonst sehr viel verbindet. Und vermutlich würde ich dann den Sex woanders suchen. Ja, das könnte schon funktionieren, aber so, wie es jetzt bei mir ist, gefällt es mir natürlich eindeutig besser.

Bei einer Frau zieht mich nichts speziell an. Ich habe schon darüber gesprochen, was ich an Frauen erotisch finde, aber dass eine wirklich stark auf mich wirkt, hängt nur teilweise mit Äußerlichkeiten zusammen. Ich gebe zu, eine dicke Frau würde mich nicht interessieren. Obwohl ich mir vorstellen könnte, mit einer sehr gut befreundet zu sein. Aber erotische Assoziationen habe ich da nicht. Der Typ Marianne Sägebrecht, für den viele Frauen meiner Erfahrung nach so intensiv schwärmen, ist nicht mein Fall. Wenn Marianne in Rosenheim ist, bleibe ich gern *Out of Rosenheim*.

Es ist irgendwie – ja, es gibt keine bessere Bezeichnung – die Persönlichkeit der Frau, die mich wirklich anzieht. Ich bin nicht der Typ, der sich Hals über Kopf verliebt, das habe ich nicht mal als ganz junger Bursche geschafft. Bei mir dauert es immer ein bisschen länger, ich muss mehr über eine Frau wissen, ehe ich mich wirklich auf sie einlasse. Und dann sind körperliche Merkmale meist nur noch sekundär, dann hat es längst auf einer anderen Ebene irgendwie gefunkt. Aber ich nehme eine schöne Brust, einen festen Hintern und andere Herrlichkeiten sehr gern mit in eine Beziehung.

Wobei ich zugeben muss, ich habe auch schon den schnellen Sex nur für einmal gehabt. Nicht sehr oft – sechs- oder siebenmal vielleicht oder zehnmal. Und einige dieser Treffen waren auf ihre Art auch richtig schön. Wenn beide wussten, dass es nur für diese Nacht war, da konnte man manchmal viel herauslassen, und das kann dann auch sehr schön sein. Aber generell ist das nicht mein Fall. Es muss ja nicht immer gleich die Liebe fürs ganze Leben sein, aber mehr als Sex sollte die Beziehung schon bieten.

Ja, der eigene Körper ... ich habe ja schon gesagt, dass ich ihn durch Sport fit zu halten versuche. Ich habe im Grunde noch immer mein Idealgewicht, aber ich versuche mir nicht einzureden, dass man so jung ist, wie man sich fühlt. Abgesehen mal davon, dass ich mich zuweilen schon alt fühle. Vor allem wenn ich gegen meine Prinzipien abends mehr getrunken habe, als mir eigentlich gut tut, merke ich natürlich auch, dass der Lebensabend ante portas ist. Gut, ich bin noch nicht mittendrin, aber es zwickt schon mal hier und schon mal da, und wenn man die Zeitung aufmerksam liest und auch den Freunden zuhört, dann weiß man, wie schnell alles anders sein kann. Ich sage nur Schlaganfall.

Das ist ja auch so ein Merkmal dieser Zeit nach fünfzig, plötzlich führt man mit seinen Freunden und Bekannten genau diese Gespräche, über die man früher bei den Älteren gelächelt hat. In jungen Jahren bekam man auf die Frage: »Na, wie geht's?« immer dieselben optimistischen kurzen Antworten. Heute muss man damit rechnen, dass einem der Freund von den Qualen der letzten Gastritis, den Freuden eines Katheters oder den Abgründen seiner Rückenbeschwerden berichtet.

Und selbst wenn dich der liebe Gott bislang davon verschont hat, weißt du natürlich, dass der Mann mit der Keule schon hinter der nächsten Ecke stehen kann. Also von Jugendwahn bin ich wirklich weit entfernt. Aber ich halte mich fit, und bisher bin ich eigentlich ganz zufrieden, wenn ich in den Spiegel schaue.

Nein, über Potenzprobleme habe ich noch mit keinem meiner Freunde gesprochen. Ich glaube nicht, dass alle frei davon sind, aber das ist zwischen Männern selten ein Thema. Da spricht man noch eher über Asthma oder Krebs.

Sex ist für mich übrigens auch immer mit Düften verbunden gewesen. Schweißgeruch mag ich nicht, Mundgeruch natürlich auch nicht. Aber den Duft einer Scheide, den mag ich, auch wenn er leicht uringeschwängert ist. Ich habe ein bisschen gebraucht, ehe ich diese Offenheit dafür an mir entdeckt habe. In unserer heißen Zeit hat mir meine Frau die Hemmungen genommen. Die stand darauf, dass ich sie unten leckte, und nachdem ich mich überwunden hatte, habe ich Gefallen daran gefunden. Ich mache es heute noch sehr gerne und ich glaube, dass ich mich dabei gar nicht dumm anstelle.

Aber auch ein dezentes Parfüm oder ein gutes Deo sind in Ordnung. Nur der intensive Duft der einfachen Cremes, der gefällt mir überhaupt nicht, der führt bei mir automatisch zu einem starken Knick in der Erregungskurve.

Ich bin gern aktiv beim Sex, wobei ich für alle Varianten offen bleibe. Manchmal gefällt es mir ganz soft, dann bevorzuge ich wieder eher den richtigen Kracher im Bett, der manchmal sogar irgendwie ein bisschen an Gewalt erinnert. Wobei Voraussetzung ist, dass es beide wollen. Nein, es stört mich nicht, wenn die Frau aktiv ist. Meine Lebensgefährtin übernimmt schon mal gern das Kommando, aber das überschreitet niemals die Grenze zu SM. Ich bin nicht der Paschatyp, aber den Sklaven gebe ich erst recht nicht, auch nicht im Bett. Ich finde es allerdings wirklich sehr gut, wenn mal die Frau das Vorspiel einleitet und nicht alles dem Mann überlässt.

Mit der Zärtlichkeit ist das ähnlich. Ich denke, das Problem besteht darin, dass Mann und Frau von dem Begriff meist sehr unterschiedliche Vorstellungen haben. Am Anfang läuft ja jede Art von Zärtlichkeit meist auf ein erotisches Finale zu. Später ist es oft so, dass einer von beiden auch schon damit zufrieden ist, wenn er einfach gestreichelt wird. Oft ist das die Frau, aber es gibt angeblich auch solche Männer. Das kann ich nicht beurteilen. Für mich kann ich sagen, dass ich zärtliches Streicheln wirklich sehr mag, allerdings kann ich eben nicht ausschließen, dass sanfte Frauenfinger aus mir auch noch was anderes herauskrabbeln als behagliches Brummen. Ich würde so sagen: Eine Frau, die mir gegenüber einfach zärtlich sein will, muss eine gewisse Risikobereitschaft haben.

Das passt übrigens gut zu der Frage mit den Potenzproblemen. Mit meiner Lebensgefährtin ging es, wie gesagt, richtig ekstatisch los. Aber beim achten oder neunten Mal war plötzlich Schluss. Sie hatte Kerzen aufgestellt, eine Flasche Sekt geöffnet, und ich war wohl noch irgendwie bei meiner Arbeit, als sie plötzlich sofort zur Sache kam. Sie hat eigentlich männlich gehandelt. Und das muss meinen kleinen Freund ganz fürchterlich erschreckt haben. (Lacht) Er kam jedenfalls nicht aus der Deckung und ich rutschte sanft, aber unaufhaltsam in ein tiefes seelisches Tal. Ich dachte wirklich, jetzt habe es mich erwischt.

Ich habe diese Szene ganz lebendig vor Augen und ich weiß noch genau, wie tief ich am Boden war. Also wenn meine Lebensgefährtin jetzt auch nur gelächelt hätte, wäre ich wahrscheinlich still in den Kreis der Eunuchen abgeglitten. Aber sie hat das hingekriegt. Eine Psychologin hätte davon noch was lernen können. Es ist fast unglaublich, aber schon eine Stunde später hatten wir wieder intensivsten Sex.

Es ist wirklich wichtig, dass man mit der Partnerin über so etwas reden kann. Ich weiß das noch von Freunden, die schon in früheren Jahren ähnliche Erlebnisse hatten und von enttäuschten oder spöttischen Frauen im Regen stehen gelassen wurden. So etwas ist wie ein Schnitt in den Unterleib. Wer da ein schwächelndes Ego hat, erholt sich vielleicht nie mehr von einem solchen Schlag. Aber es ist wohl auch eine Frage der Erfahrung bei der Frau. Meine Lebensgefährtin hatte mit dem Vater ihrer drei Kinder mehrmals solche Probleme, und da hat sie gelernt, damit umzugehen.

Ich denke, man sollte offen über die eigenen Wünsche und Vorstellungen sprechen, also auch über sexuelle Phantasien. Man muss sie ja danach nicht unbedingt ausleben – obwohl man es, wenn beide bereit sind, versuchen sollte –, aber es ist schon gut, gegenseitig davon zu wissen. Obwohl es ein hohes Maß an Vertrauen verlangt. Man muss ausschließen können, dass die eigenen Geheimnisse bei einer späteren Trennung öffentlich werden. Wahrscheinlich überwinden viele Paare auch deshalb diese Hemmschwelle nie. In uns allen sitzt doch heute die Erkenntnis, dass nichts ewig hält. Eher schweige ich, als dass ich später den Stoff für eine schöne Story meiner Ex-Frau im Kreise ihrer amüsierten Freundinnen liefere.

Das betrifft auch die Masturbation. Als ich ganz allein gelebt und Sex dreimal im Jahr gehabt habe, spielte das eine große Rolle. Wobei ich mir dafür immer heftige Vorstellungen machen muss, damit es klappt, da sind dann auch schon Gewaltphantasien im Spiel, bis hin zur Vergewaltigung. Praktisch habe ich Frauen gegenüber so etwas niemals auch nur im Ansatz praktiziert, aber wenn einem so etwas überhaupt durch den Kopf geht, dann kann man ja wohl nicht ganz frei davon sein, nicht wahr? Und da gerate ich schon manchmal ins Grübeln. Ich habe da mit meiner Frau darüber geredet, der habe ich auch vertraut, und soweit ich weiß, hat sie es für sich behalten.

Ich rede also heute zum ersten Mal zu einem Fremden darüber.

Pornofilme brauche ich nicht. Zumal die meisten Rammelstreifen sind. So ist es vielleicht bei den Kaninchen, bei mir war es nie so. Und schon gar nicht mit dem gymnastischen Aufwand. Außerdem törnen diese großen Schwänze jeden ab, der nicht selbst solche Kaliber in der Hose hat.

Ich gehe auch nicht in Bordelle oder in Massagesalons. Wenn ich dafür einen festen Preis entrichten muss, habe ich bestimmt Erektionsprobleme. Ich weiß es nicht, weil ich es nicht ausprobiert habe, aber ich gehe mal davon aus. Wenn eine Friseuse beruflich meine Haare anfasst, ist das in Ordnung. Aber mir sozusagen beruflich an den Schwanz fassen zu lassen, nee, das ginge irgendwie nicht.

Ja, woher ich diese Offenheit habe? Also von zu Hause jedenfalls nicht. Ich bin mit meinen Eltern wirklich gut hingekommen. Mein Vater ist schon gestorben, als ich zwölf Jahre alt war. Er war Klempner und hatte ein kleines Geschäft. Meine Mutter hat nie wieder geheiratet, und wenn mich nicht alles täuscht, hatte sie auch nie wieder einen Mann. Das Kapitel war für sie mit Vaters Tod abgeschlossen. Ich war wirklich gut versorgt, aber mit Gefühlen ging man bei uns zu Hause nicht überschwänglich um. Meine Mutter hat mich aufgeklärt. Das muss kurz nach dem Tod meines Vaters gewesen sein, genaue Erinnerungen habe ich daran eigentlich nicht, aber es war gewiss kein umwerfender Vorgang. Wie ich meine Mutter kenne, wird sie es eher technisch erläutert haben. Es hat jedenfalls keinen tiefen Eindruck auf mich gemacht. Und ich bin ganz sicher, dass sie mir nicht die Freuden der Liebe ausgemalt hat, denn an die hat sie selbst nicht geglaubt. Ganz spät, da war ich schon weit über vierzig, hat sie mir mal gestanden, dass es ihr auch mit meinem Vater kein rechtes Vergnügen war. Also von ihr kann ich die Lust am Sex nicht geerbt haben.

Der Umgang mit dem eigenen Körper war jedenfalls reichlich verklemmt zu Hause. Nackt voreinander herumlaufen, wie meine Frau und ich das später mit unseren Töchtern getan haben, das gab es bei uns zu Hause nicht. Wenn meine Mutter sich umkleidete, musste ich den Raum verlassen. Und das Bad wurde immer fest verschlossen gehalten, wenn sie drin war. Sie hat sich von einer bestimmten Zeit an auch von meiner Nacktheit fern gehalten. Als die ersten Schamhaare bei mir zu sprießen begannen, waren für sie offenbar meine Kindheit und ihre direkte Rolle als Mutter darin beendet.

Ich weiß auch nicht mehr so richtig, wie mein sexuelles Erwachen genau ablief.

Ich erinnere mich an feuchte Schlafanzughosen am Morgen, an kichernde Jungsrunden in dunklen Ecken, wo man sich gegenseitig die erigierten Glieder zeigte und versuchte, beim Onanieren ein paar blasse Tropfen zu verspritzen. Und dann gab es natürlich unter uns die abenteuerlichsten Vermutungen über all das, was man mit Mädchen anstellen kann. Aber in der Zeit haben wir alle etwas länger gebraucht, ehe wir von der Theorie zur Praxis kamen, als die jungen Leute heute.

Obwohl es manche auch damals schon früher hingekriegt haben. Ein Mädchen aus meiner Klasse wurde mit sechzehn Jahren Mutter, und das Kind hat sie von einem Klassenkameraden bekommen. Aber das waren wirklich Ausnahmen.

Ich weiß auch nicht, warum es dann bei mir so lange gedauert hat. Vielleicht hing es damit zusammen, dass ich lange Probleme mit meiner Vorhaut hatte. Ich bekam die einfach nicht zurück. Vielleicht hatte ich auch nur Angst vor möglichen Schmerzen. Ich erinnere mich jedenfalls, dass ich bereits begann, mich innerlich damit abzufinden, dass mir das Kapitel Frauen verschlossen bleiben würde. Ich hielt mich für nicht zeugungsfähig und damit natürlich auch für nicht liebesfähig, was damals irgendwie dasselbe war.

Der Durchbruch kam kurz vor dem Ende meines ersten Studienjahres. Ich hielt mich da zwar schon nicht mehr für generell unfähig zum Sex, aber der praktische Gegenbeweis war mir auch noch nicht gelungen. Ich habe keine Ahnung, ob es in meinem Studienjahr auch noch anderen so ging. Wir haben über solche Themen auf der Universität wirklich kein Wort miteinander gewechselt. Ich kann mich jedenfalls an kein einziges derartiges Gespräch erinnern. Aber immerhin wurden bei uns schon im ersten Semester zwei Kommilitonen Väter. Also man praktizierte durchaus Sex, und ich fühlte mich davon schon frustriert. Ich war aber auch ziemlich schüchtern, das muss ich schon sagen, obwohl ich eine große Klappe hatte. Um flotte Sprüche war ich nicht verlegen, aber wenn es dann ernst zu werden drohte, zitterten meine Knie und meine wendige Zunge wurde ganz trocken und dick.

Im Grunde hat mich wohl die Sekretärin unseres Bereiches gerettet. Die war damals ungefähr Mitte dreißig. Eine gut aussehende, üppige Frau, die uns Studenten mit kühnen Dekolletés oft stark verwirrt hat. Ich würde nicht sagen, dass sie mich bis dahin besonders wahrgenommen hätte. Man musste ja wegen aller möglichen Angelegenheiten oft in ihr Sekretariat kommen und sie hat es perfekt beherrscht, alle jungen Hirsche still röhren zu lassen.

Irgendwann zog sie dann um und bat um Hilfe. Wir waren zu dritt und haben ihre Möbel im selben Haus zwei Etagen höher getragen. Bei der Gelegenheit erfuhren wir erst, dass sie sich gerade hatte scheiden lassen. Irgendwie mussten die beiden anderen früher weg, und ich habe ihr noch beim Einräumen geholfen.

Dann hat sie eine Flasche Sekt spendiert, wir unterhielten uns und plötzlich lag ihre Hand auf meiner Hose. Danach hatte ich bis in die tiefe Nacht reichlich Gelegenheit für eine erste Lektion in Sachen Sex. Das Schönste war, dass ich dabei entdeckte, dass alle Befürchtungen umsonst waren. Da hatte ich auch gleich mehrere Orgasmen.

Die Sekretärin hat mich danach übrigens bis zum Ende des Studiums behandelt wie jeden anderen, als sei nie etwas vorgefallen zwischen uns. Ich war ihr dafür eigentlich dankbar, aber wenn es nicht das erste Mal für mich gewesen wäre, hätte ich bestimmt irgendwann gedacht, ich sei Opfer einer Sinnestäuschung geworden. So perfekt hat die Frau Normalität vorgespielt. Aber das erste Mal vergisst man eben doch nicht.

Na ja, und dann kam im Grunde schon meine Frau. Und mit der wurde es dann so, dass ich für das ganze Leben an Sex Gefallen gefunden habe. Warum es zwischen uns nachließ, weiß ich auch nicht. Wie gesagt, nach dem ersten Kind und der Heirat sank die Temperatur schon deutlich und nach der jüngeren Tochter ließ es noch einmal nach.

Ich weiß nicht, ob wir etwas falsch gemacht haben. Vielleicht haben wir uns nicht lange genug darum bemüht, den Alltag zu überwinden. Vielleicht hätte ich ihr länger Blumen bringen und überraschende Geschenke machen sollen. Aber ich weiß nicht, ob so etwas wirklich verhindert, dass im Bett langsam Ruhe einzieht. Ich habe das ja bei Freunden und Bekannten nicht anders erlebt.

Ich hätte mir schon gewünscht, dass es zwischen mir und meiner Frau länger geprickelt hätte. Das wäre sicher auch für unsere Töchter besser gewesen. Wo Sex noch gut läuft, ist einfach die Stimmung besser, und davon profitieren auch die Kinder. Am Anfang haben wir manchen Streit zwischen uns gelöst, indem wir einfach zusammen ins Bett gegangen sind. Als das nicht mehr funktionierte, wurden auch die Streite härter.

Ich glaube nicht, dass ich es bei einem zweiten Versuch in meinem Leben sehr viel anders machen würde. Jedenfalls nicht in der Liebe. Nicht einmal den relativ späten Start sehe ich heute noch als Nachteil. Manche meiner Freunde aus dem Fußballverein haben viel früher angefangen, aber die waren dann teilweise mit Mitte dreißig auch schon wieder am Ende. Sie hatten Kinder, die Frauen etliche Kilo mehr auf der Hüfte und längst andere Interessen und sie selbst gingen langsam zum Bier über. Daran gemessen habe ich geradezu ausschweifend geliebt und tue es ja noch.

Meine Jugendfreunde treffe ich nicht mehr, wir wohnen auch viel zu weit auseinander, und die Interessen sind längst nicht mehr ähnlich. Aber wenn die von meinem heutigen Liebesleben hörten, ich weiß nicht, ob die mich beneiden oder doch nicht eher bedauern würden, weil ich noch nicht zur Ruhe gekommen bin. Wahrscheinlich könnte ich auch nicht wirklich mit ihnen über so etwas sprechen. Sex nach fünfzig ist bei uns zwar nicht mehr so besonders wie noch bei unseren Eltern, aber gewöhnlich ist es auch noch nicht. Außerdem findet die öffentliche Debatte darüber wirklich nur zögernd statt.

Im Fernsehen wird über alles getalkt, aber wenn eine Frau wie die Kabarettistin Lisa Fitz mit ihrem jungen Kubaner auftaucht und von Sex redet, während jeder sehen kann, dass sie zwar eine schöne Brust, aber eben auch schon schöne Falten hat, dann ist das für viele immer noch einfach peinlich. Ich selbst finde es nicht peinlich, nein, obwohl da natürlich wieder das alte Problem von Jung und Alt steht. Das ist nicht Sex in derselben Generation. Der Unterschied besteht nur darin, dass die Frau die ältere ist. Sonst ist es ja in der Regel umgekehrt.

Ja, die alten Männer und die jungen Frauen. Also mein Fall ist das nicht, ehrlich gesagt. Ich möchte neben einer Jungen nicht den alternden Gockel geben. Ich will auch nicht zu den Bräuchen und Tagesabläufen meiner Jugend zurückkehren, nur um einer deutlich jüngeren Partnerin gewachsen zu sein. Irgendwie wird man dabei wahrscheinlich auch stets ein bisschen infantil. Wer mit grauen Haaren und Falten um die Augen den jugendlichen Liebhaber heraushängen lässt, gibt dabei keine gute Figur ab. Auch die späten Väter sind so ein Kapitel für sich. Gut, wenn man noch keine Kinder hat, das mag was anderes sein, aber ansonsten kommt mir das immer wie eine Schützenprobe vor, wie der Beweis, dass die Munition noch scharf ist.

Außerdem muss mir bei solchen Liaisons mit rasantem Altersunterschied niemand von Liebe reden. Die alten Herren sind immer reich bis gut betucht. Zeigen Sie mir den Mindestrentner mit attraktiver junger Gefährtin. Da können Sie lange suchen, weil Liebe nämlich doch nicht so wahllos dahin fällt, wo eben mal Platz ist.

Nein, Zukunftsangst habe ich nicht, und schon gar nicht, wenn Sie damit meine Zukunft im Bett meinen. Es gibt ein Lied von Gerhard Schöne, darin heißt es ungefähr: »Alles gibt es ein letztes Mal ...«, den Sex natürlich auch. Solange es davor Spaß gemacht hat, schreckt mich diese Aussicht nicht. Aber vielleicht plaudere ich darüber ja auch nur deshalb so gelassen, weil ich noch nicht an dem Punkt angekommen bin. Vielleicht kommt dann das große Heulen und Zähneklappern, aber ich glaube das nicht.

Ich spiele auch schon lange nicht mehr Fußball, was ich als junger Mensch für nahezu unmöglich hielt. Heute fehlt er mir absolut nicht, der Fußball. So wird es mit dem Sex wahrscheinlich auch. Dann bleibt mir als letztes Teil vom goldenen Dreieck eines Mannes noch das Bier.

ICH WILL KEINEN MANN,
DER MIR OPFER BRINGT

Rita, 54

Es ist nicht leicht, einen Partner zu finden. Für Jugendliche gibt es Diskos und für die Alten Rentnertreffs. Selbst bei Reisen sind das meistens nur Rentnergruppen. Aber gerade für das Alter zwischen fünfzig und sechzig, da ist es ganz schwierig, irgendwie Bekanntschaften zu schließen oder gemeinsam etwas zu machen. Und das vermisse ich ein bisschen, weil ich allein lebe. Dabei bin ich heute viel offener als früher, kenne meine Bedürfnisse besser und kann die auch vermitteln. Dazu habe ich lange gebraucht.

Die Zeit vor dem ersten Mal war schon spannend. Natürlich hat man damals viel mit Freundinnen darüber geredet, denn man wusste ja noch nicht, wie und wo es lang geht. Doch eigentlich war es nach der ganzen Vorfreude und dem vielen Reden darüber eher enttäuschend, weil man noch sehr unbeholfen war. Als ich meine ersten sexuellen Erlebnisse hatte, gab es ja die Pille noch nicht, und über Aids war noch nichts bekannt. So zwischen sechzehn und zwanzig habe ich mich ganz schön gedankenlos in diese Abenteuer gestürzt. Vor allem während meiner Studienzeit hatte ich ständig wechselnde sexuelle Verhältnisse. Die Freude und der Genuss daran, das kam erst viel später.

Meinen Mann, von dem ich inzwischen geschieden bin, lernte ich in einem Jugendklub kennen. Er war damals dreiundzwanzig und ich einundzwanzig und ich fing gerade als Lehrerin an. Bis dahin war ich ein sehr behütetes Einzelkind, das noch zu

Hause bei den Eltern lebte. Doch als ich dann mein eigenes Geld verdiente, wollte ich auch eine eigene Familie haben.

Er war Krankenpfleger und ein sehr tatkräftiger Mann, das hat mir gefallen. Auch seine offene Art, sein offenes Auftreten, was ich leider nicht hatte. Ich war es gewohnt, dass mir meine Eltern alle Entscheidungen abgenommen haben. Nachdem wir uns drei Wochen kannten, sind wir über die Wochenenden zusammen weggefahren. Und danach haben wir entschieden, dass wir zusammenbleiben wollen. Ich denke, das war schon Liebe, richtige Liebe.

Wir kannten uns nicht mal ein halbes Jahr, als wir geheiratet haben. Da wurden bei uns im Jugendklub noch Wetten abgeschlossen, wie lange das mit uns gehen wird. Er war nämlich bekannt als einer, der öfter mal eine andere hatte. Geheiratet haben wir vor allem, um eine eigene Wohnung zu kriegen, es gab ja damals keine andere Möglichkeit. Wir haben jeder noch bei den Eltern gewohnt und sind dann nach der Heirat erst mal bei meinen Eltern untergekommen.

Nach einem Jahr wurde ich schwanger. Das war auch beabsichtigt, denn wir wollten mindestens drei Kinder haben. Und meine Mutter, die auch Lehrerin war, hat gedroht, dass sie kündigen werde, wenn wir nicht endlich eine eigene Wohnung bekämen. Ihre Drohung hat gewirkt, denn Lehrer waren ja damals im Osten knapp. Jedenfalls haben wir dann eine Wohnung zugewiesen bekommen.

Und damit begannen die ersten Schwierigkeiten. Denn als wir endlich allein waren, ist mein Mann freitags oder auch an Wochenenden oft mit Kollegen unterwegs gewesen. Und mit denen ist er dann meistens in einer Kneipe gelandet. So ein Eheleben kannte ich von meinen Eltern nicht. Und wenn mein Mann betrunken nach Hause kam, wurde er auch aggressiv. Ich konnte ja nicht weg, denn relativ schnell kam dann das zweite Kind. Wir haben in der Zeit auch kaum noch miteinander geredet, das hat mich sehr gestört. Trotz der Kinder habe ich weiter als Lehrerin gearbeitet. Ich habe sie morgens zur Krippe gebracht und nach der Arbeit wieder abgeholt.

In dieser Zeit fing ich eine Beziehung mit einem alleinstehenden Mann an, die ging über mehrere Jahre. Mein Mann hat nichts davon gemerkt, seine Arbeit und seine Kumpel waren ihm wichtiger. Jeden zweiten Abend war er damals nicht zu Hause. Wenn die Kinder dann im Bett waren und geschlafen haben, bin ich um die Ecke zu dem anderen gegangen. Mit dem konnte ich über meine Probleme reden, der hat mir wenigstens zugehört. Wir haben auch eine Menge gemeinsam unternommen. Wir sind ins Kino gegangen oder an Wochenenden, wenn die Kinder bei meinen Eltern waren, ins Grüne gefahren.

Das war schon eine schöne Zeit für mich. Damals hätte ich mich sicher scheiden lassen für ihn, aber er hat sich nie so richtig zu mir bekannt. Das liegt vielleicht daran, dass er in einem Heim aufgewachsen war und noch nie mit jemandem zusammengelebt hatte. Der war nicht in der Lage, wirklich enge Beziehungen zu knüpfen, geschweige denn, sich ganz auf eine Frau einzulassen. Und das ist bis heute so, denn ich bin jetzt wieder mit ihm zusammen.

Damals war das für mich eine ziemliche Belastung. Es war ja nicht einfach, Mutter, Ehefrau, Geliebte und Lehrerin in einem zu sein. Ständig hatte ich ein schlechtes Gewissen. Darum habe ich das Verhältnis dann beendet und mich wieder auf meine Ehe besonnen.

Doch es kriselte immer mehr. Trotzdem wollten wir zusammenbleiben und haben dann noch das dritte Kind gekriegt.

Na ja, so ging das zwanzig Jahre, und als die Kinder dann relativ groß waren, so Anfang der neunziger Jahre, hatte mein Mann auf einmal wieder mehr Zeit für mich. Denn während ich weiter unterrichten durfte, wurde er arbeitslos. Wir sind dann auch wieder öfter ins Theater oder ins Kino gegangen, haben uns mit Bekannten getroffen oder sind zusammen im Kegelklub gewesen.

Dort hat sich mein Mann dann in die Frau eines Bekannten verliebt. Alle anderen in unserem Kreis wussten davon, nur die betroffenen Personen nicht – ihr Mann und ich. Das ging wohl schon eine ganze Weile so. Irgendwann sind wir doch stutzig geworden. Da hat der Mann mich angerufen, wenn seine Frau nicht zu Hause war, und ich habe ihn angerufen, wenn mein Mann nicht zu Hause war. So haben wir das schließlich mitbekommen und ihnen nachspioniert. Eines Abends haben wir sie dann in flagranti im Auto erwischt und zur Rede gestellt.

Das war wie in einem schlechten Film. Sie haben uns gesagt, dass sie sich ineinander verliebt hätten und zusammenleben wollten. Daraufhin habe ich der Frau eine Ohrfeige gegeben und gesagt: »Du hast mir meinen Mann weggenommen.« Und ihr Mann ist total durchgedreht und hat gedroht, sie umzubringen. Trotzdem war es für mich eine erlösende Situation, nach all der Ungewissheit. Aber ich habe mich damals auf etwas eingelassen, was ich später bitter bereut habe.

Mein Mann ist also zu der Frau in die Wohnung gezogen, und da ihr Mann nicht wusste, wohin, habe ich ihm ein Zimmer in meiner Wohnung angeboten. Irgendwie hatte ich Mitleid mit dem, denn der kam mit der ganzen Situation nicht zurecht. Ja, und dann hatten wir auch Sex miteinander. Das wollte ich zwar nicht, aber es hat sich eben so ergeben, wohl aus unserer Verzweiflung heraus. Aber der hat dann nur noch gesoffen und ich habe abends mitgetrunken, weil ich ihn nicht mehr in meiner Wohnung ertragen konnte. Meine Kinder waren zum Glück schon aus dem Haus.

Merkwürdig war nur, dass dieser Mann, der seine Frau überall nur noch schlecht machte und sie wegen Ehebruchs am liebsten ermordet hätte, selber schon jahrelang ein heimliches Verhältnis zu einer anderen Frau hatte. Und zu der ist er nach einem halben Jahr auch gezogen. Rückblickend muss ich sagen, dass mir dieser Mann sehr geschadet hat.

Dagegen war mein Mann unheimlich fair zu mir, das ist mir erst im Nachhinein bewusst geworden. Der hat versucht, alles ruhig mit mir zu klären. Ich durfte in der Wohnung bleiben und alle unsere gemeinsamen Dinge behalten. Nur das Auto hat er mitgenommen.

Als wir geschieden waren, ging ich langsam aber sicher auf die fünfzig zu und war zum ersten Mal in meinem Leben allein. Zwar kamen die Kinder manchmal zu Besuch, aber die meiste Kraft schöpfte ich aus meiner Arbeit. Ich arbeite gerne und Lehrerin ist immer noch mein Traumjob. Aber damals konnte ich mit niemandem über meine Probleme reden, nicht mal mit Freunden. Und den Fragen meiner Kollegen bin ich ausgewichen. Vor denen habe ich so getan, als ob nichts sei. Dabei hatte ich immer so das Gefühl, meine Schüler spüren, dass mit mir was nicht in Ordnung ist. Die haben mir sogar Briefe geschrieben oder was Liebes an die Tafel gemalt. Also, das hat mir gut getan.

Etwa ein Jahr nach der Scheidung lernte ich einen Mann kennen, der hatte auch gerade eine Beziehung hinter sich. Wir haben gleich am ersten Abend Sex miteinander gehabt. Danach dachte ich, das war's und habe ihm auch nicht meine Adresse gegeben. Aber der hat dann wohl alle Hebel in Bewegung gesetzt, um herauszufinden, wo ich wohne. Und eines Tages stand er mit Blumen vor meiner Tür. Das hat mich schon beeindruckt.

Kurz danach ist er bei mir eingezogen. Aber wie sich herausstellte, hat er sich einmal im Quartal bis zur Besinnungslosigkeit betrunken. Der war Alkoholiker, was ich ja vorher nicht wissen konnte. Wenn der nüchtern war, war er ganz lieb, aber wenn er betrunken war, wurde er böse bis aggressiv. Leider wurde ich dann co-abhängig, weil ich immer versucht habe, ihn zu kontrollieren und aufzupassen, dass nichts passierte. Als das in Stress ausartete, habe ich dann abends auch getrunken – Wein, Schnaps oder Bier –, weil ich sonst nicht eingeschlafen wäre.

Das habe ich schon in meiner Ehe gemacht. Wenn mein Mann mit seinen Kumpels unterwegs war, saß ich zu Hause und habe allein getrunken, damit ich schon schlief, wenn er nach Hause kam. Denn wenn er betrunken war, hat er mich auch manchmal sexuell belästigt.

Na ja, und mit dem neuen Mann gab es zwar auch gute Zeiten, wir sind beispielsweise in Urlaub gefahren und so, aber der wollte nicht vom Alkohol weg. Im siebten Jahr unserer Beziehung hat er schließlich eine andere kennen gelernt, ist dann immer öfter über Nacht weggeblieben und am Ende zu ihr gezogen. Ich habe damals nicht an Trennung gedacht, obwohl wir schon vier Jahre keinen Sex mehr miteinander hatten. Da lief nichts mehr.

Als ich wieder allein in meiner Wohnung war, ging es mir sehr schlecht. Ich trank immer mehr, rauchte immer mehr und wurde immer dünner. Dann bin ich in eine Klinik und habe eine Entziehungskur gemacht.

Heute frage ich mich manchmal: Warum hast du das so lange ausgehalten? Warum bist du nicht früher gegangen? Ich denke, es war einfach die Angst davor, allein zu sein. Meist wurde ich von den Männern verlassen oder sie haben sich nicht zu mir bekannt. Das habe ich schon vor meiner Ehe erlebt. Mit Achtzehn hatte ich mal eine Beziehung zu einem zehn Jahre älteren Mann, der verheiratet war. Durch Zufall traf ich den vor einem Jahr im Urlaub wieder, da klopfte der mir auf die Schulter und sagte: »Du, kann es sein, dass wir früher mal was miteinander hatten?« Ich hätte den fast nicht wiedererkannt, aber dann machte es Klick. Er war immer noch verheiratet mit der gleichen Frau und erzählte mir stolz, dass er auch weiter ständig wechselnde Beziehungen zu anderen Frauen habe und inzwischen noch zu Nutten gehe.

Wir haben uns dann verabredet, uns getroffen und wieder eine Beziehung angefangen. Zu dem Zeitpunkt war ich gerade ziemlich einsam und ganz froh, wieder mal Sex zu haben. Mir gefiel an ihm, dass er wissen wollte, was mir Spaß macht. Das hatte vorher noch keinen interessiert. Er war auch der erste Mann, mit dem ich offen über meine sexuellen Phantasien reden konnte. Zwar waren die nicht sein Ding, aber er hatte es sehr gerne, wenn ich darüber sprach. Er wollte mich dann gleich auf seine Dienstreisen mitnehmen und so, aber eben immer nach seinen Spielregeln.

Und da habe ich mich gefragt: Willst du das? Willst du dich wieder völlig einem Mann unterordnen? Nein. Ich wollte nicht mehr die Geliebte eines verheirateten Mannes sein und habe die Beziehung beendet. Das hat er zwar nicht verstanden, denn der Sex mit mir war für ihn ganz toll, aber für mich war es nötig.

Orgasmen habe ich auch mit ihm nicht gehabt. Ich habe den Männern immer Orgasmen vorgetäuscht. Die waren da echt leicht zu betrügen oder eben nicht interessiert, ob ich als Frau einen Orgasmus habe oder nicht. Das war jedenfalls meine Erfahrung.

Ich habe mich schon immer selbst befriedigt. Auch als ich noch verheiratet war oder andere Beziehungen hatte. Dabei komme ich immer zum Höhepunkt, das bringt mir auch mehr. Ja, und nach der Scheidung kam dann eine sexuelle Neigung in mir hoch, die in mir schon lange schlummerte – die Neigung zum Sadomasochismus. Was die Ursache dafür ist, weiß ich nicht, aber ich erinnere mich, dass mich als Kind am meisten Spiele interessierten, bei denen mir wehgetan wurde. Als ich so sieben, acht, neun Jahre alt war, hatte ich eine Freundin, mit der ich im Keller immer »Quälen« gespielt habe, wo wir uns gegenseitig gekniffen oder uns mit Wäscheklammern traktiert haben und so. Und ich denke mal, da hat es schon angefangen mit diesen Phantasien, bei denen ich immer so angenehme Gefühle bekam.

Als ich mich später selbst befriedigte, habe ich immer an diese Szenen im Keller gedacht. In der Ehe ging das dann etwas verschütt, da hatte ich auch genug zu tun. Aber manchmal kam das so bruchstückhaft in meinen Kopf zurück. Ich konnte auch mit keinem darüber reden, SM war ja kein Thema in der DDR. Das galt als krank oder pervers und darum habe ich es einfach in mir unterdrückt.

Nach der Wende war es dann kein großes Problem mehr, da konnte ich mir auch einschlägige Sachbücher besorgen. Oder ich bin nach Berlin gefahren, um mich in einem Sexshop, der nur für Frauen war, umzusehen. Dort habe ich mir dann zwei Videos gekauft, aber eigentlich widern die mich an. Es gibt kaum Filme, die Frauen direkt ansprechen.

Ganz toll finde ich den Film *Die flambierte Frau*, mit Gudrun Landgrebe in der Hauptrolle. Das ist Erotik pur. Das ist knisternd, das ist spannend. Aber es wird eben nicht alles gezeigt, das ist nicht platt. Da wird vieles angeklickt, da geht es ja teilweise auch um SM, aber immer nur so ein Hauch. Und die eigene Phantasie hat dann die Möglichkeit, mehr daraus zu machen. Also, es wird nicht gleich alles präsentiert.

Als ich wieder alleine war, abgenommen hatte und mit meiner Figur ganz zufrieden war, wollte ich meine sadomasochistischen Phantasien endlich einmal ausleben.

Also habe ich mir so ein Kontaktmagazin gekauft und mich telefonisch auf eine Anzeige gemeldet. Das läuft so, dass man sich zuerst an einem neutralen Ort trifft und einen Termin ausmacht. In meinem Fall war das ein dominantes Paar, eine junge Frau und ein junger Mann, die Leute suchten, die sich von ihnen quälen ließen.

Zuerst sollte ich zu einem Vorgespräch nach Berlin kommen, denn ganz wichtig dabei ist ja, dass man absolutes Vertrauen zueinander hat. Man muss vorher eine Menge absprechen, weil man sicher sein muss, dass derjenige, der Gewalt anwendet, genau weiß, was er machen soll und darf oder nicht. Also, dass er nicht auf die Nieren schlägt oder Sachen macht, die gesundheitlich schädigend sind. Ich habe denen zu verstehen gegeben, dass ich nur von dem Mann gequält werden möchte. Und dann haben wir einen Termin ausgemacht und ich bin an einem Wochenende hingefahren.

Das war in so einer Westberliner Ladenwohnung im Keller. Es war auch alles so, wie ich mir das vorgestellt habe. Ja, es war okay. Man macht ja dann auch so ein Codewort aus, das man benutzt, wenn man das Spiel beenden will. Dann hat der Mann mich gefesselt, mir die Augen verbunden und mich misshandelt. Ich wurde da gefesselt und geschlagen und das war mir angenehm. Irgendwann hörte ich dann Geräusche im Raum, die ich nicht definieren konnte, aber ich hatte das Gefühl, da sieht noch jemand zu. Und dann habe ich die Sache mit dem Codewort beendet, weil mir das auf einmal unangenehm wurde.

Das war auch okay für den. Der oder die hatten ihren Spaß dabei und für mich war es ja auch kostenlos. Die haben mich auch noch zum Bahnhof gefahren. Also, ich staune noch immer über meinen Mut, den ich damals hatte, das würde ich heute nicht mehr machen. Aber dieses Kontaktmagazin besorge ich mir trotzdem ab und an. Schon das Lesen der Anzeigen spricht mich an. Da sind ja auch Fotos dabei, die meine Phantasien beflügeln. Und dabei befriedige ich mich selbst.

Unter den Sadomasochisten, das habe ich mal gelesen, soll es übrigens viele Lehrer geben oder auch Chefs von Unternehmen, also Leute, die im Beruf das Sagen haben. Trifft ja auch für mich zu. Als Lehrer gibst du doch von früh bis spät den Ton an. Und da willst du eben auch mal hart rangenommen werden – und wenn es auf dieser Ebene ist.

Manchmal denke ich: Mein Gott, wenn deine braven, gutbürgerlichen Eltern wüssten, was ihre einzige Tochter da heimlich so treibt. Die sind schon über fünfzig Jahre glücklich verheiratet. Mein Vater bringt meiner Mutter heute noch jede Woche Blumen oder Theaterkarten mit oder sie machen sich gegenseitig eine Freude. Mein Vater war Wissenschaftler und ist so ein Gentleman der alten Schule. Er hat auch früh in mir die Liebe zum Theater geweckt. Als ich noch klein war, las er mir vor dem Einschlafen statt Märchen immer Szenen aus Goethes *Faust* vor. Gretchen und Faust. Oder aus *König Lear*. Wir sind auch oft nach Berlin ins Theater gefahren. Ins Deutsche Theater oder ins Berliner Ensemble, wo Helene Weigel und Ernst Busch noch gespielt haben.

Sexuell aufgeklärt haben mich meine Eltern nicht direkt. Ich erinnere mich, wie ich zur Jugendweihe von ihnen das Buch *Die Geschlechterfrage* geschenkt bekam. Mit dem Hinweis, wenn ich es gelesen und noch Fragen hätte, sollte ich fragen. Ich habe es gelesen und natürlich nicht gefragt. An dem Buch hat mich übrigens am meisten schockiert, dass durch das, was meine Schulfreunde immer nur als »Ficken« bezeichneten, die Kinder entstehen. So naiv war ich noch mit vierzehn.

Heute kläre ich meine Schüler laut Rahmenplan für Sachkunde schon in der zweiten Klasse auf. Allerdings muss man da vorher die Erlaubnis der Eltern einholen. Erst wenn alle Eltern der Klasse damit einverstanden sind, darf mit den Kindern über dieses Thema geredet werden. Also, da erklären wir, wie ein Kind geboren wird. Da gibt es auch einen ganz süßen Trickfilm, der heißt *Wo komme ich her*, wo dann die Betten wackeln und das ganz nett und kindgerecht gemacht ist.

Mir ist in meiner langjährigen Praxis aufgefallen, dass die Pubertät heute eher einsetzt. Was früher so in der achten Klasse zwischen Jungs und Mädchen abgelaufen ist, das hat sich jetzt schon in die sechste Klasse verlagert. Die Zehnjährigen sind heute viel weiter als vor zehn, fünfzehn Jahren.

Auffällig ist auch, dass es die rundum intakte Familie kaum noch gibt. Wenn ich manchmal von meinen Schützlingen erfahre, was da zu Hause abläuft, oder daran denke, was ich bei Elternbesuchen erlebe, dann macht mich das ziemlich traurig. Bei mir im Haus wohnt zum Beispiel ein junges Paar mit zwei Kindern, das liegt manchmal bis mittags im Bett. Bei denen gibt es auch keine geregelten Mahlzeiten. Da wird eben spontan mal eine Pizza bestellt, wenn der Magen knurrt. Oder die Kinder rennen bis in die Puppen auf der Straße rum, wenn sie eigentlich schon längst schlafen sollten. Na ja, das ist ein anderes Thema.

Wenn ich mein Liebesleben oder das meiner Freunde, Bekannten oder Kollegen betrachte, scheint da auch überall der Wurm drin zu sein. Manche sind geschieden wie ich und leben unbefriedigt als Singles. Andere haben wieder geheiratet, sind aber kaum glücklicher als zuvor. Bei dem einen Paar hat der Mann immer schon seine Frau betrogen und die Frau hat immer gewartet, bis er wieder zu ihr zurückkam. Das geht bis heute so. Inzwischen haben sie ein Haus gebaut, dann ist er wieder mal ausgezogen, dann ist er wieder da. Die Frau leidet sehr darunter, nimmt ihn aber immer wieder mit offenen Armen auf. Die hat nie gearbeitet und ist finanziell von ihm abhängig.

Darum wollte ich nie von einem Mann ökonomisch abhängig sein, und das habe ich auch geschafft. Trotzdem frage ich mich, warum ich es in meinen glücklosen Beziehungen immer so lange ausgehalten habe? Wahrscheinlich lag es daran, dass in mir diese sadomasochistische Veranlagung steckt. Denn bei den beiden Männern, mit denen ich länger zusammenlebte, war es so, dass die mich eigentlich total unterdrückt haben. Selbst mein Ehemann. Bei dem habe ich auch nicht gespürt, dass er sich mit mir freuen konnte. Wenn wir zum Beispiel mal ins Theater gegangen sind, hatte ich immer das Gefühl, der macht das nur, um mir einen Gefallen zu tun. Also, er bringt mir ein Opfer dar. Und das fand ich nicht gut. Bei ihm ist es mir ganz bewusst geworden.

Der hat mich eigentlich ganz pflegeleicht von meinen Eltern übernommen, denn ich war ja gewohnt, dass andere für mich die Entscheidungen treffen, ich hatte ganz wenig Selbstbewusstsein. Für ihn war es auch einfach im Umgang mit mir, weil ich nicht aufgemuckt oder niemals gesagt habe: »So will ich das.« Das ganze Selbstbewusstsein, das ich dann so im Laufe der Jahre entwickelt habe, kam durch meine Arbeit. In meinem Beruf war ich ganz anders, da war ich viel selbstbewusster und bin es noch. Da weiß ich, was ich kann, und habe meine Erfolge. Inzwischen bin ich vierundfünfzig, und obwohl ich schon etwas weiser geworden bin, hoffe ich immer noch auf einen Mann, den ich liebe und der mich liebt. Aber das scheint illusorisch zu sein.

Vor ein paar Monaten habe ich mal eine Annonce aufgegeben und mich dann mit fünf Männern getroffen. Das war natürlich schwierig. Männer aus meiner Generation, die im Osten groß geworden sind, haben oft arbeitsmäßig die Wende nicht verkraftet. Da waren auch welche dabei, die Sozialhilfeempfänger waren oder alleinstehend mit Kind. Das würde ich nicht unbedingt wollen. Wenn, dann müsste das schon ein ganz toller Kerl sein. Aber vom Verstand her würde ich das ausschließen. Also, ein bisschen Luxus will ich heute schon haben.

Mit Männern aus dem Westen habe ich bisher so gut wie keine Erfahrungen gemacht, aber der, mit dem ich früher schon mal eine Beziehung hatte, den ich nach fünfunddreißig Jahren zufällig wiedergetroffen habe, der ist schon lange vor der Wende in den Westen gegangen. Der hatte sich sehr verändert. Der hat so unheimlich dieses Prestigedenken gehabt. Das kam zum Ausdruck durch seine Kleidung, durch sein Reden und durch seine so genannten Freunde, die ihm nur was nützen. Das hat mich bei näherem Betrachten direkt abgestoßen.

Schön für mich war allerdings, dass der mir Komplimente gemacht oder gesagt hat: »Das empfinde ich bei dir besonders gut.«

Aber das war hauptsächlich eine sexuelle Beziehung. Der konnte das auch gut trennen, aber ich kann das nicht. Ich habe auch keinen Bock mehr auf einen verheirateten Mann, der nur fremdgeht, der aber seine Frau niemals verlassen wird, obwohl mit ihr schon lange nichts mehr läuft. Das ist für mich schwer zu verstehen, denn eine Ehe ohne Erotik oder Sex – nein, das kann ich mir nicht vorstellen.

Momentan habe ich so eine Beziehung, wo ich überhaupt nicht weiß, was ich mit dem Mann anfangen soll, der ist mir eigentlich viel zu lieb. Der macht manchmal ein schönes Abendbrot zurecht oder besorgt Theaterkarten und so. Das ist der, mit dem ich während meiner Ehe schon mal was hatte. Aber es ist genau wie damals – er bekennt sich nicht zu mir.

Bei ihm fehlen mir auch die Komplimente oder einfach ein nettes Wort. Wir reden auch nicht über unsere Beziehung. Das höchste der Gefühle war, als er mir mal sagte, dass ich »nicht ganz nebensächlich« für ihn sei. Und da habe ich gesagt: »Weißt du, der Nachbar, der alle halbe Jahre mal meine Blumen gießt, der ist auch nicht ganz nebensächlich für mich.« Aber eine andere Äußerung kam da eben nicht.

Der Sex, den wir miteinander haben, befriedigt mich auch nicht, darum wäre es einfach ehrlicher von ihm zu sagen: »Ich liebe dich nicht. Lass uns trotzdem Freunde sein, zusammen ins Theater oder ins Kino gehen oder mal ein paar Tage zusammen wegfahren.« Gerade bin ich am Überlegen, ob ich diese Beziehung von mir aus beende, aber ich halte immer noch an ihm fest und suche weiter.

Voriges Jahr waren mal zwei Australier in Berlin, die haben in einem Zelt am Schlossplatz Penis-Akrobatik gemacht. Meine Kollegen hatten davon Ausschnitte in Lilo Wanders *Wahre Liebe* gesehen und fanden das unmöglich. Da bin ich neugierig geworden und alleine hingegangen. Die meisten Zuschauer waren Paare, vor allem homosexuelle, und diese Penis-Akrobaten haben dann aus ihren Schwänzen eine Schnecke, einen Hamburger oder den Eiffelturm geformt. (Lacht) Ein Kameramann hat das gefilmt, so dass diese »Kunstwerke« noch in Großformat auf einer Bühnenleinwand zu sehen waren. Und die Leute waren begeistert. Mich hat das zwar nicht erotisch angesprochen, aber ich habe mich amüsiert.

Was anderes war da schon die Vorstellung in der Volksbühne, zu der ich mit einer Freundin gegangen bin. Das war eine Performance mit einer bekannten Domina. Die hat auf der Bühne ganz locker über ihren Beruf gesprochen und ihr Handwerkszeug vorgeführt. Das war prickelnd und knisternd und hat mich schon ein bisschen erregt. Meiner Freundin hat das nicht gefallen.

Mit dem Älterwerden komme ich eigentlich ganz gut klar. Jedenfalls tue ich nicht viel dafür, diesen Prozess gewaltsam aufzuhalten. Durch meine Arbeit bin ich ja den ganzen Tag in Bewegung. Mit dem Rauchen will ich nicht aufhören. Ich rauche schon lange und viel. Aufgehört habe ich nur, wenn ich schwanger war. Mir hilft die Zigarette, sie gibt mir so ein Gefühl von Sicherheit, und die Hände wissen, was sie anfangen sollen. Nur meine Haare färbe ich schwarz. Alter heißt ja nicht nur Verschleiß und Falten, Alter heißt auch mehr Wissen und viele Erfahrungen. Und das würde ich höher schätzen als das optisch Vergängliche.

Trotzdem würde ich lieber mit einem jüngeren Mann alt werden und mit ihm wie meine Eltern zusammenleben. Außerdem denke ich, dass ein jüngerer Mann einfach mehr Anziehungskraft auf mich hat, denn die Männer in meinem Alter sind meist schon solche Opa-Typen.

Es ist wirklich nicht leicht, einen Mann über fünfzig zu finden, der sich sein Jugendlichsein und sein Verrücktsein noch bewahrt hat und der auch sexuell noch auf der Höhe ist. Aber mein Traum von Mann ist wohl eine Idealvorstellung. Und ich kann mir nicht vorstellen, dass dabei auch noch meine SM-Wünsche erfüllt werden. So einen Mann zu finden ist so gut wie aussichtslos.

ICH HABE KEINE RUINEN
HINTERLASSEN

Hans, 65

Mein Eindruck ist, dass jüngere Menschen anfangen zu witzeln, wenn sie hören, dass sich ältere Menschen noch mit Erotik und Sex befassen. Oder sie denken, es gehöre sich nicht mehr – die Alten sollen mal in Rente gehen. Bis jetzt habe ich über das Thema nur mit ganz engen Freunden unter vier Augen geredet. Aber weil es immer noch so eine Art Neuland in der Gesellschaft ist und ich denke, dass sich außer mir noch mehr Menschen damit beschäftigen, sollte man damit einmal an die Öffentlichkeit gehen. Denn unter Sex und Erotik stellt man sich oft ja nur das vor, was im Fernsehen oder im Film sichtbar wird. Und das sind junge Menschen: immer schöner, immer sportlicher, immer unsterblicher.

Für mich jedenfalls ist das immer noch ein wichtiger Bereich. Vielleicht liegt das daran, dass ich ganz verklemmt aufgewachsen bin. Geboren bin ich in Niedersachsen, als absoluter Nachzügler. Damals war mein Vater 55 und meine Mutter 46. Drei Schwestern habe ich noch. Die älteste ist dreiundzwanzig Jahre älter als ich, die jüngste zehn Jahre älter. Das ist für Geschwister schon ein gewaltiger Altersunterschied. Gespräche zu diesem Thema fanden bei uns in der Familie nicht statt.

Aber einer meiner Schulfreunde hatte damals ein Buch über Sexualität im Jugendalter. Das war zwar hochwissenschaftlich, aber wir haben versucht, es so gut wie möglich zu verstehen. Das ist eigentlich meine Aufklärung gewesen. Als ich zum ersten Mal in der Lendengegend irgendwelche wunderbaren Gefühle wahrgenommen habe, war ich so zwölf. Das war während des Unterrichts. Ich hatte ein Bandmaß von meinem Vater geschenkt bekommen, das steckte in einem sehr wackligen Kunstgehäuse. Und das habe ich dann in einem unpassenden Moment meinem Freund zeigen wollen und da ist es auseinander gesprungen. Die Lehrerin war furchtbar böse mit mir und hat ganz streng auf mich eingeredet. Also, die hat sehr bedrohlich vor mir gestanden und ich habe gesagt: »Ja, ja – ich bleibe in der Pause hier sitzen und bringe das wieder in Ordnung.« Ich war in dem Moment zwar sehr verkrampft, aber es hat mir auch erotische Gefühle gemacht.

Diese Gefühle wollte ich auch später immer wieder haben. Ganz zögernd ist es mir dann gelungen, sie selbst zu erzeugen. Aber meine frühen erotischen Phantasien habe ich dabei immer mit dieser Lehrerin in Verbindung gebracht. Ich habe sie ja damals jeden Tag und auch mit sehr begehrenden Gedanken erlebt.

Dann kamen in der Nachkriegszeit die ersten Illustrierten heraus. Und da gab es schon ein sehr obszönes Bild, das die amerikanische Schauspielerin Rita Hayworth in Hotpants, enger Bluse und mit gespreizten Beinen zeigte. Also, heute würde das gar keinen mehr hochreißen. Und dann wurden die Bilder in der westlichen Zeitungswelt immer freizügiger und auch die Filme. Wir haben uns damals bei Hildegard Knefs *Sünderin* die Nasen plattgedrückt am Kinoschaukasten, ob da wohl ein Foto dabei war, wo wir eine nackte Frau sehen könnten.

Früher konnte ich nicht über mich oder meine sexuellen Probleme reden, auch in meiner Ehe nicht. Ich erinnere mich an große Stresszeiten. Als meine Ehe am Zerbrechen war, da haben meine Frau und ihre Freundin mich mal gefragt: »Ja, was fühlst du denn eigentlich dabei?« Und da habe ich gesagt: »Was soll ich denn fühlen? Was soll diese Frage?« Dieses Fühlen, was da im Bauch passiert, das habe ich erst viel, viel später gelernt. Woher sollte ich das damals auch wissen?

Ich war ein sehr gehemmter Jüngling und vollkommen unsportlich. Als Kind war ich viel krank, hatte Scharlach und Diphtherie und alle haben immer gesagt: »Bloß keinen Sport, das tut dem Jungen nicht gut.« Was wahrscheinlich völliger Quatsch war. Ich habe dann auch in der Tanzstunde wenig Glücksgefühle gehabt. Eher habe ich von draußen durch die Fensterscheibe gestarrt und gedacht: Die hätte ich wohl gerne, aber die kann ich nicht gewinnen.

Meine erste Freundin, die ich 1955 hatte, war für mich wie eine Göttin. Sie war so alt wie ich. Wir sind dann fünf Jahre »miteinander gegangen«, wie es damals hieß. Und in diesen fünf Jahren haben wir es nicht mal geschafft, uns einen Kuss zu geben, aber ich fand sie wunderschön. Wir haben uns viel mit den Händen berührt, das war einfach wie ein Zauber für mich. Ich glaube, ein bisschen ist es auch ihre Masche gewesen, so die Geheimnisvolle zu spielen.

Ich hatte in dieser Zeit furchtbaren Stress mit meinen Eltern wegen der Firma, die ich als einziger Sohn übernehmen sollte. Und diese Freundin hat mich immer zu bremsen versucht, wenn ich gesagt habe: »Ich will hier raus aus dem Laden, ich gehe ins Ausland, ich will die Welt sehen und nicht mehr diesen Stress in der familiären Enge haben.« Also, da hat sie mich immer beruhigt und gesagt, mit der Familie müsse man sich gut stellen und dürfe nicht so aufmüpfig denken wie ich.

In dieser Zeit haben mich mal zwei Freunde mit nach Bremen genommen, wo ich dann eine Studentin kennen lernte. Die war ganz anders, viel offener. Danach habe ich der Freundin, die mich so lange hingehalten hat, einen Abschiedsbrief geschrieben und ihr erklärt, dass ich mich bald verloben werde. Und da brach es dann aus ihr hervor, so nach dem Motto: »Ich gehe mit dir überall hin, ich will dich nicht verlieren.« Aber für mich war das zu spät. Mit dieser jungen Frau aus Bremen, die ich dann bald geheiratet habe, hatte ich in der Hochzeitsnacht meinen ersten Sex. Vierundzwanzig war ich da. Wir waren fünfundzwanzig Jahre verheiratet, davon haben wir aber nur sechzehn Jahre zusammen gelebt und wir haben zwei gemeinsame Kinder.

Diese Zeit war ein einziger Kampf und Krampf um unser materielles Überleben, was sich natürlich auch auf unser Sexualleben niederschlug. Ich hoffe, dass ich das hier so offen erzählen darf – ich hatte nämlich Probleme, weil ich immer viel zu früh den Samenerguss hatte, was meine Frau natürlich sehr belastet hat. Dadurch konnten wir auch gar kein längeres erotisches Erleben haben. Das war für sie fast wie eine Erniedrigung, also Männer wollen immer nur schnell ihren Samenerguss und danach interessiert sie das alles nicht weiter. Es war aber nicht so von mir gemeint. Trotzdem habe ich mich damals wohl so ähnlich wie ein Kind gefühlt, das immer gesagt kriegt: »Du darfst dir nicht in die Hosen machen.« Und in dem Moment wird es schon wieder warm zwischen den Beinen. Und das Kind ist total unglücklich über sich selbst, dass es wieder in die Hosen gegangen ist.

Damals hatte ich mal eine sexuelle Episode mit einer Frau, die einige Jahre zuvor sehr attraktiv war und mit der ich geschäftlich zu tun hatte. Die habe ich auf einer Demonstration wiedergetroffen, wo sie zu mir sagte: »Mensch, Hans, wo bist du denn geblieben? Ich wollte dich immer mal gern wiedersehen, ich gebe dir mal meine Adresse.« Und ich habe ihr meine gegeben. Das fiel gerade mit unserer Trennung zusammen. Jedenfalls haben wir uns dann getroffen und miteinander geschlafen.

Das war für mich ein Erlebnis wie aus einer vollkommen anderen Welt. Also, dass so eine Frau sagt: »Du kannst bei mir übernachten.« Und da dachte ich: Diese Frau ist so ein offener, lockerer Mensch, der darf ich das mit meinem frühen Samenerguss einfach sagen, also, was meine Frau so sehr belastet hat. Ihre Reaktion darauf war: »Da brauchst du dir bei mir gar keine Sorgen zu machen. Mein Bett, das ist so trocken, weil darin schon lange kein Mann mehr gewesen ist.« (Lacht) Das spielte überhaupt keine Rolle, so dass ich eigentlich das erste Mal in meinem Leben Geschlechtsverkehr als richtig entspannten Spaß erleben konnte – mit vierzig Jahren.

Ein entscheidender Grund für meinen frühen Samenerguss im Ehebett war sicher der Dauerstress, den wir mit der Firma hatten, und die damit verbundenen betriebswirtschaftlichen Probleme oder was sonst noch alles mit reingespielt hat. In den sechziger Jahren haben wir zum Beispiel Geschäftsbeziehungen zu Italien geknüpft und dadurch kam ich endlich in die große weite Welt. Ich konnte mit dem Zug, dem Auto oder dem Flugzeug nach Italien reisen. Manchmal mit meiner Frau zusammen, aber eben auch allein.

Natürlich war ich verführt von dieser für mich neuen Welt, weil meine Geschäftspartner auch gesagt haben: »Um dein Eheleben brauchst du dir nicht so viele Sorgen machen. Wir haben ganz große ökonomische Zeiten vor uns und wir können dir hier in Rom eine kleine Wohnung besorgen, und dann können wir dir auch eine nette junge Frau besorgen. Wir sind ja erst am Anfang.«

Wenn man dann auf der einen Seite Stress hat, sind diese Stimmen der Verführung in eine Phantasiewelt natürlich viel effektiver. Am Ende ist das mit der eigenen Wohnung in Rom, die mir versprochen wurde, natürlich nicht gelaufen. Aber wenn du des Nachts die schönen Mädchen unter der Laterne stehen siehst, dann sind die Männer, die irgendwelche berufliche Aufgaben dort zu erfüllen haben, besonders anfällig, die greifen dann gerne auf so eine leichte Dame zurück.

Das habe ich dann auch mal versucht. Aber es war ganz schrecklich für mich, weil das eine Begegnung von fünf Minuten war. Und in der Phantasie stellt man sich natürlich vor, dass es eine wunderschöne Nacht wird, aber der berufliche Stress und das schlechte Gewissen der Ehefrau gegenüber, die lassen das überhaupt nicht schön werden.

Meine Frau wurde dann zum dritten Mal schwanger. Da haben wir unter dramatischen Umständen – das war noch in den sechziger Jahren – eine illegale Abtreibung machen lassen, von einem richtigen Waschküchendoktor. Meine Frau hat furchtbar dabei gelitten und danach hat sie die Pille genommen. Aber irgendwann wollte sie, dass ich mich sterilisieren lasse, weil sie keine Lust mehr hatte, jeden Tag an die Pille zu denken. Und ich habe mich informiert und mich eben sterilisieren lassen.

Dann haben wir irgendwann versucht, die Firma zu verkaufen, weil wir dachten, damit würden sich auch unsere Eheprobleme lösen. Doch als wir den Betrieb endlich los waren, kamen wir in ganz große existenzielle Nöte, weil uns der Nachfolger über den Tisch gezogen hatte, also nach dem Verkauf keine Auseinandersetzungsbilanzen gemacht wurden. Wir wussten nicht, wie es weitergehen sollte, weil ich als Selbstständiger auf Arbeitslosengeld gar keinen Anspruch hatte, nicht mal auf Sozialhilfe. Das ist ja heute noch so.

In dieser Zeit hat meine Frau zu mir gesagt: »Du, ich habe einen anderen Mann kennen gelernt, ich habe mit dem eine wunderschöne Nacht verbracht und zum ersten Mal gemerkt, dass ich totales Herzklopfen kriegen kann. Wie unser Eheleben jetzt weitergeht, weiß ich nicht. Ich möchte weggehen, aber andererseits denke ich, uns verbindet auch sehr viel. Aber ich müsste wahrscheinlich immer deinem Arbeitsrhythmus folgen. Wenn du hier keine andere Stelle findest und in eine andere Stadt ziehen musst, dann müssen wir als Familie immer hinter dir herziehen. Und ich habe große Zweifel, ob ich das so weitermachen will. Und ich habe auch Zweifel, ob du jemals wieder eine sichere Zukunft haben wirst. Deswegen mache ich dir einen

Vorschlag: Wir sprechen ein Jahr lang möglichst wenig über unsere Beziehung und lassen alles offen. Dann können wir noch mal darüber reden. Ohne Häme, ohne Verletzungen können wir uns ein Jahr Gedanken machen. Vielleicht wird es dann wunderschön mit uns und wir können endlich glücklich sein. Oder wir wollen uns voneinander befreien. Dann tun wir das, aber ohne uns zu verletzen.«

Der Auftakt für das von ihr vorgeschlagene Probejahr war eine Urlaubsreise nach Italien. Sie hat gesagt: »Wir fahren mit Zelt und die Bedingung ist, zwei Wochen kein Wort zu unserer Beziehung. Wir gucken einfach, was es in der Welt noch für wunderschöne Sachen gibt: Landschaft, Freunde, die wir dort gemeinsam kennen, gutes Essen und so weiter.«

In Italien hat mir meine Frau dann das Buch *Der kleine Unterschied und seine großen Folgen* von Alice Schwarzer in die Hand gedrückt. Das waren Interviews, die sie mit Frauen über ihre Männererfahrungen geführt hat. Und die habe ich dann in einer Felsnische, direkt am Meer, für mich ganz alleine gelesen. Das war für mich wie ein Abenteuerroman, das war unheimlich spannend.

Ich bin ja wirklich nach dem Motto aufgewachsen: Der Mann muss einer Frau nur ans Knie langen und dann sagt sie: »Ich brauche dich«, so als verkürztes Grundmuster. Da kann man den Kopf darüber schütteln, aber meine Umwelt hat mich im jugendlichen Alter so geprägt. Und deswegen waren die Erlebnisse dieser Frauen mit ihren Männern unheimlich wichtig für mich.

Meine Frau war zwar sehr weise, aber sie hat mich dann trotzdem verlassen. Und erst als sie mir sagte, dass sie nicht mehr mit mir zusammen sein wolle, da war es, als ob sie mir erlaubte, jetzt in dieses befreite Ungebundensein zu gehen. Mit meinen Ängstlichkeiten und meinen Verpflichtetseingefühlen hätte ich sie niemals verlassen können. Wir sind beide ohne jedwede Erfahrungen in diese Ehe gegangen, so dass ich glaube, dass diese Trennung für uns beide eine Erlösung war. Das war natürlich auch mit Tränen verbunden, aber auch mit einer ganz starken Selbstfindung.

Meine Frau hatte manches an mir auszusetzen. Nicht nur, dass ich beim Sex immer zu früh kam, ich war ihr auch nicht romantisch genug. Aber ich kann bis heute nicht zu einer Frau sagen: »Ich liebe dich«, weil ich nicht verstehen kann, warum das ein Zauberwort sein soll. Ich wollte das eher leben. Das ist für mich immer ein Problem gewesen, weil die Frauen das ja hören wollen. Genauso wie ich früher dachte: Wenn die Heirat kommt, muss das der Knallpunkt sein, aber das Leben geht ganz normal weiter.

Ich war schon fast fünfzig, als wir die Scheidung auf dem Papier endlich hinter uns hatten. Und so ein Jahr später fand ich dann eine neue Frau.

Mit der habe ich aber nicht in einer Wohnung zusammengelebt. Mal sind wir zu mir, mal zu ihr. Zuallererst war es natürlich eine schöne sexuelle Beziehung, denn meinen Samenfluss hatte ich inzwischen unter Kontrolle. Doch dieses Verhältnis mündete in so eine Art Bruder-Schwester-Beziehung. Und ganz leise habe ich immer gedacht: Ich möchte da raus. Aber ich habe mich nicht getraut, weil doch ein Mann nicht von einer Frau weggehen darf.

In diese Beziehung hinein kam die Bekanntschaft mit einer mich faszinierenden Frau, in die ich unheimlich viel hineininterpretiert habe und fast wahnsinnig geworden bin dabei. Aber wie das manchmal so ist, wenn man Schmetterlinge im Bauch kriegt, dann macht man aus den Frauen Göttinnen.

Das war eine Ausländerin, die in Deutschland lebte. Diese Gefühle, die sie in mir auslöste, haben mich unwahrscheinlich aufgewühlt. Ich habe nie in meinem ganzen Leben, vorher und hinterher, körperlich so Freude und Schmerz zu gleichen Teilen gespürt. Das war wie ein Wüstensturm. Und da habe ich gedacht:

Wenn du jetzt so erfasst bist mit deinem ganzen Organismus, musst du dem folgen.

Ich habe natürlich nicht den Mut gehabt, meiner damaligen Partnerin zu sagen: »Ich will dich nicht mehr, weil ich total auf eine andere abgefahren bin«, sondern ich habe gesagt: »Ich will meine Freiheit haben.«

Und die hatte ich dann auch. Denn mit der Göttin, in die ich einige Monate lang alles hineininterpretiert habe, hätte ich in der Praxis niemals zusammenleben können. Zum Glück hat sie mir rechtzeitig gesagt: »Du, ich will nicht mit dir spielen. Ich schätze dich als Mensch außerordentlich und möchte gern deine Freundschaft behalten, aber du bist einfach nicht mein Typ von Mann.« Das kannte ich ja schon von meiner Tanzstunde her. (Lacht) Neulich bin ich mal drauf gekommen, dass ich nie in meinem Leben der große Eroberer, sondern immer nur ein Bittsteller war. Aber es war für mich ein ganz wichtiges Erlebnis, wenn auch erst in meiner zweiten Lebenshälfte, einmal so stark erfasst gewesen zu sein.

Überhaupt habe ich in meinem beruflichen Umfeld immer gut mit Frauen gekonnt oder reden können. Das gipfelte sogar darin, dass ich einmal Mitglied einer Frauengruppe geworden bin, also, die Frauen haben mich dazu überredet. Ich habe es gemacht, damit die in dieser Männerdomäne, sozusagen als Organisation, für ihre Rechte kämpfen konnten. Vielleicht habe ich sogar ganz stark weibliche Seiten in mir, aber ich kann auch schwer Nein sagen.

Und mit einer der Frauen habe ich mich besonders gut verstanden, mit der hatte ich sogar eine Romanze. Wir sind zusammen nach Frankreich gefahren, und bevor wir losfuhren, sagte sie: »Mach dir aber keine falschen Vorstellungen, ich fahre mit dir nur als Kollegin.« Aber dann kommt ja schon das Problem bei der ersten Übernachtung, wenn man mit dem Auto nach Frankreich reist – »Na, wie schlafen wir denn nun?«

Wie gesagt, es wurde eine ganz heftige Romanze draus, die ich dann aber abgebrochen habe. Weil ich mich am Ende, trotz seelischer Gemeinsamkeit, immer gefragt habe: »Mensch, hältst du das mit dieser Frau längere Zeit aus? Musst du das nicht jetzt am Anfang klären?« Weil es manchmal was gibt, wo man sagt, das ist ein lieber Mensch, aber irgendwo nicht der Typ von Mann oder Frau, bei dem es mir kribbelt. Und es hat einfach nicht gekribbelt in mir. Aber ich habe dieser Frau auch nicht so direkt sagen können, dass ich sie nicht mehr will, sondern habe wieder gesagt: »Ich brauche meine Freiheit, ich will noch die große weite Welt erleben.«

Danach hatte ich eine Beziehung zu einer Frau, die meine Tochter hätte sein können und ein Kind aus erster Ehe hatte. Der Altersunterschied war nicht das Problem, aber wir haben auch viele Streitereien miteinander gehabt. Und da ich ein Harmoniemensch bin, hat mich das mit der Zeit zerfetzt. Aber wir haben eine traumhafte Sexualität miteinander gelebt, weil wir beide unsere Ehen hinter uns hatten. Das war, als ob wir wie zwei Kinder noch mal ganz neu anfangen konnten mit unseren Erfahrungen. Das war einfach wie ein Spiel und dabei fühlt man sich doch sehr viel freier. Wir haben es auch in der Natur getrieben, was wir uns vorher als Eheleute einfach überhaupt nicht vorstellen konnten.

Ich habe mich damals total auf sie eingelassen und habe also mit all meinen Lebenskräften versucht, uns ein gutes gemeinsames Leben zu gestalten. Wir lebten zwar räumlich getrennt, aber ich habe ihre Tochter betreut, sie bei der Hausarbeit und ihrer Examensarbeit unterstützt. Das war schon ganz schön hart für mich. Sie war dreißig, ich Anfang fünfzig. Und ich musste mit meinen Finanzen auch ziemlich rechnen. Durch sie bin ich immer mehr in die roten Zahlen gekommen.

Wir haben uns dann getrennt. Als sie wieder allein war, hat sich das bei ihr geändert. Sie hat immer zu mir gesagt: »Ich als alleinstehende Frau und mit einem schlecht bezahlten sozialen Beruf werde niemals viel Geld verdienen, und dann muss dieses Kind groß gezogen werden mit all seinen Problemen und ohne dich.« Das hat mir Angst gemacht. Und heute ist sie eine tolle, starke Frau. Wir haben noch ein gutes, liebevolles, freundschaftliches Verhältnis zueinander. Überhaupt darf ich mich heute bei allen Frauen, mit denen ich Beziehungen hatte, als Freund sehen lassen. Dass ich keine Ruinen hinterlassen habe, beglückt mich sehr.

In den letzten Jahren hatte ich ziemlich viel mit gesundheitlichen Problemen zu tun, und zweimal hatte ich schon Krebs. Jetzt hoffe ich, dass der nicht wieder aktiv wird. Aber leider sind da noch andere Sachen hinzugekommen. Ich weiß nicht, ob man das so offen sagen darf, aber es heißt ja, der beste Freund des Mannes sei sein »Johannes«. (Lacht). Und der ist mir eigentlich immer noch ganz lieb.

Ich habe mal was Kurioses erlebt. Eine Zeit lang war es unter meiner Vorhaut immer stark wund und da hat mir ein Urologe gesagt: »Lassen Sie sich doch beschneiden, das machen in Amerika fünfzig Prozent der Männer.« Ja, und dann habe ich mich im hohen Alter noch beschneiden lassen, seitdem ist dieses Problem gelöst. Und was ganz verrückt war – nach der Chemotherapie ist bei mir eine so genannte Schwellkörperverkalkung eingetreten. So etwas habe ich vorher noch nie gehört. Und die soll sich leider nicht beheben lassen. Das bedeutet, dass der Penis, der sonst eine zylindrische Form hat, in seiner Wurzel sozusagen eine Einengung hat. Dadurch werden die Schwellkörper nicht mehr richtig durchblutet, wodurch also auch keine Schwellung mehr auftritt. Die Folge ist, dass mein Johannes eine ziemliche Schieflage bekommen hat (lacht), und auch in seiner ganzen Länge hat er nicht mehr die ursprüngliche Ausdehnung.

Damit muss ich jetzt leben, hat mein Urologe gesagt. Und ich tröste mich damit, dass irgendjemand mal gesagt hat, der beste

Sex wohne nicht zwischen den Beinen, der wohne zwischen den Ohren. Davon bin ich auch überzeugt. Ich denke, dass man mit einer respektvollen Partnerschaft und mit einem würdigen Miteinander noch die schönsten Sachen erleben kann, egal wie der Körper beschaffen ist.

Manchmal, wenn ich allein bin, stelle ich mir natürlich schöne Frauen vor. Ich sehe mir auch manchmal im Fernsehen *Erotisches zur Nacht* an. Da kann man einfach schöne Frauen sehen. Und immer, wenn solche Sachen kommen wie Lack und Leder oder Frauen auf Motorrädern, gefällt mir das nicht, dann denke ich immer: Kommt, macht weiter! Ich will einfach nur schöne Frauen sehen – eine schöne Frau in der Natur, in der Badewanne oder so. Und ich muss sagen, dass mir eigentlich immer am meisten die Ausstrahlung des Gesichts der Frau bedeutet. Und schöne Busen faszinieren mich auch, aber nicht so nach dem Motto: Jetzt zeige ich euch meine dicken Dinger, das finde ich ganz schrecklich. Also eher etwas sanft, würde ich sagen. Und dabei masturbiere ich irgendwie.

Aber das ist sehr unterschiedlich. Es gibt Zeiten, zum Beispiel wenn ich irgendwo auf Besuch oder auf Reisen bin, da geht meine Lust fast völlig weg, da kann ich vergessen, dass ich sexuelle Wünsche habe. Nur, wenn ich eine tolle Frau finden würde, da würde ich das natürlich gern mit ihr ausleben. Aber wenn ich dann eben mit mir alleine bin, habe ich manchmal auch keine Sehnsüchte zu masturbieren. Dann kann es wieder vorkommen, wenn ich zu Hause bin, dass ich so viel sexuelle Anregung habe und jeden Tag masturbiere. Also, trotz meiner gesundheitlichen Probleme habe ich immer noch ganz gewaltige sexuelle Bedürfnisse oder Wünsche oder Sehnsüchte. Doch ich bin vorsichtig geworden.

Ich habe 32 Jahre mit drei Frauen verbracht, davon die Hälfte mit meiner Ehefrau. Und ich will auf keinen Fall, nur weil ich Sex oder körperliche Nähe möchte, allzu schnell mit einer Frau verbindlich zusammenkommen. Denn wenn man dann wieder merkt, es geht nicht zusammen, dann macht das für beide stets Probleme, das aufzulösen.

Bei der Suche nach einer Frau stelle ich mir heute vor, dass beide, wenn es ginge, gut bei sich selber sind. Und nicht von der anderen Hälfte der Partnerschaft zu viel erwarten, also nicht hoffen, der oder die löst mein Problem schon. Dann ginge es vielleicht gut. Wenn man das ganz in Ruhe ausprobiert, ohne jetzt über zuviel Körperlichkeit schon sehr früh eine Verbindlichkeit zu schaffen, wo man dann nachher gesagt kriegt: »Na, von deinen unsympathischen Seiten haste mir ja vorher nichts erzählt.«

Annonciert habe ich noch nie, aber ich lese manchmal aus Neugier Partnerschaftsannoncen, und auf zwei habe ich auch schon reagiert. Aber bei der Ersten war mir ziemlich schnell klar, dass die nicht die Richtige ist. Und mit der Zweiten hatte ich eine Begegnung, die merkwürdig war, denn wir haben uns beide unter dem Druck der ersten Begegnung noch einmal getroffen. Und so ein Nachklingen ist auch wichtig, dass man sich selber klarer wird. Leider hat sie sich danach nicht wieder gemeldet. Irgendwann habe ich es trotzdem noch mal versucht und gefragt, ob wir uns nicht doch noch mal treffen könnten. »Ja«, hat sie gesagt, »das können wir gerne machen, aber ich glaube nicht, dass du mich noch einmal treffen willst, denn ich bin plötzlich schwer krank geworden.« Sie hatte Krebs.

Zu dem Zeitpunkt wusste ich noch nicht, dass Krebs auch schon in mir schlummert, aber ich hatte so einen Reflex, dass ich dachte: Nee, jetzt erst recht. Das wäre ja noch schöner, wenn man sich wegen einer Krankheit nicht mal mehr über so eine Begegnung oder über seelische Abläufe austauschen kann. Und dann haben wir uns getroffen. Ich muss sagen, ich habe so viel durch diese Begegnung gelernt, dass ich froh bin, dass ich diesem Impuls gefolgt bin und sie noch mal angerufen habe. Sie hat mir dann erzählt, wie sie als alleinstehende Frau mit ihren Freundinnen organisiert hat, dass dieser Eingriff kein Höllenerlebnis wird. Dass einfach jemand bei ihr ist, wenn sie nach der Brustoperation aus der Narkose aufwacht, der erste Verband abgenommen wird und beide Brüste sind weg.

Das hat mir auch später geholfen, mit meinen Problemen besser umzugehen. Mir Hilfe zu suchen, gut überlegt, um mir nicht durch Unterlassung selber mehr Stress zu bescheren.

Und ich muss sagen, auch die Anzeige von dieser krebskranken Frau hat mich damals tief beeindruckt, weil sie geschrieben hatte, sie lebe und arbeite gern. Und da habe ich gedacht – das ist es! Die meisten Menschen sagen doch: »Die Arbeit ist eine Last, die schönsten Wochen sind für mich der Urlaub, aber alles andere, da versuche ich so schnell wie möglich durchzukommen.«

Ob ich noch einmal mit einer Frau zusammenziehen würde, ich weiß es nicht, ich habe kein Rezept dafür. Aber ich habe voriges Jahr zur Kur, wo ich zur Krebsnachsorge war, eine Frau kennen gelernt, die mir unheimlich gefallen und gut getan hat. Dort waren bestimmt achtzig Prozent Frauen. Und sehr viele sympathische dabei, die natürlich durch Krebs oder psychosomatische Beschwerden in ganz schweren Krisen steckten. Das sind ja wahnsinnige Einschnitte. Selbst wenn so eine Krankheit kuriert ist, zum Beispiel eine Brustamputation, sind das irre Einschnitte, die die Gesellschaft gar nicht so richtig gewichtet.

Mit einigen dieser Frauen korrespondiere ich noch. Eine davon lebt auch allein, und mit der habe ich eine ganz vorsichtige Beziehung. Dann habe ich in Italien noch eine nette Bekannte. So habe ich eigentlich immer irgendwo eine Frau, mit der ich behutsam ausloten kann, wie viel wir miteinander schaffen und wo Grenzen sind.

Ich weiß jetzt noch nicht, wie es wird, wenn ich mal fünfundachtzig oder neunzig werden sollte, wie es mir dann körperlich geht. Ich wünschte mir natürlich, dass ich mich noch lange selbst versorgen kann. Isoliert würde ich natürlich nicht so gerne sein. Aber das andere ist eben, ich möchte auch nicht irgendwo gerade so geduldet sein bei einer Familie. So dass ich eigentlich immer hoffe.

Inzwischen weiß ja jeder, wo unser Körper hinkommt, wenn wir uns verabschieden von dieser Welt. Wo unsere Seele bleibt, das wissen wir nicht. Aber solange wir noch auf der Welt sind, ist der Körper das Einzige, das unsere Seele trägt, wo unsere Seele drin wohnen kann. Und deswegen müssen wir mit unserem Körper, solange es geht, ganz behutsam umgehen und freundlich zu ihm sein.

Darum versuche ich, mich gut zu ernähren und dem Rat des Doktors zu folgen, dass ich einmal am Tag immer ordentlich meinen Kreislauf bewegen muss. Und mein Glück ist, dass ich ein starkes Herz habe und dass es in dem italienischen Dörfchen, wo ich seit meiner Frühpensionierung lebe, unendlich viele Treppen und steile Straßen gibt, die ich täglich hoch- und runterlaufe, so dass ich jeden Tag gutes Herzklopfen habe. Und zum Glück bin ich kein Stubenhocker, ich habe Freunde, Bekannte und komme auch schnell mit Leuten ins Gespräch.

Ich halte die Augen offen. Aber nicht dort, wo sich die Leute nur amüsieren, beim Tanztee oder so, das finde ich irgendwie gekünstelt. Wovon ich mir immer etwas erwarten würde, das wäre einfach so ein Engagement für Menschen, irgendwas Gesellschaftliches. Wobei man da nicht nur hingehen sollte, nach dem Motto: Ich will da jemanden finden. Das klappt sowieso nicht, da wird man nur enttäuscht. Aber manchmal entwickelt sich eben was.

Ich bin allerdings vorsichtig geworden. Natürlich habe ich manchmal ganz gewaltige sexuelle Bedürfnisse oder Wünsche oder Sehnsüchte. Aber dann mischt sich das manchmal damit, dass ich sage: »Und nur weil du diese Frau jetzt äußerlich so wunderschön findest, willst du die jetzt anbaggern, um dann beim Zusammensein zu merken, dass es gar nicht geht?« Und da denke ich, das ist nur, weil es in der unteren Körperhälfte drückt, und frage mich: »Willst du das wirklich?« Dann relativiert sich das auch wieder. Ich denke, dass ich einer Frau heute durchaus Wohlbehagen bereiten kann.

Als Kind war ich ein ziemlicher Hänfling, der ausgemergelt war von allen nur möglichen Kinderkrankheiten und Mangelerscheinungen, die man zu Kriegszeiten und danach hatte. Später bin ich dann lange Zeit zu einer Masseurin gegangen, die mich immer toll durchgeknetet hat, also vom Kopf bis zu den Zehenspitzen. Die hat mir alles erklärt, hat gesagt: »Komm, dich kriegen wir wieder hin«, so dass ich eigentlich immer eine gute Beziehung zu Massagen hatte. Und für mich ist es heute wichtig, dass ich auch durch Massagen den Frauen ein Wohlgefühl bereite.

Doch bei aller Suche nach Nähe, Zärtlichkeit und Glück muss man sich immer vor Augen führen, dass das Leben nicht nur im Bett stattfindet und es nicht nur romantische Sonnenuntergänge gibt. Sondern das Leben ist ja auch das Ertragen der eigenen Macken und der Macken des anderen und dass man gemeinsam oder eben auch getrennt ökonomische oder andere schwierige Situationen überwinden muss.

Man muss das Leben auch als Einzelkämpfer bewältigen können. So ein alter Single wie ich muss ja auch alleine für sein Essen sorgen, die Wäsche machen und die Wohnung sauber halten. Nichts geschieht, ohne dass man es selber macht. Ja, und dieses umfassende Leben, das könnte einfach verschönert werden durch eine harmonische, liebvolle Partnerschaft mit einer Frau.

Ach, ich habe noch so viele Träume mit netten Frauen. (Lacht) Ich war voriges Jahr mit einer Frau für eine Woche in Italien zusammen. Die kenne ich schon lange und wir sind uns nicht unsympathisch. Da habe ich auch immer gedacht, das wäre eine, mit der möchte ich wohl meinen Lebensabend verbringen. Die ist, glaube ich, so zehn Jahre jünger als ich. Und die hat selber auch gerade eine Krebskrankheit überwunden. Wir sind also beide krebserfahren und haben viele Gemeinsamkeiten. Was daraus wird, weiß ich nicht. Aber die hat mir gesagt, sie wisse noch nicht, ob aus dieser Begegnung eine feste Beziehung entstehen könne. Sie hat viele Jahre in zwei Beziehungen verbracht und hat nach der Verabschiedung aus der letzten gemerkt, dass sie sich selber darin sehr verloren hat und gerade dabei ist, sich wieder zu finden. Damit muss sie erst mal leben und kann sich nicht gleich in eine neue Abhängigkeit begeben.

Das fand ich ganz toll, ich konnte sie auch gut verstehen. Und wenn wir beide ganz souverän und gut sind, finden wir vielleicht in zehn Jahren zusammen. Dann bin ich fünfundsiebzig. Träume darf man doch haben.

ES IST TRAURIG, WENN DER
EIGENE MANN NICHT MEHR WILL

Hanna, 55

Aus sexuellen Gründen lebe ich von meinem Mann getrennt. Er ist älter als ich und hat kein Interesse mehr an Sex. Dabei finde ich das Leben jetzt schön, außerdem habe ich Zeit. Aber das Wichtigste fehlt mir nun, obwohl mein Mann und ich noch gute Freunde sind. Zunächst bin ich in ein richtiges Loch gefallen. Ich bin ja noch nicht alt. Jetzt fängt das Leben doch erst an. Ich habe studiert, ich habe gearbeitet, vier Kinder großgezogen und jetzt kann ich noch freischaffend als Dolmetscherin arbeiten. Wenn ich heute morgens alleine aufwache, dann sage ich mir immer wieder: »Das kann es doch nicht gewesen sein!«

Früher waren die Kinder zu Hause und haben eigentlich immer gestört. Obwohl es durchaus schön war mit meinem Mann, haben wir den Sex allerdings nie wirklich ausgelebt. Ich bin eine Kopffrau, ich kann mich nicht an einen Mann vergeben, das geht bei mir nicht. Deshalb habe ich mich bei Ihnen gemeldet. Mich interessieren bei diesem Projekt die Erfahrungen der anderen Frauen. Wie machen die das? Wie kommen sie damit klar?

Fünf Jahre lang habe ich schon keinen sexuellen Kontakt mehr zu meinem Mann. Seit über zwei Jahren leben wir getrennt, im gegenseitigen Einvernehmen. Ich bin auf der Suche. Auch mit Annoncen habe ich es probiert, aber dann sehe ich mir die Männer an, trinke einen Kaffee mit ihnen – und gehe. Auf einer Zugfahrt habe ich mal einen netten Arzt aus Regensburg kennen gelernt und der hat mich auf Selbstbefriedigung gebracht. Er hat mir einen Dildo gekauft und gesagt: »Du bist doch eine schöne Frau, du musst dich selbst streicheln.« Aber das kann es doch nun auch nicht sein. Mit diesem Arzt habe ich nichts, aber ich habe Vertrauen zu ihm.

Früher habe ich nie onaniert, ich kannte so etwas gar nicht. Ich kannte auch keinen Orgasmus. Wir haben uns früher mit meinem Mann auch unten nicht berührt, mit den Händen oder so. Wir hatten einfach Sex. Das war nicht unangenehm, weil ich einen sehr schönen Mann habe, in den ich immer sehr verliebt war. Es war schön, wenn er mich berührte, ich kannte es ja nicht anders. Ich war Mutter, ich war Ehefrau, ich war glücklich. Meinen ersten Orgasmus hatte ich mit fast Mitte vierzig. Da hatte mein Mann ein Buch über Sex gekauft und mich zum ersten Mal auch unten geküsst. Dabei empfand ich große Lust. Er wollte mit mir machen, was in dem Buch stand. Dabei hat er auch meine Hand genommen und gesagt, ich sollte ihn mal unten streicheln.

Einen richtigen tollen Orgasmus hatte ich mit einem anderen Mann. Den kannte ich schon mehrere Jahre und einmal hat er mich auf eine Reise nach Amsterdam mitgenommen. Insgeheim habe ich mir damals gesagt: Was für ein schöner Mann, mit dem könntest du ja mal ..., aber ich habe damit nicht wirklich gerechnet. Dann hat er mich einfach genommen und mir gezeigt, dass es da unten noch einen anderen Punkt gibt, der mich stimuliert. Jetzt weiß ich, wie schön das sein kann. Beim ersten richtigen Orgasmus war ich zweiundfünfzig. Da wurde ich auch zum ersten Mal gefragt: »Ist dies schön, ist das schön, magst du das?« Das hatte ich mit meinem Mann nicht. Das heißt, er ist ja schon mein zweiter Mann.

Mit dem ersten Sex hat es bei mir lange gedauert. Es ging immer nur so: Küssen und dann ausreißen. Ich kannte es nicht anders und mir hat dadurch auch nichts gefehlt. Ich war ganz stolz auf meine Jungfräulichkeit. Ich wollte studieren, das war mir wichtiger. Passiert ist es dann mit einem wesentlich älteren Mann, einem Russen. In den war ich unheimlich verliebt, aber das lief auch nach dem Muster – küssen und gehen. Er hat mich nicht berührt. Zwei Jahre kannte ich ihn und er hat mich nicht berührt. Aber kurz bevor ich zum Studium ging, habe ich doch die erste Nacht mit ihm erlebt. Es war schön, weil ich so in ihn verliebt war. Der hatte bis dahin immer gesagt: »Hanna, studiere, mach etwas aus deinem Leben.« Und das war vielleicht auch gut so, mit einem anderen wäre es sicher schneller passiert.

Während des Studiums hatte ich keine sexuellen Kontakte. Ich hatte schon mal einen Freund, aber außer Küssen lief da nichts. Ich wollte auch während des Studiums kein Kind. Einige Kommilitoninnen hatten Kinder, aber das gab nur Tränen und Ärger. Ich habe es auch bis zum letzten Studienjahr geschafft. Dann hat meine Freundin einen Russen geheiratet und da bekam ich plötzlich Torschlusspanik. Durch sie habe ich dann wieder einen Russen kennen gelernt und wollte zu der Zeit auch in die Sowjetunion ziehen – so verrückt war ich damals.

Dieser Russe sagte dann zu mir: »Hanna, ich heirate dich!« Und ich habe gesagt: »Gut, aber erst danach schlafen wir zusammen, eher gibt es keinen Sex.« Das ging danach hin und her und her und hin. Wir fingen an, die Dokumente zusammenzusuchen, aber das war ja damals nicht erwünscht, dass man einen Russen heiratete. Wir haben natürlich doch noch vor der Ehe miteinander geschlafen und ich wurde schwanger. Als die Sowjets davon erfuhren, haben die den Mann innerhalb von vierundzwanzig Stunden nach Hause geschickt. Und dann wurde mein erster Sohn geboren.

Ich war so schockiert. Als sie meiner Freundin die Hochzeit erlaubt haben, wurde es als Beispiel für deutsch-sowjetische Freundschaft hingestellt. Und mir haben sie gesagt, als ich schwanger war und wir heiraten wollten: »Sie können doch Chinin nehmen.« Ein russischer Politoffizier meinte wirklich, ich solle das Kind mit Chinin abtreiben. Aber ich habe gesagt: »Ich möchte das Kind, ich bin jetzt alt genug und ich will wissen, wohin Sie den Vater des Kindes versetzt haben.« Und er: »Nein, das geht nicht, das ist hier eine Armee.« Ja, so war das damals. Die deutsch-sowjetische Freundschaft gab es nur auf dem Papier.

Ein Jahr habe ich dann gekämpft, ich kannte ja seine Heimatadresse. Ich habe einen richtigen Aufstand gemacht, habe geschrieben, dass ich keine Hure sei und nur mein Recht wolle. Das ging über beide Regierungen. Ich hatte auch Liebesbriefe von ihm. Bis ich dann erfuhr, dass er inzwischen geheiratet hatte oder heiraten musste – ist mir heute auch egal. Zumindest habe ich dann von seiner Frau einen Brief bekommen. Er kam sogar noch mal kurz selbst zurück und da habe ich zu ihm gesagt: »Du bist für mich gestorben.«

Im Grunde hat mich an dem Russen nichts Erotisches angezogen. Ich bin von Kindheit an auf der Suche nach Wärme und Geborgenheit gewesen. Und das habe ich bei den Russen gefunden – bei der russischen Seele.

Meine Mutter war sehr krank nach dem Kriege und ich war ein außereheliches Kind. Sie hat mich nie in den Arm genommen. Sie war zwar eine gute Seele, aber krank durch den Krieg. Ich habe mir immer so gewünscht: Wann nimmt dich endlich mal einer in den Arm. Mir hat einfach Liebe gefehlt, also ohne Sex. Bei den Russen hatte ich immer das Gefühl, das sind warme Menschen, da wird gesungen und Gitarre gespielt. Irgendwie war man wohl auch bescheuert erzogen worden. Alles war angeblich in Butter, die Schattenseiten hat man ja noch nicht gekannt. Ich wollte einfach nach Russland. Ja, heute lacht man darüber.

Und dann hing ich mit dem Jungen zu Hause bei meiner Mutter. Das konnte nicht gut gehen. Die hat zwar ihren Enkel abgöttisch geliebt, aber sie war eben krank. Da habe ich gedacht:

Jetzt musst du hier raus! Ich habe dann auf eine Annonce geschrieben. Der Mann kam in unsere Wohnung, nahm meinen Jungen auf seinen Arm und war einfach gut zu ihm. Der hat mir äußerlich zwar gar nicht gefallen, aber ich dachte: Den heiratest du jetzt. Bloß raus hier und weg von deiner depressiven Mutter.

Es war auch wegen der Moral. Wir haben auf dem Dorf gelebt und da hieß es immer: »Die hat von einem Russen ein Kind. Das ist doch 'ne Hure.« Ich konnte damit nicht umgehen. Ich war so verletzt. Dabei hatte ich seitdem keinen anderen Mann gehabt. Dem Mann von der Annonce habe ich auch gesagt: »Sex erst in der Ehe.« Er hat mich also geheiratet und durfte dann mit mir schlafen. Mit der Zeit habe ich ihn eigentlich auch richtig lieb gewonnen. Der war ein guter Mensch und der Sex mit ihm war nicht unangenehm. Ich wurde auch gleich wieder schwanger. Er war älter als ich und wollte nun auch eine eigene Familie haben. Das Kind war eigentlich sein Glück.

Er war handwerklich begabt und wir haben uns dann eine Wohnung ausgebaut. Das lief zwischen uns gut. Ich war immer glücklich, wenn er mich in den Arm nahm. Ich war geborgen, ich hatte meine Familie und ich hatte Arbeit. Er hat sich für Jazz interessiert, an den hat er mich herangeführt. Louis Armstrong besonders, auch Ella Fitzgerald. Was man eben damals in der DDR so auf Platte bekam. Er fand aber auch russische Militärmusik gut, die mich nun wieder interessierte. Zwei Jahre lang haben wir unsere Wohnung ausgebaut. Als wir fertig waren, sagte er zu mir: »Jetzt gehe ich wieder Fußball spielen.« Vor unserer Hochzeit hatte er das angeblich regelmäßig betrieben. Aber von dort kam er immer erst nachts heim und war angetrunken.

Das wurde Schritt für Schritt schlimmer. Dann kam er von der Arbeit nicht mehr heim und hat die Kinder nicht vom Kindergarten abgeholt. Irgendwann hat mir ein Freund gesagt: »Hast du das denn nicht gewusst? Bevor der dich kennen lernte, saß er doch nur in der Kneipe.« Mit Kneipe und Alkohol hatte ich nun gar keine Erfahrung. In unserer Familie war einfach kein Alkohol im Haus gewesen. Irgendwann wurde er von seinem Forschungsinstitut zu einem untergeordneten Labor versetzt. Dort hat er sich mit einem anderen strafversetzten Mann zusammengetan, der auch Alkoholiker war. Und mit dem hat er dann zusammen gesoffen.

Er kam gar nicht mehr nach Hause oder sehr spät. Morgens hat er dann geweint wie ein Kind und gesagt: »Ich mache es nicht wieder! Verlass mich nicht!« Ich habe gesagt: »Wenn du trinkst, muss ich gehen. Ich kann damit nicht leben.« Nüchtern war er der beste Mensch. Betrunken war er jedoch nicht mehr der, den ich geheiratet hatte.

Dann mischte sich auch noch meine Schwiegermutter ein. Er hat ja noch sehr lange bei ihr zu Hause gelebt, bis er dreißig war. Sie hat zu mir gesagt: »Das musst du ertragen, Hanna.« Aber ich wollte das nicht ertragen. Er hat mich nicht geschlagen, er hat immer nur geweint. Einmal ist er selbst schwer verprügelt worden, er blutete und ich habe den Arzt geholt. Der hat dann zu mir gesagt: »Ihr Mann ist ein Trinker.« Alkoholismus war ja in der DDR lange kein Thema.

Zwei Jahre ging das so, dann habe ich die Scheidung eingereicht. Die Schwiegermutter hat sich da wieder reingehängt und wiederholt, dass ich das ertragen müsste, weil er mich mit einem Kind genommen habe. Aber ich war erst Anfang Dreißig und eine attraktive Frau, das wusste ich. Und ich war meinem Mann bis dahin nie untreu. Wenn ich glücklich war, war ich immer treu. Irgendwann fing er an, mich anzufassen, wenn er betrunken war. Das war ekelhaft. Das geht bei mir gar nicht. Kurz bevor ich die Scheidung einreichte, hatte ich mal so eine kleine Episode mit einem anderen Mann. Das war ohne Orgasmus, aber schön. Inzwischen hatten sie meinen Mann wegen Trunkenheit wieder versetzt. Er musste nun weit außerhalb arbeiten und durfte nur noch ganz einfache Aufgaben erledigen. Als er von der Scheidung erfuhr, wollte er mich umbringen. Und die Krönung war: Er hat mir eine Flasche auf den Kopf geschlagen und mich gewürgt, bis ich ohnmächtig wurde. Auf der Flucht vor ihm bin ich im Nachthemd über einen zwei Meter hohen Zaun geklettert. Wie ich das geschafft habe, weiß ich bis heute nicht. Er dachte, ich sei tot und ist fort. Dann kam der Notarzt und ich wurde ins Krankenhaus gebracht. Damit war die Scheidung natürlich besiegelt.

Dann bin ich aus dem Krankenhaus entlassen worden und da steht der abends wieder vor der Tür. Ich habe nur noch vor dem gezittert.

Ich hatte ja auch kein Telefon, um Hilfe zu holen, oder ein Frauenhaus, wohin ich mich hätte flüchten können. Da warst du doch Freiwild für den Mann. Schließlich habe ich eine Eingabe beim Gericht gemacht und auf einmal war er weg. Die Polizei kam zu mir, es gab da noch diese Blutspuren in der Wohnung, aber davon wollte zuerst keiner etwas wissen. Das sollte unter den Teppich gekehrt werden, weil mein Mann Genosse war. Und ich war ja auch nicht tot. Ich hätte tot sein müssen, dann wäre das interessant gewesen. Aber am Ende musste er doch vors Gericht.

Als ich dort sah, wie abgemagert er war und so, hatte ich eigentlich Mitleid mit ihm. Der konnte im Grunde keiner Fliege etwas zuleide tun. Das war der Alkohol. Ich hatte vorher schon mehrmals den Antrag auf Scheidung wieder zurückgezogen, wenn er gebettelt hat. Und er hat deshalb immer gedacht: Die macht das sowieso nicht. Die Jahre mit ihm waren ja teilweise auch schön. Aber danach war Alkohol für mich ein rotes Tuch. Meine Kinder trinken auch nicht. Ich habe gesagt: »Wenn ihr trinkt und in der Gosse liegt, werde ich euch nicht helfen.« Alkoholikern kann man nicht helfen, wenn sie sich nicht irgendwann selbst helfen.

Ich war dann eine ganze Weile allein, ehe ich meinen heutigen Mann kennen lernte. Das heißt, wir hatten uns vorher schon mal gesehen. Ich war als Dolmetscherin in dem Institut, das er leitete. Aber wir beide waren noch verheiratet und nur Kollegen. Zwischen uns war nichts. Das war ein schöner großer Mann, mehr nicht. Nach der Scheidung trafen wir uns irgendwann wieder. Da war auch er inzwischen geschieden. Der wohnte in meiner Nähe und wir sind immer mal wieder ins Gespräch gekommen. Er hat dann richtig um mich gebuhlt und ich habe ihn lange zappeln lassen.

Einmal habe ich ihm gesagt: »Ich habe mir ein Grundstück gekauft, ich kriege Fertigbeton und ich brauche einen richtigen Mann, der mir dabei hilft, das Fundament zu machen.« Der hatte aber zwei linke Hände. Da lachen wir heute noch manchmal darüber, wie er sich angestrengt hat mit dem Beton und der Schubkarre. Er hatte Blasen an den Händen, aber er hat bis zum Schluss durchgehalten. So hat er mir immer mal wieder geholfen, dann waren wir irgendwann beim Du, aber ich habe nicht mit ihm geschlafen. Ich bin da sensibel. Ich habe mich auch nicht aushalten lassen von ihm. Ich hatte mein Auto und mein Geld. Da haben seine Freunde zu ihm gesagt: »Du, das ist eine Frau, die zu dir passt.« Einmal waren wir bei einer Gartenparty und da hatten die es arrangiert, dass wir in einem Zimmer übernachteten. Na ja, wie diese Nacht endete, können Sie sich ja vorstellen.

Er hat wirklich um mich gekämpft und ich verliebte mich dann irgendwann in ihn. Das hat sich auch gelohnt. Meine Erfahrung heute ist: Die Männer warten lassen, nicht gleich mit denen ins Bett gehen, da kommt meist nichts Gescheites raus. Lieber sich selbst befriedigen. Gut, wenn ich mal im Ausland bin, ist mir das egal. Ich war jetzt allein in Italien. Da habe ich einen netten Engländer kennen gelernt, der hat mich einfach angesprochen, als ich im Bikini am Strand entlang lief. Das war ein gesunder, gepflegter Mann mit einer schönen Figur, der gleich meine Hand genommen hat und sagte: »Hallo! Do you speak English?« – »Yes, I speak English.« Ich lerne jetzt auch noch Englisch.

Wir haben am Strand eine Woche miteinander geflirtet und über Gott und die Welt geredet. Der war jünger als ich und fand mich schön. Er hat gesagt: »Hanna, you are a wonderful woman. Wir haben jetzt Urlaub, schalte doch mal ab mit deinen Problemen.« Wir sind immer Hand in Hand gegangen und eine Nacht haben wir uns auch geliebt. Aber mit Kondom und eben nicht gleich. Er wollte natürlich gleich mit mir schlafen, aber ich habe Nein gesagt. Am Ende des Urlaubs ging es. Dann war aber auch Schluss, das wussten wir. Hier in Deutschland kann ich so etwas nicht.

Ich bin allein in diesen Urlaub gefahren, weil ich Liebeskummer hatte. In München hatte ich mich ganz doll verliebt und bin leider ein bisschen enttäuscht worden. Das ist ein Mann, der nicht weiß, was er will. Das tut so weh. Jetzt ist er gerade auf Ibiza. Der hat nämlich eine sehr reiche Freundin. Er will aber beides haben – mich und die Reiche auch. Ein schöner Mann, aber auch ein Angeber. Er trinkt nicht, raucht nicht und ist immer schick. Ich bin für ihn eigentlich *die* Liebe. Die reiche Frau soll eiskalt sein. Jeden Tag schickt er mir nun eine SMS und schreibt, wie sehr er mich liebt.

Sie hat das mit mir mitgekriegt und ihm die Pistole auf die Brust gesetzt. Danach hat er sich kaum mehr rausgetraut. Eine Stunde Kaffee trinken mit mir – und tschüs. Sie hat sich den Zweitschlüssel von seiner Wohnung geben lassen, damit sie ihn kontrollieren kann. Dabei leben die gar nicht zusammen. Aber es war schön mit ihm, der hat so etwas an sich – er hat eben um mich geworben. Er riecht auch gut und ist intelligent. Und von ihm habe ich Englisch gelernt.

In München gehe ich übrigens gern zum Tanztee und habe dort auch immer viele Bewerber. Ich tanze mit denen, aber ich schlafe mit keinem. Du machst dich schön, du hast schöne Musik mit Niveau, die Herren kommen ordentlich angezogen und ich kann sie auffordern. Die Männer sind so um die fünfzig, sechzig dort. Nach drei Tänzen setze ich mich meist wieder hin. Dort gibt es auch ältere, schicke Damen, die sind dann froh, wenn noch einer mit ihnen tanzt. Wir Mittfünfzigerinnen sind die Jüngeren und das genieße ich. Gestern habe ich das schwarze Kurze angehabt und da kriegt man gesagt: »Hanna, du siehst aber heute wieder schön aus.« Aber ich hänge mich an keinen, ich will nur tanzen und Spaß haben.

Ja, und mein Ehemann macht das heute alles mit. Aber ich bin nie fremdgegangen in der Zeit, als der Sex mit ihm noch klappte. Ich war immer glücklich mit ihm. Und ich wette, mein Mann ist auch nie fremdgegangen, er ist ein Familienmensch. Er konnte auch mit den Kindern gut, die ich mit in die Ehe gebracht habe. Zu der Zeit hat er mal zu mir gesagt, dass er sich ein Kind mit mir wünsche, sozusagen als Krönung unserer Beziehung.

Er hatte einen Sohn aus erster Ehe. Nach der Scheidung kam der oft zu ihm. Als er mich dann kannte, hat der Junge zu Hause erzählt, dass Papa eine neue Freundin hat und wir heiraten wollen. Von da ab durfte der Sohn nicht mehr kommen, obwohl ich ganz lieb zu ihm war. Da kriegte mein Mann seelische Probleme. Seine Ex-Frau hatte gesagt: »Entweder der Junge oder die Frau.« Sie war allein, da hat sie wahrscheinlich gedacht: Den kriege ich über den Jungen zurück. Er ist dann auch öfter wieder zu ihr, der Junge wurde krank, und er kam immer erst spät zurück und hat gesagt: »Das ist mein Problem, nicht deines.« Er wollte unsere Beziehung langsam im Sande verlaufen lassen.

Damals habe ich gedacht: Jetzt verlierst du den Mann. Da bin ich zum Frauenarzt und habe mir die Spirale entfernen lassen, die ich zur Verhütung trug. Ich habe gedacht, dass ich ihn mit einem gemeinsamen Kind wieder glücklich machen könnte. Und innerhalb von zwei Wochen war ich schwanger. Aber als ich ihm das gesagt habe, wurde er kreidebleich und meinte: »Ich habe doch schon ein Kind.« Und ich: »Na und? Jetzt will *ich* ein Kind von dir.« Später kam ja noch ein zweites. Ich habe ihn wirklich geliebt, den wollte ich.

Nach einer Woche hat er mich dann in den Arm genommen und gesagt: »Wir heiraten jetzt.« (Weint) Wir waren wunschlos glücklich miteinander. Sein Junge war dann auch kein Thema mehr. Heute ist er groß, ruft an und kommt von selbst. Ja, wir waren glücklich. Bis vor ein paar Jahren. Es fing nach einem Urlaub an. Bis dahin haben wir eigentlich viel Sex gehabt. Es war die Zeit, wo es begann, richtig Spaß zu machen, weil wir ein bisschen experimentierten. Plötzlich zog er die Hose nicht mehr aus. Vorher haben wir immer unten ohne geschlafen. Angeblich hatte er Hämorrhoiden.

Er hat mich nicht mehr angerührt und wollte dann auch getrennt von mir schlafen. Dann dachte er, er habe Hodenkrebs. Da habe ich gesagt: »Wenn du jetzt nicht zum Arzt gehst, verlasse ich dich.« Das ging über ein Jahr. Dann ist er zum Arzt gegangen. Natürlich hatte er keinen Krebs, aber er war impotent, durch irgendeine Infektion. Ich wollte meinen Mann nie betrügen. Ich dachte immer: Wenn du mit einem anderen schläfst, ist das Schöne mit deinem Mann vorbei. Ein Arzt hat ihm dann Viagra verschrieben, aber das ist kein Allheilmittel gegen Impotenz.

Das war die Zeit, als ich mit Selbstbefriedigung begonnen habe. Er lag im Bett und ich ging ins Wohnzimmer, um mich selbst zu befriedigen. Das war ganz furchtbar. Du bist mit einem schönen Mann im Urlaub, hältst Händchen und es passiert nichts mehr. Ich habe jede Nacht geweint. Aber ihm fehlt das nicht, er hat überhaupt kein sexuelles Bedürfnis mehr. Ich habe alles versucht: Ich bin zur Eheberatung gegangen, ich habe geschrieben und Rat gesucht bei Experten. Die haben alle gesagt, er solle zum Psychologen gehen, aber er wollte nicht. Und mein Frauenarzt sagte: »Wenn der nicht will, können Sie sich auf den Kopf stellen.«

Ich habe auch mit meiner ältesten Tochter darüber gesprochen. »Ich liebe den Papa«, habe ich gesagt, »aber ich kann so nicht leben.« Da hat sie gesagt: »Geh doch nach München. Dahin wolltest du doch schon immer.« Wegen einer Krankheit kann ich nicht mehr regelmäßig als Übersetzerin arbeiten und bekomme deshalb Rente. Das Geld habe ich also. Und mein Mann meinte: »Gut, wenn du das möchtest, dann tu es.« Hätte er Nein gesagt, hätte ich es nicht getan.

Also habe ich mir in München eine kleine Zweitwohnung genommen und inzwischen auch zwei Freundinnen gefunden. Mein Mann ruft regelmäßig an und ich fahre auch immer wieder nach Hause, wir haben ja zusammen eine sehr schöne Eigentumswohnung. Wir wollen uns auch nicht scheiden lassen, wir leben einfach getrennt. Wenn ich Liebeskummer habe, nimmt er mich in den Arm und sagt: »Du kannst immer nach Hause kommen.« Ich habe also ein Zuhause. Mir ist auch noch kein Mann begegnet, der meinem Mann das Wasser reichen kann. Er ist intelligent und ist noch schön, aber er spielt jetzt so eine Vaterrolle für mich.

Das mit der Impotenz wollte ich erst gar nicht wahrhaben. Ich wollte auch lange mit keinem anderen Mann schlafen. Wir sind ja schon so lange zusammen und ich wollte ihm nicht wehtun. Aber ich will mich schön machen, ich will weggehen und was erleben, ich will auch irgendwo Frau sein. Wozu soll ich mich zu Hause schön machen? Mein Mann liebt mich ja auch mit Brille oder im Trainingsanzug. Verstehen Sie das?

In meinem Bekanntenkreis funktioniert auch nichts mehr. Der Mann einer Freundin ist auch impotent. Die haben aber keinen Mut auszubrechen. Die haben sich ihrem Schicksal ergeben. Sie jammern und haben sich Hunde und Katzen zugelegt. Der einen habe ich mal einen Dildo gekauft und gesagt: »Komm, mach es wenigstens so. Besser als gar nichts.« Die haben ein Haus und einen Garten und sie sagt: »Der macht mir wenigstens den Garten.« Die brechen einfach nicht aus. Sie können sich auf dem Lande auch keinen Freund zulegen. Das hätte ich auch nicht gemacht, die kennen uns ja fast alle dort.

Klar reden die schon darüber, dass ich weg bin. Aber da ist mein Mann ganz prima. Wenn ich heimkomme, machen wir uns schick, nehmen uns an die Hand und gehen erst mal an jedem Haus vorbei. Wir küssen uns, damit es jeder sieht. Wenn die größte Klatschbase rauskommt und sagt: »Ach, Hanna, bist du mal wieder da? Was macht ihr denn so?«, sagt mein Mann: »Wir gehen ins Grüne, warst du mit deinem Gerhard heute auch schon im Grünen?« Und sie: »Ach, das macht der Gerhard nicht mit mir.« Wir gehen dann in den Wald. Sollen die doch denken, dass wir da Sex miteinander haben.

Inzwischen kann ich mit der Situation umgehen. Ich habe etwa zwei Jahre gebraucht, bis sich das so eingepegelt hat. Wenn mein Mann mich dann morgens in München anrief, fragte er manchmal: »Na, wie war es heute Nacht?« – »Was meinst du denn?« – » Na, erzähl mir doch nicht, dass du keinen mitnimmst.« Er fing plötzlich an, eifersüchtig zu werden. Obwohl ich ihm gesagt hatte, dass ich keinen Mann mitnehme. Einmal habe ich geweint und gesagt: »Ich habe einen ›Plastemann‹ hier, kannst herkommen und ihn dir angucken.« Den Dildo nenne ich immer Plastemann. Ich sagte: »Ich befriedige mich selbst, wenn du es genau wissen willst« und habe dabei bitterlich geweint. Da hat er sich entschuldigt. Jetzt liefert er mir sogar, wenn ich heimkomme, die Ersatzbatterien für diesen Dildo. So ein Dildo macht sich ganz gut. Vor allem wird der nicht müde. (Lacht) Ich wollte erst nicht, aber mit der richtigen Einstellung dazu geht es ganz gut.

Ich habe mich nach einiger Zeit hier doch verliebt, in einen, der mit mir tanzen wollte. Der guckte mir in die Augen und da hatte ich Schmetterlinge im Bauch. Er hat nur mit mir getanzt. Er ist bald sechzig und hat mich in seine Clique eingeführt. Das hat mir gefallen, weil ich ja hier kaum einen kenne. Aber ich dachte: Nee, mit dem schläfst du nicht. Obwohl er mich beim Tanzen gedrückt und mir auch mal einen Kuss verpasst hat. Dann hat er mir seine Wohnung gezeigt und gesagt, dass er eine reiche Freundin habe, die er aber nur benutze. Sie ist steinreich und etwa so alt wie ich. Und dann hat er gesagt: »Jetzt habe ich dich kennen gelernt, aber nun schaffe ich das nicht mehr, mich von der zu lösen. Dabei bist du eigentlich die Frau, die ich liebe.« Wie es eben so kommt im Leben.

Na ja, und eines Tages sind wir wieder tanzen gegangen und da hat er zu mir gesagt: »Was wünschst du dir?« Da habe ich gesagt: »Ich will mit dir mal schlafen. Ich bin ja so verliebt.« Da hat er lange überlegt und dann gesagt: »Gut, aber dann bei mir.« Sein Schlafzimmer kannte ich ja schon, das hatte er mir mal gezeigt. Ich hatte Vertrauen zu ihm. Wir haben eine wunderschöne Nacht verbracht und er hat sich auch in mich verliebt. Wir haben dreimal zusammen geschlafen und hatten drei tolle Nächte. Dann war er auch mal bei mir.

Und eines Tages sind wir unterwegs und sein Telefon klingelt. Da war seine reiche Freundin dran. Sie war in der Nacht in seiner Wohnung – sie hat ja den Schlüssel – und er war nicht da. Dabei hatte er mir gesagt, es sei mit ihr zu Ende. Da hat er also noch ein Doppelspiel getrieben. Und am nächsten Tag war er wie umgewandelt. Er sagte: »Ich habe einen Haufen Ärger. Ich liebe dich, aber ich will sie nicht verlieren. Ich brauche Zeit.« Er sagte, die Reiche würde ein großes Theater machen, wenn er mit ihr Schluss mache.

An einem Sonnabend hat er dann zu mir gesagt, ich dürfe nicht zu ihm kommen, weil er mit dieser Dame irgendwohin müsse, ich sollte ihn nachts anrufen. Das habe ich ein paar Mal gemacht, aber er hat nicht abgenommen. Und dann hat er mir gestanden, dass er doch wieder bei ihr geschlafen habe. Da habe ich gesagt: »Dann will ich nicht mehr mit dir schlafen.« Das geht jetzt schon ziemlich lange so. Er ruft mich laufend an, er lässt ja nicht los. Wenn ich mich nicht melde, ruft er an oder schickt eine SMS. Wir schlafen nicht mehr zusammen, aber ich komme nicht los von ihm. Es hatte sich alles so schön entwickelt. Ich habe ein Vierteljahr nur geweint. Manchmal taucht er kurz auf, aber er traut sich mit mir nirgendwo mehr hin. Sie kontrolliert ihn und das lässt er sich gefallen.

Dabei, wenn Sie den sehen, denken Sie wunder, was das für ein Kerl ist. Ich verstehe das nicht. Er ist einfach ein schicker Mann und die Frau braucht jemanden zum Repräsentieren. Er ist wie ein Hund. Wenn wir mal Kaffee trinken gehen, guckt er auch immer auf die Uhr und sagt: »Hanna, ich muss jetzt.« Der hat so einen Schiss in der Hose. Zu Silvester kam folgende SMS von ihm: »Kuss und ich liebe Dich und das neue Jahr wird besser. Wir kommen wieder zusammen.« Und jetzt traut der sich während des Urlaubs mit ihr nicht, sein Handy anzustellen.

Ich weiß auch nicht, warum er das tut. Vielleicht ist es Gier, vielleicht will er alles haben. Dabei bin ich keine Arme. Ich lasse mich nicht von ihm aushalten, wir teilen immer alles. Aber sie ist reich und es gefällt ihm auch, sich in der reichen Welt zu spiegeln.

Anders kann ich es nicht erklären. Gier frisst eben Hirn auf. Ich will noch ergründen, was für ein Mann das ist. Er ist jetzt in eine kleinere Wohnung gezogen. Der ist am Absteigen. Bei der Reichen darf er nicht wohnen, obwohl die hier in München mehrere Häuser hat. Er sagt, die würde die volle Miete von ihm fordern. Aber wenn die Dame ruft, dann rennt er.

Na klar, stört mich das. Ich habe schon ein paar Mal Schluss gemacht, ich war auch schon laut und böse, denn wir hatten ja schon Pläne geschmiedet – wir wollten zusammen nach Amerika. Ja, ich war sehr glücklich mit ihm und unseren Sex habe ich auch nicht vergessen. Doch ich bin jetzt sehr stolz und gehe auch wieder allein weg.

Tja, was hat er? Dieses Weltgewandte, dieses Lockere. Der spricht perfekt Englisch und ich lerne da viel. Dieses Lockere und dieses Schicke, das gefällt mir, obwohl ich weiß, dass er meinem Mann nicht das Wasser reichen kann. Aber mir gefällt es zu flanieren, tolle Klamotten und einen großen Goldring zu tragen. (Lacht) Ich mag es auch gern schick.

Die Zukunft mit meinem Mann habe ich jetzt schon ein bisschen aufgegeben. Ich habe sogar von einem Mann geträumt, mit dem ich noch mal zusammenziehe. Ich war auch noch mal bei der Eheberatung, dort hat man mir das Buch *Ich habe einen Liebhaber* empfohlen. Das habe ich jetzt studiert.

Andererseits waren mein Mann und ich Weihnachten zusammen. Die Kinder kamen, die Enkelchen auch, mein Mann nahm mich an der Hand und sagte zu den Nachbarn: »Meine Frau ist jetzt Rentnerin, die hat viel Zeit und geht mit ihrer Freundin in München ins Theater und so.« Was ich immer gesucht habe, Wärme und Geborgenheit, das habe ich bei ihm. Mein Liebhaber – ich kann noch nicht loslassen, aber es ist ja eigentlich Schluss –, der ist doch ein armer Mensch. Er giert so nach Macht und Geld.

Ich könnte hier auch reiche Freunde haben, Leute um die sechzig, die ihre Firma aufgeben und eine Frau zum Repräsentieren brauchen. Da habe ich einige Angebote gehabt.

Vor zwei Monaten hatte ich mal einen Netten kennen gelernt, mit dem ich aber nur getanzt habe. Ich hatte ein bisschen geliebäugelt, dass er vielleicht mehr wäre. Er geht also mit mir essen, wir steigen in sein teures Auto ein und er fängt an, mich zu begrabschen. Da war es aus. Ich lasse mich nicht von einem Mann im Auto begrabschen, den ich so kurz kenne. Das ist für mich primitiv, das muss ich mir nicht antun. Der ist für mich gestorben.

Ich bin heute mehr mit mir zufrieden als früher. Ich bin jetzt schlanker und noch attraktiv, auch im Negligé. Ich gehe auch zum FKK. Wenn ich mich dort umsehe, dann habe ich noch einen sehr schönen Körper. Und ich höre gern Komplimente: »Ach, die schöne Frau ist mal wieder da.« Auch zu Hause gehe ich mit meinem Mann in die Sauna und der sagt immer: »Du kannst dich überall sehen lassen, du bist eine schöne Frau.« Das tut mir gut.

Ich mache jeden Morgen Gymnastik, dass ich ja keinen dicken Bauch bekomme. Das ist doch hässlich, wenn man so einen Hängebauch bekommt. Ich will aber auch nicht dünn werden, dünn sieht überhaupt nicht schön aus. Ich will einen straffen Körper, und den habe ich – trotz der vier Kinder. Ich gehe schwimmen und in die Sauna. In München habe ich jetzt eine Clique, aber da fange ich nichts an. Es tut mir so gut, wenn man mich achtet.

Wissen Sie, ich kann mir die Männer noch aussuchen, ich brauche mir nichts zu vergeben. Das wäre natürlich anders, wenn ich finanziell nicht abgesichert wäre. Auch das tut mir so gut, von keinem abhängig zu sein. Ich habe studiert, habe mit vier Kindern immer gearbeitet und auch gespart. Andere haben verdient und mit vollen Händen ausgegeben oder das Geld in den Sand gesetzt. Ich habe mir alles selbst erarbeitet und nie was geerbt, aber ich gehe eben auch nicht teuer essen. Ich bin schon ein bisschen sparsam.

Ich habe früher mal gedacht, mit fünfundfünfzig werde ich eine alte Frau sein, weil meine Mutter in dem Alter für mich schon alt war. Aber meine Kinder sagen: »Wir haben eine schöne Mama.« Die sind stolz, dass ich in die Oper gehe, dass ich Bücher lese, nach München fahre und mich nicht, wie meine Nachbarinnen zu Hause mit Kittelschürze und Kopftuch wie eine Oma hinsetze. Ich habe mal an eine Eheberatung geschrieben und gefragt, was ich falsch mache. Und da haben die geantwortet: »Sie machen gar nichts falsch. Es kann auch passieren, Sie lernen einen Mann kennen, mit dem Sie wunderbaren Sex haben«, und das ist passiert. Ich wäre dem Mann hier in München bis ans Ende der Welt gefolgt. Ja, der Sex ist ganz ausschlaggebend, aber es sollte nicht sein und das tut irgendwo weh. Dabei will er mich noch immer. Da spielt vielleicht auch das Alter eine Rolle, er wird sechzig. Er versucht nicht mehr, mit mir zu schlafen, er küsst mich aber noch und funkelt mich an. Aber er ist unter Druck, dann geht bei ihm wahrscheinlich nichts mehr.

Wissen Sie, Frauen, die Männer unter Druck setzen, erreichen viel mehr. Wenn ich gesagt hätte: »Entweder die oder ich«, dann hätte er sich vielleicht anders entschieden. Er ist mit ihr zusammen und mir schreibt er fast täglich eine SMS. Ich habe ihm auch schon böse SMS geschickt, so nach dem Motto: »Ich bin von dir enttäuscht und ich will nicht mehr.« Ich habe die Reiche ja mal gesehen, die ist nichts Besonderes. Wenn sie nicht reich wäre, würde der sie nicht angucken – vorn nichts, hinten nichts und sie ist mindesten einen Kopf größer als er.

Außerdem ist ihre Mutter immer dabei und natürlich ihr Hund. Die sind nie allein. Bei dieser Frau ist alles falsch, alles nur Schein, die braucht einen Mann nur wie ihren Hund. Kinder wollte sie auch nicht. Wenn sie schwanger war, hat sie immer abtreiben lassen. Und heiraten will sie nicht, weil sie denkt, alle Männer wollen nur an ihr Geld. Sie hat niemanden, der sie liebt. Was ist denn das für ein Leben?

Ich habe ihm auch schon geschrieben, dass er ihr Diener ist. Er hatte mir Bilder gezeigt, da sieht er neben ihr aus wie der Kofferträger. Und ich beleidige ihn zunehmend mehr. Als er mich neulich anrief, habe ich ihn Gigolo geschimpft und gesagt: »Ich achte dich nicht mehr, weil du Angst vor ihr hast und feige bist – für ein schickes Auto, eine Kreuzfahrt auf dem Meer ... Hauptsache Geld, egal wie.« Wenn ich meine Arie ablasse, hört er am anderen Ende zu, also er legt nicht auf. Wenn ich mit der

Litanei fertig bin, sagt er, dass er mich liebe, mich heiraten und mit mir nach Amerika gehen würde. Und je mehr ich ihn beleidige, desto öfter ruft er mich an.

Mir gefallen schon schicke Männer, aber mehr Schein als Sein, das kann ich nicht leiden. Bei der Kur habe ich mal einen kennen gelernt, der war vermögend, unglücklich verheiratet und wollte sich scheiden lassen, aber er hatte Minderwertigkeitskomplexe und war feige. Da habe ich die Finger von ihm gelassen. Wissen Sie, viele Wessis sind Feiglinge. Was die Ossis sagen, darauf kannst du dich eigentlich verlassen. Wenn der Ossi sagt, er steht zu dir, dann steht er zu dir. Oder er sagt, er macht es nicht. Das ist meine Erfahrung.

Die Wessis gaukeln dir etwas vor. Das ist eine Scheinwelt. Und ein bisschen stört mich bei den Westmännern, dass immer die Frauen schuld sind, wenn sie geschieden wurden. Da gehören doch zwei dazu. Auch dass sie nicht mehr so viel Geld haben, ist Schuld der Frauen. Früher waren sie ja so vermögend! Nee, es sind immer zwei schuld, wenn etwas schiefgeht.

Ich würde heute jeder Frau, die in einer ähnlichen Lage ist wie ich, raten, sich nicht einzuigeln, sie soll unter Menschen gehen. Das kann ich hier in München, das können Sie nicht in kleinen Orten, wo man lebendig begraben ist. Und dieser ganze kleinbürgerliche Kram dort interessiert mich auch nicht.

Ich wünsche mir, dass ich mich noch einmal verliebe, damit ich diesen Mann vergessen kann. Ich bin ja sexuell noch an ihn gebunden. Wenn ich mich selbst befriedige, denke ich an ihn, denn es war wirklich schön mit ihm, der war so zärtlich, auch hinterher. Und das will ich auch, nicht nur rumdrehen und schnarchen.

Ja, ich schreibe auch weiter auf Annoncen. Daraus wird nichts Ernstes, aber sich mal mit jemandem treffen, das macht schon Spaß. Da war mal ein Arzt dabei, auch mal ein Lehrer. Aber die wollen nur klammern und möchten, dass ich denen früh den

Kaffee reiche. Nein, das will ich nicht. Wenn, dann muss es ein Partner sein, der gleiche Interessen hat wie ich und nicht klammert. Getrennt leben, sich treffen, aber auch mal allein sein können.

Ein Professor wollte mich gleich haben und heiraten. Er meinte, Sex müsse auch mir Spaß machen, wenn er ihm Spaß mache. Ich habe das gar nicht erst probiert. Ich muss den Mann riechen können, ich muss Schmetterlinge im Bauch haben. Sex ohne Liebe geht bei mir überhaupt nicht. Da bin ich doch mit der Selbstbefriedigung viel glücklicher. Ich habe meinen Spaß und denke an den Mann, den ich jetzt immer noch mag.

Vor ein paar Tagen habe ich mich mit einem getroffen, der hatte sich auf eine Anzeige von mir gemeldet. Das war ein Geschäftsmann aus der Schweiz, so Ende fünfzig, der sah recht nobel aus. Der wollte von mir wissen, wie ich mir das so vorstelle. Und da habe ich zu ihm gesagt: »Na ja, zusammen in die Oper gehen, ins Konzert, ins Museum, Ausstellungen, intelligente Gespräche, Romantik ...« Und während ich das alles aufzählte, merkte ich, wie er immer kühler wurde. Als ich fertig war, meinte er, dass ich nur romantische Flausen im Kopf hätte und wohl in meiner Vorehezeit stehengeblieben wäre. Ihm ginge es nur darum, seine »menschlichen Bedürfnisse« zu befriedigen. Und da habe ich gesagt: »Da müssen Sie ins Freudenhaus gehen. Meine menschlichen Bedürfnisse kann ich alleine befriedigen, dafür brauche ich keinen.« Der wollte für Sex das Geld sparen.

Dann gibt es Männer, die so eine verklemmte Einstellung zu Sex haben, dass es ihren Kopf regelrecht blockiert. Also, wenn es nicht gleich klappt, dann geben sie auf, ziehen sozusagen den Schwanz ein. Sie geben sich auch keine Mühe mehr oder überlassen ihre Frau – wie das jetzt bei mir der Fall ist – lieber einem anderen. Früher war mein Mann nicht so, seine sexuelle Blockade kam ja von einem Tag zum anderen und ich war erst Ende Vierzig. Dabei hat er mir vor ein paar Jahren noch Liebes-

briefe geschrieben und darin auch unseren schönen Sex hervor-
gehoben. Und da war er schon älter als ich heute bin. Nein, mein
Mann will gar nicht mehr, der will nur noch seine Ruhe.

Meine Erfahrung ist, solange Kinder im Haus sind, spielen
erst mal die Liebe und der eheliche Sex ohne große Erotik eine
Rolle. Mit Kindern und Familie ist man in jungen Jahren ganz
glücklich. Wenn die Kinder dann raus sind – wie jetzt bei mir,
ich habe ja nun Zeit für mich und meinen Körper – spielt die
Erotik eine größere Rolle.

Meine erotischen Phantasien kann ich jetzt beim Onanieren
ausleben. Aber ich habe mir erst mal dafür meinen Kopf frei machen müssen. Hätten Sie mich vor zwei Jahren nach einem Dildo gefragt, hätte ich gesagt: »Sie sind verrückt.« Ich musste das
erst lernen. Jetzt bin ich frei dafür. Ich weine aber oft hinterher,
da kriegt man nämlich einen wunderbaren Orgasmus und ich
denke: Jetzt würdest du viel lieber deinem Liebsten in die Augen schauen oder wollen, dass er dich zärtlich streichelt. Eigentlich bin ich dann ein bisschen traurig, obwohl ich wunderschönen Sex mit mir hatte.

Doch wenn ich jetzt tanzen und dann mit einem Mann nach
Hause und ins Bett gehen würde, ich wäre todunglücklich. Wenn
der sich an mir abreagierte, würde ich vor mir ausspucken – ich
kann das nicht. So habe ich jetzt für mich einen Weg gefunden.
Ich träume aber davon, dass ich das noch einmal mit einem Mann
ausleben kann.

ICH MAG ES, WENN DIE FRAU DEN
ERSTEN SCHRITT MACHT

Rainer, 53

Mein Weltbild hat sich in der letzten Zeit verändert, hauptsächlich in den letzten drei Jahren. 1999 war die Trennung von meiner Frau, das heißt, sie hat sich von mir getrennt. Und da sind für mich meine Anschauungen von Beziehungen total zusammengebrochen. Also, wie ich mein Leben aufgebaut habe – das war alles hinüber. Und alle meine Rettungsversuche sind kläglich gescheitert.

Die letzten drei Jahre habe ich gebraucht, um mich wieder einigermaßen zu fangen. Bis dahin, dass ich jetzt zwei Jahre zum Psychologen gegangen bin, um mich betreuen zu lassen. Heute kann ich sagen, dass mir das doch ein Stück geholfen hat. In gewisser Weise hatte ich mich auch mit meinem Freundeskreis überworfen, durch verschiedene Dinge, die ich aber letztlich alle auf die Entwicklung zurückführe, die nach der Wende stattgefunden hat.

Meine Frau war drei Jahre älter als ich, als ich sie Anfang der achtziger Jahre kennen lernte. Sie hat drei Jungs mit in die Ehe gebracht, von zwei verschiedenen Vätern. Ich habe mir immer gewünscht, eine Familie zu haben, und ihre war schon ziemlich fertig. Wir haben dann noch zwei Töchter zusammen gehabt, die jetzt bei mir leben.

Meine Frau habe ich bei meinem Bruder in der Wohnung kennen gelernt, da war ich zweiunddreißig. Bis dahin hatte ich verschiedene feste Beziehungen, aber keine, aus der eine Ehe hätte entstehen können. Da gab es immer einen Punkt, an dem es nicht weiterging. Das mit meiner Frau war keine Liebe auf den ersten Blick. Davon halte ich auch nicht viel, denn ich bin nicht so ein Mensch, der sofort und blindlings alles fallen lässt. Sie war mir einfach sympathisch.

Als sie mich anrief, dachte ich: Gut, wenn sie dich wiedersehen will, wirst du nicht Nein sagen. Dann habe ich sie besucht und sie hat mir sofort angeboten, bei ihr im Bett zu übernachten. Von der Sache her war ich mir dann hundertprozentig sicher. Wenn ich mir bei einer Frau nicht sicher bin, bin ich gehemmt, ich brauche eine Frau, die irgendwie den ersten Schritt macht.

Das ist auch so ein Problem bei mir in der Sexualität. Ich habe viele Jahre gebraucht, einen Höhepunkt zu bekommen, weil ich beim Sex eben immer nur an die Frau gedacht habe und froh war, wenn sie ihren Orgasmus hatte. Das haben Sie wohl noch nicht erlebt, dass ein Mann damit auch Probleme haben kann? (Lacht)

Die drei Kinder meiner Frau habe ich damals überhaupt nicht als Problem gesehen, die waren vier, zehn und vierzehn Jahre alt. Die ersten zwei, drei Jahre hat sich sexuell für mich alles erfüllt. Unser Sex hatte nichts Außergewöhnliches oder Zwanghaftes, meine Frau war absolut passiv, aber sie hatte weitgehend ihren Orgasmus dabei.

In meinem Leben hatte ich vielleicht so fünfunddreißig Frauen, mit denen ich sexuelle Kontakte hatte.

Meinen allerersten Orgasmus, der richtig schön war, hatte ich mit einer Studentin. Das war meine erste und bislang auch einzige große Liebe, also aus heutiger Sicht hat mich dieses Gefühl damals am stärksten berührt. Diese Beziehung scheiterte, weil sie einen Kopf größer war als ich und weil sie eine gebrochene Nase und zu kleine Brüste hatte, worunter sie auch litt. Sie wollte sich mit mir auch nicht auf der Straße zeigen, weil sie davon ausging, ein Mann müsse größer sein. Und weil sie sich selbst nicht schön fand, war sie doppelt gehemmt. Mich haben diese Äußerlichkeiten überhaupt nicht gestört. Für mich war sie einfach hübsch und begehrenswert.

Ich hatte ihr erzählt, dass ich ein Problem mit dem Orgasmus habe und nicht wisse, was ich da tun solle. Ich hatte mich deshalb schon untersuchen lassen, aber die Ärzte haben gesagt, es sei alles in Ordnung und wohl eher psychisch bedingt. Also, die Erektion war da, auch längere Zeit, aber es kam nicht zur Ejakulation. Dadurch hatte ich auch Schmerzen in den Hoden, weil ich mein Sperma nicht abspritzen konnte. Und diese Freundin hat sich dann richtig Zeit genommen und gesagt: »Jetzt kümmern wir uns mal nur um dich, mach dir keinen Kopf, wir schaffen das.« Dann hat sie an mir gearbeitet und nach zwei, drei Stunden war es geschafft. Da habe ich mich riesig gefreut und war richtig glücklich. Neunundzwanzig war ich damals.

Aus heutiger Sicht führe ich das darauf zurück, dass in meiner Familie das Thema Sex absolut tabu war. Ich musste zum Beispiel als Kind auch immer rausgehen, wenn sich meine Mutter abends ihr Nachtzeug angezogen hat. So richtig bewusst ist mir das erst geworden, als ich in die Pubertät kam, wo mich meine Mutter dann auch als Frau interessierte.

Zwar hatte ich damals einige Bücher darüber gelesen und mich auch mit meinen Freunden ausgetauscht, aber von meinen Eltern wurde ich überhaupt nicht aufgeklärt. Ich erinnere mich: Meine Eltern hatten damals so ein Aufklärungsbuch von dem Doktor Schnabel im Bücherschrank, das war sozusagen der Sexpapst des deutschen Ostens. Und wenn ich heimlich darin gelesen hatte, habe ich es immer wieder ordentlich hingestellt, damit meine Eltern nicht merkten, dass ich es in der Hand hatte. Dann gab es noch zwei, drei andere Bücher zu dem Thema, aber das war's. Erotische Literatur oder Pornos gab es nicht. Aber ich habe mal mitbekommen, dass mein Vater in der Richtung was versteckt hatte und meine Mutter auch. Aber jeder für sich und keiner von beiden durfte es vom andern wissen. Das waren nur zwei etwas perverse Fotos und so eine schlüpfrige Geschichte, die mit Hand irgendwo abgeschrieben war.

Mit der Selbstbefriedigung habe ich in der Pubertät angefangen. Das hat mir mein Bruder richtig beigebracht. Wir hatten zusammen ein Zimmer und eines Morgens hörte er Geräusche aus meiner Richtung und fragte, was ich da machte. Er hat mir erklärt, wie es richtig gehe und dass normalerweise beim Höhepunkt da vorne was rauskommen müsse. Aber das war bei mir damals noch nicht der Fall, da war ich erst elf oder zwölf. Und mein Bruder ist ja fünf Jahre älter als ich.

Ab vierzehn habe ich fast täglich masturbiert. Ich weiß noch, wie ich mir damals schon Vorwürfe machte und mich gefragt habe, ob ich nicht krank sei. In Aufklärungsbüchern, die mir zugänglich waren, stand ja auch drin, dass man davon krank werden könne oder Rückenschmerzen kriegen würde, also dass es nicht normal sei. Da habe ich schon an mir selber gezweifelt, weil der Trieb ja da war. Manchmal habe ich mir sogar Zwänge auferlegt: Heute darfst du nicht und machst es dafür morgen zweimal. (Lacht) Das war schon verrückt.

Die Erste, mit der ich Sex hatte, war die Frau meines Bruders. Da war ich neunzehn. Ich denke mal, mein Bruder hat das damals geahnt, aber wir haben nie darüber gesprochen, denn wir wollten unser gutes Verhältnis nicht gefährden. Mit der Frau ist er inzwischen auch nicht mehr zusammen.

Das hatte sich ganz zufällig so ergeben. Ich war damals Soldat und habe bei meinem Bruder und seiner Frau manchmal Zwischenstation gemacht, bevor ich zurück in die Kaserne fuhr. Und da kam es, dass mein Bruder mal nicht da war und ich neben meiner Schwägerin auf der Couch saß. Plötzlich sind ihre Finger in meine Richtung gewandert und dann auch meine Finger in ihre. Das war zwar keine Liebe, ging aber ganz schön lange.

Ich habe das als Gelegenheit genommen, die sich mir da geboten hat. Einmal im Vierteljahr bin ich zu ihnen gefahren, und wenn mein Bruder auf Arbeit war, hat sie mit mir geschlafen. Als meine Schwägerin von meinem Bruder schwanger wurde, wollte ich keinen Sex mehr mit ihr. Das hing auch mit ihrem geistigen Horizont zusammen, der ziemlich begrenzt war. Ich denke, ich habe mich ganz anders entwickelt als mein Bruder. Er hat die sechste Klasse zweimal gemacht und ist in der achten Klasse von der Schule abgegangen, hat dann verschiedene Berufe gelernt und so seine Lebenserfahrungen gesammelt.

Ich habe ja nach der zehnten Klasse den Facharbeiter gemacht, war dann drei Jahre bei der Armee, habe an einer Fachschule meinen Ingenieur gemacht und danach noch auf der Hochschule studiert. In dieser Zeit hatte ich einige Beziehungen. Aber ich bin bis heute nicht der Mensch, der vordergründig eine Eroberung machen oder unbedingt ein Abenteuer erleben muss. Wenn es sich ergibt, dann finde ich es schön und genieße es.

Ich bin auch gern ein bisschen voyeuristisch. Es macht mir Spaß, Frauen heimlich zu beobachten. Nach dem Studium hatte ich mir mit einem Freund zusammen eine große Wohnung genommen. Davon haben wir ein Zimmer an zwei junge Frauen vermietet. Damals habe ich mich manchmal im Dunkeln von außen an ihr Fenster gehangelt, weil ich sehen wollte, was sie im Badezimmer so treiben.

Nach dem Hochschulstudium bin ich im Staatsapparat gelandet. Das war die Zeit, in der ich meine Frau kennen lernte. Meistens wollte sie nur abends im Bett, aber das Licht musste dabei aus sein. Ja, und das hatte sich dann so eingeschliffen, diese ganz bestimmten Bewegungen oder Wörter, wo ich genau wusste: Aha, sie will jetzt. Irgendwann hat mir das keinen Spaß mehr gemacht.

Ich habe auch immer wieder versucht, mit ihr über dieses Thema zu reden. Ich hätte gern ausgedrückt, was ich dabei empfinde. Ich habe immer wollüstige Laute von mir gegeben, wenn ich zum Höhepunkt kam, aber sie war ganz still dabei. Nicht mal beim Orgasmus hat sie gestöhnt. Sie hat dabei immer den Mund zugepresst und die Zähne zusammengebissen, aber ich habe gespürt, wie die Wellen durch ihren Körper gingen.

Manchmal habe ich sie gefragt, was ich anders machen könne. Aber sie hat immer abgeblockt und gesagt: »Ich kann das nicht, ich will das auch nicht.«

Dagegen war ich mit unserem Familienleben ganz zufrieden. Also, es war nicht so, dass ich gesagt habe: »Du bist jetzt für den Haushalt zuständig und ich gucke Fernsehen.« Ich bin kein großer Fernsehgucker, bis heute. Auch die ganzen erotischen Sachen, die man da präsentiert bekommt, sind meist flach oder albern.

Ein Bild, das mich wirklich beeindrucken kann, finde ich nur im Kino. Ich bin Kinogänger, der sich von einem guten Film gern berauschen lässt. Aber leider gibt es nur sehr wenig gute erotische Filme im Kino. Voriges Jahr habe ich den spanischen Film *Sprich mit ihr* gesehen. Da ging es um zwei Frauen, die ins Koma gefallen sind, eine Torero-Frau und eine Tänzerin. In dem Film wurde nichts weggelassen. Dabei waren die Bilder nicht vordergründig, aber man wusste genau, worum es ging, und es tat auch nicht weh. Das hat mich ganz stark beeindruckt. Dann gab es mal den französischen Fernsehfilm *Die Schöne und das Biest*, der hat mich sogar erregt, obwohl da überhaupt nichts Pornografisches drin war. Die Filme von Fellini gefallen mir auch.

Was meine Ehe betrifft, da habe ich schon meine Höhepunkte gehabt. Es war ja auch so, dass ich mit meiner Frau Sex haben konnte, wann ich wollte. Und wenn ich merkte, dass nur sie will, aber ich nicht, war das für mich auch okay. Dann habe ich meinen Teil dazu getan, auch wenn ich dabei keinen Orgasmus bekam. Aber es ergab sich dann doch, dass ich fremdgegangen bin. Das war gleich am Anfang unserer Ehe, mit der Freundin meines besten Freundes. Wir haben das manchmal auch zu dritt gemacht.

Meine Frau hat das natürlich nicht mitbekommen, obwohl ich versuchte, mit ihr darüber zu reden. Aber sie war der Meinung, wenn ich fremdginge, würde sie sich von mir trennen. Sie könne nur mit einem Partner schlafen und erwarte das Gleiche auch von mir. Dabei hätte ich nichts dagegen gehabt, wenn meine Frau auch fremdgegangen wäre. Ich hätte mir sogar gewünscht, dass sie mir hinterher schildert, was sie mit dem anderen Mann erlebt hat. Wahrscheinlich hängt das auch mit meiner voyeuristischen Affinität zusammen. Aber da ich diese Ehe und diese Familie wollte, habe ich das Thema dann vermieden. Auch die zwei, drei anderen sexuellen Erlebnisse, die ich während der Ehe hatte, haben sich einfach so ergeben.

Sex an sich ist für mich aber auch ein Bedürfnis. Man hat Durst, man muss essen, warm wohnen, man muss sich kleiden – man muss Sex haben. In dem Sinne würde ich dieses Bedürfnis auch wahrnehmen wollen. Natürlich hat man manchmal größere Wünsche, als man realisieren kann, das ist klar. Aber das ist ja mit vielen anderen Dingen im Leben genauso.

Ich könnte Liebe, Erotik und Sex jedes für sich schön finden. Wenn Liebe und Sex zusammenkommen, das ist natürlich berauschender, auch tiefergehend. Aber das sind Sachen, die man nicht unbedingt vermischen muss. Wenn in der Ehe gesagt wird: Du musst treu sein und darfst nichts anderes machen und wenn du doch mal was anderes machst, bums! – ist die Ehe gleich hinüber. Das sehe ich nicht so, weil Sex auch nur ein bestimmter Teil der Ehe ist. Wenn man sich überlegt, wie oft man Sex in der Woche hat und was man sonst noch in der Woche alles macht – wieviel Prozent macht dann Sex vom Alltag aus?

Genauso bewerte ich Sex im Leben. Also, man hat größere Wünsche, Bedürfnisse, die kann man nicht immer befriedigen, aber man ordnet sie auch ein. Beim Fremdgehen war ich ja geistig auch nie von meiner Frau weg und ich wollte mich deswegen nie von ihr trennen.

Einmal hatte ich eine längere Beziehung während meiner Ehe, wo sich der Sex wiederholte. Das war eine Arbeitskollegin von mir, die wollte mich unbedingt haben. Aber ich habe gesagt: »Mehr möchte ich nicht.« Sie war sehr offen, mit ihr konnte ich mich gut unterhalten, wir standen sozusagen auch geistig auf einer Ebene. Ich war oft mit meinen Kindern bei ihr. Sie hatte auch ein Kind, lebte alleine und suchte einen festen Partner. Aber immer wieder habe ich zu ihr gesagt: »Mach dir bloß keine Hoffnungen, ich bleibe bei meiner Frau.« Ich denke mal, darunter hat sie schon gelitten.

Wir haben uns dann mal fünf Jahre nicht gesehen. Das war nach der Wende, da ging sie nach Bonn und ich war aus dem Rennen raus – Abwicklung, Warteschleife, ABM, dann arbeitslos, dann Umschulung, neuen Job, dann wieder arbeitslos. Ende der Neunziger hatte ich die Nase voll und habe mich selbstständig gemacht.

Nach fünf Jahren kam sie dann aus Bonn zurück, wir haben uns wieder getroffen und wieder miteinander geschlafen. Aber dabei blieb es. Für mich ist das normal. Das ist eben eine Freundin, mit der ich mich gut verstehe und mit der ich guten Sex habe kann. Inzwischen hat sie jemanden gefunden, der bei ihr eingezogen ist.

Als ich dann von meiner Frau getrennt war, hätte ich gern wieder sexuellen Kontakt mit dieser Kollegin gehabt, aber es ist nicht mehr dazu gekommen. Da habe ich ein bisschen darunter gelitten, habe mir also innerlich Vorwürfe gemacht, denn vielleicht hätte sich doch mehr daraus entwickeln können.

Was mir an meiner Frau gefiel? (Pause) Nun, sie war äußerlich attraktiv, das ist sie auch heute noch, obwohl sie älter ist als ich. Wenn ich sie als Frau mit ihrer Altersgruppe vergleiche, sieht sie wesentlich jünger aus. Sie ist jetzt Mitte fünfzig. Ja, das war schon irgendwie Liebe, Wärme, für den anderen da sein. Aber – das hat sich für mich erst im Laufe der Zeit herausgestellt – sie war keine besonders kluge, intelligente Frau.

Als ich sie kennen lernte, war es ja so, dass ich offen für eine neue Beziehung war. Es war gerade eine zerbrochen. Dann ging alles ziemlich schnell. Wir haben also nicht tage- und nächtelang miteinander geredet, um uns auch geistig zu ergründen, sondern sind ziemlich schnell zur Sache gekommen. Sie war ja vorher schon zweimal verheiratet, zweimal mit demselben Mann. Und mit dem Vater ihres ersten Kindes hatte sie auch eine längere Beziehung.

Ja, meistens hat sie sich nach mir gerichtet. Sie hat auch alles mitgemacht, was ich vorgeschlagen habe, aber ich habe das damals nicht als unangenehm empfunden. Sie hat sich voll auf mich eingestellt. Ich war auch derjenige, der den Kindern abends Märchen vorgelesen hat. Ich habe mich um eine neue Wohnung gekümmert, als die Kinderzahl immer größer wurde oder habe die Ziele für den Urlaub ausgesucht.

Was am Anfang unserer Ehe ein großes Problem für mich war: Die Mutter meiner Frau war damals jeden Tag bei uns, um ihrer Tochter zu helfen. Das habe ich mir dann verbeten. Vorher hat die auch ständig in unsere Ehe reingeredet und zum großen Teil unseren Haushalt gemacht. Meine Frau konnte schlecht kochen und hatte auch kaum Ahnung, wie man einen Haushalt führt.

Das erste Problem war mir schon aufgestoßen, als ich noch nicht mit ihr verheiratet war. Damals hatte sie ihrer Mutter erzählt, dass ich ihr Neuer sei, und sie wollte mich ihr vorstellen. Da habe ich sie besucht, habe mich in die Küche gesetzt, und da brachte mir ihre Mutter die Pantoffeln. Da war ich so von den Socken, das hatte ich vorher nie erlebt. (Lacht) Dann musste ich meine Schuhe ausziehen und sie haben mir die Pantoffeln an die

Füße gesteckt. Und das nächste Ding: Wir haben gemeinsam Abendbrot gegessen, danach bin ich aufgestanden und wollte abwaschen. Da haben mich die zwei Frauen beschimpft: »Also, wo gibt es denn das? Der Mann wäscht doch nicht ab, das kommt doch gar nicht in Frage.«

Das sind so Sachen, da habe ich damals drüber gelacht. Aber aus heutiger Sicht muss ich sagen, an dem Tag hätte ich eigentlich schon munter werden sollen. Nachdem ich meine Schwiegermutter vergrault hatte, habe ich mit meiner Frau gemeinsam den Haushalt geschmissen. In den späteren Jahren hat sie auch mehr gemacht als ich, weil ich beruflich stärker eingespannt war. Von vornherein habe ich auch sehr großen Wert darauf gelegt, dass die Kinder zu Hause mithelfen, dass man ihnen zeigt, wie man aufwäscht oder sauber macht.

Der Stress, den wir Ende der achtziger Jahre in der Familie hatten, nahm dann nach der Wende immer mehr zu, so dass ich überhaupt keinen Nerv mehr hatte.

Es gab schon immer Probleme mit dem mittleren Sohn, den meine Frau mit in die Ehe gebracht hatte. Der war elf als ich in die Familie gekommen bin, und charakterlich weitgehend geprägt. Der hat als Kind schon viel geschwindelt, hat seine Geschwister beklaut, auch Geld gestohlen, aber das nie zugegeben. Und als die Wende kam, hatte er gerade die zehnte Klasse geschafft, weil ich ein halbes Jahr vorher fast jeden Tag mit ihm gebüffelt habe.

Danach hat er eine Lehre als Facharbeiter für Straßenbau begonnen, die er nur sechs Wochen durchgehalten hat. Dann fing er an zu trinken und kam am nächsten Tag nicht mehr aus dem Bett. Weil er sich nicht helfen lassen wollte, wurde ihm die Lehre gekündigt.

In dieser Zeit hat er eine Clique gefunden, die radikal und sehr rechts orientiert war. Er wurde dann wegen Vandalismus festgenommen und kam in den Strafvollzug. Danach habe ich mich ans Jugendamt gewandt, denn ich wollte ja nicht, dass er unter der Brücke landet. Die haben ihm einen Job als Aushilfskraft in einer Küche vermittelt. Dort hat er nach vier Wochen in die Kasse gelangt und Geld geklaut. Und so ging das weiter.

Das konnte ich nicht mehr mit ansehen. Er wohnte ja noch zu Hause, und es kam dann auch zu Handgreiflichkeiten mir gegenüber, wenn er betrunken nach Hause kam. Und die anderen Kinder waren dabei, das hat mir auch Sorgen gemacht. Als wir für ihn eine eigene Wohnung fanden, hat sich die Lage etwas entspannt, aber die Probleme mit ihm sind geblieben. Er weiß genau, wie man zu Geld kommt: Arbeitsamt, Sozialamt und so weiter. Er vertrinkt meistens sein Geld. Er hat inzwischen zwei Kinder, für die er keinen Unterhalt bezahlt.

Die Ursachen für unsere zunehmende Ehekrise waren, dass die Probleme mit dem Sohn nicht aufhörten und ich von meiner Frau keine Unterstützung bekam, wir also keine gemeinsame Position mehr vertreten haben. Das wirkte sich natürlich auch auf unser Sexualleben aus. In diesen Stresszeiten hatte ich einfach keine Lust mehr darauf. Das ist mir innerlich alles sehr nahe gegangen, weil ich mich immer gefragt habe: Was hast du nun schon wieder falsch gemacht? Oder: Hast du wieder falsch reagiert? Meistens suche ich die Schuld bei mir, das ist auch so ein Problem.

Wenn meine Frau in dieser Zeit Sex wollte, habe ich sie regelrecht von mir gewiesen. Ich habe manchmal auch ein paar Tage nicht mit ihr sprechen können. Denn sie fing an, hinter meinem Rücken zu reden, und schärfte Freunden oder Bekannten ein, dass ich nichts davon wissen dürfe. Und das kann ich absolut nicht leiden. Die Kinder haben das natürlich gnadenlos ausgenutzt und uns gegeneinander ausgespielt. Meine Frau hat sich dann einfach nicht mehr auf mich eingestellt und ich mich nicht mehr auf sie. Was ich am Anfang unserer Beziehung auch nicht wahrgenommen oder ernst genommen habe: Meine Frau hat immer gern getrunken. Und wenn sie was getrunken hatte, war das meist so viel, dass sie fast umgefallen ist. Sie ist heute bei einer Bank beschäftigt. Und bevor es zur Trennung kam, war mir aufgefallen, dass sie immer öfter Dienstberatungen oder Geburtstagsfeiern in der Filiale hatte oder sich plötzlich dauernd mit Freunden treffen musste, die sie lange nicht gesehen hatte.

Ich dachte erst: Soll sie ruhig, da hat sie ihre eigene Erlebniswelt, danach haben wir vielleicht wieder mehr zum Erzählen. Ich habe dann wieder mit Fotografieren angefangen, was ich früher schon mal als Hobby hatte – da hatte ich sogar mal eine Ausstellung –, aber was während der Ehe eingeschlafen war. Hinterher spioniert habe ich ihr nicht. Ich dachte: Auch wenn sie fremdgehen sollte, warum nicht? Da hat sie wenigstens eine sexuelle Erfüllung. Vielleicht baut sie das auf, so dass wir dann selbst wieder gemeinsame schöne Stunden haben werden. Aber mir wäre nic die Idee gekommen, dass unsere Ehe auseinander brechen könnte.

Deshalb habe ich immer wieder versucht, einzulenken – habe einen Strauß Blumen gekauft, eine Flasche Wein hingestellt und mit ihr gequatscht. Eine Woche später habe ich das noch mal gemacht und sie gefragt: »Erkläre mir doch mal, was du da wirklich machst? Das fällt ja auf, dass du ständig nur unterwegs bist.« So aus einer guten Stimmung heraus. Da war erst mal einen Moment Ruhe – vielleicht war sie überrascht oder erschrocken, dass ich so direkt fragte – und dann kam regelrecht der Satz rausgeschossen: »Ich trenne mich von dir.« – »Das ist doch Quatsch, das kannst du doch nicht ernst meinen. Gerade jetzt, wo du doch merkst, wie ich mich um dich bemühe. Und ich habe auch kein Problem damit, dass du einen Liebhaber hast. Ich will bloß nicht, dass unsere Ehe zerbricht. Warum?« – »Ich kann nicht mit zwei Männern, aber ich will mir das überlegen, weil ich merke, dass du dich bemühst.« Das Gespräch dauerte so eine Stunde, aber dabei ist es geblieben.

Wie gesagt, ihr Liebhaber hätte mich überhaupt nicht gestört. Ich kenne keine Eifersucht. Ich weiß nicht, ob das unnormal ist. Klar gibt es Situationen, wo man sich verliebt, wo das Gefühl ganz stark ist und man nur noch mit dem einen Menschen zusammen sein will. Das akzeptiere ich ja auch. Aber das ist bei mir nicht so. Deshalb habe ich ja auch zu meiner Frau gesagt: »Okay, wenn du jetzt mal eine Auszeit von mir brauchst oder nur mit ihm zusammen sein willst, dann mach das. Nur weiß ich dann nicht, wie wir das mit der Familie lösen sollen.« Aber sie wollte nicht mehr.

Später habe ich erfahren, dass es der Bruder ihrer besten Freundin war, den sie schon lange kannte und den auch ich kannte. Das zog sich ein paar Monate hin. Eines Tages habe ich zu ihr gesagt: »Dieses Theater mache ich nicht mehr mit. Das ist alles nur noch Lüge. Jetzt setzen wir uns mit den Kindern hin und reden offen darüber. Wenn du dich neu verliebt hast und den Mann willst, dann stehe dazu. Aber dann will ich auch eine Trennung auf dieser ehrlichen Basis.« Ich wollte, dass sie sagt, dass sie sich verliebt hat und nicht, dass ich schuld an der Trennung sei. Darauf ist sie dann eingegangen. Wir haben uns alle zusammen hingesetzt und sie hat es den Kindern erzählt. Meine Gefühle habe ich meinen Kindern damals auch gezeigt und gesagt, dass ich es scheiße finde, dass es so weit gekommen ist.

Dann ist sie zu dem neuen Mann gezogen und hat die Kinder bei mir gelassen. Irgendwann habe ich zu ihr gesagt. »So geht das nicht, dass ich nur noch der Blöde bin.« Ich wollte nicht, wie das heute oft der Fall ist: Die Männer zahlen und die Frauen nehmen das Geld – und das war's. Das hätte ich nicht verstanden.

Wir haben unsere beiden Kinder doch bewusst gezeugt, ich war damals sogar bei der Entbindung dabei. Ich habe die Kinder auch gewindelt, nur stillen konnte ich sie nicht. (Lacht) Und da habe ich gesagt: »Hier gibt es eine Grenze. Wir müssen als

Eltern etwas tun, damit die Kinder wieder im Vordergrund stehen.«

Für mich brach damals eine Welt zusammen. Ich kannte Freunde und Kollegen, die nach der Scheidung ihre Kinder nicht mehr sehen durften. Davor hatte ich Angst. Und ich wollte auch keinen Rosenkrieg. Aber inzwischen haben wir beide Anwälte, die unsere Scheidung klären.

Bei Gericht hatte ich damals schon eine einstweilige Verfügung beantragt, damit meine Frau nicht so einfach die Kinder nehmen kann. Schließlich habe ich bei einem Verein, der sich um alleinerziehende Väter kümmert, Rat gesucht. Herausgekommen ist eine so genannte Elternvereinbarung, später eine Trennungsvereinbarung.

Heute leben unsere beiden Töchter bei mir und ihre Mutter bezahlt Unterhalt für sie und einen ganz geringen Unterhalt auch an mich, weil mein Geschäft nicht viel abwirft. Aber wenn die Scheidung irgendwann besiegelt ist, will ich nichts mehr von ihr haben. Unsere Trennung war sehr schwierig für mich. Ich wollte die Ehe ja bis an mein Lebensende mit ihr durchzuziehen. Ich hatte ihr auch angeboten, gemeinsam zur Familienberatung zu gehen, aber das hat sie abgelehnt.

Ich muss sagen, der Sex mit ihr war nicht vordergründig für mich, weil es mir auch längst keinen Spaß mehr mit ihr machte. Mein Bedürfnis nach Sex habe ich zum Teil auch während der Ehe durch Selbstbefriedigung gestillt. Manchmal habe ich erotische Träume, die wunderschön sind. Oder ich lese ein Buch, wo mich eine erotische Szene inspiriert. Oder du wirst morgens munter und plötzlich fällt dir eine Frau ein, die dir gefallen hat. Zur Not schiebe ich mir auch mal einen Pornofilm ein, damit ich den Druck schneller ablassen kann, das kommt aber ganz selten vor.

Trotzdem war ich in gewisser Weise erst mal in Panik, weil ich dachte: Ohne einen Partner, das geht gar nicht. Du brauchst wieder eine Frau an deiner Seite, das muss einfach sein. So war mein Denkschema. Aber ein Jahr lang war gar nichts in dieser Richtung. Ich musste die Situation verarbeiten, die Kinder mussten die Situation verarbeiten. Die Große kam aus der Schule, die Kleine ist in der Schule schlechter geworden. Die ganzen Trennungsgeschichten musste ich regeln, aber ich war froh, dass die Kinder lieber bei mir leben wollten. Es waren also fast zwei Jahre voller Hektik. Ich habe dann nur noch funktioniert.

Vor zwei Jahren haben meine Töchter zu mir gesagt: »Du musst dir eine neue Frau suchen, das geht nicht so weiter.« Ich habe ihnen geantwortet: »Nie wieder, ich habe die Nase voll von Frauen, das wird sowieso nichts mehr.« Weil ich ja mehr auf feste Beziehungen stehe. Aber dann habe ich mir gedacht: Setz einfach mal eine Annonce in die Zeitung, mal sehen, was passiert.

Ich habe lange überlegt: Wie formulierst du das? Was könnte Frauen gefallen? Ich habe dann in etwa so formuliert, dass ich selbstständig bin, wenig Zeit habe, dazu Alter und Größe, dass ich eine langfristige Beziehung suche und Hochschulabschluss habe. Das letzte war mir wichtig, weil ich bei meiner Frau doch gemerkt habe, dass mir ihr Niveau auf lange Sicht nicht genügte. Ich dachte, wenn schon eine Neue, dann sollte sie auch geistig was drauf haben.

Auf diese Anzeige habe ich dann auch ganz ordentliche Zuschriften bekommen. Und allen habe ich geantwortet. Zwei waren dabei, die mir vom Brief her ganz gut gefallen haben. Mit denen habe ich mich dann etwas näher beschäftigt. Am besten war die Berlinerin, die hat immer so schöne Aphorismen geschrieben. Von der war ich so beeindruckt, dass sie mich beim Schreiben sogar beflügelt hat. Also brieflich hat sich das mit der gut entwickelt.

Bei der Zweiten sah die Schrift ziemlich alt aus. Die hat auch nicht gesagt, wie alt sie ist. Mit der habe ich mich zuerst getroffen. Als ich sie vor mir sah, dachte ich: O Gott, sieht die alt aus!

Ich bin nicht auf einen bestimmten Frauentyp festgelegt, aber ich wollte, dass sie etwa gleichaltrig und noch recht flott für ihr Alter ist. Diese Frau hatte ein Haus mit Grundstück und suchte einen Mann, der sofort zu ihr zieht. Ich habe dann die Zeche bezahlt und war froh, als sie wieder abfuhr.

Aber mit dieser Berlinerin hat sich das immer mehr verfeinert. Sie war Vertreterin in der Pharmaindustrie. Dann haben wir angefangen, uns SMS über Handy zu schicken und uns angerufen. Und am Telefon war auch alles perfekt. Wir haben uns in diese Geschichte immer mehr hineingesteigert, auch in der Ausdrucksweise. Auf einmal hat sie mich draußen auf meiner Sportanlage besucht. Als ich sah, wie sie aus dem Auto stieg, war ich etwas geschockt, weil sie so richtig streng konservativ gekleidet war. Langer, etwas biederer Rock, hochgeschlossen, sehr geschminkt, viel goldener Schmuck und so. Aber ich war ja so beeindruckt von ihren Briefen, dass ich mir gesagt habe: Scheiß auf ihr Äußeres. Sie war auch ein bisschen kleiner als ich und recht rundlich. Ich dachte: Prima, was Molliges hattest du noch nie.

Die Abstände zwischen unseren Treffen wurden immer kürzer. Irgendwann haben wir zusammen auch im Bett gelegen. Die war richtig offen, perfekt und clever – eine Sexbombe. Ich war mit mir zufrieden, mit der Frau zufrieden und ich hatte mit ihr Orgasmen, wie ich sie noch nie erlebt hatte. Die war richtig laut dabei, hat mir also hörbar gezeigt, wenn sie kommt, was ich ja von meiner Frau überhaupt nicht kannte. Ich war richtig glücklich, dass ich das erleben durfte. Aber ich habe mir auch Mühe gegeben.

Doch das ist dann auch auseinander gegangen. Es gab einen Punkt, da hatte ich plötzlich das Gefühl: Du bist nicht das, was sie will. Du gehörst nicht zu dem Kreis, in dem sie verkehrt. Sie hat auch immer von den Ärzten erzählt, für die sie Ausflüge oder Auslandsreisen organisiert, was ja alles ihre Firma bezahlte. Da habe ich mal einen Einblick gekriegt, wie das so läuft mit der

Pharmaindustrie. Sie hat immer von Herrn Doktor Sowieso oder Herrn Professor Sowieso geschwärmt. Und als ich ihr mal gesagt habe, dass mich das alles nicht vom Hocker reiße, war sie etwas pikiert. Ja, diese Klientel oder dieser Standesdünkel spielten bei ihr eine sehr große Rolle. Das gefiel mir überhaupt nicht.

Irgendwann kam ein Punkt, wo ich nicht mehr wusste, wie ich mich geben sollte, wenn ich sie besuchte. Auf der einen Seite gefielen mir der geistige Austausch mit ihr und der tolle Sex. Was mir aber nicht gefiel: Sie hatte sich ein Reihenhaus gekauft und sich ganz neu eingerichtet. Ihr ganzes Haus war richtig steril, da sah es aus wie in einer Möbelausstellung, da war nichts Individuelles dabei.

Danach habe ich mir gesagt: Betreibe das Verhältnis nicht mehr so vordergründig, lass sie kommen. Sie soll dir zeigen, dass sie will. Aber die Abstände zwischen unseren Begegnungen wurden immer größer. Eines Abends bin ich zu ihr rausgefahren und habe ihr eine Rose ans Auto gesteckt. Als ich wieder zu Hause war, habe ich sie angerufen und gesagt: »Willst du denn nicht die Rose reinholen, die erfriert doch über Nacht.«

Daraufhin hat sie mir am nächsten Tag einen Abschiedsbrief geschrieben. Also, sie fand mich lieb, nett, zärtlich, es wäre eine wunderbare Zeit mit mir gewesen, aber ich solle keine Fragen stellen, denn jetzt sei Schluss. Und das war's.

Jetzt habe ich eine neue Beziehung. Einmal in der Woche spiele ich Federball, und da ist immer eine Frau, mit der ich ein bisschen geflirtet habe und die das auch ziemlich forciert hat. Da dachte ich: Du musst da genau gucken, ob was dran ist oder ob sie nur mit dir spielt. Ich wollte, dass sie Farbe bekennt, und habe so in etwa gesagt: »Komm, wir treffen uns und dann legen wir richtig los.«

Da war sie ganz entrüstet und hat mir per E-Mail geschrieben, ich solle sie vergessen – Schluss! Aus! Sense! Federball haben wir aber trotzdem weiter gespielt. Ich habe dann immer an ihr vorbei geguckt und nur »Guten Tag« gesagt. So ging das vielleicht ein Jahr.

Einmal im Jahr ist Sportlerball bei uns. Und sie ist eine sehr gute Tänzerin. Beim letzten Sportlerball habe ich gemerkt, dass sie immer zu mir rüberguckt. Da habe ich sie natürlich zappeln lassen und mit anderen Frauen getanzt. Doch dann bin ich auf sie zu und habe einfach zu ihr gesagt: »Komm, du willst doch mit mir tanzen.« – »Ja, ja, ja.« Dann haben wir getanzt und beim Tanzen habe ich sie vor allen Leuten geküsst.

Am nächsten Tag hat sie mir gleich geschrieben, dass sie sich gefreute habe, weil ich wieder auf sie zugekommen sei. Vor zwei Wochen waren wir das erste Mal zusammen, aber leider hatte sie ihre Tage.

Sie ist zehn Jahre jünger als ich und verheiratet. Jetzt befürchte ich aber, dass sie wegen mir alles stehen und liegen lassen will. Dabei hat sie sich mit ihrem Mann erst ein Haus gekauft, voriges Jahr sind sie eingezogen. Ich habe zu ihr gesagt, dass ich das nicht so schnell wolle. Man kann doch nicht gleich nach den ersten sexuellen Kontakten sagen: »Ich liebe dich und lasse jetzt alles stehen und liegen.« Das ist doch unvernünftig und auch nicht das, was ich will.

Ich würde mich erst mal mit der Rolle als Liebhaber begnügen, also unser Verhältnis über eine längere Zeit ausbauen wollen. Sie war ja noch nicht mal bei mir in der Wohnung. Ich möchte auch, dass ihr Mann nicht verletzt wird. Sie hat mir erzählt, dass ihr der Sex mit ihm nicht gefällt.

Aber ich bin hellhörig geworden, als sie ihren Mann auf einer Feier vor allen Leuten als »Weichei« und »Muttersöhnchen« beschimpfte. Dabei habe ich beobachtet, wie der so verlegen lächelnd weggeguckt hat. Das tat mir weh. Danach habe ich zu ihr gesagt: »So geht das nicht. Du lebst mit ihm zusammen, ihr seid wirtschaftlich ganz stark voneinander abhängig, ihr habt gemeinsame Kinder. Selbst wenn du dich von ihm trennen willst, weil der Sex nicht klappt, beschimpft man den Mann doch nicht vor allen Leuten und macht ihn lächerlich. Wenn du dich von ihm trennen willst, musst du offen und ehrlich mit ihm darüber reden.«

Wissen Sie, ich habe mein ganzes Leben darunter gelitten, dass ich ein schlanker, kleiner Mann bin. Ich wollte immer groß und stark sein, weil ich schon früh festgestellt habe, dass die Mädels immer an den großen starken Männern hingen, und die brauchten nicht mal schön zu sein. Die körperlich Großen kamen meist auch schneller vorwärts, die haben alles erreicht und zu denen waren alle nett und freundlich. Ich musste mich immer irgendwie durchboxen oder mehr diplomatisch über die Runden kommen, sag ich mal.

Vielleicht mal ein Beispiel dazu, was nicht so in Richtung Sex geht. Als ich in der ersten, zweiten Klasse war, da gab es bei uns zwei Jungs, die haben regelmäßig Klassenkeile gekriegt. Der eine war Bettnässer, und wenn der sich vor Angst auch im Unterricht einmachte, wurde er von den anderen verprügelt. Der andere Junge war einfach nur dick, der hat alles in sich reingestopft. Wenn ich gesehen habe, wie die verprügelt wurden, bin ich einfach weggegangen. Auf der einen Seite haben die mir sehr Leid getan, auf der anderen Seite hatte ich Angst, weil ich durch meine Größe ja auch ein Außenseiter war und ihnen nicht helfen konnte. Und so habe ich versucht, mein ganzes Leben zurechtzukommen. Ich versuche immer, Konflikte friedlich zu lösen und es allen recht zu machen.

Heute wünschte ich mir eine Beziehung, die ganz offen und ehrlich ist, das ist mir ganz wichtig. Aber daran scheitern die meisten Partnerschaften.

Was mein erotisch-sexuelles Leben betrifft, habe ich einen ganz geheimen Wunsch. Ich würde gern mal mit einer großen starken Frau schlafen, überall nur Frau, in die ich mich verkriechen kann, also so viel wie möglich Hautkontakt – oben und unten und rechts und links und überall. (Lacht) Wissen Sie, seit wann ich davon träume? Seit ich Robert Merle gelesen habe. Der beschreibt in seinen Bücher meist große starke Frauen, die Lust am Sex haben.

Ich würde auch liebend gern eine starke Ehefrau an meiner Seite haben, die größer ist als ich. Das hat man ja oft, dass kleine Männer große Frauen lieben. Warum muss ein Mann immer stark sein? Warum darf er nicht auch mal schwach sein oder sich gehen lassen? Warum darf ich als Mann nicht auch mal Tränen verlieren vor einer Frau, warum gehört sich das nicht?

Natürlich habe ich in meinen abstinenten Zeiten schon mal daran gedacht, in ein Bordell zu gehen. Aber ich lehne eigene Aktivitäten in diese Richtung ab, weil ich mir sage: Für Sex muss man kein Geld ausgeben. Lieber befriedige ich mich selber. Auch diese so genannte Sexindustrie lehne ich für mich ab, weil das nur ein gnadenloses Ausnutzen der Gefühlswelt oder von ungeregelten gesellschaftlichen Verhältnissen ist.

Aber ich will ehrlich sein und gebe zu, dass ich schon mal was mit Prostituierten hatte. Ja, natürlich ist das ein Widerspruch, aber ich bekomme das bezahlt. Das heißt, dazu lädt mich einmal im Jahr ein sehr guter Freund ein, den ich schon vom Studium her kenne. Er ruft dann das uns inzwischen vertraute Etablissement an und sagt, was wir für Wünsche haben. Wenn wir ankommen, erwarten uns zwei Frauen, die dieses Geschäft nebenbei betreiben. Das ist immer ein richtiges abgerundetes Ding. Das geht also los mit einem Aperitif und einem Gespräch, dann steigt man zusammen in die Badewanne, dann werden wir massiert und danach hat man mit denen Sex.

Ich suche mir immer eine Ältere aus, also ich mag so was Junges überhaupt nicht, lieber was Erfahrenes, Reifes. Das geht so drei Stunden und dieses »Geschenk« genieße ich einmal im Jahr. Das letzte Mal hatte ich eine richtig Mollige. Hauptsache, die ist nett und erfahren und weiß, worum es geht. Wir haben dort auch schon zusammen eine Frau gehabt und gucken uns manchmal gegenseitig zu dabei.

Mit diesem Freund will ich übrigens am nächsten Berlin-Marathon teilnehmen und danach nie wieder. Angemeldet haben wir uns schon. Wir reden schon darüber, dass wir uns dann einen schönen knackigen Frauenhintern aussuchen werden und dem die ganze Strecke hinterherrennen. (Lacht)

ICH SAGE NIE MEHR,
DAFÜR BIN ICH ZU ALT

Erika, 75

Ja, warum interessiert mich das Thema? Weil es mich eigentlich immer schon interessiert hat und weil ich denke, man soll auch Leuten in meinem Alter mal sagen: »Das Leben geht weiter, und das Leben kann wunderschön sein. Ihr müsst nur etwas daraus machen.« Außerdem ist Erotik im Alter viel zu unterbelichtet in der Gesellschaft, speziell in meiner Generation. Weil wir so erzogen worden sind, dass man darüber nicht spricht, vor allem eine Frau nicht. Männer ja, Männer dürfen alles, aber eine Frau in meinem Alter, die hat eine Matrone zu sein. Doch das ist eben heute nicht mehr so. Und ich will das auch nicht sein.

Gespräche über das Thema gibt es schon, also mit manchen kann man darüber reden und mit anderen nicht. Das ist unterschiedlich. Manche sagen: »Um Gotteswillen, wie kann man denn?« Aber manche stehen auch positiv dazu.

Bei uns zu Hause sind wir eigentlich sehr offen miteinander umgegangen, bei uns gab es keine Prüderie. Ich hatte eine sehr liebevolle Kindheit und sehr liebevolle Eltern. Meine Eltern sind auch sehr zärtlich miteinander umgegangen. Ich habe noch eine acht Jahre ältere Schwester gehabt. Wir sind auch nackt durch die Wohnung gelaufen. Ich kenne also meine Eltern so und meine Eltern haben uns so gesehen.

Trotzdem gab es eine gewisse Prüderie in Bezug auf Aufklärung. Meine Mutter hat immer erklärt: »Lass dich nicht von einem Mann küssen, da kriegst du bald ein Kind.« Darum war ich auch nach dem ersten Kuss furchtbar aufgeregt, weil ich dachte, dass ich jetzt ein Kind kriege. Na ja, und da war klar, man lässt nur den Mann an sich heran, den man auch heiratet, mit dem man später auch zusammen sein will.

Und dann habe ich 1945 etwas Furchtbares erlebt. Dazu brauche ich ja eigentlich nichts mehr zu sagen. Da weiß jeder gleich Bescheid, was gemeint ist. Aber das ist auch einer der Gründe, warum ich dieses Interview wollte: Mit siebzehn bin ich mehrfach vergewaltigt worden – mit siebzehn Jahren! – von Polen, aber das ist ja egal, die kamen mit der Roten Armee. Und wir konnten das nicht verhindern.

Es fällt mir doch nicht so leicht, darüber zu reden. (Pause) Also, die kamen in das Haus rein und wir waren ja alle jung und knusprig und gut erholt. Da ich am Rande von Berlin gewohnt habe, hatten wir vom Fliegeralarm nicht viel mitgekriegt. Ich bin nachts gar nicht mehr aufgestanden, wenn Fliegeralarm war.

Ja, und dann kamen die – was soll ich dazu sagen? Ich kann dazu nicht mehr viel sagen. Ich kann heute noch nicht nach Polen fahren. Ich kann es nicht, ich bringe es nicht über mich. Und nach dieser schrecklichen Geschichte hatte ich die Absicht, mir das Leben zu nehmen. Ich lag schon unterm Gashahn, und da ist meine Mutter dazu gekommen, hat mich da hervorgeholt und mich erst mal verdroschen. Damals habe ich meine Mutter überhaupt nicht mehr verstanden, denn ich war ganz einfach der Meinung gewesen: Jetzt kriegst du sowieso keinen Mann mehr. Wer guckt dich denn jetzt noch an? Und ich hatte wirklich jahrelang dieses Trauma, bloß keinen Mann mehr an mich heranzulassen.

Aber dann war ich auf der Arbeiter-und-Bauern-Fakultät und lernte dort meinen späteren Mann kennen. Mein Mann kam aus einer streng katholischen Familie und ich war das ganze Gegenteil, ich kam aus einer kommunistischen Familie. Und trotzdem, ja, wir verstanden uns gut. Ich muss dazu noch sagen, dass ich ein Pummel war. Ich war nie ein Typ für Männer meines Alters. Wenn ich mal einen Freund hatte, dann war der auf jeden Fall älter als ich. Das hat mich damals furchtbar belastet. Und mein Mann war nun relativ gleichaltrig, ich konnte das deshalb anfangs auch gar nicht fassen, dass sich einer für mich interessiert, der vom Alter her zu mir passt.

Und meinem Mann habe ich es eigentlich zu verdanken, dass ich dieses Trauma überwunden habe. Ich habe ihm alles erzählt und er ist derart vorsichtig und zärtlich mit mir umgegangen, das hat es mir ermöglicht, dieses Trauma zu überwinden. Als mein Mann starb, waren wir siebenundvierzig Jahre verheiratet.

Wir haben eine sehr offene Ehe geführt, muss ich dazu sagen. Bei uns gab es auch Seitensprünge. Da waren wir uns – nicht von vornherein, aber so, na ja, nach den ersten zehn Jahren – ziemlich einig darüber, dass so etwas passieren kann, dass einem Mann auch eine andere Frau gefallen kann. Und dass einer Frau auch ein anderer Mann gefallen kann. Dass es so etwas einfach gibt. Da waren wir vielleicht Ende Zwanzig, als wir zum ersten Mal darüber gesprochen haben. Wir hatten zu der Zeit schon ein Kind zusammen.

Einer der Gründe, dass wir überhaupt dazu gekommen sind, über so etwas zu reden, war vielleicht ein bissel die Einsicht, dass eine Frau, wenn sie erst mal ein Kind hat, nicht mehr ein so furchtbar großes Interesse an Sex zeigt. War ja so. Irgendwann kam dann das Gespräch mal auf diesen Punkt, da war für uns klar – wir sind alle keine Engel.

Es gab da allerdings eine Abmachung zwischen uns, es gab Bedingungen: Der Seitensprung durfte keine Folgen haben. Und es durfte nie so weit kommen, dass die Ehe und die Familie in Gefahr gerieten, weil wir immer der Meinung waren: Es kann alles passieren, aber die Familie ist der Rückhalt, der alles abfangen kann. Du kannst noch so viele Dummheiten machen, aber die Familie ist da, sie ist das, wohin du gehörst und wo du den Rücken frei kriegst.

Aber es hat schon eine Rolle gespielt, dass sich die Kinder auf meine Lust auf Sex ausgewirkt haben. Sicher. Ich weiß etwa, dass mein Mann, als ich mit dem zweiten Kind in anderen Umständen war, mit jemandem zusammen gewesen ist. Da habe ich zu ihm gesagt: »Ich weiß, dass da eine Liaison ist, aber weiß diese Frau auch, dass ich ein Kind kriege? Ich möchte, dass du es ihr sagst.« Na, dann hat er ihr das auch gesagt.

Für Seitensprünge hat es uns nicht an Gelegenheiten gefehlt. Wir waren beide viel auf Dienstreise. Mein Mann hatte damit auch keine Probleme. Er war längst aus der katholischen Kirche raus und von der Erziehung weg. Es gab auch sonst kein Problem zwischen uns, es gab keine Prüderie. Wir haben uns auch, wie ich es von zu Hause kannte, vor den Kindern ausgezogen und wir sind mit den Kindern gemeinsam in die Badewanne gestiegen.

Das war bei meinem Mann in der Familie ganz anders. Mein Mann hatte noch Geschwister – zwei kleine Brüder waren gegen Kriegsende geboren worden – und die waren so fünf, sechs Jahre alt, als wir uns kennen lernten. Also, die haben sich vor mir nicht ausgezogen, die kleinen Jungs. So etwas gab es bei denen nicht. Aber bei uns war das anders.

Ach ja, zum bewussten Thema Seitensprünge gab es zwischen uns noch eine weitere Abmachung: Erst wenn das Verhältnis vorbei ist, wird darüber gesprochen. Und daran haben wir uns unser ganzes Leben gehalten. Na ja, es kam schon einige Male vor. (Lacht) Wie oft, weiß ich nicht mehr, aber es passierte mehrmals.

Auf die Frage, ob wir mit dem Fremdgehen niemals in Konflikt gekommen sind, muss ich wohl aber doch mit Jein antworten. Problematisch war es einmal, als ich einen Mann kennen lernte, der zwanzig Jahre älter war und mit dem ich plötzlich einen Sex hatte, wie ich ihn vorher nie erlebt habe. Er besuchte mich immer, wenn ich Haushaltstag hatte. Allerdings war der auch verheiratet und darum gab es letztlich keine Gefahr. Wir hatten beide kein Interesse daran, dass unsere Ehen kaputtgingen. Er nicht und ich auch nicht. Der starb dann, als ich vierzig war. Und als er tot war, habe ich meinem Mann von der Liaison erzählt und ihm gesagt: »Pass mal auf, im Bett gibt es noch andere Dinge.«

Ja, und dann wurde ich Rentnerin und mein Mann war ziemlich schnell Invalidenrentner geworden – er war schwer herzkrank. Da gab es diese Möglichkeiten nicht mehr. Es gab zwischen meinem Mann und mir in der Ehe aber auch einen ziemlich regelmäßigen Sex und einen sehr liebevollen, muss ich dazu sagen. Wir hatten den üblichen Sex miteinander, also den normalen.

Dann hatte mein Mann eine Operation an der Prostata, da war er fünfundsechzig. Bedingt durch diese Prostataoperation war gar nichts Sexuelles mehr zwischen uns. Er war danach absolut impotent. Da stand nichts mehr, gar nichts. Hinzu kam, dass er außerdem an Parkinson erkrankte und damit war auch seine Lust vorbei. Ich habe mich dann damit abgefunden, was blieb mir weiter übrig. Das war schlimm.

In der ersten Zeit war es ganz schwer für mich. Und ich muss sagen, ich habe mir bestimmt Mühe gegeben in Bezug auf meinen Mann, aber es tat sich eben nichts mehr. In mir war ja das Bedürfnis noch, aber auch das kann man unterdrücken. Dann kam hinzu, dass mein Mann durch seine schwere Krankheit für mich auch eine große körperliche Belastung wurde. Aber ich bilde mir ein, dass unser Ehe- und Sexualleben bis zu dieser Krankheit normal gewesen ist.

Vor ein paar Jahren starb mein Mann mit einundsiebzig. Ich war felsenfest davon überzeugt: Was interessieren mich noch Männer, das ist jetzt vorbei. Du bist in einem Alter, wo sich sowieso keiner mehr für dich interessiert. Und ich hatte zu dem Zeitpunkt auch langsam keine Bedürfnisse mehr nach einem Mann. Zehn Jahre war nichts. Und dann war ich im Urlaub und lernte jemand kennen. Da war ich dreiundsiebzig Jahre alt. Wir waren in einem ganz kleinen Urlaubsheim, dort ist alles gleich per Du, da ist man unter Gleichgesinnten.

Ich kannte den Mann vorher nicht. Ich kam also in dieses Urlaubsheim und wurde an einen Tisch platziert, wo schon ein Ehepaar und ein einzelner Mann saßen. Ich war praktisch die Vierte am Tisch. Erst tranken wir Kaffee, dann aßen wir Abendbrot. Und nach dem Abendbrot fragte der Herr neben mir, ob ich noch Lust hätte, mit in die Kantine zu gehen, das war so ein Aufenthaltsraum für abends.

Na ja, ohne diese Aufforderung wäre ich wahrscheinlich nie in diese Kantine runtergegangen. Ich hatte Kreuzworträtsel mit, ich hatte Strickzeug mit, ich wäre mit Sicherheit in meinem Zimmer geblieben. Aber ich bin dann doch mit runtergegangen und wir haben gequatscht und gequatscht und gequatscht, bis die Kantine endlich schloss. Da sagte der Herr zu mir: »Haste Lust, gehen wir noch ein bisschen Luft schnappen?« In der Kantine wurde nämlich sehr viel geraucht. »Ja, klar«, habe ich gesagt.

Und dann liefen wir durch die helle Mondscheinnacht. Und auf dem Rückweg blieb er plötzlich stehen und sagte: »Eigentlich müsste ich dich jetzt küssen.« Darauf ich: »Warum machst du es nicht?« Und da gab er mir einen Kuss – einen sehr begehrlichen Kuss, muss ich sagen. Ja, und bei mir löste dieser Kuss etwas aus, was ich nie für möglich gehalten hätte. Ich habe gedacht, bei mir bricht die Welt zusammen. Ich kann schwer beschreiben, was da in mir vorging. Der Kuss ging wie ein Blitz durch meinen Körper. Mir schoss durch den Kopf: Was ist denn nun passiert?

Plötzlich entstand in mir ein Verlangen, das ich nie mehr für möglich gehalten hätte, was mich derartig erschüttert und gleichzeitig erschreckt hat. Das konnte ja nicht sein, das gab es doch gar nicht! Und da habe ich zu ihm gesagt: »Hör auf, sonst fange ich an zu heulen.« Und dann sind wir zurück in das Urlaubsheim gegangen.

Ich hätte bis dahin sogar ausgeschlossen, dass mir das noch mal passieren könnte, dass mein Körper noch dieses Verlangen hatte! Beim Abschied sagte er zu mir: »Nimmst du mich mit in dein Bett?« »Nein«, habe ich gesagt. Und so sind wir auseinander gegangen. Er in sein Zimmer und ich in meines. Der Mann ist fünf Jahre jünger als ich.

Und ich habe in dieser Nacht gedacht: O Gott, was ist bloß mit dir los? Ich war derartig aufgewühlt, ich war so erregt, es war richtig schlimm.

Am nächsten Tag ist er abgereist, sein Urlaub war um. Er wollte schon nicht mehr beim Frühstück dabei sein – und plötzlich erschien er doch. Ich dachte: Was ist denn nun los? Da kramte er umständlich einen Zettel und einen Bleistift aus der Tasche und sagte: »Schreibst du mir die Adresse von deinem Garten auf?« Und da habe ich gesagt: »Was willst du jetzt im Winter mit der Adresse von meinem Garten, meinst du, da erwischst du mich?« (Lacht)

Na, wir haben dann die Adressen ausgetauscht. Ich bin so nach fünf oder sechs Tagen auch nach Hause gefahren und am Abend rief er schon an und fragte, wie ich nach Hause gekommen sei. Natürlich hatte ich die ganze Zeit an ihn gedacht. Ich habe die tollsten Vorstellungen gehabt, was passieren könnte und sollte. Und das Gefühl ging nicht raus aus mir. Das ging durch den Körper, ich war wie elektrisiert. Das war wirklich schlimm.

Eine Woche später rief er mich an und sagte: »Du, ich bringe morgen jemanden nach Berlin, darf ich vorbeikommen?« – »Ja, na sicher darfst du vorbeikommen.« Und mir war klar, was sich da abspielen würde, das war mir völlig klar. Ich hatte auch überhaupt keine Hemmungen, muss ich sagen.

Dann kam er. Und ich habe etwas erlebt mit dem Mann, was ich mein Leben lang nicht erlebt habe. In 47 Jahren Ehe nicht und auch sonst nicht. Ein Mann, der sich derart zurücknimmt, um das für die Frau schön und gefühlvoll und erfüllt zu machen – das habe ich noch nie erlebt. Und offensichtlich ging es ihm ähnlich. Ich hatte mich für ihn eigentlich nicht schöner gemacht als sonst auch. Aber ich habe mich gefühlt wie ein junges Mädchen.

Und wie sich das ganze Erleben auf meine Seele oder mein Wohlbefinden ausgewirkt hat, bestätigte mir eine Woche danach mein Arzt. Ich bin Diabetikerin und muss alle vier Wochen zu einer Zuckerkontrolle. Ich komme also zu meinem Arzt ins Sprechzimmer und da sagt der mit einem Mal zu mir: »Was ist denn mit Ihnen los?« – »Was soll los sein?« – »Na, Sie strahlen von innen heraus.« Und da habe ich ihm das erzählt. Danach ist der um seinen Schreibtisch herum, hat mich in den Arm genommen und gesagt: »Ist das schön! Finde ich das schön! Halten Sie das bloß fest!«

Das geht jetzt schon über ein Jahr. So alle vier, fünf Wochen sehen wir uns. Er lebt in Westdeutschland und muss immer lange bis hierher fahren. Was das Besondere an unserer Beziehung ist? Das ist ganz einfach: Es wird stundenlang geschmust und gespielt, ehe es zum Eigentlichen kommt. Das ist das, was mir an ihm so gefällt. Und das ist nach einem Jahr immer noch so. Wir freuen uns aufeinander. Wir sind offensichtlich beide am Verhungern, wenn wir nicht zusammen sind. Wir telefonieren zwar viel miteinander, aber es ist sagenhaft, wenn er zu mir kommt.

Wir unterhalten uns auch viel über unterschiedliche Themen. Wir haben beide politisch die gleichen Ansichten, das ist für mich schon sehr wichtig. Ein Mann, der völlig anderer Ansicht wäre als ich, mit dem würde sich wahrscheinlich nichts abspielen. Ich weiß nicht, heute brauche ich einen, mit dem ich auch in dem

Punkt harmoniere. Ich habe ihn natürlich gefragt, was ihn an mir angezogen hat. Da sagt er: »Als die dich an den Tisch gebracht haben, da habe ich gedacht, die möchtest du vernaschen.« – »Und was ist der Grund?« – »Na, deine Figur. Mich hat deine Figur gereizt.«

Nachdem er so das dritte Mal bei mir war, habe ich gefragt: »Warum hältst du deine Adresse und die Telefonnummer so geheim. Was ist da los?« – »Na ja, ich bin verheiratet. Was sagst du dazu?« – »Überhaupt nichts. Das interessiert mich doch nicht. Das musst du mit dir ausmachen, das ist nicht meine Angelegenheit. Ich habe keine Verpflichtungen. Ich brauche nur für mich zu leben.« – »Bist du nicht eifersüchtig?« – »Nee, eifersüchtig bin ich noch nie gewesen. Da gibt es ja so ein schönes Sprichwort: Eifersucht ist eine Leidenschaft, die mit Eifer sucht, was Leiden schafft. Ich bin auch bei meinem Mann nicht eifersüchtig gewesen und werde es auch bei dir nicht sein.«

Ich mag ihn wirklich sehr und freue mich jedes Mal, wenn er kommt, dass er kommt. Und dass wir viel Zeit miteinander verbringen können. Das ist natürlich ideal. Ich habe eine eigene Wohnung, da stört uns keiner. Wir machen, so lange wir wollen und so oft wir wollen. (Lacht) Er sagt immer zu mir: »Du hast ein Temperament, sag bloß keinem, wie alt du bist.«

Auf der anderen Seite, sagt er, müsste man eigentlich laut rausschreien: »Guckt doch mal, was wir in unserem Alter noch schaffen, was wir noch können!!!« Ich habe sogar mehrere Höhepunkte hintereinander – öfter. (Lacht)

Wir sind etwa gleich groß, er ist auch ein bisschen untersetzt. Er ist absolut keine Schönheit, bin ich ja auch nicht. Aber er hat eine Art an sich – ich kann es nicht beschreiben. Er ist auch charmant. Ich bin kein Typ, der denkt: Ich brauche einen Partner, der muss mit mir essen gehen und der muss mit mir das machen und jenes machen. Das brauche ich alles nicht. Ich bin sehr gern in meiner Wohnung. Und ich bin im Sommer sehr gern in meinem Garten – ja, ich bin sehr gern allein. Aber ich habe es eben auch sehr gern, wenn er kommt.

Es wäre ja mit Sicherheit nicht so zwischen uns, wenn wir ständig zusammen wären. Jeder von uns hat inzwischen seine Marotten. Ich auch. Mit fünfundsiebzig ändert man sich nicht mehr. Und er ändert sich auch nicht mehr. Aber seine Marotten stören mich nicht. Wenn man mal zusammen ist, da wird alles beiseite gekehrt. Da zählt nur, dass man sich mag, dass es Spaß miteinander macht – ja.

Ich habe auch keine Probleme mit meinem Alter. Ich habe nirgendwo Falten und hatte überhaupt keine Hemmungen, mich vor ihm auszuziehen und mich zu zeigen, wie ich bin. Das heißt, nachdem er das erste Mal weg war, dachte ich doch: Mensch, bist du vielleicht zu schnell mit ihm ins Bett gegangen? Fragt man sich eben doch. Und da habe ich ihn am Telefon mal gefragt: »Habe ich dir eigentlich schon gesagt, wie wunderschön es mit dir war?« – »Da hast du aber lange gebraucht, das zu merken.« – »Na ja, gemerkt habe ich es gleich, aber ich habe mich nicht getraut, es zu sagen.« Ist doch logisch, wir sind doch so erzogen, dass man so etwas nicht sagt.

Heute sagt er es und heute sage ich es. Und er sagt immer: »Wenn ich dich angucke, wenn ich dein Gesicht sehe, du kommst mir vor wie ein junges Mädchen.« Ja, so ist das. So fühle ich mich manchmal wirklich mit ihm. Meine offene Art, meine Ungehemmtheit gefällt ihm. Wir haben uns mal über das Wort »hemmungslos« unterhalten. Hemmungslos hat so einen Beigeschmack, aber es drückt ja eigentlich aus, dass ich mich völlig fallen lasse und mich völlig frei gebe. Ihm ist offensichtlich noch nie so eine Frau begegnet.

Er hat neulich mal gesagt: »Warum haben wir uns nicht fünfzehn Jahre früher kennen gelernt?« Ich sagte: »Da wäre gar nichts passiert. Da lebte mein Mann noch, der war durch Parkinson und den Herzknacks schwer krank, den hätte ich nie im

Stich gelassen. Und die Mauer war ja auch noch da.« Aber es passieren manchmal Wunder im Leben. Und dieses Wunder ist so schön, dass ich das manchmal selber noch nicht begreifen kann und sage: »Wie ist das möglich?«

In meinem Haus habe ich übrigens auch einen sehr netten Nachbarn, der ist einige Jahre jünger als ich. Wir verstehen uns miteinander blendend, das hat mit Sex und so überhaupt nichts zu tun. Er sagt immer: »Du kommst mir vor wie meine große Schwester.« Und so gehen wir miteinander um. Der ist auch Single, er hat keinen Menschen mehr auf der Welt. Ich bin einfach auf ihn zugegangen, als er bei uns einzog, und als ich ihn mal ein paar Tage nicht gesehen habe, habe ich einfach bei ihm geklingelt. Und da sagte er: »Ach, kommen Sie doch rein.« Inzwischen duzen wir uns längst.

Von dem habe ich meinem Gschpusi erzählt, und da merkte ich, dass er eifersüchtig auf meinen Nachbarn ist. »Du spinnst doch wohl«, habe ich gesagt, »das glaubst du doch nicht im Ernst. Wenn da was zwischen uns wäre, denkst du, ich hätte dir von ihm erzählt?« »Na ja«, sagt er, »du hast aber gesagt, mit deinem Mann hast du auch ...« – » Ja, aber erst, wenn es vorbei war«. Und er: »Gefallen würde mir das zwar nicht, aber ich käme trotzdem. Ich bin viel zu egoistisch, ich fühle mich mit dir viel zu gut.« »Ein besseres Kompliment konntest du mir gar nicht machen«, habe ich gesagt.

Meine Kinder sind hellauf begeistert von ihrer Mutter. Dem Ältesten habe ich nach dem ersten Besuch sofort davon erzählt. Ich hatte ein bisschen Bedenken, weil er sehr an seinem Vater gehangen und sehr darunter gelitten hat, als mein Mann gestorben ist. Aber er sagte: »Ist doch in Ordnung, Mutter, ist doch bestens für dich.« Und der Jüngere hat nur gesagt: »Pass bloß auf, dass du nicht auf einen Heiratsschwindler reinfällst.« (Lacht) Da habe ich gesagt, dass ich gar nicht heiraten will und mir das nicht passieren kann. Seine Kinder wissen auch davon.

Nein, Heirat steht absolut nicht zur Debatte. Könnte ja auch sein, dass bei ihm mal eine andere auftaucht – kann ja immer passieren –, die ihn mehr reizt und mehr interessiert als ich. Das kann ja auch bei mir passieren, und dann muss man sagen können: »Pass auf, es ist Schluss.« Kann auch sein, dass er sagt: »Das wird mir auf die Dauer zu viel, immer fünf bis sechs Stunden hin und zurück.« Damit muss ich mich dann abfinden. An Herzdrücken werde ich nicht sterben und zerbrechen werde ich auch nicht daran.

Ich bin überzeugt davon, dass ich dann versuchen würde, was Neues zu finden. So weit bin ich inzwischen. Ich würde nie mehr sagen: »Dafür bin ich zu alt.« Dafür bin ich nicht zu alt, dafür ist man nie zu alt. Ob man jemals wieder einen Partner kriegt, mit dem man so harmoniert, ist eine andere Frage. Und das wäre meine große Befürchtung. Natürlich habe ich früher immer das Gegenteil gesagt. »Ich lasse doch keinen Mann mehr an mich heran.« Alle meine Bekannten, die es nun inzwischen wissen, sagen: »Du hast dich derart zu deinem Vorteil verändert, das ist nicht zu beschreiben.«

Ich meine, ich bin immer ein sehr resoluter und selbstbewusster Mensch gewesen. Ich bin aber »nur« kaufmännische Angestellte, also nichts Besonderes. Doch ich habe mit neunundsechzig noch meine Fahrprüfung gemacht. Wir wollten nie ein Auto, wir hatten auch keines. Aber durch die Krankheit meines Mannes war eine andere Lage gegeben. Wir hatten den Garten, in den wir irgendwie kommen mussten. Ich musste den Mann auch immer festhalten, wie das bei Parkinson ist. Und einmal kriegte ich eine Schrankwand geliefert. Da war mein Mann gerade im Krankenhaus und hat gefragt, ob ich einen Monteur dazu bestellt habe. Ich sagte: »Nee, das mache ich alleine.« Ich habe früher keinen Nagel in die Wand gekriegt – ich hatte ja immer einen Mann, der das gemacht hat – und auf einmal habe ich ganz alleine eine Schrankwand aufgebaut. (Lacht)

Eines Tages sagte mein Mann: »Traust du dich auch, Autofahren zu lernen.« Oh, das musste ich mir überlegen. Da habe ich dann meine Kinder gefragt und die haben gesagt: »Mutter, mach das.« Da bin ich zur Fahrschule, um zu fragen, ob die mich überhaupt noch nehmen. »Wenn Sie weiter keine Gebrechen haben, ja«, sagten die. Ich habe dreimal den Versuch machen müssen, bis ich es mit der Fahrprüfung geschafft habe. Und seitdem fahre ich. Ich habe nie für möglich gehalten, dass mir Autofahren Spaß macht.

Der Mut dafür war ein bisschen der Mut der Verzweiflung. Ich wollte ja mit meinem kranken Mann irgendwohin, ich wollte ja nicht mit ihm zu Hause hocken. Es ging eben anders nicht mehr. Ich bin außerdem ein absolut optimistischer Mensch, schon immer. Und ich bin auch immer ein absolut temperamentvoller Mensch gewesen.

Resigniert habe ich nie, weil ich mir gesagt habe: Das nützt nichts. Aber ich war ziemlich kaputt und ziemlich ausgelaugt durch die ganze Situation mit meinem Mann. Es gab auch keine Streicheleinheiten mehr. Unser Arzt hat später mal gesagt: »Ich habe mehr Angst um Sie gehabt als um Ihren Mann. Bei Ihrem Mann wussten wir, woran wir waren. Bei Ihnen habe ich immer gedacht, wenn die Frau zusammenklappt, was passiert dann?«

Wenn ich mit anderen zusammenkomme, mit früheren Kollegen etwa, und frage: »Wie geht es?« – klagt alles. Alle haben da ein Zipperlein und hier. Ich habe nichts mehr. Seit der Mann um mich ist, geht es mir blendend. Ich habe früher so viel unter Ischias zu leiden gehabt, das ist alles weg. Das hängt offensichtlich mit der Seele, mit Gefühl und wahrscheinlich auch mit der körperlichen Reaktion zusammen. Der Körper braucht das wahrscheinlich, auch die Aktivität beim Sex. Und auch das Gefühl, mit fünfundsiebzig immer noch begehrt zu sein. Ich kann mir das nicht anders erklären. Das Gefühl für Erotik hatte ich auch nicht verlernt, nein, Fahrrad zu fahren ist heute sicher viel schwieriger.

Ich gehe regelmäßig in die Sauna. Ein Ehepaar ist dort, da hat der Mann auch Parkinson. Die Frau ist fünf Jahre jünger als ich, die sagt immer: »Ich beneide dich. Halte das bloß fest.« Einen großen Freundeskreis habe ich übrigens nicht. Mein Mann war so – bloß keine Leute an sich ranlassen. Ich habe aber den Kreis aus der Sauna, mit dem ich schon Jahre zusammen bin, und diesen Nachbarn im Haus. Die merken das übrigens alle. Ich fühle mich ja auch wie eine junge Frau.

Mehr als früher achte ich nicht auf mein Äußeres, nein. Aber ich habe jahrelang meine Haare länger getragen. Irgendwann war mein Freund mal hier und sah ein Bild von mir mit kurzen Haaren. Da hat er gesagt: »So gefällst du mir.« Als er weg war, bin ich zum Friseur und habe meine grauen Haare abschneiden lassen. Ansonsten habe ich immer Wert darauf gelegt, gepflegt auszusehen. Ich bin kein Typ, der sich stundenlang mit Make-up beschäftigt. Ich male mir höchstens mal die Lippen an und lackiere die Fingernägel. Auch Ohrclips trage ich mal, aber das habe ich schon immer gemacht, daran hat sich nichts geändert durch die neue Beziehung.

Ich finde es gut, dass so etwas auch mehr öffentlich diskutiert wird, dass also Menschen meines Alters – Männlein oder Weiblein – gar nicht wissen, was sie sich antun, wenn sie das alles unterdrücken und sich verkneifen. Was man sich selber Gutes tun kann, wissen die meisten gar nicht. Deshalb müsste man den Leuten viel mehr sagen: »Passt mal auf, das ist gar nicht so, wie ihr denkt. Auch in *dem* Alter kann man noch Spaß daran haben. Man muss nur den richtigen Partner dazu finden.« Das ist das A und O, ob man jung oder alt ist – der richtige Partner.

Ich habe auch schon mal aus Jux auf eine Anzeige geschrieben und dann stellte sich heraus, dass das eine Partnervermittlung war. Die kommen ja ins Haus und begucken sich die Leute und dann soll man was bezahlen. Da habe ich gesagt: »Von mir bekommen Sie keinen Pfennig.« Da wurde der auch noch frech.

Ich hatte natürlich Glück, dass ich im Urlaub diesen Mann getroffen habe. Ich glaube auch nicht, dass ich es über eine Annonce versucht hätte. Allerdings würde ich es jetzt wohl versuchen, wenn ich wieder allein wäre. Ich habe weniger Angst, dass er sagt: »Ich habe eine andere, die mir besser gefällt.« Ich habe mehr Angst, dass ihm was passieren könnte. Jedenfalls würde ich – wenn er mich verließe – immer wieder versuchen, einen Mann zu finden. Ich möchte darauf nicht mehr verzichten.

Eine feste Partnerschaft? Um Gotteswillen, nein! Überhaupt nicht. Kein Stück mehr. Ich würde mich nie mehr binden und auch nicht in eine Wohnung ziehen wollen. Ja, ich gucke auch jetzt schon mal und sage, der oder der könnte mir gefallen. Aber einen bestimmten Typ habe ich da nicht. Ein Mann muss bei mir eine gewisse Ausstrahlung haben. Das kann ich nicht beschreiben. Mein Liebhaber ist ja auch keine Schönheit, aber der hat was an sich – tja, wo die Liebe hinfällt.

Von mir aus könnte der Mann jünger oder älter sein als ich, das wäre mir völlig egal. Früher gab es ja dieses Schema, dass der Mann immer älter zu sein hat. Irgendwie ist das noch immer so. Wenn ein älterer Mann eine junge Frau hat, findet man das komischerweise selbstverständlich. Wenn eine ältere Frau einen jungen Mann hat – auch heute noch –, findet man das absurd. Obwohl es Quatsch ist. Ich bin der Meinung, nur die zwei, die es betrifft, müssen wissen, ob sie damit klarkommen oder nicht.

Ich glaube auch nicht, dass mir früher etwas Wesentliches gefehlt hat. Weil ich eigentlich überhaupt keine großen Vorstellungen hatte, was Liebe ist. Für mich mussten in der Ehe die Partner miteinander harmonieren. Wir wollten Kinder haben und wir waren uns von vornherein darüber einig, dass ich im-

mer arbeiten würde. Ich wollte auch mit den Kindern nicht zu
Hause bleiben. Das war ja zu DDR-Zeiten sehr gut möglich. Da
gab es auch keine Probleme.

Ich kann im Nachhinein sagen, dass ich alles in allem eine
glückliche Ehe geführt habe. Bei uns gab es keinen großen Streit
und es gab nie ernsthaft Probleme. Ich bereue da kein Stück. Für
mich gab es eine Wende nach dem Tod meines Mannes. Wir hätten nicht lange danach Goldene Hochzeit gehabt. Der Hochzeitstag war nach dem Tod meines Mannes für mich der
schlimmste Tag. Als der vorbei war, hatte ich das Gefühl, jetzt
geht es mit mir aufwärts. Das war wie eine Zäsur in meinem
ganzen Leben. Danach habe ich auch angefangen zu reisen. Ich
bin vorher nie allein weggefahren. Das habe ich dann gemacht,
ja.

Ich habe auch keine Angst vor dem Alter. Das ist doch nun
mal der Lauf der Dinge. Ich habe nur Angst, dass ich mal krank
werde und mir selber nicht mehr helfen kann. Die Angst also,
die wahrscheinlich jeder hat. Außerdem liegt ja auch schon einiges hinter mir.

Nach dieser furchtbaren Vergewaltigung, die ich mit siebzehn
Jahren erfuhr, hätte ich doch nie gedacht, dass ich mit fünfundsiebzig noch sexuell aktiv sein werde. Sonst hätte ich mich damals ja nicht unter den Gashahn gelegt. Ich denke heute noch
oft daran. Jedes Mal, wenn mir jemand sagt: »Wir fahren nach
Polen, willst du nicht mitkommen?«, da denke ich, nein, das
kannst du nicht. Ich habe jahrelang nicht darüber gesprochen.
Nur mit meinem Mann, aber ansonsten nie. Ich habe es auch
meinem jetzigen Partner erzählt und gesagt: »Dass ich darüber
hinweggekommen bin, habe ich meinem Mann zu verdanken.
Das war auch der Grund, dass ich den nie im Stich gelassen hätte, den hätte ich bis sonstwohin gepflegt.«

Da ist noch etwas zu meiner Mutter, das habe ich vorhin vergessen zu sagen. Sie hatte mir ja immer gesagt: »Man lässt sich

nur mit dem Mann ein, den man mal heiratet. Nur mit dem geht man ins Bett.« Und meine Mutter war offensichtlich sehr temperamentvoll, mein Vater war dagegen sehr ruhig. Offensichtlich spielte sich das bei ihnen auch so im sexuellen Bereich ab. Mein Vater ist zuerst gestorben, acht Monate später dann meine Mutter. Und in den paar Monaten, in denen sie allein lebte, hat sie mal zu meinem Mann und mir gesagt: »Macht bloß nicht den Fehler, wenn euch ein anderer gefällt, dass ihr dann auch sagt, so etwas mache ich nicht.« Das war auch der Grund, dass wir beide uns über Seitensprünge unterhalten haben. Nach diesem Gespräch sind wir nach Hause, haben uns angeguckt und mein Mann sagte: »Hast du mitgekriegt, was deine Mutter eben gesagt hat? Ich war so perplex.«

Meine Mutter ist lange Zeit krank gewesen, wo wir uns nie erklären konnten, was das eigentlich für eine Krankheit war. Heute ist mir das klar: Der hat einfach was gefehlt. *Das* war ihre ganze Krankheit. Sie hat sich dann offensichtlich selbst überwunden, um uns das zu sagen. Das war wie eine Offenbarung, denn das vertrug sich ja gar nicht mit dem, was sie mir vorher immer eingebleut hatte.

Bisher lief es gut bei mir. Ich habe bis fünfzig die Pille genommen und dann hatte ich schlagartig fünf Jahre die typischen Wechseljahreerscheinungen – mit aufsteigender Hitze und allen Schikanen. Aber dann war es vorbei. Das hat sich also nicht weiter ausgewirkt bei mir. Aber das ist bei jedem anders. Ich hatte eine Kollegin, die hat regelrecht hysterisch reagiert. Wenn sie die aufsteigende Hitze bekam, ist die aufgesprungen, hat die Fenster aufgerissen und geschrien: »Ich halte es nicht aus!« Das hat mich richtig abgestoßen.

Mit meiner Figur bin ich auch zufrieden. Ich habe keine Probleme damit, dass ich Übergewicht habe. Ich fühle mich wohl und ich bin relativ beweglich. Ich hocke nicht den ganzen Tag vor dem Fernseher, sondern lese sehr viel und gehe jeden Tag mindestens einmal raus. Immer allein. Ich bin auch kein Typ, der anfängt einzukaufen, wenn er Frust hat oder so etwas. Ich ruhe vollkommen in mir selbst. Auch das habe ich erst lernen müssen.

Ich kann allen nur sagen: »Seid optimistisch, geht auf Menschen zu, schließt euch auch Menschen gegenüber auf.« Selbst wenn ich sage, ich ruhe in mir selbst, bin ich doch nicht abgeschottet. Ich brauche andere Menschen genauso wie ein junger Mensch sie braucht. Bloß nicht zurückziehen.

ICH WILL MICH NICHT MEHR
VERSTELLEN MÜSSEN

Ehrhard, 56

Erotik und Sex muss man ja unterscheiden, das geht nicht immer einher. Und Liebe ist, glaube ich, sehr, sehr wichtig und entscheidend, weil man im Alter doch expliziter Dinge erkennt, die man in jungen Jahren nicht erkannte. Im Alter liebt man auch anders oder intensiver. Und vielleicht ist man nicht mehr so wechselhaft wie früher und man führt auch keine Strichlisten mehr. Man geht wirklich auf jemanden zu und sagt: »Du wirst für lange Zeit die Einzige sein.«

Der Wunsch, mit einer Frau im Hafen anzukommen, ist bei mir wahrscheinlich sehr extrem. Aber ich lebe leider gegen meinen Willen alleine. Es ist eben auch schwerer geworden, weil ich im Alter mehr Ansprüche stelle – an mich und an eine Partnerin. Ich selbst würde gern noch sportlicher sein und mein Gewicht reduzieren wollen. Alles andere, finde ich, ist bei mir in Ordnung. Innerlich lebe ich heute schon weitaus intensiver als früher. Also, ich fühle mehr. Ich lasse, wahrscheinlich auch aufgrund meines Berufes, die Sachen manchmal sehr nah an mich heran. Das tut dann sehr oft weh. Weitaus mehr als in jungen Jahren, da bin ich über vieles hinweggegangen. Jetzt merke ich doch jeden einzelnen Stich.

Ich habe ja als Kriminalkommissar viel mit dem Tod zu tun. Da merke ich, dass der Tote, den ich da vor mir sehe, eigentlich gar nicht das Schlimme ist. Der kann da zerstückelt liegen, was oft der Fall ist. Weitaus schlimmer für mich ist der Hintergrund, warum es dazu gekommen ist. Kriminalbeamter bin ich seit 35

Jahren. Und bei der Gerichtsmedizin in Verbindung mit der kriminalpolizeilichen Ermittlung sehe ich immer mehr und mehr die Schicksale dieser Menschen. Dadurch ziehe ich natürlich auch Vergleiche zu meiner eigenen Person.

Bei vielen Menschen, die ich nach einem Selbstmord tot vorfinde, sage ich mir: Die würden vielleicht noch leben, wenn sie jemanden gehabt hätten, der ihnen Zuwendung gegeben, also sie aufgefangen hätte. Es ist ja manchmal nur ein Satz, der fehlt, gerade bei jemandem, der depressiv ist, der traurig ist – und das sind diese Menschen ja meistens.

Das passiert bei Frauen häufig ab dem 50. Lebensjahr und mehr noch bei Männern. Männer sind depressiver, das wissen nur die wenigsten Menschen. Und bei denen spielt sich auch mehr dieser Suizidgedanke im Kopf ab. Weil sie den Druck nicht mehr kompensieren können, der dann immer stärker wird und den sie auch körperlich nicht mehr aushalten. Das kommt immer mehr an sie ran, sie können nichts mehr zurückdrängen, die Tore werden offener.

Ich kenne auch depressive Phasen, dabei war ich immer abgesichert: Abitur, dann Studium der Kriminologie und danach gleich einen Job. Darüber musste ich mir keine Gedanken machen, das Finanzielle war gesichert. Aber darauf kommt es nicht an. Es kommt darauf an, was für mich wichtig ist. Mein größter Wert ist jetzt auf jeden Fall die Zweisamkeit. Als ich jung war, habe ich darauf nicht so viel gegeben.

Ich war dreimal verheiratet. Bei der ersten Hochzeit war ich achtzehn Jahre alt. Das war auch die erste Frau, mit der ich geschlafen habe.

Heute würde ich sie jederzeit wieder heiraten. Dass ich sie verlassen habe, bereue ich noch immer. Sie war eine sehr zartfühlende, einfühlsame Frau. Eine Frau, die ständig für mich da war, eigentlich genau das, was ich heute suche. Ja, sie hat sich zurückgestellt und hat nur mich gesehen. Das habe ich damals gar nicht bemerkt. Ich war ein voller Egoist und wusste es nicht besser, alles drehte sich nur um mich.

Ich musste das schönste Auto haben, die schönste Wohnung und wir mussten viel reisen. Meine Frau, die Lehrerin war, zog immer irgendwie mit. Gefühlsmäßig war sie also sehr nahe bei mir. Ich war mit ihr so acht Jahre verheiratet. Das Sexuelle war völlig in Ordnung, obwohl ich in diesen acht Jahren auch andere Frauen hatte. Aus reiner Neugierde, geliebt habe ich nur meine Frau. Das kann ich heute ganz klar sagen.

Ich war damals so ein bestimmter Typ und die Frauen haben es mir leicht gemacht, sehr leicht. Ich war da auch sehr selbstbewusst, was heute nicht mehr so ist. Das ist das Komische daran. Woran das liegt? Ich sehe heute wahrscheinlich mehr den anderen und achte auf viele Dinge. Da ich heute mehr weiß, gehe ich wohl auch zaghafter auf jemanden zu. Da wirken die Verletzungen, die ich erfahren habe, und die Erfahrung, die ich gesammelt habe. Ich habe vor allem Angst, wieder verletzt zu werden, aber das ist eine psychische Sache.

Die erste Ehe ist daran gescheitert, dass ich sehr oft andere Frauen hatte. Letztendlich war so eine Art Jagdfieber in mir. Es wurde mir zu eintönig mit einer Frau und daran ist die Ehe zerbrochen.

Sie wäre nie von mir weggegangen. Ich war es, der sie verlassen hat. Wir hatten zusammen einen Sohn, der heute sechsunddreißig ist. Kontakt habe ich zu dieser Frau nicht mehr, sie lebt irgendwo in Westdeutschland. Ob meine Kindheit daran einen Anteil hat, weiß ich nicht, es wäre aber möglich.

Mein Elternhaus war jedenfalls katastrophal. Man kann sich das kaum vorstellen. Wir haben in einer Altberliner Wohnung in Wilmersdorf gewohnt, die war riesengroß. Meine Großeltern wohnten im vorderen Bereich und meine Eltern im hinteren. Ich habe vorn mit meinen Großeltern gewohnt und meine Geschwister hinten bei den Eltern. Bis zu meinem sechsten Lebensjahr habe ich das kaum wahrgenommen. Ich war in dieser Zeit nicht mit meinen Eltern zusammen und habe meine Mutter vielleicht dreimal in dieser Wohnung gesehen. Erst als ich Fünfunddreißig war, hat mein Großvater, bevor er starb, zu mir gesagt: »Ich muss dir sagen, mein Junge, du warst ein ›Kuckuck‹.« Ich war also nicht das Kind des mir bekannten Vaters. So erfuhr ich, warum die mich nicht wollten.

Dadurch wollte ich sicher später immer eine Familienbindung haben, die ich ja als Kind nie hatte. Meine Mutter hat mich nicht ein einziges Mal in den Arm genommen oder gestreichelt. Ab dem neunten Lebensjahr kam ich zu meinen Eltern, weil die von meinen Großeltern weggezogen sind. Widerstrebend musste ich dann bis zu meinem fünfzehnten Lebensjahr bei ihnen leben, obwohl ich mich mit denen vom ersten Tag an nicht verstanden habe.

Ich mag meine Eltern nicht. Das Verhältnis zu diesem Stiefvater war ganz eklig. Ich fand auch meine Mutter eklig. Wenn die sich mir näherte und mir etwas aus dem Gesicht wischen wollte, hat mich das wirklich angeekelt. Nach ihrer Nähe habe ich mich zwar gesehnt, aber wenn sie kam, wollte ich sie nicht. So nach dem Motto: Komm her – geh weg.

So eine Art Geborgenheit fand ich nur bei meiner Großmutter. Aber das war auch nicht meine richtige Großmutter, sondern die zweite Frau meines Großvaters, dessen erste Frau verstorben war. Wirkliche Geborgenheit kannte ich nicht.

Ich hatte niemanden, mit dem ich reden konnte. Mich hat auch keiner von der Familie aufgeklärt. Das habe ich alles selbst gemacht. Ab dem sechzehnten Lebensjahr habe ich auch schon alleine gewohnt. So richtiges Familienleben, wie ich das jetzt bei meinen Studenten sehe, die zu ihren Eltern oder zu ihrer Mutter fahren, das habe ich selbst nie erlebt. Das war vielleicht auch der Grund, warum ich so früh geheiratet habe. Ich wollte eine eigene Familie haben.

Dann kam die zweite Ehe – so nach einem dreiviertel Jahr – und die war ganz katastrophal. Das war eine Schwedin, das ganze Gegenteil von meiner ersten Frau. Die war völlig durchgeknallt, wie die Schwedinnen damals waren. (Lacht) Ich habe zu spät erkannt, dass sie außer mir noch mehrere Männer mochte.

In den Zeitungen stand zwar immer, Schwedinnen seien offener im Sex – so war das natürlich nicht ganz –, aber sie waren im Sozialen schon ein Stück weiter als die Deutschen, die sind mehr aufeinander zugegangen. Das hängt wahrscheinlich auch mit den Kriegsjahren zusammen, die wir hatten und die Schweden nicht. Damit hatte ich damals auch schon meine Schwierigkeiten. Sie mochte also auch gerne alleine weggehen. Es musste ja nicht immer der Mann mit. Das habe ich nicht so richtig verstanden. Ja, ist komisch, der Mann darf es, die Frau nicht.

Anfangs war es mit der Schwedin sehr erotisch. Da habe ich schon eine Erfüllung darin gesehen, einmal der Starke und einmal auch der Schwache zu sein. Das war schon mit das Schönste, was ich erlebt habe. Es war Erotik und Sex mit viel Phantasie und Vorspiel.

Und dann war es plötzlich aus. Sie wollte nicht mehr, weil sie andere Männer hatte. Mit solch einem Phänomen konnte ich gar nicht umgehen, also überhaupt nicht. Danach war ich dann doch schon sehr befangen. Ich habe nächtelang geheult, obwohl Mann ja nicht heult, aber da war ich am Boden. Wie kann das eine Frau mit mir machen?

Wir waren fünf Jahre verheiratet, aber drei davon war sie in Schweden. Danach habe ich meine sexuellen Bedürfnisse noch stärker befriedigt. Da ging es wirklich nur noch um Strichlisten, da habe ich quer Beet genommen, was kam. Also, wenn ich nicht mindestens jede Woche eine oder zwei hatte, dann war ich darüber schon deprimiert.

Ich bin damals viel in Diskos gegangen, und da habe ich so eine Art drauf gehabt, die hat irgendwo gezogen. Ich habe Frau-

175

en einfach angesprochen und bin mit ihnen nach Hause, wie es damals so war. Ich hatte ja oft eine sturmfreie Bude, denn meine schwedische Ehefrau war sehr häufig in Schweden. Die ist auch mit den deutschen Frauen nicht zurechtgekommen, die waren ihr zu einfach. Kinder hatten wir keine.

Ehefrau Nummer drei war in der Pharmaindustrie tätig und eine vielfache Millionärin. Mit ihr habe ich dann das große Leben geführt – Rolls Roys, schwarzer offener Mercedes und so. Ja, ich war damals ein richtiger Sonnyboy. Das ging vier, fünf Jahre. Wir haben auch gebaut, ein riesiges Haus mit Swimmingpool im Keller, wunderschön. Das war ein Fachwerkhaus, für das ich den unteren Bereich selbst entworfen und ausgestattet hatte. Alles groß und pompös.

Als ich sie kennen lernte, wusste ich aber nicht, dass sie so reich war. Wohlhabend ja, das konnte man an der großen Eigentumswohnung sehen, die sie hatte. Aber in der Ehe mit ihr habe ich dann das große Leben erlebt.

So nach vier Jahren – ich saß gerade inmitten unserer schneeweißen Lederlandschaft – habe ich mir gesagt: Das gehört dir doch eigentlich alles gar nicht. Dieser Gedanke kam ganz plötzlich: Eigentlich blendest du doch nur. Du stellst doch nur was dar, aber dahinter ist eigentlich gar nichts. Denn von meinem Gehalt als Kriminalbeamter hätte ich mir ein solches Luxusleben nicht leisten können.

Meine Frau verlangte dann auch von mir, dass ich das Studium weiterführe, um den Doktortitel zu erlangen, weil ja alle ihre Freunde im Umkreis Doktortitel hatten. Ich habe auch mal vier Wochen bei ihr in der Firma mitgearbeitet. Das war grausam. Die Männer dort, mit Abiturnote 1,0 und 1,1, haben mich überhaupt nicht akzeptiert. Ich war zwar der Mann der Chefin, aber das war gar nichts. Dabei war ich zu dem Zeitpunkt schon Kriminalkommissar. Aber sie wollte unbedingt, dass ich in ihrer Firma arbeite, weil sie meinte, so ein Kriminalfritze sei zu einfach, dabei war ich schon in einer gehobenen Position. Vier Wochen lang habe ich es jedenfalls in ihrer Firma versucht – und das war's dann.

Der Sex mit ihr war die schlimmste Sache. Am Anfang ging es, aber auf einmal nicht mehr. Sie sah zwar sehr hübsch aus und war sehr schlank und war so alt wie ich. Alle meine Ehefrauen waren gleichaltrig, ich mochte nicht unbedingt jüngere, das brauche ich auch heute nicht. Aber rein vom Körper hat sie mich dann gar nicht mehr angezogen. Der Sex war Null. Zwei Jahre haben wir überhaupt nicht miteinander geschlafen. Wir haben uns zwar so verstanden – Sex ist ja nicht das Wichtigste –, aber ich bin dann natürlich wieder zu anderen Frauen gegangen.

Für mich ist es wichtig, dass mich eine Frau auf die Dauer erotisch anzieht. Vom Typ her bin ich da gar nicht so festgelegt. Letztlich entscheidet, wie es im Bett läuft. Da stoßen mich manche Sachen ab, andere ziehen mich an. Aber das ist wirklich von Fall zu Fall verschieden. Ich habe kein Rezept dafür.

Eine Frau, die sehr schlank ist oder dürr, mochte ich vom Sexuellen nicht, aber ich habe immer solche Frauen geheiratet. Das ist etwas ganz Komisches. Der Typ von Frau, den ich eigentlich mag, ist doch so ein bisschen ausladender, mit einem anständigen Hintern. Der Busen ist bei mir nicht so entscheidend. Aber ich habe immer genau das Gegenteil geheiratet. Warum das so war, kann ich nicht erklären, denn die Frauen sind auf mich zugekommen. Was meine drei Ehen betrifft, so wurde ich immer geheiratet.

Meine dritte Ehe wurde Mitte der Achtziger geschieden. Ich muss dazu sagen, meine Frau ist dann auch gewalttätig geworden, also richtig hysterisch. Obwohl sie eine ganz zarte Person ist. Sie hat dann gesagt, dass ich aus dem Haus raus soll. Ich habe gesagt: »So schnell geht das nicht, wo soll ich hin?« Sie hat ganz grundlos geschrien und mir einfach Sachen an den Kopf geworfen. Leider Gottes ist das auch in meinem Dienstbetrieb reingeraten, dass ich angeblich gewalttätig gewesen wäre. Sie war eine sehr hartherzige Frau. Übrigens war sie darin meiner Mutter ähnlich. Sie hatte auch äußerlich sehr viel Ähnlichkeit mit ihr. Sie war fast das Ebenbild. Sie hatte natürlich auch mitbekommen, dass ich dann eine Freundin hatte, na ja.

Danach bin ich von dem acht Meter langen Swimmingpool im Keller und dem super Rolls Roys – ich hatte auch einen eigenen Porsche 911 und 928 und als letzten Wagen einen schönen schwarzen offenen Mercedes – von einem Tag zum andern auf einen Citröen 2 CV umgestiegen, also auf eine Ente. Die war gelbschwarz, eine so genannte Charleston-Ente, das war schon die Luxusausführung. Das gefiel mir irgendwie, die hatte ich einem Kollegen abgekauft.

Nach der Scheidung ging es mir relativ gut. Also, die Jahre bis 1990 waren sogar sehr gut. Aber bis zum heutigen Zeitpunkt habe ich es nicht geschafft, eine ordentliche Beziehung aufzubauen, obwohl ich es immer mehr möchte. Und je mehr ich das möchte, umso weniger erreiche ich es. In den letzten zwanzig Jahren haben auch zwei Frauen von mir Kinder bekommen, die sind heute zwölf und dreizehn Jahre alt. Aber ich habe die Mütter nicht geheiratet.

Da habe ich zunächst mal eine sieben Jahre Jüngere kennen gelernt, wo ich auch dachte, das wäre die Frau für mein Leben. Sie war schlank, blond, sehr selbstbewusst und von der Erotik her sehr anziehend für mich. Das waren also wieder dieselben Kriterien. Auch diese Frau ist auf mich zugekommen. Ich weiß nicht, ob die mich als Zuchthengst haben wollte oder was auch immer. Sie wurde jedenfalls schwanger von mir. Aber während der Schwangerschaft hat sie mich schon verlassen.

Ich habe ihr lange nachgetrauert. Wahrscheinlich war ich in dieser Beziehung zu einengend, denn die wollte ich ganz für mich. Und sie war ein Typ, der viele Freunde hatte – und auch wieder viele Männer. Aber das Kind ist eindeutig von mir. Ich wollte immer eine Tochter haben und die kam dann auch. Aber ich durfte sie in den ersten drei Jahren nicht besuchen, das wollte sie nicht. Sie wollte mit ihren Männern, die sie hatte, alleine sein. Sie hatte also mehrere Verhältnisse gleichzeitig.

Wahrscheinlich war das damals ein fruchtbares Jahr, denn ich lief gleich einer anderen Frau in die Arme, die mich eigentlich nur getröstet hat. Aber die wurde plötzlich auch schwanger. Damit hatte ich ein Problem, denn die habe ich nur drei Wochen gekannt. Die hat mich angerufen und sagte: »Freue dich, du wirst noch mal Vater.«

Für diese beiden Kinder muss ich noch zahlen. Das ist sehr, sehr viel Geld, was da weggeht pro Monat und das macht sich schon bemerkbar bei meinem Gehalt. Dass ich für meine Kinder Alimente zahle, ist okay, aber ich finde, es ist einfach zu viel. 350 Euro pro Kind sind einfach eine ganze Menge. Das engt natürlich auch mein Leben ein, das ist ganz klar. Zu der Tochter habe ich Kontakt, zu dem Sohn nicht.

Ich lebe jetzt also fast zwanzig Jahre alleine und habe seitdem sehr negative Erfahrungen mit Frauen gemacht. Das ist eine ganz komische Sache. Frauen, die auf mich zugehen, da bin ich so in Lauerstellung. Und von Frauen, auf die ich zugehe, habe ich nachher Prügel bezogen. Irgendetwas muss sich bei mir verändert haben.

Vor zwei, drei Jahren habe ich gedacht: So geht es nicht weiter. Und habe in einer Klinik eine Therapie gemacht, weil ich wissen wollte, ob ich beziehungsunfähig bin. Die Therapie ging über drei Monate, und da habe ich eine ganze Menge über mich erfahren. Das arbeite ich immer noch auf. Ich gehe heute auch freiwillig in Selbsthilfegruppen, fast regelmäßig, nicht zuletzt, um zu hören, wie es anderen ergangen ist. Auch da habe ich schon eine Menge gelernt.

Den meisten Männern dort geht es wie mir. Also, je älter man ist, desto mehr Ansprüche stellt man an den Partner, und je mehr

Forderungen man stellt, desto schwerer wird es, den anderen nahe kommen zu lassen. Man hat Angst davor, auch immense Angst vor Verletzungen. Und man fürchtet, bei der geringsten Verletzung wie ein geprügelter Hund in die Ecke zu springen, um entweder zu jaulen oder zu kläffen.

Ich stelle zudem fest, dass es mir immer schwerer fällt, eine Frau wirklich noch erotisch zu finden. Das ist ganz komisch. Dabei ist Erotik bei mir eine wichtige Sache. Aber ich finde einfach keine Frau, die mich erotisch anspricht. Was ich suche, ist eine sehr selbstbewusste Frau, das brauche ich. Und ich glaube auch, dass es eine gebildete Frau sein muss, zu der ich aufsehen kann. Das hat vielleicht damit zu tun, dass ich meiner Meinung nach eine so große Bildung selbst nicht erfahren habe.

Darum möchte ich das bei einer Frau sehen, möchte mich zurücklehnen können. Wenn sie dort sitzt und es sind Gäste da, die sie unterhält, und ich ziehe mich zurück – das ist für mich Erotik. Wenn ich sehe, dass sie brilliert, dass sie im Mittelpunkt steht. Ich glaube, das brauche ich irgendwie.

Das hat sich bei mir ganz stark gewandelt. Wenn ich so an meine jungen Jahre denke, da mochte ich eigentlich immer eine Frau, die das machte, was ich dachte. Heutzutage möchte ich natürlich auch, dass man sich miteinander versteht, aber irgendwie möchte ich vor allem, dass sie etwas darstellt. Vielleicht macht das für mich die Erotik aus, genau kann ich es nicht ausdrücken. Dabei kann sie auch Verkäuferin sein. Es geht nicht um den sozialen Rang. Es wäre nur wichtig, dass sie eine Intelligente ist, Selbstsicherheit ausstrahlt, in sich ruht. Das Aussehen ist bei mir nicht das entscheidende Kriterium. Sie muss nur viel Weiblichkeit aufweisen können.

Ich war vor einigen Jahren mit einer Apothekerin zusammen, die war für mich das Sinnbild der Weiblichkeit, also einfach Frau sein, nicht herauszukehren: Jetzt beweise ich es den Männern. Unerotisch ist, wenn jemand sagt: »Jetzt habe ich es dem aber gezeigt, ich bin hier die Vorgesetzte.« Dieses: Ich muss jetzt beweisen, dass ich besser bin als ein Mann. Ich will ja auch nicht beweisen, dass ich besser bin als die Frau. Warum? Also, die Frau kann sonst was sein, aber sie muss selbst auch gefestigt sein – innerlich.

Nächte, um auf die Pirsch zu gehen, hätte ich genug. Ich habe einen Zwölf-Stunden-Dienst, tags darauf muss ich noch mal zwölf Stunden in die Nachtschicht und habe dann zwei Tage frei. Aber ich habe in den letzten Jahren festgestellt: Je mehr ich bei mir selbst ankomme, umso weniger habe ich es versucht.

Ja, und dann blieb nur noch die Annonce in der Zeitung. Aus den Briefen kann man schon ersehen, dass viele Menschen allein sind, dass viele einen Partner suchen. Bei der ersten Annonce waren es über hundert Zuschriften, die ich bekommen habe. Bei der zweiten auch. Das Komische oder Tragische ist dabei, dass ich mich nur mit zwei Frauen getroffen habe und es dann sein ließ. Ich habe einfach aufgehört, weil ich keine Lust mehr hatte. Ich habe mir zwar alle Briefe durchgelesen und auch keine Vorauswahl getroffen. Aber irgendwie wollte ich nicht. Ich habe dann gedacht: Auf dem Wege – nein.

So dass ich jetzt, in den letzten zwei Jahren, zwar ruhiger geworden bin und auch sage: Ach, ich möchte nicht einsam sein, aber trotzdem einsam bleiben. Weil ich das vielleicht auch irgendwann akzeptiere. Ich lege im Moment nicht allzu viel Wert darauf, jetzt unbedingt noch jemanden zu bekommen. Es ist gut so, wie es ist, wenn es anders wird, dann soll es so sein.

Es hatte sich bei mir zeitweise auch eine Depression eingestellt, so eine Antriebsarmut oder Traurigkeit. Ich war damit bei mehreren Ärzten.

Und da habe ich erfahren, dass das bei fünfzig Prozent aller Männer der Fall ist. Manche trinken das durch Alkohol weg, was ich nicht mehr mache. Ich habe den Alkohol für mich völlig verbannt, seit drei Jahren, weil man bei mir einen kleinen Leberschaden festgestellt hatte. Ich trinke also keinen Tropfen mehr, und seitdem geht es mir weitaus besser.

Diese Rotweinflasche fast jeden Abend, dieses regelmäßige Trinken, da fehlt nicht mehr viel zum Alkoholismus, der ja ganz verbreitet ist in Deutschland. Ich denke, jeder Zweite, Dritte könnte sich den Schuh anziehen. Bei Gleichaltrigen habe ich festgestellt, dass die doch regelmäßig trinken und nicht gerade wenig. Damit spülen sie auch viel Ärger und Frust runter. Aber am nächsten Tag ist der Frust doppelt und dreifach da. Das habe ich ja auch bei mir erlebt. Die Probleme werden immer größer und ich muss sie dann bewältigen. Ich kann nicht einfach einen Kognak trinken und dann sind sie weg. Ich wollte das dann auch nicht mehr und habe völlig damit aufgehört.

Seit dieser Therapie, die ich vor zwei Jahren gemacht habe, fahre ich auch grundsätzlich allein in den Urlaub, ich gehe allein ins Kino, das geht jetzt alles. Aber an Sonntagen macht sich die Einsamkeit schon noch breit. Dann stellt sich auch eine Traurigkeit ein, die ist schon immens. Die muss ich dann aber aushalten und sagen: Ich bin mit mir allein, es ist eben im Moment nicht anders und es ist in Ordnung so.

Männer haben ja auch ihr Klimakterium, das ist gar nicht so bekannt. Ich bin aufgrund meiner Tätigkeit auch medizinisch geschult. Wenn ich dann zu Leuten komme, wo versuchter Suizid vorlag, wo es also nicht geklappt hat, handelt es sich meistens um Männer, die sehr depressiv sind. Das kommt zum Beispiel bei Stoffwechselstörungen vor, wo die Hormone durcheinander geraten und Männer sehr stark dazu neigen, depressiv zu werden, und häufig auch zur Flasche greifen. Die trinken dann weitaus schneller und offener als die Frau, die mehr heimlich trinkt.

Ich höre immer wieder, dass sich Menschen an erster Stelle aus Einsamkeit das Leben nehmen wollten, wegen der Traurigkeit darüber, allein zu sein oder nicht mit anderen Menschen zurechtzukommen. Ich hatte gerade zwei solche Fälle: Eine Zwanzigjährige, die aus dem Fenster gesprungen ist, und eine andere, die sich vor den Zug geworfen hat. Das ist einfach dieses Alleinsein, auch schon bei sehr jungen Menschen. Und bei den älteren Menschen ist das auch der Fall.

Obwohl ich immer wieder sagen muss, alles spielt sich in meinem Kopf ab. Das ist vielleicht ein Erfahrungsschatz, den ich nicht nur als Lippenbekenntnis habe. Ich weiß, dass ich mir alles, was ich mache und tue, da oben in meinem Kopf selbst ausdenke. Wenn ich mich selbst befriedige, dann denke ich an Situationen, die schön waren. Deshalb habe ich Pornos oder irgendwelche Bücher auch noch nie gebraucht.

Ich erinnere mich in dem Zusammenhang an einen Fall: Da war ich zwanzig Jahre alt und wir fuhren mal nach Hamburg, *Große Freiheit* angucken und so. Unter Männern wollte man sich beweisen und auch mal zu einer Prostituierten gehen. Aber das geht bei mir nicht, ich kann einfach nicht. Ich habe es damals versucht und dann noch einmal, als ich älter war. Da bin ich auch viel zu gehemmt. Da kann die Frau einen doppelten Rittberger auf dem Ofen machen oder was auch immer – es geht nicht. Ich brauche, dass sie mich anzieht. Dazu muss ich auch innerlich frei sein, also keine Angst haben, dass ich versage. Aber zu so einer Hure hinzugehen, die denkt: Morgen ist Dienstag und wieviel habe ich heute eingenommen? Da kann ich meinen Kopf nicht abschalten.

Trotzdem finde ich es wichtig, dass es Bordelle und so gibt. Denn es gibt auch in meinem Bekanntenkreis Männer, die regelmäßig zu Huren gehen, die das einfach brauchen, weil durch fehlenden Sex Aggressionen entstehen können. Das ist also ein gewisser Aggressionsabbau. Prostitution ist etwas ganz Wichtiges, etwas ganz Normales.

Ich unterhalte mich manchmal auch mit meinen Studenten, die ich ausbilde, über dieses Thema. Oder ich rede mit Kollegen darüber, wenn ich manchmal Nachtdienst mache und wir zu dritt oder zu viert im Auto unterwegs sind. Da kommen zuweilen schon intime Sachen zum Vorschein. Dann gebe ich aber keine Ratschläge, sondern sage, wie ich es empfinde.

Ich bin ja nach der Wende in den Ostteil der Stadt gegangen und bearbeite hier Selbstmordfälle. Da sind mir auch grundsätzliche Unterschiede aufgefallen, was die Frauen betrifft. In der Regel ist die Frau aus dem Ostteil in vielen Bereichen natürlicher, selbstständiger und selbstbewusster. Sie ist also auch mal ans Auto rangegangen und hat ein Rad gewechselt. Sie sagt auch: »Das gefällt mir nicht oder ich mache jetzt Schluss.« Die Wessifrau habe ich häufig mehr so auf Geld orientiert erlebt.

Jedenfalls wenn ich heute die Studenten erlebe, dann sieht man eines ganz deutlich: Viele von ihnen hatten wirklich ein liebevolles Elternhaus. Die haben auch meistens eine Zweisamkeit, die sehr gefestigt ist. Natürlich gucken die jungen Männer mal dorthin und dorthin, aber letztendlich stehen sie zu ihrer Partnerin und die halten sie auch aus dem Dienstbereich heraus. Aber es gibt unter ihnen natürlich auch Menschen, die kein gutes Elternhaus hatten, also Vater weg oder Mutter Trinkerin oder umgekehrt oder sie haben Prügel bekommen. Da sieht man wieder ganz deutlich, dass es mit den Zweisamkeiten meist nicht klappt. Genauso wie bei mir. Also das spiegelt sich immer wieder.

Wenn man jung ist, würde ich sagen, ist es ganz schwierig, treu zu sein oder wirklich lange Zeit mit jemandem zusammenzubleiben. Da spielt heute sicher auch noch die Werbung im Fernsehen eine negative Rolle, wo immer nur von schönen Menschen die Rede ist. Selbst möchte man das dann auch haben oder dem nacheifern. Daraus entsteht ständig der Druck, dass man schlank sein und keine Fettpölsterchen haben möchte, also diese Konzentration auf das Äußere. Die inneren Werte kommen dann, so wie ich das sehe, viel zu wenig vor.

Aber wenn man älter ist, sind diese inneren Werte wieder da. Ich finde schon, dass im Alter die Ehe eine wichtige Sache ist. Oder einfach die Zweisamkeit, also mit jemandem zusammenzuleben, wenn beide damit zufrieden sind. Außerdem sehne ich mich heute nach ganz banalen Sachen. Ich möchte zum Beispiel mal mit einer Frau eine Fahrradtour durch die Mark Brandenburg machen. Einfach nur sagen: »So, heute ist Sonntag, jetzt ziehen wir uns beide an und radeln los.« Etwas ganz Einfaches.

Gerade die einfachsten Sachen, und das sehe ich ja auch immer wieder im Beruf, sind die schwierigsten. Sie sind oft kaum machbar. Es ist selten, dass beide Zeit und Lust haben, etwas zu unternehmen. Oder dass sie von mir aus auch nur gemeinsam auf einem Sofa sitzen, irgendeine Fernsehsendung verfolgen und dabei auch gegenteiliger Meinung sind, sich also darüber austauschen. Viel miteinander sprechen ist ganz wichtig. Oder man schweigt gut zusammen, bis man nebeneinander einschläft und Schluss. Wo man sich still versteht, wo nicht der Druck herrscht: Ach, ich muss ja heute noch. Das habe ich bei den meisten so genannten Zweisamkeiten, die ich in den letzten Jahren hatte, vermisst. Ich habe ja seit einem Jahr überhaupt keine, absolut nichts.

Die Erkenntnisse, die ich jetzt so innerlich habe, die habe ich erst in den letzten zwei, drei Jahren gesammelt. Die Frau, die ich vorhin mal erwähnt habe, die Apothekerin, die war mir schon sehr nah. Vielleicht habe ich sie auch heute noch im Kopf. Mit der wollte ich darüber reden, aber die verschloss sich völlig, die sagte kaum etwas. Da habe nur ich geredet und ich habe eigentlich immer gegen eine Wand geredet. Das war auch für mich wieder eine neue Erkenntnis: Man sieht, dass der andere verschlossen ist, dass man ihn nicht öffnen kann. Das geht einfach nicht.

Das Sexuelle macht mir heute genau noch soviel Spaß wie damals, als ich damit angefangen habe. Ich kann auch nicht sagen, dass ich heute erschöpfter bin. Früher hatte ich sicher häufiger Sex als heute, aber nicht so intensiv. Heute ist es halt umgekehrt, also weniger, aber intensiver. Und das finde ich weitaus angenehmer. Ich habe nicht mehr dieses Jagdfieber. Das hätte ich als junger Mann nicht gedacht. Ich war sicher, dass ich so nie werde. Damals war die Quantität entscheidend, nicht die Qualität.

Ich würde sofort noch einmal mit einer Frau in eine Wohnung ziehen. Weil ich denke, dass ich sehr umgänglich bin, sehr einfühlsam. Ja, das müsste einfach nur passen. Und wenn ich sage, sie solle immer für mich da sein, dann meine ich nicht, dass sie immer präsent sein muss. Ich brauche aber das Gefühl, dass sie immer für mich da sein könnte. Also, dass der Berg vor der Tür ist. Und in dem Moment, wo der Berg weg wäre, um das ein bisschen bildlich darzustellen, dann würde ich zu dem Berg hin wollen. Also es geht darum, innerlich die Sicherheit zu haben, darauf kommt es mir an. Wahrscheinlich suche ich auch Geborgenheit. Das heißt aber nicht, dass ich eine Frau nun ständig anfassen muss, darum geht es nicht.

Vor kurzem habe ich mal eine Frau angerufen und sie gefragt: »Bringst du mich bitte zum Flughafen?« Und sie hat geantwortet: »Ja, das mache ich, aber ich hoffe, das ist nicht mitten in der Nacht.« Da war die Frau für mich gestorben. Das meine ich mit dem Gefühl, immer da zu sein. Denn da habe ich gemerkt: So ein starkes Gefühl hat sie doch gar nicht für dich. An diesen kleinen Punkten merke ich sofort, dass diese Frau nicht die richtige für mich ist. Ich hätte das ja auch für sie gemacht. Das sind so ganz wichtige Sätze. Und da kann die Frau sonstwie aussehen.

Ja, ich bin da sehr empfindsam geworden. Ich kann also nicht mehr, wie in jungen Jahren, die Dinge einfach so abwehren oder wegschieben. Ich bin offener und demzufolge auch verletzbarer. Sicher ist es nicht leicht, den anderen gleich zu erkennen. Aber aufgrund meiner menschlichen und dienstlichen Erfahrungen – ich komme jeden Tag mit neuen Menschen zusammen – kann ich schon einschätzen, ob jemand beispielsweise wirklich trauert oder nur so tut, ob er ehrlich ist oder nicht.

Ich habe in den letzten Jahren auch gelernt, mein Gesicht zu zeigen, wenn ich Hilfe brauche. Bitte, wenn ich die andere damit erschrecke, dann war sie eben nicht die Richtige. Ich ziehe nicht mehr dieselben Frauen an, die ich angezogen habe, als ich noch den Sonnyboy gespielt und immer gelächelt und alles abgetan habe, als ich Hans-Dampf-in-allen-Gassen war.

Allerdings stand auch damals der kleine Junge in mir dahinter, den ich so ein bisschen vernachlässigt habe. Dieser kleine Junge war und ist manchmal hilfsbedürftig und er braucht in vielen Fällen viel Liebe und Streicheleinheiten. Den habe ich über viele Jahre hinweg immer in die Ecke gedrückt. Der äußere Schein war mir in der Zeit wichtiger. Damit habe ich eben auch immer falsche Frauen für mich gewonnen. Danach war ich verbittert, wenn es nicht geklappt hat.

Heute spielt ja der Schein eine noch größere Rolle als vor zwanzig Jahren. Oder ich sehe das heute nur deutlicher. Ich finde, das gefühlsmäßige Moment kommt jetzt viel zu kurz, das zeigt kaum noch jemand. Den Leuten wird das ja auch vorgelebt. Wenn man unsere Politiker sieht, so lügen 99,9 Prozent von ihnen. Deswegen ist das Volk verdrossen und hat im Grunde keine Lust mehr, überhaupt noch einen Politiker zu wählen. Weil sie ja doch lügen. Und das spiegelt sich auch in den Familien wider.

Ich sehe das manchmal an meinen jungen Kollegen und an meinen älteren sowieso. Die älteren sind noch mehr verschlossen als die jungen. Und das will ich für mich ändern. Ich will es nicht nur, ich tue es. Denn ich habe keine Lust mehr, mich zu verstellen. Man muss sich auch nicht verstellen. Man ist, wie man ist – Schluss, aus. Also für mich ist es schon wichtig, dass der andere für mich da ist, auch wenn sich das vielleicht für manche erschreckend anhört. Die denken dann: O, Gott, das ist ja ein Klammerer.

Aber ich lasse mich einfach nicht mehr darauf ein, ich denke nicht mehr: Hauptsache, die ist hübsch und hat einen schönen Hintern und dann wird es schon klappen. So nicht mehr. Und ich habe gelernt, Nein zu sagen. Das ist etwas ganz Wichtiges, dass ich es einfach nicht zulasse, wenn meine Grenzen überschritten werden. Der ganze Frust, der in mir war, die ganze Wut und Aggression entstehen ja grundsätzlich durch nicht aufgearbeiteten Ärger, den ich von anderen Menschen erfahre. Also spreche ich das gleich an.

Es kann sein, dass ich im Moment so ein Typ bin, der nur Schwarz und Weiß sieht. Das kann sein. Mir wurde schon des Öfteren gesagt: »Sieh dir doch mal die Grautöne an, die sind doch auch ganz in Ordnung.« Ich trage ja auch fast nur schwarze Kleidung, meine Wohnung ist weiß, und wenn man den Schrank aufmacht, ist nur Schwarz-Weiß drin, so dass ich dort, wo ich hinfahre, immer »Mister Black and White« genannt werde.

Aber ich stehe dazu. Klar, muss ich auch die Grautöne hinnehmen. Mit Grautönen meine ich immer ein bisschen die Mittelmäßigkeit, das ist auch negativ besetzt in meinem Kopf.

Meine letzte Beziehung hatte ich mit einer verheirateten Frau. Da besteht für mich überhaupt kein Unterschied, ob es der Ehemann ist, der fremdgeht, oder die Ehefrau. Ich war in der Zeit ja auch der so genannte Geliebte einer Ehefrau. Die sagte zu mir: »Ja, ich werde mich von meinem Mann lösen.« Sie hat dann auch mit ihrem Mann gesprochen und ist sogar für einige Wochen zu mir gezogen.

Aber plötzlich siegte doch wieder der Ehemann, nämlich das Altbewährte, womit man sich eben auskennt. Mit einem neuen Partner ist das ja ganz anders. In den ersten Wochen der Beziehung kann zwar alles ganz toll sein, aber nachher stellt sich auch so eine gewisse Ernüchterung ein. Wir haben zwar eine so genannte Beziehung gehabt, aber es ging ständig: »Ja, ich werde mich von meinem Ehemann lösen, aber erst, wenn das Finanzielle geregelt ist.« Das war immer nur das Finanzielle. »Und wir beide haben zusammen ein Geschäft«, sagte sie, »und das müssen wir zusammen leiten und da sind ja auch noch Kinder.« So kam dann immer eine neue Ausrede. Natürlich habe ich Druck auf sie gemacht. Aber je mehr Druck ich gemacht habe, desto mehr hat sie sich von mir zurückgezogen. Ich habe dann Schluss gemacht und sie ist wieder zu ihrem Ehemann zurückgegangen.

Später habe ich begriffen, warum ich in den letzten Jahren immer nur solche Frauen haben wollte, die mir nicht näher kommen konnten. Ich hatte Angst vor Nähe. Diese letzte Beziehung konnte durch ihre Zwänge ja auch nicht wirklich nahe sein. Die Frau war viel zu sehr in ihre Familie eingebunden: Kinder, Ehemann, Geschäft, Eigentumswohnung – das war alles miteinander verschachtelt. Und da konnte ich graben und machen, wie ich wollte. Ich wusste letztendlich, dass sie eigentlich gar nicht kommen kann.

Ich habe mit ihr immerhin gemerkt, dass ich lebe, es war nicht alles so monoton. Ich hatte mein Gehalt, ich hatte mein Auto, meine Wohnung, ich machte meine Urlaubsreisen – ja, da fehlte eigentlich nur noch eine Beziehung. Die Frage lautete aber: Willst du wirklich eine, die so nahe ist? Wahrscheinlich nicht. Das habe ich bloß damals noch nicht so richtig erkannt. Jetzt weiß ich, warum ich all diese Sachen gemacht habe, und das erschreckt mich natürlich ein bisschen.

Heute habe ich überhaupt keine Angst mehr, wirklich überhaupt keine. So, wie ich mich hier offen zeige, so mache ich das auch in der Partnerschaft. Aber vielleicht waren es immer die verkehrten Frauen, die ich angesprochen habe, wie diese Ehefrau, von der ich gesprochen habe. Das war die letzte, bei der ich meinte, es wird was. Ja, ich habe einiges erlebt. Nach meiner letzten Scheidung war ich fünfunddreißig und da hatte ich also schon drei Ehen hinter mir.

Das ist komisch, manchmal sind ältere Frauen für mich sexuell anziehender als ganz junge. Bei einer attraktiven Sechzigjährigen kommt vielleicht das rüber, was ich brauche. Obwohl ich mich vor dieser Zahl erschrecke, ist ganz klar, aber irgendwie kann ich bei der vielleicht sein, wie ich bin. Ich will mich nicht mehr verstellen müssen. Das ist das Entscheidende. Und vielleicht ist das nur bei einer mütterlichen Frau möglich, keine Ahnung.

Aber wenn ich noch mal mit einer Frau zusammenkomme, was ich ja möchte, dann will ich nicht, dass ich mich selbst betrüge. Es soll dann nicht darum gehen, dass ich nur mit jemand zusammen bin, weil ich nicht allein sein möchte. Um Gotteswillen.

Wenn, dann muss es stimmig sein. Und ich glaube, das wird auch irgendwann noch einmal passieren.

ICH BRAUCHE FÜR ALLES MENSCHEN

Barbara, 58

Zu den Möglichkeiten von Frauen meines Alters, einen Mann zu finden, fällt mir nur ein Wort ein: Katastrophe. Du machst dich lächerlich, wenn du das überhaupt zur Sprache bringst und die jungen Leute grinsen nur – mit wenigen Ausnahmen. Auch Frauen meines Alters gucken manchmal ganz schön erschrocken, vor allem verheiratete, weil du noch solche Ansprüche hast. Die haben vielleicht seit zwanzig Jahren nichts mehr mit ihren Kerls zu Hause. Ich sehe das ja, wenn ich zum Sport gehe und Saunagespräche führe. Da hast du das Gefühl, du bist was ganz anderes, weil die Gleichaltrigen oder manchmal auch wesentlich jüngere schon fertig sind mit dem Leben. Da passiert ja nichts mehr.

Dazu kommt, dass Männer meines Alters meist junge Frauen wollen, am liebsten zwanzig Jahre jüngere. Die Kerle sind eben Feiglinge, die haben sogar Angst vor dem eigenen Älterwerden. Gehen Sie doch mal über die Straße und sehen Sie sich die Männer in meinem Alter an, wie viele da inzwischen Asiatinnen an der Hand haben, wie ihre kleine Tochter oder Enkeltochter, die sie mit Klunkern und Pelzen behängen. Kann mir mal einer sagen, was das für eine Beziehung, für eine Ehe sein soll? Was soll da harmonieren? Was kann da bei so unterschiedlicher Kultur stimmig sein? Das sind doch nur willige Stücke Fleisch, die brav das machen, was diese Männer sagen, die widerstandslos alles hinnehmen.

Es ist eben so: Männer wollen herrschen, die wollen bestimmen und das Sagen haben. Die wollen das nicht aus der Hand geben und keine starken Frauen haben. Es gibt rühmliche Ausnahmen. Das sind häufig Männer, denen man es gar nicht ansieht, die also wirklich eine starke Frau zu Hause haben und sie auch akzeptieren.

Ein Beispiel ist die Heide Simonis mit ihrem Mann, finde ich toll. Finde ich echt toll. Oder die Regine Hildebrandt mit ihrem Mann. So ein zurückhaltender, feiner Mann, der bestimmt genauso viel auf der Pfanne hat wie sie hatte. Aber er hat sie machen lassen, hat sich zurückgenommen und war stolz auf seine Frau. Wo gibt es denn so etwas? Klar, wir können uns emanzipieren. Aber je mehr wir uns emanzipieren, desto blöder werden die Kerle. Die wollen solche emanzipierten Frauen nicht.

Wahrscheinlich sind alle von Kindheit an geprägt. Ich ja auch. Beispielsweise war Erotik im Grunde kein Thema bei meinen Eltern, die redeten nicht drüber. Meine Eltern waren liebevoll zueinander, und aufgrund der kleinen Wohnung habe ich sämtliche Liebesspiele, die sie so drauf hatten, mitgekriegt. Ich habe auf der Besucherritze geschlafen und die haben sich geliebt, sind über mich hinweggestiegen, die hatten da überhaupt keine Hemmungen. Und meine Mutter hat mich zwischendurch mal gestreichelt. So bin ich groß geworden.

Nach dem Krieg haben wir in einer ganz kleinen Wohnung gelebt, wir hatten kein Bad und waren darauf angewiesen, uns voreinander auszuziehen. Geheizt wurde in der Küche, dort war es warm und da wurde sich gewaschen. Da hat mein Papa dann gesagt: »Komm, kannst mir mal den Rücken waschen.« Dann stand er da splitterfasernackt. Und wenn mein Vater merkte, dass ich den Schlüpfer nicht auszog, dann hat der seine Zeitung geschnappt und ist ins kühle Wohnzimmer, wo noch nicht geheizt war. Dann wusste er, dass ich meine Regel habe. Sonst war das für mich selbstverständlich, mich vor meinem Vater von oben bis unten zu waschen.

Als die erste Regelblutung kam, war ich vierzehn. Es passierte auf der Bodentreppe, die ich bohnern musste. Ich habe mit der Hand hingefasst und die war blutig – die linke, die rechte war ja die Bohnerhand, und beide sahen so gleich aus, so braun. Ich war total entsetzt und habe mich in das frisch Gebohnerte gesetzt und musste das erst mal verdauen. Dann bin ich zu meiner Mama und die hat mich getröstet, hat mich in den Arm genommen und gesagt: »Komm, meine Kleene, wasch dich erst mal und pack dich erst mal ein und dann reden wir drüber.« Das war keine sexuelle Aufklärung, aber ich wusste wenigstens, wo es lang geht und dass es nichts Gefährliches ist. Sie hat auch gesagt: »Du bist zwar noch keine Frau, aber Kinder könntest du schon kriegen.«

Die ersten erotischen Erfahrungen habe ich mit meinen Klassenkameradinnen gemacht. Wir haben uns abgetastet und haben auch masturbiert oder onaniert, meist im Garten, wenn es schön warm in der Sonne war. Das fanden wir völlig normal, obwohl Nachbarn uns mal erwischten und es meiner Mutter gepetzt haben, aber die ist nie darauf eingegangen, die hat mich nie zur Rede gestellt. Nur einmal, als wir allein waren, hat sie gesagt: »Bestimmte Dinge würde ich nicht in der Öffentlichkeit machen.« Wir wollten uns damals entdecken und das muss ja ein schönes Gefühl gewesen sein, wir haben es auch gegenseitig gemacht.

Meine erste Liebe war ein Priester. Meine Freundin war katholisch und ihre Familie befreundet mit einem Kunstmaler. Der hatte zwei Söhne und einer davon war schon auf dem Priesterseminar. Den haben wir sehr gemocht, weil er so ungeheuer humorvoll war und ein bildschöner Mann. In den habe ich mich verliebt, wie die halbe katholische Gemeinde auch. Er war so Ende zwanzig und hatte schon graumelierte Strähnchen. Ich habe immer seine Nähe gesucht, war immer aufgeregt und kriegte dann hektische rote Flecken. Von dem habe ich bis zu meiner Ehe geträumt, der ist mir nie aus dem Kopf gegangen. Zumal ich später erfahren habe, dass er Priester geworden ist, weil seine große Liebe einen anderen geheiratet hat. So richtig Courths-Mahler.

Später hatte ich einen flüchtigen sexuellen Kontakt und eine ernsthafte Beziehung. Danach lernte ich schon meinen Mann kennen, der Schauspieler war. Auf eine Weise, die schon fast wieder ein Roman wäre. Einmal war ich mit Schauspielern seines Theaters nachts unterwegs gewesen, habe mich verabschiedet und bin ins Bett. Am nächsten Morgen bin ich wach geworden und da saß in der Morgendämmerung im Sessel mein künftiger Mann und schlief. Der hatte auf mich aufgepasst. Dann haben wir uns zum Mittagessen verabredet.

Und am nächsten Wochenende ist er schon – nach Ankündigung per Telegramm – zu mir nach Hause gekommen, ich wohnte noch bei meinen Eltern. Er kam mit zwei Koffern und einem riesengroßen Blumenstrauß und hat mir noch am selben Abend einen Heiratsantrag gemacht. Er kannte mich zwar nicht, wollte mich aber heiraten. Und so lange hat die Ehe auch gedauert.

Ich fand den toll und war unglücklich, dass die Ehe nicht so funktioniert hat, wie ich mir das vorgestellt habe. Er war von meinen Männern der bestaussehende, dann war er Schauspieler und ungeheuer humorig. Ich habe mit keinem Mann so gelacht wie mit ihm. Und er war ein wunderbarer Liebhaber. Also, durch den habe ich erst mal gelernt, was Sexualität heißt. Den habe ich ganz doll geliebt. Zärtlich war er auch. Der hat mich jede Nacht, wenn er nach der Vorstellung nach Hause kam, gekrabbelt. Er hatte mir vor der Ehe gesagt: »Ich verspreche dir auch, dass ich dich jeden Abend krabbele.« Dabei könnte ich stundenlang liegen und alle Viere von mir strecken.

Er hat mich nie bedrängt und ich habe ihn nie bedrängt, wir wollten das immer. Unser Sex war sehr abwechslungsreich. Wir haben richtig Spaß gehabt und haben auch gelacht dabei. Die Ehe ist dann auseinander gegangen, weil er ein Workoholic war, der hieß im Theater nur »Mache-ich«. Wenn der Intendant gesagt hat, Kinder, wir müssen jetzt das und das machen, war er der Erste, der gerufen hat: »Das mache ich!« Er war sonntags nicht da und abends nicht da. Und ich habe am Tage gearbeitet, ich war immer allein. Das lebt sich immer mehr auseinander, weil du nichts mehr gemeinsam unternimmst.

Wir hatten auch keine Wohnung, wir haben möbliert gewohnt und er hat sich leider nicht gekümmert. Schließlich bin ich losgezogen und habe am selben Tag einen Zuweisungsschein für eine Wohnung bekommen. Dahin bin ich auch alleine umgezogen, wie Mutter Courage, während mein Mann am Theater Sprechübungen gemacht hat. Da war unser Kind schon da. Um das hat er sich ganz toll gekümmert, wenn er da gewesen ist, aber das war eben sehr selten.

Unsere Lust am Sex hat nach dem Kind eigentlich nicht gelitten, die ist durch seine Arbeitswut auf der Strecke geblieben. Der kam nachts um drei und ich musste um sechs aufstehen. Ich habe mich dann scheiden lassen. Als ich die Scheidung einreichte, hat er gelacht und nicht geglaubt, dass ich das durchziehe. Danach hat er sich aber auch gleich eine andere Frau genommen. Am Tag nach der Scheidung hatte er noch zu mir gesagt: »Du bleib mal ganz ruhig, Mädel, wir gehen jetzt noch essen, wir heiraten ja sowieso wieder.« Wir haben nicht wieder geheiratet, aber er hat es mehrfach versucht.

Mit meinen Eltern konnte ich darüber nicht reden, die sind problemscheu, auch miteinander. Wenn sie Probleme hatten, wurde das nie ausdiskutiert. Mein Vater war sehr aufbrausend, ich will nicht jähzornig sagen. Und meine Mutter war sehr rechthaberisch und ist es heute noch. Eigentlich habe ich immer alles mit Freundinnen besprochen. In der Familie war da niemand, auch meine Geschwister nicht.

Also, ich könnte mir nicht vorstellen, mit einer meiner beiden Schwestern über Sexualität zu reden, die sind zugewachsen für mich. Ich habe mal ein böses Wort über meine älteste Schwester gesagt. Ich habe gesagt, die habe sich ihre Kinder mit dem »Kaffeelöffel« machen lassen, weil ich bei diesem Ehepaar nie eine Geste der Zuneigung gesehen habe. Dabei sind die noch heute zusammen und verstehen sich wahrscheinlich viel besser, als ich mich jemals mit meinem Mann verstanden habe. Obwohl es da auch nie ein freundliches, liebevolles Wort gab. Sex konnte ich mir bei denen einfach nicht vorstellen. Die haben zwei Kinder und erst die Tochter hat ihnen gezeigt, wie es funktioniert. Die hat sich ausgelebt, ist glücklich verheiratet und hat inzwischen vier Kinder.

Mit meinen Nichten konnte ich zum Beispiel viel offener reden als mit Gleichaltrigen. Die haben auch nie gegrinst, wenn ich als ältere Frau über Sexualität gesprochen habe. Als junge Frau fand ich mich übrigens nicht so richtig schön. Ich dachte immer, ich bin so ein bisschen flach, nicht jetzt vom Wesen, sondern vom Körperbau. Aber apart war ich, hat man mir immer gesagt. Ich war schon etwas außergewöhnlich. Wenn ich durch meine Kleinstadt gegangen bin, sind die Leute stehen geblieben und haben hinterhergeguckt.

Ich hatte lange Haare, Pferdeschwanz oder auch Zopf. Ich war ganz schlank und habe immer Wert auf besondere Kleidung gelegt. Ich hatte eine ganz liebevolle Patentante, die war Schneidermeisterin und früher Kostümbildnerin am Theater gewesen, und der hast du zwei Stück Stoff gegeben und da hattest du ein Unikat.

Der Umgang mit dem Körper war in der Jugend schwierig. Ich war zwischen meinem sechzehnten und neunzehnten Lebensjahr im Internat. Das waren unerträgliche Zustände. Acht Mädchen in einem Zimmer. Wir hatten auch nur einen Waschraum, der war riesengroß. Da habe ich mich lieber auf den letzten Drücker gewaschen, wenn die alle schon schliefen. Ich habe mich damals ganz doll gepflegt und Mädchen verabscheut, die zum Beispiel ihre Menstruationsschlüpfer unters Kopfkissen gelegt haben. Da kann man sich vorstellen, was da für Zustände waren.

Ich mochte mich ja. Ich habe immer gut gerochen und sah immer gepflegt aus. Ich habe auch keinen Elvis-Typ an der Ecke angeguckt, obwohl das damals ganz aktuell war, ich habe die abgelehnt. Ich tendierte immer zu etwas älteren Männern, ohne dass ich die an mich herangelassen habe. Mir sind auch verheiratete ältere Männer nachgestiegen. Als ich achtzehn war, da waren die Mitte bis Ende dreißig. Ich habe aber alle abblitzen lassen. Nur als Typ waren mir die immer angenehmer als die gleichaltrigen.

Meine Scheidungszeit war für mich auch wieder hart. Du musstest ja dieses eine Jahr aussitzen, die wollten ja wissen, ob du getrennt lebst oder so. In der Zeit bin ich so dünn geworden, dass ich vom Arzt zu einer »Mastkur« geschickt wurde. Da musste ich jeden Tag so und so viele Kalorien zu mir nehmen, aber ich nahm nicht zu. Da hat ein Psychologe mit mir gesprochen und dem habe ich erzählt, warum ich nichts essen kann: Weil ich einfach Sehnsucht nach meinem Mann hatte, von dem ich mich scheiden lassen wollte, und weil ich immer dachte, das würde sich schon wieder einrenken.

Nach der Scheidung war ich total seelisch krank. Meine Tochter war dann bei meinen Eltern, weil ich nach Berlin bin. Dort musste man ja eine Wohnung haben, um Arbeit zu bekommen. Und wenn du keine Arbeit hattest, kriegtest du keine Wohnung. Deshalb habe ich erst bei einer Freundin gewohnt, die inzwischen als Tänzerin auch in Berlin war. In ihrer Küche habe ich auf dem Sofa geschlafen, war total leer und hatte auch kein Interesse, Männer kennen zu lernen. Ich habe viel geweint und schlimme Träume gehabt.

Damals habe ich in einer Künstler-Bar gearbeitet. Da waren viele gescheiterte Existenzen, darunter solche, bei denen auch gerade die Ehe in die Brüche gegangen war. Die haben sich natürlich bei mir ausgeheult und einige haben sich für mich auch reichlich interessiert. Regisseure, Schauspieler, die haben es alle versucht, denn ich war die einzige Frau, die dort gearbeitet hat.

Dann habe ich einen Mann getroffen, den ich von früher kannte, der saß mittags oft bei mir im Restaurant. Mit dem habe ich dann ein Verhältnis angefangen, aber ein ziemlich glückloses, muss ich sagen. Der liebte eigentlich auch noch eine andere Frau, die wollte aber nicht mehr. Und ich liebte eigentlich noch meinen Geschiedenen. Trotzdem haben wir es immerhin auf zweieinhalb Jahre gebracht. Über den habe ich in Berlin meinen Freundeskreis aufgebaut, weil ich ja hier keine Freunde hatte. Bis auf die Tänzerin, aber die war frisch verheiratet, die hatte mit sich zu tun. Ich war heilfroh, dass sie mir weiterhin Unterschlupf gewährte.

Der Mann hat mir dann eine Wohnung besorgt, in einem Privathaus, wo ich keine »Zuzugsgenehmigung« brauchte. Endlich hatte ich eine Anschrift und war frei. Das war das einzig Positive mit ihm.

Wobei dieser erste Mann in Berlin schon eine festere Beziehung hätte werden können. Ich mochte den auch sehr und habe sogar, solange ich keine eigene Wohnung hatte, eine Weile bei ihm gewohnt. Ja, da hatte ich eigentlich schon ernstere Absichten.

Aber ich habe gemerkt, dass er das nicht so ernst nahm, dass er noch an der Frau vor mir hing, und ich wollte nicht das fünfte Rad am Wagen sein. Ich hatte dann auch die Wohnung und meine beruflichen Aufgaben und habe meine Tochter von meinen Eltern nach Berlin geholt. Da war ich etwa sechsundzwanzig.

Der Sex mit dem Zweiten war gut, aber nicht aufregend. Die Zärtlichkeit habe ich zum Beispiel sehr vermisst. Abwechslungsreich war es, aber nicht zärtlich. Dass es da spezifisch um mich ging, habe ich nicht gespürt. Eher hatte ich das Gefühl, austauschbar zu sein.

In die nächste Beziehung bin ich anderthalb Jahre später gegangen. Den wollte ich gar nicht haben und mit dem war ich dann siebzehn Jahre zusammen, aber es war auch sehr glücklos. Er war Bildhauer und Trinker, er war mir auch zu auffällig, zu präsent, zu bekannt in der Szene.

Dieser Mann war grundhässlich, aber ein Typ, und er hatte einen ungeheuren Charme. Wenn ich ihn jetzt beschreiben müsste, würde ich sagen, er war zu der damaligen Zeit ein erotischer Mann. Aber nicht, weil er eine riesengroße Nase hatte – das ist ja so die Vorstellung von Lieschen Müller – nein, er war ungeheuer gebildet, war ein hervorragender Künstler, also alle Ehre! Und er hatte Humor. Wenn er nüchtern war, war er der klügste Mann, den ich jemals hatte, aber er war überheblich, bösartig, brutal sogar, und er hat mich geschlagen, wenn er betrunken war.

Sex wollte der eigentlich immer, aber wenn er betrunken war, habe ich mich ihm entzogen. Ich bin so lange bei ihm geblieben, weil ich ihm zu guten Zeiten versprochen habe, dass ich immer für ihn da sein werde und ihn sogar im Rollstuhl fahre, wenn mal was passiert. Ich habe seine Sucht nach Alkohol dann auch als Krankheit definiert, aber ich bin damit falsch umgegangen. Man muss die Leute rausschmeißen und nicht unterstützen. Ich habe ihn unterstützt. Nicht beim Saufen, aber ich habe ihn am Leben erhalten, dass er kreativ arbeiten konnte – Essen, Trinken, Zigaretten, alles habe ich für ihn finanziert – und dafür hat er mich gezeichnet.

Dabei habe ich den richtig dolle geliebt, weil ich auch ungeheuer viel von ihm gelernt habe. Ich habe sehr viel gelesen in den Jahren, ich habe von ihm gelernt, was Weltliteratur ist und was man unbedingt lesen muss. Der war vom Herzen ein guter Mensch, das weiß ich. Und alle Kinder in meiner Familie haben ihn abgöttisch geliebt, obwohl sie wussten, dass er zu mir ganz mies war. Er hatte vor Frauen überhaupt keinen Respekt, das habe ich erst sehr spät begriffen. Doch ich glaube, in dieser Zeit war ich am schönsten.

Heute sagt er zu meiner Tochter, dass ich die einzige Frau sei, die er geliebt habe, die anderen habe er nur benutzt. Dabei hat er mich eigentlich am meisten benutzt. Trotzdem denke ich, dass er mich geliebt hat, der konnte nicht aus seiner Haut, der war einfach krank. Er kam auch aus schlechten familiären Verhältnissen und ist durch das Saufen abgerutscht. Der säuft heute noch.

Dadurch, dass er mich geschlagen hat, hat er mir immer Angst gemacht. Meine Seele hat nicht geschwungen, wenn ich mit ihm geschlafen habe.

Ich hatte Orgasmen, technisch hat alles funktioniert, bis auf die letzten Jahre, weil sich das ja verschärfte. Und da habe ich abgelehnt, mit ihm zu schlafen. Acht Jahre haben wir getrennt geschlafen – von siebzehn Jahren insgesamt. Ich habe es auch deshalb ausgehalten, weil ich immer dachte: Der ist so klug und so ein guter Mensch, der muss doch irgendwann mal morgens wach werden und sagen: »Jetzt ist es genug! Das kann ich mir nicht antun.« Er hatte ja so ein Potenzial! Ich habe den beneidet um seine Begabung und immer gedacht, den musst du unterstützen.

Meine Sachen packen konnte ich ja nicht, denn es war meine Wohnung. Mein Gott, wie oft habe ich den rausgeschmissen, aber zu DDR-Zeiten musstest du ihn ja immer wieder aufnehmen, weil der bei mir polizeilich gemeldet war. Da schleppte ihn die Polizei an und er stand wieder in der Wohnung: »So, liebe Frau, der Herr wohnt doch hier, bitte schön, lassen Sie den mal rein, Sie machen sich sonst strafbar.« Der Bildhauer hat das Geld, das ich verdient habe, immer gleich versoffen. Dann bin ich durch die Kneipen gezogen und habe seine Armbanduhr oder seinen Personalausweis ausgelöst. Die hatte er dagelassen, wenn er nicht bezahlen konnte.

Nein, Masochistin bin ich nicht – ich bin einfach dämlich. Er hat jedes Mal, wenn er mir was angetan hatte, versprochen und geschworen, dass er das nie wieder macht. Und ich bin immer wieder darauf reingefallen. Meist hat er dann irgendwas in der Wohnung gebaut oder was Außergewöhnliches gemalt oder gezeichnet und so hat er mich immer wieder rumgekriegt. Er hat mich auch mal gestreichelt, aber von Hause aus war er sehr grobschlächtig. Meine Mutter hat immer Aua gesagt, wenn er ihr die Hand gegeben hat. Der konnte mit seinen Gefühlen einfach nicht umgehen. Als ich ihn los war, bin ich aufgelebt, da ging es mir gut. Mehr als acht Jahre lang hatte ich keinen Sex, aber auch keine Lust. Dabei war ich eine so attraktive Frau, mir sind die Kerle hinterhergehechelt.

Nun muss ich allerdings sagen, dass ich zu dieser Zeit schwer gearbeitet habe. Ich habe nur gearbeitet, geschlafen, gearbeitet, geschlafen. Morgens ein bisschen Haushalt, eingekauft und den »Suppenkasper« auch noch bekocht. Wenn ich zur Arbeit gegangen bin, war ich heilfroh, dass ich die Tür von draußen zumachen konnte, weil die Probleme dann weg waren. Aber die haben mich abends um zehn eingeholt, weil er dann angesoffen aus der Restauration kam und mich auch noch belegt hat. Ja, die beste Zeit meines Lebens habe ich mit ihm vertan.

Danach habe ich so ein paar One-Night-Stands gehabt, was ich vorher nie gemacht habe. Ich dachte, das gehört jetzt zur großen Freiheit dazu, die mir aber nichts Besonderes gegeben hat. Wenn ich frei hatte und abends um die Häuser gezogen bin, habe ich mal jemanden mitgenommen oder bin mitgegangen, aber das war nicht der Rede wert. Wenn die sich wieder mit mir verabreden wollten oder wiederkamen, habe ich Nein gesagt. Ich habe mich richtig leer gefühlt in dieser Zeit. Mein Leben war für mich ein einziger Scherbenhaufen, weil ich so doof war und das so lange mitgemacht habe. Und weil ich dann auch gemerkt habe, der lebt ohne mich wunderbar weiter.

Ich zweifele auch heute oft an den Männern, aber damals bestimmt. Zwei Jahre lang habe ich keinen Wert auf eine feste Beziehung gelegt. Danach kam ein Musiker. Wir waren auf das Wochenende fixiert. Samstagnacht hat er mich immer von Arbeit abgeholt und wir sind zu ihm gefahren. Dort haben wir getrunken, ich habe ihm die Hütte voll gequalmt und dann hat der mich einfach gevögelt. Das war es.

Mit der Aktivität beim Sex war es eigentlich immer gemischt. Manche Männer mochten das, wenn ich aktiv war, manche mochten es nicht. Damit hatte ich noch nie ein Problem. Du kannst ja immer nur machen, was der Mann zulässt, sonst merkst du Widerstände. Aber was ich nicht will, das mache ich nicht. Wenn mir etwas gegen die Natur geht, also etwa Sadomaso, das kommt für mich überhaupt nicht in Frage. Es darf nicht wehtun! Das ist für mich das A und O. Es kann heftig sein, aber es darf nicht wehtun.

Ich habe da auch noch andere Prinzipien. Zum Beispiel habe ich Nein gesagt, wenn ich etwas getrunken hatte. Wenn ich merkte, ich habe einen Schwips, habe ich die Männer nicht an mich herangelassen, oder wenn ich müde war. Mit einigen konnte ich über solche Probleme auch reden. Ich habe manchem gesagt: »Du siehst immer nur dich und bist froh, wenn du ganz schnell fertig bist. Und was wird jetzt aus mir?« Gerade mit dem Trinker. Deswegen habe ich auch nicht mehr mit ihm geschlafen. Der hat dann ja überall erzählt, ich sei frigide. So »geschmackvoll« war er dann noch.

Von dem Musiker bin ich mit vierundvierzig schwanger geworden – trotz Pille, die ich grade gewechselt hatte. Das Kind habe ich mir aber wegmachen lassen, mit seinem Einverständnis. Damit war unsere Beziehung auch beendet. Ich wollte mit vierundvierzig einfach kein Kind mehr haben und schon gar nicht mit dem Mann. Der war lebensunfähig, der konnte nicht mal einen Nagel in die Wand schlagen. Er wollte immer ein Haus kaufen, mich heiraten und mit mir da einziehen. Aber dann hätte ich wahrscheinlich fünf Facharbeiter machen müssen, weil der nicht in der Lage gewesen wäre, eine Dachrinne zu reparieren oder so. Der hat als Musiker so auf seine Fingerchen geachtet und Angst gehabt, er könnte sich mit dem Hammer draufschlagen.

Als Wochenendbeziehung hat mir der ganz gut gefallen. Mit dem habe ich heute noch Kontakt. Der sagt immer: »Mensch, weißt du, wie alt unser Sohn jetzt wäre? Hätten wir doch bloß.« Und ich sage dann: »Das wäre nicht gut gegangen, da wären wir inzwischen auch schon geschieden.« Und wie hätte ich das mit meiner Arbeit machen sollen? Nachts gibt es keine Kitas, und ich habe noch nie vom Geld eines Mannes gelebt. Als ich verheiratet war, habe ich mehr verdient als mein Mann. Das Kind mit dem Musiker wäre, wie meine Tochter, auch bei einer Oma gelandet.

Ich hatte übrigens noch mal eine Liaison mit einem Musiker, der war zwanzig Jahre jünger als ich. Mit dem bin ich, als er schon ein bisschen angesäuselt war, in einer Berliner Bar ins Gespräch gekommen. Am Ende habe ich zu ihm gesagt: »Bestell mir ein Taxi.« Dann bin ich nach Hause gefahren, und am nächsten Morgen hing an meiner Türklinke ein Blumenstrauß. Dann wurde er mutiger und hat mitgekriegt, wo ich arbeite. Der hat richtig bei den Kollegen recherchiert.

Meine Tochter hat gesagt: »Mutter, sei nicht blöd, wenn der dich haben will, dann mach das, ehe du allein bleibst.« Die ist prima mit dem ausgekommen. Die haben sich richtig gut verstanden.

Na ja, da habe ich es dann gemacht. Der war ein sehr guter Liebhaber, wir hatten richtig guten Sex – phantasiereich und keine Brutalität. Und wenn ich gesagt habe: »Schatz, heute bin ich

so müde und so kaputt«, dann hat er mich gestreichelt und ge-
krault. Er war gut zu mir.

Ich habe den auch überall mit hingenommen, der war bei meinen Freunden akzeptiert. Ich mag so was nämlich nicht, nur einen fürs Bett haben und nichts gemeinsam machen. Wir sind zusammen ins Theater gegangen und ins Konzert. Wir sind auch
oft zusammen essen gewesen. Der hat immer gesagt: »Du musst
nicht kochen, du hast die ganze Woche so schwere Dienste. Lass
uns wenigstens mal am Wochenende, wenn du frei hast, essen
gehen.« Der fand das ganz toll und hat auch mit mir richtig angegeben, er war ganz stolz auf mich. Ich wusste aber, dass es
nichts von langer Dauer ist.

Er hat einen großen Fehler gemacht, indem er mich zu sehr
vereinnahmt hat. Der brachte es fertig, in meiner Wohnung meiner Freundin die Tür aufzumachen und sie nicht hereinzubit-
ten, wenn ich nicht da war. So was geht einfach nicht. Er wollte mich zwar nicht heiraten, aber er wollte mich isolieren. Und
wenn ich es darauf angelegt hätte, hätte ich es geschafft, dass er
mich heiratet. Der war ziemlich abhängig von mir, auch sexuell. Er ist ziemlich laut und fordernd geworden, das hat mich
auch gestört an ihm. Er war ziemlich einseitig. Musiker sind häufig einseitig, die sind nicht belesen und wenig informiert, die
kümmern sich nur um ihre Musik. Da fehlte mir was.

Mit uns ging es zwei Jahre, dann habe ich Schluss gemacht.
Danach kam er wieder und hat gejammert. Da bin ich noch mal
drauf eingegangen – für ein dreiviertel Jahr. Ich habe es dann
auslaufen lassen. Wie alt und wie schön einer ist, das hat mich
nie interessiert. Die Chemie musste stimmen. Der hat gut gerochen, der war gepflegt, der hatte ein richtig schönes Geschlechtsteil, appetitlich, ästhetisch, er war auch für sein Alter sehr reif.
Der war Sohn alter Eltern und hatte schon dieses Gesetzte. Darum ist mir gar nicht so aufgegangen, dass er wesentlich jünger
war.

In mancher Hinsicht bin ich aber immer ein Ekel gewesen. Etwa, wenn es um Sauberkeit ging. Mein saufender Bildhauer ist mir ungewaschen nicht ins Bett gekommen. Er musste sich von oben bis unten abseifen, und da wurden frische Sachen hingelegt, sonst bin ich ins andere Zimmer gegangen. Und am nächsten Tag wurde das Bett abgezogen und kräftig gelüftet.

Mein Geschiedener hat mal zu mir gesagt: »Als du mich richtig im Griff hattest und ich alles gemacht habe, was du wolltest, mit Maniküre und so, da hast du mich weggeschickt und dir den nächsten genommen und aufgepäppelt.« Kann möglich sein.

Aber nach dem zweiten Musiker war ich vier Jahre allein. Da habe ich mich als Frau beschissen gefühlt. Man hat es mir aber nie angesehen, weil ich ja immer wie geleckt und ganz attraktiv zur Arbeit gekommen bin.

Es hat auch niemand mitgekriegt, dass die Beziehung aus war. Der kam schließlich nach wie vor in die Bar und setzte sich zu mir an den Tresen. Auf der anderen Seite habe ich mich befreit gefühlt. Man hat mit so einem jungen Mann ganz schöne Verantwortung. Du willst dich ja nicht lächerlich machen. Männer können sich so nicht lächerlich machen, aber wenn eine ältere Frau was Junges hat, dann heißt es ja gleich: »Die hat es bitter nötig.«

Eigentlich hatte ich nach ihm keine Lust mehr auf eine Beziehung. Dann kam meine Entlassung dazu und ich wurde krank. Ich bekam schlimme Asthma-Anfälle und Neurodermitis. Ich war arbeitslos und da sah ich gar nicht gut aus. Da habe ich mich alt gefühlt. Durch die Neurodermitis hatte ich eine ganz dicke Borke im Gesicht, wie ein Streuselkuchen sah ich aus. Bei mir war es wohl der Schock der fristlosen Entlassung. Ich weiß nicht mehr, wie ich in der Nacht nach Hause gekommen bin. Am nächsten Morgen habe ich auf meinem Sofa gesessen, in meinen Arbeitssachen, habe in den Spiegel geguckt und sah so grau aus.

Ich wollte am Abend zuvor wie immer das Geld abrechnen und in den Urlaub gehen. Da hat mein Chef zu mir gesagt: »Ach, ich muss dir leider kündigen, nach dem Urlaub brauchst du nicht wiederzukommen.« Ich habe dort über zwanzig Jahre gearbeitet! Und das war's. Danach habe ich mies rumgejobbt, mal in der Kneipe, mal in der Kneipe.

In eine der Kneipen, für die ich mich sogar geschämt habe, kam eines Tages ein Mann, der zuhören konnte und kein dummes Zeug quatschte. Heute weiß ich, dass er viel zu wenig spricht, und was er sagt, das sagt er präzise in einem Satz. Dann ist wieder Ruhe. Ich bin eine Schwaflerin, ich rede viel, wie Frauen so sind. Der hat mir zugehört und dem hat es nichts ausgemacht, dass ich noch immer diese Borke im Gesicht hatte. Durch ihn ist es dann übrigens weggegangen, deswegen liebe ich ihn wahrscheinlich so. Das war schon ein Phänomen.

Wir haben noch am selben Tag miteinander geschlafen. Also, zuerst sind wir in ein kleines Café gegangen und haben einen Kaffee getrunken, dann sind wir zu Wein übergegangen. Danach hat er mich nach Hause gebracht, in meine Wohnung, die ich gerade bezogen hatte. Da habe ich das Weitere als selbstverständlich gesehen. Der war mir so nahe, wie ein anderer nicht nach zwei Jahren, den wollte ich behalten. Aber er hatte zu viel getrunken, und bevor es richtig losgehen konnte, ist er schon gekommen – und das ist das Allerletzte für einen Mann. Da habe ich ihn in die Arme genommen und gesagt: »Jetzt schlafen wir und sprechen kein Wort mehr drüber.«

Am nächsten Morgen habe ich ein ganz tolles Frühstück gemacht und er wollte sich am liebsten wegschleichen, aber vor dem schönen Frühstückstisch war er total ohnmächtig. Ich war ganz lieb und nett zu ihm. Er war auch gerade frisch getrennt. Das war also nicht gut für mich, der hatte diese Frau noch nicht verarbeitet. Dann haben wir uns verabschiedet, haben uns ein schönes Silvester und einen guten Rutsch gewünscht und er hat gesagt: »Ich melde mich.« Ja, ja, dachte ich, die sagen immer alle, sie melden sich.

Der hat mir menschlich sehr gut getan, von Mann war da erst mal gar keine Rede. Und abends klingelte mein Telefon und da war er dran und fragte: »Wie geht es dir?« – »Ich bin ein bisschen müde, denn es war eine heftige Nacht und viel getrunken haben wir und vorläufig habe ich erst mal genug.« – » Ach, schade, sonst wäre ich rumgekommen.« – » Na, dann komm doch rum.« – »Ich bin in zwei Minuten da.« Da hatte er unten vom öffentlichen Münzfernsprecher angerufen.

Danach haben wir miteinander geschlafen. Ohne Experimente, ganz missionarsmäßig, wie sich das gehört. Es ging nur wieder zu schnell bei ihm, er war total aufgeregt, das habe ich gemerkt, aber das war richtig schwer in Ordnung. Meiner Tochter hat er auch gleich ganz toll gefallen. Dann haben wir uns das so richtig erarbeitet. Gute Sexualität ist richtig Arbeit, das ist nicht nur das blanke Vergnügen. Er war ganz schüchtern und das hat mich schon ein bisschen herausgefordert. Der hat aber auf der anderen Seite auch ganz liebe Sachen gemacht, er hat mich völlig anders angefasst als andere Männer. Ganz vorsichtig, als wäre ich zerbrechlich. Dabei war ich schon achtundvierzig.

Als älterer Mensch liebt man ja anders, viel bewusster. Ich genieße das auch viel mehr. Ich würde gar nicht auf die Idee kommen, ein Theater daraus zu machen, wenn es bei einem Beischlaf mal nicht so läuft. Das wird dann einfach weggesteckt. Für mich ist die Sexualität heute wie ein warmer Ofen. Das kann auch mit ihm zusammenhängen. Bei einem anderen Mann ist es vielleicht anders. Jedenfalls fühlte ich mich irgendwie zu Hause angekommen.

Ich sah auch immer schöner aus. Wenn du glücklich bist, hast du ja so eine bessere Ausstrahlung, da sehen Frauen meist schön aus. Es gibt Fotos von mir aus dieser Zeit – er ist ein hervorragender Fotograf –, da fällst du um. Man sieht, wie glücklich ich bin. Von einem Foto zum anderen kann ich sehen, wie meine Hautprobleme langsam weggingen, ohne Medikamente.

Wie es bei ihm ist, weiß ich nicht. Manchmal habe ich das Gefühl, bei Männern flacht das viel schneller ab. Wir sind schon zehn Jahre zusammen, aber er braucht mich eigentlich nur anzufassen, dann ist mir immer noch so wie am Anfang. Wenn es nach mir ginge, würde ich jeden Tag mit ihm schlafen wollen. Ich weiß, dass Sexualität auch Krampf sein kann, dass nur er Lust hat und du lässt dich breitschlagen. Bei ihm wäre das nie Krampf, ich fühle mich danach immer wie neu geboren. Also derzeit ist das noch so.

Leider arbeitet er jetzt im Ausland. Und als er das erste Mal nach fünf Jahren weg musste, war ich todunglücklich. Die letzte Nacht davor – er fuhr mit dem Zug nach Rotterdam – werde ich nie vergessen. Wir haben uns die ganze Zeit im Arm gehalten und so gut wie nicht geschlafen. Er musste sehr früh los, noch im Dunkeln. Es war grausam.

Wir haben zwei Wohnungen, und in den ersten Wochen habe ich damals meine Wohnung praktisch nicht gesehen. Ich habe nur in seiner gegessen, in seinem Nachthemd geschlafen und ich habe ihm wahnsinnige Briefe geschrieben. Vorher habe ich an niemanden Briefe geschrieben. Nun habe ich geschrieben, dass ich ihn liebe und was ich für Sehnsucht habe und wie mir alles wehtut. Und er hat auch solche Briefe geschrieben. Jeder hat den anderen entbehrt. Da ist man zu solchen Dingen fähig.

Allerdings ging es in diesen ersten fünf Jahren bei uns hoch und runter. Er hat sich schwer getan mit der Überwindung seiner letzten Liebe. Mein Problem war, dass ich ihn zu früh kennen gelernt habe. Der hätte erst mal eine Weile allein sein müssen, da wäre das alles in allem besser gelaufen. Aber mit der Sexualität hat es immer geklappt. Wenn er wütend war, hat er manchmal gesagt: »Du denkst wohl, wenn das klappt, ist alles in Ordnung?« Und ich sagte: »Nein, die Welt ist einfach schöner, wenn es klappt.«

Mit der Sehnsucht nach ihm gehe ich ganz unterschiedlich um. Manchmal unterdrücke ich es. Und manchmal schütte ich es mit Bösartigkeiten zu, dann schimpfe ich auf ihn. Ganz selten onaniere ich. Mit Pornos und so habe ich in meinem Leben noch nichts gemacht.

Wenn er nicht da ist, wenn ich keine Sexualität habe, fühle ich mich richtig krank. Meine Depressionen sind dann auch schlimmer und ich fühle mich unattraktiv. Ich fühle mich immer attraktiv, wenn ich mit ihm geschlafen habe. An anderen Männern bin ich gar nicht mehr interessiert. Ich habe es ausprobiert, weil wir ja auch solche Spannungen haben. Ich habe schon mal auf Annoncen geschrieben und mich getroffen. Aber ich bin dann heilfroh, wenn es heißt: »Tschüs, ich melde mich.« Dabei ist meine Situation wirklich nicht glücklich, er ist ja immer ein ganzes halbes Jahr weg.

Bei ihm kommt hinzu, dass er auch feige ist – das sagt er von sich selbst –, nichts ausspricht, Kleinigkeiten anhäufelt und das dann zu einer großen Sache wird. Wenn ich ihm dann mal kleine Vorhaltungen mache, wird mir das als kompaktes Ding vorgeknallt. Das hat er dann so angesammelt und sagt es im Frust. Wenn ich mich über etwas ärgere, sage ich es gleich. Das mögen die Leute zwar nicht, aber es ist einfacher für beide, als wenn du so einen Berg anhäufelst.

Wir sind so unterschiedlich, dass sich da wirklich was ansammeln kann, wenn man es nicht gleich ausdiskutiert. Ich rede viel, ich bin laut, ich bin auch manchmal frech. Ich merke es zwar immer gleich und kann mich entschuldigen, aber er ist zurückhaltend. Was mir bei ihm richtig fehlt, ist der Humor. Aber vielleicht ist seiner ein anderer als meiner.

In letzter Zeit wirkt sich das auch auf unser sexuelles Leben aus. Aber das hat nichts mit dem Älterwerden zu tun. Auch nichts mit mir, das hat ausschließlich mit ihm zu tun. Er ist mit der Situation unzufrieden, mit allem: dass er kein richtiges Zuhause hat, dass er immer zwischen mir und sich pendelt. Er ist aber auch nicht in der Lage, das zu ändern. Ich denke mal, er will auch gar nicht mehr. Er wird sich früher oder später dazu durchringen, allein zu leben, weil er keine vernünftige Frau finden wird, die das mitmacht.

Ich bin sehr unglücklich mit der Situation, und unterschwellig habe ich schon mal das Gefühl, es könnte auch ein tot geborenes Kind sein. Dann habe ich Angst, dass nach sechzig nichts mehr passiert. Wo ist die Frau in meinem Alter, die das nicht hat? Und wenn sie es nicht zugeben, na ja, dann geben sie auch andere Sachen nicht zu.

Manchmal habe ich auch erotische Phantasien und denke daran, mich mit irgendwelchen Dingen zu stimulieren. Dann muss ich lachen und sage bei schlechtem Wetter: Du machst es ja bloß nicht, weil dein Schlafzimmer so kalt ist. Wenn ich Depressionen habe, wenn ich so tief unten bin wie momentan, bin ich auch nicht so stimuliert. Mir fehlt der Kerl dazu. Es mangelt mir nicht an Phantasie, aber ich brauche für alles Menschen. Ich kann mich also nicht wundervoll selbst befriedigen. Ich muss was Lebendes um mich haben. Da habe ich das Gefühl, dass ich funktioniere, dass ich lebe und atme. Einsamkeit macht mich kalt.

Ich habe auch schon eine Annonce aufgegeben, weil ich eigentlich aus dieser glücklosen Beziehung heraus möchte. So wie sie ist, macht sie mich total unzufrieden. Aber eigentlich will ich es auch nicht. Ich will diesen Mann behalten, weil ich ihn liebe. Aber wenn er so weitermacht, bleibt mir eigentlich nichts anderes übrig. Ich habe bis jetzt nur noch keinen vernünftigen Menschen durch eine Annonce kennen gelernt.

Wenn unsere Beziehung scheitert, muss ich mich auch erst mal erholen. Und dann werde ich immer vergleichen. Ich weiß nicht, wie ich mich dann fühlen werde. Man muss es wohl nehmen, wie es kommt. Was willst du machen? Dich jemandem aufdrängen? Das bringt nichts, das bringt keine Punkte.

MEIN MOTTO IST: LEBEN AM LIMIT

Klaus, 66

Ich habe eine ganze Menge erotische Literatur. Mein schönstes Buch heißt *Ein Sommer auf Mauora*, das habe ich von Bertelsmann. Aber die führen ja keine erotische Literatur mehr im Angebot, da habe ich denen die Freundschaft aufgekündigt. Die Geschichte handelt von einem unerfahrenen englischen Studenten, der auf dieser Südseeinsel seine Ferien verlebt und alle Spielarten der menschlichen Lust kennen lernt. Diese Art von Literatur interessiert mich. Ich habe auch die *Zaubermuschel* hier, das ist schamlos schöne Erotik. Oder *Schöner als Fliegen*: Da verraten Frauen ihr Geheimnis, wie sie leicht zum Orgasmus kommen. *Kamasutra* habe ich auch mal gelesen, aber das ist schon lange her.

Zudem bin ich Hobbyfotograf und habe mich hin und wieder auch für Aktfotografie interessiert. Das war vor der Wende ein Riesenproblem, an solche Literatur heranzukommen. Das ging im Prinzip nur mit einem Freigabeschein von irgendeiner Hochschule, obwohl das Zeug in der Deutschen Bücherei in Leipzig meterweise liegt. Da kam man einfach nicht ran, generell nicht an Literatur zum Thema Erotik oder zur sexuellen Aufklärung. Darum war für mich die Wende auch ein Wendepunkt. Plötzlich wurde man mit Dingen konfrontiert, die man bis dahin für unmöglich gehalten hatte und die heute selbstverständliche Realität ist.

Mein Interesse an Erotik hat schon im Kindesalter angefangen. Als Kind ist man sowieso neugierig auf die andere Sorte Mensch. Daraus hat sich bei mir im Laufe der Zeit ein Gefühl für Erotik entwickelt. Entscheidend war das Buch *Du und Ich*, das in den fünfziger Jahren bei uns in den Handel kam. Das habe ich mir gekauft, weil ich selbst wenig darüber wusste, obwohl ich schon fast zwanzig war. Man schrieb dort im Zusammenhang mit Geschlechtsverkehr vom »Vereinigungserlebnis«. Das hat in mir Spuren hinterlassen und eigentlich mein Sein in dieser Richtung bestimmt. Dieser eine Satz.

Ich habe den so definiert, dass von der Vereinigung beide gefühlsmäßig etwas haben sollten. Ich war damals schon Student und kannte von meinen Kommilitonen eigentlich nur abwertendes Sprechen über Frauen, mit denen sie zusammen waren. Es ging nur um das Vergnügen der Männer. Das hatte sich zwangsläufig auch in mir festgesetzt. Ich hatte bis dahin noch keine Partnerin gehabt und das Wort Vereinigungserlebnis hat mir zu denken gegeben.

Meine eigene sexuelle Aufklärung im Elternhaus lag im Koma. Die gab es nicht, ich bin nie sexuell aufgeklärt worden. Die Eltern haben sich bestimmt geschämt, vor allem meine Mutti. Vom Vati, der vorher schon mal verheiratet gewesen war, weiß ich, dass er mit seiner Schwester, seinem Schwager und seiner Tochter aus erster Ehe viel mit dem Rad unterwegs war. Dabei sind auch sehr freizügige Fotos entstanden. Deshalb denke ich heute, der Vati hätte darüber gesprochen, aber für die Mutti war es unmöglich.

Ich bin in einer Altbauwohnung ohne Bad groß geworden. Da wurde am Wochenende die Zinkwanne in die Küche gestellt und mit Wasser gefüllt. Wenn Vati gebadet hat, hatte er über seinem Geschlechtsteil, immer einen Waschlappen. Das war also vor 1945. So bin ich groß geworden, ferngehalten von allem Geschlechtlichen.

Mutti war ganz prüde. Ich war mit ihr mal im Hallenbad und dort muss man ja vorher duschen gehen. Und sie hatte einen Badeanzug an und ich eine Badehose. In dem Duschraum waren Frauen, die habe ich als nackt eingestuft und auch hingeguckt.

213

Und meine Mutti sagte: »Da schaut man nicht hin.« Also habe ich als folgsames Kind nicht hingeschaut.

Darum war ich später von diesem Buch *Du und Ich*, das sehr offen geschrieben war, so angetan. Das brachte mir die Erkenntnis: Wie deine Eltern machst du es bestimmt nicht. Obwohl ich es dann auf verschiedenen Strecken doch so gemacht habe. Meinen eigenen Kindern gegenüber war ich nicht anders. Da kam das Verklemmtsein immer wieder durch. Ich habe mich also auch nicht nackt vor meinen Kindern präsentiert. Heute würde ich es machen. Ich habe zwei Enkelkinder und mit denen sind wir von Anfang an nackt an den Strand gegangen und in die Sauna. Da habe ich keine Probleme. Mit den eigenen Kindern war das schwieriger.

Aufklärung gab es bei uns zwar in der Schule, aber selbst dort kam der Biologielehrer mit zwei Schnittmodellen, also männlicher Unterleib und weiblicher Unterleib. Und da wurde getrennt: Heute haben wir die Mädchen zwei Stunden und morgen haben wir die Jungen zwei Stunden. So war das Anfang der fünfziger Jahre.

Vielleicht hat mich schon damals die erotische Neugier zur Fotografie gebracht. Uns gegenüber wohnte eine junge Dame, wenn die sich ausgezogen hat, zog sie die Jalousie hoch. Natürlich war das für mich interessant. Da habe ich mir gesagt: Mensch, du müsstest mal so ein Foto machen. Ich hatte so eine kleine Boxen-Kamera, sechs mal sechs Rollfilm, und habe sie fotografiert. Aber den Film konnte ich nirgendwo entwickeln lassen. Das hat mich dann dazu gebracht, mich mit der Materie zu befassen und den Film selbst zu entwickeln. Damals war ich so vierzehn, fünfzehn.

Den ersten Sex hatte ich mit meiner ersten Frau. Sie war über fünf Jahre jünger als ich. Sie war auch die erste, die ich ausgezogen habe und von der ich mich habe ausziehen lassen. Bis dahin hätte ich nie mitreden können, wenn Gleichaltrige prahl-

ten, was sie alles mit Frauen erlebt hatten. Da habe ich immer
still in der Ecke gesessen und mir gesagt: Mensch, wie blöd bist
du denn? Zwanzig, einundzwanzig war ich da.

Ich muss dazu sagen, meine Frau war zu dem Zeitpunkt natürlich noch nicht achtzehn und man hatte ja nun doch Verantwortungsgefühl, so dass mit dem gegenseitigen Ausziehen noch
kein Sex verbunden war. Es war eine gewisse Form der Intimität, aber nicht bis zur letzten Konsequenz. Als sie dann achtzehn
war, war es kein Thema mehr, darauf zu verzichten. Dann haben wir einige Stellungen mal ausprobiert. Aber ohne Vorlagen,
darum musste ich mich wieder auf das Buch besinnen.

Der zweite Satz, der mir daraus im Gedächtnis geblieben ist,
lautete: »Wenn die Frau in Umkehrung des Normalen auf dem
Manne ist.« Da habe ich mich gefragt: Was ist denn nun normal
und was unnormal? Die Stellungen, die man heute kennt, waren uns ja ganz unbekannt, aber instinktiv hat man es doch probiert.

Dass sich unsere Kinder später auf unser Sexleben ausgewirkt
hätten, kann ich eigentlich nicht sagen. Wir haben nur aufgepasst, dass nicht gleich die nächste Schwangerschaft kam. Gut,
ein bisschen hat mein sexuelles Interesse an meiner Frau mit der
Zeit nachgelassen. Aber dann habe ich die Erfahrung gemacht,
dass in jedem Fall ein Weg hereinführte, wenn ich sie entsprechend in Stimmung brachte. Also nicht nach dem Muster: Rauf,
rein, raus, runter. Sondern mit einem relativ langen gefühlsmä-
ßigen Vorspiel, so dass wirklich beide etwas davon hatten.

Das fängt eigentlich bis heute mit Streicheleinheiten an. Es
muss nicht sofort an der Brust oder an der Scham sein. Es gibt
ja viele Stellen. Man nennt sie erogene Zonen, aber ich halte
von dem Begriff nicht allzu viel. Weil ich meine jetzige Partnerin zum Beispiel ungeheuer befriedigen kann, wenn ich ihre Zehen streichele. Zehen und Füße, da ist sie ganz empfindlich. Das
heißt also, dass ich ihren ganzen Körper in die Streicheleinhei-

ten einbeziehe. Irgendwann kann es zum Sex kommen, muss aber nicht. Das haben wir füreinander und miteinander entdeckt. Das war und ist für mich heute noch ein Bedürfnis – und für meine Frau auch.

Die Fotografie spielte dabei ebenfalls eine Rolle. Ich habe meine erste Frau auch schon nackt fotografiert. Sie fand die Fotos anregend und erregend. Die schwarzweißen Filme habe ich damals, wie gesagt, selber entwickelt und manchmal nächtelang gesessen und Bilder gemacht. Man konnte es ja nicht zum Fotografen schaffen. Ich weiß nicht, ob es verboten war, aber es ging das Gerücht um, bei solchen Fotos werde der Film beschlagnahmt.

Ich habe meine Frau im Schlafzimmer fotografiert und manchmal – ohne dass sie es gemerkt hat –, wenn sie aus dem Bad kam. Außer baumwollener Unterwäsche gab es ja damals nichts Vernünftiges, für die Frauen vielleicht noch ein bisschen mehr als für die Männer. Für uns gab es nur die »weißen Kameraden«, je länger, desto lieber. (Lacht) Damals kam man also nicht auf die Idee, erotische Fotos in verführerischer Unterwäsche zu machen, wie ich das jetzt mit meiner festen Partnerin mache.

Meine erste Frau hatte eine sehr schöne Figur und sie ist auch bis zu ihrem Tod schlank gewesen. Sie war schon sehenswert. Sie starb in den achtziger Jahren und ich fiel in ein tüchtiges Loch. Ich habe damals noch als Lehrer gearbeitet und habe mich um meine Kinder gekümmert. Das hat mich zunächst mal abgelenkt und die erotische Seite in mir verdrängt. Ich habe also in Erinnerungen gelebt, obwohl für mich feststand, dass ich mir wieder jemanden suchen muss. Ich konnte ja nicht allein bleiben.

Irgendwann habe ich angefangen, in der Zeitung Annoncen zu lesen. Ich habe mich gefragt: »Was ist das für ein Mensch, der hinter der Annonce steckt?« Ich habe auch ein paar Mal geschrieben. Aber entweder erhielt ich Absagen oder es waren Frauen, bei denen mich schon der Schreibstil störte, weil der zu primitiv war. Dann kam eine Annonce, die führte drei Wochen später zum »First day of the sex«. (Lacht)

Seit dem Tod meiner Frau waren zwei Jahre ins Land gegangen. Da habe ich mal eine Annonce aufgegeben und erhielt eine wunderschöne Antwort. Ich habe mir gesagt: Gut, mit ihr wirst du dich mal treffen. Wir haben uns dann einmal getroffen und uns ein zweites Mal getroffen. Beim dritten Mal habe ich bei ihr übernachtet – mit allen Folgen, die es da so geben kann zwischen Mann und Frau.

Sie war ein paar Jahre jünger als ich und es war zwischen uns Liebe auf den ersten Blick. Ich bin jetzt mit ihr schon fünfzehn Jahre zusammen. Wir leben getrennt und sind nicht verheiratet, haben also keinen Hochzeitstag, aber wir feiern jedes Jahr eben unseren First day of the sex.

Ich habe aus vielen Dingen meine Lehren gezogen, auch aus meiner eigenen Verklemmtheit und aus der Verklemmtheit meiner Frau. Ich hatte sofort gemerkt, dass meine neue Partnerin FKK und Sauna nicht kannte. Obwohl es in ihrer Ehe – sie ist geschieden und hat auch Kinder – diese Verklemmtheit nicht gegeben hat. Aber ihre Offenheit blieb doch auf die eigenen vier Wände beschränkt. Dann habe ich sie mal mit zum Baggersee genommen und dort hat sie sich das erste Mal in freier Natur ausgezogen und mit mir FKK gemacht. Da war sie fast fünfzig Jahre alt. Sie hat das sicher gemacht, um mir einen Gefallen zu tun. Als sie ausgezogen war, hat sie dann auch keine großen Hemmungen mehr gehabt.

Ich habe ihr gesagt, wie sie es machen muss: »Nicht verklemmt im Sitzen ausziehen, denn dann sieht jeder, dass du neu bist. Sondern einfach stehen bleiben und die Hüllen fallen lassen und keiner wird gucken.« So habe ich das auch gemacht, als ich in der zweiten Hälfte der siebziger Jahre zum FKK kam. Ich hätte das schon gern früher gemacht, aber weil meine damalige Frau auch nicht so offen erzogen war, ging das nicht. Als ich die neue Partnerin hatte, habe ich mir gesagt: Du musst sie jetzt von Anfang an dazu bringen, dass sie deinen Lebensstil in der Beziehung akzeptiert und auch Gefallen daran findet. Heute gehören wir zu den Ärmsten in Deutschland, wir können uns weder Badehose noch Badeanzug leisten. (Lacht)

Sie hat sich auch von Anfang an nicht dagegen gesperrt, wenn ich sie mal nackt fotografiert habe. Als dann die Wende kam und wir das erste Mal in Westberlin waren, sind wir gemeinsam in einen Sex-Shop gegangen und haben uns da mal umgesehen. Der Eigentümer war so schockiert, dass eine Frau reinkam, dass er uns ein Kartenspiel geschenkt hat. Aber wir haben es danach verbrannt, weil die Darstellungen nicht erotisch waren – das war schon Pornografie.

Pornografie ist überhaupt nicht mein Ding. Ich trenne auch die beiden Begriffe Sex und Erotik. Das sind für mich zwei generell unterschiedliche Dinge. Ich kann eine Frau oder auch einen Mann erotisch finden, aber ich muss deshalb mit ihnen keinen Sex haben. Und Pornografie ist eigentlich Geschäft, vor allem mit dem weiblichen Körper. Es ist auch keine Offenheit dabei, wenn man Geschlechtsorgane in Großaufnahme zeigt. Ich weiß, es gibt viele Männer, die sich dafür begeistern, die sich daran aufgeilen. Ich halte das für charakterlich relativ niedrig. Ich habe auch hin und wieder versucht, ein Sex-Video auszuleihen. Aber selbst das, was dort als leichtere Dinge empfohlen wurde, hat mich überhaupt nicht begeistert. Und meiner Partnerin gefällt das schon gar nicht.

Auf der anderen Seite lasse ich eben im Fernsehen kaum einen erotischen Film aus. Zum Beispiel diese *Emanuelle*-Filme. Oder vor drei oder vier Jahren lief eine mehrteilige amerikanische Serie, wo ein Außerirdischer in menschlicher Gestalt auf die Erde kommt. Er und seine Besatzung haben die wissenschaftliche Aufgabe, das menschliche Sexualleben zu erkunden. Diese Filme waren auch von der Kameraführung ideal. Es wird gezeigt, wie menschliche Körper miteinander harmonieren, sich aneinander erfreuen und befriedigen.

Ich würde mir also jederzeit einen Fernsehfilm archivieren, in dem sich Männer oder Frauen präsentieren, weil ihnen das gefällt. Ich finde solche Filme für mich bedeutungsvoller, als wenn ich nur den Geschlechtsakt in immer wieder aneinander geschnittenen Szenen sehe.

Ja, ich habe noch ein geregeltes Sexualleben. Aber ich muss zwischen meinem Sexualleben und meinem erotischen Leben unterscheiden, da meine Frau zurzeit ein paar gesundheitliche Probleme hat. Als ich sie kennen lernte, war sie eigentlich eine ganz Wilde. Aber das hat sich in den letzten Jahren gelegt, sie ist darüber selbst sehr unglücklich. Sie ist jetzt auch über sechzig und macht sich Vorwürfe, dass sie mir nicht mehr genügen kann. Sie sagt auch: »Wenn du dir dafür eine andere suchen willst, habe ich nichts dagegen.« Sie hat Schuldgefühle und die spielen in ihrem Leben überhaupt eine ganz große Rolle. Sie fühlt sich oftmals an Dingen schuldig, für die sie weiß Gott nichts kann.

Von ihrem Frauenarzt hat sie Hormontabletten bekommen, aber dadurch ist ihre Lust nur weiter gestorben. Ich denke mal, ein Mann muss seine Frau eigentlich zur Erotik hinführen. Er darf in ihr nicht nur jemanden sehen, mit dem man schläft, möglichst noch im dunklen Schlafzimmer. Er muss die Erotik in ihr wecken. Denn das menschliche Rollenspiel verdammt doch die Frau immer wieder zur Passivität. Männer dürfen sich austoben, aber wehe, wenn das eine Frau macht, dann ist sie die Böse. In meiner Ehe haben wir wirklich gemeinsam die Erotik entdeckt.

Mit der zweiten Frau habe ich das genauso gemacht. Wenn Sex bei uns in vier, fünf Wochen einmal passiert, ist das schon viel. Aber das ist nur der Sex. Unser erotisches Leben ist viel umfangreicher. Auf dem Sofa hier habe ich vor einer Woche meiner Frau den Nacken massiert und habe dabei natürlich meine Zielvorstellung gehabt. Ich habe ihr gesagt: »Weißt du was, zieh dich aus, ich gebe dir eine Massage von oben bis unten.« Das hat sie gemacht. Ich habe gesagt: »Lege dich auf den Bauch, ich fange mit dem Rücken an« und habe ganz langsam angefangen, ihr Streicheleinheiten vom Nacken bis zu den Füßen zu geben. Dann hat sie sich herumgedreht und es ging von vorn weiter.

Sie war zu dem Zeitpunkt schon so weit, dass sie die Berührung ihrer Brust, die sie sonst als gar nicht so schön empfindet, zugelassen hat. Ich habe ihre Brust gestreichelt, ihre Beine, auch an den Innenseiten, so hoch wie es geht, und habe über ihr Schamhaar gestreichelt. Das dauerte gar nicht lange und mir blieb nur noch übrig, sie mit den Fingern zu befriedigen. Damit hatte sie keine körperliche Anstrengung, die ihr doch ein bisschen zu schaffen macht.

Das ist natürlich für mich auch Erotik. Es muss nicht immer unbedingt ein Zusammenstecken sein. Wer nur davon ausgeht, bei dem kann ich mir vorstellen, dass er dann im Alter doch ein unbefriedigtes Sexualleben hat – wenn er überhaupt noch eines hat.

Bei uns zählt also auch gegenseitiges Berühren und sich gegenseitig mit der Hand befriedigen. Das ist heute der Großteil unseres Sexlebens. Es muss nicht zur Befriedigung kommen, wir können ohne genauso gut einschlafen. Aber dazu muss ich die Frau kennen. Ich muss ihr die Angst nehmen, dass sie vielleicht nicht kann. Und ich muss auf der anderen Seite ihre Lust wecken und ihr unterschwellig immer wieder sagen: »Es sind doch schöne Gefühle für dich.«

Wenn ich mit älteren Menschen zusammen bin, habe ich immer auch ein bisschen das Ohr an der Masse. Und da ist wohl die durchgängige Meinung: »Na, das ist doch in meinem Alter nichts mehr für mich, das überlassen wir doch lieber den Jungen.« Aber wenn man dahinter guckt, sind alle scharf drauf. Ich war einmal in einem Kreis von sieben oder acht Frauen – die jüngste war fünfundsechzig, die älteste vielleicht fünfundsiebzig.

Und eine kam auf den Gedanken, wir sollten Brüderschaft trinken, die war ganz heiß auf das Küsschen. Und gnade Gott, wenn ich ihr oder einer von den Frauen nur ein Küsschen auf den Hals hauchen wollte, die hielten mir prompt den Mund hin.

Auch wenn in so einer Runde erotische Witze erzählt werden, lachen sie erst, machen dann eine kurze Pause, bis sie begriffen haben, und dann geht untereinander das Getuschel los. Man spürt, die möchten ja gerne, aber sie haben niemanden mehr. Ich kenne auch eine dieser älteren Damen, die ist ein Stück über siebzig und würde liebend gern in die Sauna gehen. Aber das gehe ja in ihrem Alter nicht mehr, und wenn das die Tochter erfahren würde oder der Nachbar! Also, Sie glauben nicht, wie prüde die Leute in diesen ländlichen Gegenden sind. Die glauben wirklich, für ihr Alter ist das nichts mehr.

Ich gehe auch so weit zu sagen: Selbst Leute in den Vierzigern und Fünfzigern sind in ihrem Denken nicht mehr auf dem neuesten Stand. Damit meine ich, dass es auch noch andere Spielarten von Sex und Erotik gibt als das, was sich im häuslichen Ehebett abspielt und möglichst noch im Dunkeln. Vielleicht auch, weil man sich vor dem eigenen Partner schämt, weil Frauen Orangenhaut haben oder Männer einen Bierbauch und so. Aber es gibt noch andere Möglichkeiten, seine sexuellen Bedürfnisse auszuleben.

Mit einer jüngeren Frau? Ja und nein. Nein, weil ich an jeder Frau das Alter achte. Ja, weil logischerweise ein junger, knackiger Körper optisch anziehender ist als einer mit sechzig, siebzig Jahren. Aber ich bin ja FKK-Fan und habe am Strand mal eine Dame kennen gelernt, die wird heute so sechsundachtzig sein, wenn sie noch lebt. Die ist unbekümmert am Strand herumgelaufen und war ganz vertrocknet. Aber ihr Körper war mit all seinen Altersspuren für mich erotisch. Wenn ich gedurft hätte, hätte ich ein Foto von ihr gemacht. Aber sie wollte das nicht.

Auch Zellulitis stört mich bei Frauen nicht. Mich stören dagegen Frauen, die mit ihrem Körper Schindluder treiben, so nach dem Udo-Jürgens-Motto *Aber bitte mit Sahne*. Die also wirklich fett und vollgefressen sind, denen der Bauch schon fast bis zum Knie hängt und solche Sachen. Das sieht man ja auch am FKK-Strand und in der Sauna und das stößt mich in gewisser Beziehung ab.

Aber mit einer Frau, die ihren Körper durch vernünftige Lebensweise erhalten hat und die nur die normalen Altersspuren trägt, würde ich genauso Erotik und Sex leben können wie mit einer Jungen. Wobei sich natürlich bei einer Jungen die Haut anders anfasst und schon ein paar andere Gedanken im männlichen Gehirn zustande kommen.

Aber welche Garantie habe ich, dass ich in meinem Alter und mit meinem erotischen Stehvermögen einer Jungen noch genügen kann? Denn die will ja nicht nur fix rein und raus, die will ja möglichst lange das Ding in sich spüren. Und hier hätte ich schon ein paar Probleme, die ich in meiner eigenen Beziehung nicht habe. Oder doch? Also, ich muss mir wirklich Mühe geben, mit meiner Partnerin zu kommen, weil ich das einfach lange hinauszögere, damit sie, die relativ schwer zum Höhepunkt kommt, was davon hat und sich nicht unbefriedigt umdreht. Dann bleibt für mich nur eine intensive handwerkliche Arbeit übrig. Die betreiben wir dann aber gemeinsam.

Bei erotischen Fotos mit ihr gibt es immer wieder Situationen, die ganz einfach anregend und erregend sind. Auf solche Dinge arbeite ich dann hin. Sie weiß, dass ich gerne erotische Fotos mache, sie kennt ja mein Album, auch wenn sie den Kopf darüber schüttelt. Sie findet also schlicht und einfach, das müsse nicht sein, und ist auch ein bisschen erhaben darüber. Aber sie macht mit – und hat Spaß dabei. Diese Fotos mit den String-Tangas haben sie auch dazu verleitet. Sie trägt gern Dessous und ist modebewusst.

Aber ich muss sie darauf vorbereiten und die äußeren Bedingungen müssen stimmen. Damit meine ich ein entsprechendes Ambiente: Das Sofa muss ausgezogen sein, es muss eine schöne Decke darauf liegen, das Licht muss stimmen, die Musik – und ein bisschen Wein gehört auch dazu. Sie steht auf dem Standpunkt: »Wenn es dir etwas gibt.« Sie sagt nicht: »Wenn du es brauchst.« Wenn es dir etwas gibt, ist ein himmelweiter Unterschied, dann ist es okay. Sie wird aber von sich aus nicht sagen: »Komm, fotografiere mich mal.« Das macht sie nicht. Aber sie geht auch auf manche gewagte Stellung ein.

Allerdings hat sie ein Problem. Ich meine, wir sind nicht mehr die Jüngsten und gehen auf die Hundert zu. Was also wird mal mit den erotischen Fotos meiner Partnerin? Da habe ich also entsprechende Vorsorge getroffen. Ihre Kinder finden alles in einem Umschlag und sollen dann entscheiden, was damit geschieht.

Das wäre jetzt der Fall, wenn wir bei einem Verkehrsunfall ums Leben kommen oder so. Wenn sie eher sterben würde, würde ich das deponieren, weil ich weiß, dass meine eigenen Kinder dafür wenig Verständnis hätten. Meine und ihre Kinder wissen nichts davon, obwohl ihre sehr offen erzogen sind. Das betrifft ja auch die Intimsphäre, was sicherlich nur uns zwei angeht.

Auch zum Fremdgehen muss ich Ja und Nein sagen. Was ist Fremdgehen? Fremdgehen würde ich nie, weil ich das für einen Betrug an meiner Partnerin halte. Auch für einen Betrug an der Frau, mit der ich fremdgehe. Das lehne ich eigentlich ab. Die andere Frau, mit der ich schlafe, könnte sich ja Hoffnungen machen, die sich dann nicht erfüllen. Diesen herkömmlichen Begriff Fremdgehen mag ich also nicht. Aber ich gehe trotzdem fremd.

Ich gehe hin und wieder in Erotikklubs. Das weiß meine Partnerin und sie hat nichts dagegen. Ich habe sie auch zweimal mitgenommen, aber es ist absolut nichts für sie. Sie sagt: »Wenn du möchtest, dann kannst du gehen.« Ich habe ihr nur das Versprechen gegeben, dass es dort nicht zum Geschlechtsverkehr kommt. Und daran halte ich mich. Aber ich kann dort eine Frau mit den Händen voll zufrieden stellen oder kann mich von ihr mit den Händen voll zufrieden stellen lassen. Bisher ist es nicht zum Geschlechtsverkehr gekommen, obwohl man das dort könnte. Aber generell mit Kondom.

Viele Leute haben ja eine falsche Vorstellung. Über Erotik- und Swingerklubs wird oft geschrieben oder was im Fernsehen gebracht, aber das ist immer ungenügend. Wer es nicht kennt, stellt sich was völlig Falsches darunter vor.

Natürlich weiß hier keiner, dass ich dort hin und wieder bin. Im Jahr höchstens zweimal, weil es einfach für einen Single eine teure Angelegenheit ist. Das kostet zwischen 70 und 100 Euro mit allem Drum und Dran. Getränke sind drin und ein Abendessen ist drin, also ein kleines Kaltes Büfett. Ich fahre fast fünfzig Kilometer bis dahin. Dort kann man aber nicht sagen, dass man heute mit einer Frau Verkehr haben wird. Es gilt generell das Prinzip der Freiwilligkeit. Wenn ich mich dort einer Frau nähere und sie weist mich zurück und ich nähere mich ihr noch einmal, dann schmeißt mich der Klub-Betreiber raus. Da gibt es harte Regeln und das finde ich auch richtig. Die Frauen wollen kein Freiwild sein.

Die sind dort zwischen achtzehn und sechzig, meist etwas besser Bemittelte, die den Preis zahlen können.

Dort geben sich die Frauen natürlich in Dessous und die Herren also nicht gerade im Feinripp von Schießer. Man sitzt an der Bar, unterhält sich, es läuft der Fernseher mit dem üblichen Porno, aber niemand guckt hin. Und meine Beobachtung ist, dass viele Paare sich mit sich selbst beschäftigen, also in dem großen

Raum, wo mehrere Paare miteinander Sex haben. Da gehen auch Ehepaare hin und haben dort miteinander Sex, lassen sich zusehen und sehen zu. Das ist hocherotisch.

In diesem Klub habe ich die Erfahrung gemacht, dass eine Frau wenigstens vier Hände braucht, um befriedigt zu werden. Sie braucht vier Männerhände. Denn es geht auch darum, nicht sofort zum Verkehr zu kommen, die Partnerin muss ja eingestimmt werden.

Ich habe dann etwa ein Paar gefragt: »Darf ich euch begleiten?«, wenn sie in das Separee gehen, also auf die große Spielwiese oder auch in den kleinen Raum.

Es kann passieren, dass man Ja sagt oder man sagt Nein. Am Ende ist es so, dass die betreffende Frau sehr viel zum Erleben hat. Aber die Männer kommen auch nicht zu kurz. Dort werde ich mich immer zurückhalten, wenn es darum geht, Verkehr auszuüben. Das überlasse ich dem Mann. Aber ich bin heilfroh, wenn die Frau mich mit ihren Händen befriedigt. Ich gehe dann wieder nach Hause und habe nicht das Gefühl, dass ich fremdgegangen bin. Ich habe das gegebene Wort nicht gebrochen und ich mache das mit Wissen meiner Partnerin.

Wir hatten vor ein paar Wochen ein Gespräch, da war sie wieder ganz tief unten, weil sie keine Lust hatte und zu müde war. Da habe ich zu ihr gesagt: »Irgendwann im Frühjahr werde ich mir wieder eine Auszeit nehmen.« Eine Auszeit heißt, ich gehe wieder mal in einen Klub. Ich sagte: »Du brauchst aber keine Angst zu haben, ich habe dir ja was versprochen.« Da sagte sie: »Ich gebe dir das Wort zurück.« Da bin ich natürlich böse geworden, weil mir das nicht gefallen hat. Denn so will ich das ja gar nicht.

Obwohl, wenn sie das jetzt wiederholen würde, dass ich also mit einer Frau auch Geschlechtsverkehr haben darf, dann würde ich das sicherlich auch tun. Wobei ihre Erlaubnis nicht aus einer Augenblickssituation heraus entstehen darf, also nicht nur aus einem Schuldgefühl, denn dann schubse ich sie ja noch stärker rein. Sondern einfach: »Okay, ich bin so weit, ich habe nichts dagegen, wenn du das machst.«

Bei uns gibt es übrigens noch so eine Geschichte mit einem Mann – mit einer Urlaubsbekanntschaft – und ich hätte der nie zugestimmt, wenn ich nicht diese Kluberfahrung hätte. Über Jahre hinweg fahren wir immer an den gleichen Urlaubsort nach Frankreich.

Dort ist auch immer derselbe Franzose. Und ich habe gemerkt, dass er was für meine Frau übrig hat. Ein patenter Kerl, so in unserem Alter. Sie hat das erstaunlicherweise gar nicht gemerkt, ich musste ihr das erst sagen. Nach vier oder fünf Jahren war jedenfalls mal so eine verzwickte Situation. Er war ein bisschen depressiv – seine feste Beziehung war zerbrochen – und ich spürte genau, was ihn bedrückte.

Und dort habe ich darauf hingearbeitet, dass wir einen Abend zu dritt verbracht haben. Für meine Frau war das problematisch, das hätte ich nicht für möglich gehalten. Dabei hatte ich sie zwei Tage darauf vorbereitet. Das war eine Lösung voller Offenheit, keiner hatte vor dem anderen etwas zu verbergen. Es ist erstaunlich, wie angenehm so ein Abend sein kann. Und das wiederholt sich jetzt alle zwölf Monate.

Ich schicke dem Franzosen auch hin und wieder mal ein Bild von ihr. Er lebt jetzt als Single und fühlt sich erotisch von meiner Partnerin angezogen, auch menschlich. Wenn ich jetzt auf dem Sterbebett läge, würde ich sagen: »Geh zu ihm!«, weil ich wüsste, sie ist bei ihm in guten Händen.

Er ist ein Mensch, den man wirklich als Freund bezeichnen kann. Sein Deutsch ist ein bisschen mangelhaft, aber ich spreche gar kein Französisch. Er würde sich vielleicht auch freuen, wenn dort Pornobilder entstehen würden, aber die mache ich generell nicht. Schon aus persönlichen Sicherheitsgründen. Er besteht auch nicht darauf, aber er freut sich über jedes erotische

Foto von ihr. Auf diese Freundschaft möchten wir nicht mehr verzichten.

Ja, wenn die Leute hier auf dem Lande wüssten, was ich so tue, die würden nur den Kopf schütteln. Ich habe das einmal erlebt, als nämlich vor zwanzig Jahren rauskam, dass ich mit meiner Frau in die Sauna gehe. Sauna war für manche hier der Inbegriff von Schweinerei. Ich habe dann nur gesagt: »Halt die Gusche, kommt mit!« Seitdem war Ruhe.

Vor wenigen Tagen habe ich in der Sauna ein Gespräch über Pärchenklubs mit angehört. Das waren zwei Frauen, die sich so richtig ausgemalt haben, wie es wäre, wenn sie dorthin kämen und der eigene Mann es mit einer anderen triebe. Keine Ahnung, aber groß darüber reden. Ich habe kein Wort gesagt, das würde doch nur Kopfschütteln hervorrufen. Hier in der Gegend wird freizügigere Sexualität nicht anerkannt. Ich habe eine Bekannte – eine Freundin meiner Partnerin –, der habe ich zum Geburtstag einen Gutschein für die Sauna geschenkt, wo sie mit mir allein hingehen sollte. Aber sie hat es nicht gemacht. Sie hat zwar auch nur einen Lebensgefährten, aber der ist dermaßen prüde. Wenn der wüsste, dass sie mit mir in die Sauna ginge, wäre die Beziehung vorbei.

Ich gehe übrigens generell in keine Männersauna mehr. Die haben immer nur zwei Themen: Entweder – Entschuldigung – Weiber oder Fußball oder den letzten Bierabend oder das Auto. Das gibt mir nichts.

Es gibt auch Frauen, die sich schon vor fünfzig von der ganzen Sache abnabeln. Und es gibt welche, die nach einer gewissen Zeit der Enthaltsamkeit plötzlich wieder aufleben, vielleicht weil der Partner gestorben ist. Ich möchte mir jedenfalls nicht irgendwann sagen müssen: Du hast etwas versäumt. Versäumt meine ich jetzt im denkbar positiven Sinne. Etwas, von dem ich meine, das hat mein Gefühlsleben bereichert. Und dazu gehört sowohl mal ein Besuch im Pärchenklub als auch mal eine eroti-

sche Massage. Ich war ja Lehrer, bin sowieso ein halber Macht-
mensch und voll belastbar. Mein Motto ist: Leben am Limit.
Und das liegt noch ganz weit oben. Da schütteln schon alle den
Kopf über mich.

Ja, ich liebe meine Partnerin. Ich kann mir ein Leben ohne sie
nicht vorstellen. Wir können es beide nicht. Ich habe keine Probleme mit dem französischen Freund und sie hat keine Probleme, wenn ich mal in den Klub gehe. Dort ist ja in beiden Fällen
keine Rede von Liebe. Es wird nur ein schönes Gefühl ausgelebt. Unsere Liebe erschüttert das überhaupt nicht.

Wir haben es fertig gebracht, nach einem schönen sexuell-erotischen Abend in Frankreich, nachdem der Franzose in seinem
Zimmer war, noch mal bei uns die Post abgehen zu lassen – zehn
Minuten später. Ich frage mich jetzt: Was kann es Schöneres geben zwischen zwei Menschen, die sich mögen, die sich lieben?

Erotische Phantasien in dem Sinne habe ich nicht. Aber ich sage ehrlich, ich bin relativ oft zu einer soliden Handwerkerarbeit
gezwungen. Das heißt, ich befriedige mich selbst. Das ist so bei
mir, seit ich in der Pubertät war. Ich habe daraus nie ein Geheimnis gemacht. Mit meiner ersten Frau haben wir das auch
gegenseitig praktiziert. Etwa, wenn sie ihre fruchtbaren Tage
hatte und trotzdem Lust auf Sex. Man wollte ja nicht gleich mit
einem Kind anfangen.

Mit zunehmendem Alter wurde ich da immer anspruchsvol-
ler. Was mich vor vierzig Jahren gedanklich scharf gemacht hat,
lässt mich heute frieren. Heute lebe ich im Kopf natürlich von
Erlebnissen mit meiner Partnerin oder von dem, was ich im Klub
erlebt habe. Oder ich denke an den Urlaub in Frankreich. Oder
an das, was ich gern erleben möchte, was aber im Rahmen des
Bisherigen liegt.

Ich würde mich zum Beispiel freuen, wenn unser französischer
Kumpel auch eine Freundin mitbringen würde und wenn dort
im Urlaub mal ein Ding zu viert laufen würde. Gut, das ist eine

erregende Phantasie, meine Frau fände das auch gar nicht so gut, aber das sind eben meine Vorstellungen und Wünsche.

Bei Prostituierten käme es darauf an. Ich würde also nie in ein öffentliches Bordell gehen, vom Straßenstrich ganz zu schweigen. Da wären mir die Anonymität und die gesundheitlichen Gefahren viel zu groß. Aber ich kenne eine Massagesauna, dort kann ich sechs Stunden bleiben. Da gibt es ein Tauchbecken und da kümmern sich junge Damen um mich, so weit ich das möchte. Dort bringt mir eine Getränke und liest mir jeden Wunsch von den Augen ab. Sie geht auch mit in die Sauna, wenn ich das möchte, und lässt sich anfassen. Vor ein paar Jahren waren dort fast nur Ausländerinnen, jetzt sind es fast nur Deutsche.

Die Dame gibt mir eine Massage – mit Handentspannung, wenn ich das will. Ich kann aber auch mit ihr aufs Zimmer gehen, das müsste ich dann extra bezahlen. Aber es wird mich nie eine bedrängen.

Es ist meine Entscheidung. Das ganze Ambiente dort ist so, dass ich das mit Appetit tun würde. Ich mache es nur nicht, weil ich meiner Frau das Wort gegeben habe. Ich habe mir aber eine Massage geben lassen – mit Handentspannung.

Was mich dagegen abstößt sind die gängigen Annoncen in den Zeitungen – »Frauen mit großen Titten« und so. Ich mag auch diese handelsüblichen Begriffe nicht und frage mich überhaupt manchmal, warum die Menschheit es nicht fertig gebracht hat, für diese Körperteile allgemein akzeptable Begriffe zu finden. An jedem Begriff hängt doch immer so etwas Abstoßendes. Und wieso gibt es Leute, die in Bezug auf Sex von etwas Schlüpfrigem sprechen? Es sind doch die menschlichsten Bedürfnisse. Ich wende mich auch gegen die Begriffe Nutte oder Hure. Ich finde, im Mittelalter hatte man da ein viel besseres Wort, da nannte man diese Frauen »Freie Töchter«. Sie waren in keiner Ehe gebunden und jeder wusste, was gemeint war. Auch mit dem Begriff Freudenmädchen könnte ich mich noch anfreunden. Aber

Hure oder Nutte oder »Bordsteinschwalbe« sind doch alles Begriffe, die einen Menschen in den Dreck treten.

Mätresse hört sich auch besser an, obwohl das schon wieder etwas anderes ist, weil eine Mätresse ja eine Ausgehaltene war. Ich könnte mir heute vorstellen, dass unsere finanziellen Größen fast alle Mätressen haben – im Penthouse, in Mallorca oder was weiß ich wo.

Für mich gab es nach der Wende einen Schock. Eigentlich war für uns in der DDR mit dem Westen immer sexuelle Freizügigkeit verbunden. Und dann schwappte die Welle rüber und ein FKK-Strand nach dem anderen wurde zugemacht. Nackt – um Gottes Willen, das machen wir ja nur unter uns im Klub! Das ist doch bescheuert, das ist doch scheinheilig. Das stört mich an der Moral in dieser Gesellschaft. Moral ist das, was die meisten ablehnen, ohne es zu kennen, und es doch selber gern machen würden.

Ich bin ja Pädagoge, wenn auch nicht mehr aktiv. Wenn ich was zu sagen hätte, würde ich an den Schulen das Fach »Liebe« einrichten, wo man dann Liebe, Erotik und Sex lehrt. Wenn es das gäbe, wäre diese Welt besser und es gäbe vielleicht auch keine Kriege.

Den jungen Leuten würde ich als erstes sagen: »Versucht mal, eure Gefühle in ein anderes Alter zu transferieren. Stellt euch mal vor, wie es euch geht, wenn ihr dann älter seid.« Im Hinterkopf hätte ich dann sicher das Problem, wie tief ihre Gefühlswelt überhaupt ist. Leben sie wirklich nur vom Bums-Sex oder haben sie ein ausgeprägtes erotisches Gefühl? Ich kann von mir sagen, dass ich das habe. Aber ich habe es mir erst in den letzten zwanzig Jahren angeeignet. Als junger Mensch habe ich auch Probleme damit gehabt, mir vorzustellen, wie das im Alter sein könnte.

Und heute ist in der Werbung alles nur jung, hübsch, schön. Mir krempelt sich immer der Geist um, wenn so eine Dreißigjährige im Fernsehen Reklame für Prothesenhaftbinder in der Gusche macht. Die möchte ja noch ihre eigenen Beißerchen haben. Aber es zählen nur das schöne Gesicht und der schöne Körper. Das ist auch ein Problem, mit dem viele nicht zurechtkommen.

Man kann eigentlich jungen Leuten nur empfehlen, dass sie versuchen sollten, die Gefühle ihrer Eltern zu verstehen und sich gleichzeitig zu fragen: »Wie wird es uns mal gehen, wenn wir in dem Alter sind?« Aber für die jungen Leute ist es heute schon schwer genug. Sex ist zu einem der einträglichsten Märkte geworden. So ist eine derartige Flachheit entstanden, wo man sich über tiefer gehende Gefühle kaum noch Gedanken macht.

Für mich ist es auch schockierend, wenn der Mann in manchen Filmen fragt: »Na, war ich gut?« Welche Selbstüberschätzung! Und welche Unverfrorenheit der Frau gegenüber! In welchem Film wird denn mal gefragt: »War es wirklich schön?« Ich frage das meine Partnerin regelmäßig. Und sie sagt mir: »Es war sehr schön.« Oder es passiert auch mal, dass sie sagt: »Nee, es war nicht schön.«

Junge Leute sollten also wirklich versuchen, die Sexualität tiefgründiger zu betrachten, und finden, was an menschlichem Gefühl dahinter steckt. Aber wie ist die Realität? Einerseits werden die Leute mit Bildern und Geschichten scharf gemacht, andererseits verdammt man vor allem die Frauen, die sich in der Wirklichkeit für solche Geschichten hergeben. Also große Story, wie sich die Nachbarin verführen lässt, aber die Nachbarin, die sich tatsächlich verführen lässt, ist die Böse. Das geht also bis hinein in den Bereich der Prostitution.

Ich erinnere mich da an einen Fernsehbeitrag, in dem man in Berlin ein Erotik-Café hat zumachen wollen, wo die Polizei sagte, wenn alle Häuser so gut geführt würden, hätte sie gar keine Probleme damit. Und ich denke mal, dann wäre auch das Problem der Zuhälterei vom Tisch. Vielleicht auch das ganze Problem Gewalt in diesem Bereich. Aber hier ist die Gesellschaft als Ganzes sehr doppelzüngig.

Ja, bei mir persönlich ist es dagegen mit der Erotik im Laufe der Jahre doch irgendwie besser geworden. Es gibt im Vergleich zu früher eine größere Offenheit bei mir, eine größere Abgeklärtheit dem Thema gegenüber, eine größere Freizügigkeit und Selbstverständlichkeit. Mit meinem erotischen Leben bin ich absolut zufrieden. Mit meiner ersten Frau und mit der jetzigen war und ist es gut. Mit der Erotik und mit dem Sex, also auch mit dem ganzen Drum und Dran.

EINEN MANN FÜR EROTISCHE
GESCHICHTEN WILL ICH NICHT MEHR

Meta, 56

In meinem Herzen sieht es ziemlich düster aus – richtig hoffnungslos. Weil vor zwei Jahren eine langjährige Beziehung abgebrochen wurde und ich seitdem nicht mehr recht klarkomme mit der Situation.

Ich wurde als Zahnärztin berufsunfähig, habe viele Nerven gelassen dabei, bekam Depressionen, lag völlig am Boden und hatte dann auch keine Lust mehr am Sex. Das war wahrscheinlich für den anderen Part zu heftig.

Ich denke, eine neue Partnerschaft ist illusorisch, weil ich daran eigentlich nicht mehr glaube. Das hängt auch sicher mit dem Alter zusammen. Meine jetzige Freundin Karin ist 28 Jahre jünger als ich und krallt sich regelrecht fest an mir. Viele junge Lesben stehen ja auf ältere Frauen, das ist nicht unbedingt meine Welt.

Das Wort Lesbe mag ich übrigens für mich nicht. Das ist mir zu hart, das klingt wie ein Stempel, den man so aufgedrückt kriegt. Ich lebe einfach gleichgeschlechtlich. Dabei war ich schon zweimal verheiratet und habe zwei Kinder von je einem Mann. Ich kann auch nicht sagen, dass das schlechte Männer waren, überhaupt nicht, ganz im Gegenteil.

Dass mich Frauen interessieren, habe ich zum ersten Mal um die Abiturzeit herum gemerkt. Wir mussten ja vor dem Medizinstudium ein so genanntes Vorpraktikum machen, und da gab es eine Studentin, die fast schon am Ende ihres Studiums war. Zu der habe ich mich hingezogen gefühlt. Warum, kann ich nicht sagen. Das war keine Schöne, keine Attraktive, aber die stand mitten im Leben, die musste ihr Studium selbst finanzieren, weil ihre alten Eltern ziemlich arm waren. Die hat neben dem Studium nur geackert. Irgendwie hatte die was – ja, die war sehr lebendig. Und da war ein Gefühl in mir, das hat mich völlig verwirrt. Aber sie war eine Hetero-Frau.

Das Problem war damals nicht einfach. Es gab überhaupt nichts – keine einschlägige Literatur, weder Zeitungen und Kontaktanzeigen noch Kneipen oder andere Treffpunkte. Für Schwule gab es in Berlin ja einige Kneipen, in der Schönhauser oder an der Friedrichstraße, da verkehrten auch einige Frauen, aber das hatte eher den Anschein des Verruchten und Asozialen. Ich denke überhaupt, dass 80 Prozent von denen, die auch heute in der Szene verkehren, Alkoholiker sind. Die saufen vor Enttäuschung und sind nicht in der Lage durchzuhalten, wenn es mal Probleme gibt. Die rennen weg und wollen ihren Marktwert in den Kneipen erfahren, sie geben meist auch sehr viel Geld für entsprechende Kleidung oder Frisuren aus. Es gibt ja richtige private lesbische Kreise, die auch mit Schwulen befreundet sind. Das ist überhaupt nicht mein Ding.

Vor dem Abitur bin ich auch sehr gern tanzen gegangen. Ich habe damals einen Tanzkurs gemacht, war da auch sehr gut und habe sogar mal einen ersten Preis bekommen. Deshalb wollte ich gerne Turniertanz machen, aber meine Eltern meinten, sie hätten das Geld nicht dafür. Die wollten, dass ich das Abitur schaffe und danach studiere.

Bei diesem Tanzkurs hatte ich die ersten Kontakte zu Männern, aber ich war dabei sehr scheu, weil ich von zu Hause immer hörte: »Lass dich nicht mit einem Mann ein, da kriegst du gleich ein Kind. Und damit ist auch dein Studium futsch und deine Karriere dahin.« Die Pille gab es ja noch nicht, und ich wollte unbedingt studieren. Biologie klappte nicht, darum bin ich auf Zahnmedizin gekommen.

Irgendwann habe ich einen Studenten kennen gelernt, der war sehr eigen und hatte mit Freundinnen nicht viel am Hut. Der wohnte wie ich noch bei den Eltern, war sehr zurückhaltend und trug immer Hemd und Schlips. Ich habe damals auch sehr viel Wert auf Kleidung gelegt, war sehr schlank, also nicht unattraktiv. Wir fanden uns und kamen ins Gespräch. Verglichen mit ihm war ich damals eher witzig und lebendig, er dagegen eher distinguiert. Er hat sich auch politisch und gesellschaftlich verweigert.

Der erste Sex mit ihm war sehr heftig und nicht sehr geprägt von großartigen Zärtlichkeiten. Der hat sich an mir abreagiert – raus, rein und abspritzen und noch mal und noch mal. Ich hatte nicht viel davon, ich weiß nur noch, dass es sehr schmerzhaft für mich war und ich stark geblutet habe. Das musste passieren und ist passiert.

Wir studierten in verschiedenen Städten und ich bin dann am Wochenende immer von Berlin zu ihm gefahren. Er kam aus einer Musikerfamilie, in der auch die Kinder Instrumente spielten. Bei denen habe ich mich sehr wohl gefühlt, die waren sehr loyal und haben mich in ihren Familienkreis aufgenommen. Am Ende des Studiums wurde ich schwanger und das haben wir dann durch die Heirat legalisiert. Darauf bestanden seine Eltern, die sehr bürgerlich waren.

Meine Eltern wollten nicht, dass ich heirate, aber da habe ich gebockt. Meine Familie war auch sehr spießbürgerlich. Ich habe meine Mutter nie nackig gesehen, meinen Vater nie nackig gesehen. An der Ostsee hat man sich verhüllt beim Aus- und Umziehen.

Das Thema Sexualität gab es nicht, mein Vater kriegt heute noch einen roten Kopf, wenn man darüber spricht. Ich habe noch einen viele Jahre jüngeren Bruder, der ist so ähnlich. Als nach meiner zweiten Scheidung in der Familie publik wurde, dass ich auf Frauen stehe, ist nie darüber gesprochen worden.

Über »lesbisch« stolpern sie heute noch, das ist ihnen fast körperlich unangenehm.

Mit meinem ersten Mann war ich ein knappes Jahr verheiratet, der wollte nur noch auf Familie machen. Das war sehr anstrengend. Wir wohnten ja getrennt und wir mussten uns immer besuchen. Ich wurde damals durch die Absolventenlenkung zwei Jahre an eine Poliklinik nach Mecklenburg geschickt. Ich bekam dort eine Wohnung, die sehr kalt war und nur Ofenheizung hatte. Dort musste ich auch lange auf einen Krippenplatz warten. Als ich ihn endlich hatte, bin ich immer eine Stunde gelaufen mit dem Kind, früh um sechs hin und nach der Arbeit wieder zurück. Das war hart.

Am Wochenende bin ich meist mit dem Kind nach Berlin gefahren, wo wir uns bei meinen Eltern getroffen haben. Das war für beide die Hälfte der Strecke. Mit dem Kind im Zug, der immer voll war, wo meist besoffene Soldaten saßen, das war auch ganz schön stressig.

Interessant ist vielleicht, dass in der ersten Ehe meine lesbische Neigung wie weggeblasen war. Ich habe in dieser Zeit auch nie Frauen kennen gelernt, wo ich diese Affinität hätte haben können.

Dann lernte ich in dieser mecklenburgischen Stadt meinen zweiten Mann kennen. Der war ganz anders, viel lustiger, nicht so verhalten und verklemmt wie mein erster. Den habe ich richtig geliebt. Der war selbst Arzt und hat auch meinen Sohn angenommen, er war wie ein Vater zu ihm. Mit dem Mann bin ich nach Berlin gegangen. Ich bin dann von ihm schwanger geworden, habe das Kind aber leider verloren und war völlig fertig, denn das Kind wollte ich unbedingt.

Zum Glück wurde ich bald wieder schwanger und meine Tochter kam zur Welt. Als sie ein halbes Jahr alt war, haben wir geheiratet. Bis dahin waren wir aber schon sieben Jahre zusammen.

Dieser zweite Mann war auch im Bett angenehmer als mein erster. Er war aufmerksamer, zugewandter, er hat auch gefragt, ob ich mit den Höhepunkten klarkomme und so. Und trotzdem war er prüde. Er kam auch aus einer großbürgerlichen Familie, wenn man das so in den Sozialismus hinein übertragen kann. Seine Eltern waren politisch sehr hoch angebundene Leute. Diese Ehe ist gescheitert, weil ich eine Frau kennen gelernt habe. Da kam es dann durch, da war alles andere weg, alles.

Was da passiert ist? Also, es gab ja Anfang der achtziger Jahre schon diese Ausreisewellen in der DDR. Und in der Zeit ist eine Freundin von mir mit ihren Kindern ausgereist. Die war auch Zahnärztin und hatte mich gebeten, einige Patienten von ihr zu übernehmen. Dazu gehörte eine Familie, die eine traumhaft schöne Tochter hatte, die damals siebzehn war. Wenn ich die behandelt habe, wurde ich unruhig, also richtig nervös.

Eines Tages lernte ich ihre Mutter kennen – und das war's. Da bin ich einfach umgefallen oder besser gesagt, ihr verfallen. Ich musste immer zu ihr hin, hatte ständig das Bedürfnis, in ihrer Nähe zu sein. Sie war auch eine traumhaft schöne Frau, also keine herbe oder androgyne, sondern eine richtige Frau. Sie hatte wahnsinnig schöne Augen, eine sehr frauliche Figur, eine richtige Schönheit.

Sie war Künstlerin und hat natürlich entsprechend gelebt, sehr frei. Sie war sehr offen, es gab kaum ein Thema, das für sie tabu war, aber ich habe mich nie getraut, ihr zu sagen, was ich für sie empfinde. Natürlich hat sie das geahnt. Sie hatte ein wunderschönes Bauernhaus, wo Musiker, Schriftsteller, Fotografen oder Maler ein- und ausgingen. Für mich war das, als ob sich da eine ganz andere Welt öffnete.

Mediziner sind ja für meine Begriffe einfach Fachidioten. Die hängen sich oft an ihren Status und umgeben sich natürlich gern mit Künstlern, aber letztendlich nur zum Schmücken, das ist meist nicht echt.

Sex war zu der Zeit für mich gar nicht so wichtig. Wichtig war mir mehr das Erotische, also ich wollte diese Frau nur berühren oder streicheln. Durch diese Künstlerin bin ich auch lockerer geworden. Sie hat mich an der Ostsee zum FKK-Strand mitgenommen. Durch sie und ihren Kreis habe ich viel über Kunst und Literatur erfahren, das hat mich natürlich fasziniert. Dort standen die geistigen Inhalte im Mittelpunkt, da wurde auch über Bücher aus dem Westen diskutiert, die man unter der Hand weiter reichte.

Aber der intensive Kontakt mit dieser Künstlerin war ganz schrecklich für mich. Ich wollte damals mit meinem Mann darüber reden, weil es in dem Künstlerkreis auch um politische Themen ging. Denn mein zweiter Mann war, verglichen mit denen, politisch sehr überzeugt und auch hoch angebunden. Ich habe immer zu ihm gesagt: »Komm doch mal mit und hör dir das an. Die reden ganz anders darüber als in deinen Parteiversammlungen. Hier stinkt es doch an allen Ecken. Man muss doch mal darüber nachdenken, was vielleicht verändert werden kann.« Aber er brauchte das nicht, er hatte seinen Marxismus-Leninismus und seine Parteidisziplin und mit den Leuten wollte er nichts zu tun haben.

Meine Eltern wollten dagegen mit dem Staat nichts zu tun haben und haben immer zu mir gesagt: »Halte dich schön in der Mitte, du willst was erreichen. Wenn du auffällst, kannst du nicht studieren.«

Dann kam 1968 der Einmarsch der sozialistischen Armeen in die Tschechoslowakei. Dagegen wollte ich unterschreiben, da haben meine Eltern mir die Hölle heiß gemacht, damit ich das lasse. Die unterzeichnet haben, sind wirklich geflogen, die sind in die Produktion abgewandert. Das ging ja damals ganz schnell, ohne Pardon.

Das war auch ein Punkt in meiner zweiten Ehe, warum ich dann weggerannt bin. Damit bin ich nicht mehr klargekommen.

Wir haben uns immer die Aktuelle Kamera angeguckt und danach die Tagesschau. Und ich habe gesagt: »Guck doch mal, was die für einen Scheiß da reden und was wirklich passiert.«

Mit meinem Mann lief dann eigentlich nichts mehr. Der wurde auch noch schwer krank und musste operiert werden, das war aber schon unser Ende. Er ist irgendwann ausgezogen. Ich hatte beide Kinder bei mir, aber er hat sich sehr um sie bemüht, ist auch mit ihnen in den Urlaub gefahren, damit ich mal alleine nach Bulgarien konnte. Er hat das alles erduldet, er hat mich nie geschlagen oder angeschrien, aber ich habe es nicht geschafft, mit ihm über meine lesbische Neigung zu reden. Es war ihm auch peinlich, als ich mich entschieden habe und er davon erfuhr. Das muss ihn verletzt haben, denke ich mal. Das ist auch heute noch kein Thema für ihn.

Nach der Scheidung bin ich dann immer wieder zu der Künstlerin gefahren und habe gehofft, dass sie sich mir doch noch zuwenden würde. Das hat sie dann auch einmal getan, wir waren sogar zusammen im Urlaub. Aber für sie war das nur eine Episode. Und dieser Leidensdruck wurde so furchtbar für mich, dass ich zu der Zeit einen Suizidversuch unternommen habe. Da bin ich dem Tod gerade noch so von der Schippe gesprungen. Ich hatte schon die Tabletten genommen, als mein Mann zufällig kam, um mit mir etwas zu klären. Er klingelte, kam nicht rein, hat die Tür aufgebrochen – und da lag ich dann. Ich kam gleich ins Krankenhaus. Viel später hätte es nicht sein dürfen.

Danach war es sehr schwer für mich. Ich habe versucht, zu anderen Menschen ein Verhältnis zu finden. Zum Glück hatte ich ein gutes Arbeitskollektiv, die standen hinter mir. Ich habe mich damals auch einer Kollegin offenbart und die sagte ganz erschrocken: »Wieso denn das? Du doch nicht!« Dann haben wir ein Weinchen getrunken und erstmals darüber geredet. Das war ja nie ein Thema, als ob es so etwas nicht geben durfte. Die Schwulen wurden wenigstens wahrgenommen, wenn auch meist nur über sie gelacht wurde, wegen ihrer Tuntenhaftigkeit. Aber für uns gab es nichts, keinen einzigen Anlaufpunkt.

Sexuell lief damals gar nichts mehr bei mir und Selbstbefriedigung war und ist auch nicht so mein Ding.

Anfang der achtziger Jahre habe ich dann Andrea getroffen, die sich in mich verliebte, was ich anfangs gar nicht mitbekam. Bis mich deren Freundin fragte: »Mensch, sag mal, merkst du denn nichts?« Ich habe nichts gemerkt, weil ich nicht verliebt in sie war. Trotzdem habe ich dann viel mit ihr zusammen unternommen. Die hatte auch ein Kind und war eigentlich ein Arbeitstier.

In der Zeit hatte ich die Idee, mir auch einen Bauernhof zu suchen und auszubauen. Damals standen in der Uckermark nur noch wenige leer, die meisten waren schon von Kunsthandwerkern oder Künstlern besetzt. Wir Ärzte haben ja nicht so viel verdient. Ich hatte den Fachzahnarzt gemacht und war in einer staatlichen Klinik angestellt, da bekam ich zwischen tausend und tausendzweihundert Mark ausgezahlt.

Ich habe dann ein Bauernhaus gefunden, ein ganz kaputtes, und das mit Andrea zusammen gekauft. Das haben wir mit unseren Kindern ausgebaut und dafür jeden Pfennig zusammengekratzt. Teilweise haben wir sogar leere Flaschen verkauft. Es gab ja auch kein Baumaterial. Wir haben selber verputzt, Elektrik verlegt und Estrich, alles Mögliche haben wir gemacht. Wir haben richtig geschuftet. Und weil mein Freundin das nicht konnte, habe ich die Handwerker immer mit einer Flasche Schnaps bestochen, um Zement oder Weißkalk zu kriegen.

Dann hatte sich in der Gegend herumgesprochen, dass zwei Frauen ein Haus ausbauen. Was sind das für Frauen? Da wurde unser kleiner Waldweg plötzlich zur Autobahn, weil die sehen wollten, was wir da machen und wie wir nackig auf dem Hof herumrennen. Das haben wir wirklich gemacht, da hat mich doch gar nicht interessiert, was die Leute dazu sagen.

Später hatten wir auch eine erotisch-sexuelle Beziehung miteinander. Andrea war eigentlich ganz in Ordnung, muss ich sagen. Sie war relativ frei, und wir sind mit unseren Kindern gemeinsam in den Urlaub gefahren. Aber sie wollte dann mit mir ein familiäres Leben führen. Sie wollte mit mir auf der Ofenbank sitzen, Händchen halten und alles schön machen. Aber mein Ziel war das ja nicht. Ich wollte auch Leute auf den Hof haben, die sich geistig einbringen, so wie ich das bei der Künstlerin erlebte. Aber ich sollte nur für sie da sein.

Wenn ich so etwas merke – und das ist bis heute so –, dann breche ich aus. Ich habe mich von ihr distanziert und mich aus der Beziehung herausgeschlichen.

Nach der Trennung von Andrea gab es natürlich Probleme mit dem Bauernhaus, das wir ja gemeinsam finanziert hatten. Das ging bis zum Anwalt. Sie hat mir dann auch verboten, bestimmte Leute mit dorthin zu bringen, das Recht hatte sie ja. Das ist dann aber im Sande verlaufen, als sie in den Westen ausreiste.

Ich hatte damals auch schon einen Ausreiseantrag zu laufen, kam aber nicht raus. Zum einen wollte ich wegen der politischen Verhältnisse aus der DDR weg, zum anderen wegen der Schwierigkeiten, die es in der medizinischen Behandlung gab. Darum wollte ich mir auch keine neue Beziehung mehr aufhalsen, weil ich immer dachte: Das bringt dich von deinem Weg ab. Viele meiner Kollegen waren ja schon im Westen gelandet, aber indirekt hatte man noch Kontakte miteinander. Telefone wurden ja abgehört, Briefe wurden abgefangen, also kamen die Leute, die zu uns rüber durften und erzählten, wie es den anderen drüben so gehe. Denen, die ich kannte, ging es im Westen sehr gut, die sind dort alle wieder auf die Beine gekommen. Ob das Ingenieure waren oder Ärzte oder Architekten – die hatten alle Arbeit.

Das war auch mein Ziel. Ich wollte einfach nicht mehr abhängig sein von meinem bekloppten Kreis- oder Bezirkszahnarzt, ich wollte auch mal alleine mein Ding machen. Aber ich kam eben nicht raus.

Nach Andrea lernte ich dann Merle kennen, und das ist eine Geschichte, die mir immer noch anhängt. Merle ist zehn Jahre jünger als ich und mit ihrer Leichtigkeit so das Pendant zu mir. Sie war mir ebenfalls sehr zugetan und ich konnte ihr noch eine Menge beibringen. Sie war auch eine sehr Hübsche, aber das war nicht entscheidend. Sie war einfach da, war liebenswürdig, ich konnte ihr helfen und sie hat mir in einigen Dingen helfen können. So hat man sich ergänzt.

Wir haben oft spontan was unternommen. Ich hatte ja ein Auto und mit dem fuhren wir dann schnell mal an die Ostsee. Das war so ein Geben und Nehmen, das war auch harmonisch zwischen uns. Man konnte über dieselben Dinge lachen, ich habe ihr Bücher empfohlen, die sie auch gelesen hat, sie war also sehr wissbegierig. Dazu war sie sehr vorsichtig, zärtlich, also sehr angenehm von der Art her. Merle ist dann 89 im Sommerurlaub über Ungarn abgehauen.

Freunde von mir, die schon früher im Westen waren, hatten mir mal einen Schwulen rübergeschickt, der mich pro forma heiraten wollte, damit ich rauskomme. Wir hatten sogar schon die ganzen Papiere dafür eingereicht, aber es wurde abgelehnt. Auf diese Weise sind ja viele lesbische Frauen aus dem Osten rausgekommen.

Dann haben wir das noch mal eingereicht, da wurde das wieder abgelehnt und natürlich wieder ohne Begründung.

Und dann musste man ja immer ein halbes Jahr warten, um den Antrag wieder einzureichen. Ich habe damals schon auf Kisten gelebt, weil ich jeden Moment damit rechnete, dass sie mich rauslassen. Ich hatte auch meine Bücher und Schallplatten aufgelistet, die ich mitnehmen wollte, das wurde ja verlangt. Meine alten Möbel habe ich einer Freundin gegeben, die ein Antiquitätengeschäft hatte.

Und dann kam im September '89 endlich diese Prag-Geschichte, wo ich mir sagte: »Jetzt habe ich die Schnauze voll.« Ich steckte alles in Sack und Tüten, verkaufte die Wohnungseinrichtung, das Auto hat mein Bruder gekriegt und am Ende habe ich schnell noch mein Konto aufgelöst. Meine Tochter ist mit meinem Einverständnis bei meinem Ex-Mann geblieben und ich bin mit meinem Sohn – der war damals fünfzehn – über Karlsbad nach Prag gefahren. Das war eine sehr umständliche Reise, weil man die Züge umgeleitet hatte.

An dem Tag, als Genscher den Leuten mitteilte, dass sie ausreisen können, sind wir abends in Prag angekommen. Da war um die Deutsche Botschaft herum schon alles dicht. Wir haben dann einen Tschechen mit Kronen bestochen und sind hintenrum über den Zaun. Da standen schon die Busse da, mit denen die Leute in den Westen sind.

Gelandet bin ich in der Nähe von Nürnberg, in einem Auffanglager im Allgäu. Von da aus bin ich gleich nach Westberlin, wo eine Freundin von mir lebte – Suse. Mit ihr hatte ich in den achtziger Jahren mal eine Beziehung, parallel zu Merle. Suse war von einem Besuch bei der Oma nicht mehr zurückgekommen. Sie war auch Ärztin, eine sehr kluge, eine sehr aktive, spritzige, eine regelrechte Powerfrau, die mich durch ihre Kraft faszinierte. Das war so eine Brünette, die recht stabil war und dadurch auch etwas älter wirkte. Die wäre am liebsten gleich mit mir zusammen gezogen, die wollte mich also mit Haut und Haaren, dann mal wieder nicht, dann wieder doch. Das ging immer so hin und her.

Suse war siebzehn Jahre jünger als ich und verkehrte in der Westberliner Lesbenszene. Da bin ich auch mal mit ihr hingegangen. Danach dachte ich: Nee, das wird nicht dein Ding, damit kannst du nicht umgehen. Die waren mir alle zu versoffen und zu verklatscht und vertratscht, da war einfach der Horizont nicht da. Die haben sich für nichts interessiert außer für sich selbst – für ihren Sex, für ihr Abgreifen. Die kannten sich schon alle untereinander, sind sich auch alle schon mal im Bett begegnet. Suse hat mir gefallen, aber ich habe das Verhältnis zu ihr dann beendet, weil ich ja zu meiner alten Beziehung zurückwollte, zu meiner großen Liebe Merle.

Merle hat mich auch schon in Westberlin erwartet. Mit ihr und dem Schwulen, der mich damals aus der DDR wegheiraten wollte, bin ich dann zusammen in Schwulenkneipen gegangen, die sehr teuer waren. Aber der Schwule hatte uns eingeladen. Er war Kellner und hatte scheinbar viel Geld. In den Lesbenkneipen kann es vorkommen, dass man versteckte Angebote kriegt. Man schiebt sich irgendwelche Zettelchen zu oder man trifft sich auf dem Klo oder schiebt ein Glas Bier oder ein Glas Sekt rüber.

Ich habe immer nur geguckt – und das war's. Ich habe wahrscheinlich eine zu distinguierte Ausstrahlung. Ich wollte das auch nicht, da habe ich mich überhaupt nicht wohl gefühlt. Ich habe dann so drei, vier Glas Sekt getrunken und ein bisschen getanzt. Danach sind wir nach Hause gefahren und haben über die Möglichkeiten gelästert, die wir da jetzt hätten haben können.

Aber Merle hat sich mal von so einer Geschichte einfangen lassen, unter der ich sehr gelitten habe, wo ich sehr um sie gekämpft habe. Sie hat diese Beziehung dann auch wieder aufgegeben, aber das war schon sehr schwierig für mich, weil ich zu der Zeit schon eine eigene Praxis hatte und abends meinen Sohn noch beim Abitur unterstützen musste. Das war schon hart. Ich hatte sieben Jahre eine eigene Zahnarzt-Praxis in Westberlin, bin dann aber wieder in den Ostteil gezogen, weil ich mit den Menschen drüben nicht klarkam. Also mich hat die Meinung der Westleute über die Ostleute maximal angekotzt.

Wir sind ja manchmal ein Bier trinken gegangen, auch in den einfachen Kneipen. Für die Leute dort waren die Ostler alle undankbar, die waren alle faul, früher wollten sie nur Kaffee,

Strumpfhosen oder Klamotten aus dem Westen und jetzt kämen sie rüber und wollten auf einmal alles bezahlt haben. Oder es hieß, im Osten habe man nur hinter den Busch gekackt und man müsse denen erst mal das Arbeiten beibringen. Das war besonders schlimm für mich. Diese Meinung war fast durchgängig, das kam auch von Leuten, von denen man dachte, sie seien gebildet und hätten den Durchblick. Das stand mir dann bis hier, denn das musste ich mir und meinen Eltern und meiner ganzen Umgebung nun wahrlich nicht sagen lassen.

Wir hatten schließlich keine Lebensversicherungen, keine Kapitalanlagen. Und was wir bis zur Wende hatten, wurde auch noch mal durch zwei geteilt. Und nun wollten wir plötzlich Rente haben, für die wir gar nichts eingezahlt hatten. »Na, wo kommen wir denn da hin?«, hieß es. Und dann: »Bei euch gab's ja gar nichts, was haben denn die Ärzte schon gemacht? Nichts.« Dazu stand ich wahnsinnig unter Druck mit meiner Praxis.

Zum Glück hatte ich etwas Entspannung durch Merle, die sehr lange arbeitslos war. Sie hat sich dann um die Dinge des Alltags gekümmert.

Ich habe abends meist gekocht, das geht bei mir schnell und das war auch nicht ihr Ding. Obwohl sie eine eigene Wohnung hatte, war sie damals sehr oft bei mir.

Aber ich habe dann auch meine Probleme bei ihr abgelassen und immer gesagt: »Heute waren wieder wenig Patienten da, und ich weiß nicht, ob das reicht, vielleicht gehe ich pleite.« Man hatte ja auch überhaupt keinen Durchblick: Was sind eigentlich Steuern? Wie kann man im Westen Steuern sparen? Das kannte man ja alles nicht aus dem Osten. Und ich habe auch nicht begriffen, warum die Leute mir so um den Bart gegangen sind, weil ich Zahnärztin war.

Gut, Zahnärzte haben sich vor der Wende im Westen dämlich verdient. Eine Kollegin von mir ist zehn Jahre eher rübergegangen, die hatte schon ihre Villa in Zehlendorf und drei Autos, ein

Reitpferd und eine Jacht. Aber das hat mich alles nicht interessiert.

Wenn man nicht den richtigen Partner hat, der den kaufmännischen Durchblick hat und Abrechnungen oder steuertechnische Dinge erledigt – Ärzte arbeiten in der Praxis ja oft mit ihrem Partner zusammen –, da kann man ganz schön alt aussehen. Ich habe am Anfang Dinge unterschrieben, die hätten mir fast das Genick gebrochen. Auch körperlich war das dann sehr schwer, weil ich acht, neun Stunden teilweise durchgehend am Stuhl stand, einfach um meine Patienten zu halten. Und um die Banken und Versicherungen zu bedienen. Ich habe mir in der Zeit zwar mal ein neues Auto gekauft, aber das war ja in dem Kreditrahmen mit drin. Ansonsten habe ich mir so gut wie nichts geleistet.

Merle hatte nicht so viel Geld und wenn wir mal irgendwo waren, habe ich dann schon bezahlt. Natürlich hat sich mein Stress auf unsere Beziehung ausgewirkt, meine Lockerheit ist völlig flöten gegangen. Abends war ich meist müde und konnte ihr nicht mehr die Zuwendung geben, die sie gebraucht hätte. Sie hat mich dann auch verlassen, weil ich mich in meine eigenen Probleme verbissen hatte.

Mitte der neunziger Jahre lernte ich Anna kennen, die zehn Jahre jünger war. Sie war rhetorisch sehr begabt, voller Ideen, hatte auch ein Ohr für meine ganzen Praxisprobleme und versuchte, mir Ratschläge zu geben. Ich hatte zu der Zeit auch ständig Fortbildung am Wochenende, war immer irgendwie auf Achse und musste mich dazu mit der neuen Technik und den neuen Materialien vertraut machen. Dadurch blieb für Privates nur noch sehr wenig Zeit.

Aber die Geschichte mit Anna war recht schwierig. Zwar ging es sexuell wieder aufwärts mit mir, denn sie war sehr aktiv. Die war keine schöne Frau, war sehr herb, sehr dünn, also überhaupt nicht mein Typ. Die hat mich vom Kopf her fasziniert. Aber sie war sehr verhärmt, denn sie war im Knast gewesen. Die hatte Anfang der achtziger Jahre Republikflucht versucht, und ihre Eltern waren hohe Offiziere bei der Stasi. Sie ist damals in den Frauenknast nach Hoheneck gekommen. Das war ganz furchtbar, was da alles abgelaufen ist. Sie wurde dann abgeschoben und hat in Westdeutschland gewohnt.

Durch den Knast hatte sie auch ganz schlimme Hände, weil sie dort im Keller bei null Grad immer Küchendienst machen mussten. Also, die war auch sehr streng ausgerichtet, hatte nichts Weiches an sich, aber sie hatte eine wahnsinnige Sexualität, sie wollte am liebsten dreimal am Tag.

Bei Frauen geht ja beim Sex alles über die Hände. Manche benutzen auch Hilfsmittel, aber das machen Heteros ja auch. Zärtlichkeit und Streicheln war nicht unbedingt Annas Ding. Ihre Art hat mich irgendwann abgestoßen. Sie wollte also ständig Sex. Wenn ich von der Arbeit kam – sie war arbeitslos ohne Ende und hat sich am Tag meist gelangweilt – musste natürlich abends was passieren. Sie war auch die Dominante beim Sex.

In dieser Beziehung hatte ich erstmals Berührungspunkte mit SM-Geschichten, denn sie stand auf solche sadomasochistischen Spielchen. Aber nicht auf diese harten Sachen, sondern mehr mit Fesseln und Peitschen oder so. Sie hat auch mal versucht, mich zu fesseln, aber das fand ich so was von bekloppt, dass ich sagte: »Hör auf mit der Scheiße, mach das wieder weg.« (Lacht) Da war bei mir die Grenze, das wollte ich nicht. Sie hat sich dann über Annonce eine Frau gesucht, mit der sie diese Neigung leben konnte.

Anna war eine Frau, die eigentlich keine Beziehung wollte, sie wollte nur Sexualität, also sich die Frauen ins Haus holen oder zu Frauen gehen, aber ansonsten wollte sie ihr eigenes Leben haben und sich nicht zu nahe einlassen. Trotzdem habe ich mit der Zeit gemerkt, dass sie mich unter Druck setzte. Sie fing an zu klammern und wollte mir ihre Vorstellungen aufdrücken. Das wollte ich aber nicht mehr. Nach anderthalb Jahren habe ich diese Beziehung beendet.

Danach habe ich Merle wieder angerufen, die sehr darunter gelitten hat, dass wir nicht mehr zusammen waren. Sie hat so furchtbar gelitten, dass sie mir richtig Leid tat. Aber ich habe auch sehr gelitten unter ihren Eskapaden.

Und dann gab es eine Geschichte, wo ich dachte, mir bricht die Welt zusammen: Merle und Suse kannten sich über mich ja schon aus dem Osten. Merle war immer sehr eifersüchtig auf Suse und oft nicht ohne Grund, denn damals sah ich eine Beziehung noch lockerer. Die beiden hatten dann in Westberlin eine Liaison. Mit einem Schlag hatte ich also beide Freundinnen verloren. Ja, da war ich fertig, richtig fertig, da habe ich gelitten wie ein Schwein, abends viel getrunken und viel geraucht. Um mich abzulenken, bin ich am Wochenende auch mal zu Freunden gefahren, ich habe ja einen relativ großen Bekanntenkreis. Aber eigentlich wollte ich die nicht mit meinen Problemen belasten und habe mich dann etwas zurückgezogen.

Zum Glück brach Merle die Beziehung zu Suse wieder ab und kam zu mir zurück. Von da an ging es mit uns eine ganze Weile gut. Sie wollte sogar ihre Wohnung in Westberlin aufgeben und zu mir ziehen – ich habe ja eine große Wohnung. Das scheiterte aber daran, dass ihr Kind nicht in den Osten wollte: »Da sieht alles so grau aus, da ist alles so kaputt.« Mein Sohn war schon lange raus, der hatte inzwischen eine eigene Wohnung.

Merle hat ihrem Kind gegenüber immer ein schlechtes Gewissen, weil sie eben mit Frauen lebt und ihre Eltern das nicht so gut finden. Ihre Eltern waren, wie gesagt, früher höchst überzeugte Genossen, und dann rennt ihre Tochter in den Westen und noch einer Frau hinterher.

Ja, mein Sohn weiß um meine Veranlagung. Ich glaube, es ist ihm unangenehm, er ist da sehr sensibel. Es sagt zwar, wenn er zum Beispiel eine Freundin kennen lernt, meine Mutter lebt so und so, aber darüber reden kann er nicht. Er hat es einfach hingenommen, denke ich mal. Ja, und dann bin ich krank geworden – mein ganzer Rücken war kaputt. Als Zahnarzt hast du ja immer diese verdrehte Haltung und das ging bei mir irgendwann nicht mehr. Dadurch war ich gezwungen, die Praxis aufzugeben, aber das musste ja alles abgewickelt werden, mit Gutachtern, Banken, Versicherungen. Dann floss kein Geld mehr und ich musste mir was borgen, um die Banken zu bedienen. Wenn mir damals nicht eine Freundin geholfen hätte, die mir das Geld vorgeschossen hat, ich weiß nicht, was passiert wäre.

Das zog sich fast über zwei Jahre hin. Zwar ging es mit Merle noch eine Weile gut, aber ich war eigentlich nur noch kaputt und frustriert. Auch weil meine Berufsunfähigkeits-Versicherung nicht anerkannt wurde. Da bin ich dann richtig hinten runtergefallen, dabei ist mir auch viel Geld durch die Lappen gegangen, richtig viel. Heute beziehe ich eine Rente, die gerade so reicht. Und was vom Praxisverkauf noch übrig war, das habe ich in eine Anlage geschoben, die quasi auch den Bach runtergegangen ist. Danach ging es mir richtig scheiße.

Und in dieser Situation hat mir Merle am Telefon mitgeteilt: »Ich möchte das mit uns beenden, ich will nicht mehr.« Das war, wie soll ich sagen – wie der Hammer auf den Kopf. Daraufhin habe ich erst mal eine neutrale Freundin angerufen, die sagte: »Komm sofort mit dem Auto zu mir raus.« Die hat mich dann einfach reden lassen und ein bisschen aufgefangen in dem Moment. Ich konnte nicht mal heulen, ich war wie geschockt, ich habe das nicht begriffen. Ich habe mich auch nicht mehr bei Merle gemeldet.

Dieser Zustand änderte sich erst, als ich Karin kennen lernte, die meine Tochter sein könnte. Die traf ich mal beim Geburtstag einer alten Bekannten, die gerade mit ihr liiert war, aber nur auf der sexuellen Ebene. Aber Karin suchte eine Beziehung, die nicht nur auf Sex basierte, und seitdem bin ich mit ihr zusam-

men. Ich habe gedacht: Warum nicht, ehe du hier alleine rum-
dümpelst. Und wenn die dich haben will, dann gehst du eben
darauf ein. Das war im sexuellen Bereich auch in Ordnung, muss
ich sagen. Bis es mir wieder zu viel wurde, weil Karin auch sehr
aktiv dabei war und mir keinen Spielraum ließ. Sie wollte immer öfter und ich kam dann in meine Wechseljahre und bekam
alle damit verbundenen Symptome, also Schwitzanfälle und Hit-
zewellen. Ich war auch ganz antriebslos, hatte zu nichts richtig
Bock.

Mein Leben als Frührentnerin war ja plötzlich ganz leer und
irgendwann fragte ich mich: »Was mache ich jetzt mit dem Tag?«
Darum bin ich wohl auf einen Hund gekommen, auf einen Wei-
meraner, der mir vom Typ her sehr gefällt. Acht Wochen war er
alt, als ich ihn gekauft habe. Ich habe ihn Paul genannt. Inzwischen ist Paul schon groß. Ich wollte immer einen großen Hund,
aber dafür braucht man ja Zeit, die ich jetzt hatte. Ich habe mich
regelrecht auf ihn gestürzt, bin mit ihm zur Hundeausbildung
gegangen und hoffte, dort vielleicht auch Kontakte zu finden.
Aber das kann man alles vergessen, denn diese Hunde-Leute haben alle so einen merkwürdigen Touch. Viele von denen reden
nur noch von ihrem Hund, das langweilt mich.

Mein Paul ist ein ganz lieber, gut erzogen ist er auch, ich kann
ihn also überall hin mitnehmen. Klar, ist er Liebesersatz für mich,
durch ihn bin ich nicht mehr so allein. Ich bin ja auch kein kon-
taktfreudiger Mensch, eher etwas scheu. Aber wenn ich zu jemandem Vertrauen habe oder jemanden finde, mit dem ich mich
leise unterhalten kann, der mir zuhört, dann ist das für mich eine Ebene.

Das Problem mit Karin ist folgendes: Sie will mich mit Haut
und Haaren, mit mir am liebsten zusammenziehen, jeden Abend
zusammen sein – aber das ist nichts für mich. Ich sehe auch den
großen Altersunterschied von achtundzwanzig Jahren, der für
sie überhaupt keine Rolle spielt. Und zu Hause sitzen und war-

ten, bis sie von der Arbeit kommt, nee, das ist auch nicht mein Ding.

Sie hat viele Interessen, sie ist begabt, sie malt und schreibt wunderschöne Gedichte. Also, im Moment ist das zwischen uns so ein Status Quo wie zwischen Mann und Frau. Wir streiten uns und vertragen uns wieder. Bei den Streiten geht es meist um Alltagsdinge, dass die andere mal was alleine unternehmen will oder dass man zu Leuten Kontakte hat, die die andere nicht mag. Die ganzen finanziellen Geschichten zwischen uns sind getrennt. Wir sind auch noch nicht gemeinsam im Urlaub gewesen, da fahre ich immer alleine, meist zu alten Freunden.

Aber meine alte Beziehung zu Merle hängt mir immer noch in den Knochen. Meine Gefühle zu ihr sind weiter da und ich würde sofort wieder Ja sagen, wenn es möglich wäre. Sie hat mir auch menschlich viel gegeben. Aber wir telefonieren schon lange nicht mehr miteinander.

Momentan ist mein Leben ziemlich freudlos. Auf der einen Seite werde ich diese junge Freundin nicht los, auf der anderen Seite will ich sie ja nicht verlieren, denn sie ist auch ein wichtiger Mensch, der mir in vielen Dingen geholfen hat. Ich kann manche Dinge nicht so in den Griff kriegen, wenn es um Autoverkauf geht oder um Preisvergleiche, Versicherungen und so weiter, das ist mir alles zuwider. Und das hat sie richtig gut auf die Reihe gekriegt. Sie ist auch attraktiv und hat eine Traumfigur, ist sehr gepflegt, kann sich in Gesellschaft bewegen, kann in der Unterhaltung brillieren, ist teilweise auch sehr lustig. Das ist zwar nicht unbedingt meine Lustigkeit, aber für andere ist das okay.

Sie hat allerdings für mich nicht so die Erotik, das ist wahrscheinlich der Knackpunkt. Und Erotik macht sich ja für mich an ganz anderen Dingen fest. Erotisch ist für mich, wenn eine wahnsinnig schöne Hände hat oder einen schönen Augenschnitt oder einen bestimmten Gesichtsschnitt. Oder wenn ich Frauen auf der Straße sehe, die einen tollen Haarschnitt haben und eine schöne Farbe, dann bewegt sich etwas in mir. Karin ist zwar auch perfekt in ihrem Äußeren, aber das ist mir wahrscheinlich zu glatt.

Ich denke, bei mir sucht sie die Erfahrung, die Reife, die Sicherheit, vielleicht auch den Mutterersatz, weil sie bei den Großeltern aufgewachsen ist. Das habe ich ihr mal gesagt, aber da war sie böse. Ich bin ja manchmal auch ein betulicher Typ, ich koche gern und mache dieses und jenes. Das habe ich früher alles nebenbei gemacht. Was ich früher alles geschafft habe nebenbei, das kann ich heute gar nicht mehr glauben. Reparaturen selber gemacht, Wäsche, Einkaufen, Saubermachen, Kinder – und das alles neben meiner Arbeit als Zahnärztin.

Natürlich wünschte ich mir wieder eine Liebe. Ich bin ja nicht verliebt in Karin. Am Anfang war das schon so, aber das hat sich sehr schnell wieder gelegt. Es ist auch nicht leicht, ihr das zu sagen. Ich will ihr ja nicht wehtun oder sie jetzt einfach vor die Tür setzen. Ich weiß ja, wie es ist, wenn man verlassen wird – das tut schweinisch weh. Und wenn man sich gefühlsmäßig sehr mit der anderen verbunden fühlt, dann ist es schwer, davon wegzukommen.

Jetzt gehe ich erst mal für ein Vierteljahr nach Portugal, um meinen Kopf wieder freizukriegen. Das ist mir hier auch alles zu langweilig. Da fahre ich also demnächst mit dem Auto runter, alleine mit meinem Hund Paul. In Portugal habe ich Freunde, die sind im Vorruhestand und leben schon lange dort und wollen nie mehr zurück. Ich kenne viele, die weg wollen aus Deutschland, die haben die Schnauze voll von hier.

Nein, ich habe bis heute keine Erfüllung in meinem Leben gefunden. Deswegen bin ich wahrscheinlich auch so rastlos und immer noch so neugierig, nicht nur auf Frauen, sondern auf das Leben überhaupt. Und wenn meinen Weg noch mal eine Frau kreuzen sollte, dann dürfte sie auf keinen Fall langweilig sein, die dürfte den Tag nicht mit Waschen, Putzen oder Sticken ausfüllen. Sie sollte Interesse für viele Dinge haben, spontan sein und sich natürlich Zeit für gemeinsame Unternehmungen nehmen.

Heute denke ich, dass eine gleichaltrige Frau vielleicht am besten für mich wäre. Darum habe ich auch schon mal eine Annonce geschrieben und auf eine geantwortet. Aber was sich da meldet, ist meist so was von furchtbar, das geht alles nicht. Vielleicht bin ich als so genannte Lesbe ein zu extremer Typ. Ich will nicht alles mit der Frau zusammen machen müssen: Urlaub, Feierabend, zu Mama und Papa Kaffee trinken.

Zusammenleben würde ich schon gerne mit jemandem, denn ich bin nicht der Typ, der gerne alleine ist in der Wohnung. Aber jeder sollte noch seine eigenen Dinge verfolgen. Vorstellen könnte ich mir eine freischaffende Frau, die teilweise hart arbeitet, aber auch mal Freizeit hat. Ich habe ja ein großes Allgemeinwissen und kann mich in vieles hineinversetzen, kann da mitreden und mich in so eine Beziehung einbringen. Ich könnte mir auch vorstellen, in einer großen Wohnung mit einem Mann zusammenzuleben. Aber einen Mann für erotische Geschichten würde ich nicht mehr wollen.

MIT MEINER FRAU MÖCHTE ICH
NICHT ALT WERDEN

Bernd, 59

Ich spreche eigentlich gern über Erotik und Sex, wenn die Atmosphäre angemessen ist, wenn sie dazu einlädt, sage ich mal. Auch die Neugier spielt da eine gewisse Rolle. *Das erotische Verlangen* wäre so ein Titel, der mich anziehen würde, weil Verlangen auch unabhängig vom Alter ist. Selbst wenn ich jetzt ein Endfünfziger bin, fühle ich mich mit dem Begriff Alter noch nicht angesprochen. Muss ich ganz ehrlich sagen, ja, ich fühle mich relativ jung. Ich meine auch, dass es Menschen gibt, die sich mit fünfundsechzig noch nicht zu den Alten zählen lassen.

Ich habe sehr viel mit Menschen zu tun und weiß, dass es welche gibt, die schon mit vierzig den Eindruck erwecken, als wenn das Leben vorbei sei. Und es gibt andererseits dermaßen vitale siebzigjährige. Die Vitalität ist keine Frage des Alters, finde ich.

Als Kind habe ich natürlich nicht so gedacht, sondern eher so, wie Kinder heute auch denken. Wenn die sagen: »Der ist ganz schön alt«, handelt es sich oft um einen Menschen um die vierzig. Ja, die denken, dass das Leben, was Sex und Erotik betrifft, mit vierzig schon vorbei sei. Das ist vielleicht früher auch meine Denkweise gewesen, ohne dass ich das jetzt hundertprozentig nachempfinden kann. Man hat sich vielleicht zu wenig Gedanken darüber gemacht und auch die Eltern eher als geschlechtslose Wesen gesehen.

Jetzt bin ich selbst viele Jahre verheiratet, habe zwei Kinder und sage ganz offen, dass ich noch nie so richtig glücklich gewesen bin. Ja, warum? Ich denke mal, weil ich nicht ich sein kann, weil ich nicht so sein kann, wie ich eigentlich bin. Weil ich auch über viele Dinge, die mir wichtig sind, nicht so offen sprechen kann, wie ich das gern möchte.

Ganz intensiv habe ich das zum ersten Mal vor zwölf Jahren gemerkt, als ich eine Beziehung hatte. Damals hat meine Frau zu mir gesagt: »Du kannst mir doch alles sagen.« Ich habe es ihr dann letztlich auch gesagt. Die Endkonsequenz daraus war für mich, mit ihr nie wieder über solche Dinge zu sprechen, sondern das für mich zu behalten. Und wenn man mit jemanden darüber sprechen möchte, dann außerhalb des persönlichen Umfeldes.

Ich habe seit einem Jahr wieder eine Beziehung außerhalb unserer Ehe. Die hat sich zunächst aufgrund einer Annonce entwickelt. Wir hatten uns getroffen, und ich denke mal, das war von beiden Seiten zunächst in erster Linie erotisch-sexuell orientiert. Wir waren uns auch sympathisch, obwohl wir vielleicht beide gegenseitig nicht hundertprozentig der Typ des anderen waren. Aber im Laufe der Zeit haben wir dann gemerkt, dass uns doch viel mehr verbindet. Wir sind sehr eng zusammengewachsen und haben auch schon eine gemeinsame Woche Urlaub im Ausland verbracht.

Das war gar nicht so schwer zu organisieren. Ich habe auch in den Jahren zuvor jedes Jahr mindestens eine Woche allein Urlaub gemacht, meistens im Ausland. Ja, und das habe ich im letzten Jahr auch getan, obwohl ich da eben nicht allein war. Wenn ich meinem Gefühl vertrauen kann, ist meine Frau dieses Mal allerdings misstrauischer als sonst gewesen.

Ich bin ziemlich überzeugt, dass sie nicht fremdgeht. Ich meine, hundertprozentig weiß man das natürlich nie. An Trennung von ihr habe ich schon gedacht, öfter sogar. Bei der Beziehung vor zwölf Jahren und zuletzt im vergangenen Mai, weil diese Beziehung immer intensiver wurde. Das ging so weit, dass ich nachts kaum schlafen konnte und immer überlegt habe, was Marianne, so heißt sie, wohl momentan tut. Das hat mich schon sehr mitgenommen.

Ja, warum zögere ich mit der Trennung? Vielleicht doch, weil ich Angst habe vor der eigenen Courage. Vor zwölf Jahren war die Konstellation viel ungünstiger als heute. Die Frau war verheiratet, hatte zwei Kinder, von denen das jüngste erst zwei Jahre alt war. Da war also auch das Risiko erheblich größer. Und meine Frau hatte damals eine schwere Operation, wo moralische Dinge für mich auch eine Rolle spielten. Das ist heute alles nicht. Aber das Risiko bleibt, und da ist auch der Gedanke: Wird es reichen? Andererseits, wenn ich nicht verheiratet wäre, wären wir schon längst zusammen.

Marianne und ich haben sehr schöne Wochen und Monate verlebt und dabei auch – was für mich wichtig ist – verrückte Sachen gemacht. Also etwas, was man anderen vielleicht gar nicht erzählen kann, auch die erotisch-sexuelle Seite so richtig schön auszuleben, sich fallen lassen zu können. Das habe ich das letzte Mal etwa vor zwölf Jahren erlebt. Zwischenzeitlich ist auch mal was gelaufen, was aber nicht so unter die Haut ging.

Marianne ist geschieden, sie war zweimal verheiratet, sie ist etwas älter als ich und deutlich älter als meine Frau. Gut, ich denke mal, man sieht ihr das nicht an. Ich weiß, die Tendenz geht ja mehr dahin, dass eine Frau durch eine wesentlich jüngere Frau ersetzt wird. Aber auch wenn die Beziehung mehr über Sex und Erotik angefangen hat, ganz wichtig ist das Gefühl, über alles sprechen zu können, selbst die intimsten Gefühle mitteilen zu können, so dass man sich eben selbst treu sein kann.

Die Ruhe und die Motivation, die ich in diesem Jahr empfunden habe, sind ja für mich auch beruflich wichtig, gerade für einen Freiberufler. Auch da war für mich das letzte Jahr vielleicht das schönste und erfolgreichste in vieler Hinsicht.

Marianne und ich haben uns im Grunde genommen täglich gesehen. Sie hat eine Arbeitszeit, die es mir ermöglichte, jeden

Tag noch vor der Arbeit bei ihr vorbeizufahren. Ich kann sie in wenigen Minuten mit dem Auto erreichen. Wir haben auch viel telefoniert. Ich habe dadurch horrende Telefonrechnungen gehabt, für die könnte ich zweimal im Jahr einen luxuriösen Urlaub machen. Meine Frau kann das glücklicherweise nicht kontrollieren, ich rufe Marianne nur per Handy an. Darum ist es ja so teuer.

Dieses Doppelleben ist schon sehr bedrückend, das stimmt. Ich merke das an manchen Dingen. Ob ich zum Beispiel mit meiner Frau essen gehe oder mit meiner Freundin, das ist schon ein großer Unterschied. Mit meiner Frau ist das wie eine Pflichtveranstaltung. Wir waren Neujahr zusammen essen. Das lief so: Hinfahren, möglichst schnell essen, einen Schoppen Wein trinken und dann schnell wieder nach Hause.

Ganz anders als die Variante mit Marianne, wo man gern stundenlang zusammensitzt, wo die Zeit dermaßen schnell verfliegt, wo man merkt, wie eben haargenau die gleichen Dinge mit jemandem richtig Spaß machen, wie man sich positiv motiviert und aufgepulvert fühlt, wenn man neue Impulse bekommt. Man spürt direkt, wie sich Glückshormone im Körper ausbreiten, ja.

Aber ob sie mich heiraten würde, wenn ich frei wäre, das ist die Frage. Das ist wie eine Achterbahn und macht mich auch unsicher. Sie möchte, dass ich mich von meiner Frau trenne, aber nicht ihretwegen. Sie will, dass ich erst mal von mir aus eine eigene Wohnung habe und wir dann weitersehen können. Obwohl ich schon öfter mal eine Woche bei ihr gewohnt habe, da habe ich immer eine Dienstreise vorgetäuscht. Wir haben viele sehr schöne Stunden und Tage dabei erlebt. Es tut einfach gut, normale Dinge zu machen, sich Hand in Hand auf der Straße zu küssen, beispielsweise. Ja, das ist wirklich ein Gefühl, das ich bisher noch nicht erlebt habe.

Das finde ich schön, dieses freie Gefühl, die Dinge genau so zu tun, wie man sie tun möchte. Tun, wozu man Lust hat, ohne auf andere achten zu müssen. Das ist etwas, was mich sehr bereichert hat – und sie auch. Das hat sie mir jedenfalls immer gesagt.

Bei meiner Frau ist das anders. Ganz abgesehen davon, dass ich bei ihr heute auch nicht mehr das Verlangen hätte, was vielleicht normal ist nach so langer Ehe. Aber sie würde sicher auch sagen: »Nein, du kannst doch nicht, die Leute«, und so weiter und so fort.

Nein, meine erste Liebe war meine Frau nicht. Das war ein Mädchen in der Schule, kurz nach dem Abitur, aber ohne Sex, mehr eine platonische Liebe. Ja, mit meiner Frau ... Es war schon ein schönes Gefühl der Vertrautheit damals. Ich glaube aber, dass wir uns beide in einer Lebenssituation kennen gelernt haben, wo wir recht allein waren. Das war maßgeblich dafür, dass wir die Bindung eingegangen sind. Sie war geschieden und ich allein.

Unser Sexualleben war in den ersten Jahren recht aktiv und intensiv. So schön und so intensiv wie jetzt mit meiner Freundin war es nicht, aber vielleicht kann man mit Mitte zwanzig oder Anfang dreißig bestimmte Gefühle nicht so intensiv leben. Ich bin auch schon recht bald unzufrieden geworden. Ich bin kontaktfreudig und ein Mensch der Extreme. Entweder engagiere ich mich richtig oder man merkt mir sofort an, wenn mir eine Situation nicht gefällt.

Schon nach zwei, drei Jahren wurde der Wunsch nach etwas anderem größer. Ich habe mich jedes Mal gefreut, wenn ich von zu Hause weg konnte, ohne dass da unbedingt Sex im Hintergrund stehen musste.

Einfach mal ein paar Tage oder zwei Wochen nicht zu Hause sein, so wie das auch aktuell der Fall ist. Aber ich habe bei erotischen Gelegenheiten immer Ängste gehabt, dass was passieren könnte. Ich habe dann vielleicht manchmal kurz vorher abgeblockt oder rausgezogen. Es gab schon mal irgendwelche Episoden, aber die erste tiefgehende Beziehung außerhalb der Ehe war die vor zwölf Jahren.

Es gab auch sehr schöne Episoden. Ich erinnere mich an eine Dienstreise, da sah ich auf dem Bahnsteig eine Frau, die mir gefiel. Zufällig fand ich im gleichen Abteil Platz. Der Zug hatte auch noch zwei oder drei Stunden Verspätung von Berlin nach Hannover, so dass wir einige Stunden unterwegs waren. Wir kamen dabei dermaßen intensiv ins Gespräch. Zum Abschied hat sie mir einen Kuss gegeben und ich ihr. Wir hatten auch die Telefonnummern ausgetauscht. Aber damals hatte ich nicht die Möglichkeit, wochentags zu ihr zu fahren, und umgekehrt. Wir haben noch öfter telefoniert, aber das ist dann im Sande verlaufen.

Von meiner Seite her ist immer das Problem von Nähe und Distanz da. Ich suche oft zu viel Nähe, das gilt auch für Marianne, die ich schon zu häufig im Dienst angerufen habe. Es fällt mir halt schwer, Distanz zu wahren. Wenn ich etwas wirklich möchte, wenn ich voll engagiert bin, dann neige ich dazu, mich ganz auf einen Menschen zu konzentrieren.

Da kann meine Erziehung eine Rolle spielen, ja. Ich denke, dass es mir da an nichts gefehlt hat. Meine Mutter war sehr liebevoll, mein Vater vielleicht etwas strenger, er war auch selbstständig tätig.

Ich habe meine Kindheit in keiner Hinsicht als außergewöhnlich empfunden. Wir hatten ein recht großes Zuhause, es war auch nicht verklemmt und ich habe meine Eltern schon mal nackt gesehen. Das prägt einen natürlich.

Ja, was stößt mich bei einer Frau ab und was zieht mich an? Die Augen spielen bei mir eine Rolle und ganz stark auch die Stimme. Eine Frau mit einer unerotischen oder blechernen Stimme oder einem breiten Dialekt, wäre für mich ein richtiger Lusttöter. Das könnte ich nicht, da würde mein Glied überhaupt nicht steif werden. Die könnte noch so attraktiv sein.

Die äußere Erscheinung, da bin ich nicht festgelegt. Ob blond, braun, langhaarig oder kurzhaarig, das ist egal. Ich mag eher Frauen, die schlank sind, aber Marianne ist da schon nicht mehr ausgesprochen mein Typ. Sie ist mir eigentlich zu vollbusig, aber die Art und Weise, wie man sich unterhalten kann, hat das gleich ausgeglichen. Wir hatten zuerst nur telefonischen Kontakt, einen recht intensiven und erotischen. Dann ist man aufeinander neugierig und die Hemmschwelle beim ersten Treffen ist gar nicht da.

Vorher möchte man natürlich wissen, wie der andere aussieht, wie er sich selbst beschreibt, und wenn dann noch die Stimme passt – sie hat eine sehr angenehme und junge Stimme –, da hat man schon eine hohe Erwartung. Marianne hatte inseriert, und als wir uns das erste Mal getroffen haben, habe ich ihr vorher gesagt: »Ich habe ein braunes Sakko an und trage übrigens einen schwarzen Slip.« (Lacht) Es war eben telefonisch so locker zwischen uns, dass man das schon sagen konnte. Sie fand das auch okay. Wir haben uns also telefonisch heiß gemacht.

Ich glaube, dass es nicht so funktioniert hätte, wenn wir uns, ich sage mal, nur über unsere technischen Daten ausgetauscht hätten: Wie alt sind Sie? Sind Sie schlank oder vollschlank? Wir treffen uns da und da. Ich glaube, wir sind uns einfach von Anfang an sympathisch gewesen, obwohl sie eher den dunklen und graumelierten Typ bevorzugt.

Ich meine überhaupt, dass das Äußere des Menschen oder die Gesamterscheinung zwar am Anfang einer Beziehung eine größere Rolle spielt. Weil einfach ein bestimmter Level erreicht werden muss, unter dem macht es nicht Klick, da kommt man sich überhaupt nicht näher. Aber je intensiver eine Beziehung wird, desto geringer ist der Stellenwert des Äußeren. Also wenn man merkt, in welchen Bereichen es Übereinstimmung gibt, wenn es etwa Spaß macht, gemeinsam zu tanzen, wenn es schön ist, ein Glas Wein zusammen zu trinken und zu essen. Auch gemeinsames Schweigen kann sehr angenehm sein und natürlich die Nähe, das Kuscheln, der Körper des anderen. Oder auch, ich sage es mal so, ein hemmungsloser, geiler Sex.

Und das ist das Entscheidende im Leben, zu fragen: »Was ist mir wichtig? Was ist dem anderen wichtig? Welche Übereinstimmung gibt es in diesen Fragen?« Wenn die in vielen Punkten gegeben ist, dann merkt man halt, wie man sich emotional Schritt für Schritt immer näher kommt, als ob man zusammenwächst, sage ich mal.

Gemeinsame Interessen sind ein sehr wichtiger Punkt. Es müssen ja nicht unbedingt ganz genau die gleichen Interessen sein, sondern die Lebenseinstellungen sollten sich decken. Man kann auch unterschiedliche Standpunkte haben, wenn man sich darüber austauscht. Ich finde schon, dass die Wellenlänge in den Dingen, die einem wichtig sind, stimmen muss.

Nehmen wir ein grundsätzliches Interesse an kulturellen Dingen. Dass man, zum Beispiel, gern tanzt als Ausdruck von Lebensfreude.

Das ist halt nichts, wenn der Partner nur mitgeht und eigentlich keine Lust dazu hat. Es ist doch auch etwas anderes, ob jemand mir zuliebe ins Theater geht oder aus eigenem Interesse. Ich finde, dass auch Rauchen und Trinken mit dazu gehören, ob man gern gemeinsam spazieren geht oder ob man zu Hause lieber Sport an der Fernbedienung betreibt.

Ich bin noch recht aktiv, recht spontan und sehr aufgeschlossen. Das ist mir auch ganz wichtig bei einer Partnerin. Natürlich müssen die sexuellen Vorlieben zueinander passen. Ich habe da schon spezielle Vorstellungen, also weder SM noch etwas extrem Außergewöhnliches. Aber ich mag beim Sex das so genannte »dirty talking«. Also jetzt auch als Ausdruck der Lust, dass man bestimmte Dinge sagt, die im normalen Sprachgebrauch eher als unseriös oder schweinisch gelten, dass man sich einfach so gehen und fallen lassen kann.

Ich habe mal eine Talkshow mit einer Psychologin gesehen, da ging es um Partnerprobleme. Dort rief eine Frau an und sagte, ihr Mann verlange von ihr, dass sie beim Sex geile Wörter finde und auch mal sagen solle: »Du geiler Hengst!« Da meinte die Psychologin: »Na, dann sagen Sie es doch mal.« Aber solche Dinge müssen von innen heraus kommen. Man muss schon spüren, dass das erlebt und durchlebt wird, dass man es genauso meint, wie man es in dem Moment sagt.

Und das ist der Fall bei Marianne und mir. Sie sagt auch von sich aus, dass sie – selbst mit Anfang sechzig – noch nie so einen geilen Sex hatte wie mit mir. Das ist wie eine Befreiung. Und wenn es beide wollen, warum nicht? Wenn es einer nicht will, dann macht es dem anderen natürlich keinen Spaß, man kann solche Dinge nicht erzwingen. Aber warum soll man, wenn es beiden Spaß macht, nicht sagen: »Fick mich.«

Das kann man eben nicht mit jedem. Ich meine, sie ist sicher auch kein Kind von Traurigkeit gewesen und hatte verschiedene Partner, das ist ja ganz normal. Und ihrer Meinung nach hatte sie dieses dirty talking in dieser lustvollen Form noch nicht erlebt. Das ist ein Punkt, der mir schon wichtig ist, wenn es von innen heraus kommt. Nicht, wenn ich spüre, es macht jemand nur mir zuliebe.

Mit meiner Frau haben wir das auch schon praktiziert, aber es ist halt anders, ich kann auch nicht erklären, warum. Sicher, es hängt mit der Ehe und mit meiner Frau zusammen. Das lustvolle Sichfallenlassen ist bei meiner Freundin doch wesentlich stärker ausgeprägt. Sie hat mir übrigens erst im Nachhinein gesagt, dass sie ganz gezielt einen Partner gesucht hat, der möglichst verheiratet ist, um eine frühere Beziehung zu verarbeiten und zu vergessen. Also, zunächst hat sie den Mann als Mittel zum Zweck gesucht. Speziell für den sexuellen Aspekt. Daraus ist dann aber wesentlich mehr entstanden, als ursprünglich von uns beiden beabsichtigt war.

Ja, vielleicht hat Marianne auch Angst, dass unsere Beziehung alltäglich wird, wenn ich geschieden bin. Das kann sein, weil der Alltag dann vielleicht doch anders aussieht. Momentan habe ich die Entscheidung auf Eis gelegt, sage ich mal. Ich bin absolut nicht glücklich, aber ich bezweifle auch, dass es mit Marianne reichen könnte, selbst wenn ich momentan mit ihr sehr glücklich bin. Es ist aber vielleicht doch ein Unterschied, ob man so wie jetzt glücklich ist oder ob es für ein ganzes Leben reichen würde. Das weiß man nie vorher.

Vielleicht spielen auch die Gewissensbisse meiner Frau gegenüber mit. Andererseits sage ich mal ganz offen, als selbstständiger Unternehmensberater ist man ja auch in einer anderen Lage als vor fünfzehn oder zwanzig Jahren, als ich noch Angestellter war. Ich habe das vor gut zehn Jahren gemerkt, da kam ich eines Nachts um halb vier nach Hause. Und woher kommt man so spät?

Meine Frau kannte die Frau und sie kannte auch deren Mann. Sie hat sofort diesen Mann angerufen. Danach habe ich mich so hundeelend gefühlt, dass ich ein dreiviertel Jahr kaum Aufträge bekam. Da habe ich also auch beruflich gemerkt, wie schwer mir bestimmte Dinge fallen. Das ist natürlich ein Aspekt, wenn ich heute durchdenke, wie es weitergehen soll.

Da gibt es aber noch einen anderen Punkt: Marianne hat nämlich mit ihrem letzten Freund nicht so hundertprozentig Schluss gemacht. Ich glaube nicht, dass da noch eine erotisch-sexuelle Beziehung gewesen ist, als sie schon mit mir zusammen war, aber er rief halt öfter mal an. Und als ich morgens bei ihr war, hat er herausgekriegt, welches Auto ich fahre und hat sich aufgrund der Autonummer meine Daten besorgt. Da hörte ich also an einem Tag, als ich bei ihr war, auf dem Anrufbeantworter: »Schönen Gruß an Herrn ...«, dann und dann geboren, wohnhaft dort und dort ..., was ich als versuchte Erpressung interpretiert habe.

Er hat mich nicht erpresst, aber ist öfter mal dort aufgetaucht, wo sie arbeitet. Und das war für mich schon so ein kleiner Betrug an mir, sage ich mal. Nicht dass er aufgetaucht ist, aber dass sie mit ihm Kaffee trinken gegangen ist. Auch wenn sie mich nicht sexuell betrogen hat, hat sie immerhin keinen Schlussstrich gezogen, weil sie die Dinge am Köcheln halten wollte.

Da gab es auch mal eine Eifersuchtsszene von meiner Seite aus, wo sie von einem Tag zum anderen Schluss machen wollte. Mir ist es aber durch intensives Bemühen gelungen, das Blatt wieder zu wenden. Ich meine, als Außenstehender kann man in solchen Fällen immer gut raten, aber wenn man selbst emotional sehr stark involviert ist, dann ist das schon etwas anderes. Da macht man die Dinge eher kaputt, durch x-maliges Anrufen oder indem man dem anderen auf die Nerven geht. Auch wenn man sich sagt: Jetzt wäre es klüger, sich zurückzuhalten und eher moderat mit solchen Dingen umzugehen.

Es ist eben eine innige und herzliche und intensive Beziehung, die so wohl getan hat. Wir haben diese eine Woche in Spanien verbracht, das war der schönste Urlaub meines Lebens. Andererseits hat sie mir mehrmals gesagt: »Du verlässt deine Frau sowieso nie.« Sie mag Recht haben, weil es statistisch gesehen meist so läuft. Ihr ehemaliger Freund, mit dem sie vier Jahre zusammen war, der hat ihr auch Dinge versprochen, die nie eingetroffen sind.

Ob Männer da feiger sind als Frauen, kann ich nicht beurteilen. Aber ich glaube, dass etwas dran ist, wenn man sagt, dass Frauen sich aus einer Beziehung entfernen, wenn sie sich nicht wohl fühlen oder nicht geliebt fühlen. Also nicht wegen eines anderen Partners.

Sie hat ihren ehemaligen Mann, mit dem sie auch lange verheiratet war, genau deshalb verlassen. Und wir Männer tendieren wahrscheinlich eher dazu, eine Beziehung erst dann aufzugeben, wenn wir meinen, eine Partnerin gefunden zu haben, die besser zu uns passt als die, mit der wir schon lange zusammenleben.

Ja, vielleicht würde ich mich wirklich freuen, wenn meine Frau mich verließe. Das stimmt. Einmal habe ich das sogar schon Marianne gesagt. Aber ich denke, das wird sie nicht machen. Ich sage ganz offen, wenn ich am Wochenende mit meiner Frau zusammen sein muss, dann freue ich mich auf den Montag. Dann kann ich mich in mein Arbeitszimmer zurückziehen, wo ich mich auch abends oft aufhalte. Und so richtig frei fühle ich mich nur, wenn meine Frau mal ein paar Tage weg ist. Gestern rief gerade meine Tochter an und sagte: »Du bist ja heute so fröhlich und agil.« Da war meine Frau eben nicht da. Ich fühle mich von ihr eingeengt und kontrolliert, ja – und auch bedrängt.

Ich war mal auf einem Seminar bei einer Psychologin. Da sollten wir ein Bettlaken zum Drauflegen mitbringen. Die Reaktion meiner Frau war: »Na, wer weiß, was ihr da macht.« Oder wenn ich aus der Sauna zurückkomme, schnuppert sie immer an meinen Saunahandtüchern und sagt: »Wenn ich ins Bad gehe, dann riecht das.« Aber ich bin wirklich in der Sauna gewesen. Ich gehe in eine spezielle, eine Esoteriksauna, wegen der Atmosphäre mit Musik, nicht dass ich Esoterikanhänger wäre.

Momentan ist es so schlimm, dass ich keine Luft mehr kriege, wenn meine Frau in der Nähe ist. Und meine Freundin sagt zu mir: »Du engst mich dermaßen ein, du schnürst mich ein, weil es so aktiv geworden ist.« Sie hat das lange Zeit sehr genossen, aber ich habe es dann übertrieben, das muss ich auch mal so offen sagen.

Andererseits ist natürlich alles sehr versteckt und heimlich. Da ist noch ein anderer Aspekt, der eine große Rolle spielt. Meine Frau ist recht impulsiv, auch in Situationen, die gar nichts mit einer anderen Frau zu tun haben. Da kann es schon mal passieren, dass sie richtig hysterisch reagiert. Und nun habe ich meine gesamten beruflichen Unterlagen in unserem Haus im Arbeitszimmer. Ich könnte da nicht ausschließen, dass sie in einem Wutanfall – das ist schon mehrmals passiert – eben meine Unterlagen zerreißt. Vor einer ganzen Weile ist da mal ein Videorecorder mit in die Brüche gegangen, da waren eben ein paar hundert Euro im Eimer. So werden vielleicht Dinge, die beruflich ganz wichtig sind, unbrauchbar. Das hat mich zu der Überzeugung gebracht, dass ich im Grunde genommen heimlich ausziehen müsste.

Vor einiger Zeit war ich bei meiner Freundin, hatte aber vorgegeben, dass ich 150 Kilometer außerhalb Hannovers ein Seminar hätte. Den einen Abend waren wir zusammen in der Sauna gewesen – meine Freundin und ich. Da klingelte auf einmal das Handy und meine Frau fragte: »Wo bist du denn jetzt? Wenn du nicht sofort nach Hause kommst, dann ...« Ich bin aber nicht nach Hause gegangen. Ich war ja selbst erstaunt, wie relativ gelassen ich das schon genommen habe, auch wenn ich innerlich sehr beunruhigt war. Ja, diese Bedrängnis ist permanent da. Ich habe mich manchmal auch gefragt, ob die neue Beziehung die Flucht aus der alten ist. Aber das möchte ich verneinen, denn diese Beziehung ist dermaßen intensiv und wir haben so viele Gemeinsamkeiten.

Natürlich stören uns auch Dinge aneinander. Sie ist zum Beispiel eine relative Langschläferin, weil sie erst später mit dem Dienst beginnt. Da hat man logischerweise einen ganz anderen Tagesrhythmus. Und manchmal möchte ich sie da schon ein bisschen ankurbeln. Andererseits gibt sie mir eben diese Ruhe, das Gefühl der Geborgenheit, das ich schon sehr vermissen würde. Eben ganz offen über alle Dinge sprechen zu können, weder intellektuell abgehoben noch primitiv. Das ist genau die Sprache, die ich mir wünsche, und die Art, miteinander umzugehen.

Dadurch ist wohl diese zu große Nähe entstanden. Ja, das war auch mein Fehler, das sehe ich ein. Sie möchte jetzt erst mal ein bisschen Abstand von mir haben. Ob das ein Vorwand ist, weiß ich nicht, aber so, wie mich meine Frau seit zehn Jahren kontrolliert, seit dieser Beziehung damals, so habe ich auch angefangen, meine Freundin zu kontrollieren. Ich bin ja etwas begrenzt in meinen zeitlichen Möglichkeiten als Selbstständiger, ich kann auch relativ schlecht abends. Nur wenn ich gelegentlich mal eine Veranstaltung habe, kann ich vor meiner Frau begründen, dass ich weg muss. Aber ständig geht das nicht, das nimmt sie mir nicht ab. Das wird immer problematischer.

Ja, die Wahrheit sagen. Da müsste ich wohl mit allem rechnen. Das erste wäre ein Wutausbruch, dann kämen Tränen und vielleicht die Frage, womit sie das verdient hätte. Und im Extremfall ist für sie das ganze Leben sinnlos. Damit könnte sie mich dann vielleicht wieder erpressen. Dazu kommt, dass ihr Gesundheitszustand nicht gerade besonders gut ist. Sie ist seit einiger Zeit Hausfrau. Das ist auch für meine Arbeit, die ich zumeist zu Hause erledige, eine große Belastung. Schon wenn sie im Haus ist, vielleicht auch ganz ruhig im Wohnzimmer sitzt, ein Buch liest oder Fernsehen guckt, fühle ich mich eingeengt. Ich bin ein Mensch, der seine Freiheiten braucht. Umso unverständlicher ist es vielleicht, dass ich meiner Freundin ihre Freiheit nicht ganz zugestanden habe oder sie zu stark kontrollieren wollte.

Ja, manchmal sucht man dann auch Alternativen. Bei Prostituierten war ich, ehrlich gesagt, noch nicht. Mich würde es abstoßen, dass die Frau vielleicht am Tag Verkehr mit zehn anderen Männern gehabt hat. Da käme nichts bei mir. Ich habe mich aber schon erotisch massieren lassen, das war sehr angenehm.

Manchmal onaniere ich auch. Das erste Mal war ich so zehn oder elf Jahre alt. Wenn wir zum Beispiel in der Schule eine Mathearbeit geschrieben haben und ich am Ende der Stunde unter Zeitdruck stand, da habe ich meinen kleinen Schwanz zwischen die Beine genommen und habe onaniert bis der Samen gekommen ist. Das war ein schönes Gefühl und das mache ich heute noch, wenn ich an Marianne denke, abends vorm Einschlafen. Die meisten Männer ziehen ja beim Onanieren die Vorhaut vor und zurück. Ich mache das so.

Ich bin auch mal im Swingerklub gewesen. Ich weiß nicht, ob Sie die Atmosphäre dort kennen? Man kann allein dorthin gehen oder mit einer Partnerin. Ich bin kein häufiger Besucher von Partnerklubs, aber ich bin in den letzten Jahren schon mehrmals dort gewesen. Und jedes Mal war ich enttäuscht, muss ich sagen. Denn die Wahrscheinlichkeit, dass da eine Frau dabei ist, die in etwa dem eigenen Typ entspricht, ist doch relativ gering, wenn man schon bestimmte feste Vorstellungen hat.

Ich bin auch mal mit einer Frau dort gewesen und gestehe, dass das durchaus lustvoll war, dass es Spaß machen kann, sich zu zeigen oder andere zu beobachten. Und wenn man merkt, es macht Spaß, mit jemandem dort zu flirten, dann tauscht man auch körperliche Zärtlichkeiten aus. Da könnte dann auch mehr passieren – muss aber nicht.

Über mein Aussehen mache ich mir eigentlich keine Gedanken, ich bin nicht unzufrieden. Natürlich sieht ein Mann mit Ende fünfzig nicht so aus wie mit Mitte zwanzig. Aber wenn mich eine Zweitbeziehung wie die jetzige dermaßen motiviert, dann fühle ich mich richtig stark und wesentlich jünger und leistungsfähiger. Das merke ich dann auch in meiner beruflichen Tätigkeit, da ist die Resonanz gleich eine ganz andere. Man sagt vielleicht nur das, was man immer gesagt hat, aber die Art und Weise, wie man es sagt, da merkt jeder gleich, es steckt mehr Power dahinter. Oder man hat Probleme und Schwierigkeiten und vielleicht sogar Tränen in den Augen. Es hat also seinen Einfluss auf alle Bereiche.

Nein, mit meinem Körper habe ich absolut keine Hemmungen, im Gegenteil, ich zeige mich auch sehr gern nackt. Also jetzt nicht exhibitionistisch, aber ich wollte schon immer mal Nacktmodell sein. Deshalb habe ich mir ein Herz gefasst und auf eine Annonce geantwortet, wo man Nacktmodelle für Aktzeichnen suchte. Ich habe mich einfach gemeldet und gefragt, ob ich schon zu alt dafür sei. Aber die haben gesagt, ich solle kommen.

Seitdem stehe ich hin und wieder Modell. Kürzlich haben mich zwölf Frauen und ein Mann gezeichnet. Man wird zwar nur als Objekt wahrgenommen, also ich bin für die nur ein Stillleben, aber ich habe das genossen. Manchmal lasse ich mir auch eine Kopie davon geben. Meine Frau weiß natürlich nichts davon, aber meiner Freundin habe ich so ein Bild geschenkt. In so einem Rahmen bin ich also exhibitionistisch. Wenn ich jünger wäre, würde ich in Damenkränzchen gehen und erotische Gedichte vorlesen oder erotische Geschichten erzählen.

Dann habe ich auch wieder andere erotische Phantasien. Da stelle ich mir zum Beispiel vor, dass ich vor einem Kreis von Damen strippe, nackt koche oder serviere oder von einer der imaginären Damen vernascht werde. Ich würde es auch ganz real toll finden, wenn mich eine Frau einfach mal nehmen würde.

Wissen Sie, wenn man beruflich dominant ist, immer gut drauf sein muss, immer lächeln und Kraft ausstrahlen muss, dann wäre man gern auch mal ein bisschen devot. Aber das sind nur Wunschphantasien. Sie zu leben, müsste ich übervorsichtig sein – wegen meiner Frau.

Auch deshalb haben sich meine Erwartungen an die Ehe nicht erfüllt. Zu neunzig Prozent nicht. Was materielle Dinge anbelangt, Anschaffungen und so, da liegen wir im grünen Bereich, könnte man sagen. Wir gehören nicht zu den ausgesprochenen Wohlstandsbürgern, Mittelklasse würde man sagen. Da können wir insgesamt zufrieden sein, denn auf den Pfennig gucken müssen wir nicht.

Ich frage mich manchmal, wie sich meine Frau fühlt, wie sie sich auf die Dinge freut. Als ich kürzlich aus dem Krankenhaus kam, da sagte sie zu mir: »Schön, dass du wieder da bist.« Da bin ich dann richtig traurig darüber, dass ich mich nicht auch freuen kann. (Weint) Oder wenn sie sagt: »Ich möchte mit dir alt werden.« Eigentlich ein schönes Zeichen. Und ich muss mir dann innerlich sagen: »Nein, das möchte ich eigentlich nicht. Ich suche.« Es gibt vielleicht Menschen, die ihr ganzes Leben lang suchen, weil sie wohl auch zu hohe Ansprüche stellen. Ich gehöre zu denen, die schon recht stark sondieren, mit wem sie näher Kontakt haben möchten. Das ist auch so ein Problem in unserer Partnerschaft. Wir haben Kontakt meist zu Menschen, die ich gut finde, mit denen ich gern zusammen bin. Da sind unsere Ansichten doch recht unterschiedlich. Es hat keinen Sinn zu sagen, die sind doch ganz nett, und dann zu merken, dass meine Frau blockt. Und umgekehrt, wenn sie Menschen findet, sind die meistens nicht meine Wellenlänge. Das galt für ein Paar, dass wir im Urlaub kennen lernten und mit dem wir danach noch Kontakt hatten.

Dabei haben meine Frau und ich noch Sex miteinander. Selten, aber es gibt ihn. Sie hat aber keinen Orgasmus dabei. Ich komme und merke, dass sie sich auch danach sehnt. Aber das ist bei mir eben nicht diese Erfüllung, diese Leidenschaft, dieses Ineinanderfließen. Auch wenn es vielleicht unfair ist, aber ich stelle mir mit ihr jemand anderes vor, ich habe dann erotische Phantasien. Ich wünschte mir manchmal wirklich ein anderes Zusammensein. Wenn ich auf Reisen übernachte und sehe so ein älteres Ehepaar über siebzig, die noch Hand in Hand gehen oder gar tanzen, das ist schön. Auch wenn sich die Leute noch für Kultur und vieles andere interessieren.

Bei den meisten Menschen spielen ja materielle Dinge die dominierende Rolle: Kaufen, kaufen, kaufen. Die Tochter meiner Cousine ist jetzt Ende dreißig. Bei der geht es nur um Hund und Kaufen und Habenwollen, heute will sie das und morgen jenes. Die würde wahrscheinlich unter normalen Umständen nicht mehr mit ihrem Mann zusammen sein, wenn er ihr nicht diesen Lebensstil ermöglichen würde, den sie sonst nicht annähernd hätte. Ich habe auch den Eindruck, der Hund ist bei ihr Mannersatz. Der wird praktisch vergöttlicht. Wenn man mit ihr telefoniert, geht es nicht um den Mann, sondern um den Hund, um seine teuren Operationen und so weiter.

Kürzlich hat ihr langjähriger Lebenspartner die Tür ins Autoschloss fallen lassen und der Schlüssel war drin und ihr armer Hund auch. Der Mann hat danach zu mir gesagt: »Kannst du dir vorstellen, was passiert wäre, wenn dem Hund was zugestoßen wäre?« Der Hund steht dermaßen im Mittelpunkt, genau wie die Anschaffungen. Das ist Ersatz für andere Werte, da werden Defizite durch Wohlstand kompensiert. Deren Sohn schnippt auch nur einmal mit dem Finger, dann kriegt er, was er will.

Wenn alles stimmte, würde ich auch noch einmal mit einer Frau gemeinsam in eine Wohnung ziehen. Mit meiner vorletzten Beziehung, das ging auch etwa ein Jahr, und mit meiner jetzigen Freundin könnte ich mir das vorstellen. Auch von Marianne kam schon der Vorschlag, es zusammen zu versuchen. Erst mal getrennt zu wohnen und zu sehen, ob man dann immer noch den Wunsch nach intensiverem Kontakt hat.

Ihr früherer Freund kam vielleicht dreimal die Woche zum Frühstück, und es ist schon ein Unterschied, ob man dreimal die Woche frühstückt oder auch noch andere Dinge miteinander tut.

Schon eine Woche Urlaub ist ja ein positiver Ausnahmezustand, aber auch gleichzeitig wieder eine Situation, in der Ehen auf dem Prüfstand stehen, wenn man von morgens bis abends und auch noch nachts zusammen ist und merkt, man hat sich nichts mehr zu sagen.

Ich weiß noch nicht genau, wie meine Beziehung zu Marianne enden wird. Ob sie endet oder ob sie wieder reaktiviert wird. Wir sind in Kontakt. Aber das ist eigentlich das, was ich mir wünsche – eine richtig schöne Beziehung. Ich meine nur, dass es vielleicht von hundert Menschen des anderen Geschlechtes nur einen gibt, wo man sagt, das passt.

Ich denke, dass der emotionale Bereich ganz, ganz wichtig ist, die emotionale Übereinstimmung. Bestimmte rationale Momente sollten dabei natürlich auch nicht unberücksichtigt bleiben. Dieser Punkt spielt auch bei einem Menschen, der tieferer Gefühle fähig ist wie ich, eine sehr wichtige Rolle. Für mich wäre es jetzt undenkbar, jemand nach bestimmten Kriterien über ein Partnerinstitut zu wählen. Das Verbale ist es ohnehin nicht. Früher habe ich gelächelt, wenn mal einer gesagt hat: »Die Schwingungen müssen stimmen.« Aber inzwischen weiß ich, da ist was dran. An der Wellenlänge merkt man das einfach, ja, das ist es, das ist genau der Mensch, den du suchst.

Da sollte man nicht vorschnell urteilen, nicht nur visuell. Es gibt Menschen, da denkt man beim ersten Gespräch: Oh, sehr interessant, was sich dann beim zweiten Gespräch schon wieder relativiert, wo es dann bei einem dritten Gespräch nichts mehr zu sagen gibt.

Liebe, Sex und Erotik müssen für mich eine Einheit sein. Purer Sex ist für mich nicht vorstellbar.

Es muss dieses Prickeln da sein. Das ist keine Frage der äußerlichen Attraktivität. Genauso wie ich mir einen Typ wie Claudia Schiffer auch älter sexuell nicht attraktiv vorstellen kann. Schon eher Hannelore Elsner. Wo ich sage, das ist eine Frau, die echte Sinnlichkeit verkörpert, die sich wahrscheinlich auch total fallen lassen kann, genießen kann. Und das ist etwas, was ich mir sehr wünsche, worauf ich ganz stark achten würde. Ich habe auch die Iris Berben mal ganz nett gefunden, aber ich glaube, die Elsner wäre sinnlicher. Sie wäre auch die Frau, wo Geilheit, sage ich mal, so richtig Spaß macht.

ICH HABE DIE WÜNSCHE BEHERRSCHT

Anna, 72

Meine ersten Erfahrungen mit Sex waren nun wirklich katastrophal. (Lacht) Das konnte ja auch fast gar nicht anders sein, weil in meinem Leben immer alles sehr heftig und sehr überraschend auf mich zukam. Ich war fünfzehn und geriet einem Arzt in die Hand, und der hat es dann fertig gebracht, meine Dummheit auszunutzen.

Er hat natürlich auch gleichzeitig das Begehren in mir geweckt, aber ich habe gar nicht gewusst, wonach eigentlich. Ich habe ja auch nicht gewusst, wie ein Mann aussieht. Ich habe nicht gewusst, was ein Mann mit einer Frau macht. Dass sie irgendwas machen, dass da mal ein Kind kommt, das ja. Aber ich habe mir zum Beispiel vorgestellt, das Kind komme aus dem Bauch raus, wo das Bauchknöppel ist. Und diese Dummheit und Unerfahrenheit hat der Arzt damals ausgenutzt.

Auslöser war eine schwere Nierenerkrankung, die ich im kalten Winter 1946 hatte. Da gab es ja weder was zum Heizen, noch gab es Strom, da gab es überhaupt nichts. Und in der Zeit starb mein Großvater, im Januar. Die Beerdigung auf dem Friedhof hatte für mich schlimme Folgen – Blase, Nieren, alles war schwer entzündet.

Der Arzt, den ich aufsuchte, hatte eine kleine Klinik. Ich hatte vierzig Grad Fieber und alles war vereitert, also sehr schlimm. Es gab auch nichts zu essen, meine Mutter konnte mir nicht mal einen heißen Tee machen, weil es keinen Strom gab. Und da hat der Arzt gesagt: »Also, die Kleine muss ich mal in meine Klinik nehmen. Zu essen habe ich dort auch nicht viel, aber sie liegt warm, zumindest kriegt sie eine warme Mahlzeit am Tag und Tee zu trinken.«

Dann bin ich in seine Klinik und dort fing er an, so merkwürdige Untersuchungen an mir vorzunehmen. Und im darauf folgenden Sommer ist es dann passiert, da hat er mich ein paar Mal im Freibad getroffen und gesagt: »Ich habe dort oben ein Häuschen, da kommst du mich einfach mal besuchen.« Und ich bin da hochgetrabt, ohne zu ahnen, was auf mich zukam.

Das war einfach zuviel. Es war ja auch nicht so, als wenn Sie es mit einem Gleichaltrigen machen, der ist ja erst mal genauso schüchtern oder genauso dumm. Aber der Mann war Anfang dreißig, und der hatte als Arzt auch die besten Möglichkeiten, sich an eine Frau heranzutasten. Also, er hat mir nicht wehgetan oder so.

Aber er hat mich in ein Gefühlschaos gestürzt, das ich noch gar nicht bewältigen konnte. Und ich konnte ja auch mit niemandem darüber reden. Das war sehr schlimm – ja. Ich habe nun auch gleich gedacht: Ei Gott, jetzt hat der dich vielleicht verletzt, denn da ist ja auch ein bisschen Blut geflossen. Ich habe da sehr mit mir zu kämpfen gehabt.

Ich habe dadurch auch noch meiner Englischlehrerin einen Schock versetzt, weil ich am Tag danach zum ersten Mal in meinem Leben eine Drei bekam, sonst hatte ich immer eine Eins. Das war so eine richtige alte vertrocknete Jungfer, da habe ich gedacht: Wenn du wüsstest, was mir passiert ist, könntest du das vielleicht verstehen. Oder auch nicht.

Dieser Einstieg ins Liebesleben hat Folgen gehabt, eigentlich bis in die Jetzt-Zeit. Ich habe mit diesem Anfang natürlich eine sehr gute Qualität in der Liebe erlebt, so kann man das wohl sagen. Ja, und diesem Arzt folgte dann ein anderer Arzt, mit dem ich jahrelang befreundet war, der aber auch wesentlich älter war als ich. Von ihm habe ich erst mal erfahren, wie das eigentlich geht, aber da war schon längst alles passiert.

Trotzdem habe ich mir alles erklären lassen, denn ich hatte ja keine Aufklärung von meinen Eltern bekommen. Als ich meine Mutter später gefragt habe, wann sie mich denn nun hätte aufklären wollen, da sagte sie: »Vor der Hochzeitsnacht«, aber dafür war es ja längst zu spät.

Ich bin wirklich oft an Ärzte geraten. Das war wahrscheinlich deshalb, weil ich automatisch gemerkt habe, diese Männer können mir was geben, was mir die Gleichaltrigen nicht geben konnten. Sie dürfen ja nicht denken, dass damals ein Sechzehnjähriger mal an ein Mädchen herangegangen ist. Also, wenn der vor der Haustür einen Kuss gekriegt hat, dann war das schon sehr viel. Und wenn die so ungeschickt zu Werke gegangen sind, ist bei mir eine ablehnende Haltung entstanden.

Ja, ich würde schon sagen, dass ich sehr erotisch veranlagt war. Aber ich geriet immer an die falschen Männer, weil eben die Gleichaltrigen noch nicht so weit waren wie ich. Das war mir immer zu wenig, was die mir geboten haben. Die Sexwünsche waren geweckt und zwar auf einem sehr hohen Niveau. Durch diese älteren Männer, die nun wirklich auch Erfahrung hatten und die mir als Ärzte auch noch das theoretische Wissen beibringen konnten.

An der Stelle muss ich mal auf die Zeit zurückkommen, in der ich aufgewachsen bin, da war doch Aufklärung überhaupt nicht modern. Es gab von den Eltern keine Aufklärung, es gab in der Schule keine Aufklärung, und wir hatten auch wirklich im Krieg und in der Nachkriegszeit derartig viel mit anderen Problemen zu tun, da blieb das einfach am Rande. Das kommt ja heute auch mitunter aus einer gewissen Langeweile heraus, dass sich die Kinder immer zeitiger mit Sex beschäftigen. Für uns war das überhaupt kein Thema, wir wussten nichts davon.

Ich hatte durchaus sehr liebevolle Eltern, die auch sehr liebevoll miteinander umgingen. Aber wie das nun damals war, man hatte kein eigenes Zimmer, also hat man auch sehr viel mitgekriegt, was ja nicht gerade sehr erhebend war. Wenn eben nur ein Schlafzimmer für Eltern und Kinder existiert, da sieht man einiges. Und man fand das irgendwie empörend, abstoßend, nee, gar nicht aufregend. Ich fand es eher abstoßend, dass ich nun Zeuge wurde von solchen intimen Sachen. Da war ich auch schon das einzige Kind zu Hause, denn mein fünf Jahre älterer Bruder war bereits im Krieg und ist mit siebzehn gefallen.

Ich habe meine erste Menstruation mit elf Jahren gehabt, das war für die damalige Zeit sehr früh. Also, ich hab's als entsetzlich erlebt, ich habe mich dafür geschämt, zumal es auch immer sehr stark war. Im Turnunterricht hatte ich an diesen Tagen eben einen Fuß verstaucht oder es war etwas mit meinem Arm, bloß damit ich nicht daran teilnehmen musste, wenn die Regel kam. Es war eine furchtbare Sache für mich.

Beim ersten Mal habe ich sogar eine regelrechte Todesangst gehabt, ich habe gedacht, ich sei schwer krank oder irgendwas. Ich war im Freibad und war auch gerade noch vom Turm gesprungen. Auf einmal merkte ich, dass der Badeanzug blutig wurde und wusste natürlich nicht, was los war. Da habe ich gedacht: Jetzt hast du dich schwer verletzt oder irgendwas.

Meine Mutter war genauso entsetzt wie ich, weil sie selbst die Regel erst mit siebzehn bekommen hatte. Da war es ihr unverständlich, dass man so etwas schon mit elf Jahren haben konnte, obwohl ich natürlich schon körperlich entwickelt war. Aber das hat sie wahrscheinlich nicht sehen wollen.

Ich war meinen Mitschülern durch diese körperliche Entwicklung und durch die frühe Regel immer irgendwie voraus. Auch gefühlsmäßig, denn die körperliche Entwicklung läuft ja in gewisser Weise parallel.

Ich konnte allerdings mit niemandem darüber reden, weil die gar nicht wussten, wovon ich spreche. Wenn ich denen jetzt erzählt hätte, dass ich blute, da wären die genauso entsetzt gewesen wie ich.

Es war eine sehr schwere Zeit. Da spielte dann auch noch das Kriegsende rein, das kam ja alles zusammen. Mein Bruder fiel, als ich dreizehn war. Das sexuelle Erwachen war dadurch überlagert von äußeren Ereignissen.

Ich habe mich übrigens später keineswegs nur an älteren Männern orientiert. Das hat dann sogar gewechselt, indem ich mich auch für Jüngere interessierte. Zwischendurch habe ich ja meinen Sohn bekommen. Der Mann war, man könnte vielleicht sogar sagen, von Sex besessen, aber er hatte auch Geschick. Bei ihm habe ich im Sex die Erfüllung gefunden, nach der ich mich durch das ganze Vorleben gesehnt hatte. Aber da klappte alles andere wieder nicht – wir waren nicht verheiratet und er trank. Als ich das mitbekommen habe, habe ich gesagt: »Das wird nichts mit uns, weil ich keinen Trinker zum Mann haben will.«

Ja, und dann haben wir beide aufs falsche Pferd gesetzt. Ich habe nichts gegen die Empfängnis gemacht, obwohl ich ja inzwischen wusste, wie die Kinder entstehen. Und er hat auch nichts dagegen getan und da war es eben passiert. Ich dachte: Na, wenn er erst mal Vater wird und ein bisschen Verantwortung übernehmen muss, dann lässt er vielleicht das Trinken sein. Und er hat sicher gedacht: Wenn die erst mal ein Kind von mir kriegt, dann wird sie mich schon heiraten. Beide haben wir auf Sand gebaut.

Er wollte mich heiraten und seine Mutter wollte das auch. Ich war fünfundzwanzig, er war dreißig, das war ja für damalige Verhältnisse schon ein ziemliches Alter. Damals habe ich natürlich auch meinen Eltern einen Schock versetzt, das habe ich erst später begriffen. Es ist für sie unvorstellbar gewesen, dass ihre ledige Tochter ein Kind kriegt, das war eine Katastrophe. Ich habe gar nicht so richtig begriffen, was ich meinen Eltern angetan habe. Und trotzdem haben sie sich dann zu mir bekannt.

Es ist in der Zeit sogar noch vorgekommen, dass Eltern ihre Töchter verstoßen haben. Meine Eltern haben aber voll zu mir gehalten. Sie haben ja theoretisch auch eingesehen, dass ich Recht hatte, wenn ich sagte, dass ich keinen Trinker wolle. Aber sie hätten es natürlich lieber gehabt, wir hätten geheiratet und uns dann wieder scheiden lassen. Das Kind hätte dann eben einen Vater gehabt, aber für mich kam das eigentlich nicht in Frage.

Obwohl das zu diesem Zeitpunkt noch sehr schwer war. Wenn Sie damals berufstätig waren und alleinstehend mit einem Kind, da wurde die Nase gerümpft. Fünf Jahre später war das dann schon überhaupt kein Problem mehr. Aber als der Junge geboren wurde, da war es noch ein Problem, ein sehr großes sogar.

Da habe ich auch viele negative Erfahrungen mit anderen Menschen gemacht. Man war eben irgendwie abgestempelt, man war eine, die sitzen gelassen worden war. Dass es gerade andersherum war, das interessierte nicht.

Aber ich wollte eben keine Partnerschaft aus Prinzip, das kam nicht in Frage. Danach gab es dann eigentlich nur noch Affären, nichts von Bedeutung. Es ist also nie wieder ein Mann in mein Leben getreten, wo ich den Wunsch gehabt hätte, mit ihm immer zusammen zu sein. Es war ja auch so, dass es für unsere Jahrgänge sehr wenige Männer gab. Nach dem Krieg war bei uns hier das Verhältnis eins zu sieben, also ein Mann auf sieben Frauen. Dazu kamen noch die Kriegerwitwen, die, um wieder einen Mann zu haben, auch mal nach einem Jüngeren griffen. Es war eine sehr schlechte Zeit.

Ich habe mich aber irgendwie auch gar nicht bemüht. Wenn ich das nun gewollt hätte, hätte ich ja auch Annoncen schalten können, aber ich wollte im Beruf vorwärts kommen. Obwohl auch da eigentlich von Anfang an alles schief gelaufen ist. Das hängt ebenfalls mit meiner Kindheit zusammen. Ich war in der Schule immer sehr gut und meist Klassenerste. Als wir dann im vierten Schuljahr waren, wurde sortiert, wer auf die Oberschule sollte, heute wäre das nun das Gymnasium.

Die Lehrerin ist zu meinen Eltern gekommen und hat gesagt: »Mensch, das Mädel ist doch zu schade für die Volksschule.« Meine Eltern haben die Oberschule aber abgelehnt. Sie konnten einmal das Schulgeld nicht aufbringen – im Krieg kostete die Oberschule ja noch Geld –, zum anderen weiß ich, dass sie sagten: »Ach, ein Mädel heiratet später sowieso mal, wozu soll denn *die* erst groß was lernen?« Das war für mich eine Situation, unter der ich als Kind gelitten habe. Das war ja die Zeit, als auch das Körperliche losging. Es schmerzte, dass ich nicht auf die Oberschule gehen konnte, während andere aus der Klasse das durften, die zwar wesentlich dümmer waren, aber einen reichen Vater hatten.

Ich wollte lernen, ich wollte gern irgendwas werden. Gerade wegen meiner Eltern, die waren so bescheiden, die hatten überhaupt keine Wünsche. Es war mir unvorstellbar, dass ich so leben könnte.

Das Größte, was meine Mutter sich vorstellen konnte, war: »Unsere Anna heiratet mal einen braven Handwerker und dann kriegt sie zwei, drei Kinderchen.« Dabei war mir schon mit zwölf Jahren klar, dass ich nie einen braven Handwerker heirate und keine zwei, drei Kinderchen kriege. Schon, weil das von mir erwartet wurde.

Später habe ich dann im Büro gelernt und eben nie in dem Sinne Freude und Erfüllung gehabt, dass ich meinen Beruf geliebt hätte. Deshalb habe ich mit Mitte dreißig einen ganz großen Sprung getan. Da bin ich dann über alle Schatten hinweggesprungen und habe ein Fernstudium angefangen. Mit zweiundvierzig habe ich dann als Bauingenieur abgeschlossen, da war ich endlich mit mir zufrieden.

Mit Liebesleben war in dieser Zeit natürlich wenig. Ich habe am Tag gearbeitet und abends über den Büchern gesessen. Und dann fing der Junge noch an, Probleme zu machen. Die Oma war gestorben und er begann plötzlich die Schule zu schwänzen

und so. Also, ich hatte wirklich andere Sorgen, als mich umzu-
gucken, ob irgendwo ein Mann für mich ist.

Ich war dann fest entschlossen, allein zu bleiben, weil das ja
auch wieder Vorteile hatte. Inzwischen war die allgemeine Meinung anders geworden, so dass eine alleinstehende Frau mit Kind
nun nicht mehr die Attraktion war wie früher. Da war ich eigentlich auch ohne Mann mit meinem Leben restlos zufrieden.

Außerdem habe ich immer prinzipiell die Qualität über die
Quantität gesetzt. Und wenn ich gemerkt habe, das ist ein Mann,
der wenig zu bieten hatte, dann habe ich verzichtet. Das waren
Männer, die dumm geheiratet hatten und dumm geblieben sind.
Es war natürlich auch so, dass verheiratete Männer mein Leben
kreuzten. Aber da war wieder das Problem mit der Wohnung.
Sie konnten sich doch damals nicht irgendwo eine Wohnung
mieten, die bekam man vom Wohnungsamt zugewiesen.

Wenn ich jetzt einen Geschiedenen kennen lernte, dann lebte
der beispielsweise noch mit seiner Frau zusammen in der alten
Wohnung und sagte gleich: »Ich muss dort raus, ich muss sofort
zu dir ziehen.«

Das war mir immer zu riskant. Ich dachte: Dann hast du den
auf dem Hals, und wenn es nicht klappt ... Man hatte keine Zeit,
sich miteinander bekannt zu machen und auszuprobieren, ob
das Zusammenleben möglich ist. Ich habe deshalb gewisserma-
ßen die Flucht davor ergriffen.

Und dann war da noch etwas, wofür ich von Kind an, ich weiß
auch nicht weshalb, kein Verständnis fand, weder bei Gleichaltrigen, noch bei Älteren oder gar bei meinen Eltern. Ich habe immer gesagt: »Wenn ich schon mit einem Mann zusammenleben
möchte, dann in getrennten Schlafzimmern.« Das war etwas Un-
vorstellbares für viele. Ich wollte getrennte Schlafzimmer haben, weil mir die nahe, ununterbrochene Gegenwart eines Menschen und noch dazu im Bett unangenehm war. Ich konnte auch
mit meinem Sohn nicht in einem Raum schlafen, wenn wir weg-

fuhren, der war mir überall im Wege. Ich bin sehr unruhig im Schlaf. Damit bin ich nun überall auf Kopfschütteln gestoßen.

Ich habe es bei Gleichaltrigen erlebt, dass sie den ganz normalen Weg gegangen sind, wie sich das meine Eltern gewünscht hätten: Die haben einen braven Handwerker geheiratet und drei oder vier Kinderchen gekriegt. Aber meist sind sie dann mit dem Geld nicht über die Runden gekommen. Solche Sorgen habe ich ja nie kennen gelernt. Nachdem ich noch studiert hatte, hatte ich ja auch sehr gutes Geld.

Also, ich will mal sagen, mir hat das ganze Liebesleben vielleicht innerlich gefehlt. Aber es war noch nicht die Zeit der One-Night-Stands, und das hätte mir auch nichts gebracht. Ich habe nie, das kann ich sagen, Sex ohne Liebe gewollt, das klappte bei mir nicht. Ich musste auch den ganzen Menschen irgendwie sympathisch finden.

Ich sehe überhaupt Erotik als das Bindeglied zwischen Sex und Liebe. Ich würde denken, wenn ein Mensch den anderen liebt, dann wird die Erotik mit hineinspielen. Und aus der Erotik heraus kommt dann auch der Sex. Klar, manche Paare behaupten, sie könnten auch ohne Sex wunderbar zusammenleben. Aber das sind dann sicher solche, die schon sehr lange zusammen sind, wo sich das abgeflacht hat und wo man jetzt mehr oder weniger nicht die Gewöhnung aneinander aufgeben will. Dadurch hat der Sex keine Bedeutung mehr. Oder meistens ist es so, dass man sagt, es habe keine Bedeutung mehr, obwohl es in Wirklichkeit gar nicht mehr geht. Ich meine beim Mann.

Deswegen wird das im Alter dann oft als nebensächlich bezeichnet, so nach dem Motto: Brauchen wir nicht mehr, wir haben uns trotzdem lieb. Aber ich denke, dass die Sehnsucht nach Sex bei jedem da ist, nur kann sie teilweise nicht erfüllt werden.

Ob ich einen Mann liebe, das hätte ich erst gewusst, wenn ich ihn länger kennen gelernt hätte. Gut, man kann sofort verliebt sein, aber ob man den Mann liebt, das weiß man erst nach einer ganzen Weile. Bei einem One-Night-Stand ist das anders, da zählt nur die Gelegenheit, nur der Moment. Da wäre bei mir gar nichts angesprungen.

Aber Selbstbefriedigung kam für mich auch nicht in Frage. Das war mir ehrlich gesagt zu lächerlich. Außerdem waren ja alle diese Hilfsmittel noch gar nicht bekannt. Ich habe auch nie was drüber gelesen oder erfahren. Dass ein Mann das machen kann, das war mir klar, weil da irgendwas bei passiert. Aber wie das eine Frau machen sollte, darüber habe ich mir erst mal gar keinen Kopf gemacht und das hätte auch nicht funktioniert bei mir. Wenn, dann brauchte ich schon einen Partner dazu.

Als Kind kam das gleich gar nicht in Frage. Mit elf war ich ja, wie gesagt, mit der Periode kein rechtes Kind mehr. Da stürmte aber gleichzeitig schon so vieles auf mich ein, dass ich gar keine Zeit hatte, irgendwie an mir rumzufummeln. Und später, in der DDR, da gab es kaum was darüber zu lesen, wie man sich als Frau selbst befriedigen kann. Aber das war eben für mich auch gar kein Thema.

Ich habe später nicht wirklich wahrgenommen, dass die zweite Hälfte des Lebens begonnen hatte. Auch erotisch nicht. Dazu war ich wohl zu wenig fest an jemanden gebunden. Die sexuellen Wünsche waren jedenfalls noch da, man hat ja geträumt und so, aber die habe ich beherrscht. Also mich haben nicht die Wünsche beherrscht, sondern ich habe die Wünsche beherrscht. Und ich habe gesagt: Entweder was Richtiges oder gar nichts. Das war meine Devise. Und was Richtiges war eben selten in meinem Leben, wo wirklich alles mitgespielt hätte. Irgendwann habe ich dann auch gesagt: Das gibt es wahrscheinlich gar nicht. Das ist wohl so eine fixe Idee von mir, dass eben alles klappen muss.

Ich habe mal ein Buch gelesen von einer, die siebzig war und mit einem wesentlich jüngeren Mann eine wirklich feste Bindung eingegangen ist. Ich kann jetzt aber nicht sagen, wie das heißt. Es ging darum, was sie da alles hat durchmachen müssen, mit der Umwelt und so. Die hatte schon große eigene Kinder. Die beiden waren glücklich miteinander und das hat mich damals berührt, aber da habe ich auch nie gedacht, dass das für mich in Frage käme. Ich weiß auch nicht, ich war einfach mit dem Leben, das ich hatte, zufrieden.

Und dann fing auch alles um mich herum an, sich scheiden zu lassen, dann ging diese große Scheidungswelle los. Dabei haben sich manche bei mir ausgeheult. Da habe ich mir gesagt: Bloß gut, dass du so etwas nicht zu erwarten hast.

Bei mir kam nach fünfzig auch nie das Gefühl auf, dass es nun mit Sex vorbei ist. Sicher weil ich auch vorher Sex und Erotik nie für das Wichtigste im Leben gehalten habe. Ich wusste, dass man da Schönes haben konnte, wenn es läuft, aber ich wusste auch, dass mir der Weg dahin verschlossen war.

Das kommt Ihnen jetzt vielleicht komisch vor, aber dieses arme Elternhaus hat mir Zeit meines Lebens angehangen. Und man kam da auch nicht in die obere Gesellschaft rein, sagen wir es mal so. Vielleicht war es bei mir instinktiv, dass ich mich zu den Ärzten hingezogen gefühlt habe. Ich konnte wirklich zu jedem Arzt gehen, zu welchem ich wollte, auch als ich dann schon älter war, irgendwie wurde da immer so eine halbe Affäre draus oder auch eine ganze. Ich nehme an, das kam von dieser ersten Beziehung, die habe ich nicht auf den Mann, sondern auf den Beruf ausgedehnt.

Ich wollte mich einfach nicht unter Wert verkaufen, und zum anderen habe ich auch immer gesagt: Was nützt mir ein Mann, mit dem ich mich nicht unterhalten kann. Also, ich wollte keinen mit solchen Hobbys wie Trinken und Fußball. Ich meine, wenn er nun einfach sein Glück darin findet und es nicht allzu sehr übertreibt, dann hätte ich vielleicht mit Fußball leben können. Aber ich sage immer: »Wenn es um Fußball und Autos geht, muss man die Männer lassen.«

Nein, meine Erfahrung ist das nicht, dass Männer meiner Generation generell nur jüngere Frauen suchen. Ich habe im Gegenteil festgestellt, dass in den Annoncen in der Zeitung sehr oft auch drin steht: »Gerne älter«, wenn beispielsweise so ein Endsechziger annonciert. Das ist mir in letzter Zeit aufgefallen. Also muss irgendwie bei diesen älteren Männern der Drang nach der ganz Jungen doch nicht unbedingt eine Rolle spielen. Das ist wahrscheinlich wieder bloß in der oberen Gesellschaft so, Filmschauspieler beispielsweise, aber im normalen Leben, würde ich sagen, ist dieser Drang gar nicht da.

Das hängt ja auch mit dem Finanziellen zusammen. Wenn jetzt so ein Rentner kommt, der vielleicht gerade seine 1000 Euro Rente bekommt, und eine Junge sucht, dann sagt doch eine Dreißigjährige: »Was bietet der mir?« Und die älteren Männer suchen auch weniger Sex und Erotik, die suchen eigentlich überwiegend jemanden, der sie versorgt. Und das brauche ich nicht.

Nun habe ich ja seit zwei Jahren auch wieder einen Partner, er ist sogar jünger als ich, es sind vier Jahre Altersunterschied. Aber es geht nicht darum, dass ich ihn versorge. Wir haben uns in einem Rentnerkreis kennen gelernt, da ist er nach dem Tod seiner Frau aufgetaucht, und so sind wir mehr oder weniger durch Zufall aneinander geraten.

Die Verwandten seiner verstorbenen Frau hatten ihm eine neue Frau ausgesucht und ich habe ihn dabei beraten. Ich habe mir immer so einen kleinen Bruder gewünscht und habe ihm angeboten, zu mir zu kommen, wenn er mal Probleme hat.

Dann kam noch etwas dazu. Bei ihm im Nachbarhaus wohnt eine mir bekannte Familie, die hatten mir erzählt, dass in seinem Haus die ganze obere Etage leer stehe. Da habe ich gesagt: »Na, dann ziehe ich doch einfach ein«, denn diese Familie hatte mir versprochen, sich um mich zu kümmern, wenn es mir mal schlechter geht. Und da hat die Frau gesagt: »Um Gottes Willen, Sie würden ja überhaupt nicht zusammenpassen.« Da habe ich mich gefragt, wieso die das so genau beurteilen kann. Die kannte mich doch gar nicht richtig, wie konnte sie also ein so felsenfestes Urteil fällen? Und da habe ich mich erst mal für den Mann interessiert.

Dann habe ich aber gedacht, na, der ist viel jünger und so ruhig. Doch der kam auf mich zu, natürlich auf seine stille Art und Weise, da wusste ich manchmal nicht: Mein Gott, will er nun oder will er nicht? Einmal hat er mir Erdbeeren mitgebracht, weil sein Bruder so viele Erdbeeren hat, und da sind wir uns ein bisschen näher gekommen, aber eben mehr auf einer freundschaftlichen Basis.

Ich bin immer davon ausgegangen, das ist ein kleiner Bruder, den musst du mal ein bissel zurechtrücken, den musst du mal ein bissel schubsen, damit er überhaupt ins Laufen kommt. Aber da gab es noch eine andere Frau, von der hat er mir auch erzählt. Seine Familie hatte schon einen Termin ausgesucht, wo er die kennen lernen sollte. Und ich habe ihm ein paar gute Ratschläge gegeben, wie er sich benehmen sollte. Das ging dann natürlich total schief. Das war eine wohlhabende Witwe und die hat gleich gesagt: »Nee, ich will wieder so etwas haben wie meinen Mann. Sie sind mir viel zur ruhig.«

Da war er auch gar nicht unglücklich drüber. Irgendwie haben wir dann wieder über andere Frauen beraten, er wollte einfach nicht mehr allein sein. Das Trauerjahr hatte er hinter sich und wollte wieder jemanden haben, aber wie er nun zu einer Frau kommen sollte, das wusste er auch nicht.

Ja, und dann bin ich von der Beraterin selbst zur Partnerin geworden. Irgendwann haben wir uns nämlich gesagt: »Warum unterhalten wir uns eigentlich immer nur über andere Frauen?« Zumal er auch meinte, dass die Frau durchaus älter sein könne. Da habe ich aber noch lange nicht daran gedacht, dass daraus mal so etwas Festes wird. Ich hatte eher gedacht, eine nette Freundschaft oder so.

Ja, und nun ist merkwürdigerweise auch wieder Erotik dabei. Ich fand das ... ja, putzig. (Lacht) Ich habe über mich selber gelacht und gesagt: Das kann doch nicht wahr sein, dass du jetzt in dem Alter noch mal anfängst, Gefühle wie so ein Teenager zu kriegen. Also, ich habe mich selber ausgelacht.

Nun kommt noch was ganz anderes dazu, so etwas Merkwürdiges, aber auch Lustiges: Ich war zwölf Jahre und das war mitten im Krieg und da hatten wir keinen Unterricht mehr, weil in der Schule Soldaten einquartiert waren. Die hatten Langeweile und haben sich immer mit uns Kindern abgegeben. Und da war einer dabei, der hat gesagt, er könne aus der Hand lesen. Das war natürlich was für uns. Da haben wir uns also schön in der Reihe angestellt und er hat nun einer nach der anderen aus der Hand gelesen.

Zu diesem Zeitpunkt war ich aber schon fest überzeugt, dass ich nicht heiraten will, ich habe mal zu meiner Mutter gesagt: »Ich will mal ein Kind haben, aber ich will nicht heiraten.« Da hat sie mir gleich eine Ohrfeige gegeben. Aber zu dem Zeitpunkt habe ich ja noch gar nicht gewusst, wie das nun mit den Kindern ist, dass man dazu einen Mann braucht. Denn da waren doch so viele Kriegerfrauen, die kriegten Kinder und der Mann war überhaupt nicht zu Hause.

Also, ich habe das gar nicht zusammengebracht. Dafür kriegte ich nun die Ohrfeige. Aber nicht etwa, dass mich meine Mutter nun aufgeklärt und gesagt hätte: »Freilich braucht man dafür einen Mann.« Ich wusste somit gar nicht, wofür ich bestraft wurde.

Na ja, und den Mädchen vor mir hatte der Soldat nun einen reichen Mann oder drei Kinder und alles Mögliche vorhergesagt. Dann kam ich dran. Er guckt lange in meine Hand und guckt mich danach so an. »Na ja«, sagt er, »dir werden mal viele Männer über den Weg laufen, aber es wird keine feste Bindung entstehen. Erst ganz im Alter wird mal ein Mann kommen, der auch noch ein Haus hat, und mit dem wirst du noch mal glücklich werden.« Ja, da habe ich manchmal dran gedacht.

Als dann die Wende kam, dachte ich: Nun wäre es aber langsam Zeit, dass der Mann mit dem Haus käme. Bloß ich habe in meinem ganzen Leben keinen Mann mit einem Haus auch nur kennen gelernt. Wer hatte denn in DDR-Zeiten ein Haus?

Als ich nun diesen Mann getroffen habe, dachte ich: Es kann doch nicht wahr sein, dass der Soldat damals Recht hatte. Weil ich auf so etwas auch überhaupt nichts gebe, also Kartenlegen und aus der Hand lesen. Aber so spielt das Leben. Es kann natürlich sein, dass ich mit dieser Sache im Kopf jede Männerbekanntschaft von vornherein für wenig dauerhaft hielt, dass ich gesagt habe, das wird sowieso nichts. Das habe ich mir hinterher überlegt.

Ja, wenn einen die ganz große Liebe überwältigt hätte, wäre es vielleicht anders gekommen. Aber die ganze große Liebe und dann heiraten, das dürfte selten sein. Es ist entweder so oder so. Viele haben geheiratet, ohne je die große Liebe kennen gelernt zu haben. Und da weiß ich nicht, ob ich die bedauern soll. Oder ob es für mich bedauerlich ist, dass ich so einen schlechten Anfang hatte, dass alles über mich hereinbrach, wo ich es noch gar nicht verarbeiten konnte.

Als jetzt so überraschend die Erotik in mein Leben zurückgekehrt ist, musste ich eigentlich keine Hemmschwelle überwinden. Er vielleicht, das weiß ich nicht. Und einiges ist ja heute auch anders als früher – das Gefühl spielt eine größere Rolle. Es ist die Zärtlichkeit oder überhaupt das Bewusstsein, da ist ein Mensch, der für dich da ist. Das ist mir sehr viel wert. Und er tut viel für mich. Ich könnte das Leben, wie ich es jetzt leben kann, ohne ihn überhaupt nicht mehr führen, weil ich durch meine Behinderung kaum irgendwohin komme. Es ist allerdings so, dass ich immer planen muss. Von sich aus macht er relativ wenige Vorschläge. Er hat noch die Verwandten, da fährt er einmal dorthin und einmal dorthin. Er kann sich von den Verwandten seiner verstorbenen Frau nicht lösen, die verschlingen den mit Haut und Haaren. Wenn er dort ist, arbeitet er den ganzen Tag auf dem Bauernhof und so. Es gefällt mir nicht, aber ich lasse ihn und sage nichts dagegen.

Erotisch muss ich auf jeden Fall zurückstecken. Ich kann von ihm nicht das erwarten, was mir andere Männer geboten haben. Aber das ist nicht wichtig, weil diese anderen Gefühle – die Zärtlichkeit, die Dankbarkeit und alles – eine viel größere Rolle spielen. Und ich weiß, dass diese Beziehung, solange sie dauert, das Leben für mich wesentlich schöner und erträglicher macht, als wenn es sie nicht gäbe.

Da wäre auch nicht entscheidend, ob der erotische Teil noch sehr lange am Leben erhalten bleibt. Aber es würde gerne angenommen, sagen wir mal. Ich würde die Sache jetzt nicht abbrechen, wenn es keinen Sex mehr gäbe, da ist mir der Mensch viel zu viel wert geworden.

Ich muss auch andere Zugeständnisse machen. Er redet ja nicht viel, er kann einfach nicht, er hat es wahrscheinlich nie gelernt. Er hat wohl immer mit all seinen kleinen Problemchen alleine fertig werden müssen. Er hat sich auch mit seiner Frau nicht austauschen können. Ja, und das kann man nun im Alter nicht mehr reinbringen. Also auch so ein bisschen Feinheiten oder ein paar Lebensformen oder auch Sexformen – Phantasie eben.

Solche Kompromisse schließt man mit zweiundsiebzig wesentlich schneller als etwa mit zweiundvierzig, weil man eben klüger ist als mit zweiundvierzig. Man träumt nicht von der Taube auf dem Dach, sondern hält den Sperling fest. Wobei ich den eigentlich nicht festhalte. Der Sperling ist allein in die Hand geflattert, und solange er sich in der Hand wohl fühlt, kann er bleiben.

Selbst mit ihm zusammenzuziehen wäre nun denkbar, weil er mir mehr Hilfe ist, als er mir Arbeit macht. Er ist ja ein perfekter Hausmann. Alles Schwere, wo ich Probleme hätte, nimmt er mir ab. Ich habe aus dieser Beziehung nur Vorteile. Und nun möchte ich gerne mal rauskriegen, was er eigentlich an unserer Beziehung so gut findet, dass er sie behalten möchte. Aber das ist schwer mit dem Mann.

Ich habe mich auf die Annonce gemeldet, weil ich darüber reden wollte, weil doch oft über Menschen im späteren Alter in Verbindung mit dem Wort Liebe gelächelt wird, auch gelästert. Ja, man geht mit Liebe von älteren Menschen ein wenig nachlässig um. Weil man den alten Menschen nicht mehr zutraut, dass sie überhaupt noch solche Gefühle füreinander empfinden können wie meinetwegen jetzt Vierzigjährige.

Ich muss da auch an meine eigene Jugend zurückdenken. Als ich so zwanzig war, fand ich das auch lächerlich, wenn Sechzigjährige noch Hand in Hand gingen oder wenn sich meine Eltern in meiner Anwesenheit geküsst haben. Also, das hängt vom Alter des Betrachters ab. Die Einstellung ändert sich mit der Zeit. Allerdings lachen auch Ältere, unter Umständen ist da aber ein bisschen Neid dabei, würde ich denken.

Tja, was hätte ich mir für mein Liebesleben anders gewünscht? Leidenschaft, mehr Leidenschaft. Sex kann man nach der leidenschaftlichen Seite ausbauen und nach der zärtlichen. Beides zusammen ist dann die wirkliche Liebe. Dort hat das Wort Liebe dann einen Sinn. Aber das habe ich nie zusammengekriegt. Entweder war die eine Seite dominierend oder die andere – es war nie beides zusammen.

ICH MÖCHTE STERBEN WIE
ALEXIS SORBAS

Michael, 52

Ich denke, dass ich heute von Frankfurt am Main über Leipzig bis Berlin alle Etablissements kenne. Das schärfste gibt es in Frankfurt, mit zwei großen Mietblocks von jeweils vier, fünf Etagen und auf jeder Etage sind dort fünfzig Mädchen. Dort liebte ich diese Negerinnen mit ihrer festen schwarzen Haut. Mit einer habe ich verhandelt, sie kam dann zum Liegen, so dass ich mich an ihr, sagen wir mal, vergehen konnte. Nach zehn Minuten sagte sie auf einmal in gebrochenem Deutsch: »Bist du fertig?« – »Nein, nein, warte noch zwei Minuten.« –

»Bist du fertig?« – »Nein, warte noch!« Doch sie machte Schluss und wischte mir mit dem Tempotaschentuch den Penis ab. Dazu stinkt es dort drin – na, eben wie in einem Puff. Also, das ist dann Krankenhaus für mich, das ist der Inbegriff des gekauften Sex. Das wird einfach abgewickelt, aber das befriedigt mich nicht.

Warum ich das mache? Weil ich jetzt einfach in einer Situation bin, wo sich meine Frau aus verschiedenen Gründen verweigert und ich einfach nicht einsehe, warum ich mich nicht entladen soll. Wissen Sie, ich bin ein »Phallokrat«, das behaupte ich jedenfalls von mir. Dieses Wort habe ich mal für mich gewählt, ob es das wirklich gibt, weiß ich nicht. Phallokrat bedeutet: Ich brauche Sex und kann ohne ihn nicht leben.

Mit meiner Frau habe ich auch nie über Sex reden können. Sie hat in ihrem Leben nur zwei Männer gehabt – einen vor mir und mich. Sie ist sehr intelligent, sehr zielstrebig und fleißig und sie hat einen Doktortitel. Aber was das Sexuelle betrifft, das hat sie nicht gelernt. Ich habe sie auch erst nach sieben Jahren geheiratet, als unser zweites Kind im Anmarsch war, weil ich immer gesagt habe: »Warum muss ich mit einer Frau eine Ehe führen, eine Wohnung beziehen und eine Schrankwand kaufen, wenn ich nur wie ein Indianer eine Matte neben sie legen möchte.« Ich wollte eine Frau erobern, mit ihr schlafen, ihren Körper haben, selber Befriedigung erreichen und erleben, wie sie dabei den Höhepunkt erreicht – auch mehrmals. Diese Geschichte ist so gut, dass ich allein schon Erotik und Sex einfach lebenswert finde.

Aber meine Frau wollte mich ja unbedingt heiraten. Irgendwann habe ich mir gedacht: Okay, in der Ehe bewahrst du dir dann so eine Art Reinheit und mit anderen Frauen kannst du alles machen, was du dir wünschst.

Heute komme ich nur jedes Wochenende nach Hause. Das hängt damit zusammen, dass ich Berater bei einer großen Firma bin. Inzwischen gibt es zu Hause schon so ein Ritual: Freitagabend ist meine Frau müde. Sonnabendabend greife ich zu ihr rüber ins Bett und frage sie mit meiner Hand, ob sie möchte oder nicht? Wenn sie ihr Höschen anhat, dann weiß ich, sie möchte nicht, aber sie zieht es höchstens noch dreimal im Jahr aus.

Dabei macht sie mich erotisch noch an. Sie hat schöne Brüste, einen schönen Hintern, also das finde ich immer noch erstrebenswert. Was ich nicht erstrebenswert finde, sind Frauen, die sich gehen lassen. Ich war mal mit einer im Bett, die war unheimlich dick. Da bin ich früh aufgewacht und habe bloß Hintern gesehen. Das Bild werde ich nie vergessen, wie die da am Schrank stand, also so was von gewaltig. Dann ekle ich mich im Nachhinein.

Aber es ist natürlich enttäuschend, wenn ich mit meiner Frau will, aber sie nicht mit mir. Darum habe ich mir nach zwei Jahren Beratertätigkeit gedacht: Such dir doch in Frankfurt so ein Bratkartoffelverhältnis, also ein richtiges solides Verhältnis. Nur ab und zu mal in so ein Etablissement gehen, das allein befriedigt dich nicht. Ich hätte gern eine feste Beziehung, genauer gesagt: Ich will was fürs Bett. Anfangs habe ich Annoncen aufgegeben, aber es hat nicht geklappt. Bei hundert Frauen trifft man vielleicht eine, aber ich treffe keine hundert Frauen.

Das Tollste in letzter Zeit war: Ich habe eine alte Studienkollegin nach zwanzig Jahren wiedergetroffen und hatte guten Sex mit ihr. Diese Frau ist fast verrückt geworden, weil ich es dreimal auf den Punkt gebracht habe in dieser Nacht. Ich konzentriere mich auch darauf und gehe vorher nicht auf die Toilette, also ich habe mich schon damit beschäftigt, wie man richtig potent werden kann. Wenn der Mann zum Erguss kommt, ist es ja meistens vorbei. Dann fallen die meisten Männer runter und rauchen eine. Ich denke bis zum Schluss an die Frau und das ist auch für mich das Beste. Leider kam dann der Punkt, an dem sie sagte: »Ich liebe dich, geh weg von deiner Frau und zieh mit mir zusammen.« Die wollte mich früher schon, aber ich will auch heute nur Sex mit ihr.

Mein Sexualleben war in den letzten zwei Jahren mehr als scheiße. Bordell zählt ja nicht, das ist so, als ob ich ins Lokal gehe und mir einen schönen Abend mache. Das ist ja nicht echt. Ich denke, Männern geht es wahrscheinlich anders als Frauen. Also Männer, die gut in sich ruhen, haben auch Sexualität bis ins hohe Alter, auf welche Art auch immer. Ich trenne auch zwischen gutem oder geilem Sex und ehelichem Sex. Mit meiner Frau habe ich ja noch was anderes. Ich achte sie, ich tue ihr nicht weh, ich mache keinen perversen Sachen mit ihr, das ginge auch nicht, denn dafür wäre sie viel zu prüde. Sie ahnt sicher, dass ich fremdgehe, das habe ich schon immer gemacht. Sie wusste ja auch, wen sie heiratet, denn bis zu unserer Ehe hatte ich mit fünfzig Frauen Sex.

Das weiß ich so genau, weil ich damals so eine Art Strichliste geführt habe. Also, ich habe die Namen der Frauen in ein Notizbüchlein geschrieben und dahinter vermerkt, welche besonderen Eigenarten sie haben, auch beim Sex, damit ich mich später erinnern konnte. Darauf war ich sogar stolz, aber jetzt bin ich es nicht mehr. Das hat etwas mit diesem Ellenbogenkapitalismus zu tun, weil Frauen dadurch auch anders denken müssen. Für Frauen ist es heute entscheidend: Hat der Mann Geld, kann er mich ernähren? Und ich frage mich: Soll ich jetzt etwa der Mann sein, der sie ernähren muss? Das Sexuelle hat dadurch etwas Materielles gekriegt.

Alle meine Frauengeschichten spielen ja vor der Wende. Nach der Wende gab es dann keine Geschichten mehr, weil die Ausgangssituation eine ganz andere war.

Früher war es so, dass ich in meinen Jobs Verhältnisse hatte – neben meiner Ehefrau. Wenn Frauen und Männer miteinander arbeiten, dann ist auch was zwischen ihnen. Das ist überall so. Deswegen gibt es ja heute den Paragraphen *Sexuelle Belästigung am Arbeitsplatz*, den es in der DDR nicht gab. Damals hatte ich zum Beispiel mit einer Sekretärin ein Verhältnis, da hat mein Chef süffisant zu mir gesagt: »Also, du kannst mit der ein Verhältnis haben, aber vorher bin ich dran.« Wenn ich heute zu meiner netten Kollegin in Frankfurt sagen würde: »Du siehst mehr als gut aus, ich finde sogar deinen Hintern toll«, dann würde ich nicht mehr lange in dem Unternehmen sein.

Ich habe jetzt einen Engländer als Chef, der seit ein paar Jahren in Deutschland ist und hier eine Frau kennen gelernt hat – eine Französin. Dabei passen Engländer und Franzosen gar nicht zusammen, die haben einen völlig anderen Lebensstil. Also, dieser Engländer hat vor nichts Angst und ist ein Macho, und die Französin ist nett und ein bisschen schlampig. Die haben inzwischen drei Kinder und auf dem Land ein Haus gebaut und sind glücklich – gewesen. Mit dem Engländer war ich neulich auf

Dienstreise und da stellt sich heraus, dass er Sex braucht, weil er schon lange keinen mehr hatte. Frauen verlieren ja oft nach dem Kinderkriegen das Verlangen. Und da sind wir zusammen ins Bordell marschiert – er als Chef mit mir als seinem Angestellten. Das ist heute normal.

Bevor ich in seine Firma kam, habe ich bei einer Bank gearbeitet. Wenn die zum Beispiel einen Finanzierungsvertrag mit Mercedes-Benz unterschreibt, gehört es sich, dass man den Geschäftspartner einlädt. Dann wird in das Lokal eine Striptease-Tänzerin bestellt, die dort barbusig Getränke serviert, und zu später Stunde geht man gemeinsam mit den Gästen, die es wollen, ins Bordell. Das geht auf die Rechnung dessen, der das Geschäft gemacht hat.

Im Entwicklungshilfegeschäft, wo ich auch schon tätig war, ist das ähnlich. Da berechnet man zum Beispiel für einen Häuptling in Afrika gleich einen Mercedes in die Kalkulation mit ein. Und so gehören heute auch Frauen bei vielen Geschäften in Deutschland einfach dazu. Das finde ich eine Herabwürdigung der Frauen. Und das Schlimme ist, die machen es des Geschäftes wegen mit, weil sie ja leben wollen.

Ich finde es auch nicht toll, dass sich Frauen im Bordell verkaufen müssen. Doch inzwischen bin ich schon so geprägt, dass auch ich keine Nachsicht mehr habe. Nur insofern Nachsicht, dass ich versuche, mich den Prostituierten gegenüber anständig zu benehmen.

Das heißt, ich kaufe die zwar, aber ich behandele sie fair. Das rede ich mir jedenfalls ein, denn im Prinzip benutze ich sie ja genauso. Aber die Frau soll nachher wenigstens das Gefühl haben, dass sie nicht benutzt worden ist. Ich habe im Bordell schon mal eine erlebt, die hinterher geheult hat, weil sie bestimmt gedacht hat: Das ist aber ein netter Kerl, mit dem könntest du zusammen leben. Das ist Scheiße, aber was soll ich machen? Meist besaufe ich mich dann hinterher.

Wahrscheinlich bin ich ein riesengroßer Egoist, schon mein ganzes Leben lang. Das liegt vielleicht daran, dass ich in einer Großfamilie aufgewachsen bin und nie etwas Eigenes hatte, weil ich immer alles teilen musste. Ich habe noch fünf Schwestern und drei Brüder. Ein Bruder ist ein Zwilling von mir. Wir sind zweieiig und völlig unterschiedlich, wobei ich von uns beiden der Spätentwickler bin. Mein Bruder hatte schon eine Freundin, da habe ich noch mit Murmeln gespielt. (Lacht)

Meine Eltern besitzen eine große Villa und einen großen Garten, in dem wir uns als Kinder richtig austoben konnten. Vater war Maurer und später bei der Gewerkschaft, der hat sich richtig hochgearbeitet. Mutter war Neulehrerin nach dem Krieg, später im Elternbeirat und in der Schiedskommission. Wir waren eine Arbeiterfamilie, also richtig vorzeigbar in der DDR.

Nach der zehnten Klasse habe ich eine Lehre in der Landwirtschaft gemacht. Zu der Zeit wohnte ich in einem Dorf, wo es kaum Mädchen gab. Wir jungen Kerle sind damals ins Stroh gekrochen, haben uns schweinische Geschichten erzählt und uns dabei mit der Hand befriedigt. Den ersten unmittelbaren Kontakt zu einer Frau hatte ich mit siebzehn. Die hat mich immer freundlich gegrüßt, wenn ich mit dem Traktor vorbeigefahren bin. Aber mit der habe ich mich nur am Gartenzaun unterhalten, erotisch hat die mich nicht angemacht.

Für die Tochter des Kneipers habe ich mich auch interessiert, das war ein ganz nettes Mädel, mit dem ich Hand in Hand durchs Dorf gerannt bin. Einmal habe ich der ganz kühn in den Schritt gefasst, da hat sie so gejuchzt, als ob sie nur darauf gewartet hätte – mehr war aber nicht. Ich musste dann auch zur Armee. Meine ersten sexuellen Erfahrungen hatte ich mit der Freundin meiner älteren Schwester. Die war ganz scharf auf mich und schon unheimlich versiert, obwohl sie in meinem Alter war. Damals war ich sehr schüchtern und habe mich für meinen dünnen Körper geschämt.

Die drei Jahre bei der Fahne waren sexuell natürlich sehr spartanisch, da habe ich nur mit drei Frauen geschlafen. In dieser Zeit hat mein Zwillingsbruder kirchlich geheiratet. Das Verrückte daran war, dass ich ihm diese Frau nicht gegönnt habe, weil sie ihn einfach zu früh vom Markt genommen hatte und weil sie alles andere als hübsch war. Er war damals auch gerade bei der Armee und hat sich von der regelrecht einfangen lassen, obwohl er viel bessere Chancen gehabt hätte. Bei seiner Trauung wurde mir die Brautjungfer zugeordnet, das war eine tolle, schlanke Frau mit Bubikopf. In dieser Nacht haben wir lange miteinander geredet und dabei habe ich sie ausgezogen. Sie hatte etwas Knabenhaftes, ganz kleine Brüste, also von der Figur her war die für mich phänomenal. Andererseits ist das vielleicht auch Quatsch, vielleicht ist es nur der Drang nach diesem Unberührten, nach diesem: Ich bin der Erste oder so.

Eigentlich mag ich Frauen, die wohl proportioniert daherkommen, die Dekolleté zeigen können oder ohne BH gehen. Von meiner Frau habe ich so ein Bild aus den siebziger Jahren, wo sie nur ein T-Shirt anhat, unter dem man ihre Brustwarzen erkennen kann. Das mag ich sogar sehr. Und die Brustwarzen von dieser Brautjungfer fand ich auch große Klasse. Nach der Hochzeit meines Bruders haben wir oft bei ihr im Wohnheim zusammen geschlafen, denn sie wollte unbedingt ein Kind von mir. Dann kam sie mal zu meinen Eltern in die Villa und sagte, dass sie schwanger sei. Ihre Verwandtschaft brachte sie gleich mit, die sollte mich überreden, sie zu heiraten, was sie aber nicht geschafft hat.

Ich habe dann Alimente bezahlt und während des Studiums übernahm das teilweise auch meine Mutter. Nach der Wende habe ich auch noch gezahlt, aber inzwischen ist der Sohn fast dreißig. Ich habe ihn nur einmal als Baby gesehen und danach nie wieder. Ich habe immer darauf gewartet, dass er vor meiner Tür steht.

Beim Geschlechtsverkehr bin ich immer nur meinem Innersten gefolgt, weil ich dachte: Diese Fingerkuppe hier vorne und damit ganz langsam über den Körper streichen, ganz langsam – der eigentliche Akt ist ja schnell vorbei – und dabei an was ganz Profanes denken, um nicht zu schnell zum Höhepunkt zu kommen. Bis mir dann die Frau dreimal gesagt hat, wie toll das sei und sie jetzt gleich in Ohnmacht falle oder so. Also, ich übertreibe jetzt ein bisschen, das ist die schauspielerische Ader in mir.

Trotzdem bin ich egoistisch, weil ich von vornherein an eine Beziehung nicht mit einer langfristig ernsthaften Absicht herangehe. Das entwickelt sich erst und dann beeinflussen es die Frauen. Meine Frau zum Beispiel hat das ganz konkret beeinflusst. Sie wollte ein Kind von mir, dann ein zweites, aber auch sie hat ihr Ziel lange nicht erreicht, weil ich nicht heiraten, sondern lieber mein eigenes Ding machen wollte.

Beim Studium ging es ja erst richtig los. Dort habe ich gleich am ersten Tag meine Frau kennen gelernt. Sie sah sehr gut aus, blond, Minirock und ging ganz in Schwarz, weil sie gerade in Trauer war.

Das ganze Studium über saß sie im Hörsaal vor mir. Da habe ich immer gedacht: Die musst du auch erobern. Wissen Sie, ich bin ein optischer Typ, ich muss Frauen schön finden, obwohl ich selbst nicht schön bin, das weiß ich, aber ich habe immer kokettiert damit und gesagt: »Ich bin hässlich, habe eine zu große Nase, zu dicke Lippen und bin schwul.« Damit hatte ich meist Erfolg.

Bei Frauen dagegen habe ich immer geguckt: Hat sie schöne Augen, schöne Hände, lange Finger, einen schönen Körper? Danach habe ich sie dann beurteilt. Meine Frau hatte zwar keine langen Finger, aber sie hatte einen schönen Körper. Sie hat auch sonst eine gute Figur gemacht, sie war Klassenbeste. Und ich wollte immer stolz auf die Frauen sein, mit denen ich was hatte. Ich schmücke mich gern mit ihnen.

Ich achte meine Frau, ich habe ja ihre ganze Entwicklung mitgemacht. Wir sind beide von der Fachschule an die Hochschule gegangen, wo wir gemeinsam auch die Studentendisko gemacht haben – sie an der Kasse und ich habe die Mädels becirct.
(Lacht) Nach dem Studium wollte sie unbedingt promovieren,
und als sie damit fertig war, hat sie sich gesagt: »Diesen Kerl will
ich jetzt auch noch.« Aber sie wusste ja, dass ich dabei nicht an
Verhütung dachte. Deswegen sage ich immer: »Die Frauen haben mit mir Kinder gemacht, nicht ich mit ihnen. Ich hatte mit
den Frauen nur Sex.« Der Sex mit meiner Frau war ganz normal. Ich habe ihr auch beigebracht, wo man sich berühren kann,
ich kannte mich ja aus, denn als Student hatte ich teilweise mit
vier Frauen gleichzeitig Verkehr.

Wissen Sie, eigentlich bin ich ein Traktorist, also ein einfach
strukturierter Mensch geblieben, aber ich brauche keine Pornos
oder perverse erotische Phantasien. Onaniert habe ich dagegen
viel. Das habe ich schon als ganz junger Kerl mit meinem Zwillingsbruder zusammen gemacht. Dieses theoretische Erobern
von Frauen, das konnte ich gut mit ihm zusammen machen. Wir
haben uns auch in der Schule selbst befriedigt. Und seit ich aus
der Schule bin, habe ich reichlich onaniert, so dass sich kein
Frust in mir aufgebaut hat. Dabei denke ich immer nur an schöne Frauen.

In den achtziger Jahren habe ich auch Theater gespielt, Ama-
teurtheater. Wir sind sogar in Berlin, im dritten Stock der Volksbühne, aufgetreten. Dort haben wir Goldoni gespielt und Stücke von Heiner Müller. In Müllers *Schlacht Traktor* haben wir
sogar nackt gespielt, das war damals eine Sensation. In dem Stück
ging es um die Aufarbeitung der ganzen Kriegsgeschichte, und
da wurden die Deutschen neben den Amerikanern als Schweine dargestellt. Und um die Schweine darzustellen, haben wir uns
Schweinemasken gebaut, dazu Koppelbinde, Hakenkreuz und
nackt. Das war für uns das Ehrlichste. Durch diese Nacktge-

schichte auf der Bühne, die mich natürlich auch erregte, habe ich versucht, mit den Frauen des Amateur-Theaters zu schlafen. Die waren damals alle auf dem Kulturtrip, wollten Schauspielerinnen werden oder Theaterwissenschaft studieren.

Die Erste, an die ich mich rangemacht habe, war eine rothaarige, extrem geschminkte Frau. Bei der habe ich es geschafft, dass sie sagte: »Komm mich doch mal besuchen.« Mir gefiel, dass sie das Zimmer voller Bücher hatte, weil ich damals selber viel gelesen habe. Mit der wollte ich schlafen, aber das Komische war, die wollte die ganze Zeit nur mit mir reden und fing dann an, mich zu provozieren. Ich erinnere mich, dass ich sie erst ohrfeigen musste, um mit ihr im Bett zu landen. Das ist ja immer so ein Ritual, bevor man ins Bett kommt. Meistens ist man als Mann verpflichtet, die Initiative zu ergreifen, denn Frauen wollen ja erobert werden. Aber als ich sie am nächsten Morgen ungeschminkt neben mir liegen sah, war ich erschrocken. Das war nicht mehr die Frau, die ich am Abend vorher näher kennen gelernt hatte.

Eine andere Freundin, die ich am Theater hatte, war sehr intelligent und hatte so etwas Androgynes, also sie war sehr schlank und hatte auch ganz flache Brüste, fast wie ein Knabe.

Mit der bin ich schließlich auch in ihrer Wohnung gelandet, und das Schärfste dabei war: Sie hat sich nur neben mich gelegt und ich habe sie langsam, ganz langsam gestreichelt – vom Zeh übers Knie bis zum Gesicht und sie dabei ganz langsam ausgezogen, habe sie eine Weile neben mir liegen lassen, ohne mich gleich auf sie zu stürzen. Ganz bewusst. Einfach weil es mir Freude macht und ich weiß, dass Frauen das auch genießen, die wollen jedes Härchen spüren.

Auf der Parteischule hatte ich dagegen eine mit sehr großen Brüsten. Während wir Marx und Engels studierten – hat mich zwar angekotzt, musste aber sein –, fuhr die mit ihrem Fuß an meinem Hosenbein hoch. Okay, dachte ich, und habe sie zum

Tee eingeladen. Die habe ich neulich mal angerufen und erfahren, dass sie inzwischen verheiratet ist und zwei Kinder hat. Sie hat beim Sex die Männer gern beherrscht und zu der sind die Männer regelrecht gekrochen – wie ich. Mit ihr habe ich es mal stundenlang auf einem russischen Feldbett getrieben. Danach wollte ich sogar dem Hersteller schreiben: Ich hätte nicht gedacht, dass man auf Ihrem Feldbett mit einer üppigen Frau stundenlang rammeln kann. (Lacht)

Ich hatte auch immer ein Konzept, wenn Frauen zu mir kamen. Ich habe auf das Licht geachtet und hatte mindestens zehn verschiedenfarbige Glühbirnen. Ich habe die Frauen auch bekocht, obwohl ich gar nicht kochen konnte, oder ich habe Tee gebrüht und diesen Vorgang regelrecht zelebriert. Dann hatte ich eine große Kiste mit Fotos – von Verflossenen waren da auch welche darunter – und dabei habe ich mich aufgebläht wie ein Gockel und mir Stories ausgedacht, wie ich sie ins Schlafzimmer kriege. Ich kenne keine einzige Frau, die in meinem Schlafzimmer war und gesagt hat: »Jetzt gehe ich.«

Aber das spielte sich alles vor meiner Ehe ab. Ich war schon Mitte dreißig, als ich meine Frau geheiratet habe. Ich wollte dann ein anständiger Kerl sein und sie nicht mit unseren zwei Kindern sitzen lassen, nachdem ich schon die Brautjungfer, die unbedingt ein Kind von mir wollte, sitzen gelassen hatte. Ich wollte dann auch ein guter Vater sein und ich denke, ich bin ein guter Vater, denn meine Kinder haben scheinbar keine Probleme mit mir.

Nach der Wende habe ich mich erst mal selbstständig gemacht und mich in der Zeit auch oft selbst befriedigt. Da bin ich immer in eine kostenlose Homepage, die hat verschiedene Bilder von Frauen, und habe dann die Seiten abgearbeitet. Das ist ein unheimlicher Aufwand, weil es ziemlich lange dauert, bis sich die Bilder entfalten. Manchmal dachte ich: Das ist Scheiße, was du da machst, du solltest lieber mehr arbeiten. Aber das ist für mich eine schnelle Form, um mich von dem Druck zu befreien. Hinterher musste ich mich immer hinlegen und etwas entspannen.

Vor zehn Jahren habe ich mir einen BMW gekauft. BMW-Fahrer wie ich sind ja permanente Raser, denn über das Auto definieren sie sich. In den ersten fünf Jahren habe ich richtig den Leuten gezeigt, dass ich schneller bin als sie. Und BMW ist schnell und beim Start ganz besonders. Wenn ich allein im Auto saß und jemanden überholen wollte, habe ich immer gedacht: Los, kauf dir ein richtiges Auto oder geh zur Seite. (Lacht) Das ist so ein Ausdruck von Möchtegern-Potenz. Ich will mir jetzt einen neuen BMW kaufen, der alte ist schon ziemlich runter, denn ich war dienstlich sehr viel auf Achse.

Heute habe ich so alle zwei, drei Jahre einen neuen Job. Ich war in Bankkreisen tätig und bin jetzt in Frankfurt in Consulting-Kreisen. Die meisten Westmänner, die ich dort näher kennen gelernt habe, sind sehr verklemmt. Bei der Bank war das sehr augenscheinlich. Die kamen immer nach Berlin, wo ich dann den Stadtführer machen musste. Und als erstes wollten die zur Oranienburger Straße, weil dort nachts die Mädchen mit den langen Stiefeln stehen. Ganz nah sind die an die rangegangen und ich habe gedacht: Was sind diese hochintelligenten Banker doch für primitive Leute. Gehemmt und trotzdem geil, aber das nicht zugeben wollen. Deren Sexualität oder ihr Umgang mit Frauen sind für mich scheinheilig und falsch.

Ich habe auch viele Geschäftspartner erlebt, die ganz bewusst eine Frau aus dem Osten gesucht, gefunden und einkassiert haben. Weil ihnen einfach gefallen hat, was wir schon immer hatten – diese selbstbewusste Frau, die auch mal sagt: »Du gefällst mir, ich bin scharf auf dich, komm, lass es uns machen.« Die es sagt und einfach zupackt. Ein Wessi, den ich gut kenne, hat auch eine ostdeutsche Frau geheiratet und ist mit ihr nach Polen gegangen. Das klingt irgendwie blöd, was, ostdeutsche Frau?

Ich habe keine Erfahrungen mit Frauen aus dem Westen, nur mit Westprostituierten. 1990 bin ich mit dem Auto – damals hatte ich noch einen Wartburg – zum ersten Mal nach Hamburg gefahren, zu einer Konferenz. Nachdem das ganze Offizielle mit dem Bauernpräsidenten vorbei war, habe ich von meinem ersten Westgehalt 200 Mark genommen und bin auf die Reeperbahn. Ich wollte das wissen, das war nur der Reiz des bis dahin Verbotenen. Ich bin also in die Herbertstraße und sah am Fenster eine wirklich gut proportionierte Frau sitzen, die mich angezogen hat. Die kassierte die 200 Mark und hat mich ein bisschen befummelt. Und das war's.

Prostitution ist für mich wie ein Ventil, also ein Regularium für Männer, die es nötig haben. Das ist für mich inzwischen wie Schokolade kaufen.

Wenn ich ins Bordell gehe, fühle ich mich immer als der Gute. Und wenn ich sehe, was für Männer da sind, denke ich: Was müssen Frauen eigentlich ertragen? Wie schlimm muss das für sie sein? Da sind oft ganz fette Männer, auch viele Türken und Araber sind darunter und die sind manchmal ganz brutal zu den Frauen. Und ich bin das Gegenteil von brutal.

Eine polnische Prostituierte habe ich auch mal gehabt, die war unheimlich hübsch, zu der wollte ich ein Verhältnis aufbauen. Also, ich wollte sie nicht wie einen Lappen nehmen, nicht benutzen, sondern auch ein Prickeln dabei haben. Bei ihr habe ich so getan, als wäre sie eine Freundin, die ich schon lange kenne.

Wir haben uns vorher unterhalten, das ging gut, weil ich auch Polnisch spreche. Das Schöne dabei ist, die machen ja alles mit, weil man dafür bezahlt. Und wenn ich bei ihr länger brauchte, habe ich einfach noch einen Schein nachgelegt. Geld spielt für mich keine Rolle, wenn ich ins Bordell gehe. Mit dieser Polin war es mittlerweile so zärtlich, das ich zum Schluss zur ihr gesagt habe: »Weißt du, Monika, das Schönste mit dir ist diese gemeinsame Illusion, das ist fast was Echtes.« Danach muss man sich auf den Schädel hauen und sagen: »Okay, es war nur ein Spiel.«

Übrigens habe ich mich als einziger von meinen Geschwistern richtig gefreut, dass mein Vater früher auch eine Freundin hatte, mit der er fremdgegangen ist. Das haben wir jetzt aus seiner Stasiakte erfahren.

Dabei war mein Vater schon aufgrund seiner Kinderschar ein toller Hecht. Meine Mutter ist nämlich sehr intellektuell und er ist bis heute ein einfacher Mensch geblieben.

Mir hat es Freude gemacht, mit ihm nach der Wende in ein Bordell zu gehen, das war so ein teures Ding am Ku'damm. Er hat sich gefreut, dass ihn einer seiner Söhne dorthin mitnimmt. Da waren auch tolle Negerinnen, die eine hat sich auf seinen Schoß gesetzt und er hat die dann natürlich nach allen Regeln der Kunst befummelt und war glücklich dabei. Zwischen meiner Mutter und ihm lief schon lange nichts mehr. Nach dem neunten Kind hat sie gesagt: »Jetzt ist Schluss, ich will nicht mehr.« Wir Kinder haben übrigens nie gesehen, wie die zwei miteinander geschlafen haben. Nacktheit war zwar kein Problem in der Familie, aber geredet wurde darüber nicht.

Heute habe ich zu meinem Körper ein kritisches Verhältnis. Ich bin etwas verfettet, obwohl das nicht sehr auffällig ist, weil ich groß bin. Wie die Frauen damit zurechtkommen, weiß ich nicht, aber ich gehe jetzt ins Kraftstudio, um einen besseren Oberkörper zu kriegen. Ab fünfzig muss man sich um seinen Körper kümmern, damit der nicht erschlafft. Ansonsten geht es mir körperlich gut.

Manchmal träume ich davon, es mit einer Frau anal, also von hinten zu machen. Aber das mögen die Frauen nicht so gerne. Auch die Prostituierten, die ich gefragt habe, wollten das nicht. Dieses Anale, das ist wahrscheinlich so eine Perversion von Männern, dieser Anblick der Frau von hinten, wo Männer dann ihre Macht an der Frau ablassen. Das ist das, was wahrscheinlich körperlich nicht zusammenpasst zwischen Mann und Frau. Obwohl die Tiere ja alle so miteinander verkehren.

Meine Frau ist etwas jünger als ich. Vielleicht ist sie jetzt auch im Klimakterium oder sie ist ausgeschabt worden. Kann sein, sie hatte Krebs, aber sie spricht ja nicht mit mir darüber. Und ich kümmere mich auch nicht darum, denn ich ekle mich vor unreinen Frauen. Wirklich, das ist so. Da kommt wahrscheinlich das Schwule in mir durch, das auch in mir drin ist. Sie sagt mir nicht, warum sie sich mir verweigert. Das ist ein irres Spiel. Und ich könnte meine Frau auch nicht ändern, wenn ich mit ihr darüber sprechen würde.

Sie ist ein ganz einsamer Mensch, ihre Mutter ist gestorben und sie hat keine Verwandtschaft mehr. Und ich habe diese große Sippe, vor der sie sich fürchtet. Sie lässt sich auch nicht fotografieren, weil sie nicht mehr stolz auf ihr Gesicht ist. Sie ist zwar etwas gealtert, aber ihre Figur ist noch ganz okay, die Frauen in ihrer Familie hatten alle ein geburtsfreudiges Becken. Sie hat auch die Geburten durchgezogen wie nichts. Ja, sie ist eine gut funktionierende Frau und heute auf der sicheren Seite – sie ist Beamtin auf Lebenszeit.

Dagegen habe ich mir alle drei Jahre einen neuen Job gesucht. Das war wie ein Sport. Jetzt muss ich mir wieder was für die nächsten Jahre bis zur Rente suchen, aber ich habe keine Angst davor. Natürlich ist mein Gehalt unsicherer als ihres. Also, sie hat jetzt die Funktion übernommen, die ich früher hatte: Sie ernährt die Kinder.

Nee, die DDR will ich nicht zurück. Die Wessis fragen mich ja immer danach und da sage ich: »Was Besseres als die Wende konnte mir gar nicht passieren, denn ich wäre doch auf die Dauer geistig verblödet. Aber von der Sexualität her war es früher besser.« In der DDR hatte man ja seine Nische gefunden, ich habe Theater gespielt und gedacht: Heiner Müller nackt ist toll, wir haben mit diesem Erfolg sogar in der Zeitung gestanden. Ich war auch mit meiner Frau ganz zufrieden und die letzten DDR-Jahre habe ich sogar monogam gelebt – fast.

Aber in dieser am Markt orientierten Gesellschaft ist eben auch die Frau ein Marktobjekt. Und das ist das Schlimmste, was uns passieren konnte. Zum Beispiel meine hübsche Tochter: Sie hat sich jetzt Fotos machen lassen in so einem Profistudio und hat sich damit auf solchen Events beworben. Das sind ganz tolle Fotos geworden, aber wenn meine Tochter eine Karriere machen will, zum Beispiel als Moderatorin bei *Viva* oder als Model, muss sie sich prostituieren, muss sie sich ganz anders verkaufen als ein Mannequin damals im Osten. Da zählt nicht die Intelligenz, sondern nur der makellose Körper und das schöne Gesicht.

Der berühmte Fotograf Newton sagt doch auch, dass die Frauen, die er fotografiert, schön und doof seien. Er rede mit denen auch nicht, sondern sie seien nur Objekt für ihn. Also, er sieht nur den Körper, er arrangiert sie und fotografiert sie auf seine Art und Weise. Und weil er seine Art und Weise durchsetzt, hat er solchen Erfolg.

Ich habe immer gesagt, dass Männer in einer unglücklichen Situation sind. Sie müssen was können und immer topp drauf sein, sie müssen anfangen und die Frauen erobern – auf ihnen lastet also ein ewiger Druck. Früher konnte sich eine Frau auf sich selbst verlassen, also auf ihr Können, ihre Schönheit, auf ihre Figur und einfach sehen, was kommt. Heute muss sie das ganz bewusst einsetzen. Aber im Job ist sie nicht Frau, sondern nur Arbeitsperson. Dabei ist das ganze Leben eine Geschichte von Beziehungen. Fast alles auf dieser Welt passiert zwischen Mann und Frau, ja – und das fehlt mir jetzt. Wenn ich heute irgendwo eingestellt werde, möchte ich doch Freude beim Arbeiten haben. (Lacht)

Aber ich arbeite jetzt daran, dass ich wieder zu meiner Frau finde, denn so kann es mit mir nicht weitergehen, ich merke ja selbst, wie pervers das geworden ist. Ich brauche zwar nicht jeden Abend eine Frau, aber ich gehe alle drei Monate in einen Puff. Mehr könnte ich finanziell auch nicht durchhalten, denn die halbe Stunde kostet inzwischen 100 Euro.

Schade, dass es für Frauen so etwas nicht gibt. Ich habe schon mal gedacht: Du bist eigentlich ein guter Könner, du bist zärtlich, kannst Frauen in Stimmung bringen, verdiene dir doch nach Feierabend auf diese Weise noch ein bisschen Kohle dazu. Meistens bieten sich dafür junge Männer an. Die kommen aus dem Kraftstudio, sind gebräunt und gestylt, aber ich glaube nicht, dass diese Beaus Frauen wirklich glücklich machen können.

Ich finde, eine Ehe funktioniert immer dann, wenn sich zwei Menschen treffen, die übereinstimmen, also vom Intellekt und vom Körperlichen her. Dass ich da sehr sensibel bin, hängt vielleicht damit zusammen, dass ich in so einer großen Familie aufgewachsen bin, in der es nicht ganz so sensibel zuging, in der wir Geschwister aber doch eine stille Sensibilität untereinander hatten. Meine Schwestern lieben mich noch heute – und die wissen, was ich für einer bin. Wir sind alle sehr herzlich miteinander, da gibt es überhaupt keinen Krach und es gibt keinen, der den anderen nicht leiden kann. Wir machen Familientreffen mit über siebzig Personen. Da ist nichts gespielt, und das können Außenstehende nicht verstehen.

Das Schlimmste ist ja: Wenn man einen Menschen sehr gut kennt und es auch sexuell passt, dann ist das eine Glücksgeschichte oder Zufall, na ja, eine Begegnung ist ja immer Zufall. Und diese Zufallsgeschichten sind ja philosophischer Art – wie die Ehe. Deshalb kann man die Ehe auch nicht planen. Es hängt einfach davon ab, wie diese Zufälligkeit auf Dauer zueinander passt. Deswegen geht es ja mit den Ehen meist auseinander.

Dann kommt noch hinzu, dass die Frau oder eher der Mann wohl nur an sich denken. Ich denke schon seit zehn Jahren nur an meinen Sex. Zwar auch an den meiner Frau, aber da sie keinen haben will oder ich nicht verstehe, warum sie keinen mehr haben will, klappt es nicht. Und weil es nicht klappt, suche ich mir eben eine andere. Trotz der Ehe habe ich immer versucht, meine sexuelle Unabhängigkeit zu behalten. Ich bin auch immer mal ausgezogen und wieder eingezogen bei ihr, weil ich auch früher an verschiedenen Orten gearbeitet habe. Damals hat mir ja die Partei gesagt, wo es lang geht. Vielleicht ist es dadurch heute auch nicht unser Ding, jeden Tag zusammen zu sein.

Ich versuche durch einen neuen Job wieder näher an meine Frau heranzukommen. Vor kurzem ist ihre Mutter gestorben. Sie war vor ihrem Tod sehr lange krank und meine Frau musste sich um sie kümmern. Die Mutter hat auch immer zwischen uns gestanden. Komisch für mich war, dass ich bei ihrer Beerdigung wie ein Schlosshund geheult habe – ich habe ganz dicht am Wasser gebaut –, weil die Trauerfeier so schön war. Da habe ich gedacht: So eine schlechte Schwiegermutter hattest du doch gar nicht.

Obwohl ich über meine Ehe und die Kinder froh bin, hätte ich für meine Entwicklung sicher eine andere Frau gebraucht. Eine, die vielleicht so ist wie die Freundin meiner Schwester, mit der ich früher mal was hatte, also viel großzügiger. Die ist einfach eine Berliner Pflanze, die es auf den Punkt bringt, die es auch offen anspricht. Die würde zum Beispiel mit mir über guten Sex reden, aber mit der rede ich heute über meinen unerfüllten Sex. Sie hat nach der Wende einen Bayern geheiratet und mir auch geraten, meine Frau zu verlassen. Ich kann das aber nicht. Ich kann nicht einfach wegen diesem unerfüllten Sex weggehen, das finde ich wieder schäbig. Ich fühle mich ja auch für meine Frau verantwortlich. Diese Verantwortung habe ich von meinen Eltern, die ja immer für ihre Kinder da waren und die sich noch immer aufreiben – für uns und für ihre Enkel.

Aber das Verlangen nach Sex hört ja auch nicht auf bei mir, das wird eher schlimmer. Ich besuche manchmal meine Tante im Altersheim. Und da stelle ich fest, die Leute dort haben einen ganz anderen Umgang miteinander, die haben viel mehr Zeit und manche haben auch noch Sex miteinander. Ich denke, Sex spielt bis ans Lebensende eine herausragende Rolle. Das wird nur immer dadurch beeinflusst, dass man so viel arbeiten muss, um Geld zu verdienen.

Liebe ist ja, wenn man ein bisschen verrückt ist, wenn man den unbedingten Drang hat, mit jemandem zusammen zu sein, mit jemandem zu leben. Dann sagt man: »Okay, ich liebe dich.« Aber wenn man die körperliche Liebe hinter sich hat, dann bleibt auch meist die Liebe auf der Strecke. Und darum will ich versuchen, aus unserer Liebe eine Achtung zu machen.

Trotzdem sage ich: Ich möchte sterben wie Alexis Sorbas. Das sage ich ganz offen, auch zu meiner Frau. Das heißt, ich will sterben mit dem schönsten Gefühl und mit der Frau, mit der ich in diesem Moment zusammen sein möchte. Ich will also sterben, nachdem ich mich ein letztes Mal gehen lassen habe. Der alte Grieche Alexis Sorbas ist für mich der Inbegriff des Lebens. Und Sorbas war ja am Schluss der Geschichte im Freudenhaus und hat – aus der Wollust heraus – noch einmal laut gebrüllt.

ICH WERDE IMMER VERLASSEN,
WEIL ICH SO STARK BIN

Alexandra, 53

Ich hätte früher nie gedacht, dass man in meinem jetzigen Alter noch so viele erotische Wünsche haben kann. Früher waren die Frauen dann ja fast durch die Bank weg nicht mehr erotisch. Und wenn sie es doch waren, wurden sie geschnitten, dann waren es Schlampen, über die man getuschelt oder abfällige Bemerkungen gemacht hätte. So lief das damals doch ab.

Ich bin in Hamburg groß geworden und wurde sehr kleinbürgerlich erzogen. Alles, was Geld kostete, machten meine Eltern irgendwie lächerlich und madig. Ich hätte zum Beispiel gern ein Musikinstrument erlernt und Malunterricht genommen, aber da hieß es gleich: »Ach, du mit deinem musikalischen Hinterkopf, was bildest du dir denn eigentlich ein?« Ich war kreativ, aber man hat diese Fähigkeiten nicht zu schätzen gewusst und nicht gefördert.

Das sind Sachen, die gönne ich mir heute. Ich singe in einem Chor, ich male, ich zeichne, und wenn ich Lust habe, nehme ich einen Grafikkurs für Radierungen oder Gesangsstunden. An so etwas hat meine Familie gar nicht Anteil genommen, was ich sehr schade finde. Ich hatte außerdem das Gefühl, dass zwischen meinen Eltern gar nichts lief. Ich habe die nie als Mann und Frau gesehen, nur als Mutti und Vati. Die hatten eine richtige Schicksalsbeziehung, die erst durch den Tod meines Vaters beendet wurde. Er sagte immer zu meiner Mutter: »Ach, Schätzchen, ich liebe dich.« Und meine Mutter hat stets darauf geantwortete:

»Ach, lass dein blödes Getue!« Sie war immer abhängig von ihm, war also offiziell Hausfrau. Erst wenn er weg war, lebte sie auf.

Bei mir war das umgekehrt. Ich habe mein Leben lang immer gearbeitet und mein späterer Mann war von mir abhängig. Dabei habe ich das Geld damals als Kindergärtnerin verdient, in einem Beruf, den er zutiefst verachtete. Er hat tausend Sachen angefangen, aber nie etwas zu Ende gebracht, also auch keine Ausbildung gemacht.

In der Schule war das damals auch so spießig mit der Aufklärung. Mir ist neulich mal wieder durch den Kopf gegangen, dass ich in der Realschule eine Biolehrerin hatte, die nichts so detailliert unterrichtete wie Geschlechtskrankheiten. Ich glaube, ich wusste alles über Tripper, Syphilis und so, aber sonst nicht viel. Aids gab es ja damals noch nicht.

Mit Jungs lief lange nichts. Ich habe schon als Kind empfunden, dass sie es besser hatten als Mädchen. Das stimmte auch eindeutig in den fünfziger Jahren. Bei einer Freundin saß der Bruder meist mit der Zeitung auf der Veranda und sie hatte eine Schürze um und half beim Abwasch und beim Saubermachen. Bei einer anderen Freundin durfte der Bruder mit sechzehn nach England. Sie war schon achtzehn und wollte auch nach England, da kriegte sie eine geschmiert. Ich habe ja keinen Bruder und bin wirklich froh, sonst wäre ich heute wohl eine militante Emanze. (Lacht)

Dabei war in Hamburg damals einiges los. Ich habe so mit sechzehn, siebzehn Jahren Leute kennen gelernt, die haben in einer riesengroßen Wohnung mit Kamin und allen Schikanen in WGs gehaust und hatten dort ihre Matratzenlager. Das war in Altona und Harvestehude an der Alster, heute eine noble Gegend. Das fand ich damals toll. Zu Hause ging das so hausbacken zu, darum waren das ganz scharfe Brüche.

Ich gehöre ja zu der Generation, die erst mit einundzwanzig volljährig geworden sind, zu meinem großen Leidwesen. Das war ein wirkliches Unglück für mich. Es zog sich wie ein roter Faden durch meine Jugend, dass sich Mädchen in meinem Alter schwängern lassen haben, um zu heiraten und so dem Elternhaus zu entrinnen oder der elterlichen Gewalt. Das ist doch interessant – elterliche Gewalt! Warum das immer Gewalt sein musste? Die ging dann von den Eltern auf den Ehemann über, der ja damals noch verfügen konnte, ob die Frau arbeiten durfte oder nicht.

Ich hatte im Freundeskreis mehrere, die waren mit achtzehn schon Mutter und fanden das total gut. Aber meine Freundinnen und ich haben gesagt: »Nee, das ist echt das Letzte, was wir wollen.« Das war uns unvorstellbar, sich schon mit Kindern zu belasten.

In Jungs wurde damals wirklich mehr investiert. Mein Vater hätte auch gern einen Sohn gehabt. Der hatte immer den Spruch drauf: »An ihr ist ein Junge verloren gegangen.« Also an mir. Mit Hochachtung wurde auch gesagt: »Dieses Mädchen hat Power!« Es hat aber nie jemand gesagt: »An ihm ist ein Mädchen verloren gegangen.« Das wäre doch auch nett gewesen, nicht wahr?

Meine erste Menstruation hatte ich mit Dreizehn. Es war Sommer, ich wollte zum Schwimmen gehen und kriegte mit, dass da was losgeht. Ich wusste das von einer Freundin, die schon mit zehn ihre Regel hatte. Die hatte das dramatisiert und gesagt, man würde den ganzen Tag nicht vom Klo wegkommen. (Lacht) Ich weiß noch genau, wie ich geheult habe und keiner mit mir gesprochen hat. Es war einfach lästig und unangenehm. Damals hatte man ja noch Binden und es waren nie ausreichend Binden für uns da.

In der Liebe war ich ein ziemlicher Spätzünder. Mit achtzehn verliebte ich mich in einen Zwanzigjährigen. Das war eigentlich eine kurzfristige Sache, dem war ich zu jung und zu naiv. Wir hatten Sex, aber es war überhaupt nicht schön. Hinterher hat der zu mir gesagt: »Wasch dich jetzt mal mit Zitronenseife, damit die Keime abgetötet werden, damit du nicht schwanger wirst.« Das hat so gebrannt. Davon habe ich aber niemandem erzählt.

Dann lernte ich auf einem Studentenball einen Wirtschaftswissenschaftler kennen, der mir wirklich gut gefiel. Aber danach bin ich wegen der Ausbildung nach Lübeck gegangen, und da ist der Kontakt zu ihm abgerissen. Mit dem habe ich meine ersten, etwas angenehmeren sexuellen Erfahrungen gemacht.

Irgendwie habe ich das mit was Festem nicht geschafft. Ich weiß auch nicht, weshalb. Andere hatten sofort jemanden, mit dem sie ganz lange zusammengeblieben sind. Ich kenne sogar drei Paare, die noch von der Schulzeit her zusammen und heute noch irgendwie glücklich sind. Das eine Paar hat keine Kinder – sie ist Malerin und er Grafiker. Beide sind angenehm, nicht so ein verblödetes Ehepaar, wo der eine den anderen immer madig macht. Die beneide ich insgeheim.

Ich weiß nicht, was bei mir falsch gelaufen ist – eigentlich habe ich einen Rochus auf die Achtundsechziger. Wenn ich mich mal in so einen verliebte, beruhte das nicht auf Gegenseitigkeit, das war dem Mann sogar manchmal lästig. Da kriegte man glatt so Sprüche zu hören wie: »Ja, das ist jetzt wirklich dein Problem. Ich habe nur gebumst mit dir, dass du dich jetzt gleich verliebt hast, damit musst du fertig werden, nicht ich.«

Dann hatte sich doch mal einer von denen in mich verliebt, aber den fand ich nun nicht so doll. Da hieß es gleich: »Du bist so eine systemimmanente Spießerziege, und ich dachte, du bist ganz progressiv.« (Lacht) Wenn ich heute den Film *Fritz the Cat* sehe, der trifft voll den Nerv der Zeit. Wie Fritz die Nachbartussies anbaggert, so lief das damals echt ab. Es war eigentlich eine ziemlich lieblose Zeit, die den Männern mehr genutzt hat als den Frauen. Als zum Beispiel die Pille aufkam, war es schwierig, sie zu bekommen. Man musste sie unter der Hand besorgen, da wurde also richtig mit gedealt. Oder Mütter haben die für ihre Töchter besorgt, nach dem Motto: Hauptsache, die werden nicht schwanger.

Bei den Achtundsechzigern hieß das damals »sexuelle Revolution«. Was war denn daran eine sexuelle Revolution? Gut, man hatte die Pille, aber den Frauen wurde dann plötzlich die Verantwortung selbst überlassen, schwanger zu werden oder nicht. Und in den Kommunen wurde kreuz und quer gebumst. Ich hatte zu der Zeit in Hamburg eine Romanze zu laufen. Da hat der Typ, während er schon an mir zugange war, gesagt: »Nimmst du denn auch die Pille?« – »Jajaja!!!« In *dem* Moment – das ist doch abtötend! Wenn ich gesagt hätte: »Nee, ich nehme keine Pille«, hätte der abrupt aufgehört.

Ich glaube, die wollten damals wirklich nur bumsen und haben sich auch um die Frauen nicht richtig bemüht, haben vorausgesetzt, dass man schnell zur Verfügung stand. Da wurde einem etwas übergestülpt, was noch nicht gewachsen war, ohne dass ein Vertrauensverhältnis entstehen konnte. Ich habe mal einem geschrieben: »Die Männer verlassen einen, wenn man keinen Sex will. Und wenn man mit ihnen Sex hat, verlassen sie einen auch.« Irgendwie erlebe ich die Liebe ständig als Verlassen und Verlassenwerden, wobei ich natürlich auch schon Männer verlassen habe.

Ich glaube, ich habe mich damals einfach gesträubt, mich aufzugeben. Das war ja oft bei den Beziehungen so, dass sich die Frauen anpassten – und das widerstrebte mir. Ich habe mit meinem Vater während der Pubertät unglaubliche Machtkämpfe ausgefochten. Der hat mich einmal so verdroschen, das war schon nicht mehr feierlich. Ich fühlte mich so gedemütigt. Mit einem Gürtel hat der auf mich eingedroschen. Heute würde ich mir beim Arzt ein Attest holen und in ein Frauenhaus gehen, aber das gab es damals nicht. Ich weiß noch, wie ich heulend bei der Polizei anrief, und da sagte der: »Wie alt sind Sie? Achtzehn.

Da sind Sie noch nicht volljährig, da kann sich ja Ihr Vater darum kümmern.« So lief das damals ab.

Ich war eher ein Freigeist und ich möchte auch heute eine Beziehung haben, wo ich mich weiterentwickeln kann, wo das auf einer gleichberechtigten Ebene abläuft. Trotzdem bin ich dann in einer Beziehung gelandet, wo ich gedient habe. Ich hatte in Lübeck einen Freund, zu dem ich gezogen bin. Das lief genau ein Vierteljahr. Der war damals schon schwerer Alkoholiker und liegt heute bereits unterm Rasen. Mit 38 Jahren ist der am Delirium tremens verreckt. Ein sehr begabter Ingenieur.

Dann ging ich nach Westberlin und lernte dort in einer Kneipe einen Hamburger kennen. Den fand ich gleich ganz toll. Damals sah der auch zehn Jahre jünger aus, als er war. Als ich ihn verließ, sah er dann zwanzig Jahre älter aus. (Lacht) Wirklich. Ich bin heute glücklich von ihm geschieden. Wir waren sechzehn Jahre zusammen und haben zwei gemeinsame Söhne.

Das hätte ich lieber lassen sollen. Also nicht das Kinderkriegen, sondern sie von diesem Mann zu kriegen. Der war nämlich auch Alkoholiker und ich habe das nicht rechtzeitig wahrgenommen. Das war dann auch der Trennungspunkt. Seitdem kann mich niemand mehr zwingen, den Co-Alkoholiker zu spielen, denn das war ich ja. Ich habe zwar nicht mitgetrunken, aber ich habe ihm das soziale Umfeld geschaffen, dass er seiner Sucht frönen konnte.

Irgendwann habe ich gedacht, wenn er Fixer wäre, würden alle sagen: »Das ist völlig in Ordnung, wenn du diesen Mann verlässt.«

Im Nachhinein habe ich den Eindruck, dass er ein mittleres Eigenheim durch den Schlund gejagt hat. Das war der größte Luxus, den ich mir in meinem Leben geleistet habe, mit diesem Alkoholiker verheiratet gewesen zu sein. Ich habe dann die Initiative ergriffen und mich scheiden lassen. Danach ist mir aufgefallen, dass alle Dinge in meinem Leben eigentlich immer erst im zweiten Anlauf geglückt sind. Ich hatte ja die Scheidung schon mal eingereicht und wieder zurückgezogen.

Weil ich ihn und die Kinder verlassen hatte, musste ich für alle drei zahlen – mehr als tausend Mark im Monat. Ich hatte mir eine Wohnung in ihrer Nähe gesucht, um für meine Kinder erreichbar zu sein, wenn sie mich brauchten. Von meinem Gehalt blieb damals kaum was übrig. Ich bin mal auf das Sozialamt und habe den Sachbearbeiter gefragt: »Und wovon soll ich leben?« Da hat der zu mir gesagt: »Das interessiert uns nicht.« Ich bin fast in Tränen ausgebrochen. Das hat die wirklich nicht interessiert.

Ich musste mir sogar Geld borgen in der Zeit. Mein Ex-Mann ist inzwischen zum Sozialhilfeempfänger geadelt worden.

Einmal hat er mir unseren jüngeren Sohn vor die Tür gestellt und gesagt: »Ich kann ihn nicht mehr ernähren.« Der Junge stand vor der Tür, weinte fürchterlich, hatte nur den Ranzen auf dem Rücken, zwei Stoffhunde in der Hand und seinen Turnbeutel unterm Arm, keine Kleidung, nichts. Mein Mann war alkoholmäßig wieder am unteren Punkt und ist dann für eine Therapie eine ganze Weile im Krankenhaus verschwunden. Ich hatte keinen Schlüssel für seine Wohnung und musste für den Sohn von einem Tag auf den anderen neue Sachen kaufen. Der war völlig verstört und hat seinen Vater erst mal ein Jahr lang nicht mehr besucht. Heute weiß mein jüngerer Sohn, dass sein Vater Alkoholprobleme hat. Er sieht es auch nicht gern, wenn ich mal ab und zu ein Bier trinke.

Am Schluss unserer Ehe hatte ich schon eine Beziehung mit einem anderen Mann. Mein Mann und ich gingen ja wie Brüderchen und Schwesterchen miteinander um. Ich war einfach so ausgehöhlt und fühlte mich innerlich nicht mehr gebunden. Wir hatten nur noch die Kinder gemeinsam. Wir sind in all den Jahren auch nur einmal zusammen verreist – zur Beerdigung meiner Schwiegermutter.

Der Sex zwischen uns war immer, heute würde ich sagen: langweilig, blöd, Hausmannskost eben. Und ich habe das alles für Liebe gehalten. Ich bin heute darüber erschüttert, mit wie wenig ich damals zufrieden war und wie lange ich das ausgehalten habe.

Mein neuer Partner hatte eine ganz andere Art. Der ging ganz anders auf mich ein, das war schon eine wichtige Beziehung. Mit ihm bin ich aber nie zusammengezogen, obwohl der gleich um die Ecke wohnte. Er war verwitwet und bezog eine nette Rente. Er sagte mal: »Ich würde dich auch nicht heiraten, weil ich sonst meine Witwenrente verliere.« Das sind 700 Mark im Monat gewesen. Da war ich pikiert und habe gesagt: »Ach, und wenn ich dir 800 Mark im Monat bieten würde, würdest du es dir dann überlegen, das ist doch ein Gewinn?« Irgendwie hat mich das getroffen und verletzt.

Später wollte er mich heiraten, aber da wollte ich nicht mehr. Er war mir einfach ein bisschen zu luschig. Der hat zum Beispiel wochenlang sein Geschirr bis zum letzten Teller auf seinem Herd gestapelt. Das trocknete natürlich an, und dann hat er Stunden gebraucht, um das wieder halbwegs hinzukriegen. Das hat mich so angeekelt. Über solche Sachen haben wir uns dann ziemlich zerstritten.

Der Sex mit ihm war schöner als mit meinem Mann. Er sagte immer: »Du brauchst gar nichts machen, ich mache das schon.« Er war gerne aktiver. Ich habe auch experimentelle Geschichten mit ihm gehabt. Nur eine Sache hat mich maßlos aufgeregt. Er hat mir beim Orgasmus immer so fürchterlich ins Ohr gebrüllt. In dem Moment war es bei mir jedes Mal wie abgeknipst, da hätte ich ihn wirklich von mir stoßen können. Ich dachte immer, mir platzt das Trommelfell.

Er war übrigens beschnitten – aus medizinischen Gründen, nicht aus religiösen. Das hat mir eigentlich sehr gut gefallen. Heute denke ich: Mensch, wenn die Männer wüssten, wieviel

Potential sie verschenken. Ein beschnittenes Glied sieht auch besser aus. Als ich es das erste Mal gesehen habe, dachte ich: O Gott! Es ist auch irgendwie größer, das finde ich toll. Die Eichel ist richtig rund und ausgebildet, da kann sich auch nichts mehr festsetzen. Aber ich kann ja keinen Mann fragen: »Bist du beschnitten?« (Lacht) Das wäre natürlich meine größte Freude.

Ich habe aber noch nie einen Orgasmus mit einem Mann gehabt, das muss ich auch mal sagen. Trotzdem macht es mir Spaß. Doch – einmal habe ich einen Orgasmus gehabt, da waren wir eigentlich schon fertig gewesen und da zog sich auf einmal etwas in mir zusammen. Ich dachte: Hollaho, was ist denn das? Das war das einzige Mal, da war ich schon Vierzig. Das klingt blöd, ich weiß, aber ich wusste ja nicht, was mir fehlte. Wenn man nicht weiß, was einem fehlt, vermisst man es auch nicht. Ich wusste einfach nicht, wie sich ein Orgasmus anfühlt. Darum fing ich an zu experimentieren. Ich habe mir dazu ein Buch gekauft und mich damit zum Teil auch vorm Spiegel beschäftigt.

Aktbilder habe ich damals auch von mir gezeichnet. Ich weiß noch, dass ich lange kein Verhältnis zu meinem Unterleib hatte. Ich bin eher breithüftig und denke, der liebe Gott hat noch zwei verschiedene Größen übrig gehabt und die bei mir irgendwie zusammengeschraubt. Zu meinem ganzen Körper hatte ich erst später ein Verhältnis. Ich hatte immer das Gefühl, bis zur Hüfte geht es, aber darunter fand ich mich nicht mehr attraktiv.

Ich weiß noch, wie ich das erste Mal mein Geschlechtsteil im Spiegel anguckte, da fand ich, das war ein trockener, grauer Lappen. In der BRIGITTE waren manchmal zu der Zeit solche Dossiers, da haben Frauen beschrieben, wie sie in irgendwelchen Workshops Liebesbriefe an ihre Möse geschrieben haben: »Liebe Möse, du bist so schön…« und so. Ich fand die überhaupt nicht schön.

Damals war ich schon Anfang vierzig und hatte vorher noch nie masturbiert. Ich habe dafür auch ziemlich lange gebraucht, aber mit der Zeit ging das Masturbieren besser. Heute mache ich das eigentlich ziemlich – ja doch, oft. Manchmal lege ich mich mittags hin und schlafe danach ruck zuck ein. Wenn Frauen sich manchmal beklagen, dass die Männer danach sofort einschlafen, kann ich es irgendwo verstehen. Mir geht es nach dem Masturbieren auch so. Es ist wirklich ein tolles Gefühl, und ich bin immer wieder erstaunt, dass ich erst so spät ein Verhältnis zu meinem Körper aufgebaut habe.

Jetzt bin ich natürlich unglücklich, dass mein Sexualleben so unterbelichtet ist. Selbstbefriedigung kommt mir vor wie ein Ersatz – ich möchte gern schönen irischen Kaffee trinken und kriege immer bloß einen Muckefuck. Ich kenne eine Menge Frauen, die erheblich jünger sind und schon die Nase voll von den Männern haben und sagen: »Ich habe dieses Thema abgeschlossen.«

Das kann ich von mir überhaupt nicht behaupten. Ich suche immer Kontakt und lasse keine Gelegenheit aus zu flirten, wobei die deutschen Männer leider nicht gerade die Geschicktesten sind, was das Flirten angeht. Da gibt es andere, die mehr Charme und Lässigkeit haben.

Manchmal habe ich abends auch Pornofilme angeguckt. Das meiste macht mich überhaupt nicht an. Ich finde diese Pornos total blöd, weil sie von den Frauen immer alles zeigen und von den Männern praktisch nichts. Man sieht manchmal noch nicht mal den Po. Wenn schon, dann möchte ich alles sehen, ob es mir dann gefällt, steht auf einem anderen Blatt.

Mich hat der französische Film *Reise zur Zärtlichkeit* mit Geraldine Chaplin sehr erregt. In einer Szene beschreibt die Chaplin eine Vergewaltigung in einer Tiefgarage, und während sie das erzählt, geht die Kamera mit einem langen Schwenk über eine wunderschöne Landschaft. Das hat mich berührt. Ich weiß noch, dass ich da so ein Kribbeln kriegte. Es ist auch nicht schlecht, wenn es im eigenen Kopf stattfindet.

Ich hatte mich vor zwei Jahren von meinem Freund, der bei mir um die Ecke wohnte, getrennt und über eine Anzeige einen unheimlich netten Mann kennen gelernt. Die Beziehung lief fast zwei Jahre und steckt noch immer in mir, in allen Poren, in allen Knochen. Der war ein wenig älter als ich und genau das, was ich eigentlich wollte. Er sagte, er lebe getrennt von seiner Frau, aber im selben Haus. Angeblich hatte die Frau sich mehr Frauen zugewandt und plötzlich so eine Lesbenschiene. Deshalb wollten die sich erst mal für ein Jahr trennen und sehen, was passiert. Sie hatte erklärt, sie wolle nie wieder Sex mit Männern haben. Da habe ich gesagt: »Das ist gut, und ich will nie wieder Sex mit anderen Männern haben.«

Wir waren nicht gleich beim ersten Mal zusammen. Ich habe ihn nach einer Woche angerufen, wir waren spazieren, und an dem Abend sind wir dann bei mir gelandet. Er war so bedächtig und auch so andächtig dabei. Das hat mich wirklich berührt. Ich stand praktisch vor ihm, und da hat er mich das erste Mal so angeguckt und betastet, das war unglaublich. Ich hatte ja schon eine ganze Weile nichts mehr mit Männern. Ich weiß noch, dass ich von Scham und Lust gebeutelt war. Er hat mich wirklich angeguckt, als sei ich was total Kostbares. Das ist mir noch nie so gegangen.

Er hat sich Zeit genommen, das war nicht bloß so ein Abgerammel, wie man das oft hat. Die ganze Art der Bewegung – er ist ja sehr groß und stattlich – und wenn man dann Stellungswechsel hatte und ist nicht auseinander gefallen, das war sehr harmonisch. Mir ist auch aufgefallen, dass er gut roch. Liebe ist für mich, wenn man sich in der Achselhöhle wie zu Hause fühlt. Nicht dass er parfümiert war, er roch einfach gut.

Tja, dann neigte sich sein »Trennungsjahr« dem Ende zu, und eines Tages erzählte er mir, dass er mit seiner Frau bei einem befreundeten Ehepaar zu Besuch war. Dem Freund habe er von mir vorgeschwärmt. Ich sagte: »Was ist denn das für ein Gefühl?

Dein Freund und deine Frau wissen inzwischen, dass es mich gibt, warum gehst du mit deiner Frau dorthin?« Er hatte ja auch gesagt, dass er seiner Frau von mir erzählt habe. Die hatte ich sogar ein paar Mal am Telefon, und da war die immer ganz munter und sagte: »Jaja, ich hole ihn mal ran.«

Da war ich ganz erstaunt und dachte: Na, die hat ja wirklich mit ihm abgeschlossen. Ich wollte auch nicht gleich drängeln. Nach dem gemeinsamen Freundesbesuch habe ich gefragt: »Wie geht das, über was redet ihr denn da so? Oder habt ihr ein Agreement getroffen?«

»Ja, wir haben ein Agreement getroffen. Ich werde mich auf keinen Fall von meiner Frau trennen«, sagte er. Da war ich wie vom Donner gerührt. Ja, sagte er, sonst müsse er sein schönes Haus verkaufen, und bei dem Gedanken werde ihm ganz schlecht.

Seine Frau brauchte nie zu arbeiten, denn er hat immer das dicke Geld verdient. Seit sie mit ihm liiert war, konnte sie sich ihren künstlerischen Neigungen ohne Druck widmen. Nicht wie andere, die dafür durch die Hölle gehen müssen. Sie hat wohl gemerkt, wenn es mit uns ernsthaft würde, müsste sie zum Teil selbst für ihren Lebensunterhalt aufkommen. Sie war ja an den höheren Lebensstandard gewöhnt, davon trennt man sich nicht so gern.

Ich sagte zu ihm: »Ich sehe mich nicht als Geliebte, die deine Ehe kitten will. Aber ich fühle mich jetzt schon als Ehetherapeutin benutzt.« Ich wollte das nicht mehr. Ich habe immer klargestellt: »Mir ist es egal, ob du viel Geld hast oder nicht. Du *hast* nicht alles, was ich will, sondern du *bist* alles, was ich will.«

Er konnte zum Beispiel ganz wunderschön Klavier spielen. Das fand ich total toll. Das hat etwas unheimlich Erotisches, wenn so ein Kerl am Klavier sitzt und Rachmaninow spielt. Da hatte ich das Gefühl, ich möchte in die Musik, in das Klavier und auch in ihn hineinkriechen.

Mit ihm bin ich auch mal in ein Hotel gegangen, da hat er ein Einbettzimmer bestellt. Ich stand neben ihm an der Rezeption und natürlich spürte ich, dass die ahnten, was da jetzt gleich laufen wird, und das war total prickelnd.

Heute wird das Liebesleben ja von Dingen bestimmt, die man sich früher nie träumen lassen hätte. Wenn größere Kinder da sind, die erst spät zu Bett gehen, wo glauben Sie, bleibt da noch ein Liebesleben? Oder wenn wenig Parkmöglichkeiten da sind und es heißt: »Du, ich kann nur für zwei Stunden parken.« Meine Güte, so was muss man auch mit einplanen.

In dem Film *Eine pornografische Beziehung* begegnet sich ein Paar immer im Hotel. Das trifft für meine Begriffe voll den Nerv. Denn A fand die pornografische Beziehung nur im Kopf des Betrachters statt, und B beschreibt der Film die unterschiedlichen Wahrnehmungsebenen von Männern und Frauen. Es wird aus ihrer und aus seiner Sicht erzählt – und das sind zwei völlig verschiedene Geschichten. Ach, es muss toll sein, sich mit einem Mann einmal in der Woche zu einem festen Termin im Hotel zu treffen.

Eines unserer letzten schönen Erlebnisse war, dass ich ihn nachts im Tiergarten auf einer Parkbank verführt habe, einen Meter neben einem öffentlichen Weg. In der Nähe war eine rappeldickevolle Kneipe. Es ist erstaunlich, was man alles zusammen machen kann. Ich hatte noch ganz andere Phantasien, ich hätte ihn gerne auch mitten auf der Wiese geliebt. Oder in einem Boot oder in einer Scheune und weiß der Kuckuck wo noch. Mir sind so viele Sachen eingefallen, aber dann hat er die Beziehung beendet.

Er hatte mich ja auch inspiriert. Wenn ich verliebt bin, möchte ich immer Geschichten schreiben oder Bilder malen oder Lieder singen. Aber ich hatte das Ende schon geahnt, weil er immer seltener kam. Am Schluss fiel mal ein Treffen ab, wenn er ein defektes Küchengerät bei mir in der Nähe zur Reparatur

321

brachte. Wir haben manchmal auch nur noch einen Kaffee zusammen getrunken.

Zu meinem Geburtstag hatte ich gehofft, dass er käme. Und dann erfahre ich von seinem Anrufdienst, dass er mit seiner Frau in den Urlaub gefahren ist. Ich sagte danach zu ihm: »Wenn du nicht mehr willst, kannst du das ruhig sagen.« – »Nein, nein, wir sollten uns doch wieder treffen.« Aber nach einer Woche habe ich ihn angerufen und da hat er gesagt: »Ach, weißt du, ich verstehe mich mit meiner Frau doch wieder besser, das hast du ja wohl schon gemerkt.« »Ja«, sagte ich, »aber dass du mich jetzt einfach so am Telefon abservierst, das finde ich nicht in Ordnung.«

Dann habe ich ihm geschrieben, dass ich seine Entscheidung respektiere, aber darauf bestehe, dass wir uns noch einmal treffen, um das irgendwie zum Abschluss zu bringen, damit wir uns nicht gegenseitig zu Gespenstern werden – und er war mein Gespenst.

Ich habe von ihm geträumt und auch von seiner Frau. Im letzten Traum war ich in seiner Wohnung, wo ich real nie war, und wollte meine Spuren tilgen. Da kam er mit seiner Frau durch den Garten auf die Veranda und seine Freunde und Verwandten begrüßten ihn. Und ich ging mit meinem Sohn, der auch dabei war, durch eine Seitentüre raus. So habe ich meinen Liebeskummer verarbeitet.

Ich habe mich bei ihm mit vielen Sachen auseinander gesetzt, auch mit meiner Rolle als Geliebte. Ich fand schon sehr quälend, dass er immer nach Hause fuhr. Oder dass ich an Wochenenden allein war, an Feiertagen, wo er brav auf Familie gemacht hat. Trotzdem gab es so einen Punkt, wo ich dachte: Gut, dann ist es mein Schicksal, dass ich eine Geliebte bin. Ich hätte mich ja, historisch gesehen, in bester Gesellschaft befunden. Ich habe das ertragen, weil ich ihn liebe. Komischerweise ist es mir wichtig, dass Männer blaue Augen haben, und sie sollten nicht zu klein und zu dünn sein. Das ist meine einzige Macke. Und er hatte blaue Augen, er hatte überhaupt alles, was ich gut fand. (Lacht)

Ins neue Jahr bin ich mit drei Vorsätzen gegangen: Ich will mich selbstständig machen, ich will Litauisch lernen und ich möchte mich wieder verlieben. Möglichst in dieser Reihenfolge. Am liebsten wäre es mir, wenn ich mich in einen Mann verlieben würde, der Litauisch spricht und mir dabei hilft, selbstständig zu werden. Und blaue Augen sollte er natürlich haben, aber das wird schon wieder schwierig. Vor einem Jahr habe ich einen inneren Zugang zu Litauisch entwickelt – mein Vater kam aus Litauen – und ich habe mich schon ein bisschen in die Sprache reingehört. Die ist für mich auch erotisch besetzt, die hört sich irgendwie toll an, die ist von einer archaischen Schönheit.

Ja, ich glaube, ich gehe zurück zu meinen Wurzeln. Dabei war ich noch nie in Litauen. Was ich bisher davon gesehen habe, also Filme oder Fotos, da fallen mir immer die Lachse ein, die mit letzter Kraft den Fluss hoch schwimmen und sterben. Ich fühle mich – obwohl ich aus dem Westen komme – eher nord- oder osteuropäisch. Ich habe auch überhaupt keine Neigungen, in exotische Länder zu fahren. Ich möchte ein bisschen Schnee haben und im Sommer soll es auch nett sein. Meine Mutter hat einen ausgesprochenen Rochus auf den Osten und sagt immer: »Aus dem Osten kommt nichts Gutes.« Sie ist von dort vertrieben worden. Aber ich lebe so völlig im Einklang mit den Wurzeln, ich habe da keine Berührungsängste.

Aber mit der Liebe ist das so eine Sache. Dieser letzte Mann ist nicht so austauschbar für mich. Auch darum habe ich überhaupt keine Erwartungen im Moment. Wenn ich mich mal verabrede, ist es meist ganz nett, aber erotisch kommt da nichts rüber, obwohl ich alle Register gezogen habe. Ich habe Freunde, die sagen: »Du darfst nicht suchen.« Ich sage: »Wieso? Eine Wohnung habe ich mir doch auch gesucht.« Am liebsten möchte ich innerhalb des Freundeskreises verkuppelt werden. Aber der

Wunsch scheint nicht in Erfüllung zu gehen, weil da eine ganze Menge Singlefrauen sind. Ein Teil will schon gar nicht mehr, ein anderer würde schon gerne. Aber wie?

Ich finde es auch unheimlich stressig, jemanden kennen zu lernen. Ich war zum Beispiel mal mit einem zusammen, der wahrscheinlich an seine Verflossene gedacht hat, wenn wir zusammen waren – und ich an meinen Verflossenen. Dann schrieb er mir zwei Tage später per E-Mail: »Ich werde Dich in bester Erinnerung behalten.« Und da habe ich ganz gallig zurückgeschrieben: »Danke, das ist genau das, was ich mir erträumt habe, dass du mich in bester Erinnerung behältst.«

Als ich im erotischen Niemandsland gelandet war, bin ich mal in einen Sexshop gegangen. Da war im Schaufenster eine wunderschöne Lederkorsage, die sah ganz edel aus und sollte 500 Mark kosten, was für mich ziemlich viel war. Aber in dem Shop habe ich einen Schreck gekriegt, was da alles herumlag. Zum Beispiel so eine Hose aus Latex mit einem Penis eingebaut. Ich dachte: Mein Gott, wer zieht sich denn so was an? Windeln für Erwachsene gab es auch, also ich fand das zum Teil richtig Ekel erregend.

In einen Swingerklub bin ich auch mal gegangen. Ich war einfach neugierig und habe mir das zeigen lassen. Ich erinnere mich, dass das Ambiente ziemlich bieder war, dass die Laken rot und abwaschbar waren, irgendwo stand auch so ein Gynäkologenstuhl.

Ich kann mir vorstellen, dass es da ziemlich kleinbürgerlich zugeht. Die diensthabende Dame, die mich durch die Räume führte, erzählte mir, dass sich die Paare nach unten verdrücken können und nur Männer durch irgendeinen Spiegel gucken dürfen. Warum dürfen Frauen das nicht?

Ich habe mich dann bewusst entschieden, dort nicht hinzugehen, weil ich das Gefühl hatte, ich könnte vielleicht meine letzte Illusion verlieren, auch wenn ich manchmal in meinen Träumen mit zwei oder drei Männern schlafe – aber das sind nur Phantasien.

Ich fühle mich eigentlich ganz gut und habe mit meinem Alter auch nicht so viel Probleme, nur dass ich eben nicht mehr mit Fruchtbarkeit brillieren kann. Aber es ist schon schlimm, wenn man zum Beispiel Krampfadern kriegt. Da traut man sich gar nichts mehr, weil die nicht nur hässlich sind, sondern auch wehtun. Ein riesiger Trost dabei ist, dass Männer auch Krampfadern bekommen können.

Ich habe auch immer unter meinen dicken Oberschenkeln gelitten. Ich habe mich schon gewundert, dass meine letzte Liebe, der eine sehr schmalhüftige Frau geheiratet hat, mich mit meinen breiten Hüften gut fand. Übrigens habe ich mir seine Frau mal heimlich auf einer Vernissage angesehen. Die war für meine Begriffe überhaupt nicht schön, sie war nämlich so dünn, dass sie eigentlich gar keine Figur hatte. Ich wusste von meinem Geliebten, dass sie jede Woche zum Fitness geht, zur Kosmetik, zum Friseur, zur Massage und dass sie geliftet ist. Das könnte ich mir gar nicht leisten. Reiche Männer zieren sich ja gern mit superschlanken Frauen, das ist wie ein Statussymbol für sie. Und je reicher die Männer sind, desto jünger und dünner sind die Frauen an ihrer Seite, mit denen sie repräsentieren können.

Wenn jemand Bemerkungen über mein breites Becken oder meinen Po gemacht hat, sind mir schon manchmal die Tränen gekommen. Es hat mich Jahre und viel Kraft gekostet, das anzunehmen. Meine letzte Liebe hat mir gesagt: »Mach dir nicht so viele Gedanken um deine Figur.« Also, ich fühlte mich von ihm schon ernst genommen. Bei ihm habe ich letztlich auch unheimlich Spaß gehabt, es mit dem Mund zu machen. Er war der erste Mann, bei dem es mir auch gefiel. Wir hatten einen richtigen schönen Erwachsenensex. Ich habe ihn auch immer gern angeschaut, er hatte so schöne Hände und ein tolles Profil. Er sah aus wie eine Arno-Breker-Figur und war von all meinen Männern der deutscheste. (Lacht) Und er wurde immer schöner für mich. Er hatte etwas ganz Liebes, Aufrichtiges und Fürsorgliches.

Anfangs hat er mir Geschenke gemacht, aber beim letzten Geburtstag hat er nicht mal mehr angerufen. Ich habe ihm auch immer gern Sachen geschenkt, zum Beispiel einen Notensatz von Chatschaturjan, den hatte ich antiquarisch erworben. Auch die Noten für Dvořaks *Slawische Tänze*, die haben mich relativ viel gekostet, aber das habe ich gerne gemacht.

Ja, er hängt mir immer noch in den Knochen, wie Sie sehen. Als er ging, sagte er zu mir: »Du bist so stark, du wirst das schon überleben.« Ach, denke ich, ich werde also immer verlassen, weil ich so stark bin. Warum bleibt denn nicht mal jemand bei mir, *weil* ich so stark bin? Mit anderen Worten, er bleibt bei seiner Frau, weil sie ja so zart und schwach ist. Oh, ich war ziemlich sauer. Jetzt bin ich doch eine Ehetherapeutin geworden, das wollte ich nun wirklich nicht.

Eine Freundin von mir war geschlagen mit einem Mann, der zu Prostituierten geht. Als sie davon erfuhr, hat sie die Ehe abrupt beendet. Die hat so eine Berliner Schnauze und sagt: »Manche Männer schaffen sich auch bloß 'ne neue Freundin an, damit sie die Nutte sparen können.« Irgendwo hat sie den Nagel damit auf den Kopf getroffen. Männer nehmen sich ja auch nicht so die Zeit, zwischen den Beziehungen mal ein bisschen zu pausieren.

Jetzt bin ich wieder schwer am Suchen. Was heißt am Suchen, irgendwie bin ich zwischen Baum und Borke. Wenn ich so mit reinem Herzen sagen könnte, dass mich die Männer nicht mehr interessieren, das wäre mir schon lieber, als wenn ich jetzt so da hänge und vor mich hin dümpele und mal hier schnüffele und mal da.

In meinem tiefsten Herzen möchte ich mal jemanden haben, der Freude daran hat, mich zu verwöhnen. Das kann gern auch materiell sein oder die breite Brust für mich alleine. Einen, der auch mal sagt: »Mensch, wollen wir am Wochenende nicht mal in den Spreewald oder an die Ostsee oder nach Köln oder Dresden?«, der mir mal ein Buch mitbringt, von dem er denkt, das könnte mir gefallen. So etwas finde ich schön. Oder der sagt: »Du siehst so müde aus, wir lassen uns ein Bad ein und ich massiere dir den Rücken oder die Füße.«

Aber ich soll immer emanzipiert sein. Ich habe den Eindruck, wenn ich als emanzipiert durchgehe, dann bin ich etwas, wo Männer alle ihre Probleme abwälzen können, denn emanzipiert heißt: »Ich muss den ganzen Mist alleine machen.« Die Entscheidung inklusive, welchen ISDN-Anschluss ich am besten nehme oder bei welcher Bank ich am besten mein Konto einrichte und welcher Computer der richtige ist. Kurz gesagt: viel Arbeit, wenig Liebe.

Andere haben da mehr Hilfe und mehr Beistand, können sich ganz bequem zurücklehnen. Eine Beziehung kann auch sehr förderlich für die Lebensqualität im Allgemeinen sein. Wenn sie das nicht wäre, würde ich sie nicht wollen.

Ich wäre gern zehn Jahre lang fünfundvierzig geblieben. In dem Alter hatte ich mal einen heißen Flirt mit einem jungen Mann, bei dem ich mich eigentlich topfit gefühlt habe. Da war für mich die Welt noch richtig in Ordnung. Alles war irgendwie rund und aktiv. Jetzt bin ich in den Wechseljahren. Davor habe ich mich immer gefürchtet, aber es ist nicht so schlimm, weil eigentlich jedes Jahr für mich ein Wechseljahr war. Bei mir war ständiger Wechsel – lange Haare, kurze Haare, Locken, glatte Haare, Kleider exzessiv, dann weite Röcke, enge Röcke und so weiter.

Dass ich jetzt keinen Partner habe, kommt mir vor wie eine Verschwendung meiner Weiblichkeit. Eigentlich hat der liebe Gott es ja recht gut mit mir gemeint, jetzt bin ich voll im Einklang mit mir, aber es gibt niemanden, der diese Freude mit mir teilt. Und das finde ich schon sehr schade. Eine religiöse Freundin hat mal gesagt: »Es gibt nur eine Sünde vor Gott – wenn man seine Talente nicht nutzt, wenn man sie verschwendet.« Da hatte sie irgendwo Recht. Ich bin zwar nicht religiös, aber ich muss immer wieder an diese Worte denken.

Wenn ich eine zweite Chance hätte, würde ich mich von vornherein auf meine berufliche Entwicklung stürzen. Ich hatte ja mal ein Kunststudium angefangen, aber dann habe ich den Hamburger in der Kneipe kennen gelernt, der mich von den Segnungen der Arbeiterklasse überzeugte. Da habe ich prompt das Studium aufgegeben, weil es auch sehr materialintensiv war und ins Geld gegangen wäre. Meine Eltern haben mich nur mäßig unterstützt. Und in dem Fall war mir die Beziehung wichtiger.

Er hätte ja sagen können: »Ich mache alles und arbeite weiter, damit du studieren kannst.« Frauen haben das oft gemacht, die waren verheiratet, hatten Kinder, haben gearbeitet und ihre Männer haben studiert. Also, davon würde ich mich nicht noch einmal so runterreißen lassen. Ich würde mein Ziel verfolgen. Ich würde auch drauf achten, wie der Mann mit der eigenen Familie umgeht, dass er sich nicht nur abseilt und einen auf freischwebend macht, sich ständig individualistisch gebärdet und behauptet, keiner sei so wie er. Und ich würde großen Wert darauf legen, dass die Erotik stimmt.

Ich habe noch eine Schwester, die rührt das alles gar nicht. Sie ist jünger als ich, gibt sich aber schon wie eine abgeklärte alte Frau. Sie hat drei Kinder, eine intakte Familie, aber sie wird immer komischer. Sie ist einfacher strukturiert als ich und dadurch möglicherweise auch glücklicher.

In der Realität werde ich meine letzte Liebe nicht los. Esoteriker sagen ja: »Du musst loslassen können.« Aber warum sagt der Ehefrau keiner: »Lass ihn doch los, du liebst ihn doch gar nicht mehr. Stehe zu deinem Lesbischsein, sonst wirst du krank.« Warum soll nur ich loslassen, wenn ich die Geliebte bin? Es gibt da so Freundinnen, die haben gesagt: »Das musst du verstehen, er hat doch auch seine Familie.« Da sagte ich: »Ist meine Liebe deswegen minderwertiger, so dass man sie einfach sang- und klanglos in den Gully spülen kann? Das finde ich nicht.« Ich finde, meine Liebe ist genauso berechtigt in ihrer Substanz oder in ihrer Tiefe. Er hat ja von ihrer lesbischen Beziehung gewusst und war schockiert darüber. Und als er mich hatte, sagte er zu seiner Frau: »Du kannst jetzt weitermachen, ich habe endlich eine Freundin gefunden.«

Ich bin sehr traurig, dass ich es ihm nicht wert war, sich für mich zu entscheiden, denn es war wunderschön mit uns. Neulich hat er wieder mal angerufen und gesagt, dass er auch oft an mich denke. Ich weiß gar nicht, ob seine Frau wusste, dass er zwischendurch in gewisse Etablissements gegangen ist. Er hat mir zum Beispiel erzählt, dass er sich hin und wieder eine Thai-Massage gönnt – mit einem Extra, wo der Triebstau nach der Massage sozusagen mit der Hand beseitigt wird. Das hat mich auch sehr verletzt. Da habe ich mich mehr betrogen gefühlt, als wenn er pro forma was mit seiner Frau gehabt hätte.

Ja, wir Frauen sind echt angeschmiert. Es gibt ja nicht mal etwas Vergleichbares für uns. Ich habe mich andererseits schon mal gefragt, ob so eine leidenschaftliche, sinnliche Beziehung tatsächlich im Alltag bestehen könnte. Man sagt ja nicht umsonst, dass die interessantesten Liebesgeschichten immer die waren, die dann tragisch ausgegangen sind.

ICH STELLE VORHER GANZ
KLAR WEICHEN

Rolf, 63

Zwischen mir und meiner Frau läuft sexuell schon lange nichts mehr – fast nichts mehr. Also im Grunde herrscht da Ruhe. In unseren jüngeren Jahren war das natürlich anders. Da waren das Verliebtsein und das Erotische sehr weit miteinander verknüpft und verbunden. Ja, damals lief das einfach. Aber in den Jahren danach hat sich mit der Zeit doch vieles abgeschliffen. Eingelaufen und abgeschliffen, so würde ich denken. Und da kommt dann eben der erotische Teil immer kürzer weg. Dabei ist der Einfluss des Partners entscheidend, würde ich sagen.

Heute leben wir auf eine für unser Alter ziemlich typische Weise zusammen. Wir machen zusammen Urlaub, wir besuchen gemeinsam Verwandte und die Kinder, das komplette Zusammenleben würde ich das nennen. Der sexuelle Teil ist da allerdings inzwischen ganz klein geworden, weil auch der Ehepartner, also meine Frau, nicht mehr das Verlangen danach hat. Aufgrund des Alters, aufgrund der ganzen Jahre, die wir miteinander verbracht haben, durch die berufliche Entwicklung und auf jeden Fall auch infolge der Wende. Die hat uns ja viele Probleme beschert.

Gut, angefangen hat es vielleicht mit der Geburt unserer Kinder, dass sie sich dann gesagt hat: »Nun haben wir unsere Kinder und alles andere kochen wir bloß noch auf Sparflamme.« Und diese Sparflamme ist im Laufe der Jahre leider immer kleiner geworden und nach der Wende noch einmal ganz besonders. Da kam bei ihr natürlich viel innere Angst und Unsicherheit dazu. Die um sich greifende Arbeitslosigkeit bei uns, der Kampf um den Arbeitsplatz, um seine Erhaltung, das hatte diese ganze innere Beklemmung zur Folge. Sie war einfach überfordert, und da blieb ihr ganz simpel keine Zeit, an andere Dinge wie Sex zu denken. Da ließ die letzte Lust auch noch nach.

Wobei ich sagen muss, dass es ihr wohl nicht allzu schwer fällt, auf Sex zu verzichten. Nein, das fällt der nicht schwer, das fällt der gar nicht schwer. Ja, als wir jung waren, ist das anders gewesen, natürlich. Da war die aufgeschlossen und wollte viel von der Erotik, aber, wie gesagt, von der Geburt der Kinder an hat sich das dann schon gewandelt.

Na ja, und da sucht man natürlich Alternativen. Durch Beziehungen zu anderen Frauen, klar. Natürlich gehe ich damit nicht an die Öffentlichkeit, das ist logisch, also ich erzähle das auch nicht meiner Frau. Die wäre ganz sicher schwer enttäuscht, und diese Enttäuschung würde ich ihr ersparen wollen. Dazu läuft jedes Geheimnis immer Gefahr, mal aufgedeckt zu werden. Aber da ich oft dienstlich unterwegs bin, bin ich ein bissel aus der Reichweite, würde ich sagen, und da lässt sich manches arrangieren.

Na ja, irgendwann will man aber doch mal darüber sprechen, auch deshalb habe ich mich gemeldet. Nicht so sehr aus direktem Interesse an der Problematik. Ich dachte mir: Da sind sicher ganz unterschiedliche Erfahrungen gefragt und da kannst du auch deine eigenen einbringen. Also, wenn es um erotische Wünsche in meiner Altersgruppe geht, bei denen, die schon deutlich jenseits der Sechzig sind. Da ist ja bei vielen sicher gar nichts mehr, ich weiß nicht. Und da sind meine Erfahrungen vielleicht interessant.

Klar, sind bei mir die erotischen Wünsche noch da, vielleicht sogar stärker als früher. Mit zwanzig ist die Liebe immer mehr mit einem konkreten Partner verbunden, würde ich mal denken, also Liebe auch so als großes Gefühl. In den älteren Jahren geht es dann doch stärker um die Befriedigung der sexuellen Bedürfnisse. Jedenfalls ist das bei mir so, und das ist dann nicht mehr so fest an eine bestimmte Partnerin gebunden. Man ist nicht mehr so auf die ganze Person orientiert, sondern eher auf das Sexuelle. So würde ich das sehen – in meinem Fall.

Wenn ich also jemanden kennen lerne, dann muss das jetzt nicht unbedingt, ich will mal sagen, eine liebevolle Beziehung werden. Sicher muss man eine gewisse Sympathie füreinander entwickeln, und daraus entsteht dann der Wunsch nach gegenseitigen erotischen Kontakten. Ja, so etwa.

Was ist für mich erotisch? Erotisch sind für mich natürlich Frauen, das ist klar, in ihrer Komplettheit. Wenn ich auf sie treffe, dann fördert das den, ich würde mal sagen, erotischen Grundgedanken. Ich suche da immer wieder nach neuen Möglichkeiten.

Festere Beziehungen würde ich das nicht nennen, nicht in dem Sinne. Obwohl es auch welche sind, die über einen längeren Zeitraum gehen. Aber doch irgendwie zufällig, also solche, die man nur für eine begrenzte Zeit aufrechterhält. Und die Erotik ist da immer das eigentliche verbindende Element. Natürlich gehört Sympathie dazu, aber Erotik dominiert, auch bei der jeweiligen Partnerin. Die will das ja auch leben, in vielen Varianten und Arten. Und das ist das eigentlich Verbindende – der rein erotische Gedanke.

Ich betreibe das ziemlich aktiv. Ich traf und treffe mich regelmäßig mit mehreren Damen, und das sind rein erotische Treffen. Gut, man trifft sich vorher noch, sagen wir, zu einem gemeinsamen Abendessen. Das kann bei ihr sein, das kann aber auch in einem Restaurant sein, je nachdem.

Also nehmen wir an, auf einer Dienstreise komme ich nach X; dann melde ich mich natürlich vorher telefonisch bei der Dame an; dann verabreden wir uns auf ein Abendessen und auf ein, nun ja, gemütliches Stündchen danach. Natürlich wird vorher noch ein bissel geschwatzt und aus dem Schwatz heraus wird es dann auch erotisch.

Das ist von vornherein bei beiden das Ziel. Vorher redet man über alles Mögliche: Urlaub oder auch Arbeit, was so gerade in der Luft gelegen hat. Auch mal über die Kinder oder wenn einer gerade persönliche Probleme hat. Doch, das ist schon drin. Über Geld dagegen würde man sich sicher nicht austauschen. Über Anschriften auch nicht. Zum erotischen Teil kommt man dann, ich würde sagen, auch schon im Gespräch.

Ja, das stimmt, ich weiß, wo die Frau wohnt, aber die weiß nicht, wo ich wohne. Also meine Daten gebe ich da nicht preis. Bisher hat damit noch keine ein Problem gehabt. Auch für diese Frauen geht es allein um die Erotik. Ich würde sagen, die wollen keinen festen Partner mehr. Den wollen die sich nicht mehr als Klotz ans Bein hängen, mit Wäsche waschen, mit allem »Komfort« und so. (Lacht) Die sagen: »Wir bleiben allein, der Sex reicht uns.« Die wollen nicht versorgen, sondern einfach nur genießen. Das betrifft vor allem ältere Damen, also auch solche, die älter sind als ich. Die wollen Erotik, vielleicht ein Gespräch davor und weiter nichts. So würde ich das einschätzen, weil die ja auch wissen, dass sich da von meiner Seite nichts weiter abspielt.

Die Frauen merken doch sehr schnell, wie ich die Weichen stelle. Und wenn sie das nicht wollen, dann sagen sie nach dem zweiten oder dritten Mal: »Nee, das ist doch nicht mein Ding, das läuft nicht in die Richtung, wie ich mir das eigentlich vorstelle.« Und das war es dann.

Aber die anderen akzeptieren sofort. Die sagen ganz klar, dass sie eigentlich auch keine weiteren Vorstellungen und großen Hoffnungen haben. Ja, ich stelle vorher immer ganz klar die Weichen, und wenn da eine Frau wäre, wo sich mehr andeutet, wo vielleicht meine Ehe in Gefahr geraten könnte, dann wäre diese erotische Beziehungen sofort am Ende. Meine Ehe steht jedenfalls über allem. Und weil ich meine Weichen immer rechtzeitig stelle, ist das auch noch nicht in Frage gestellt worden.

Dabei habe ich durchaus Erfahrungen mit Frauen sehr unterschiedlichen Alters. Es waren und sind jüngere dabei und auch ältere. Aber es ist schon so, dass es bei den jüngeren doch eher mal Probleme geben kann. Die sind eher auf der Suche nach einem festen Partner, selbst wenn sie wissen, dass aus meiner Sicht irgendwann Schluss ist.

Ja, ich habe da natürlich meine Vorstellungen, wie eine solche Frau sein muss. Ich würde sagen, eine Frau muss Figur haben, wie man so schön sagt, muss gute Proportionen haben, möglichst ein bissel vollbusig sein, in der Richtung. Und sie muss auch willens sein, die Erotik voll auszuleben. Ich möchte mit ihr einfach das machen können, was mit meiner Frau nie möglich war. Die eigene Frau, die ist dann verklemmt oder sagt: »Nee, ach, komm nur, in unserem Alter!« Eine andere Frau sollte dann schon aufgeschlossener sein diesen erotischen Dingen gegenüber, und mit der muss man auch freier darüber sprechen können als mit der eigenen. Wie man was möchte.

Ja, das deutlich auszusprechen, habe ich mit der Zeit gelernt. Nach meiner Erfahrung kann man sagen, dass mindestens fünfundneunzig Prozent der Frauen, die sich auf so eine erotische Beziehung einlassen, meinen Wünschen gegenüber sehr offen und zugänglich sind. Das hat eigentlich bisher fast immer funktioniert.

Na ja, mit den Kontakten ist das sehr unterschiedlich. Es gibt beispielsweise dienstliche Begegnungen, da weiß man, man hat bei dieser Sekretärin zu tun und die ist alleinstehend. Man sondiert das ja ein bisschen. Und ist sie auch äußerlich so, wie man es erwartet, dann spricht man sie an: »Wollen wir nicht mal zusammen einen Bummel machen?« In der Richtung, zum Beispiel, so läuft das in der Regel. Und Sie können mir glauben, dass ich nie wirklich damit rechne, dass so ein Verhältnis meine Ehe in

Gefahr bringen könnte. Weil ich mir eben grundsätzlich Grenzen setze und immer genau weiß, dass es nicht von Dauer ist.

Mit meiner Frau verbindet mich sehr, sehr viel – außer der Erotik. Es sind ja nicht bloß die gemeinsamen Kinder, da sind auch noch Haus, Garten, Land, Hof, was so alles drum und dran hängt. Das wiegt schwer. Und wenn meine Frau erotisch, wie soll ich sagen, noch aufgeschlossener wäre, dann würde es ja auch wahrscheinlich nicht zu solchen Dingen kommen, also zu Beziehungen mit anderen Frauen. Das ist mein Ausweg.

Ja, sicher, ich habe schon mal versucht, mit ihr darüber zu sprechen. Vor langer, langer Zeit schon, das muss ich sagen. Und da hat sie sehr sauer reagiert. Ich hatte also meine sexuellen Wünsche angemeldet und im Ergebnis war in unserer ganzen Beziehung sogar erst mal für eine Weile ganz Schluss. Oder sie wurde mindestens sehr weit heruntergefahren. Sie will absolut nicht, das hat sie mir eindeutig gesagt.

Darauf habe ich dann reagiert. Ich hole mir meine sexuellen Erlebnisse nun woanders. Und ich habe damit auch bisher nie ein Problem gehabt, weil eben von vornherein immer klar ist, dass ich mir ein Ende meiner Ehe nicht leisten will. Das ist das oberste Gebot.

Vielleicht müssen Sie das so sehen: Es gibt ein oberstes Gebot. Ich möchte mir das nicht leisten, aber ich habe ein sexuelles Verlangen und versuche irgendwo an einem dünnen Ast auszubrechen, auszuweichen. Und der dünne Ast ist mal so lang und mal so lang und manchmal ist der auch nur so kurz.

Angst abzustürzen habe ich eigentlich nicht. Da bin ich sehr wachsam, sehr wachsam. Der eine Ast, das ist meist eine einzelne Frau, mit der ich fremdgehe, das ist klar. Aber ich habe auch schon mal ein Ehepaar gehabt, über eine sehr lange Zeit. Und der dritte Ast ist im Prinzip die Selbstbefriedigung. Das mit der Selbstbefriedigung hat dann nun seinerseits wieder verschiedene Formen.

Nehmen wir mal an, Sie sind mit dem Partner zusammen und denken: Es wird ein schöner Abend und es kommt dann eine herrliche Bettszene und ... Verstehen Sie? Da ist man doch innerlich angespannt. Und Sie werden aus eigenem Empfinden wissen, wenn diese Vorspannung da ist und dann passiert nichts, dann sind Sie, ich will nicht sagen ungenießbar, aber Sie sind vorgespannt in irgendeiner Form. So, und jetzt müssen Sie versuchen, das gegenüber Ihrem Partner abzubauen, wenn es diese Bettszene nicht gibt. Wie soll das nun gehen? Selbstbefriedigung ist einer der Auswege. Man baut damit einfach diese starke Spannung ab.

Ja, das stimmt schon, ich bin nicht hundertprozentig heterosexuell. Deshalb ging das ja auch mit dem Ehepaar. Das war eine sehr lange Sache. Die waren beide älter und die Frau war noch sehr agil, also unheimlich agil. Der Mann nicht mehr oder nur sehr wenig.

Dann hat der Mann ganz offen zu mir gesagt: »Also, meine Frau möchte auch noch voll auf ihre Kosten kommen« und dass wir praktisch zu dritt die Erotik leben sollen. Er wollte genauso mit einbezogen werden, aber die Frau war dort der treibende Keil.

Ich kannte das ja noch nicht und habe also gesagt: »Na gut, wir können ja mal versuchen, wie das geht.« Und ich muss sagen, dass es eigentlich sehr schön gewesen ist. Man hat sich getroffen, und es wurde auch über private Dinge gesprochen, über den Schrebergarten zum Beispiel. Aber diesem Ehepaar lag immer daran, dass es dann auch sehr schnell zur Erotik kam – zu Sex also.

Richtig gut war das vor allem deshalb, weil die Frau sehr offen gewesen ist. Und der Mann war nicht nachtragend, gar nicht. Der hat das also mitgemacht und voll akzeptiert.

Das ist dann irgendwie eine sehr enge Sache geworden. Da brachte man auch schon mal einen Strauß Blumen mit oder eine Schachtel Pralinen. Na gut, das mache ich natürlich immer wieder auch mal bei den anderen Damen. Das gehört ja dazu.

Als die Sache mit dem Ehepaar vorbei war, hätte ich das schon gern durch eine andere ähnliche Beziehung ersetzt. Aber die Frage war – wie? Annoncieren wollte ich nicht, denn irgendwie ergibt sich ja doch immer etwas. Durch die Arbeit oder über andere Kontakte, so dass ich immer jemanden hatte, wenn ich das wollte.

Mit der Wende haben sich ja die Möglichkeiten auch erweitert, will ich mal sagen. Wobei ich nicht denken würde, dass man jetzt irgendwie besonders große Unterschiede festgestellt hat. Aber die Leute im Westen waren doch freier, viel freier. Bei uns hat sich das dann aber auch ein bissel entwickelt. Ja, ich weiß, es gibt da irgendwelche Untersuchungen, wonach die Ossis im Bett aktiver sein sollen als die Wessis, aber ich habe das so nicht festgestellt. Ich würde sagen, das wird ungefähr gleich sein. Das hängt immer von der Situation ab, nicht? Ob der Mann, wie man so landläufig sagt, angeheizt wird. Wenn das läuft, reagiert doch jeder ähnlich oder?

Ich habe auch bei Westfrauen nie ein Problem gehabt, weil ich nun aus dem Osten komme. Obwohl es so viele bisher nicht waren. Wobei ich sagen muss, dass ich eher auf ältere Frauen anspreche als auf jüngere. Tja, warum? Da gibt es vielleicht gar keine richtige Erklärung. Oder es ist einfach, weil man ja selbst nicht mehr jung ist, und weil die älteren Frauen auch meist schon abgeklärter sind, so der mütterliche Typ. Vielleicht nicht so spitz und so schroff. Und weil man bei ihnen doch auch ein bisschen mehr Wärme erwartet als bei jüngeren. Ja, könnte sein.

Außerdem gibt es mit den Älteren nicht so viele Komplikationen, das ist klar. Jüngere Frauen suchen eben meist doch was Festes, also etwa die Altersgruppe vierzig bis fünfundvierzig. Wenn Sie dagegen eine Frau von sechzig haben oder meinetwegen von fünfundsechzig, dann ist das durch, da steht diese Frage nicht mehr im Vordergrund. Dass die Älteren nun weniger attraktiv sind, kann ich eigentlich in meinem Fall nicht sagen. Das ist wohl aufgrund der eigenen Erfahrungen so. Weil meine Partnerin so auf Sparflamme kocht, ist alles andere eben wesentlich besser.

Bei der Beziehung zu meiner Frau entfallen auf die Erotik wirklich bloß noch ein paar Prozente, aber das ist für mich doch keine so schwere Belastung mehr, weil ich eben immer wieder mal flüchte. Obwohl ich schon manchmal denke, dass es für mich besser wäre, wenn es da zwischen uns noch mehr Erotik gäbe. Ich glaube aber nicht, dass sich das noch mal ändern wird. Nicht bei meiner Frau.

Na ja, vielleicht habe ich noch einen weiteren kleinen Ast vergessen. Ich hatte doch diese Äste genannt, und einen gibt es noch, das will ich ehrlich sagen. Ich gehe auch in Massagestudios. Wir hatten ja schon darüber geredet, wie das ist, wenn man so richtig vorgespannt ist und dann passiert nichts, wenn Sie also Druck spüren.

Nehmen wir mal an, Sie haben schwere Denkprozesse zu bewältigen, auch auf der Arbeit, und da unten drückt das dauernd. Da haben Sie ein Riesenproblem, weil Ihre Gedanken immer wieder abgleiten. Bei mir ist der ganze Tag mit Arbeit ausgefüllt, bissel mit kopfmäßiger Arbeit, und da muss ich einfach frei von Ablenkungen sein. Verstehen Sie? Ich kann mich nicht ganz auf die Arbeit stürzen, wenn der Druck da ist. Ich kann mich nicht im nötigen Maß konzentrieren, wenn da diese Vorspannung in mir ist, wenn ich mir sagen muss: »Das wird heute sowieso nichts, dir gleiten doch dauernd die Gedanken ab.« Dann kommt es schon vor, dass ich mal in so ein Massagestudio gehe.

Das ist wirklich ganz einfach. Sie gehen dorthin und sagen den Damen, was Sie wollen. Das gibt es ja nun an allen Ecken und Enden und mit unterschiedlichen Angeboten. Mit der Zeit kennt man ja auch schon verschiedene Unternehmen und da geht man dann ganz zwanglos hin und sagt zu der Dame: »Ich möchte eine erotische Massage haben oder eine gegenseitige erotische Massage oder ich möchte es dir französisch machen« oder so. Und dann liegen da ja die Preise fest, also das ist alles schon in Sack und Tüten. Ich suche mir auf jeden Fall solche Unternehmen aus, die sehr sauber sind, wo ich also ohne Bedenken vorher und nachher unter die Dusche gehen und Vertrauen haben kann.

Nee, über Massage hinaus würde ich da nicht gehen, also nicht zu einer Prostituierten. Das wäre mir nichts. Da weiß man doch nie, mit wem die ständig umgeht, und dann ist da noch dieser Straßenstrich und das alles, nee, das ist mir nichts. Da bin ich eklig, muss ich schon sagen.

Generell übrigens, auch wenn ich so zu den Damen ganz privat gehe. Da guckt man ja schon mal im Bad nach, da hebt man auch mal den Toilettendeckel hoch und guckt ganz allgemein, wie sauber das ist, verstehen Sie? Das ist dann schon der Maßstab dafür, ob ich dort überhaupt noch mal hingehe. Hygiene hat für mich eine ganz hohe Priorität. Nicht nur aus Angst vor Ansteckung, das gehört zum Sex einfach dazu.

Tja, wie empfinde ich heute meinen Körper? Gut, ich bin dreiundsechzig, aber eigentlich noch ganz gut in Form – Sie sehen es ja an der Figur. Ich bin schlank und elastisch geblieben. Ich habe auch keine gesundheitlichen Probleme, und das wirkt sich auch auf die Erotik aus, ganz klar. Also, ich würde schon von mir sagen, dass ich beim Sex nicht passiver geworden bin. Ich bin bestimmt genauso geblieben.

Na ja, ich denke, irgendwann wird das mal ein bisschen weniger werden. Nach dem, was man so an sich selbst beobachtet und was man von anderen hört, da würde ich sagen, dass es ab Mitte sechzig mit den Aktivitäten nachlassen wird, nicht wahr? Aber irgendwelche Vorboten verspüre ich noch nicht, ehrlich gesagt. Es läuft eigentlich noch immer sehr gut.

Wahrscheinlich habe ich auch deshalb kein Problem mit einer Frau, die beim Sex gern die aktive Rolle spielt. Man wird ja selber sehr aktiv und sehr offen, wenn man mit einer Frau zusammen ist, die sich besonders aktiv gibt. Das ist ja eigentlich für einen Mann was sehr Schönes, will ich mal sagen, aber die Frau erwartet natürlich innerlich auch einen aktiven Mann. Ich bin der Meinung, dass sich das dann gerade ergibt mit einer aktiven Frau, dass es den Mann antörnt und ihn selbst richtig aktiv macht. Wobei ich nicht denke, dass man der Frau ganz das Heft des Handelns überlassen sollte. Man kann und soll schon ein bissel die Richtung mit bestimmen. Das will die Frau letztlich auch. Würde ich mal denken.

Ja, das habe ich schon oft ausprobiert, klar. Ich denke auch, dass Fremdgehen etwas Stabilisierendes für eine Ehe hat, also wenn die von sich aus nichts Erotisches mehr hergibt. Ob das allgemein gilt, weiß ich nicht, ich spreche über so etwas ja mit keinem. So richtig jedenfalls nicht, will ich mal sagen. Das ist ganz allein meine Sache, damit muss ich leben und fertig werden. Auch in dem Punkt habe ich mir eine oberste Prämisse gesetzt. Und die heißt: Nicht drüber reden.

Wenn ich da jetzt zu einem Freund gehen und sagen würde: »Du, wie denkst du darüber, ich war gestern bei der und der und das war gut und ich gehe nächste Woche gleich noch mal hin«, wozu soll das gut sein? Nee, das würde ich nie machen. Selbst wenn der mir hundert Mal versprechen würde: »Ich red nicht drüber, ich habe es schon wieder vergessen!« Das gibt es bei mir nicht. Reden ist Silber und Schweigen ist Gold. Ja, Diskretion ist Ehrensache, aber am Ende steckt auch ein bisschen Überlegung dahinter. Mir liegt schließlich nichts daran, dass die Sache ruchbar wird.

Wenn es keiner weiß, ist man außerdem viel lockerer. Ja, zärtlicher auch. Na ja, Zärtlichkeit, also, das ist so das gegenseitige Liebkosen, das sind aufmerksame Gesten und so. Man tut das auch, um Aufmerksamkeit zu erregen. Das sollte man sicher auch zu Hause so halten, aber bei einer erotischen Partnerin auf jeden Fall. Sie können doch da nicht mit der Tür ins Haus fallen. Das wollen die Frauen gar nicht, die wollen ja etwas Zärtlichkeit haben, die wollen umworben sein, verlangen nach Aufmerksamkeiten und so.

Wobei so ein Abend nach meinen Erfahrungen sehr unterschiedlich läuft. Es hängt immer von der Situation ab. Sehen Sie, wenn Sie sich da mit jemandem unterhalten und bei einem Glas Wein einen gemütlichen Abend verbringen, da geht es mal schnell und manchmal eben nicht. Da ist das erotische Vorspiel ganz unterschiedlich.

Sie haben ja Frauen, die warten direkt darauf, dass etwas passiert, die sind dann also auch unter einer gewissen Vorspannung. Und es gibt Frauen, die sagen: »Wenn in einer Stunde etwas passiert, dann ist es mir auch noch zeitig genug.« Die wollen also ein langes Vorspiel. Das muss man ein bissel im Gefühl haben, wenn man mit Frauen zusammen ist. Man muss herauskriegen, was sie wünschen.

Ja, sicher, manchmal spricht man auch darüber, aber das ist nicht die Regel. Jeder will da seine Wünsche verwirklichen, vielleicht seine Träume, und das muss man seiner Partnerin auch mal direkt sagen: »Ich würde doch gern mal die oder die Stellung mit dir ausprobieren«, so in der Art. Da darf man keine Hemmungen haben.

Große Überraschungen gab es da vonseiten der Frauen bisher nicht. Man ist eher überrascht, wenn sie es an einen herantragen, also ihre Wünsche. Das ist dann natürlich auch etwas sehr Schönes, wobei es da für mich gewisse Grenzen gibt. Doktoroder Fesselspiele, ich weiß nicht, ob ich dazu große Lust hätte. Ich muss mal sagen, da wäre ich bestimmt nicht sehr begeistert.

Ansonsten lasse ich mich ja gern anregen, ich schaue mir sehr gern schöne Frauenkörper an. Ich habe im Arbeitszimmer so etwas hängen, wo man doch gern mal draufblickt. Aber es ist eine Ablenkung, es ist eine fürchterliche Ablenkung, das muss ich schon sagen. Was darüber hinausgeht, nee, das ist eher nicht so meine Sache, ich gehe zum Beispiel nicht in Pornokinos, Videos fallen auch weg, denn ich habe nicht mal einen Videospieler. Na ja, ich habe dazu auch keine Zeit und will das nicht. Außerdem würde vielleicht meine Frau sagen: »Was guckst du denn da für Filme?«

Sie sehen ja an dem, was ich hier so erzähle, dass Erotik im Alter für mich kein Tabu ist. Im Alter sollte man doch noch offen sein, eigentlich. Na ja, gut, wenn meine Umgebung von meinem erotischen Leben wüsste, also mit Verständnis könnte ich da sicher nicht rechnen, weil die mich ja ganz anders kennen. Die würden vielleicht sagen: »Das kann doch gar nicht sein!«

Ich führe schon zwei Existenzen, ja, das muss man wohl so sagen. Aber schlecht fühle ich mich dabei eigentlich nicht, weil ich die zweite Existenz so gesteuert führe, dass ich die auch jederzeit wieder ablegen könnte. Da fühle ich mich ganz unabhängig.

Von meiner Erziehung her war ich darauf wirklich nicht vorbereitet. In meinem Elternhaus ist über Sex und Erotik absolut nicht geredet worden, das war tabu. Deshalb konnte ich meine eigenen Erfahrungen auch nur ganz langsam sammeln. Man ging also mal tanzen und lernte dabei Mädels kennen. Man sprach gelegentlich mit Kumpels über das Thema und fragte: »Wie hast du denn das gemacht?«

Es ist eigentlich ein ganz mieser Anfang gewesen, das muss ich mal sagen. Dadurch war man auch so unsicher. Ich erinnere mich zum Beispiel, dass beim ersten Gebrauch gleich das Kondom kaputtging. Man hatte ja überhaupt keinerlei Erfahrung, keiner hatte einem richtig etwas darüber gesagt. Das war alles so ein bissel hinter vorgehaltener Hand, würde ich sagen. Das ist heute eigentlich schon besser für die Jugendlichen.

Mit unseren Kindern haben wir das dann wirklich anders gehalten. Das ist kein Katz- und Mausspiel gewesen. Die konnten zum Beispiel einfach ihre Freundinnen mitbringen und die durften dann auch bei uns übernachten.

Ja, es ist wirklich merkwürdig, wir sind da so offen mit umgegangen, also meine Frau und ich, und bei uns selbst lief sich das dann fest. Woran es gelegen hat? Darüber habe ich schon viel und lange nachgedacht, aber man muss sagen, dass ich darauf bislang keine Antwort gefunden habe. Ich schiebe es auf ihre Mentalität, dass sie sich so einkapselt, weil ihre Mutter ganz anders war. Ihren Vater kenne ich nicht, aber ihre Mutter war ganz anders. Das weiß ich sehr gut.

Auch in ihrer Verwandtschaft ist das eigentlich nicht so. Ich weiß es zumindest vom Erzählen her, dass da verschiedene Tanten ihrerseits eigentlich noch gern wollten, aber deren Männer nicht. Ich schätze deshalb, dass es mehr von ihrem Vater her kommt. Vielleicht ist der ja so gewesen, und vielleicht ist die Entwicklung bei ihr deshalb so gelaufen, dass sie so verklemmt oder eingeklemmt ist.

Ich werde sie sicher nicht ändern können. Ich muss damit sorgsam umgehen, trotzdem zärtlich sein und vielleicht darauf hoffen, dass es besser wird, wenn man noch ein bisschen älter ist. Dass man auch selbst dann einfach damit aufhört, auf diese dünnen Äste auszuweichen, dass der Wunsch danach irgendwie abstirbt. Das ist sozusagen mein inneres Hoffen. Ob es so wird, weiß ich nicht.

Ja, sicher, als Mann grübelt man natürlich auch darüber, was man selbst falsch gemacht haben könnte. Vielleicht bin ich manchmal ein bisschen egoistisch gewesen. Das könnte ich mir vorwerfen. Zwar nicht als Hauptgrund für unser Problem, aber doch als einen der Gründe. Gut, jeder Mensch ist auch ein kleiner Egoist für sich, nicht? Aber sonst, denke ich mal, habe ich eigentlich nur falsch gemacht, dass ich meine Befriedigung ab und zu nicht bei meiner Frau gesucht habe, sondern auf einem der anderen Äste. Aber das hat ja nun wieder seine Ursache darin, dass es mit der Frau nur noch auf Sparflamme kocht. Das ist wirklich eine schwierige Frage.

Wieder näher aneinander rücken? Das ist irgendwie auch nicht das richtige Bild, denn wir sind ja wirklich einander sehr nahe. Nur das Erotische haben wir nicht. Oder wir haben es sehr wenig, gar nicht ist auch falsch. Aber ich glaube nun nicht, dass sich das im Laufe der Jahre noch einmal öffnen wird.

Es mag nun auch daran liegen, dass sich unsere Generation meist schwer mit Erotik tut, auch weil man wenig drüber liest und hört. Sex mit siebzig, achtzig, fünfundachtzig, da lesen Sie kaum was, da sehen Sie kaum was und hören kaum was. Das ist auch in meinem Bekanntenkreis kein Thema. Also, die interessieren sich bestimmt, aber die trauen sich nicht. Wir sind zu verklemmt erzogen worden.

Wenn wir zum Beispiel mit den Eltern an der See waren, dann waren wir natürlich am Textilstrand. Und dann riss man als großer Junge schon mal aus und ging zum FKK gucken. Aber wenn das die Eltern rauskriegten, ging das große Geschimpfe los. Also diese verklemmte Erziehung war schon schlimm. Erotik galt wirklich als etwas Ekliges und Schmutziges, mit so etwas gab man sich nicht ab und sprach schon gar nicht drüber.

Das hängt eben noch im Bewusstsein bei vielen Leuten unseres Alters, das ist ihnen so eingebleut worden, und viele können das nun nicht mehr ablegen.

Die Generation unserer Kinder geht damit wirklich wesentlich offener um. Das wird dann bei denen auch im Alter ganz anders sein, da bin ich mir sicher. Wenn ich zum Beispiel daran denke, dass die Enkel mit der Kindergärtnerin in der Sauna waren oder auch in der ersten oder zweiten Klasse mit der Klassenlehrerin in die Sauna gezogen sind. Das ist doch ganz stark von diesen Erzieherinnen – mit der Klasse in die Sauna! Darüber haben wir zu Hause gesprochen. Nein, wirklich, unsere Kinder sind schon ganz anders aufgewachsen und unsere Enkel wachsen erst recht anders auf. Die gehen mit Erotik und mit ihrem Körper doch ganz anders um als wir, viel natürlicher.

Obwohl ich ja in der Hinsicht mit mir eigentlich ganz zufrieden bin. Auch, was meine Verfassung angeht. Gut, mit der Potenz ist das natürlich auch nicht mehr ganz so wie früher. Das ist klar. Es gibt jetzt Fälle, wo man sich wesentlich mehr anstrengen muss, will ich mal sagen, um zum Erguss zu kommen. Das war früher natürlich genau umgekehrt, da hat man gesagt: » Mensch, konnte das jetzt nun nicht noch ein bissel warten!« (Lacht)

Aber wirklich problematisch ist das jetzt eigentlich noch nicht, deshalb nehme ich auch keine Stimulansmittel. Ich bin auch nicht in ärztlicher Behandlung, weil ich davon ausgehe, dass meine Lage zurzeit noch unter das Normale fällt. Aber selbst wenn es mal schwieriger wird, werde ich nichts nehmen, also kein Viagra oder so. Da hätte ich letztlich doch gesundheitliche Bedenken.

Jedes Medikament im Körper bewirkt doch irgendwie auch eine Gegenreaktion. Es ist ja nicht so, dass man bloß das Positive davon mitnimmt, man muss auch mit den negativen Auswirkungen leben. Nimmt man eine Tablette gegen Beschwerden im Magen, dann tut vielleicht der Kopf weh. Und nimmt man etwas gegen Kopfschmerzen, so legt sich das möglicherweise mit der Zeit auf den Magen. Ich würde für die Potenz nicht zur Pille greifen, sondern den normalen Weg gehen und mir dann einfach sagen: Es waren schöne Jahre und nun wird es weniger.

Sicher hätte ich mir in meinem Liebesleben manches anders gewünscht. Zum Beispiel, dass der Partner so bleibt, wie er in jungen Jahren war, so erotisch aktiv. Und vielleicht, wenn ich das heute so sehe, zwischendurch mal eine Beziehung mit einem anderen Ehepaar. Ja, das muss ich mal sagen, so etwas beflügelt bestimmt auch unheimlich. Wenn man die Grenzen genau kennt, das ist klar, also wenn es nicht zu einem generellen Partnertausch kommt. Davon habe ich natürlich auch gehört, schon vor vielen Jahren, aber das würde ich auf keinen Fall gut heißen wollen. Nein, da muss man wirklich wissen, wo Schluss ist.

Aber wenn man das in einem gewissen Einverständnis der Partner tut, also wenn Sie sagen können: »Na gut, wir haben da ein Ehepaar, die hätten die gleiche Neigung und die gleiche Lust und wir tauschen die Partner«, ohne dass dann was hängen bleibt, dann ist das wirklich sehr gut. Man ist sich einig darüber und muss natürlich auch immer wieder daran arbeiten, um es unter Kontrolle zu haben. Wenn man es auf diese Weise hinbekäme, das wäre wirklich nicht schlecht. Aber mit meiner Frau wäre das natürlich nie gegangen. Damit hätte ich sie absolut nicht ansprechen oder gar begeistern können.

DIE ORGASMEN WÄREN VORBEI, MEINE KINDER RENNEN HERUM

Dorothea, 55

Viel ist mit meiner Generation hier in der Stadt nicht los, würde ich mal sagen, deshalb ziehe ich auch lieber mit jüngeren Leuten herum. In meiner Freizeit bin ich sehr selten mit Menschen meines Alters zusammen, weil mich schon allein das ganze Gebabbel über die Rente nervt. Ehrlich, das ist furchtbar und ich will das nicht. Nicht, weil ich nicht so alt sein möchte, wie ich bin, sondern weil es für mich andere Themen gibt. Diese Leute lesen meine Bücher nicht, die hören meine Musik nicht, die machen nicht da Urlaub, wo ich Urlaub mache. Ich muss nicht nach Spanien, ich bin auf Hiddensee. Das reicht mir, mit einem Fahrrad und drei Schlüpfern.

Das hat wohl auch damit zu tun, dass meine Generation schon irgendwie mit dem Leben abgeschlossen hat. Leute, die über Jahrzehnte zusammengeblieben sind, langweilen sich miteinander. Da ist nichts mehr an Impulsen und an Motivation. Mancher wird denken: Das sagt sich jetzt so einfach. Aber wieso geht es denn bei mir anders? Ich habe natürlich auch eine schlimme Zeit hinter mir. Ich habe mich eben getraut, mich zu trennen – schon zweimal. Das haben die meisten nicht gemacht. Die haben ihr Haus nicht verloren, ihr Auto nicht verloren, die haben auch nicht wieder von vorn angefangen. Und jetzt kotzen sie sich an. Wem geht es denn nun besser?

Ich würde mit dieser trostlosen Existenz nicht klarkommen, ich würde mich auch ein drittes Mal wieder trennen. Wenn ich mich nicht gut fühle, wenn es beschissen ist, wenn es unehrlich und langweilig ist, dann ist es vorbei. Und wenn das Gefühl weg ist, was soll ich dann noch machen? Ohne Gefühl ist es doch ein ganz schlimmer Betrug. Aber meine Generation redet hier über so etwas gar nicht erst. Maximal eine Klage, dass man keine Lust mehr habe, das übliche Blablabla. Das ist so stereotyp, nichts Neues. Es wäre doch interessant zu sagen: »Ich veranstalte jetzt nicht einfach nur eine Party mit Essen und Trinken, sondern frage mal, wie es die anderen mit Sex und Erotik halten.« Aber das macht natürlich keiner.

Ist vielleicht wirklich eine Frage der Generation. Wenn ich mir so überlege, wie meine Eltern mit mir da umgegangen sind, also, das war nicht der Hit. Und dann denken die Leute sicher auch, Sex und Erotik seien einfach nicht mehr so interessant fürs Leben oder vom Alter her sei es vorbei. Vielleicht ist ja auch Scham dabei, weil man sich körperlich verändert hat. Und wenn Leute eben über Jahrzehnte zusammengeblieben sind, dann ist natürlich alles Gewohnheit. Das reißt einen nicht mehr vom Hocker.

Die meisten wissen ja gar nicht, dass Erotik auch in anderer Form stattfinden kann. Das geht ja über den reinen Sex weit hinaus. Eine Berührung, sogar ein Blick gehörten für mich schon dazu. Vielleicht reicht das nach ein paar Jahrzehnten ja auch schon, weil man sich über das rein körperliche Erotische nicht mehr so viele Gedanken macht. Vielleicht braucht man es auch nicht mehr. Ich weiß es nicht.

Man redet ja nicht drüber, weil es nie üblich war, das miteinander zu besprechen. Es hat sich immer einfach so ergeben. Im Glücksfall hat man sich verliebt. Oder man musste vielleicht sogar heiraten – wegen einer Wohnung und dem ganzen Krempel. Sehr viel wurde da nicht besprochen, im Vergleich zu heute. Nehmen Sie allein das Wort Erotik, das gab es ja früher eigentlich gar nicht. Ich kann mich nicht erinnern, es in jungen Jahren irgendwann verwendet zu haben. Das ist ein modernes Wort.

Tja, was haben wir gesagt? Maximal Geschlechtsverkehr, dieses blöde deutsche Wort. Deutsch ist ja eh nicht so romantisch, was Erotik und Liebe angeht. Es war immer alles so klar und sachlich. »Geschlechtsverkehr«, das klingt ja schon mal richtig sachlich. (Lacht) Das wurde auch in der Schule verwendet. Aber so richtig doll nicht, es ging wohl mehr um die Blümchen und die Bienchen, wie die es machen. Sicher gab es damals schon Bücher, *Du und Ich* oder *Mann und Frau intim* und so, ich habe natürlich auch heimlich in Lexika geguckt, aber es lief alles anders. Es sei denn, man hatte Eltern, die moderner waren oder vielleicht erotischer, die es gelebt haben. Bei mir war das mit Sicherheit nicht so.

Darum fand ich das ja so gut, über das Thema mal im Interview zu reden. Obwohl ich eher an einige meiner Freunde dachte, nicht unbedingt gleich an mich. Das kam erst im Nachhinein. Dann habe ich überlegt: Mein Gott, was würdest du eigentlich erzählen? So aufregend war es ja bei mir nicht. Aber das ist Frage und Antwort, dann wird sich ja herausstellen, ob ich etwas Interessantes weiß.

Über mein Elternhaus zum Beispiel? Da war Erotik überhaupt kein Thema. Ich habe bis zum vierzehnten Lebensjahr mit meinen Eltern in einem Zimmer geschlafen. Erst nach einem Riesenrabbatz habe ich mir dann das Arbeitszimmer meines Vaters erobert, natürlich mit dessen Arbeitsmöbeln darin, aber das war ja schon mal der Hit. So habe ich Privatsphäre erkämpft. Erotik zwischen meinen Eltern war für mich absolut unvorstellbar. Ich kann mich an nichts erinnern, wo ich auch nur andeutungsweise etwas geahnt hätte. Das war ganz steril. Ich hätte mich totgelacht, wenn mir damals jemand gesagt hätte:

»Also, die haben da gestern ihr Bümserchen gemacht.«

Da hätte ich geantwortet: »Du hast wohl einen Vogel! Meine Eltern doch nicht!« Das existierte nicht mal in meiner Phantasie.

Ich denke, die haben es nur einmal gemacht – und das war ich dann. (Lacht) Ich habe insofern wohl ein bisschen Glück gehabt, dass ich auf die Welt kam. Ich glaube auch nicht, dass sie es getan haben, wenn ich nicht da war. Da könnte ich höchstens mal meine Mutter fragen, aber dafür müsste sie offener sein und das ist sie nicht. Meine Mutter hat sich nie geöffnet und hat die Dinge für sich eher so bequem zurechtgerückt.

Als ich meine Regel bekam, das war auch zum Totlachen, das gebe ich bei Feiern gern zum Besten. Da meine Freundinnen ihre Regel schon vor mir hatten, wusste ich Gott sei Dank Bescheid. Zu der Zeit gab es ja weder Tampons noch Slipeinlagen noch das ganze andere Zeug. Ich wusste nur, dass im Schlafzimmer meiner Eltern ein Holzschränkchen stand. Dort waren die »Geheimnisse« drin – jetzt spüre ich gleich wieder diesen Geruch nach Apotheke –, da waren auch die Binden meiner Mutter drin, fürchterliche Teile zum Auskochen.

Nachdem ich also bekannt gegeben hatte, dass es losgeht, bekam ich wortlos einen Gürtel umgeschnallt, der nach vorn und hinten so etwas wie Strumpfhalterknipser hatte. Daran wurde die Binde festgemacht. Man hatte dabei das Gefühl, vorne und hinten kommt es dir am Hals raus. Ich musste mir also so ein Teil umhängen, und wenn es voll war, musste ich es irgendwo einweichen. Am ersten Tag hieß es: »Wenn der Vati nach Hause kommt, gehst du in sein Arbeitszimmer und er spricht mit dir.« Aha, dachte ich, der Vati also. Er war dann fürchterlich verlegen, da habe ich ihm gesagt, dass ich schon Bescheid wisse und er nicht mehr mit mir sprechen müsse. Da konnte ich gleich wieder gehen. Das war's.

Später kam Alba-Zell, so ein fürchterlicher Zellstoff mit Gaze, der auch angeknippert wurde. Das hatte den Vorteil, dass man es wegschmeißen konnte. Aber der Nachteil war, dass es einem beim Schulsport irgendwann im Nacken saß. Alles lachte und man schob es wieder dorthin, wohin es gehörte. Es war so unerotisch, aber es war genau so. Oder als die ersten Tampons kamen, da wusste kein Schwein, wie das geht, und schon gar nicht, dass man dafür entjungfert sein musste. Die sind immer wieder rausgeschnippt, weil uns keiner was gesagt hat.

Na ja, tragisch haben wir es nicht genommen, es war alles kein Problem. Man sammelte seine Erfahrungen eben von anderen Schülerinnen, die einiges schon gemacht hatten und davon erzählten. Wir haben auch gemeinsam an der Brust herumgefummelt, ob es nicht schon losging mit dem Wachsen. Das war ein Theater! Und wer die ersten Schamhaare hatte, war natürlich König. Heute rasieren wir sie ab. (Lacht)

Ich wäre jedenfalls nie auf die Idee gekommen, meine Eltern nach etwas zu fragen. Es hat mich aber auch nicht wahnsinnig interessiert. Ich bin da vielleicht nicht so repräsentativ für unser Alter damals. Ich war immer gern Sportlerin, habe immer körperlich etwas gemacht und mich liebend gern mit den Jungen gekloppt. Da hatten die nicht so viele Chancen, irgendwelche Erotik an mir zu verüben. Was ja nicht heißt, dass man nicht irgendwann mal verliebt war oder nicht geknutscht hätte. Aber grundsätzlich war das nicht so ganz wichtig. Wir waren auch anders verbandelt, wir sind zusammen herumgezogen und keinem Schwein wäre da eingefallen, an jemandem rumzunesteln.

Na ja, irgendwann war ich im Chor und traf einen jungen Mann, der hat schon Geld verdient und fuhr einen Wartburg. Das muss man sich mal vorstellen! Einen Lederschlips trug der auch! Man hat sich in solche Äußerlichkeiten verliebt. In ihn selbst natürlich auch. Das hatte schon so einen Hauch Erotik, würde ich heute sagen, ohne dass ich damals an das Wort gedacht habe. Es war, heute würde ich sagen richtig geil, wenn ich als Schülerin samstags mit einem schwarzen Wartburg von der Schule abgeholt wurde. Das war *der* Hit!

Sicher habe ich auch vorher schon mal rumgeknutscht – mit meinem Tanzstundenpartner. Aber das war mir zu nass, und ich kann mich erinnern, dass der auch immer die Zähne nicht richtig geputzt hatte. Hat man natürlich nichts gesagt, das wurde so weggesteckt.

Na ja, und im Chor, wo ich meinen späteren Mann kennen lernte, wurde es eben ernster. Da ist man nach der Chorstunde auch mal ein Bierchen trinken gegangen. Das fand ich schon richtig gut. Man schätzte mich auch ein bisschen älter, ich ging als Achtzehnjährige durch, obwohl ich erst sechzehn war, und ich habe kräftig dafür gesorgt, dass das alle glaubten.

Dadurch kam ich in eine, heute würde man sagen, Szene hinein: in bestimmte Kneipen, wo sich junge Leute trafen, die schon was darstellten, also arbeiteten und ein bisschen Geld hatten. Oder die was aus dem Westen kriegten oder ein Tonband besaßen – das war ja dann das Allergrößte. Die machten Parties, aber mit richtig schick Anziehen, da kam keiner in Freizeitklamotten hin. Das war damals überhaupt alles sehr anständig. Es gab eine Kneipe mit einem Tanztee von siebzehn bis zwanzig Uhr. Die durften dort drei, vier Westtitel spielen, na, da war die Bude krachevoll, das war mit Orchester, mit am Tisch sitzen und Auffordern. Wir haben tierisch getanzt und uns ordentlich benommen. Ich hätte mich nie getraut, dort Alkohol zu trinken oder zu rauchen.

Ja, sicher, irgendwann ist es doch unordentlich geworden. Mein Freund war ja älter und wollte sein Bümserchen machen. Hat er auch gemacht. Es war mir schon klar, dass irgendwo was rein muss und dass das auch nicht schlecht ist, aber es war mir wurscht. Ich fühlte mich geehrt, dass ich die Auserwählte war und einen so gut aussehenden, geilen Typen nur für mich hatte, wie ich dachte. Leider wusste ich nicht, dass sich das Sperma gleich beim ersten Mal auf den Weg gemacht hatte. Heute ist das mein Sohn, und der ist schon siebenunddreißig.

Ja, gleich beim ersten Mal. Erst wurde ich ewig auf Gastritis behandelt und durchleuchtet, weil ich an jeder Ecke gekotzt habe. Meine Mutter ist ja nicht auf die Idee gekommen, ich könnte schwanger sein. Und ich erst recht nicht. Verhüterli war nicht und da hätten mir meine Schulkameradinnen auch nichts sagen können. In dem Punkt war ich nun die Erste.

Einmal und gleich reingefallen, mit Siebzehn – in einem »gutbürgerlichen Haus«. Das mit dem gutbürgerlichen Haus haben meine Eltern immer gesagt. Ja, Scheiße, schwanger. »Und die Leute, was die so sagen werden«, das war wichtiger als ich. Ich kriegte auch mörderisch die Hucke voll, gleich mit dem Kehrblech. Aber vielleicht war das alles auch gut so, sonst wäre mein Leben sicher anders verlaufen. Da hätte ich die Schiene zum Gutbürgerlichen irgendwie eingehalten und das wäre langweilig gewesen.

Nach den Prügeln war ich erst mal bockig. Ja, ich habe das Kind behalten, weil ich bockig und aufmüpfig war. Meine Mutter wollte, dass es abgetrieben wird. Sie schleppte mich zu allen möglichen Gynäkologen, die patschten mir freundlich auf den Hintern, nachdem sie mich untersucht hatten und sagten: »Mensch, Kind, du bist gesund. Das wird was.« Ich sollte das selber entscheiden. Die haben mich richtig aufgemöbelt, die Doktores, und dafür bin ich denen bis heute dankbar. Danach habe ich gesagt: »Nee, ich will das haben!« Natürlich nicht begreifend, was da auf mich zukommt.

Ich war also mit siebzehn schwanger und mit achtzehn Mutter, aber es war mir eigentlich scheißegal. Das war auch die Gelegenheit, aus der Karriere auszusteigen, die sich meine Eltern für mich ausgedacht hatten.

Ich sollte Geologie studieren, aber das hat mich nie interessiert. So bin ich mit Hilfe einer Freundin und eines Zahnarztes zahnärztliche Helferin und dann Stomaschwester geworden. Ich habe alles durchgezogen, was es in der mittleren medizinischen Ebene gab, mit allem, was man erreichen kann. Ich habe auch Schwestern ausgebildet. Dann kam der Knick der Wende, da bin ich auf Umwegen in der Sozialarbeit gelandet, und das mache ich bis heute.

Ja, zurück zu den Anfängen. Wir haben später geheiratet, vor allem wegen der Wohnung. Wir sind erst mal in meinem Kinderzimmer bei den Eltern untergekommen. Und wir waren natürlich froh, als wir endlich eine eigene Wohnung haben konnten. Weil schon ein Kind da war, wurden wir bevorzugt behandelt. Ein paar Jahre später kam noch eine Tochter, und nicht lange danach endete die Ehe, weil es eben nicht die große Liebe war, für die ich es als verknallter Teenager gehalten habe. Dieser etwas ältere junge Mann kriegte erst später die Kurve. Ich war am Anfang verliebt und er hat das eher so ein bisschen salopp behandelt. Dass ich dann schwanger wurde, war natürlich Pech für ihn, da hätte er besser aufpassen sollen. Nach zehn Jahren war es dann umgekehrt – da wollte er und ich wollte nicht mehr. Ich hatte die Schnauze voll von seiner Fremdgeherei.

Erotik und Sexualität zwischen uns sind nie der Hit gewesen. Man würde heute sagen: »Der Typ hat mich nicht angetörnt.« Es hat ihm natürlich trotz seiner vier Jahre mehr auch an Erfahrung gefehlt. Es hätte etwas daraus werden können, wenn wir eine andere Chance gehabt hätten. Wenn wir zum Beispiel anfangs nicht bei meinen Eltern hätten wohnen müssen. Er hat mir im Bett nichts beigebracht und ich konnte ihm nichts beibringen. Getraut hat man sich sowieso nicht, also ist er zu älteren Frauen gegangen.

Zwischen uns gab es dieses Bedürfnis nicht. Es war dann eher so eine Sache: Wir müssen das jetzt erledigen und dann ist es gut. Ich habe also zwei Kinder von ihm und – nie einen Orgasmus gehabt. Ich war weit davon entfernt zu wissen, wie es sein könnte. Ich tröstete mich mit dem Gedanken: Na ja, Gott, es wird davon erzählt, dass es das gibt, aber du bist eben nicht der Typ. Ich wusste ja nicht, was ich vermissen sollte. Wenn ich keinen Hunger habe, kann ich nicht wissen, wie Hunger ist.

Ich habe das ganz sachlich genommen, es war sowieso eine sachliche Zeit. Das ging den meisten so, oder man hatte den Mut, es zu leben. Ich weiß nicht, warum ich diesen Mut nicht hatte. Ich war sicher sonst ein flotter Feger, im positiven Sinne, ich habe jeden Mist mitgemacht, aber Erotik war für mich einfach nicht das Thema. Tatsächlich stand im Vordergrund: einen Beruf zu lernen, eine Familie zu gründen, sich um eine Wohnung zu kümmern, auf Deutsch gesagt, die Fresserei zu besorgen, irgendwo ein Auto aufzutreiben. Wir hatten also andere Dinge zu tun. Wir haben uns tierisch qualifiziert, wir hatten zwei Kinder, einen ordentlichen Haushalt – eigentlich war man ein guter Bürger.

Nebenbei habe ich noch ein bisschen Revolution gemacht, weil ich in viele Muster einfach nicht passte. Andererseits war ich in der Medizin, das war ein guter Vorwand, man wurde in Ruhe gelassen. Ich habe Sport getrieben, wir waren mit Freunden eine kreative Clique, die sich als allererstes die Wände bunt angemalt hat, weil wir dachten, dass wir uns da ein bisschen abheben. Wir hatten heimlich Westkontakte, hier und da andere Bücher gelesen, andere Musik gehört. Wir wollten etwas intellektueller sein. Sex wurde einfach erledigt. Er war nicht wichtig und er ist, um es mal kurz zu machen, auch heute nicht so wichtig. Sex hat mein Leben nicht bestimmt.

Das hat sicher auch mit mir als Typ zu tun. Warum muss ich mir so furchtbar Gedanken um etwas machen, das die Natur vielleicht so eingerichtet hat? Ich möchte mich natürlich auch anlehnen, ich möchte Zärtlichkeit, möchte mich wohl fühlen und, ja, natürlich auch Sex haben. Doch dieses Körpergefühl hat mir mehr gefehlt, eigentlich bis heute. Ja, körperliche Wärme auf jeden Fall. Aber das konnte ich gut kompensieren, denn ich hatte immer gute Freunde. Ich hatte als eine der ersten zu der Zeit hier schwule Freunde, deshalb wurde ich auch von einigen gemieden. Ich hatte von Anfang an einen Draht zu denen. Bis heute sind achtzig Prozent meiner Freunde Schwule. Nichts ist schöner, als mit denen in Schwulenkneipen zu gehen. Die verstehen mich alle.

Aber nach meiner Scheidung habe ich mich noch mal tierisch verknallt, in einen netten Kollegen in der Klinik, der natürlich verheiratet war. Der hat sich scheiden lassen und ist zu mir gezogen. Er stand irgendwann mal als Überraschung mit seinem ganzen Krempel vor der Tür. Na, Scheiße, dachte ich, jetzt hast du den am Hals! (Lacht) Ich hatte mich zwar wirklich verliebt und dachte, dass ich gefunden hätte, was mir fehlte, aber dass der nun gleich mit dem Auto und allem vor der Tür stand! Außerdem hatte der seiner Alten schon reinen Wein eingeschenkt, das wollte ich ja noch nicht. Es war alles so frisch, ich wäre gar nicht auf die Idee gekommen, so schnell zu entscheiden.

Na gut, ich bin ja auch für ganze Sachen. Er brachte außerdem schöne Dinge mit, dafür habe ich gern was beiseite geräumt. Meine Tochter und mein Sohn kamen ebenfalls ganz gut mit ihm klar. Aber da gerieten nun zwei gestandene Menschen aneinander, da knisterte es relativ schnell. Ich hatte über einige Jahre allein gelebt, hatte eigene Vorstellungen und einen eigenen Stil, und ich war nicht immer in der Lage, Kompromisse zu machen.

Das kriegten wir aber irgendwie hin und dann habe ich mir die größte Überraschung ausgedacht: Wenn der Mann sich um meine Kinder kümmerte und das so richtig lieb machte und keine eigenen hatte, da konnte es doch nichts Schöneres geben, als dass er eines von mir kriegte. Also habe ich für mich beschlossen – Pille in den Eimer! – und rums wurde ich schwanger! Und was machte der? Beschwerte sich, dass er nicht gefragt worden war, der Idiot. Das krachte dann natürlich ziemlich. Das war die Szene schlechthin.

Später haben wir uns darüber noch oft totgelacht. Dann kam also meine zweite Tochter, unsere Beziehung ging noch eine ganze Weile und das war ganz zauberhaft. Aber er gehörte zu den

Männern, die waren wie alle – er ging fremd. Was sicher mit dieser unerotischen Seite von mir zu tun gehabt haben könnte. Leider ging er aber auch nicht über diese Schiene: Ich müsste mir ebenfalls Mühe geben. Er fand: Wenn die keinen Bock darauf hat, hole ich mir das woanders. Das war der zweite Mann und die zweite Beziehung, wo ich gesagt habe: »So nicht!« Ich bin nun mal treu, ich bin richtig treu. Wenn mir noch mal jemand begegnen sollte, bei dem ich etwas anderes erfahre, dann würde ich mir vielleicht selber sagen: »Hupps, bist doch gar nicht so kühl!«

Natürlich bin ich nicht kühl. Ich habe schon eine erotische Vorstellung von Männern, die wird aber immer jünger, je älter ich werde. Das ist total putzig. Gucken Sie sich doch mal die alten Kerle meines Alters an. Die riechen alt – nicht alle, aber die meisten –, das Leben endet für die vor dem Fernseher, die sind nicht mehr neugierig und wollen nur ihre Ruhe haben. Ist doch furchtbar!

Was ist denn daran erotisch? Fett sind viele auch und zugewachsen – Ohren, Nase, überall wächst alles zu – und sie sind kein bisschen eitel mehr. Vielleicht legen sie abends auch noch die Zahnprothese auf den Tisch. Na, prima!

Ich habe für mich beschlossen, dass ich mit so einem alten Kerl nicht ins Bett gehe. Basta! Und was anderes ist mir in meinem Alter nicht begegnet, also gucke ich ganz doll nach jüngeren Männern. Es würde auch funktionieren, wenn ich denn wollte, aber ich traue mich nicht. (Lacht) Natürlich gibt es ein Echo! Es ist der blanke Wahnsinn. Von denen ab Mitte dreißig, in dem Alter meines Sohnes. Wenn ich mich ein bisschen zurechtmache, werde ich ja jünger geschätzt, aber das hat sich dann spätestens früh um sechs erledigt. Das muss man ehrlich sagen. Das ist sicher nicht schlimm, wenn man sich liebt, wenn man so etwas richtig miteinander erlebt, ist das toll. Wenn ich mir so einen Typ angucke, wo einfach alles klasse ist, da blitzt es und da ist Erotik da und ich würde mich das trauen ... Obwohl ich glaube, dass ich mich das nicht wirklich trauen würde.

Dann kämen die rationalen Gedanken: Musst du jetzt den Bauch einziehen? Man ist ja so schamhaft, noch von früher, auch wenn man die große Fresse hat. In der Seele ist eine Scham da. Ich renne ja auf meiner Insel Hiddensee auch nur nackig herum. Oder in meinem Garten. Aber es ist völlig anders, sich jemandem so hinzugeben. Das ist eine Kopfgeschichte und offensichtlich bin ich ein Kopfmensch.

So weit zum Thema junge Männer. Es ist eben das Putzige, dass die so darauf abfahren. Wenn die hören, dass ich fünfundfünfzig bin, finden die das absolut erotisch. Da könnte ich mich ja amüsieren. Ich fühle mich dann auch überlegen. Bis dahin ist es okay. Aber ich möchte mich natürlich ein bisschen verlieben. Dann traue ich mich bestimmt, ich muss doch keinem Rechenschaft ablegen. Wenn ich es begehren würde, sage ich mal so theatralisch, würde ich mich bestimmt trauen, aber bloß um zu sagen: »Ich habe mal mit einem zwanzig Jahre jüngeren Mann geschlafen und der hat sich gut angefasst« – nee, das brauche ich nicht.

Der Kerl, den ich absolut super fand, wo ich mich hätte verknallen können ohne Ende, der ist zweiunddreißig. Also würde ich mich nie über diese Schwelle trauen, nie! Das schleppe ich so heimlich mit mir herum. Ich habe auch niemandem erzählt, wer das ist. Das weiß der ja selbst nicht und ich begegne ihm ständig. Der denkt bestimmt nicht an so etwas, dafür achtet er mich viel zu sehr, der hat viel zu viel Respekt vor mir. Ich weiß ja nicht, ob da was wäre, wenn ich das jetzt rauslassen würde. Aber nee, nee...

Nicht wegen dem Gerede der Leute. Ich lebe allein, meine Kinder sind groß, ich habe reizende Enkelkinder und überhaupt wäre mir so etwas schnuppe. Aber ich muss es selber ehrlich wollen. Ich will nicht herumprobieren oder damit prahlen oder irgendwas. Ich will das genießen, aber es muss mir begegnen. Ich bediene auch nichts, dafür wäre ich mir viel zu schade. Es gab durchaus Männer, die sehr gut situiert waren, die sich vielleicht mit meiner Art schmücken wollten, weil ich nicht so langweilig bin. Aber ich habe keinen Bock, ständig zu motivieren. Ich habe die Schnauze voll und möchte, dass jemand seinen Hintern hebt und zu mir sagt: »Hast du jetzt Lust, das und das zu machen?« Nicht immer ich.

Klar hat man Vorstellungen von so einem Mann. Er müsste sportlich sein, mit Dicksein kann ich nicht umgehen. Nicht nur aus Eitelkeit, es geht einfach nicht. Es könnte ein Typ Belmondo sein, so in der Richtung, aber ehrlich, ein Schönling mit Sicherheit nicht. Dann gibt es noch etwas, das ich total beachte – das sind Hände und Zähne. Zähne, na klar, bei meinem früheren Beruf. Und die Hände können durchaus rau und voller Arbeit sein, aber sie müssen irgendwo eine Faszination haben. Dann kommt erst das andere: Stimme und Augen und so. Es ist eigenartig, ob Glatze, blond oder grün ist mir dagegen völlig wurscht. Eine präsente Person müsste es sein – Typ intellektueller Proletarier –, also so eine Mischung, weder besonders die eine noch die andere Richtung.

Und wenn es dann im Bett nicht zündet? Weiß ich auch nicht. Da würde ich vielleicht das wiederfinden, woran ich mich erinnere, was sowieso schon immer war. Mit meinem zweiten Mann lief es ja im Grunde nicht anders. Der Typ konnte sehr gut tanzen, war sehr charmant und hatte einfach etwas, das mir gut tat. Wo fängt der Moment an, wenn du dich verknallst? Das ist doch dieser geniale Zauber, der natürlich irgendwann wieder aufhört. Dann ist es übel, aber es wäre auch schade, wenn man es nicht erlebt hätte. Ich hatte übrigens auch mit dem Zweiten keinen Orgasmus.

Nach ihm bin ich nie wieder jemandem begegnet, mit dem ich hätte zusammenziehen wollen. Ich hatte ja auch die Schnauze voll, weil ich zweimal wieder von vorn anfangen musste. Mein zweiter Mann ist dann lange sehr krank gewesen. Die letzten drei Lebensjahre habe ich ihn mit unserer gemeinsamen Tochter in seiner Wohnung gepflegt. Das war richtig traurig und richtig schlimm. Wir waren ja schon lange getrennt, aber da ist eine ganz andere Beziehung entstanden. Eine ganz schöne Geschichte, die leider nur ein trauriges Ende nahm. Es war eine andere Erotik, denn er war ein sehr hilfloser, sehr kranker Mann. Da entstand eine Körperlichkeit zwischen uns, die in meiner Erinnerung eigentlich eine große Reinheit hat. Er hat mir vertraut, es ging nicht anders. Er musste sich ja nackig machen und sich ausliefern. Und das haben wir, denke ich, mit einer riesigen Würde über die Bühne gebracht. Ja, das war sehr intensiv.

Nein, ich habe nicht das Gefühl, dass nun nichts mehr kommt, so verzagt bin ich nicht. Ich muss es aber nicht noch mit zehn Leuten ausprobieren. Ich denke einfach: Wenn es mir passiert, ist es schön, und wenn nicht, dann war es eben für mich nicht vorgesehen. Ich leide auch nicht darunter, nicht unbedingt. Ich bin schließlich richtig ausgepowert. Ich habe mit Körper und Seele sehr viel zu tun, das ist keine Ausrede, aber natürlich ist noch diese Sehnsucht in mir, das ist völlig klar.

Wie weit man noch einmal gehen würde, hat mit dem Typ Mensch zu tun, an den man geriete. Wenn ich feststelle, dass ich mich plötzlich wieder auf Dinge einlasse, die ich vorher völlig ausgeschlossen hätte, dann bin ich eben reif wie eine Pflaume. Wenn ich Kompromisse machen und diplomatisch sein kann, was ich sonst nicht drauf habe, dann ist es sicher okay. Wir haben ja heute keine Angst mehr davor, es zu tun. Man kann den Schritt jederzeit gehen und ihn jederzeit rückgängig machen, man kann wieder auseinander ziehen, wenn man zusammenlebt.

Das war ja damals alles ganz anders. Nach der Ehescheidung haben wir anderthalb Jahre weiter gemeinsam in einer Bude wohnen müssen. Das war nicht der Hit. Und bei der zweiten

Trennung dauerte es auch ein Jahr. Seit der Wende hat sich auf dem Wohnungsmarkt ja alles verändert. Ich habe meinen Job, ich verdiene mein Geld, da können mich doch alle mal knutschen. Dann ziehe ich also zusammen und es ist gut. Und wenn es mir nicht mehr gefällt, ziehe ich wieder aus. Also, von daher kann man sich gut trauen.

Ein wirkliches Problem hätte ich damit, hier wegzugehen. Ich bin eine bodenständige Person. Ich habe es furchtbar gern, hierher zurückzukommen, weil ich mich hier auskenne, weil ich mich hier wohl fühle. Das wäre spannend zu wissen, ob ich mich trauen würde wegzugehen, wenn jemand von ganz weit weg käme und mich mitnehmen wollte. Mittlerweile wäre ja auch das Problem zu klären, ob ich da arbeiten könnte. Ich kann zwar bei Bewerbungen schreiben: »Ich bin schon etwas älter, aber noch ziemlich flott.« Doch da steht auch: »1948 geboren«, da lachen die sich doch tot. Also wäre ich ja blöd, wenn ich das riskieren würde. Ich brauche einfach diesen Freiraum in der Arbeit, und ich habe hier einen Namen zu verlieren. Wenn die mich noch mit fünfundfünfzig abwerben wollen, dann kann ich ja gar nicht so verkehrt sein. Ich bin eben immer mit Herz und Seele und allem Drum und Dran dabei – in der Freundschaft, in der Arbeit, in jeder Beziehung.

So bin ich auch mit meinen Kindern, auch bei der Aufklärung. Das ging, um es auf den Punkt zu bringen, ziemlich nackig zu bei uns. Ehrlich und nackig, da gab es nichts, was nicht beantwortet werden konnte. Der Sohn ist eher ein bisschen prüder als ich, der schämt sich, wenn ich gleich so deutlich rede, aber bei den Töchtern ist das einfach genial. Es gibt nichts, was wir uns nicht erzählen, und ich kriege auch Feuer dabei. Es ist einfach eine wunderschöne Beziehungskiste geworden mit den Dreien. Je älter wir werden, umso besser wird es eigentlich.

Tipps aus meiner eigenen Erfahrung habe ich denen nicht gegeben, aber das Angebot steht immer. Ich habe ihnen gesagt:

»Traut euch herauszufinden, wer ihr seid, wie ihr seid.« Die Zeit ist ja heute eine ganz andere. Ich habe sie einfach nur geschubst, ich habe sie nicht belehrt. Man kann einen anderen Menschen nicht belehren, auch die eigenen Kinder nicht. Das ist einfach eine Frage der Ehrlichkeit. Ich habe nur erklärt, dass sie auch mal sagen müssen: »Ich mag dich körperlich nicht, ich muss jetzt nicht.« Weil dazu Mut gehört. Aber sie sollen es ausleben, sollen sich nicht schämen. Selbst wenn ihnen auf dem Hackklotz im Keller danach ist, kann das die schönste Nummer sein.

Die wünschen sich nichts mehr, als dass ich mich verliebe. Es sind immer mehr die Töchter, die so lustige Phantasien entwickeln und sagen: »Mama, wir testen, was das für ein Typ ist. Wir gucken erst mal, wie der aussieht, und wenn wir das gut finden, kommen wir alle mit. Wenn er dich dann noch gut findet, dann ist es okay.« Das ist schon sehr lustig bei uns und manchmal auch richtig peinlich, denn wir sind alle sehr körperlich, in jeder Beziehung, und sehr temperamentvoll und sehr laut und sehr diskussionsfreudig. Da fliegen die Fetzen, egal wo. Das lebt so sehr, dass manche Männer davor sicher auch Angst haben, das kann ich mir gut vorstellen. Wir sind eine geballte intensive Macht, wenn wir als vaterlose Familie unterwegs sind, sage ich mal, denn bei uns treibt sich ja nie ein Kerl herum, der wie ein Vater aussehen könnte.

Mit meinen jüngeren Freunden rede ich übrigens schon über Erotik. Die Schwulen sind sowieso sehr deutlich, da wird alles ausgesprochen, wie es ist. Das hat natürlich auf mich abgefärbt. Ich muss nur manchmal, wenn ich so loslege, darauf achten, wen ich gerade um mich habe. Ein bisschen provoziere ich auch. Ich sage Scheiße, wenn ich Scheiße sagen will, ich sage bumsen, wenn ich bumsen sagen will, und wer ficken sagen will, sagt das auch. Von daher hat diese Zeit etwas Unerotisches und sehr Deutliches, weil alles ausgesprochen wird. Aber ich finde es wiederum ehrlich.

Ob man sich das Geheimnisvolle, das zur Erotik gehört, trotzdem noch bewahrt, ist jedem selber überlassen. Wenn ich in einen Menschen verliebt bin, in seinen Körper, in alles, dann ist die Romantik genauso da wie früher. Daran ändert für mich auch keine Boulevardzeitung etwas. Ich glaube, dass diese Äußerlichkeiten auf Menschen, die wissen, was sie wollen, keinen großen Einfluss haben. Ich weiß gar nicht, ob diese Filme, Zeitschriften und so wirklich von Erotik handeln, es ist eher so ein geschäftsmäßiges Abhandeln.

Bei uns war es früher prüde und verlogen ohne Ende, auch unsauber, machen wir uns mal nichts vor. Auch da gab es schon Bordelle, auch da ist Vati mal ganz heimlich zu Frau Müller gegangen. Das war alles nicht so öffentlich und eigentlich viel beschissener. Ja, gut, Vati geht auch heute heimlich zu Frau Müller, aber insgesamt ist das mit der Sexualität doch deutlich offener geworden.

Ob in ostdeutschen Betten wirklich mehr los war als in westdeutschen, kann ich nicht beurteilen. Es mag sein. Wir waren ja auch von Äußerlichkeiten nicht so sehr abgelenkt. Ins Ausland gehen und gucken, wie Erotik dort läuft, ging allerdings genauso wenig. Gottchen ja, nach Bulgarien oder Russland, da gab es sicher Erotik, aber die war wahrscheinlich schwer mit unserer vergleichbar.

Letztlich ist es doch auch piepegal, in welchen Betten mehr los war. Wenn die sich in den Hamburger Betten wohl gefühlt haben, weil Mutti die Zeit hatte, sie ständig neu zu beziehen, dann war es okay. Wir mussten arbeiten. Das ist auch wurscht, interessant ist doch eher, wie man sich wirklich fühlt. Gehen Sie mal in eine Gaststätte oder zu einer Veranstaltung und schauen Sie sich die Leute dort an. Sie können genau beobachten, wie lange die zusammen sind und wer sich wahrscheinlich schon ewig ankotzt. Ist das nicht furchtbar? Da liebe ich meine kleine Freiheit, selbst entscheiden zu können, wann ich gehe.

Oft ist es doch so, dass Mutti zum Beispiel schimpft, wenn Vati Fußball guckt, weil sie nicht tolerant genug ist, den Vati Fußball gucken zu lassen. Also macht sie lieber Affentheater. Ich weiß nicht, ob das nur in Deutschland so schlimm ist. Die meisten Menschen waren ja nie tolerant, sie sind es natürlich erst recht nicht, wenn sie älter werden. Das zeigt sich schon in der Körpersprache, in der ganzen Äußerlichkeit.

Es gibt so selten ältere Ehepaare, denen man es ansieht, wo man spürt, dass noch etwas knistert, auf einer wunderbaren Ebene. So etwas ist doch einfach klasse. Das ist wie ein Sonnenstrahl, wenn einem das begegnet. Aber wenn man die Leute dann darauf anspricht, passiert es nicht selten, dass sie antworten: »Wir sind ja erst seit zwei Jahren zusammen.« Süß, was? Es sind eben nicht die alten Ehepaare, sondern die frisch verliebten Alten. Und das ist doch etwas sehr Hoffnungsvolles.

Dass jenseits der Fünfzig alles vorbei sein soll, ist sowieso Quatsch. Im Gegenteil, das kann viel lustiger sein, weil man humorvoller mit allem umgehen kann – denke ich jedenfalls mal. Früher lief es verbissener, weil man bestehen wollte und alles gut auszusehen hatte. Wenn heute im Bett ein Missgeschick passiert, kann man sich wahrscheinlich angucken, dann kommen diese tausend Falten in die Augen und es wird gelacht. Dann war es eben eine lustige Nacht.

Ob ich selbst über die Schwelle komme, hängt von der Person ab, mit der ich sie überschreite. Ich werde Sie anrufen, wenn es passiert. Dann kann ich sicher auch erst sagen, ob man in unserem Alter wirklich souveräner mit dem Versagen umgeht. Vielleicht kriege ich ja das große Zittern und renne weg. Vielleicht bin ich aber auch so mutig, dass ich mir selbst sage: Mein Gott, das hättest du von dir gar nicht gedacht. Ich würde ein Versagen jedenfalls nicht als Niederlage empfinden.

Lassen Sie mich jetzt mal kurz spinnen: Nehmen wir diesen Typ von zweiunddreißig Jahren, den ich so richtig geil finde. Es würde sich also was ergeben und ich würde mit dem eine Nacht verbringen, das wäre ein total klasse Gefühl, aber ich hätte wieder keinen Orgasmus und eigentlich käme ich mir auch ein bisschen scheiße vor, weil ich so alt bin. Aber ich würde hundertprozentig am nächsten Tag kichernd aus dem Haus gehen, wo immer ich wäre, und mich freuen, dass ich es gemacht habe. Ich würde das positiv sehen und nicht darunter leiden. *Lieben Sie Brahms?* Kennen Sie das Buch und den Film? Die Frau hat das doch auch total klasse hingekriegt, wobei sie natürlich noch nicht so alt war, erst Ende dreißig oder so. Es dürfte mich nicht beleidigen und dürfte nicht unter meinem Niveau sein. Es wäre doch gut, sich danach irgendwo zu begegnen, sich anzugucken, zu grinsen und zu wissen, dass außer uns keiner eine Ahnung davon hat.

Ich denke schon, dass mein Leben okay war, wie es bisher lief. Ich bin auch froh, dass ich als junges Mädchen so bockbeinig war. Ich wusste nicht richtig, was ich wollte, aber ich habe mich gewehrt, das finde ich total klasse. Irgendetwas Rebellisches war in mir und es ist heute noch in mir, es hat mich immer begleitet. Diese Fähigkeit, zu sagen: »Dazu stehe ich und das ziehe ich auch durch, mit aller Konsequenz.« Natürlich mache ich das heute mit einem anderen Verstand, ich überlege, bevor ich handele. Aber meine Entscheidungen für die Kinder waren auch in Ordnung, obwohl sie aus dem Bauch heraus getroffen wurden, ohne dass ich genau gewusst hätte, was für eine Verantwortung ich auf mich lade. Auf jeden Fall war es so beim ersten Kind. Ich habe es aber gepackt und das ist es wahrscheinlich, weshalb ich jetzt in der Arbeit mit schwierigen Jugendlichen so gut ankomme.

Ich hatte immer Schwierigkeiten, weil ich nur das gemacht habe, was ich für richtig hielt. Und ich betone noch mal meine Treue und Ehrlichkeit. Das kommt bei den jungen Leuten einfach an. Ich kann aber auch, wenn ich mal emotional abgeschlossen habe, wenn da eine bestimmte Schwelle überschritten wurde, nicht mehr umkehren. Wenn Bruch, dann mit allen Konsequenzen. Mit den Männern, von denen ich meine drei Kinder habe, konnte ich erst nach vielen Jahren wieder richtig gut umgehen. Zu meinem ersten Mann habe ich jetzt ein total freundschaftliches Verhältnis. Der zweite Mann lebt ja nicht mehr, aber der wird sich freuen, wenn er da oben hört, wie ich hier erzähle.

Schade, dass diese beiden Männer nicht hier sitzen. Es wäre interessant zu hören, was sie dazu zu sagen hätten. Sie wären jedenfalls ehrlich, dafür würde ich meine Hand ins Feuer legen. Mein total ausgeflippter erster Mann, der rumgebumst und sich darüber nie einen Kopf gemacht hat, ist ein gewissenhafter Mensch geworden. Heute lässt er mich über meine Kinder wissen – nicht unbedingt verbal, aber doch deutlich –, dass er mich eigentlich immer noch liebt. Er hat auch dazu gelernt.

Na ja, mein Liebesleben war wirklich nicht richtig spektakulär, ich hoffe, Sie sind nicht enttäuscht. Aber ich habe aus meinen Geschlechtsverkehren heraus drei Kinder und das ist einfach optimal. Was wäre gewesen, wenn ich richtig viele Orgasmen erlebt, aber diese drei Kinder nicht bekommen hätte? Die Orgasmen wären vorbei, meine Kinder rennen noch herum.

SUCHE FRAU MIT VERSTÄNDNIS
FÜR SEXUALPROBLEME

Walter, 65

Ich lese ganz gern Annoncen unter der Rubrik Partnerschaften, weil das nämlich inhaltlich sehr interessant ist. Was sich die Leute da ausdenken und mit welchen Hoffnungen sie da herangehen. Auch mit – aus meiner Sicht – eigentlich unrealistischen Erwartungen. Da stehen oft ganz nebulöse Dinge drin. Das ist Anzeigenprosa, Anzeigenlyrik, dafür könnte man einen Literaturpreis geben, aber Partner findet man so nicht, weil für einen Mann nichts drin steht, was interessant sein könnte.

Also, eine Partnerin muss interessante Eigenschaften haben oder auch einen Führerschein. Wichtig sind weiter Bildung, Beruf, in welcher Gegend sie wohnt und ob sie raucht oder nicht. Alles andere, was da so in den Annoncen steht, das kann man vergessen, das können sich die Leute sparen. So philosophische Sachen: »Allem Schönen aufgeschlossen, mit beiden Beinen im Leben stehend« und alles so ein Blödsinn.

Mich regt auf, dass man so viel Text lesen muss, ohne auf das Wesentliche zu kommen. Also wichtig sind: Alter, Größe, Wohnort. Und viele Ost-Frauen schreiben auch HSA, das bedeutet Hochschulabschluss, wie ich inzwischen weiß. Das ist schon mal wichtig.

Ich habe eine Freundin, die ist zehn Jahre jünger als ich. Wir leben in zwei Wohnungen, haben aber eine Beziehung. Bloß durch ein Erbleiden bei ihr ist die Sache in eine andere Lage gekommen. Meine Freundin hat keine Lust mehr auf solche Sachen wie Erotik und so was. Das ist ihr zu anstrengend, das ist unangenehm. Sie hat überhaupt keine Lust mehr dazu. Wenn man sich ihr nähert, bleibt es beim Begrüßungs- und Abschiedsküsschen. Sonst sagt sie gleich: »Was soll denn das?«

Aber sie ist nett, wir verstehen uns gut und sie ist auch mein Typ, rein optisch, vom Gehabe her, vom Aussehen im Gesicht und was weiß ich noch. Bloß dass sie eben durch ihr Leiden vieles nicht mehr machen kann.

Deshalb finde ich Annoncen so spannend. Es ist ein ständiges Suchen – wie in der Pubertät. Wie so ein Nervenkitzel, jemanden zu finden, der das Defizit ausgleicht und selber Spaß an so einer seltenen und geheimen Liaison hat.

Ja, ich mache einen Unterschied zwischen Liebe und Erotik. Ich meine, bei der Freundin, die ich habe, kann man sagen, dass ich sie liebe. Und gerade weil ich sie liebe, akzeptiere ich, dass sie nicht mehr will, also das nehme ich in Kauf. Vielleicht würde ich in ihrer Lage auch keine Lust mehr haben.

Mir macht es aber Spaß, doch noch manchmal so einen kleinen erotischen Kick zu erleben, und wenn es nur zum Beispiel das Durchblättern von Anzeigen ist. Ich schreibe auch öfter mal auf eine Anzeige. Oder so ein Interview wie das hier, ist ja auch erotisch. Sich mit einer Frau in fortgeschrittenem Alter mal darüber zu unterhalten. Über so was kann ich mit meiner Freundin nicht reden.

Das kann man mit einem Psychiater machen oder mit einem Fremden, aber nicht mit der, mit der man zusammen ist. Das kriegt man dann in einer Situation, in der man sich ärgert, als Retourkutsche aufs Butterbrot geschmiert. Als Rache, ja, als kleine Rache. Und deswegen suche ich das lieber außerhalb.

Man hat freilich nicht immer die Chance. Mit Leuten, die man kennt, traut man sich nicht. Ich weiß auch nicht warum, da ist eine Sperre. Und sonst findet man selten jemand, mit dem man darüber reden kann. Wenn ich auf eine Annonce schreibe oder selber inseriere, dann unterhält man sich mit den Leuten am Telefon. Frauen in meinem Alter schreiben oft: »No Sex« oder »keinen Sex«, die haben also auch keine Lust mehr dazu.

Aber es gibt ab und zu welche – die sind aber ganz selten –, mit denen man darüber reden kann, mit denen man auch tolle Sachen machen kann, wo andere sagen: »Wie kannst du bloß!« Solche Verhältnisse hatte ich ja auch schon, aber das ist keine Liebe.

Es muss ja nicht immer gleich der Akt sein, es gibt ja noch eine Menge anderer Sachen. Ich meine, in dem Alter, in dem ich bin, ist das ja so ein Problem mit dem Akt. Man kann nicht mehr so auf Knopfdruck wie in jungen Jahren. Jetzt muss man also sehen, dass man da ein bisschen was anderes macht.

Ich habe versucht, mit meiner Freundin darüber zu reden, aber dann macht sie Bemerkungen, die sind verletzend, dann lässt man es eben und hält den Mund.

In meiner Ehe habe ich es mal probiert – ich war zwanzig Jahre verheiratet. Da hatte meine Frau einen Freund und ich habe das akzeptiert.

Ich fand das sogar noch interessant und habe gedacht: Wenn sie einen Freund hat, suchst du dir auch eine Freundin. Und weil es erst heimlich und dann anstrengend war, habe ich ihr von meiner Liaison erzählt. Also mit der Explosion hatte ich nicht gerechnet. Da habe ich gestaunt und gedacht: Das gibt es ja gar nicht! Und seitdem weiß ich, dass man über bestimmte Sachen nicht reden kann. Man kann das ankündigen, aber wenn es wirklich so weit ist, dann geht es nicht mehr, also muss das geheim bleiben.

Im Geheimen liegt ja auch der erotische Kick, dieses Prickeln dabei. Das ist, als ob man als Jugendlicher vor seinen Eltern die erste Liebe verheimlicht, weil die sagen könnten: »Ach, was ist denn das für eine?« Deshalb macht das mehr Spaß, wenn die Sache geheim bleibt und trotzdem noch ein bisschen Pfeffer im Leben ist.

Vielleicht ist das im Alter wieder eine pubertäre Phase. Das war ja früher auch sehr lustvoll und aufregend, was weiß ich. Und das verliert sich, wenn man gebunden ist und zusammen wohnt. Da gibt es dann nichts Geheimes und Prickelndes mehr. Das versucht man sich dann woanders wieder zu holen, und irgendwie habe ich den Eindruck, mental hält einen das auch jung – ja.

Ich mache das jetzt schon jahrelang. Nach einer gewissen Phase, wenn ich mal inaktiv war, denke ich, jetzt hättest du mal wieder Lust. Mal sehen, was daraus wird. Ich habe also oft inseriert. Ich wollte eigentlich niemand finden, sondern nur wissen, wer sich meldet und wie man mit der reden kann. Dabei hat sich öfter was ergeben, was man gar nicht vorausgesehen hat, oder auch, was man gar nicht wollte.

Also, ich muss gleich dazu sagen, dass ich ein Faible für SM habe, für sadomasochistische Fesselspiele, wobei ich gern der passive Teil bin. Ich habe vor zwanzig Jahren schon mal was drüber geschrieben, ich habe den Leuten Texte angeboten und die haben gesagt: »Wir sind eine seriöse Zeitung.« Inzwischen kann man so was ja drucken lassen.

Also, ich habe manchmal offen eine Geliebte gesucht als »unerfüllt gebundener Mann« oder auch mal als müder Mensch eine ruhige Frau oder jemand für SM. Wobei die Leute damals auch im Westen noch gar nicht wussten, was das ist. Da haben manche gedacht, das sei Multiple Sklerose und haben im Brief gefragt, ob ich noch gehen oder was weiß ich noch könne. Das ist insofern interessant, als man ein Inserat aufgibt und nicht verstanden wird.

Oder man sucht eine Nachbarin. Also zum Beispiel: »Mann aus Steglitz sucht nette Nachbarin«, weil man denkt, da findest du eine, die gleich um die Ecke wohnt. Und dann meldet sich trotzdem jemand aus dem Wedding.

Als ich noch verheiratet war, habe ich jemanden für SM-Praktiken gesucht. Ich war damals so Mitte vierzig und habe geschrieben: »Suche Frau mit Verständnis für Sexualprobleme.« Das haben sie gedruckt, das konnten sie nicht ablehnen. Sexualprobleme ist ein neutrales Wort, nicht so wie Fesselspiele. Fesselspiele haben sie abgelehnt, ja. »Partnerin für Fesselspiele« – wir sind doch seriös, das drucken wir nicht. Ja, und damals hat sich meine jetzige Partnerin auf diese Annonce gemeldet. Die wollte aber bloß mal sehen, was das für ein Verrückter ist, der so etwas schreibt. Dabei empfinde ich mich überhaupt nicht als Verrückten.

Ich habe aber nur eine einzige Zuschrift gekriegt – von ihr. Und wir haben uns einmal in die Augen geguckt und haben gedacht: Das ist es! Nun sind wir fast zwanzig Jahre zusammen.

Meine Vorliebe für Fesselspiele stammt eigentlich aus der Kindheit. Und zwar sind das Erlebnisse, von denen man nicht glauben sollte, dass die dazu führen. Ich habe auch während der Ehe gar nicht daran gedacht. Ich weiß gar nicht, wann das plötzlich wieder hoch gekommen ist.

In der Kindheit, das war 1944, haben wir in der *Wochenschau* gesehen, wie damals die deutschen Piloten ausgebildet wurden, wie die Feinde abgeschossen haben und so. Es war faszinierend zu sehen, wie die Leute sich ins Cockpit setzten und sich mit Gurten anschnallten. Und meine Mutter hat damals Fallschirme in Heimarbeit genäht. Das war ein toller Stoff, Seide, fühlte sich gut an. Jedenfalls habe ich dann diese Kino-Szene mit meinen Freunden nachgespielt und dabei haben wir uns gegenseitig an Stühlen festgebunden.

Übrigens habe ich früher nur mit Mädchen gespielt. Ich fand Jungs nie so gut, da gab es immer Prügeleien. Also, ich hatte in meiner Kindheit meist mit Frauen zu tun und habe eigentlich nie einen richtigen Freund gehabt. Ich hatte auch ein Kindermädchen, das war ein ganz besonderer Typ, ich habe sogar noch ein Bild von ihr. Meine jetzige Freundin ist genau dieser Typ.

Ja, und damals an den Füßen gefesselt zu werden und am Rücken – das war plötzlich erotisch. Da habe ich als Sechsjähriger zum ersten Mal eine Erektion gekriegt. Von jemand plötzlich berührt und in eine Situation gebracht zu werden, aus der man nicht so schnell raus kann, das war irgendwie aufregend. Auch im Zirkus sah man Leute, die machten einen Salto und waren dabei angeschnallt. Also, wenn jemand so etwas mit sich geschehen lässt, dann passiert was Aufregendes. Oder wir hatten zum Beispiel zu Hause auch so einen Backtrog, da konnte man sich als Kind reinlegen und drehen lassen. Man musste das aushalten, bis derjenige, der gedreht hat, anhielt. Das war immer aufregend.

Von daher gibt es so eine physiologische Brücke dahin, dass man diesen Zustand – den komischen Hautkontakt mit Schnüren, Leder oder was weiß ich und die Bewegungslosigkeit dazu – erregend findet. Irgendwann kam mir das mal wieder in den Sinn, nachdem in der Ehe die erste Hitze vorbei war, denn das Aufregende am normalen Sex wird schließlich auch mal fad. Ich dachte: Fesseln, das wäre doch mal was! Da wurde in der Literatur noch gar nicht darüber geredet, das kam also aus mir selbst.

Nachdem meine Ehe nicht mehr so glücklich war, hatte ich mit verschiedenen Frauen Verhältnisse. Die habe ich dann einfach gefragt: »Kannst du mich nicht mal fesseln?« Und da haben die mich alle groß angeguckt und gesagt: »Das ist ja pervers. Was soll das denn jetzt? Geh damit zu einer Prostituierten.« Und manche haben gar nicht hingehört.

Aber ich fand es schon aufregend, dass ich die Frauen überhaupt darauf angesprochen habe. Da muss man sich äußern, das ist schon mal ein Kick, weil es der andere nicht erwartet und weil es meist mit einem Achselzucken quittiert wird.

Später habe ich nach dem Inserat mit dem »Sexualproblem« gleich am Telefon gesagt: »Ich suche *das*, und wenn Sie das nicht wollen, dann brauchen wir uns gar nicht zu treffen.« Und meine jetzige Freundin hat damals gesagt: »Das mache ich.« Da habe ich sie beim Wort genommen. Sie war nicht der Typ, der so was gern machte, aber sie hat mir ihr Wort gegeben. Wir haben es also ein paar Mal probiert und das fand ich sehr schön. Aber sie hat mir hinterher gesagt, dass sie es weniger schön fand. Als ich merkte, dass sie sich überwinden muss, habe ich gesagt: »Dann lässt du es eben wieder.« An sich hält sie SM bis heute für pervers und abartig, deswegen kann ich nicht mehr mit ihr darüber reden.

Ja, das ist so eine Sache, die mich sehr tief berührt und betrifft, zu der ich Lust habe. Wenn sie das nicht ernst nehmen kann, obwohl sie auf mein Inserat geschrieben und gesagt hat, sie hätte für alle sexuellen Probleme Verständnis, hat sie also gelogen. Das ist die eine Sache, die zwischen uns steht und die ich eigentlich nicht verzeihen kann.

Ich habe also dann weiter gesucht, erst mal mit Inseraten ähnlicher Art. Und es ist mir auch zweimal gelungen, Damen kennen zu lernen. Die eine hatte selber Lust an solchen Spielen, wollte aber die passive Rolle. Die andere war Ende sechzig und schon lange Witwe und hatte Lust auf Sex. Ich habe sie dazu gebracht, SM-Spiele mit mir zu machen. Und dann fand sie es richtig toll, da hat sie Spaß daran gehabt, da hatten wir beide Spaß dran.

Es hat mich nie gestört, dass SM tabuisiert war. Man weiß, dass Leute das als abartig empfinden oder als nicht normal, aber es interessiert mich nicht. Irgendwann bin ich auch zu Prostituierten gegangen. Das mache ich auch heute noch. Was soll ich sonst machen?

Und ich muss sagen, die Prostituierten sind bessere Frauen als die normalen. Die haben Verständnis, denen kann man sagen, was man will. Die machen das und wundern sich auch nicht. Also man könnte sich schon mal in so eine Frau verlieben, wenn sie nicht so viele Männer hätte, was einen ja auch wieder stört. Aber die sind wirklich sehr viel offener und sehr viel verständnisvoller.

Das erste Mal bin ich in meiner Jugend zu einer Prostituierten gegangen, als die erste Liebe zerbrach. Das habe ich aus Protest oder auch aus Neugier gemacht. Ich fand das nicht besonders toll. Aber irgendwie habe ich schon gemerkt, dass die nicht so prüde sind und dass ich mit denen besser reden kann.

Ich war auch schon ein paar Mal bei Dominas. Es gibt ja unterschiedlich schöne Domina-Studios. Man kann dort sagen, was man möchte, und dann machen sie es. Im Grunde ist ja der passive Typ an sich der dominante, weil der sagt, was und wie es gemacht werden soll. Die so genannte Domina führt das dann eigentlich nur aus. Der Kunde gibt die Richtung vor und dann macht sie das. Eigentlich ist sie die Sklavin, obwohl sie sich Domina nennt. Sie darf ja nicht alles machen, was ihr einfällt, die muss ja sehen, dass der Mann heil wieder rauskommt, also ohne Körperverletzung und so. Die will ja auch, dass man wiederkommt, also macht sie, was man will.

Man bezahlt und dann hat die liebe Seele Ruh. Man kann vorher einen Preis ausmachen und sagt: »Ich habe Lust auf das und das.« Manche lehnen sogar ab und sagen: »Nee, das mache ich nicht.« Da sagt man: »Okay, auf Wiedersehen« und nimmt sich eine andere.

Ich habe auch Literatur über Sadomasochismus gekauft und gelesen. Es gibt auch Szenetreffs, aber das hat mich noch nie interessiert. Mir machen Inserat und Studio, wo das Ambiente stimmt, mehr Spaß. Ja, das ist schon eine Religion, allein das Angucken ist interessant, da muss man gar nichts machen. Dominas ziehen sich ja nicht aus, ihr Gesicht ist frei, sie sind sehr aufreizend und toll gekleidet, schwarz und in Leder. Die sind nicht unbedingt streng oder bösartig, sie versuchen Abstand zu halten. Da sind ganz tolle Typen dabei.

Natürlich möchte man unterwegs zum Domina-Studio nicht gesehen werden. Die sind ja meistens auch in Gegenden, wo man keine Bekannten trifft. Es fängt ja schon damit an, dass man sich an dem Tag morgens freut und sich sagt: »Heute ist schlechtes Wetter, was willst du da machen? Gehst du in so ein Studio?« Das ist schon der Kick. Die Fahrt dorthin ist schon erotisch. Dann klingelt man und weiß noch nicht, wie es wird. Es sind ja immer wieder andere Damen da. Das ist genauso ein Kick, als ob man ein Inserat aufgibt oder selbst auf eins schreibt. Das alles nenne ich Erotik. Und das ist eine Sache, die man auch noch im Alter machen kann, da muss man nicht groß potent sein.

Für meine Freundin ist das natürlich tabu. Ich mache das meist auch nur an Tagen, wenn ich meine Freundin nicht sehe. Wenn ich da in so einem Studio gewesen wäre und hinterher noch zu ihr ginge – nee, das bringe ich nicht.

Dass ich dafür bezahlen muss, macht mir nichts aus. Man zahlt ja für sonst was, für Reisen und alles Mögliche gibt man ja auch Geld aus.

Außerdem muss so ein Studio eingerichtet werden, das kostet eine Menge. Die Frauen sind auch nicht ausgelastet, die warten stundenlang, dass jemand kommt. Das muss man alles berücksichtigen. Und dann machen die Sachen – also die beschäftigen sich länger mit einem als mancher Arzt, den ich ja auch bezahlen muss. Wenn der sagt: »Machen Sie mal den Mund auf!« oder er guckt mal ins Ohr, dann hat der gleich 70 Euro auf der Rechnung stehen und das dauert fünf Minuten. Dagegen ist eine Domina, auch wenn sie 150 Euro kostet, billig. Das ist ja auch eine Dienstleistung und dazu eine gewünschte und eine nette. (Lacht) Ich meine, das ist immer noch billiger, als wenn ich nach Bangkok fahren würde, da müsste ich den Flug bezahlen und die Übernachtung. Dafür kann ich hier zehnmal irgendwohin gehen.

Erotische Bilder sind ein weiterer Punkt, die sammele ich eigentlich seit meiner Jugend. Ich habe eine Sammlung von mehr als tausend erotischen Bildern, die ich aus allen möglichen Zeitschriften oder Büchern habe. Kurven finde ich auch ästhetisch und erotisch. Und es war wieder ein Kindheitserlebnis, das mich dazu brachte, das interessant zu finden.

Ich war in den letzten Kriegstagen wieder mal mit meiner Mutter in einem Film, da wollten sie mich zuerst nicht reinlassen, weil ich erst sechs Jahre alt war. Ich weiß noch, wie meine Mutter daraufhin sagte, sie könne mich nicht zu Hause lassen, ich müsste einfach mit. Wörtlich sagte sie: »Der ist ja noch so klein, der kriegt ja noch gar nichts mit.« Da habe ich schon gedacht: Das ist ja spannend, was wird denn das sein?

Der Film handelte von einem Bildhauer. In einer Szene – ich habe den Film zwar nicht verstanden, aber diese Szene habe ich mir gemerkt – saß eine Frau halb unbekleidet auf dem Bettrand und man sah den Rückenakt. In diesem Moment wurde es ganz still im Kinosaal, dann ging ein Raunen durch die Menge und ich dachte, das müsse was Besonderes sein. Ich fand die Frau, die da so halbnackt saß, aber auch sehr schön. Von da an haben mich Bilder dieser Art interessiert. Allerdings habe ich mehrere Jahre warten müssen, bis ich ein solches Bild fand – bei meinem Cousin im Schrank. Der hatte nämlich von seiner älteren Freundin solche Fotos machen lassen. Das fand ich toll und aufregend, genauso wie diese ganze Anschnallerei.

Schließlich habe ich angefangen, nach Büchern zu fahnden, in denen Darstellungen nackter weiblicher Körper zu sehen sind. Das waren erst mal nur Porzellanplastiken aus Manufakturen. Es gab ja keine richtigen Nacktfotos oder Nacktbildbände, aber es gab künstlerische Sachen von Michelangelo und anderen Künstlern. Solche Bildbände habe ich gekauft und die Bilder herausgeschnitten, die habe ich gesammelt und besitze sie heute noch. Nur, weil ich sie schön finde.

Ein ausgeprägtes Schönheitsideal habe ich eigentlich nicht. Ich mag so dezente Formen und Kurven. Was Mageres finde ich nicht so besonders. Es müssen zarte, wohlproportionierte Konturen sein, also nicht solche platten Playboy-Fotos. Volles Licht, glatte Flächen finde ich abstoßend und überhaupt nicht erotisch. Auch der Fotograf Helmut Newton ist gut, aber für mich gibt es Besseres. Newton macht mir zu viele Mätzchen, obwohl ich einige seiner Fotos besitze. Aber Fotos von Plastiken Georg Kolbes finde ich zum Beispiel viel besser ausgeleuchtet. Eine Zeit lang habe ich mir davon einige Vergrößerungen in mein Zimmer gehängt. Ich besitze auch eine Sammlung verschiedener Skulpturen, die kann man drehen, da fällt das Licht mal so und mal so drauf. Und diese Erhebungen und das Muskelspiel, das finde ich erotisch.

Nun sind allerdings die künstlerisch dargestellten Frauen meist besser als in der Wirklichkeit. Früher habe ich gedacht, die sind alle wirklich so, als ich noch diese Porzellanplastiken sammelte. Später stellte ich fest, die Wirklichkeit sieht anders aus. Erst die Künstler machen die Frau schön.

Wenn man jetzt zum Beispiel in einen Massagesalon geht – und da gehe ich öfter hin, das leiste ich mir –, da gibt es dann ab und zu wirklich tolle Frauen: Deutsche, Russinnen, Polinnen. Bei Thailänderinnen stört mich die Sprache, die ist so unerotisch, also wenn ich das höre, kriege ich einen Schreck. Denn Sprache gehört für mich zur Erotik – und auch Duft. Also, eine Frau muss nicht toll aussehen, aber wenn sie einen tollen Duft, tollen Körpergeruch hat, der antörnt, das ist schon toll. Sprache, Duft und dann kommen die Formen. Das lässt sich in Zeitungsinseraten gar nicht ausdrücken. Wenn die da was von toller Frau schreiben, dann sagt man: »Na ja, muss ja nicht der Typ sein, auf den man steht.«

Und dann kommt noch die Weltanschauung dazu. Man muss sich mit der Frau unterhalten können. Über jedes Thema wenigstens eine Weile, ohne dass sie dabei abfällige Bemerkungen macht – ja. Ich habe als Westmann auch grundsätzlich nichts gegen Ostfrauen, aber es ist einfach unpraktisch. Ich hatte mal ein Verhältnis mit einer aus Pankow, das hat aber nicht lange gedauert. Das war hin und zurück immer eine Fahrt von anderthalb Stunden – machte insgesamt also drei Stunden. Die Zeit fehlt mir dann, wenn ich noch eine feste Beziehung habe, die sehr glücklich ist.

Schöner Körper mit dummem Kopf kann übrigens auch erotisch sein. Auch wenn er sehr dumm ist, denn dumme Frauen können ja sehr niedlich sein. Zum Beispiel Verona Feldbusch. Wenn die falsches Deutsch spricht, das ist ja sehr anziehend, klingt ja sehr unschuldig, nicht? Da ist die Stimmlage und dazu kommt so ein bisschen gewollte Hilflosigkeit, das ist irgendwie schon erotisch.

Ich habe mir auch schon Pornofilme angesehen, aber die finde ich nicht besonders gut, die sind meist so flach ausgeleuchtet. Ich fotografiere ja auch gern, da habe ich schon Ansprüche. Das ist alles flach, keine Schatten, man sieht gar nicht, wie der Körper modelliert ist.

In anderen Filmen, also erotischen, merkt man, der Kameramann hat Ahnung vom Fotografieren. Da gibt es dann Nacktszenen und Aktszenen, die sind außerordentlich toll. Ich habe eine Zeit lang so was auf Video mitgeschnitten und gesammelt. Ich habe Videos, da sind nur nackte Frauen drauf. Ich habe zwei Videorecorder und habe mir das überspielt. Alle fünf Minuten zieht sich eine neue Frau aus. Das ist toll! Da habe ich nur die besten aufgenommen, und da sind sehr tolle Sachen dabei. Ich genieße das, es ist einfach schön.

Ja, Sie haben Recht, das sieht man mir nicht an. Ja, ja, »Typ netter Nachbar von nebenan«, das sagt meine Freundin auch immer, aber ich bin durchaus ein optisch-ästhetischer Typ. Ich meine, was die Kurven angeht. Ich gucke mir auch gern Flugzeuge an, das sind auch so tolle aerodynamische Kurven. Die sind zwar mathematisch schwer zu beschreiben, aber Kurven als solche, die kann ich schon mal genießen. Und da gucke ich mir genauso gern stromlinienförmige Flugzeuge an wie unbekleidete Frauen, das sind fast ähnliche Kurven. So ein Busen hat manchmal die Wölbung wie die Spitze einer Boeing.

Künstlich vergrößerte Busen finde ich dagegen doof. Nee, also das ist nicht mehr Natur. Man assoziiert Sachen, die nicht dazu gehören, und da ist die Lust weg. Manche Männer mögen das wahrscheinlich, wenn sie viel in der Hand haben. Und viele Frauen denken, sie können einem Mann nur gefallen, wenn sie einen großen Busen haben. So eine mittlere Größe finde ich viel besser. Es gibt ja auch mädchenhafte kleine Busen, die sind niedlich, die gehen so ins Nymphenhafte, das sieht unschuldiger aus. Diese großen Busen sehen ja nach Hardporno aus, so nach Reeperbahnmilieu oder was weiß ich.

Ja, ich mache schon einen Unterschied zwischen Liebe und Erotik. Bei meiner Freundin spielt auch so ein Fürsorgetrieb eine große Rolle, denn in gewisser Weise ist sie ja hilflos. Sie braucht jemanden, obwohl sie nie in die Hilflosenrolle gedrängt werden will, sie will alles selber machen. Aber manchmal ist sie eben hilflos, und dann hat man so eine Aufgabe, für jemanden etwas zu machen.

Außerdem gibt es da noch etwas zwischen uns, was man nicht beschreiben kann. Wir sind ziemlich oft zusammen und sobald man zusammen in einem Raum ist, fühlt man sich mit ihr wohl. Und sie fühlt sich auch wohl mit mir. Wir sagen gar nicht viel, jeder macht seins, aber schon diese Anwesenheit ist wohltuend. Das ist mir noch nie passiert, also diese Anwesenheit, ohne dass Körperkontakt besteht. Man guckt hin – und da ist sie. Irgendwie ist das eine angenehme Atmosphäre. Weiß ich, woran das liegt.

Wir kennen uns jetzt sechzehn Jahre, wie gesagt, durch dieses Inserat. Ich war ja damals noch verheiratet. Sie hat mir dann diesen Brief geschrieben: »Ich habe Verständnis für alles« und eine Telefonnummer. Als ich anrief, hat mir ihre Stimme schon gefallen. Da habe ich gesagt, dann treffen wir uns mal. Erst hat sie mal so getan, als ob und wir haben das mit SM auch eine Weile getrieben. Aber irgendwann hat sie dann gesagt, dass sie das nicht mehr wolle und ich zu einer Domina gehen solle. Und da habe ich gedacht, das machst du jetzt, und bin hingegangen, ohne dass sie es wusste.

Ich habe ihr dann davon erzählt, aber da war wieder die Hölle los. Wie es schon mit meiner Frau war, war es nun wieder mit meiner Freundin. Damit habe ich nicht gerechnet. Wenn sie mir selbst empfiehlt, dorthin zu gehen, und dann ausrastet. Und da habe ich gedacht: Über gewisse Sachen darf man mit dem Partner einfach nicht sprechen. Da weiß man nicht, wie die reagieren. Man berichtet und plötzlich explodieren sie.

Bei meiner Ex-Frau – wir haben zusammen einen Sohn – habe ich das mit den Fesselspielen nie versucht, da bin ich gar nicht auf die Idee gekommen. Zu Anfang war das eine andere Form, also meist die Missionarsstellung. Als ich auf die Idee kam, anderes zu wollen, da habe ich gedacht, mit der Frau wird es zu gefährlich. Wir hatten uns schon zu sehr in den Haaren gehabt, so dass ich dachte: Sie wird diese Situation ausnutzen und mir wird es dann schlecht gehen. Da lief ja auch erotisch und sexuell nichts mehr, und dann kann man das nicht machen. Da habe ich mir also Freundinnen gesucht und habe die direkt gefragt, aber alle haben abgelehnt. Das ist schon eine Weile her.

Heute ist man einerseits mutiger, andererseits ist alles nicht mehr so aufregend, man kennt zu viel. Es macht einem nichts mehr aus, hinzugehen, wo es anrüchig ist. Doch es fehlt was, es ist nicht mehr so viel Kick dahinter. Man hat soviel Sachen schon gemacht, dass einem das heute selbstverständlich vorkommt und eigentlich gar keinen Spaß mehr macht. Man denkt sich: Was soll schon noch Neues hinzukommen?

Aber das Interesse an Erotik ist mit fünfundsechzig Jahren, wie Sie sehen, noch immer da bei mir. Ich sehe mir noch gern unbekleidete schöne Frauen an, ich fasse sie auch gern an und lasse mich gern von denen berühren. Wenn ich zum Beispiel in einen Massagesalon gehe, dann ist das nett, wenn dort eine junge Frau ist, die nichts dabei findet, sich zu entkleiden, und die sich anfassen lässt. Es gibt viele, bei denen man den Eindruck hat, die machen das wirklich gern. Anderen sieht man es schon am Blick an, dass sie einfach Geld brauchen. Mit so einer unterhalte ich mich eine Weile, damit sie wieder locker wird. Man sieht es ihnen an, dass sie es nicht wollen, sondern müssen. Gewundert habe ich mich eigentlich immer, dass es welche gibt, denen das richtig Spaß macht.

Da ist man als Mann natürlich im Vorteil. Wo gibt es denn ein Inserat, das für eine Frau anbietet, was ich als Mann haben kann? Aber ich habe auch den Eindruck, dass die Frauen sich nicht richtig trauen. Wenn ich es mir jetzt so im Grunde überlege – es geht ja um Erotik im Alter –, da wäre Sadomasochismus, also SM, das mit den Fesselspielen, eine Form für altersgemäßen Sex und Erotik. Dabei kann man einen Körper, der alt und unansehnlich ist, fesseln. Junge Frauen möchte man an sich heranziehen: Ah, tolle Haut, das möchte man berühren. Wenn man jetzt eine alte Frau sieht, da hat man nicht das Bedürfnis, sie anzufassen. Die ist runzlig, alles hängt, da sind Falten und es schwabbelt, da hat man kein Bedürfnis.

Da könnte man jetzt mit diesen sadomasochistischen Spielen jemanden in eine Kutte stecken – aus Leder, Stoff oder was weiß ich –, dann sieht man das nicht mehr. Es kommt nur noch auf die Berührung an und nur noch auf die Befehle. Und dann könnte man diese Barriere überwinden, man würde nichts sehen, man würde nur fühlen. Auf das Fühlen käme es an. Wenn man so etwas macht mit einer Frau, wenn man sie überredet – einmal habe ich es geschafft –, dann findet die das plötzlich ganz aufregend.

Da muss sie auch gar nicht sadomasochistisch veranlagt sein, sie darf nur nicht so konservativ sein. Bei einem Inserat habe ich mal eine Geliebte in der Wohngegend gesucht und geschrieben: »Bin gebunden, aber suche eine Geliebte.« Eine hat sich gemeldet, wir haben telefoniert und dann habe ich sie besucht. Sie war schon fast siebzig und schon eine Weile verwitwet, sie war zwar gepflegt, aber sehr faltig. Sie hatte auch keine glückliche Ehe geführt, die war wohl sexuell nicht so ausgefüllt gewesen. Sie sagte – und das fand ich ganz toll: »Wissen Sie was, ich will Sex.« Darauf habe ich gesagt: » Na ja, eigentlich gefallen Sie mir nicht, aber wir könnten auf einen Nenner kommen. Sie wollen Sex und ich will einen Kick. Sie können mich jetzt fesseln und dann können Sie mit meinem Körper machen, was Sie wollen.«

Da guckte sie mich groß an und sagte: »Was, wirklich?« Als ich sie strahlen sah, habe ich gesagt: »So, jetzt suchen Sie mal zusammen, was Sie an Gürteln, Schlipsen und so haben, verbinden Sie mir die Augen, ziehen Sie mich aus und dann machen Sie mit mir, was Ihnen Spaß macht. Ich mag Sie zwar nicht, aber ich genieße es, dass ich es dulde.« Und das fand sie toll. Dabei hat die nicht gewusst, was auf sie zukommt. Sie war nur erstaunt und hat wohl gedacht: Wenn ich den in meiner Wohnung fessle, kann mir nichts passieren. Ja, und dann hat sie an mir ihre Phantasien ausgelebt. Danach haben wir das oft gemacht und ich habe es genossen, dass ich mal jemandem was Gutes tun konnte. Das war die Ebene, auf der wir uns gemocht haben. Wir haben uns nicht geliebt, aber wir haben uns verstanden.

Das Problem ist wirklich, wie man sich einander zu erkennen gibt, weil man nicht weiß, wie man es formulieren soll. Weil die Leute über die Medien fast immer nur mitkriegen: »Du, das sind Perverse, die lassen sich schlagen, da tut alles weh.« Das muss aber nicht wehtun, da reicht schon die Fesselung. Es geht ja nur ums Ausgeliefertsein und um die Erfüllung, sagen wir mal, gegenseitiger Berührungswünsche.

Also, ich fand das toll, dass ich so eine alte Frau mal ad hoc dazu gebracht habe. Die wollte auch nur Berührung oder mit einem Mann mal wieder nackt zusammen sein, mal angefasst werden und mal anfassen. Und auf diesem Wege haben wir das zustande gebracht.

Sechs Jahre lang habe ich sie besucht. Wenn ich Zeit hatte, habe ich sie angerufen. Dann haben wir uns erst mal eine gemütliche Stunde gemacht, mit ein paar Keksen und Sekt. Sie hatte sich so einen schmiedeeisernen Ständer für Kerzen zugelegt. Später haben wir dunkle Stoffe gekauft und zwei Kutten daraus gemacht, da sahen wir aus wie Mönche und das war ganz toll. Das war ein erotisches Spiel, weiter nichts. Wir wollten beide nicht mehr. Sie hatte ihre Rente und wollte auch keinen mehr im Haus haben. Sie wollte nur ab und zu mal so einen Lichtblick.

Also bei einem erotischen Kick muss eine Frau nicht jung und schön sein. Eigentlich liegt da die Chance für alle älteren Damen. Das müssten die mal wissen, dass man so etwas machen kann – ja, wirklich. Man kann das nicht mehr auf demselben Wege machen wie in der Jugend, da sagte man: »Toll, knackig, fasst sich gut an, schön elastisch« oder was weiß ich. Das ist ja im Alter nicht mehr so.

Die erotischen Bedürfnisse nehmen altersgemäß schon ein bisschen ab, sie haben auch nicht mehr den Stellenwert. Irgendwie sind die Pausen größer, früher hat man öfter was gebraucht. Heutzutage sagt man: »Ja, Gott, wenn es demnächst nichts ist, dann nicht.« Man nimmt eben nur noch ein paar tolle Gelegenheiten wahr.

Neuerdings masturbiere ich. Das ist physiologisch bedingt, hat mir mal ein Urologe gesagt. Als ich Probleme hatte, meinte er: »Zweimal Sex in der Woche sollte man schon haben.« Und ich habe gemerkt, dass irgendwie die Prostatafunktion davon beeinflusst wird. Wenn man also keine Ejakulation oder keine Lust mehr hat, da wird das schlimmer im Alter. Man muss sich schon aus diesem Grunde öfter mal selbst befriedigen, damit da irgendwas in Bewegung kommt, das wirkt sich positiv aus. Das hat nichts mehr mit Lustgewinn zu tun, sondern hat die Funktion von Gymnastik.

Ich stelle mir dabei auch nichts besonders Erotisches vor, ich versuche mich höchstmöglich zu entspannen. Aber man kann mit vibratorähnlichen Geräten oder – in meinem Fall – mit Klammern oder Nadeln eine bestimmte Stimulation hervorrufen. Jedenfalls kann der Gedanke daran die Sache aufregend gestalten. Von SM her spielt also mehr der technische Akt eine Rolle als der erotische.

Bei schlechtem Wetter gehe ich manchmal auch ins Internet-Café und gucke mir dort ein paar Sachen an, aber die sind zu flach, die Bildfarben sind langweilig. Eine Blume im Sonnenschein draußen hat andere Farben als eine Blume auf dem Bildschirm. Das macht keinen Spaß, sich erotische Internet-Seiten anzugucken.

Ich weiß nicht, ob ich ein aktiver Mann bin, an sich bin ich ein ziemlich müder Typ. Irgendwann gegen fünfzehn Uhr muss ich mich hinlegen, sonst ist der Tag gelaufen. Ich komme auch spät ins Bett. Abends bin ich meist bei meiner Freundin, da gucken wir Fernsehen oder was ich auf Video aufgenommen habe. Das ist ganz gut, da muss ich abends nicht mehr aus dem Haus. Andere Leute haben einen Hund und ich fahre zu ihr. Morgens schlafe ich so lange, bis ich richtig wach bin, und dann muss ich außer Haus und irgendwohin fahren und was machen.

Sicher sollte man das Thema Erotik im Alter auch öffentlich mehr diskutieren, aber nicht zu offen, sonst fehlt der Kick, das Verbotene. Das Verbotene macht ja Spaß, also wenn es ein bisschen hinter vorgehaltener Hand ist. Wenn es zu offen wird, verliert es seinen Reiz. Ich bin auch schon wieder auf der Suche nach einer Frau. Die alte Dame, mit der ich das Erlebnis mit den Fesselspielen hatte, ist gesundheitlich nicht mehr in der Lage dazu. Die hat jetzt ein Hüftkorsett und kann nichts mehr machen, die geht dauernd zum Arzt.

An sich suche ich jemanden, mit dem ich so was wieder machen kann. Deswegen inseriere ich öfter, ich schreibe auch auf Inserate. Das ist immer spannend, den Briefkasten zu öffnen, weil man nicht weiß: Hat jemand reagiert oder nicht. Damit verbringe ich so meine Zeit.

Wenn ich inseriert habe, rufe ich Leute an, die geantwortet haben und quatsche mit denen. Da hört man ja auch, wie zugeknöpft die manchmal sind. Und wenn man sagt, man hat schon eine Beziehung, dann sagen manche gleich Nein, aber manche finden es interessant. Also lernt man dadurch auch eine Menge Leute kennen und erfährt, wie sie denken. Finde ich spannend.

Deswegen habe ich mich auch zu *Erotik im Alter* gemeldet. Das fand ich spannend, wieder was vorzuhaben, ein anderes Ambiente, mal mit jemandem reden, der nicht gleich sagt: »O Gott, wie pervers!« Man möchte ja so etwas mal loswerden – irgendwie. Mit wem soll man denn sonst darüber reden?

Bei solchen Begegnungen mit Frauen kommen ja auch assoziative Erfahrungen hoch. Man erinnert sich an frühere Begegnungen, die ähnlich waren. Da ist alles wieder da, man kann dadurch wieder Erinnerungen genießen, etwa an die ersten Kontaktversuche zum anderen Geschlecht.

Ich meine, heute ist SM ja im Kommen. Für den *Stern* ist das immer mal ein Thema. Wenn die etwas Reißerisches brauchen, schreiben sie über Sadomasochismus.

Im Alter wird es dann ganz kompliziert. Ich glaube, man gesteht es den Leuten nicht zu, solche Wünsche zu haben. Du bist alt, du hast dein Leben hinter dir, hast die Kinder großgezogen und so und jetzt bereite dich mal aufs Altenheim vor. Du bist doch alt und hässlich, was wollt ihr denn noch zusammen machen? Das ist ja abartig, wenn zwei Leute, die runzlig sind, sich noch lieb haben.

Bei Jungen ist das normal. Die ziehen sich an, die sind attraktiv, die sind muskulös und sportlich. Alte, schlaffe und tatterige

Leute sollten sich nur noch um ihre Leiden kümmern. Und die Alten glauben das auch, die werden so in eine Schublade gesteckt und trauen sich nicht, weil die Jungen sagen könnten: »Ach, das hätte ich dem aber nicht zugetraut.« Das ist sehr schade, dass sich alte Leute in so eine Rolle drängen lassen und sich nicht trauen. Nach meiner Einschätzung fehlt denen im Leben was.

Ich werde auf Erotik nicht verzichten. Ich meine, das muss man üben, man muss sich da herantasten, man muss reinwachsen in so ein Leben. Also, ich weiß nicht, wie ich dazu gekommen bin. Am Anfang hat man sich das alles nicht getraut. Es war immer mit ziemlichem Herzklopfen verbunden. Heute denke ich viel darüber nach. Im Urlaub, wenn man am Strand liegt, hat man ja viel Zeit und dann muss man das für sich irgendwie hinbiegen. Skrupel habe ich dabei nicht mehr.

ICH GENIESSE ES HEUTE,
FRAU ZU SEIN

Gerda, 52

Eigentlich bin ich ganz zufrieden mit mir, bis auf die kleinen Fettpolster, die weg könnten. Ich kann auch damit umgehen, dass ich jetzt arbeitslos bin, ich mache einfach das Beste daraus. Und als Frau fühle ich mich auch gut. Ich würde sogar sagen, dass ich mich heute besser fühle als früher, dass ich immer mehr als Frau zu mir stehe.

Für mich ist Sex noch ein wichtiges Thema, aber die Liebe kommt zu kurz dabei. Mit der Sexualität klappt es schon noch. Und wenn man keinen festen Partner hat, muss man seine Sexualität eben irgendwie anders ausleben. Jedenfalls ist es sehr schwer, einen Partner zu finden.

Ich bin schon fünfzehn Jahre geschieden und habe danach gedacht: Es geht ruckizucki, es wird nicht lange dauern und ich finde einen neuen Partner. So ist es aber nicht gewesen. Natürlich bin ich anspruchsvoll und gucke sehr genau hin. Meine Geschwister sagen immer: »Du hast bloß zu hohe Ansprüche.« Das will ich nicht unbedingt sagen, aber ein paar Grundvoraussetzungen müssen stimmen. Ich sage dagegen: »Die Guten werden festgehalten und nur der Ausschuss läuft frei herum.« (Lacht)

Das merkt man auch, wenn man zum Beispiel inseriert. In der ZITTY habe ich das ab und zu gemacht. Wenn man das über Jahre hinweg tut, dann schreiben teilweise die gleichen Leute, da merkt man, dass die noch auf dem Markt sind. Auf diese Weise habe ich mich in den letzten Jahren mit etlichen Männern getroffen – vom manisch Depressiven über den Alkoholiker bis zum Pyromanen war alles dabei. (Lacht). Aber es ist illusorisch zu glauben, dass man den anderen gleich auf den ersten Blick erkennt.

Wenn ich eine Anzeige schalte, dann gebe ich meine Interessen an – Jazz oder Blues, Natur, Bücher. Dann schreibe ich, dass ich klein und eine »Frau mit weiblichen Rundungen« bin und dass der Mann ruhig jünger sein kann.

Manchmal habe ich doch etwas Probleme damit, dass ich so ein bisschen mollig bin, aber in letzter Zeit, wenn ich ganz selbstbewusst die guten Seiten einer molligen Frau einsetze, also Dekolleté zeige oder die Beine, dann ist der Effekt auch anders. Es geht doch wirklich viel nach dem Äußeren.

Zum ersten Mal habe ich nach der Scheidung annonciert. Da bekam ich 40 Zuschriften, bin die durchgegangen und habe erst mal aussortiert. Damals hat man sich ja noch Briefe geschrieben. Dadurch merkte man schon an der Rechtschreibung, am Schreibstil oder an der Schrift, mit wem man es in etwa zu tun hatte. Das Niveau oder die Bildung sollten schon mit meiner übereinstimmen. Das war wirklich witzig teilweise.

Zum Beispiel habe ich mich damals – das war noch zu DDR-Zeiten – mit einem getroffen und wir haben uns auch ganz nett unterhalten. Einen Tag später war ich auf einem Konzert von Joe Cocker. Da traf ich eine junge Frau aus Köpenick, wir kamen ins Gespräch und fanden uns ganz sympathisch. Schließlich sagte sie: »Wir können doch auch mal was zusammen unternehmen, mein Peter lässt mich im Moment ein bisschen hängen.«

Ich hatte ihr von meinen Annoncen erzählt und sagte dann: »Da hieß jeder Vierte Peter. Und ein Peter aus Köpenick war auch dabei.« – »Wie sah er denn aus?« – »Wie sieht denn dein Peter aus?« – »Na, nicht sehr groß, schlank und ...« – »Und schwarze Haare hat er und einen Schnauzer ...?« »Ja«, sagte sie. Und ich: »Der war gestern gerade bei mir.« (Lacht)

Die Beziehung der beiden war wohl schon wackelig und dieser Peter hat sich schon mal fleißig nach einer anderen Frau umgeguckt. Aber ausgerechnet diese Frau, mit deren Freund ich einen Tag zuvor ein Date hatte, lernte ich bei einem Konzert kennen, wo Tausende von Menschen waren.

Meistens haben die Männer ja Angst, sich zu binden. Wenn mir einer gefallen hat, habe ich manchmal gleich eine nette Karte hinterhergeschickt, aber da haben die gleich dicht gemacht, da fühlten die sich bedrängt. Ich finde das so blöd, wenn man irgendwelche Spielchen spielen soll wie: Halte dich zurück, halte dich bedeckt, spiele die Unschuld vom Lande und mach dich interessant. Wenn man dagegen offen ist, vielleicht auch sexuell ziemlich offen ist, dann hat man natürlich meistens Pech gehabt.

Eigentlich haben die Männer immer Angst, sie wollen eher das Unverbindliche, vielleicht auch nur eine schnelle Nummer, aber binden wollen sich die meisten nicht. Ein anderer, mit dem ich mich auch aufgrund einer Anzeige getroffen habe, sagte zu mir: »Du bist nicht mein Typ, aber wir können ja Kumpel sein«, doch dann wollte er gleich mit mir ins Bett.

Die suchen auf diesem Weg eine billige Art von Prostitution. Aber heute gibt es das ja in einer noch höheren Form – diese *Flirt-Line* sozusagen, auf die ich vor ein paar Jahren gekommen bin. Die hat inzwischen ein unwahrscheinliches Netz aufgebaut, da gibt es die unterschiedlichsten Telefonnummern, die dann zusammengeschaltet werden. Man kann da als Frau einfach kostenlos anrufen und sich einerseits Anzeigen anhören oder den Männern was auf ihre Mailbox sprechen. Das ist wie bei einer Annonce in der Zeitung, eben nur per Telefon.

Andererseits kann man mit Männern in Kontakt kommen, die zur gleichen Zeit anrufen oder mithören, wer gerade anruft. Dann hat man acht Sekunden Zeit, sich vorzustellen: Also ich bin die und die, komme von da und da und ich suche dies oder das. Manche sagen auch bloß: »Guten Tag« oder »Hallo«, da hört man die anderen wie in einem Karussell.

Und dann denkt man: Oh, der hat ja eine ganz interessante Stimme, und schickt ihm einfach eine telefonische Nachricht und sagt: »Deine Intro gefällt mir, deine Stimme auch und ich würde gern mehr von dir wissen.« Oder man kann den gleich anklingeln und mit ihm direkt reden. Ja, und da findet man natürlich alles – vom alleinstehenden Vater bis zu jemandem, der am gleichen Abend noch ein sexuelles Abenteuer sucht.

Männer müssen natürlich zahlen. Wenn es eine 180er Nummer ist, wird es für sie nicht so teuer, aber wenn es eine 190er Nummer ist, kann es happig werden, dann rattert es ja ganz schön. Wenn mir einer sympathisch ist, sage ich: »Gib mir deine private Telefonnummer, ich rufe dich zurück« oder ich gebe ihm meine und wir telefonieren noch mal im Festnetz miteinander.

Natürlich muss man aufpassen, dass man die Realität nicht verliert, wenn man seine Kontakte nur noch übers Telefon findet. Allerdings habe ich schon sehr interessante Leute dabei kennen gelernt. Sogar einen Job habe ich mal darüber bekommen. Zufällig war der Geschäftsführer einer Firma auf dieser Flirt-Line, wir haben uns ganz nett unterhalten und uns dann zu einem Gläschen Wein getroffen. Der war auch an Jazz interessiert und wir sind zusammen in ein Jazzkonzert gegangen.

In den war ich sogar ein bisschen verliebt, aber dann hat ihn seine alte Freundin wieder eingekrallt. Daraus ist also nichts geworden. Aber nach einem Jahr rief er mich wieder an und sagte, dass in seiner Firma unbedingt jemand gebraucht werde. Und da ich gerade einen Job suchte, war ich froh, dass ich wieder einen hatte. Das ging aber nur drei Jahre.

Inzwischen erkenne ich einige Männer schon an der Stimme oder am Intro, also an der Anzeige, die er da aufgesprochen hat. Man kann das selbst steuern, mit wem man reden will. Da ist zum Beispiel einer von Rügen, den erkenne ich auch schon an der Stimme, der hat so Sprüche drauf wie: »Körper, Geist und Seele in einer Frau – phantastische Realität oder unrealistische Phantasie?« Den Spruch fand ich zum Beispiel ganz toll.

Aber ich muss sagen, dass ist in den letzten Jahren vom Niveau abgesackt. Ich hatte mal einen ganz Primitiven in der Leitung, der sagte: »Ich hole mir gerade einen runter, willst du zuhören?«

Einmal habe ich einen Rechtsanwalt kennen gelernt, der auch Jazzliebhaber ist und sogar in einer Band spielt. Mit dem bin ich zusammen in Konzerte gegangen. Wenn ich den heute auf der Line treffe, dann freue ich mich und unterhalte mich gern mit ihm. Die meisten, die da anrufen, sitzen wahrscheinlich abends noch im Büro und denken: Ach, das Leben geht an mir vorbei, wo kriege ich jetzt schnell eine Frau her? Oder die sind einfach auch einsam. Da war mal ein junger Mann, der hatte durch einen Unfall das Augenlicht verloren und seine Frau hatte ihn verlassen. Wir haben uns sehr lange unterhalten, also hat das teilweise auch etwas Seelsorgerisches.

Es ist schon bedenklich, wenn Leute einsam zu Hause hängen und bloß noch über Computer oder diese Flirt-Line Kontakte haben, weil sie für sich keine andere Möglichkeit mehr sehen. Zum Glück habe ich noch andere Möglichkeiten. Ich habe einen großen Freundeskreis, bloß da finde ich auch keinen Partner. Obwohl ich mir auch oft sagen muss: »Du darfst auf diese Line nicht so oft raufgehen.« Auch manche Männer sind schon richtig süchtig geworden und haben eine Unmenge Geld dabei gelassen. Das ist eben die Gefahr. Ich finde es teilweise unverantwortlich von den Gesellschaften, die das betreiben und die Männer abzocken.

Mir ist auch aufgefallen, dass kaum einer mehr bereit ist, noch irgendwelche Abstriche an seinem Leben zu machen. Die Statistik besagt ja, dass allein in Berlin jeder Vierte Single ist. Und das sind nicht nur junge Leute, das zieht sich durch alle Altersgruppen. Die Leute haben sich so eingerichtet, dass sie gar nicht mehr zusammenleben wollen. Ich weiß ja selbst nicht, ob ich das noch könnte. Ich genieße es doch auch, wenn ich sonntags in meinem Erker sitze, die Beine auf den Stuhl packe, schöne Musik höre, dabei ein Buch lese und eine Tasse Kaffee trinke.

Genauso genieße ich es allerdings, wenn ich mal einen Mann da habe, mit dem ich zusammen frühstücken und mich unterhalten kann. Es hat eben immer zwei Seiten. Ich suche zwar nach einem festen Partner und könnte mir auch vorstellen, dass man zusammenwohnt, aber ob man das noch kann? Das ist die Frage, das weiß ich nicht.

In der Regel ist es so, dass die Männer, die ich kennen lerne, sagen: »Ich möchte gar nicht mehr mit jemandem zusammenwohnen.« Allerdings sind viele auf der Flirt-Line, die nur einen Seitensprung suchen. Einen kenne ich schon über einige Jahre. Als ich ihn kennen lernte, sagte er mir, dass er gerade eine Beziehung hinter sich habe, aber schon wieder verliebt sei. Fragte aber im gleichen Atemzug, ob er bei mir vorbeikommen könnte. Da habe ich zu ihm gesagt: »Gerade erzählst du mir, wie toll deine neue Beziehung ist, auch sexuell, was willst du denn da von mir?« Also, bei dem habe ich den Glauben verloren, dass da überhaupt noch eine monogame Beziehung möglich ist.

Seit meiner Scheidung hatte ich zwei längere Beziehungen – eine dauerte zehn Monate, die andere acht. Ansonsten waren es mal drei Monate oder sehr viele flüchtige Bekanntschaften. Wenn ich Sex haben möchte, dann passiert das schon irgendwie. Meistens habe ich jüngere Liebhaber, da denke ich manchmal: Bist du noch attraktiv genug für sie? Oder müsstest du nicht besser zu Männern in deinem Alter vordringen?

Mein jüngster Mann war halb so alt wie ich. (Lacht) Also, da gab es einige, die meine Söhne hätten sein können. Bei jungen Männern bin ich oft überrascht, wie gut sie schon mit einer Frau umgehen können. Die kennen Handgriffe, die haben manchmal die älteren nicht mal drauf. Ich verwöhne auch gern einen Mann, und das wissen jüngere natürlich zu schätzen. Verwöhnen heißt, dass ich auch aktiv bin beim Sex, Kerzen gehören dazu, schöne Musik oder mal schön was kochen.

Die meisten Männer, die ich über diese Flirt-Line kennen gelernt habe, waren aus dem Westteil der Stadt. Viele haben mir gesagt, dass ihnen eine Ostfrau angenehmer sei, die sollen wohl lockerer und natürlicher sein. Aber ich finde, das stimmt nicht in jedem Fall, das wird immer gleich in eine Schublade gesteckt. Die Menschen sind hier wie dort verschieden oder haben verschiedene Lebensweisen.

Manchmal denke ich, wenn ich heute selbstbewusst auftrete oder ein bisschen dominant, dann hängt das vielleicht damit zusammen, dass ich die Älteste von vier Geschwistern war, immer auf die anderen aufpassen und auch schon mal ein Machtwort sprechen musste. Ich selbst merke das zwar gar nicht, aber einige Männer haben mir schon gesagt: »Du kommst mir viel zu stark daher.«

Meine jüngste Schwester war zwölf Jahre jünger, die habe ich immer im Kinderwagen durch die Gegend gefahren. Mit ihr verstehe ich mich heute am besten, wir haben die gleichen kulturellen Interessen und liegen auch bei anderen Dingen auf der gleichen Schiene. Aber für sie war ich damals eine Tante. Ich bin dann auch zum Studium gegangen und nur noch am Wochenende nach Hause gekommen.

Aufgeklärt wurde ich nicht. Als ich in die Pubertät kam, habe ich von den Mitschülerinnen einiges gehört über die Regel: »Ach, das ist schlechtes Blut, das muss raus.« Mit sechzehn habe ich mal so ein Aufklärungsbuch gelesen, aber das war ganz harmlos. Bevor ich es las, wurde das von meinem Vater erst zensiert. Seiten, wo es um Stellungen und so ging, die hat er damals mit dem Rand von Briefmarken zusammengeklebt, damit ich die nicht lese. Das war also Zensur. Na gut, ich war brav und habe auf meine Eltern gehört.

Meinen ersten Freund hatte ich mit achtzehn – bis zu meiner Volljährigkeit habe ich schon gewartet. Der war etwas jünger als ich, das war also Verführung Minderjähriger. (Lacht) Wir wollten zusammen zelten fahren, da sagte meine Mutter: »Dass da ja nichts passiert!« – »Nein, nein!«, dabei hatten wir schon längst miteinander geschlafen. Da bin ich in einen derartigen Konflikt gekommen, dass ich das Zelten sein lassen wollte. Erst als ich schon studierte und einen neuen Freund hatte, habe ich mir die Pille verschreiben lassen.

Ja, mit der Aufklärung war das bei mir so eine Sache, aber dass das heutzutage viel anders ist, wage ich zu bezweifeln. Das ist immer noch ein Thema, wo sich die Eltern mit ihren Kindern schwer tun.

Nach meinem Studium kam ich dann nach Berlin. Dort habe ich meinen späteren Mann an einer Bockwurstbude getroffen. Ich wollte wieder mal zur Freilichtbühne Weißensee, zu einem Konzert der Modern-Soul-Band. Und dort stand an der Bude so ein nett aussehender, langhaariger Mann. Den habe ich angesprochen, ob er mir nicht eine Wurst und eine Berliner Weiße mitbringen könnte. So kamen wir ins Gespräch. Dann sind wir zum Konzert gegangen, haben anschließend noch ein Bierchen zusammen getrunken und uns verabredet. Ja, so hat sich das dann entwickelt.

Er war zwei Jahre älter und ging gerade nach Dresden zum Studium, so dass wir uns die ersten Jahre nur am Wochenende sahen. Dann haben wir schnell geheiratet, um noch den Ehe-Kredit zu kriegen, denn er wurde sechsundzwanzig, und den Kredit hat man zu Ost-Zeiten nur bis zum sechsundzwanzigsten Lebensjahr bekommen. Wenn man bis dahin heiratete, bekam man vom Staat fünftausend Mark. Und wenn man drei Kinder hatte, brauchte man den praktisch nicht zurückzuzahlen. Bei der Geburt des ersten Kindes hat man auch noch einen Tausender gekriegt. Und für jedes weitere Kind wurde ein Tausender draufgelegt. So war das, wenn ich mich richtig erinnere.

Ich habe zwei Kinder geboren, die beide gestorben sind. Sie waren missgebildet und nicht lebensfähig. Beim ersten war das besonders hart, es kam an meinem fünfundzwanzigsten Geburtstag zur Welt. Zwei Wochen vorher sagte der Arzt noch zu mir, ob ich einen Neunpfünder kriegen wolle, denn ich hatte einen sehr runden Bauch.

Meine erste Entbindung war für mich wie eine Folter, ich habe dabei gar nicht die Augen aufgemacht. Das Kind war geboren, ich hörte es auch nicht schreien und die Hebamme verschwand mit ihm gleich nach hinten. Ich habe gespürt, dass da irgendwas nicht in Ordnung war. Unser Kind wurde dann sofort ins Klinikum Buch gefahren. Und ich hinterher, weil bei mir noch eine Ausschabung gemacht werden sollte. Dort lag ich dann eine ganze Weile rum, weil der Anästhesist fehlte, und ich habe schrecklich gefroren. Als die Ausschabung endlich vorbei war, haben die mich wieder stundenlang im Flur vor dem Kreißsaal liegen lassen und niemand hat sich um mich gekümmert. Ich hörte die Schreie der Neugeborenen – und mein Kind hat nicht geschrien. Das war ganz schrecklich und mir kommen heute noch die Tränen, wenn ich daran denke. (Pause)

Beim zweiten Versuch war ich fünf Monate im Krankenhaus, da hatten die zu spät bemerkt, dass sich das Kind nicht richtig entwickelte. Ich sollte immer selber die Herztöne suchen, weil die Ärzte die nicht gefunden haben. Im Endeffekt war es dann wie beim ersten Kind: Man hat noch nach einem Namen gesucht, obwohl man wusste, dass es schon tot war. Danach hatte ich noch drei Fehlgeburten. Ich könnte allein ein Buch darüber schreiben, wie ich damals behandelt worden bin.

Einmal war ich in einem Krankenhaus, weil ich Blutungen hatte und wieder eine Kürettage gemacht werden musste. Das war

sogar ein christliches Krankenhaus, wo sehr nette Ordensschwestern mich verwöhnten. Aber als ich nach der Operation
die Ärztin fragte, ob sonst alles in Ordnung gewesen sei, sagte
die zu mir: »Nee, alles Matsch, alles Matsch« – und draußen war
sie. Da haben sich die Ordensschwestern erst mal für sie entschuldigt. Die Ausschabung der Gebärmutter hatte diese Ärztin
auch ganz schlecht gemacht, darum musste ich nach sechs Wochen noch mal rein, weil die Blutungen nicht aufhörten.

Damals hat man meinen Mann und mich untersucht, um die
Ursache für meine Fehlgeburten festzustellen, aber man hat
nichts gefunden. Mein Gynäkologe sagte: »Vielleicht sollten Sie
es mit einem anderen Mann versuchen, denn auch wenn jeder
für sich gesund ist, kann einfach etwas nicht zusammenpassen.«

Dann haben wir uns für eine Adoption beworben, das war
auch so ein Widersinn: Man hat ein Kind zur Adoption bekommen, wenn man eine große Wohnung hatte, aber man hat keine große Wohnung bekommen, wenn man keine Kinder hatte.
Zum Glück habe ich damals über meine Arbeitsstelle eine größere Wohnung gekriegt. Dann sind wir wieder auf das Amt, um
zu sagen, dass wir jetzt endlich eine größere Wohnung haben.
Und dort sagte die zuständige Bearbeiterin: »Ich habe da was
für Sie. Das Baby ist zwar für eine andere Familie vorgesehen,
aber da Sie schon mal hier sind, kriegen Sie es. »

Damals waren wir schon über dreißig, da bekam man im Osten normalerweise keinen Säugling mehr. Das Mädchen, das wir
adoptieren wollten, kam erst mal als Pflegekind ein halbes Jahr
zu uns. Man konnte sich das Kind nicht aussuchen, man konnte froh sein, dass man überhaupt ein Kind kriegte. Später habe
ich dieser Adoption auch angelastet, dass man nicht genügend
darauf vorbereitet wurde. Es sollte Liebe auf den ersten Blick
sein, wenn man ein Kind adoptiert.

Ich war damals von unserem Kind gar nicht so angetan. Es
kam aus dem Kinderheim, war sechs Monate alt und sehr zu-

rückgeblieben. Hinterher habe ich erfahren, dass die Mutter vorher schon mal ein Kind geboren hatte, das durch Vernachlässigung sogar einen Schaden hatte. Der Vater war gar nicht bekannt.

Meine Tochter war später hyperaktiv, das hat natürlich unsere Beziehung auch belastet. Ich habe lange bei ihr im Zimmer geschlafen, damit mein Mann Ruhe hatte. Wenn ich dann Streicheleinheiten oder Sex suchte, sagte er oft: »Ach, lass mal, ich bin müde.«

Eigentlich war unser Sex von Anfang an nicht besonders, obwohl wir uns gut verstanden und auch gleiche Interessen hatten. Wenn es hoch kam, passierte es vielleicht zweimal im Monat. Zwischen uns gab es keine Leidenschaft. Während der Ehe hatte ich einen Liebhaber, da wollten wir uns schon das erste Mal scheiden lassen, aber dann bin ich zu ihm zurückgegangen. Er ist wohl auch nur einmal fremdgegangen, wie ich dann bei der Scheidung erfahren habe.

Wir waren elf Jahre verheiratet und haben immer nur an einem Kind »gebastelt«. Deshalb wollte ich mit meinem Mann zu einer Sexualberatung gehen. Ich denke auch, dass wir uns scheiden lassen haben, weil wir uns zu wenig stritten, was heißt, dass wir zu wenig miteinander geredet oder uns ausgetauscht haben.

Heute weiß ich ja durch meine Liebhaber, dass meine Sexualität ganz anders sein kann. Mit einem habe ich auch zum ersten Mal die weibliche Ejakulation erlebt, also wenn man beim Orgasmus richtig rausspritzt. Darüber war ich erst erschrocken. Über diese weibliche Ejakulation streiten die Experten ja heute noch, auch auf Kongressen. Die einen sagen, die gebe es nicht, die anderen sagen, es gebe sie doch. Das ist immer noch nicht erforscht. Diese Nachrichten verfolge ich und freue mich immer, dass ich überhaupt mal was darüber lesen kann.

Diese Ejakulation habe ich mit dem Mann erlebt, mit dem ich während meiner Ehe fremdgegangen bin. Wir hatten uns auf der

Arbeit kennen gelernt. Ich habe den bewundert, weil er ein sehr kluger Kopf war und auch sehr charmant. Er hat sich richtig um mich bemüht. Was ich nie vergessen werde: Er ist damals für eine Woche nach Kuba zu einem Kongress gefahren und hatte mir einen Tag vor seiner Reise einen Blumenstrauß geschenkt. Die Blumen blühten erst im Laufe der Woche auf. Als die Woche um war, bekam ich einen Anruf, dass ein Brief von ihm für mich hinterlegt wurde. Also, er hat gewusst: Eine Woche blühen die Blumen, und dann erhält sie gleich den Brief von mir. Der hat sich wirklich was einfallen lassen. Das fand ich schon ganz toll.

Er war auch verheiratet, hat sich dann aber scheiden lassen. Aber ich hing irgendwie noch an meinem Mann und wollte ihn nicht wegen dem anderen verlassen. Dieser Liebhaber hing wirklich sehr an mir, den hat das sehr mitgenommen, es ging ihm ganz schlecht, als ich mich gegen ihn entschieden hatte. Danach hat er ganz schnell seinen Professor gemacht, er war einer der jüngsten Professoren der DDR. Später habe ich gedacht: Mensch, das wäre eine gute Partie gewesen. Nach der Wende war er Manager bei einer großen Firma und heute lebt er am Tegernsee.

Ich bin dann wegen des Kindes zu Hause geblieben, und das war nicht so einfach. Meinen Frust habe ich manchmal auch an dem Kind ausgelassen, und dafür hat mein Mann mich von der Bettkante geschubst. Manchmal hat er auch gesagt: »Wenn du nicht lieb zu dem Kind bist, bin ich es auch nicht zu dir.« Dabei wurde für mich andersrum ein Schuh draus. Am Ende war das dann eine ganz verfahrene Kiste. Er hatte den ersten Antrag auf Scheidung eingereicht und ich dann den zweiten.

Ein Auslöser für die Scheidung war folgendes Erlebnis. Auf einer Fete traf ich auf einen Mann, der mir zu verstehen gab, dass ich eine ganz attraktive Frau sei. Da habe ich mir gedacht: Warum sollst du an deiner Ehe festhalten, wo dir Nähe und Zärtlichkeit fehlt?

Eine Scheidung ging ja in der DDR sehr schnell, sie hat auch nicht viel gekostet und war innerhalb einer halben Stunde durch. Wir haben bloß gesagt: »Wir sind beide der Meinung, dass es keinen Sinn hat, es noch mal zu versuchen. Wir trennen uns.«

Heutzutage hält man eine Beziehung länger aufrecht oder arbeitet mehr daran, weil man auch ökonomisch voneinander abhängig ist.

Aber zu DDR-Zeiten war die Frau selbstständig und nicht abhängig vom Mann. Da hat man sich auch nicht mehr groß bemüht und ist auseinander gegangen. Ich habe dann die Tochter behalten und mich nach der Scheidung gleich ins große Abenteuer Mann gestürzt, so nach dem Motto: Jetzt will ich es wissen. Damals habe ich diese schon erwähnte erste Anzeige in die BERLINER ZEITUNG gesetzt und hatte damit zu tun, die Antworten abzuarbeiten. Nach den ersten zwanzig hatte ich die Nase voll und habe gedacht: Das bringt es auch nicht.

Dann habe ich jemanden beim Jazzkonzert kennen gelernt, mit dem war ich drei Monate zusammen, der war neun Jahre jünger als ich. Ich habe mich eben immer zu Jüngeren hingezogen gefühlt, weil ich schon in der Ehe merkte, dass wir immer mehr verspießerten.

Als ich meinen Mann kennen lernte, war er noch sehr alternativ und wir haben auch viel unternommen. Später hatten wir einen Garten und wollten auch ein Häuschen bauen. Heute sehe ich das auch wieder ganz anders, aber damals habe ich mir das Leben so nicht vorgestellt.

Ja, und dann ging irgendwann die Sucherei los. Das ist nicht so gut, wenn es einem schon aus den Augen springt, dass man einen Mann sucht. (Lacht) Das Problem dabei ist, dass ich eben immer sehr offen und leger daherkomme, aber die Männer auch mitkriegen, dass ich etwas Festes suche. Wovor sie sich, wie schon gesagt, fürchten. Sie sind auch irritiert, wenn die Frau zu stark ist und ganz gut alleine im Leben klarkommt.

Ich bin eine sehr praktische Frau. Also, meine Arbeitsplatte
für die Küche schneide ich mir selber zurecht. Ich bin auch schon
zu einem Kumpel gegangen und habe ihm seine Flurgarderobe
angebracht. (Lacht)

Was mit den Männern los ist, möchte ich auch gerne wissen.
Eine Freundin hat mir mal gesagt: »Ich habe mich jetzt darauf
eingestellt, dass ich keinen Mann mehr finde. Ich werde mit meinem Sohn alleine bleiben!« – und dann hat's bei ihr geklappt.
Wahrscheinlich muss man erst mal mit der Männerwelt abgeschlossen haben, dann findet man einen.

Da ich aber noch nicht an diesem Punkt angekommen bin,
wird es wohl bis zum Altersheim dauern. Vielleicht muss ich den
Männern mehr um den Bart gehen. Mit verheirateten Männern
lasse ich mich in der Regel nicht ein, denn die suchen ja meist
nur einen neuen Kick, die sagen: »Ich liebe meine Frau, aber sexuell läuft nichts mehr zwischen uns.« Ja, die brauchen manchmal nur Frischfleisch, auch wenn das schon ein bisschen älter
ist. (Lacht)

Ich hatte auch mal was mit einem Verheirateten, das war ganz
verrückt. Da war ich mit einer Freundin unterwegs und wir haben irgendwo ein Bierchen getrunken. Und da hat mich einer
ständig angeguckt, der kam dann an unseren Tisch und wir haben miteinander geschwatzt. Irgendwann habe ich gesagt: »Jetzt
muss ich aber los, meine letzte Straßenbahn fährt gleich.« »Ach,
bleib doch noch hier«, sagte er, »ich bezahle dir auch ein Taxi.«
Na, dann bin ich geblieben und habe ein bisschen mit ihm rum-
geschmust. Danach hat er mir Geld für das Taxi gegeben und
seine Handynummer und ich bin nach Hause gefahren. Als ich
zu Hause war, konnte ich wieder nicht an mich halten und habe ihn gleich angerufen. Da hörte ich, wie meine Freundin ihm
zurief: »Fahr hinterher, fahr hinterher!« (Lacht)

Da hat er sich ein Taxi genommen, ist zu mir gekommen und
wir sind übereinander hergefallen. Das war richtige Leiden-

schaft, da stimmte die Chemie, das war ganz toll. Am nächsten Tag habe ich ihn angerufen und gesagt: »Ich möchte dich gern kennen lernen.« – »Wir haben uns doch schon kennen gelernt.« – »Das war doch kein Kennenlernen.« Der kam aus Westdeutschland und hatte hier eine Firma. Er hat zwar gesagt, seine Frau interessiere sich nur dafür, dass er das Geld nach Hause bringe, damit sie shoppen gehen könne, aber er liebe seine Tochter über alles. Na gut, das kann stimmen, muss aber nicht.

Es war immerhin eine verrückte Zeit mit ihm. Wir haben auch viel unternommen, aber sonst war es die blanke Leidenschaft. Der war so zehn Jahre jünger als ich. Zu Ende ging es, weil er wieder in seine Heimat zurückgegangen ist. Das ist mir schon nahe gegangen, da habe ich auch geheult, weil ich traurig war.

Aber danach beiße ich in den Teppich, und dann ist es wieder okay. Normalerweise lasse ich das nicht so tief an mich herankommen. Das ist vielleicht mein Fehler – oder auch nicht. Wenn man sein Herz nicht zu sehr daran hängt, kommt man schneller damit klar und schaut sich wieder um auf dem Markt. Und weil ich so bin, fällt es mir meist nicht schwer, damit umzugehen. Ich habe von Natur aus ein sonniges Gemüt. Wenn Differenzen sind oder Streit, werfe ich einfach eine lockere Bemerkung dazwischen, die die Situation entschärft. Ein bisschen süchtig nach Harmonie bin ich auch, einfach das Leben nicht so schwer sehen, nicht so negativ und so verbissen. Einfach das Positive sehen, das Beste daraus machen und locker damit umgehen.

Ich befriedige mich natürlich auch selbst, das habe ich mit dreißig zum ersten Mal gemacht. Dazu benutze ich heute so ein kleines Maschinchen, also einen Vibrator. Den konnte ich ja nach der Wende über Katalog bestellen. Irgendwann habe ich mir gesagt: »Probier es doch mal mit so einem Ding aus.« Und da habe ich festgestellt, dass der klitorale Orgasmus mir am meisten bringt. Als der Vibrator kaputtgespielt war, habe ich mir einen neuen besorgt. Ich bin in so einen Sexladen rein und da war der Verkäufer ein kleiner Mann. Der hat mir dann seine Palette empfohlen.

Aber ich wollte keinen Dildo, keinen Superschwanz, sondern wieder einen einfachen Vibrator. Ich hatte mir den schon ausgesucht und da sagte der: »Aber gucken Sie doch mal, was ich hier für wunderschöne Teile habe.« Da bin ich natürlich ein bisschen errötet, aber er hat mich überredet und im Endeffekt bin ich – auf gut Deutsch gesagt – mit einem dicken Negerschwanz rausgegangen, mit einem riesigen schwarzen Dildo also. Aber ich wollte ja nur die Vibration haben, die man durch das Latexglied, wie ich dann feststellte, gar nicht kriegt. Darum habe ich das große Ding in die Mülltonne geschmissen. Meine Nachbarn haben bestimmt gedacht, da ist einer kastriert worden. (Lacht)

Dann war ich auch mal bei Beate Uhse, und da schlich immer einer hinter mir her. Als der mich hinten antatschte, habe ich gesagt: »Hau ab, mach dich weg hier.« Die denken, man ist Freiwild, bloß weil man in so einen Sexladen geht. Da gibt es viel Müll, und es besteht schon die Gefahr, dass die ganzen Hilfsmittelchen einen zu hohen Stellenwert bekommen. Die wirklich tiefen Gefühle bleiben dabei auf der Strecke, bis die Leute auch gar kein Bedürfnis mehr danach haben, sich richtig zu binden. Man verschafft sich seine Befriedigung auf diese Weise und lebt ansonsten wie man will – das mache ich ja auch.

Ich habe mir dann ein ganz normales Massagegerät genommen, das verschiedene Aufsätze hat. Damit geht es auch und man spart Batterien, da braucht man nur eine Dose für den Stecker. Das hält man an die Klitoris, damit man die Vibration hat. Dabei brauche ich keine erotischen Phantasien. Ich mache dabei Anspannungsübungen und habe dadurch richtige Oberschenkelmuskulatur gekriegt. Aber ich brauche das auch und ich muss sagen, dass ich jetzt viel mehr Sex als in der Ehe habe, auch wenn ich ohne festen Partner bin.

Ich weiß, dass es auf dieser Flirt-Line Männer gibt, die abends noch ein erotisches Date haben wollen. Wenn es mir auch gerade so geht, dann gehe ich rauf und gucke, ob sich was findet. Das ist natürlich spannend. Manchmal trifft man sich in einer Gaststätte, aber manchmal bin ich wirklich so heiß, dass ich die gleich zu mir bestelle. Ich weiß natürlich manchmal nicht, wie die dann aussehen, aber ich mag sowieso keine Schönlinge, also es muss nicht der klassische Latin-Lover sein.

Nein, Angst habe ich nicht. Ich unterhalte mich ja schon am Telefon mit denen und kriege mit, ob wir eine Wellenlänge finden. Und wenn ich merke, der gefällt mir, dann ergreife ich meistens die Initiative. Das funktioniert sexuell immer. Mit manchen treffe ich mich auch wieder, die rufen an oder ich rufe an.

Früher hatte ich es mal ganz praktisch, da hatte ich einen Liebhaber auf dem Hinterhof. Und wenn mir danach war und ich Licht bei ihm brennen sah, habe ich ihn angerufen und gefragt: »Wie ist es bei dir?« Da haben wir sozusagen Nachbarschaftshilfe gemacht. (Lacht) Also nicht nur sexuell, der hat mir auch manchmal die Türen gestrichen oder ich habe ihm was für sein Boot genäht. Das ist natürlich auch alles oberflächlich und kurzzeitig, aber ich sage mir, besser als gar kein Sex.

Es geht ja nicht nur um Sexualität, man braucht auch jemanden zum Reden, und das fehlt. Wenn ich bloß mal einen Liebhaber habe, bleibt der meist nicht über Nacht. Es ist ja auch schön, wenn man sich im Bett an einen Mann kuscheln kann oder mal in den Arm genommen wird. Das fehlt natürlich – leider.

Aber andererseits hat man damit schon wieder Probleme, weil man sich fragt: »Schnarchst du vielleicht?« Dann kann ich gar nicht mehr so entspannt schlafen wie sonst. Sonst kann ich mich richtig breit machen, aber dann habe ich keinen ruhigen Schlaf. Wahrscheinlich bin ich schon entwöhnt. Übers Alter mache ich mir noch keine Gedanken. Ich habe eine Freundin, die ist mit dreiundsechzig noch sehr aktiv. Das macht Mut.

Ich habe auch schon in der DDR ein bisschen alternativ gelebt, habe damals Klamotten genäht und die auf Märkten verkauft. Als meine Tochter zur Schule kam, habe ich wieder angefangen zu arbeiten. Da hatte ich Gott sei Dank erst mal einen Job, aber wenige Jahre nach der Wende war dann Schluss. Und weil ich in der Aus- und Weiterbildung tätig war, musste ich die Leute auch noch mit entlassen. Das war schon hart. Im Prinzip hat man das Problem damals beiseite geschoben – aufgearbeitet wurde es bis heute nicht.

Man merkt ganz schnell, wenn man Alleinstehende mit Kind ist, was sich geändert hat. Da ist man einfach ein Mensch zweiter Klasse gewesen, denn die Unterschiede klaffen ja weit auseinander. Auch was die ganze Kultur betraf, das wurde ja dann alles teurer und ich konnte mir das nicht mehr leisten. Zum Glück ist meine Tochter nicht so anspruchsvoll, was Markenklamotten betrifft. Als Frau mit Kind warst du in der DDR genauso selbstständig und konntest genauso leben wie jede normale Familie.

Als ich arbeitslos war, fand ich es anfangs gar nicht so schlecht, weil ich wieder Zeit für mich hatte. Aber man müsste wissen, ob man danach wieder eine Arbeit findet. Es müsste immer mal wechseln. Jetzt zum Beispiel mache ich gerade meine Küche neu, habe die alten Möbel mit gelber Folie beklebt. Danach werde ich die Sitzmöbel neu beziehen, die habe ich schon während meiner letzten Arbeitslosigkeit bezogen.

Ich sehe Arbeitslosigkeit auch als eine Möglichkeit, sich neu zu orientieren und wieder zu sich zu finden. Denn wenn du jeden Tag im Trott bist, von morgens bis abends, vielleicht mit einer Stunde Arbeitsweg hin und zurück – dann ist der Tag gelaufen.

Was meine Figur betrifft, bin ich nicht mit mir zufrieden, aber ich tue auch nichts dafür. Das ist mein Fehler. Kurz nachdem ich geschieden war, sagte mein damaliger Freund zu mir: »Man muss erst mal sich selbst gefunden haben, um einen neuen Partner zu finden.« Das ist bei mir immer noch offen. Vielleicht finde ich deshalb keinen festen Partner, weil ich nicht ganz mit mir zufrieden bin. Zwar ist meine Haut noch okay, ich habe keine Zellulitis, da kann ich froh sein, aber das liegt einfach an meinen Genen. Wenn ich jetzt einen Bauch habe, muss ich selbst was tun. Ich hoffe, dass ich mich demnächst mal aufraffen kann.

Als ich vorigen Sommer auf der Waage stand, habe ich mir gesagt: »Jetzt ist aber Schluss!«, da habe ich mit Slimfast ganz schnell sechs Kilo runtergekriegt und mich super gefühlt. Ich hatte auch gleich wieder eine bessere Ausstrahlung. Jetzt habe ich aber schon wieder drei Kilo drauf und habe heute wieder damit angefangen. Slimfast ist nicht zu streng, weil man da eine Mahlzeit normal nehmen kann. Ich esse auch viel Salat. Aber ich bin eben ein untersetzter Typ. Viele sind dünn und lang und schlank und können futtern, wie sie wollen, das ist ungerecht, nicht wahr?

Natürlich achte ich sehr auf meine Kleidung, von locker über leger bis elegant habe ich alles drauf. Ich habe auch ganz enge Kleider und zeige Dekolleté, also dass man wirklich das Weibliche unterstreicht. Früher habe ich oft Hosen getragen, aber in der letzten Zeit habe ich wieder mehr das Weibliche betont. Ich liebe es auch sehr, Röcke zu tragen, eben einfach mehr Frau zu sein. Da fühlt man sich auch besser. Ich genieße es heute, Frau zu sein.

Der Mann, für den ich mich näher interessieren würde, müsste ähnliche Interessen und ähnlichen Geschmack haben wie ich. Bücher sollte er auch lesen, nicht, dass er nur einen Simmel in der Schrankwand hat. Oder Kunstblumen, wie der letzte, den ich kennen gelernt habe. Das war ein ganz sympathischer Mensch, aber als ich in seine Wohnung gekommen bin und überall die Kunstblumen gesehen habe, dachte ich: Was ist denn hier los? Das muss schon irgendwie zusammenpassen.

Ganz wichtig ist auch, dass man sexuell zusammenpasst. Aber alles kriegt man vielleicht gar nicht von einem Mann. Mittlerweile habe ich mir schon gedacht: Da hast du einen, mit dem gehst du gerne ins Kino, mit dem anderen machst du gerne ein Schwätzchen und mit dem dritten hast du guten Sex. So langsam richte ich mich darauf ein, dass ich mehrere Männer brauche.

Nach meinen ganzen Erfahrungen habe ich festgestellt, dass alles immer oberflächlicher wird, dass die Leute egoistisch sind oder immer egoistischer werden, vor allem, wenn sie eine Weile als Single gelebt haben. Jeder lebt so sein Ding alleine und Sex findet sich schon irgendwo. Viele Männer sagen ja auch: »Ich habe gar keine Zeit für eine Freundin oder eine Frau, ich habe meinen Job und bin voll eingespannt.« Auch durch diese Gesellschaft, den Stress und die allgemeine Entwicklung. Dass alles viel kälter wird und die Leute dadurch nur noch auf sich fixiert sind und immer einsamer werden.

Das fängt schon bei den Kindern an, die den ganzen Tag vor dem Computer sitzen, also diese einsame Art von Kommunikation haben. Das nimmt doch immer mehr zu. Manchmal erzählen mir Männer, dass sie die halbe Nacht vor dem Computer sitzen, weil sie mehr von einem Computerspiel gefesselt sind als von ihrer Frau, die schon den ganzen Tag auf ihren Mann gewartet hat. Der Mann ist arbeiten gegangen, die Frau ist mit den Kindern zu Hause und hat den Haushalt gemacht. Dann kommt der Mann abends endlich nach Hause – und setzt sich vor seinen Computer. Na, toll!

Dabei bleibt natürlich die Sexualität auf der Strecke. In der DDR gab es auch Männer, die abends lieber in die Kneipe gegangen sind, als mit ihren Frauen zu reden. Damals hat die Frau den ganzen Tag im Betrieb gearbeitet und abends hatte sie meist noch den Haushalt am Hals. Zum Glück habe ich so etwas nie erlebt.

Viele Menschen haben ja Angst davor, alleine zu leben. Jetzt, wo ich seit paar Monaten zu Hause bin, denke ich auch, wenn nachmittags das Telefon klingelt: O Gott, das ist ja das erste Wort, das du heute redest. Oder man fängt an, Selbstgespräche zu führen. Aber so unwohl fühle ich mich nicht, ich habe mich mit meiner Situation inzwischen arrangiert. Natürlich ist die Sehnsucht immer noch da, natürlich denkt man manchmal: Wenn du jetzt faltiger und runder wirst, dann kannst du dir nicht mehr so schnell einen Mann aufreißen. Aber noch geht es.

ICH MÖCHTE SCHON,
ABER NICHTS KAPUTTMACHEN

Martin, 55

Für mich ist das Kapitel Sex und Erotik noch lange nicht abgeschlossen. Man möchte eben das, was schön war, immer noch mal erleben. Obwohl es weniger war, als ich gewollt hätte, weil meine Partnerin ja doch mehr eine Bremse war. Aber wenn man was anderes kennen gelernt hat, dann weiß man eben, dass es auch anders sein kann. Und dann sagt man sich schon, dass noch was passieren müsste.

Und doch kam mir niemals der Gedanke, mich von meiner Frau zu trennen. Das gab es nie! Obwohl zwischen uns immer eine gewisse Spannung bestanden hat – erotisch. Denn ich bin nun mal sehr experimentierfreudig. Aber das wurde von uns nie ausgekostet, weil da eben diese Bremse bei meiner Frau war. Erst habe ich noch versucht, es zu ändern, und dann habe ich mich in diese Rolle hineingefunden oder das einfach hingenommen. Ja, in einer gewissen Phase habe ich mich damit auch unglücklich gefühlt. Und ich habe mir oft gewünscht, dass meine Partnerin auch mal den Wunsch hätte, das intensiver zu erleben oder wieder intensiver zu erleben. Das drückt bis heute irgendwie in mir. Ich denke immer wieder: Das muss raus! Darum bin ich hier.

Ich habe sozusagen eine neutrale Person gesucht, der ich das mal erzählen kann, denn mit meiner Frau habe ich darüber schon oft gesprochen. Es gab Zeiten, da haben wir das sogar sehr oft getan. Da wurde der Abend damit regelrecht zerredet, wie man so schön sagt, obwohl doch immer schon vorneweg feststand, dass das Ziel wieder verfehlt wird. Ich habe trotzdem nicht lockergelassen, sondern habe es immer wieder angeschnitten, weil ich diskussionsfreudig bin. Auch im Freundeskreis.

Meine Frau hat meist so reagiert, wie das bei vielen Frauen üblich ist: »Ach, fängst du schon wieder an? Muss das schon wieder sein? Hast du nichts anderes im Kopf?« Natürlich hat man anderes im Kopf, aber Erotik und Sex sind nun mal ein Teil der freudigen Phase im Leben, und das möchte ich einfach viel öfter haben.

Irgendwie war die Wende am Ende der achtziger Jahre für uns auch ein sexueller Einschnitt, weil die Belastung plötzlich eine andere war. Vorher war ich als Kraftfahrer unterwegs gewesen. Da hatte ich schwere körperliche Arbeit, da war ich besser drauf. Das kann man vielleicht mit einem Sportler vergleichen. Man ist fitter. Dann kam der Job im Büro und da habe ich auch abgebaut. Früher hat man gesagt: »Bei den Mädels im Büro möchte ich auch mal arbeiten.« Und dann habe ich bei den Mädels gearbeitet und plötzlich war Ebbe. Ich war gestresst durch diese Bürotätigkeit, die vollkommen neu für mich war und in die ich mich vertiefen musste.

Dann wurde es zwischenzeitlich wieder besser, aber so mit zweiundfünfzig, dreiundfünfzig, gab es noch mal einen Schnitt. Warum, kann ich mir auch nicht erklären, aber es war so. Die Lust ließ nach. Irgendwie bin ich seither vielleicht so auf dem Niveau, das meine Frau braucht. Ja, der Wille zu mehr ist schon noch da, und technisch, sage ich mal, wäre es auch noch drin, aber ich habe mich irgendwie abgefunden mit der Rolle. Sicher auch durch die Arbeit.

Wenn tagsüber wirklich alles dicht aufeinander kommt, ist man geschlaucht. Ich bin auch kein Mensch, der was liegen lässt. Ich arbeite bis zuletzt, und wenn noch etwas daliegt, wird das auch noch erledigt. Obwohl es manchmal von oben gar nicht gefordert ist. Ich kann nicht aufhören und lege dann auch so ein

Tempo vor, dass ich mich manchmal vor die Brust schlage und frage: »Für wen und für was eigentlich?« Und das macht sich eben auch erotisch bemerkbar, dieser Druck.

Dabei habe ich die Frauen nun jeden Tag im Büro vor mir, und das macht mir auch Spaß. Bei einer Frau kann ja wirklich alles erotisch sein, alles. Vor einiger Zeit habe ich mal eine Frau in einem Geschäft gesehen, die hatte nur wunderbare Beine, mit Goldkettchen drum. Sonst war nichts Besonderes an der. Eigentlich bin ich gar nicht für Schmuck, aber da stimmte alles, sogar der Schuh, und da geht mein fotografisches Gedächtnis wieder in Tätigkeit. Da sage ich mir: »Das ist es!« Ich fotografiere ja gern.

Ich werde auch nie vergessen, wie mitten im Weihnachtsgeschäft in einem Schokoladenladen eine Hand durch ein Regal langte. Also, die Hand stimmte einfach. Das sind so Momente, wo ich mich angezogen fühle. Vielleicht ist auch ein Ohr der Auslöser, mit einem Ohrring. Wo das eben Klick macht und wo ich am liebsten hinterherlaufen möchte, aber aus Vernunftgründen sage: »Was soll's!«

Na ja, ansprechen würde ich so eine Frau vielleicht. Der Wunsch ist ja immer wieder in Ansätzen da, auch zu Hause natürlich, aber da bleibt es meist beim Versuch, weil die Partnerin nicht experimentierfreudig ist, da bleibt der Wunsch dann auf der Strecke, obwohl man von anderen hört, dass es auch in unserem Alter ohne weiteres flott weitergehen kann. Aber momentan begebe ich mich auf diese Warteposition und beschränke mich auf das Wenige.

Ja, ich warte noch, aber da muss ich gleich sagen, wenn es zu heftig wäre, würde ich sofort abschotten. Also, ich möchte in gewisser Weise schon der Bestimmer sein. Obwohl ich weiß, dass letztlich die Frauen bestimmen, wer zum Zug kommt, was gemacht wird und wie. Die Frau ist ja immer die Siegerin, aber wenn man mir zu sehr entgegenkommt, kann ich nicht. Dann müsste es schon wirklich was Besonderes sein. Ich hätte es schon einige Male haben können, aber ich bin da zu wählerisch.

In dem Moment denke ich auch an meine Frau und sage: »Die hat das nicht verdient.« Auf der anderen Seite sage ich aber auch wieder: »Warum eigentlich nicht?« Es hängt von der Situation ab und man muss sich schon gut kennen.

Mit einer Anhalterin, die ich früher oft mitgenommen habe, wäre das nicht gegangen. Scherzen ja, bis sonstwohin. Auch genießen, wenn die den Pulli ausgezogen haben, weil der BH weg musste. Das habe ich alles erlebt und da auch gedacht: Was will die jetzt von dir? Das war schon fast zuviel, da fühlte ich mich überfahren. Genießen total, das ja, dass es mich wegdreht, innerlich, dass ich da Tage später noch dran denke, immer. Aber mehr auf keinen Fall.

Noch zu tiefen DDR-Zeiten kam mir mal eine Blonde entgegen. Ich habe mich damals gar nicht für Blonde interessiert, die waren nicht relevant. Aber bei der hat es gekribbelt im Vorbeigehen, ich habe mich umgedreht, und im selben Moment hat sie sich umgedreht. Da haben wir uns angelacht. Die Frau werde ich nie vergessen. Da hätte man Kontakt knüpfen können. Ich war ja nicht maulfaul.

Aber das wäre einfach zu kurz gewesen. Da fehlte eben dieser geistige Vorlauf, den ich irgendwie brauche. Es muss eine Person sein, zu der ich eine Beziehung habe. Da sage ich immer: »Ich habe zu viel weibliche Hormone.« Die Frauen bauen ja doch geistig anders auf als die Männer. Ich bin da mehr wie sie.

Es ginge nicht mit einer völlig Fremden, also ein One-Night-Stand oder so was. Und dann war für mich auch immer eines ganz wichtig: Ich wollte nicht aus so einer flüchtigen Begegnung ungewollt Vater werden. Nicht mal wegen der Alimente in erster Linie, ich wollte einfach nicht, dass mein Kind fern von mir aufwächst, ohne dass ich Vater sein kann. Das wollte ich immer vermeiden.

Aber mit einer Frau, mit der mich Sympathie verbindet, wäre die Gefahr absolut größer. Denn ich habe irgendwo auch mal gelesen, dass Fremdgehen gar nicht so fremd läuft. Es wird eigentlich doch mehr im Bekanntenkreis arrangiert. Das ist auch mir schon passiert. Es ist ja nicht so, dass nichts gewesen wäre. Da würde ich mich heute auch ärgern, wenn ich es verpasst hätte.

Und das war toll, auch durch den Neuigkeitsgrad. Aber es war doch nie so, dass ich auch nur den Bruchteil einer Sekunde gedacht habe: Die Frau ist es jetzt! Denn das stand für mich fest: So eine Frau wie meine Frau kriege ich nicht wieder. Sex ist eigentlich der einzige Punkt, wo wir uns nicht verstehen. Ich habe auch gelesen, dass man sich ohnehin nicht mit seinem Top-Sexualpartner zusammentun soll. Aber kosten würde ich schon mal, wenn die Gelegenheit wäre.

Ja, mit dem Kosten kommt der Appetit, da müsste ich mich also zurücknehmen, denn wenn man erst richtig verknallt ist, dann ist es vorbei. Dann geht zu Hause gar nichts mehr – im Gegenteil. Andererseits gilt ja, wenn es woanders klappt, dann klappt es auf einmal zu Hause auch wieder besser. Ich weiß nicht, wieso und was nun wirklich stimmt. Aber manchmal sage ich zu meiner Frau: »Weißt du was, uns fehlt eigentlich nur die Situation wie früher im Freundeskreis, als man wenigstens noch kreuzweise geknutscht hat.«

Ich wundere mich heute, dass meine Frau das damals alles so mitgemacht hat. Aber da war auch mal einer dabei, der ihr gefallen hat. Und manchmal nehme ich an, dass sie mal mit einem Arbeitskollegen was gehabt hat. Ich rede es ihr immer wieder ein, und sie glaubt es vielleicht auch langsam. Könnte ja so gewesen sein. Sie hat auch mal gesagt: »Was denkst du, wie wir geknutscht haben.« Da wollte sie mich so richtig reizen. Heute möchte ich gern mal wissen, ob da mehr gewesen ist. Ich würde es nicht mal übel nehmen, ich war ja auch nicht brav. Und wenn man dann Konkurrenz sieht, ist man selbst wieder besser drauf. Da wirkt vielleicht noch so ein Platzhirschgesetz, das auch in der zivilisierten Natur nicht nachgelassen hat.

Ja, solche äußeren Faktoren wirken bei mir. Deswegen gehe ich eigentlich auch nicht in die Sauna. Die Wärme dort und die Umgebung, da kann ich für nichts garantieren. Sauna ist für mich schon was ganz Privates, Intimes. Wir sind natürlich schon mal drin gewesen, wenn wir in einem Hotel wohnten und außer uns keiner in der Sauna war. Aber mit anderen fühle ich mich überhaupt nicht wohl. Da brauchte ich dann wieder kontaktfreudige Menschen, wo man eine Beziehung aufbaut. Sonst schotte ich total ab.

Fremdgehen als Rezept gegen Langeweile in der Ehe? Ja, bis zu einem gewissen Maß schon. Denn was hilft es, wenn man einfach wegen zu wenig Sex auseinander rennt? Schon der Kinder wegen sollte man das nicht tun. Wenn die dann zu zwei Müttern und zwei Vätern gehen müssen, wie in diesen Patchwork-Familien, das ist doch sehr zerrissen.

Ich habe mir auch gewünscht, dass mein Sohn mal ein Mädel aus einer vollständigen Familie bekommt, aber ihre Eltern wurden geschieden, als die Schwiegertochter noch klein war. Sie hängt sehr am Vater und nun besuchen sie beide Elternteile. Gerade zu Weihnachten ist das immer sehr zerrissen, da kommen nun schon alle bei uns zusammen. Ich meine, an so etwas muss man denken, wenn man über Fremdgehen spricht.

Man sollte es auf jeden Fall für sich behalten, wenn man es tut. Aber da sind nicht nur Männer schwatzhaft, auch Frauen. Wir haben natürlich unter Kollegen darüber gesprochen, aber es blieb immer irgendwie im sauberen Rahmen. Ich meide diese Kreise, wo man in dieser gewissen Weise über die »Alte« spricht, die sich schweinisch benommen hat oder so etwas. Ich mag es überhaupt nicht, wenn man so etwas zotenhaft zerredet und sich damit großtut. Das ist nicht mein Stil.

Außerdem ist man immer in Gefahr, wenn man darüber zuviel redet. Man verliert nicht nur die Frau, sondern auch die Freundschaften. Wenn ein Paar auseinander geht, gehen auch Freundschaften auseinander. Da hätte ich regelrecht Panik. Das ist es dann auch nicht wert. Obwohl die Versuchung da ist, also auch geistig, aber am Ende schiebt sich immer ein Riegel davor.

Sicher fehlt mir andererseits die Sexualität zu meinem Wohlbefinden. Ich schlafe sonst besser, ich bin besser drauf. Aber ich habe so ein sonniges Gemüt, da geht das vielleicht auch ein wenig unter. Na ja, dieses Hochgefühl, wenn man frisch verliebt ist, das könnte schon öfter kommen. Schmetterlinge im Bauch, nicht wahr? Aber es ist eben auch immer heikel, sich darauf einzulassen, gerade in meinem Alter. Man kommt schnell rein, aber sehr schwer wieder heraus.

Obwohl ich auf der Arbeit schon gern für eine erotische Atmosphäre sorge, weil ich immer was auf der Lippe habe. Und dafür werde ich auch geschätzt, weil ich ein gewisses Niveau halte. Gut, wer streng katholisch ist, würde nicht lachen, der würde mich eher verfluchen. Aber hier bei uns verstehen die Leute das. Im Westen habe ich es schon erlebt, dass da sofort die Nase gerümpft wurde. Das ist wahrscheinlich doch noch dieses Ost-West-Gefälle, auch wenn das viele nicht wahrhaben möchten. Bei uns wurde auch früher wesentlich lockerer mit Sachen wie Erotik und Sex umgegangen.

Nehmen Sie mal den FKK-Strand. Sobald der Westen rüberkam, wurde dort alles eingeengt. Ich war voriges Jahr wieder mal an der Ostsee, und da muss ich sagen, es ist beängstigend. Mich stört dieser ganze Mischmasch. Entweder Textil oder FKK. Heute kann dort jeder machen, was er will. Und da kommen die Gucker, die wurden ja früher regelrecht von den FKK-Freunden vertrieben. Das ist eben das Voyeuristische, was wahrscheinlich aus dem Westen rübergeschwappt ist.

FKK war für uns früher nicht erotisch. Man hat natürlich gerne mal geguckt, aber ganz ohne Hülle fehlt mir sowieso das Fleckchen, das irgendwie noch die Neugier weckt. Und dann muss man ja wirklich sagen, dass da nicht immer bloß Frauen und Männer herumlaufen, die toll aussehen. Das sind eigentlich nur sehr wenige. Und vielleicht hört das auch schon mit einem bestimmten Alter auf, schön zu sein, so dass man noch hinsehen möchte.

Ich habe unlängst eine Fotoausstellung gesehen, wo nur alte Menschen gezeigt wurden. Das fand ich grausam, das sollte man lieber nicht zeigen, das ist sexuell tötend. Irgendwann ist es eben vorbei, wenn Muskeln gar zu sehr hängen und zuviel Falten da sind. Gerade die Po-Partie und die Beine, da sieht man schon, wer sein Leben lang Sport gemacht hat und wer nicht. Wo noch eine bestimmte Straffheit da ist, kann man es auch mit sechzig und vielleicht sogar mit siebzig hinnehmen. Aber das sind Ausnahmen.

Wahrscheinlich ist in der Regel schon in meinem Alter Schluss. Knapp darüber geht vielleicht auch noch, aber das ist eine ganz straffe Grenze bei mir. Danach hört es einfach auf, schön zu sein. Wobei ich auch eine Grenze nach unten habe, also bis wohin ich erotisch noch was versuchen würde. Auf jeden Fall dürfte so ein Mädel nicht unter achtzehn sein, egal wie gut sie aussieht. Ja, man macht Komplimente und man macht seinen Spaß, aber man fragt sich doch auch: »Wie wird mit der eigenen Tochter umgegangen?« Mit der soll doch auch anständig umgegangen werden.

Ja, ich kann natürlich meine Klappe nicht halten, wenn jemand was Tolles anhat, dann muss ich das sagen. Das ist eben manchem nicht so gegeben. Oder wenn eine Frau einen besonderen Duft drauf hat, da sage ich schon mal: »Oho, was ist denn heute los? Kommst du von zu Hause oder woher?«

Einmal kam eine Kollegin, eine etwas kräftige Kollegin, mit einem ziemlich kurzen Rock zur Arbeit. Da hat es also richtig bei mir im Hals gekribbelt, das war ganz toll. Das habe ich ihr auch gesagt. Wir lachen manchmal jetzt noch drüber. Das kann ich aber nur bei einer Person machen, die ich gut leiden kann. Also einer vollkommen Fremden auf der Straße könnte ich nicht sagen: »Oh, Sie sehen aber toll aus!« Selbst auf Dienstreisen, wo es solche Möglichkeiten schon gegeben hat, ging das nicht.

Ich habe mal vor vielen Jahren eine Weiterbildung gemacht, da waren meine Kinder noch klein. Und die Lehrerin hat sich mit ihrem kurzen Rock immer speziell vor meinen Platz auf eine Bank gesetzt. Das war furchtbar. Ich würde heute noch mit der darüber sprechen wollen und dann mal sehen, was daraus wird. Damals war das also die totale Blockade bei mir.

Die hat auch geduftet, sicher. Auf bestimmte Düfte springe ich schon an. Schwere Parfüms vertrage ich aber nicht und bei Cremes ist dann ganz Ebbe. Aber es sollten auch nicht zu intensive Körperdüfte sein. Da kann ich Napoleon überhaupt nicht verstehen, der seiner Frau vorab schrieb, er komme und sie solle sich nicht mehr waschen. So etwas ist mir vollkommen fremd. Ich sage immer: »Zehn Minuten nach dem Waschen, das ist mir das Liebste.« Nicht vorher und nicht sofort nach dem Waschen, so etwa.

Ich gehe deshalb auch nicht gern ins Schwimmbad, wegen des Schweißgeruchs in den Kabinen und so. Dann ist es gleich aus bei mir, dann brauche ich auch kein Wasser mehr. Früher habe ich Sport in der Halle nie mitgemacht und immer eine Fünf gekriegt. Die habe ich dann durch Einsen in der Leichtathletik draußen wieder wettgemacht. Umkleidekabinen und darin verschwitzte Sachen, dann ist bei mir bis heute der Tag gelaufen.

Ja, vielleicht spielt Angst vor körperlicher Nähe mit. Ich wurde ja auch so erzogen. Als ich etwa acht Jahre alt war und sie fünf, da wurden meine Schwester und ich beim Baden schon auseinander gesperrt. So war das bei uns. Dann gibt es auch noch weiter zurückgehende Erinnerungen. Als meine Schwester gestillt wurde, da erinnere ich mich dunkel, wie meine Eltern miteinander ins Bett wollten und daraus ein großes Problem machten – meinetwegen. Denn ich wollte nicht allein bei meiner Schwester bleiben, ich wollte mit ins Bett.

Erst als ich schon über vierzig war, sind mir viele von diesen Dingen wieder eingefallen. Ich weiß auch nicht, wie das arbeitet. Ich würde dem schon gern mal in einem Gespräch mit einem Psychologen auf den Grund gehen. Eine andere Situation war die, dass Vater wieder mit Mutter etwas vorhatte, und da waren Wildtauben, vor denen ich Angst hatte und wieder nicht allein bleiben wollte. Später habe ich das ja von der anderen Seite kennen gelernt, da hat man ja auch gesagt: »Na, Kinder, geht mal planschen.«

Wobei ich meine Eltern nie in erotischen Situationen erwischt habe. In der Familie meiner Frau war das noch härter. Bei ihr auf dem Lande lief gar nichts. Ich hatte allerdings Kindermädchen und das war schon interessant. Die Mädchen waren meist gerade aus der Schule gekommen, damals also vierzehn oder fünfzehn. Und das eine Kindermädchen hat es sich vor mir selbst besorgt. Die hat gesagt: »Setz dich hin und guck mal, was ich hier mache.«

Den einen Satz von mir werde ich nicht vergessen, obwohl ich da erst drei oder vier Jahre alt gewesen sein kann. Sie hatte meine Hand genommen und gesagt: »Du darfst mal anfassen.« Und ich sagte: »I, du bist ja nass.« Aber auch daran kam die Erinnerung erst so mit vierzig zurück. Die Frau kann ich heute noch in meinem Heimatdorf sehen. Also, ich könnte sie darauf ansprechen, die würde wahrscheinlich tot umfallen vor Schreck.

Dieses Kindermädel musste dann übrigens vorzeitig gehen. Ich wurde irgendwann von der Mutter gewaschen, habe dabei auf mein Geschlechtsteil gezeigt und gesagt: »Das ist der Sack.« Da hieß es gleich: »Wo hast du das denn her?« Ich habe herumgedruckst, aber die Eltern verstehen ja entsprechend zu bohren.

Da musste sie also gehen, obwohl ich das mit den nassen Haaren zwischen ihren Beinen gar nicht gesagt hatte. Das war übrigens auch so ein Fall, wo sich mir der Geruch eingeprägt hat. Ich muss jedenfalls sagen, dass ich keinen Schaden davon genommen habe.

Wir sind mit unseren Kindern natürlich ganz anders umgegangen, weil ich immer gesagt habe: »Meine Kinder sollen das mal alles haben, was ich nicht hatte.« Auch einen Vater, der sich mit ihnen beschäftigt. Selbst ein Neffe hat mir später gesagt, ich hätte mehr mit ihm gespielt als seine Eltern. Ich wurde richtig munter, wenn ich mit ihnen draußen war. Ich habe noch mit vierzig herumgetollt. Manchmal habe ich mich schon gefragt, ob das noch altersgerecht ist, und mir auch überlegt, dass mein Schwiegervater damals ungefähr mein Alter war, als wir Jugendliche gewesen sind. Aber der wäre nie so herumgesprungen. »Dazu haben wir Arbeit«, hat der immer gesagt, »Energie können wir anders verpulvern.« Aber ich habe mit den Kindern viel unternommen. Die Aufklärung hat vorwiegend meine Frau in der Hand gehabt, aber ich hatte mir auch vorgenommen, wenn meine Kinder das Alter haben, sollte es anders sein als bei mir. Aber dann kam die Wende, und man hatte auf einmal keine Zeit mehr. Das tut mir heute sehr Leid. 1990 waren wir noch mal im Betriebsheim an der Ostsee, und da zog der Junge die Hose nicht mehr aus. Da waren ein paar Haare gewachsen und das war ihm peinlich. Die Tochter ist noch nackt herumgelaufen und wir waren am FKK-Strand. Wir sind dann rüber nach Dänemark gefahren, und da hingen in den Lebensmittelläden diese Hefte, die man gerne gekauft hätte. Aber ich habe nie Geld für so etwas ausgegeben, schon gar nicht das neue Westgeld. Leider habe ich mit dem Jungen damals nicht locker genug über sein Problem gesprochen.

Ja, durch Erotikgeschäfte bin ich dann öfters spazieren gegangen, aber ich habe nichts gekauft. Ich hatte auch ein paar Mal gelesen, dass vieles dort nur für den gut ist, der es herstellt. Mag ja sein, dass manches wirklich hilfreich wäre, aber ich stehe eben mehr auf Natur. Meine Frau käme in solche Läden gar nicht mit. Es ihr mitbringen? (Lacht) Die würde sagen: »Bist wohl toll geworden?« Das ist bei ihr noch diese Blockade von früher.

Selbstbefriedigung fing bei mir mit der Armee an, weil man sonst explodiert wäre. Und je schlimmer die Situation unter der Gasmaske war, desto härter war die Lage in der Hose. Ich war da nicht totzukriegen. Heute spielt das für mich eine absolut untergeordnete Rolle. Gut, ganz ohne ginge es wahrscheinlich nicht, weil einfach zu wenig in der Ehe passiert.

Früher habe ich immer gesagt: »Wenn das mal nicht mehr ist, will ich auch nicht mehr leben.« Aber dann müsste ich ja jetzt schon nicht mehr leben, und das wäre doch schade drum. Dafür bin ich noch viel zu jung, sage ich mal. Aber es sollte mit Sex schon noch eine Weile gehen, eigentlich. Und wenn es zu Hause gar nicht mehr klappt, dann könnte ich mir schon vorstellen, dass man mal jemanden kommen lässt. Angebote gibt es ja genug in der Zeitung. Was das kostet, weiß ich aber nicht, ich habe mich noch nie dafür interessiert.

Aber schwierig wäre das andererseits auch. Mich piept's schon an, wenn man gleich Du zu mir sagt. Denn ein Kollege hatte mir erzählt: »Wenn du anrufst, sprechen sie dich gleich mit Du an.« Dabei kennen die einen doch gar nicht. Sie und das Höfliche, das muss sein, sonst fällt gleich das Niveau.

Im Fernsehen habe ich mal einen Bericht über ein Bordell in Österreich gesehen. Es steht irgendwie abseits und der Hausherr schmeißt mit seiner Frau den ganzen Laden. Die Frauen gehen dort ganz freiwillig ihrer Sache nach und nicht mit dem Stress, heute müssen fünf Männer ran oder so etwas. Manche kommen da auch nur hin, um sich zu unterhalten, und zahlen natürlich trotzdem was. Auf so einem Niveau könnte ich mir das vorstellen.

Na ja, zu Hause ist es eben in dem Punkt sehr ruhig. Ich sage mal, jede Nummer, gut, nicht jede, aber viele sind auch früher erst mal ein Kampf gewesen. Ganz ohne zu kämpfen wäre es ja vielleicht auch zu leicht. Außerdem haben die Kinder lange bei uns geschlafen, das war natürlich auch eine Bremse. Die Betten waren ebenfalls nicht die ruhigsten, das waren nicht die besten Bedingungen.

Ich schimpfe außerdem viel auf das Fernsehen. Fernsehen tötet das Familienleben und tötet vielleicht auch Sex. Ich lese mehr Zeitung, ich kann mich da festsaugen. Das visuelle Bild, das viele Jugendliche heute aufnehmen, ist doch tödlich, weil das Denken und die Phantasie nicht mehr angeregt werden. Ein Gespräch kommt nicht mehr zustande. Auch wenn mancher Film vielleicht ganz gut ist. Man sollte die Kiste wegschließen, sie macht müde, man geht später ins Bett und das tötet auch Lust.

Da schimpfe ich manchmal auf die Wessis, die uns vorschreiben, erst um acht anzufangen. Ich habe für mich den früheren Arbeitsbeginn gerettet, ich will schließlich noch einen Nachmittag haben. Wer ein Geschäft hat, kann das nicht, aber ansonsten sollte man zeitig anfangen, damit man nach fünfzehn Uhr noch etwas unternehmen kann.

Ich höre um drei auf, wenn ich keine Überstunden mache. Mir nützt es nichts, wenn ich um Fünf nach Hause komme – im Sommer nicht und schon gar nicht im Winter. Es ist dann schon fast Abend. Zu der Zeit kann man nur noch einen kurzen Bummel machen. Gut, wer seine Arbeit als Hobby betreibt, den wird das nicht so belasten, aber es geht natürlich auch auf Kosten der Erotik. Man kann sie vielleicht am Arbeitsplatz suchen, ja, aber das ist auch so eine Sache. Ich sage unseren Lehrlingen immer: »Überlegt euch das mit einem Freund in der Firma. Wenn es mal auseinander geht, wird es schwierig.« Außerdem sind bei uns fast alle verheiratet. Gut, das müsste jetzt kein Hindernis sein, aber ich bin denen wohl zu alt. Obwohl es natürlich auch von der eigenen Attraktivität abhängt. Ich habe noch ein gutes Gewicht und werde eigentlich immer jünger geschätzt.

Vielleicht könnte ich bei einem Kaffee was anspinnen. Aber ich trinke keinen Kaffee, ich rauche auch nicht. Da finden aber viele schon den Faden – beim Rauchen und beim Kaffeetrinken. Ich müsste andere Wege suchen. Sport scheidet ja auch aus, interessiert mich nicht. Meinetwegen könnten die Zeitungen ohne Sportseite erscheinen. Ich wandere zwar viel und gern, aber Gelegenheiten ergeben sich dabei nicht. Kurz gesagt, es fehlen einfach die Anlässe, um etwas anzuspinnen, und die Laster für die Anlässe.

Aber ich hätte auch immer die Hemmung, weil ich nicht in bestehende Familien eindringen will. Hier spielt sicher mein Alter eine Rolle. Die meisten Frauen bei uns im Büro sind für eine Beziehung zu jung und sie haben ganz andere Interessen. Die ziehen auch noch kleine Kinder auf. Das ist ja jetzt wie im Westen, man fängt später an und widmet sich der Familie. Nein, da möchte ich dann auch nichts kaputtmachen.

Eine andere Kollegin, die das Problem nicht mehr hat, wäre mir wieder zu damenhaft. Ich bin da mehr der sportliche Typ, locker, wissen Sie. Also, die erotische Atmosphäre ist bei uns schon da, aber eben eher verbal, da stößt man schnell an eine Grenze. Bis zu dem Punkt kann man gehen, und dann ist auch gleich Schluss. Mehr will ich dort eigentlich auch gar nicht, ehrlich gesagt.

Vielleicht fehlt irgendwie die Anregung von der Umwelt. Zwar sprechen wir im Freundeskreis auch mal ganz locker über Sex, die sind ja alle mehr oder weniger in meinem Alter. Das ist also, ich will mal sagen, kein Tabuthema. Klar redet man auch schon mal darüber, wenn ein älterer Mann sich noch eine junge Frau nimmt, aber nicht, dass man es anstößig findet. Es geht höchstens darum, dass der Unterschied im Alter vielleicht ein wenig zu groß ist.

Tja, was ist zu groß? Irgendwie wird es albern, wenn sich ein Siebzigjähriger mit einer Achtundzwanzigjährigen zusammentut. Im Fernsehen berichten sie ja oft genug davon, ich kenne diese Prominenten auch vom Sehen. Und in solchen Fällen sagt man sich doch ganz klar: »Die hat natürlich mal ein schönes Konto, wenn sie ihn aushält und überlebt, es kann schließlich auch ein Unfall dazwischen kommen, aber mit Liebe hat das kaum was zu tun. Es geht nicht um Sex, sondern um Geld.«

Denkbar wäre natürlich noch, dass so ein Mädchen einen Vatertyp sucht und sich deshalb an den alten Mann klammert. Junge Mädels sagen mir oft: »Die Jungs in unserem Alter sind uns viel zu albern.« Natürlich sind Neunzehnjährige manchmal noch zu albern und sie haben auch noch nicht viel zu bieten. Da guckt ein Mädel schon mal zu Älteren. Aber ein Fünfundzwanzigjähriger kann ihr ja auch schon einiges mehr bieten, der hat vielleicht schon einen Beruf und auch ein eigenes Auto. Das muss also kein ganz Alter sein.

Bei einem Älteren finden die jungen Frauen sicher mehr Zärtlichkeit. Ja, das kann ein Motiv sein. Ich bin selber auch sehr dafür. Ich kann davon nicht genug kriegen, auch wenn ich als zupackender Typ auf den ersten Blick nicht den Eindruck mache. Ich möchte auch jede Menge Zärtlichkeit schenken, aber wenn die Partnerin dann immer abblockt und fragt: »Was willst du denn schon wieder?«, da weiß man nicht, wohin mit den Wünschen. In solchen Momenten drängt es einen schon mal zu sagen: »Ich möchte auch mal das und mal jenes.« Es ist ja nicht wahr, dass Männer immer Sex meinen, wenn von Zärtlichkeit die Rede ist. Ich jedenfalls nicht.

Ich finde es einfach auch schön, miteinander irgendwo zu liegen oder bloß mal die Rücken aneinander zu reiben. Aber wenn selbst das nicht mehr funktioniert, weil immer gleich mehr vermutet wird, dann ist es schon schlimm. Ich habe zu meiner Frau gesagt: »Ich schleife dich irgendwann zu einer Eheberatung!«

Ich habe da neulich ein Inserat gelesen, in dem Beratung angeboten wurde. Aber dann sage ich ihr auch: »Na, was werden die dir sagen? Du kriegst doch nur Minuspunkte und ich werde glänzen.« (Lacht) Weil ich so viel Energie daransetze, dass es doch noch zwischen uns klappt.

Ich sage mal, dass ich allein für die vielen Versuche um ein Gespräch Pluspunkte kriegen müsste. Ich mache da immer wieder einen Anlauf. Und sie sagt dann eigentlich schon, bevor es richtig losgeht, dass sie dies nicht will und das nicht will. Sie ist eben ganz anders als ich. Das mag damit zusammenhängen, wie man als Kind behandelt wurde. Sie hat es ziemlich rau erlebt, und ich bin eigentlich zu verzärtelt aufgezogen worden. Noch mit zwölf durfte ich mit meinen weißen Kniestrümpfen nicht mit den anderen Jungen draußen Fußball spielen.

Kann auch sein, dass mich das erotisch beeinflusst hat. Ich bin eher zurückhaltend, lockeres Mundwerk, aber kein Draufgänger. Ich sagte ja schon, dass ich im Grunde der Bestimmer sein will. Das galt und gilt eigentlich auch im Beruflichen. Ich bin dort nicht wirklich an der Spitze, aber doch mit an der Spitze. Wenn ich merke, dass es irgendwo im Kollektiv klemmt, dann drücke ich schon. Das ist in meiner Freizeit auch so. Da arbeite ich auch in einem Vorstand mit, obwohl ich andererseits niemals vorn stehen möchte, also ganz vorn.

Und so ist das erotisch auch. Ich fühle mich schnell überfahren, wenn zu viel auf mich zukommt. Wenn die Frau aktiv ist, kann ich das schon mal freudig genießen, das habe ich schon mal so erlebt. Aber lange habe ich es nicht ausgehalten, da war bald wieder Ebbe.

Warum? Ich kann es auch nicht so richtig erklären. Wahrscheinlich, weil ich es einfach nicht gewöhnt bin. Es gibt ja so viele Sexpraktiken, die wir ganz bestimmt noch nicht probiert haben und wo Jugendliche heute wohl schon wesentlich weiter sind als wir. Auch durch Literatur, durch wirklich gute Literatur. Ich würde es schon gern ausprobieren, aber irgendwann bin ich auch an meiner Grenze.

Sicher stellt man sich dann die Frage, was man eigentlich falsch gemacht hat. Aber hat man überhaupt etwas falsch gemacht? Ich finde, wirklich falsch hat man es nur gemacht, wenn es beiden wehtut.

Ja, sicher, das ist nun mal so, dass wir keinen häufigen Sex mehr haben, also sehr wenig. Aber was da nun regelrecht falsch gelaufen ist, darauf hätte ich auch keine Antwort parat.

Für die Familie ist jedenfalls nichts falsch gelaufen. Sie merken schon, ich schiebe die Familie vor. Um richtig positiv zu sein, richtig gut drauf, da hätte es erotisch auf jeden Fall wesentlich mehr sein können. Man fühlt sich dann einfach besser, das ist mir schon klar. Es hat schließlich mal Zeiten gegeben, da war ich sehr gut drauf. Ich will jetzt nicht angeben, aber da habe ich wirklich meinen Mann gestanden.

Wie es mir heute geht? Soll ich sagen, schlecht? Mir geht es eigentlich gut, ich habe immerhin Arbeit. Aber Sie haben schon Recht, in dem einen Punkt könnte mehr sein. Sex fehlt absolut, und das macht mich ja auch unzufrieden. Doch, das gebe ich zu. Das sage ich übrigens auch meiner Frau. Ich bin zu Hause genauso ehrlich, wie jetzt hier. Ich habe gesagt, dass ich es öfter haben will, nicht bloß ab und zu.

Oder wenn man wenigstens wieder nur so im Freundeskreis zusammen wäre, wo dann wieder etwas in der Luft schwingt. Ja, das wäre schon ein gewisser Ausgleich, also dass man Spaß miteinander hat, dass da vielleicht mal wieder eine Berührung ist oder was weiß ich. Wo man sich auch mal enger zueinander setzt. Verstehen Sie?

Ob das nun zu mehr führen würde, das lasse ich jetzt mal dahingestellt. Es ist einfach die erotische Atmosphäre, die man braucht. Auf der Arbeit bleibe ich ja auch am liebsten bei gewissen Kolleginnen hängen, weil die mir besonders sympathisch sind. Da wird mal ein Spaß gemacht, und wenn die ein paar Tage nicht da sind, dann fehlen sie mir.

Ja, mit fünfundfünfzig ist man mit Gottes Hilfe vielleicht doch noch eine Weile in der Landschaft unterwegs. Vielleicht passiert noch was. Und natürlich ist da schon die Frage: »Hast du nicht was verpasst?« Da kann ich jetzt schon antworten: »Ja, ich habe einiges verpasst.« Wenn ich mir so überlege, was andere in meinem Alter schon durchhaben.

Das sagt meine Frau übrigens auch immer. Die sieht ja, wie ihre Kolleginnen oder Freundinnen, die geschieden sind, halbjährlich die Partner wechseln, immer auf der Suche nach einem Festen. Da kommt einem schon mal der Gedanke: Die hat so viel Erfahrungen, wenn du davon nur die Hälfte hättest, wäre das auch nicht schlecht.

Ich würde es meiner Frau ja wünschen, dass da mal einer wäre, der ein bisschen ackert, wo man sich dann selbst auch mehr Mühe geben würde. Sie wissen schon, das Platzhirschgesetz. Ein anderer Mann irgendwie, ich denke, das wäre für mich schon ein Ansporn. Ich weiß jetzt nicht gleich, in welche Richtung eigentlich. Schmuck würde ich ihr sicher keinen kaufen, weil ich nicht viel davon halte, und die Hauswirtschaft mache ich auch schon. Aber man würde vielleicht irgendwas anderes aus sich herausholen, wenn da diese Konkurrenz wäre.

Ich will mal sagen, wenn ich mich so mit anderen vergleiche, auch auf der Arbeit, da finde ich mich sehr dynamisch. Ich habe so einen Zug in mir, ich gebe mich nicht zufrieden mit dem schnell Erreichbaren. Ich sage mir immer, es ist noch etwas Besseres drin. So wie früher, wenn ich meinen Trabbi aufgemotzt habe und die anderen gesagt haben: »Du machst ja doch kein Westauto daraus.« War es auch nicht, aber jeder, der mitgefahren ist, hat gesagt: »Was hast du denn für eine Maschine?« Die hörte man nicht groß. Das war ein Brummen, nicht dieses übliche blecherne Klappern.

Also, ich setze mir wirklich immer hohe Ziele, und das gilt auch für den erotischen Bereich. Ich würde beispielsweise auf keine Frau ansprechen, die mich optisch nicht reizt. Das ginge nicht und das macht die Sache natürlich schwerer.

Wie lebt man nun die erotischen Wünsche aus, die ja noch da sind? Jetzt verrate ich schon wieder zuviel, ich habe ja ohnehin schon viel zu viel gesagt. Also gut, ich hatte ja erwähnt, dass ich fotografiere. Ich fotografiere gern Akte mit jungen Mädchen, aber das Ziel besteht nicht darin, an diese Mädchen heranzukommen.

Mein Vorbild sind Aktfotos, wie man sie früher im *Magazin* und in einigen anderen DDR-Publikationen hatte. Diese Kunst zu fotografieren ist für mich eine klassische, weitab von dem, was heute so üblicherweise gemacht wird. Obwohl ich zugebe, dass man damals ohne weiteres noch eine Kante mehr hätte geben können.

Ja, ja, erotische Fotografie. Obwohl die Mädels das oft noch gar nicht begreifen, die sind noch zu jung dafür. Um das gleich zu sagen, ich würde die nie zu etwas zwingen, was sie nicht selbst wollen. Ich habe immer gefragt: »Können wir mal ein paar Fotos machen? So und so hätte ich es gerne.« Und da sind schöne Sachen entstanden. Teilweise kommt jetzt auch schon der Dank zurück. Manche hat mir gesagt: »Gut, dass wir das damals gemacht haben. Jetzt habe ich keine so gute Figur mehr und dafür diese Erinnerung.«

Ich habe da auch schon mit meiner Frau drüber gesprochen. Und ich will ganz ehrlich sein, in gewisser Hinsicht sind diese Fotos für mich natürlich auch ein Ventil. Aber ich habe jetzt nicht irgendwie das Verlangen, jemanden zu vernaschen. Ich möchte einfach gut daran arbeiten, ich möchte brillante Fotos machen, so brillant, dass man irgendwann damit eine richtige Ausstellung machen kann. Das wäre das Ziel, ja, und das steht eindeutig über dem Wunsch, vielleicht mit den Frauen Sex zu haben.

Ich habe da, ehrlich gesagt, auch noch nie praktisch drüber nachgedacht, weil die gegenseitige Achtung einfach zu groß ist. Dass ich da mal eine Berührung versucht hätte, die nicht technisch bedingt war, weil also der Körper nur ein bisschen verändert werden musste fürs Fotografieren, nee, das hat es nie gegeben. Deswegen habe ich wohl auch so viel Zuspruch. Da hat manche später auch mal ihre Freundin mitgebracht und die wieder ihre Freundin. Ich gelte als absolut verlässlich. Und das ist ein gutes Gefühl.

MIR TRAUT KEINER ZU,
DASS SO EIN FEUER IN MIR BRENNT

Ulrike, 67

Ich habe fast mein ganzes Leben lang mit niemandem über meine sexuellen Probleme sprechen können, bis ich vor ein paar Jahren bei so einem Frauenkurs mitgemacht habe. Da konnte ich mich zum ersten Mal öffnen. Wobei die anderen Frauen auch erstaunt waren – die sind fast alle so Anfang vierzig –, dass ich mich in meinem Alter noch mit Sex und Erotik beschäftige.

Wobei man eigentlich, um meine Probleme verstehen zu können, beinahe zum Urschleim zurückgehen müsste. Ich bin wirklich sehr zurückhaltend aufgewachsen. Sie hören ja, dass ich so ein bisschen einen Sprachfehler habe. Das ist deshalb, weil ich schwer höre. Durch einen angeborenen Hörfehler, der aber nie festgestellt wurde. Ich war dadurch als Kind immer ein bisschen in die Ecke geschoben. Meine Schwester war der Sonnenschein, das gewünschte Kind, ich kam dann so hinterher. Dadurch trat ich als Kind sozusagen gar nicht in Erscheinung, auch in der Schule nicht. In der Beziehung habe ich wirklich eine sehr schwierige Kindheit gehabt. Ich war auch nie selbstbewusst. Es ging bei mir eher so ein bisschen ins Aggressive, weil ich eben auch mal ein liebes Wort hören wollte.

Irgendwie ist dadurch vieles an mir vorbeigelaufen. Das merke ich auch bei Klassentreffen, da werden Dinge erzählt, von denen weiß ich gar nichts, weil ich sie nicht gehört habe. Sicher haben sich die Mädels um mich herum damals über Jungen unterhalten, meinetwegen auch über Menstruation und so, aber ich hatte nur zu einer richtig Kontakt und wir haben darüber nun gar nicht gesprochen. Ich war vielleicht auch nicht so neugierig. Ich glaube, dadurch habe ich in dieser Beziehung sehr viel verpasst.

Als ich dann meine Tage bekam, war übrigens mein Vater der Einzige, der sich mit mir darüber unterhielt, der mir mal sagte, dass ich also nun eine Frau geworden sei. Ich hatte zwar mit meiner Schwester auch in medizinischen Büchern gewühlt, aber die Informationen haben mich irgendwie nicht erreicht. Meine Mutter hat nur ein bisschen auf die lässige Art gesagt, dass ich mit keinem Mann, keinem Jungen zusammen sein darf. Also hatte ich am Ende sogar Angst vor dem ersten Kuss, da habe ich schon gedacht, dass ich davon schwanger werde.

Nein, meine Eltern habe ich eigentlich nie in erotischen Situationen erlebt. Das war vielleicht auch, weil sich mein Vater im Krieg befand. Wir haben zwar mit den Eltern in einem Zimmer geschlafen, aber er war lange im Felde, er kam ja erst 1948 zurück.

Die Angst vor dem ersten Kuss hat sich natürlich ausgewirkt. Ich wüsste nicht, dass ich in der Schule mal einen Jungen geküsst hätte. Ich habe zwar viel geschwärmt, aber ich war ja immer die Kleine, die Dumme, ich hörte ja nicht und trug auch noch eine Brille. Das hat mein Verhalten zu Jungen natürlich stark negativ beeinflusst.

Einmal hatte ich so eine Schulschwärmerei. Der Junge hat mir auch mal ein Briefchen geschrieben, das muss so in der achten Klasse gewesen sein. Und ich habe noch im Unterricht dieses Briefchen gelesen, was meine Klassenlehrerin mitbekommen hat. Sie hat mir den Brief weggenommen und ihn vor der Klasse verlesen.

Das war ein Erlebnis, das ich mein Leben lang nicht vergesse. Das hat mich so erschüttert! Ich weiß noch heute, dass ich da schreiend und heulend rausgerannt bin. Wie man als Klassenlehrerin einer Schülerin, die immer so am Rand steht, einen solchen Tiefschlag versetzen kann, das verstehe ich bis heute nicht. Ich weiß gar nicht mehr, was in dem Brief stand, aber ich weiß, dass mich die Sache sehr zurückgeworfen hat.

Wir hatten eigentlich auch nur einen einzigen Lehrer, der erkannte, was ich kann. Ich malte gern und auch ganz gut, und der hat das dann ein bisschen gefördert. Das war das einzige Fach, in das ich gern gegangen bin. Da hatte ja noch immer niemand mitbekommen, dass ich schlecht hörte. Dadurch war ich natürlich auch in Deutsch sehr schlecht. Im Diktat habe ich immer die ersten Laute nicht gehört. Ich konnte einfach nicht folgen, das war für mich sehr schlimm. In Sport, Mathematik und Geschichte war ich gut, aber insgesamt hatte ich immer ein ziemlich schlechtes Zeugnis. Also konnte ich nichts Kreatives lernen. Ich wurde in einem Metallberuf ausgebildet.

Meine Mutti war mit mir wegen meines Sprachfehlers auch mal beim Arzt. Ich nehme an, dass ich da ungefähr zwölf gewesen bin. Und der Arzt hat gesagt: »Ach, wissen Sie, wenn die mal einen Jungen kennen lernt, dann gibt sich das.« Der hat nicht mal festgestellt, dass der Sprachfehler Folge des fehlenden Gehörs war. Das hat meine Mutter beruhigt, was sollte sie auch sagen? Die hört eben ein bisschen spät, das war damals der einzige Kommentar. Als ein Arzt endlich die wirkliche Ursache rausfand, da war ich schon über vierzig und hatte drei Kinder.

Ja, klar, die drei Kinder muss man erst mal in die Welt setzen, man muss also irgendwann herausfinden, wie das geht. Mit siebzehn hatte ich dann auch meinen ersten richtigen Freund. Ich war aber schon ein Jahr vorher durch eine, ich will mal sagen, sehr unangenehme Sache entjungfert worden. Der Mann war ein paar Jahre älter als ich und den habe ich dann nie mehr wiedergesehen. Es passierte an einem Abend, als ich bei meiner Oma gewohnt habe. Die hat das dann mitgekriegt, wahrscheinlich hatte ich Blut im Bett. Da gab es natürlich Theater: »Ja, und wenn du nun schwanger bist«, diese ganze Litanei. Ich habe das sicherlich aus Neugier heraus getan. Irgendwie musste ich ja nun endlich mal wissen, wie es geht. (Lacht)

Gut, es ist ja sicher so, dass man meistens erst mal enttäuscht ist. Anders kann ich das heute eigentlich nicht bezeichnen. Man hatte etwas anderes erwartet. Mit Siebzehn hatte ich dann diesen richtigen guten Freund, aber mit dem hat es leider nur drei Jahre gedauert. Wir wollten eigentlich zusammenbleiben, es gab schon Verbindungen mit seinen Eltern und alles. Und zu dem muss ich noch sagen, dass er von einer älteren Dame geschult worden war, das hatte er mir erzählt. Der brachte mir dann praktisch das sexuelle Leben bei, und ich wurde davon auch nicht schwanger. Dabei war er zwei Jahre jünger als ich.

Im Nachhinein betrachtet war das eine sehr schöne Liebschaft. Dort habe ich Dinge gemacht, die ich später nicht wieder gemacht habe. Außerdem waren wir jung und neugierig, hatten auch noch nicht solche Hemmungen und haben alles ausprobiert.

Diese Beziehung ist dann nicht meinerseits abgebrochen worden, sondern seinerseits. Der hat dann eine andere Frau kennen gelernt. Danach hatte ich, sagen wir mal, kurze Freundschaften. Etwas Richtiges ergab sich aber nicht wieder, weil ich so einen starken Liebeskummer hatte. Also, ich brauchte Jahre, um darüber hinwegzukommen.

Unmittelbar danach hatte ich jemanden kennen gelernt, der mich sofort genommen hätte. Aber ich hatte eben Liebeskummer, und der Mann war von der Gestalt her auch völlig anders. Der Erste war Supermann und der Zweite sah nicht so gut aus. Der war zwar weitaus klüger, aber damals ist man eben doch auch ein bisschen nach dem Äußeren gegangen. Dieser zweite Mann konnte das nie verstehen. Wir hatten eine sehr gute geistige Harmonie, aber ich bin mit dem nie ins Bett gegangen.

Dann habe ich eigentlich auch erst einmal angefangen zu leben. Ich bin viel tanzen gegangen und bis heute eine leidenschaftliche Tänzerin. Früher bin ich auch ins Ballett gegangen, das hat mich wirklich erfüllt. Dann hatte ich auch angefangen, die Fahrschule zu machen, hatte mir ein Mofa gekauft, so ein kleines Moped, und wollte damit ein bisschen in die Welt hinaus. Na ja.

Aber dann bin ich erst mal zur Kur gefahren, weil ich schon damals, sagen wir mal, nervlich sehr angegriffen war. Ich war aktiv in der FDJ, habe viel Sport getrieben, gefochten und alles Mögliche, und das hat der Körper wahrscheinlich nicht verkraftet und ist erst mal zusammengebrochen. Bei diesem Kuraufenthalt war ich dreiundzwanzig und habe, wie man so sagt, den Mann meines Lebens getroffen. Wir haben auch am letzten Abend miteinander geschlafen, ein einziges Mal, und das war es auch gleich. Schwanger! Da war ich natürlich entsetzt. Von der ersten Liebe her hatte ich damit ja nun gar nicht gerechnet, aber mein neuer Freund hatte, wie ich dann feststellen musste, überhaupt keine Erfahrung.

Na ja, der war auch jünger als ich. Ich muss hier mal sagen, dass meine Bekanntschaften immer jünger waren. Ich bin wahrscheinlich ein sehr kindlicher Typ gewesen. Ich hätte sicher auch gern mal einen Graumelierten kennen gelernt, aber das gelang mir nie. Wenn ich tanzen war oder so, dann lernte ich jüngere Männer kennen. Mindestens zwei Jahre jünger waren die immer, und der war nun sogar drei Jahre jünger.

Meine Schwester, die studierte, hatte schon ein Kind, und weil sie in Berlin studierte, war das Kind nun bei meiner Mutter. Und ausgerechnet jetzt wurde ich auch schwanger! Ich hatte den Sprachfehler, trug eine Brille und hatte also Angst, dass ich mit einem Kind dazu gar keinen Mann mehr kriegen würde. Ich muss das wirklich so sagen. Ich war zwar in diesen Mann verliebt, sonst hätte ich mich auch nicht mit ihm eingelassen, aber geheiratet habe ich ihn dann wegen der Schwangerschaft.

Das war nun wieder der Fehler meines Lebens, aber man kann ja die Geschichte nicht zurückdrehen. Der Mann war zwar äußerlich sehr schön, er hatte auch Locken, was so ein bisschen mein Typ war. Ich hatte damals übrigens auch sehr lange Locken und war eigentlich auch hübsch. (Lacht) Der ist also zu mir nach Jena gekommen und war genauso entsetzt wie ich, als er das mit der Schwangerschaft hörte. Jedenfalls haben wir dann geheiratet, obwohl meine Eltern gesagt hatten: »Du, das Kind bekommen wir auch so groß, du musst nicht heiraten.« Gerade mein Vati hat da sehr zu mir gehalten.

Damals, in den Fünfzigern, gab es ja noch nicht die Möglichkeit, das Kind wegzumachen. Gut, versucht habe ich es trotzdem. Ich habe alle möglichen Tees getrunken, habe heiße Bäder genommen und bin vom Stuhl gesprungen, aber wenn man dreiundzwanzig ist, wartet der Körper eben. Mein Körper wollte das Kind haben.

Der Mann ist dann also auch zu mir nach Jena gezogen, aber die Hochzeitsreise ging ins Vogtland, wo er mit seiner Mutter auf einem Dorf lebte. Als ich dort in die Verhältnisse reinkam, da sind mir schon die Augen aufgegangen. Da habe ich mich an meinen Vati erinnert, der mal zu mir gesagt hatte: »Ja, Ulrike, auf die Fingernägel hast du ihm wohl nicht geschaut?« Nein, ich hatte ihm nur in die Augen gesehen. Seine Fingernägel waren nicht sauber. Dabei habe ich immer darauf geachtet, dass jemand adrett war und auch sauber. Aber in dem Alter konnte ich das noch nicht einschätzen, ich war ja jung und verliebt.

Um das sexuelle Leben mit meinem ersten Mann zu verstehen, muss man wirklich wissen, dass er bis dahin überhaupt keine Erfahrungen mit Frauen hatte. Eine einzige Freundin gab es wohl vor mir.

Es war ja nun nicht so, dass wir uns nicht geliebt hätten, aber das war immer eine sehr oberflächliche Sache. Es war so, wie soll ich sagen, drauf und weg, schnell fertig werden. Und er war sexuell sehr schnell erregbar. Er war von der Statur her auch ein gut gebauter Mann, deshalb hat mich der schnelle Sex am Anfang nicht so sehr gestört, aber heute weiß ich, dass es absolut nicht das Richtige für mich war.

Bevor dann unser zweites Kind geboren wurde, wollte ich mich auch scheiden lassen. Mein Mann war eben auf einem Bauernhof geboren, und ich bin immer ein ausgesprochenes Stadtkind gewesen. Mir zuliebe ist er aus seinem Dorf nach Jena gekommen, und er war auch ein sehr guter, fleißiger Mensch. Er war ein Arbeitsmensch, auch sehr der Natur verbunden, die Kinder haben da viel von ihm. Aber ich wollte eben ein bisschen mehr, mal ins Theater gehen, mal ins Konzert gehen oder so. Ich hatte noch andere Ambitionen, weil ich in meinem Büro auch andere Menschen um mich hatte. Wie gesagt, ich wollte mich scheiden lassen, und da wurde ich das zweite Mal schwanger. Trotz der Verhütungsmittel, die wir genommen haben. Wir waren da nicht nachlässig, denn wir wollten kein Kind mehr haben.

Ich muss da noch weiter ausholen. Eigentlich wollte ich keine Kinder. Wahrscheinlich wegen der Erfahrungen meiner Kindheit, weil ich immer gehänselt wurde und dadurch Angst vor Kindern hatte. Selbst bei kleinen Kindern habe ich gefürchtet, dass die etwa sagen könnten: »Du kannst wohl nicht richtig sprechen?« Deshalb wollte ich keine Kinder, und wenn meine das heute manchmal hören ... Ich sage dann natürlich: »Ich bereue ja nicht, dass ich euch habe.«

Aber damals war das anders. Meine Schwester wollte schon immer eine Fußballmannschaft haben. Ich wollte dagegen leben, aber das ist mir eben nie möglich gewesen. Bei der zweiten Schwangerschaft wollte ich mir fast die Pulsadern aufschneiden. Mein Nervenkostüm ist wirklich sehr dünn. Gut, dann kam nach dem ersten Mädchen ein zweites und das war auch schön, aber die Ehe mit meinem Mann ging wirklich nicht mehr. Obwohl er das sicher gar nicht so registriert hat. Wahrscheinlich war die Unzufriedenheit nur auf meiner Seite, denn es lief ja im Grunde ruhig. Wir haben uns auch nie vor den Kindern gestritten oder so etwas. Wenn die im Bett waren, gab es mal eine Auseinandersetzung, aber es war nicht dramatisch, da hat er es eben nicht wahrgenommen.

Ja, ich war sehr unzufrieden, ich wollte raus, und dann wurde ich zum dritten Mal schwanger. Das war furchtbar, ich habe gesagt: »Das kann doch nicht wahr sein, wir haben doch auch dieses Mal verhütet.« Also muss doch die Qualität des Verhütungsmittels nicht so gut gewesen sein. Vielleicht haben wir ja auch die billigsten genommen, ich kann das heute nicht mehr sagen.

Weil ich nun unzufrieden gewesen war, war mein Auge natürlich auch auf andere Männer gefallen. Jetzt sind wir also bei dem Thema. Wenn ich Gelegenheit hatte, irgendwohin allein zu gehen, habe ich gern jemanden kennen gelernt. Aber zunächst gab es keinen Intimverkehr. Mal einen Abend schön tanzen und dann einen Kuss, das war's. Einer hat mir mal gesagt, dass ich es mein Leben lang bereuen werde, nicht mit ihm geschlafen zu haben. Na ja, ich habe es dann doch nicht bereut. Ein anderer brachte mich nach dem Fasching nach Hause, und als ich dem sagte, dass ich verheiratet bin, hat der sich furchtbar aufgeregt. Da habe ich gesagt: »Das nächste Mal mache ich mir ein Schild um den Hals.«

Ich merkte dann schon, dass die Männer, die man so kennen lernte, eigentlich nur ein Erlebnis suchten. Bei dieser dritten Schwangerschaft, die dann ein Junge wurde, brach ich regelrecht zusammen. Drei Kinder, voll arbeiten gehen, nebenbei noch, das kann man ja sagen, die Partei machen, Sport treiben – heute frage ich mich schon, wie ich das überhaupt geschafft habe.

Nach der Geburt meines Sohnes war ich wieder zur Kur und lernte einen Mann kennen und damit auch einiges andere. Wir haben eigentlich nicht mal direkt sexuellen Verkehr gehabt, aus Angst, dass ich dann wieder schwanger werden könnte. Aber, man kann ja ruhig darüber sprechen, das war das erste Mal, dass mir jemand die Bluse ausgezogen und mich auf die Brust geküsst hat – mitten im Wald. Dass mal jemand die Brustwarze küsst, dieses Zarte, Liebe, das war für mich damals ein wunderbares Erlebnis, obwohl ich ja schon in den Dreißigern war.

Damals merkte ich auch, was mir eigentlich bei meinem Mann fehlte. Dass es gar keine Liebe war, sondern nur Triebabfuhr, Pflichterfüllung, könnte man auch sagen. Von dem Moment an war ich noch unzufriedener, weil ich merkte, dass ich nicht befriedigt wurde.

Ihn hat das wahrscheinlich nicht gestört. Er hat vielleicht auch gedacht, dass er mir mit seiner Pflichterfüllung einen Gefallen tut, wenn wir uns zum Beispiel mal gestritten hatten. Aber ich wollte das gar nicht. Und dann bekam ich – das ist der springende Punkt zur Ehescheidung gewesen – im Laufe der Jahre auch mit, dass er sehr unsauber war. Ich war achtzehn Jahre verheiratet und habe die ganze Zeit immer Sauberkeit gepredigt. Irgendwie ermüdet der Mensch mal. Dadurch ist es auch nicht mehr so viel zum Verkehr gekommen. Wir hatten ja damals keine Badwohnung, sondern bloß Waschbecken. Man kann natürlich trotzdem sauber sein, aber wenn solche Gerüche da sind ... Ich habe die heute noch in der Nase. Wenn ich das in der Straßenbahn rieche, wird mir schlecht und ich muss weitergehen.

Andererseits sind in den siebziger Jahren so viele Ehen geschieden worden, und das wollte ich meinen Kindern nicht antun, so aufgeklärt war ich doch. Ich habe mich mit meinem Vater darüber unterhalten und der hat gesagt: »Weißt du, wenn die Kinder selbstständig sind, gehst du fort.« In den letzten Jahren haben wir eigentlich nur nebeneinander her gelebt.

Ich habe mich in der Zeit auch mal mit diesem Kurfreund getroffen und hatte dann sexuellen Verkehr, natürlich mit Verhütungsmitteln. Die Pille kam, kurz bevor mein Sohn geboren wurde. Ich hatte sie auch verschrieben bekommen, musste aber warten, bis ich meine Periode bekam, und bin genau in der Zeit schwanger geworden. Ja, ich bin immer auf eine Art schwanger geworden, wie man es eigentlich nicht möchte.

Mit der Pille war dann die Last von einem genommen, so dass man doch mal ohne Angst mit jemandem etwas haben konnte. Die Jugend von heute weiß ja gar nicht, was das damals für ein Angstgefühl war. Na ja, jetzt ist wieder Aids da, was es bei uns nicht gab.

Ich habe dann schließlich auf der Arbeit einen Mitarbeiter kennen gelernt. Auf einem Lehrgang kamen wir uns näher. Es war das dritte Mal Liebe auf den ersten Blick. Er war auch verheiratet und sagte trotzdem: »Dich heirate ich. Dich will ich haben. Mit den drei Kindern, das ist mir egal.«

Mit ihm bin ich dann natürlich auch mal fremdgegangen. Es war ja nicht anders möglich. Erstens ging es offiziell nicht von heute auf morgen, und dann war ich ja auch ein bisschen vorsichtig, damit ich nicht wieder hereinfalle. Der war das Gegenteil von meinem Mann, korrekt und sauber. Auch im Bett war er anders – damals.

Dieses Doppelleben habe ich dann nach einem halben Jahr nicht mehr ausgehalten. Diese heimlichen Treffen, es durfte ja niemand wissen, man hatte ja drei Kinder. Ich hatte es auch mal arrangiert, dass er meine Kinder sah. Ich wollte wissen, wie die auf ihn reagieren – es ging ja nicht nur um mich –, und das ging gut aus.

Da habe ich die Scheidung eingereicht, und mein Mann fiel aus allen Wolken. Er leidet wahrscheinlich heute noch darunter. Ich bin wohl seine große Liebe gewesen. Er ist damals in ein fürchterlich tiefes Loch gefallen. Im Nachhinein sage ich, dass ich ihm eigentlich sehr, sehr wehgetan habe. Man ist eben egoistisch, wenn man verliebt ist, anders kann man das nicht sagen.

Ein Jahr haben wir dann noch zusammen in einer Wohnung gelebt. Zuerst war es furchtbar, er im Wohnzimmer und wir im

Schlafzimmer. Jetzt sage ich mir, dass es eigentlich fast gemein gewesen ist, was man da gemacht hat, aber man wollte eben den anderen Mann haben.

Ja, und dann die Erfahrungen mit dem neuen Mann. Vom Grund her bereue ich die Ehescheidung nicht, ich liebe meinen zweiten Mann, so wie er ist. Aber das Sexuelle hat sich ganz anders entwickelt, als ich es gedacht hatte. Eigentlich müsste er hier sitzen und mal über seine sexuellen Erregungen sprechen. Es stellte sich nämlich heraus, dass das immer weniger wurde. Aber er war sehr zärtlich, und das hat mir natürlich gefallen. Auch die körperliche Liebe war ganz anders, nur dass es im Laufe der Jahre ständig nachließ.

Damit bekam ich solche Probleme, dass ich dann mal sagte: »Du, wir sollten vielleicht zu einer Eheberatung gehen«, aber es hat nichts gebracht. Dann stellte sich heraus, dass er vor mir zwar sechzehn Jahre verheiratet gewesen war, aber seine erste Frau noch nicht einmal entjungfert hatte. Er hatte vor der Ehe gar keine Freundin gehabt und mit seiner Frau nicht einmal geschlafen. Er hat mir erzählt, dass sie sehr verklemmt gewesen wäre, außerdem hätten sie mit der Schwiegermutter in einer Wohnung gewohnt.

Dann lernte er mich kennen und hatte sich richtig in mich verliebt. Wir sind am ersten Abend gleich ins Bett gegangen, und da habe ich das gar nicht bemerkt, dass der noch nie was mit einer Frau gehabt hatte. Bei ihm hat es sicherlich aus der Erregung heraus geklappt. Wenn jemand nicht schon als junger Mensch etwas aktiviert wurde, lässt die Erektion schnell wieder nach. Das habe ich in der Literatur gefunden. Er war ja schon über vierzig, als er es das erste Mal tat – mit mir. Auch er ist einige Jahre jünger als ich.

Wahrscheinlich klang dann bei ihm die erste Euphorie mit der Zeit ab. Sicherlich auch dadurch, dass es nun mit den Kindern doch tüchtige Konflikte gab. Die hatten den zwar gern, traten aber immer in Opposition zu ihm. Ich stand vor allem oft zwischen Sohn und Mann, die Töchter waren irgendwann ausgezogen. Ich nehme an, dass all das zusammen seine sexuellen Wünsche wieder zurückgedrängt hat.

Jetzt kann man wirklich sagen, wenn es einmal im Jahr passiert, dann ist es viel. Da können Sie sich ja meine Lage vorstellen. Ich habe alles Mögliche versucht, na ja, so ganz dumm ist man ja auch nicht. Ich habe es auf zarte Art und Weise versucht, mit Streicheln und so, aber es brachte nicht viel. Dann bin ich wieder mal zur Kur gewesen und hab dort einen Mann kennen gelernt. Und im Nu, weil man nun die Pille hatte und das ja absolut fehlte, habe ich dort natürlich sexuellen Verkehr mit ihm gehabt.

Nun ist es so, dass ich zu dem Herrn auch noch weiter Verbindung habe, aber der wohnt leider nicht in Jena, es sind doch viele Kilometer bis zu ihm. Wir haben uns im Laufe der Jahre ab und zu mal getroffen. Er ist auch verheiratet. Ich kann mich selbst ja nicht einschätzen, aber aus der Zärtlichkeit mit meinem zweiten Mann während der ersten Jahre hatte ich auch einiges gelernt. Und nun sagt mein Freund, dass es für ihn immer ein Erlebnis ist, wenn wir zusammen sind. Also, es ist wunderschön, von beiden Seiten, es ist entspannt, wie man so sagt. Aber das letzte Mal war es das eigentlich auch schon nicht mehr, weil Zeitdruck dahinter stand. Ich musste nämlich bald nach Hause.

Ja, das ist nicht so leicht zu arrangieren. Anfangs hat mein Mann noch Dienstreisen gemacht, so dass wir uns da ganz gut treffen konnten. Aber jetzt wird das immer schwieriger, jetzt wird es fast aussichtslos, so dass ich nun gar nicht mehr befriedigt bin. Im Moment telefonieren wir bloß noch miteinander, das ist eben sehr schade.

Dass ich diesen Freund, diesen Liebhaber habe, darüber konnte ich nun das erste Mal in dieser Gruppe sprechen, die ich schon erwähnt habe. Frauen, die zwanzig Jahre jünger sind als ich, sagen: »Ich sehe meine Mutter und bei der kann ich mir das gar nicht vorstellen.« Die sehen das dadurch möglicherweise etwas negativ, aber ich konnte darüber reden.

Meine große Tochter wohnt jetzt in Hamburg und hat sich kürzlich von ihrem Mann getrennt. Mit der war ich im vergangenen Jahr zum ersten Mal vier Tage allein zusammen. Dort hat sich meine Tochter mir endlich mal geöffnet und ich ihr. Wissen Sie, wie die Reaktion war? Ich hatte noch gar nichts von meinem Liebhaber erzählt, sondern nur gesagt, dass mir das Sexuelle fehlt, und da sagt die: »Na, Mutti, da musst du dir einen Freund anschaffen.« Da bin ich bald von den Socken gesprungen. (Lacht)

Dann habe ich es ihr natürlich erzählt und sie sagte: »Ist doch ganz richtig. Na, Mutti, wenn ich dir das arrangieren kann, mache ich das.« Weil sie das wahrscheinlich nachfühlen konnte, irgendwie, dass ich jetzt sehr unbefriedigt bin auf dem Gebiet und nichts dafür kann, dass ich das eben noch möchte. Und sie sagt auch: »Mutti, du bist eine Ausnahme. Ich habe viele Bekannte, und deren Mütter wollen alle nichts mehr davon wissen.« Die Frau meines Liebhabers will ja auch nichts mehr davon wissen. Die hat seit Jahren überhaupt kein Interesse mehr daran, nur kann er wahrscheinlich sagen: »Also, heute muss es mal sein.« Aber er meint auch, dann sei es für ihn kein Erlebnis.

Irgendwann habe ich zu meinem Mann gesagt: »Wenn das so weitergeht, muss ich mir eben jemanden dafür suchen.« Und soll ich Ihnen sagen, was er darauf geantwortet hat? »Dann werde ich mich in den Sessel setzen, und der wird alles das machen, was ich mache.« Er meinte im Haushalt und im Garten. Also, da konnte ich nichts mehr sagen. Ich hätte mir vorstellen können, dass mein Mann das als unangenehm empfindet, wenn da jemand an meinen Körper ging. Aber nein, der reagierte so.

Dabei ist er ein aufmerksamer Mann, der schenkt mir auch fast jede Woche Blumen. Ich habe schon mal gesagt: »Statt Blumen wäre mir ein netter Abend viel lieber.« Ich merke aber, dass er in den letzten Jahren fast Angst davor hat. Ich habe mal den Ratschlag bekommen, wir sollten uns gemeinsam einen Liebesfilm ansehen. Aber so etwas würde er sich gar nicht angucken, das geht immer an ihm vorbei.

Oder wenn wir mal tanzen waren und man ist ein bisschen in Erregung, wenn man nach Hause kommt, dann setzt der sich hin und schaltet den Fernseher an. Weil er die Spannung abbauen will. Er sagte auch mal, dass er nicht mehr könne. Ich habe geantwortet, dass es nicht wahr sei, dass er noch könne, aber nicht wolle.

Mein Mann hat einen sehr kleinen Penis, und vielleicht ist es auch so, dass er deshalb als Kind gehänselt worden ist – so wie ich früher. Aber er kann darüber nicht sprechen. Dabei ist er als Mensch ganz prima. Sollte ich mich nun von dem Mann trennen, nur weil es beim Sex nicht klappt? Wo der mich doch sonst auf Händen trägt. Aber für mich sind auf der anderen Seite Erotik und Sex Teil des Lebens. Beides gehört bei mir natürlich zusammen. Ich will nicht einfach jemanden haben, mit dem ich heute Abend mal schlafen kann. Er muss mir dann zumindest schon sympathisch sein, ein bisschen muss ein Funke überspringen. Ich könnte das nicht so einfach über mich ergehen lassen.

Nun ist es mit meinem Mann ja auch nicht so, dass er nicht zärtlich wäre. Er küsst mich ja auch, er nimmt mich auch mal in den Arm, dort merke ich ja, dass er mich liebt. Aber darüber hinaus geht es nicht. Ich wüsste jedenfalls, wenn meinem Mann zum Beispiel etwas passieren würde, ich würde nicht allein bleiben. Ich würde mir einen anderen Mann suchen, auf jeden Fall, aber es dürfte auch nicht nur im Sexuellen klappen, es müsste auch im Ganzen harmonisch sein.

Was ich machen würde, wenn ich einen solchen Mann schon jetzt treffen würde? Das kann ich nicht beantworten. Es müsste dann schon meine vierte große Liebe sein. Sehen Sie, ich habe immer Liebe kennen gelernt, damals mit siebzehn und später auch. Andere wissen ja gar nicht richtig, was Liebe ist. Liebe auf den ersten Blick, beispielsweise, so mit allem Drum und Dran. Ich bin aber vorsichtig mit dem Verlieben, weil ich dann nicht mehr nach rechts und nach links blicken kann, da wäre die Gefahr doch groß, einen Fehler zu machen.

Ja, zwanzig oder fünfundzwanzig weitere Jahre mit meinem Mann, ohne dass noch etwas passiert, das ist keine gute Perspektive. Dabei sagen alle, die uns kennen, dass ich mit ihm Glück habe. Auch meine Kinder finden, ich sei verwöhnt. Sie sagen zu jedem, der es hören will, dass ihre Mutter gar nicht wisse, wie gut es ihr gehe. In unserem Bekanntenkreis wüsste ich auch keine, die mich nicht um meinen Mann beneidet. Wenn ich mal die Augen zumachen würde, gäbe es einen ganzen Schwarm, der den sofort nehmen würde. Und da denke ich immer: Wenn ihr wüsstet, wie der im Bett ist! Wenn mal jemand über meinen Mann schwärmt, mir direkt ins Gesicht, da kocht es schon mal in mir. Aber ich kann denen doch nicht sagen: »Wisst ihr, im Bett taugt der nichts.« Ich weiß ja, dass diese Frauen auch noch Sex wollen.

Ich will nichts Unmögliches verlangen. Ich sage mal, ich bin nicht vollkommen und er ist nicht vollkommen. In der zweiten Ehe ist man auch anders als in der ersten, weil man schon etwas Erfahrung hat. Ich mache da schon Abstriche. Mein Mann hat sich ja im Laufe der vielen Jahre, die wir verheiratet sind, sehr geändert, wir haben uns aneinander angepasst und so etwas wie die goldene Mitte gefunden.

Ich habe auch sehr viel Freiraum, was viele Frauen nicht haben. Ich kann allein irgendwohin gehen, zum Beispiel zu diesem Frauenkurs. Manche meiner Bekannten dürften abends gar nicht allein aus dem Haus gehen. Aber diesen Freiraum habe ich mir auch von Anfang an geschaffen, den hatte ich schon in meiner ersten Ehe, weil ich dann auch selbstbewusst genug geworden bin. Ich wollte nie, dass mein Mann mich abholt, wenn ich irgendwo allein bin. Ich will auch mein eigenes Leben haben. Ich bin aber zum Beispiel nie allein zum Tanzen gegangen, nur mal zu Betriebsfeiern oder so.

Von ihm glaube ich nicht, dass er fremdgeht. Natürlich kann man für niemanden die Hand ins Feuer legen, aber ich glaube einfach nicht, dass er der Typ ist, und bezweifele, dass er noch mit einer anderen Frau geschlafen hat. Ob ich es wissen wollte, wenn er es getan hätte? (lange Pause) Jein. Ich hätte es sicher auch gemerkt. Wenn man einen Liebhaber oder eine Liebhaberin nebenbei hat, darf man ja den eigenen Partner nicht vernachlässigen. Wenn er jetzt eine andere Frau hätte, würde er sich wohl auch bei mir mehr bemühen. Obwohl ich nicht weiß, wie ein Mann da denkt.

Ob Fremdgehen eine Ehe stabilisiert, kann ich nicht sagen. Etwas ist aber dran. Wenn ich mal meinen Freund getroffen habe, bin ich natürlich auch happy. Oder wenn ich zur Kur gewesen bin und hatte da jemanden, war ich danach besser drauf. Da frage ich mich aber doch, ob der Mann so etwas spürt? Ich weiß ja nun, dass Männer völlig andere Gefühle haben als Frauen. Wahrscheinlich hat meiner das gar nicht so mitbekommen, dass ich in der Zeit immer so aufgeblüht bin. Man sieht es einer Frau ein bissel an, wenn das mit dem Liebesleben klappt, da hat sie eine ganz andere Ausstrahlung. Wenn ich mich im Spiegel sehe, frage ich mich manchmal: »Warum siehst du so verbissen aus?« und sage mir: »Weil du eben nicht befriedigt bist, darüber ärgerst du dich.«

Ja, ein zärtlicher Mann ohne Erotik, das ist wirklich sehr schade. Aber wer uns kennen lernt, hält uns für Turteltäubchen, weil er in Gegenwart anderer so aufmerksam zu mir ist. Da halten uns alle für das ideale Pärchen. Mein Mann spielt in solchen Situationen das Spiel mit, was soll er denn sonst machen? Im Laufe der Zeit hatte er immer öfter Ausreden. »Ich bin müde«, sagt er meist. Eine Frau hat ja auch immer Ausreden, wenn sie nicht will, aber dass ein Mann immer nur müde ist ...

Manchmal habe ich vier Wochen gewartet und dann etwas arrangiert, einen schönen Abend mit schönem Essen etwa. Aber wenn ich ihn dann anfasse, dann ist er wie eine Mimose und zieht sich zurück – wie eine Muschel, die ihre Schale schließt. Wahrscheinlich irritiert ihn schon diese Berührung.

An der Gesundheit liegt es nicht. Er ist kerngesund, er hat nur weiße Haare, aber das liegt in seiner Familie. Ich habe aber festgestellt, dass er irgendwie sehr stark gealtert ist, seit er aus der Arbeitslosigkeit in die vorzeitige Rente musste. Er hat jetzt noch einen leichten Job in der Nacht angenommen. Er müsste das nicht, aber es ist natürlich gut, wenn noch ein bisschen Geld reinkommt, denn so viel haben wir nicht. Ich bin ja auch froh, dass ich dann abends tun und lassen kann, was ich will. Heimlichkeiten habe ich dann aber nicht. Er weiß immer, wo ich bin, außer natürlich bei einem Treffen mit meinem Liebhaber.

Ja, es wäre auch günstig in anderer Hinsicht, aber bei meinem Freund ist das leider kaum noch möglich. Der ist auch aus dem Beruf heraus und hat nun keinen Grund mehr für Dienstreisen. Wenn ich jetzt noch jemanden kennen lernen würde, würde ich das sicher ausnutzen, aber das ist schwer. Ich kann ja nicht einfach auf die Straße gehen und sagen: »Hallo, ich brauche einen Mann!« (Lacht) Wir haben hier in Jena einen großen Freundeskreis, es kennen mich also viele, und man kann nur fremdgehen, wenn man nicht erwischt wird. Ich wüsste genau, wenn mein Mann das herausbekäme, hätte ich die Hölle auf Erden.

Dabei ist er übrigens auch noch der beste Schreiber von Liebesbriefen. Wenn ich mal unterwegs bin, schreibt der wunderbare Liebesbriefe an mich, aber das Körperliche ist gleich Null. Das ist doch ein Widerspruch. Gerade weil ich weiß, dass er so zärtlich sein kann, sehne ich mich natürlich danach. Ich habe ihm auch schon gesagt, dass er mich nur mal ein bissel streicheln soll. Eine Frau ist ja auch mal befriedigt, wenn ein bisschen gestreichelt wird. Und dann ergibt sich vielleicht doch mehr, aber davor hat er eben Angst. Manche Freunde sagen, dass ich ihn nicht drängen darf, aber wenn ich ein halbes Jahr warte, ist das vielleicht Drängen?

Ich bin mit meinen Kindern von Anfang an sehr offen umgegangen. Ich habe sie aufgeklärt, damit sie es mal besser machen. Mit meinem Sohn habe ich darüber gesprochen, wie sich ein Mann gegenüber einer Frau verhalten soll. Auch dass er im Kopf haben soll, dass jede Frau die Mutter seiner Kinder sein könnte, dass er sie also genau angucken muss. Und dass ein Mann zu einer Frau zärtlich sein soll und nicht in einer Minute über sie hinweghuschen darf. Ich wollte nie, dass mein Sohn wie sein Vater wird, und ich glaube, er ist auch ein sehr zärtlicher Mann und Vater geworden.

Bei einem Enkel habe ich das auch gemacht, als der achtzehn war. Er hat mir hinterher gesagt: »Oma, das war eigentlich sehr schön, dass du das mit mir gemacht hast.« Er hat mir auch aufmerksam zugehört und das gar nicht lächerlich gefunden. Ich wollte eben nicht, dass meine Nachkommen so blind in die Liebe reingehen, wie ich es getan habe. Vor allem wollte ich ein gestörtes Verhältnis des Mannes zur Frau verhindern.

Tja, wie zufrieden bin ich noch mit mir selbst? Nicht mehr ganz so wie früher, man verändert sich eben doch im Alter. Aber ich treibe schon mein Leben lang Sport, ich habe also immer versucht, auf meine Figur zu achten, zumal ich dazu neige, dick zu werden.

Deshalb habe ich immer etwas dafür getan, ästhetisch auszusehen. Doch, mein Körper ist mir wichtig. Weil ich als Kind oft gehänselt wurde, habe ich vielleicht auch versucht, auf mein Äußeres mehr Wert zu legen. Ich weiß ganz genau, dass mein Äußeres immer mehr hergegeben hat als mein Geist. Ich bin da mal ganz ehrlich. Ich bin mitunter anders eingeschätzt worden und musste ein bisschen bremsen. Als Brillenträgerin wirkt man ja sowieso immer etwas ernster und seriöser.

Von den Männern, die ich so kennen lernte, hat mir keiner zugetraut, dass ich vielleicht mit denen Sex haben möchte. Ich weiß jetzt nicht, wie ich auf Sie wirke, aber nun habe ich Ihnen ja auch schon einiges erzählt. Es traut mir keiner zu, dass so ein Feuer in mir brennt. Die Männer sind sehr überrascht, wenn sie das dann entdecken – also Eisblock außen und innen das Feuer. (Lacht)

Manchmal kommt es erst beim ersten Kuss so richtig rüber, dann spüren die schon, was da ist. Oder es springt der Funke über, wenn ich mit jemandem tanze. Manchmal war ein Mann da auch richtig erschrocken und hat gesagt, so etwas habe er noch nie erlebt, also wie man so eins sein kann. Aber ich tanze nun mal so leidenschaftlich gern und diese Körpernähe dabei gibt mir eben unheimlich viel.

Vor Weihnachten hatten wir eine Feier und haben getanzt – mein Mann tanzt ja eigentlich auch sehr schön. Da habe ich gedacht: Du meine Güte, der muss das doch mal ein bisschen spüren. Aber auch danach war nichts. Das war so ein schöner Abend, es war harmonisch und alles und danach war ich dann fertig mit den Nerven.

Viel würde ich eigentlich nicht anders machen, wenn ich noch mal von vorn beginnen könnte. Der erste Punkt wäre bei mir immer, dass mir der Mann sympathisch sein muss, das andere würde sich dann ergeben. Vielleicht würde ich bei sexuellen Problemen eher darauf drängen, dass man doch zu einer Eheberatung geht. Ich würde den Mann einfach dazu zwingen, also ganz hart bleiben. Aber man hat eben im Laufe der Jahre immer gehofft, dass es besser wird, und gemerkt, dass der Wunsch bei einem selbst auch nachlässt. Ich bin nicht stark genug geblieben und habe nicht einfach gesagt: »Du, das gehört nun mal dazu, und wenn das nicht läuft, dann muss ich eben die Ehe beenden.«

Andererseits ist die Liebe ja noch da, die Liebe ist ja nicht gestorben. Wäre die Liebe schon abgestorben, dann wäre es auch vorbei. Und dann weiß ich eben auch, wie meine Lage ist. Ich bin schon älter, aber ein älterer Mann gefällt mir nicht, und ich weiß genau, dass Männer meines Alters nur nach jüngeren Frauen gucken. Ich hätte also absolut keine Chancen auf dem Markt, wie man ganz hart sagen muss. Es sei denn, es passierte ein großer Zufall.

Und was meinen Freund angeht – selbst wenn der jetzt seine Frau verlieren würde – wir würden ja gar nicht zusammenpassen. Wir passen nur auf einem Gebiet zusammen und das ist natürlich keine Ehegrundlage. Absolut nicht. So ehrlich sind wir zueinander. Da hat man schon zu sehr sein Leben gelebt.

DAS LEBEN MIT MEINER FRAU
VERDIENT DIE HÖCHSTNOTE

Dietmar, 60

In den letzten Jahren hat sich bei mir unheimlich viel verändert. Damit kommen wir irgendwie gleich zu den Abgründen meines Lebens. Also, ich traue mich fast nicht, davon einer Frau zu erzählen, aber das hat historische Ursachen. Nur die letzten fünf Jahre genommen, das ergibt kein Bild, da muss man ein bisschen ausholen. Aber ein bisschen Probleme, das zu erzählen, habe ich schon damit. Na gut, ich vertraue Ihnen. Wobei, so schlimm ist es ja nun auch wieder nicht.

Eigentlich interessiere ich mich schon mein Leben lang für Erotik. Ich halte sie auch für sehr wichtig. Und Erotik im Alter ist ja im Alltag völlig unterbelichtet. Als ich die Annonce sah, war für mich sofort klar, dass ich mich melden werde. Wenn ich früher mal mit jemandem über diese Dinge reden konnte, waren das die schönsten Erlebnisse für mich. Ansonsten waren doch mehr Bücher die Grundlage. In meiner Generation war das sowieso noch ein bisschen anders.

Ich habe also erst mit fünfzehn Jahren mitbekommen, wie das überhaupt so funktioniert mit Frauen. Nicht von meinen Eltern, sondern aus einem Buch heraus. Aufklärung von Seiten meiner Eltern hat es nicht gegeben. Ich habe auch nichts wirklich Erotisches zwischen ihnen erlebt. Also dass etwa mein Vater meine Mutter mal an die Brust gefasst hätte, nein, das gab es nicht. Das wurde auch verheimlicht, da war es zu Hause eher asexuell.

Das will ich aber jetzt nicht als Wertung verstanden wissen. Die Zeiten waren eben so. Ein älterer Kumpel hat mir damals den Tipp für ein Buch gegeben. Ich glaube es hieß *Du und Ich*. Das war meine erste Bekanntschaft mit der Sexualität. Und da war ich, wie gesagt, fünfzehn.

Im Studium habe ich dann meine jetzige Frau kennen gelernt. Die war auf diesem Gebiet geradezu extrem naiv. Ich hatte zur Verhütung immer meinen Kalender dabei, wir sind nach der so genannten Knaus-Methode gegangen. Ich habe also den Zeitabstand von Regel zu Regel berechnet und danach haben wir uns gerichtet. Einmal waren wir verreist und ich hatte meinen Terminkalender vergessen. Ich dachte: Wenn es gefährlich ist, wird sie es mir schon sagen. Doch als die Lust kam, habe ich die Frage nicht mehr gestellt.

Beim ersten Blick auf den Kalender stellte sich dann heraus, dass wir einen Volltreffer gelandet hatten. Das war der dritte Verkehr in unserem Leben und es ist gleich passiert. Wir kannten uns zwar erst ein halbes Jahr, aber wir haben uns dann zu dem Kind bekannt. Geheiratet haben wir, als es drei Monate alt war.

Mir ist erst im Laufe der Jahre klar geworden, was ich überhaupt für sexuelle Wünsche und Vorstellungen habe. Und mir wurde dann immer mehr bewusst, dass meine Frau die nicht in dem Maße erfüllt. Beispielsweise durfte ich meine Frau sechs Jahre lang unten nicht anfassen, das war für sie etwas Abartiges. Irgendwann hat sie es dann doch geschehen lassen und hatte dann auch mal einen Höhepunkt. Ich habe geglaubt, dass damit der Bann gebrochen wäre, aber das war er nicht. Im Prinzip ist sie bis heute zurückhaltend und das entspricht nicht unbedingt meinen Vorstellungen.

Aber ich bin jahrelang nicht auf die Idee gekommen fremdzugehen. Das war für mich völlig abartig. Ich war damals ja auch in der Partei und da gab es moralische Normen. Aber irgendwann war ich in einem Trainingslager und da gab es also eine Frau mit sehr üppigen Formen. Abends haben wir zusammen getanzt, und da habe ich Mut gefasst und sie gefragt, ob ich mal zu ihr ins Zimmer kommen könne. Sie hat auch gleich Ja gesagt, das war für mich damals außergewöhnlich. Ich habe gedacht, Frauen seien die besseren moralischen Menschen.

Jedenfalls bin ich zu ihr ins Zimmer und da lag die schon im Bett. In dieser Nacht habe ich eine Erfahrung gesammelt, die völlig neu für mich war: Bei mir ist nämlich nichts passiert, ich war wohl zu aufgeregt. Damit war das Thema Fremdgehen für mich schon wieder beendet, bevor es angefangen hatte.

Dazu muss ich sagen, dass ich nicht die Absicht habe, mich von meiner Frau zu trennen. Wir haben drei Kinder groß gezogen. Heute machen Menschen um ein Kind mehr Gewese als wir um drei. Wir haben unsere Kinder nie als Belastung empfunden. Das gemeinsame Leben, die Erinnerungen sind so etwas Schönes, das ist durch nichts zu ersetzen.

Aber wenn ich mich mit ihr über Erotik unterhalten wollte, dann war das immer ein Monolog. Woran es lag, weiß ich nicht, es war einfach so, obwohl wir uns gerne hatten und überhaupt nichts zwischen uns stand. Wir haben uns auch fast nie gestritten. Wir haben eine blendende Ehe. Und die Umwelt merkt das ja, auch dass sich sexuell noch was abspielt. Inzwischen ist man zudem ein bisschen ruhiger geworden und sie wurde etwas aufgeschlossener. Man kann ja seinen Partner nicht umkrempeln. Man muss das ja auch mal tolerieren.

Das ist natürlich alles weit weg von den letzten fünf Jahren, aber um das zu verstehen, ist diese Historie als Grundlage notwendig. Ein wichtiger Schritt war ein Klassentreffen der Abiturklasse. Irgendwann an dem Abend waren die anderen alle weg, nur Katrin war noch da und ich habe sie zum Tanzen aufgefordert.

In der Schulzeit hatte es schon mal ein bisschen was zwischen ihr und mir gegeben. Das maximale »sexuelle Erlebnis« war, dass wir von einem Ausflug Hand in Hand nach Hause gegangen sind. Ich war damals viel zu schüchtern oder aufgeregt. Nun haben wir dort getanzt und uns – was ich vorher nicht für möglich gehalten hätte – regelrecht ineinander verliebt.

Nach ein paar Minuten sind wir rausgegangen und haben uns lange unterhalten. Da war eigentlich schon klar, dass wir die Nacht miteinander verbringen werden.

Und dann sind Dinge passiert, die ich nie in meinem Leben vergessen werde, die sich in meinem Herzen aufbewahrt haben: Im Zimmer war es dunkel, aber man konnte die Umrisse erkennen. Und sie hat sich schwuppdiwupp ausgezogen und kam auf mich zu. Das war für mich ein so schönes Erlebnis, das hat meine Frau ja nie mit mir gemacht. Wie sie mit dem Verhalten auch dokumentiert hat, dass sie mich haben möchte, das war für mich unwahrscheinlich beeindruckend.

Dann haben wir miteinander geschlafen, und das war das erste Mal, dass ich fremdgegangen bin. Am nächsten Morgen habe ich ihr gesagt, dass ich verheiratet bin und dass ich eine tolle Frau habe und dass ich mich nicht scheiden lassen möchte – dass ich mich aber in sie verliebt habe. Sie hat das akzeptiert.

Wir sind dann anderthalb Jahre zusammengeblieben. Sie war zu diesem Zeitpunkt auch verheiratet und noch lange Zeit danach. Aber die Ehe funktionierte nicht, sie hatte mit ihrem Mann schon zehn Jahre keinen Sex mehr. Sie haben nur freundschaftlich zusammengelebt. Das ist übrigens eine Sache, die ich mir absolut nicht vorstellen kann. Solche Halbheiten würde ich nicht machen in meinem Leben.

Sie wohnte damals fast dreihundert Kilometer von mir entfernt, da war klar, dass sich die Treffen in Grenzen hielten. Wir haben uns in den anderthalb Jahren zirka neunmal getroffen. Immer waren wir die ganze Nacht zusammen, das war für mich ein unwahrscheinliches Erlebnis.

Zunächst hatte ich mit Gewissensbissen zu tun, weil ich ja meine Frau hin und wieder belügen musste. Aber ich habe festge-

stellt, dass man sich relativ schnell daran gewöhnen kann, be-
ziehungsweise die Gewissensbisse besser verarbeitet. Meine Ehe
hat das eigentlich kaum beeinflusst. Wir hatten und haben auch
noch gern Sex miteinander, wenn auch selten. Bloß das Gefühl,
vielleicht etwas verpasst zu haben, das hat sich beträchtlich reduziert.

Ich war früher Trainer und habe zwanzig Jahre hauptamtlich
im Sport gearbeitet. Ob Sie es mir glauben oder nicht, ich habe
lange nicht gewusst, dass es IMs gab. So ein IM hat dann sicherlich gemeldet, dass ich ein Verhältnis habe. Es kam irgendwann
der Tag, da mein Chef sagte: »Wir müssen beide mal zur Kader-
abteilung fahren.« Und im Auto hat er mir gesagt, was sie wüssten und dass es keinen Zweck habe zu lügen. Das war für mich
wie ein Hammer. Mit meinem Chef hatte ich ein vertrauensvol-
les Verhältnis und er hat mir Dinge gesagt, die man mir offiziell
nicht gesagt hat. Beispielsweise, dass meine Schulfreundin auch
mal von mir schwanger war.

Das wusste ich zu dem Zeitpunkt auch schon, sie hatte es mir
geschrieben. Aber sie hat mich damit überhaupt nicht unter
Druck gesetzt. Männer, die sie kennen gelernt hatte, waren meist
verheiratet, keiner hatte sich für sie entschieden – na ja, wie das
Leben eben so ist.

Als wir uns am Ende noch mal heimlich getroffen haben, habe ich sie gefragt, was sie bewog, so lange mit mir zusammenzubleiben, obwohl sie wusste, dass es mit uns nichts werden
kann. Da hat sie gesagt: »Das war ja gerade das Positive, dass
ich bei dir wusste, woran ich bin. Ich hatte nicht ständig eine
Hoffnung, die sich dann doch nicht erfüllte.«

Sie hat dann zehn Jahre später doch noch einen anderen Mann
geheiratet. Das hatte sie mir noch geschrieben, danach ist nichts
mehr gekommen. Und weil ich nicht mal ihren neuen Familien-
namen weiß, ist die Verbindung abgebrochen. Ich finde es bedauerlich, denn ich habe immer noch den Wunsch, sie zu sehen

und zu fragen, wie es ihr geht. Wenn ich an sie denke, wird mir richtig warm ums Herz.

Ich habe damals erst eine Parteistrafe und dann eine dienstliche Strafe bekommen. Ich war ein Jahr kein richtiger Mensch mehr. Das hatte auf mein Selbstbewusstsein doch eine erhebliche negative Wirkung. Es wurde auch im Kollegenkreis darüber getratscht, man hat ganze Eimer Dreck über mich ausgekippt. Ich war ein Mensch, der öfter mal einen Scherz gemacht hat, auch viele zweideutige Scherze. Die meisten haben darüber gelacht, aber es gab auch einige empfindsame Frauen, die mit Sex gar nichts anzufangen wussten, denen das in die Nase gestiegen ist. Die haben dann diese Versammlung genutzt, ihre Meinung über mich zu äußern. Die meinten, ich hätte das schon hundertmal gemacht. Wahrscheinlich habe ich durch meine Scherze ein bisschen den Eindruck vermittelt. Da muss ich mir also auch an die eigene Nase fassen.

Ein Kollege, das werde ich nicht vergessen, ist danach zu mir gekommen und hat gesagt: »Mach dir nichts daraus, die wissen ja gar nicht, wovon sie reden.« Das hat mich ein bisschen aufgerichtet. Praktisch wussten ein paar hundert Leute, dass ich fremdgegangen war – nur meine Frau wusste davon nichts. Damit bin ich nicht mehr klargekommen. Nach einem Jahr habe ich es ihr dann erzählt. Aus heutiger Sicht war das nicht unbedingt ein kluger Schachzug, aber ich konnte nicht anders, ich hatte das Mädel ja nach wie vor unheimlich gerne.

Ich hatte damit gerechnet, dass ich wochen-, vielleicht monatelang wieder um ihre körperliche Liebe ringen muss. Gekommen ist es zu meiner riesigen Überraschung völlig anders. Als ich am nächsten Tag heimkam, war sie ganz verweint, und abends ist es dann zum Verkehr zwischen uns gekommen. Am nächsten Morgen habe ich meine Verwunderung darüber geäußert, dass sie mit mir geschlafen hat. Und da hat sie zu mir gesagt: »Was soll ich denn machen, ich liebe dich doch.« An dem Tag hat sie zum ersten Mal »Ich liebe dich« zu mir gesagt. Das war nie ihre Art, weder schriftlich noch mündlich. Auch das war ein enormes Erlebnis für mich. Ich mag dich, ich habe dich gern, das hat sie schon mal gesagt. Ich liebe dich, bis dahin noch nie. Und seitdem auch nie wieder. Damals waren wir beide Ende vierzig. Natürlich ist sie seitdem mir gegenüber misstrauischer.

Ich habe das Gefühl, dass meine Frau bei allem, was ich bisher gesagt habe, ein bisschen schlecht wegkommt. Aber was wir gemeinsam gemacht und erlebt haben, unser Leben in Harmonie, das verdient alles die Höchstnote. Ein bisschen stur ist sie manchmal gewesen, meistens habe ich dann den ersten Schritt getan, mit einem Wort oder einer Berührung. Dass Streit für eine Ehe gut ist und sie kittet, das glaube ich überhaupt nicht. Wir brauchen beide Harmonie.

Seit einem Jahr arbeite ich nicht mehr. Nach der Wende hatte ich mich umschulen lassen und war dann als Masseur in einer Kureinrichtung angestellt, die letzten Jahre in Teilzeit. Wenn man das zwei Jahre gemacht hat, kann man mit Abstrichen früher in Rente gehen. Die finanzielle Einbuße ist schon erheblich, aber – um das mal sarkastisch zu sagen – ich kriege sowieso eine Strafrente, und die paar Prozent Abzug jucken mich dann auch nicht mehr. Meine Frau ist inzwischen auch im Vorruhestand. Wir haben uns das reiflich überlegt. Wir wollen lieber gemeinsame Freizeit haben als Geld. Die Abstriche sind materieller Art, zumal nun auch leider die Aktienfonds in den Keller gegangen sind. Da musste ich alle Rechnungen, die ich mal vor ein paar Jahren gemacht habe, leider in den Papierkorb schmeißen.

Meine Frau stört das ein bisschen mehr als mich, aber die eheliche Erotik lässt nicht nach, eher im Gegenteil. Trotzdem sind von meiner Seite einige Wünsche offen geblieben, das ist jetzt eine andere Frage. Natürlich ist nun das Problem, dass man sich zu oft sieht. Deshalb muss es auch so sein, dass man im Alltag hin und wieder getrennte Wege geht. Dazu hat meine Frau allerdings eine andere Auffassung, das ist natürlich eine Gefahr, denn sie will immer wissen, wo ich hingehe. Wie heute, da habe ich ihr natürlich auch nicht die Wahrheit gesagt.

Meine Sexualität hat sich auch verändert. Als junger Mensch – das geht wohl jedem gesunden Mann so –, da will man nur rein, und das Vorspiel ist, wenn auch ein schönes, aber notwendiges Übel. Man macht das, wohl wissend, dass die Frau eine andere Erregungskurve hat. Also bei meiner Frau hat manchmal eine Stunde nicht gereicht, um sie zum Orgasmus zu bringen.

Dass wir sexuelle Probleme miteinander hatten, ist vielleicht ein bisschen hart ausgedrückt. Sie sind jetzt auch geringer als damals. Man ist im Alter wohl auch toleranter geworden, man kann mehr akzeptieren, dass man sich einen Partner nicht basteln kann, wie man sich ihn wünscht. Es gab eigentlich immer nur die zarte Tour, und das ist ja etwas, das ich als schön empfinde, aber manchmal könnte es eben auch anders sein.

Zwischen uns hat es nicht ein einziges Mal einen richtigen Quickie gegeben. (Lacht) Das ist eben nichts für sie. Da muss alles bedächtig sein und lange dauern. Und meine Erregungskurve hat sich ja auch verändert, die ähnelt jetzt fast der meiner Frau. Tja, wie soll ich sagen, der Rang des Höhepunktes im Sex ist beträchtlich geringer geworden. Miteinander zu liegen und zu schmusen und sich zu streicheln ist für uns wichtiger geworden. Dadurch hat sich dieser Konfliktstoff zwischen uns fast auf Null reduziert.

Andererseits geht das Leben weiter. Die Wende hat mein Leben völlig verändert, auch meine Ansichten und meine moralischen Normen. Man lebt ja nicht mehr außerhalb der Welt. Es hat sich bei mir in eine Richtung entwickelt, die ich mir selbst nicht zugetraut hätte, auf die ich auch gar nicht stolz bin, aber es ist nun mal so.

Katrin war lange Zeit die einzige Frau, mit der ich fremdgegangen bin. Bis zu meinem zweiundfünfzigsten Lebensjahr hatte ich also praktisch nur zwei Frauen gehabt. Ich stelle sogar die Behauptung auf, wenn meine Frau richtig heiß gestrickt wäre, wäre ich mein Eheleben lang damit zufrieden gewesen. Aber durch die Wende sind meine moralischen Normen eben ein bisschen aufgeweicht. Prostitution habe ich früher total abgelehnt – heute nicht mehr.

Eines Tages habe ich mal eine Frau massiert, die sah sehr gut aus. Es gab auch schon vorher einige Patientinnen, die Interesse an mir signalisiert hatten, aber ich bin nicht darauf eingegangen.

Ich war zu diesem Zeitpunkt nicht darauf aus fremdzugehen. Aber diese Frau war so offenkundig an mir interessiert, dass es nicht nur mir aufgefallen ist. Da habe ich mir gesagt: »Mein Gott, warum sollst du es nicht noch mal probieren?«

Ich habe dann zwei Tage gebraucht, um meinen ganzen Mut zusammenzunehmen. Sie lag also auf der Pritsche und da habe ich sie gefragt: »Martina, hast du Interesse, dass wir uns mal treffen?« »Ja«, sagte sie. Dann haben wir uns getroffen und lagen fünfzehn Minuten später im Gras. Da ist es passiert. Das war wirklich eine heiße Frau, das war ein sagenhaftes Erlebnis.

Bis dahin waren für mich Liebe und Sexualität eigentlich das Gleiche. Bei Katrin hatte ich mir wochenlang die Frage gestellt, ob man zwei Frauen lieben kann, weil ich das für ausgeschlossen hielt. Aber die Antwort war eindeutig: Ich habe wirklich zwei Frauen geliebt.

Mit Martina habe ich mich dann bis zu fünfmal die Woche getroffen. Manchmal nur eine halbe Stunde in der Mittagspause und da ging es sofort zur Sache. Es war ja auch eine schöne Frau. Meine eigene hat nicht so viel Brust und sie hatte natürlich herrliche Brüste. Bei ihr habe ich das erste Mal Liebe und Sexualität getrennt. Ich dachte: Nimm es mit, genieße es eben und irgendwann ist es ja sowieso zu Ende. Sie war relativ unkompliziert und siebzehn Jahre jünger als ich.

Sie hat mir erzählt, dass sie bis zu ihrem achtzehnten Geburtstag mit einer Unzahl von Männern geschlafen habe. Da haben natürlich bei mir die Alarmglocken angefangen zu läuten. Heute bin ich da auch wieder toleranter geworden, aber wenn man das Buch von dieser Französin liest, den Namen habe ich vergessen, die am Tag mit vierzig Männern bumst, also das ist für mich dann völlig unbegreiflich. Allerdings ist es interessant zu wissen, dass es so etwas gibt.

Dabei hat Martina nach ihrer Jugend ein völlig normales Leben gelebt. Der Grund für ihren Kuraufenthalt war ihr Mann, der dauernd fremdging und von dem sie sich trennen wollte. Ich habe ihr damals geraten, dass Trennung die beste Möglichkeit wäre, weil die Ehe sonst keinen Sinn mehr mache. Aber es gab so Dinge, die sie gebunden haben – ein teures Haus und so weiter.

Jedenfalls waren wir eine Weile zusammen und sie hat mir immer geflüstert: »Ich liebe dich.« (Lacht) Obwohl das ja nach so einer kurzen Bekanntschaft nicht sein kann, denn Liebe ist ja ein bisschen mehr als dreimal zusammen Verkehr haben. Fünf Wochen ging die ganze Geschichte, und dann fing mein Herz doch ein bisschen an für sie zu schlagen, weil es auch immer unheimlich schön war mit ihr. Wir haben einmal eine ganze Nacht verbracht. Das war die verrückteste Nacht meines Lebens, die möchte ich nicht vergessen, trotz des bitteren und jähen Endes.

Ja, aktiv war sie natürlich auch. Wobei meine Frau das inzwischen auch sein kann, aber das hält sich sehr in Grenzen. Wir haben ja zwanzig Jahre gebraucht, bis sie das erste Mal wenigstens oben gelegen hat. Alles andere als die Normalstellung war für sie ja abartig. Die Martina war dagegen schon sehr aktiv. Man wusste, sie will das Gleiche. Ich bin ja auch bloß ein Mann. Ich will mich jetzt nicht entschuldigen, aber das Leben ist nun einmal so. Auch wenn die Regierung bei mir nicht in der Hose wohnt, irgendwo beeindruckt es einen ja doch.

Tja, und dann hat sich Martina noch in meinen Kollegen verliebt, der zwanzig Jahre jünger war als ich. Ich weiß es von ihm, aber er wusste nicht, dass wir zusammen waren. Das war für mich eine etwas abartige Geschichte. Mir flüstert sie ständig ins Ohr »Ich liebe dich« und dann will sie auch noch mit meinem Kollegen schlafen. Also, das war schon ein kleines Luder.

So kam es dann zum Bruch. Ich hatte damals immer noch die naive Vorstellung, wenn man jemanden gern hat, da gibt es keinen anderen mehr. Heute denke ich auch anders darüber. Ich wollte mit ihr Schluss machen, aber ich war eine Woche lang nicht stark genug. Und danach habe ich es sogar bereut. Ich habe dann gemerkt, wie ich ihr doch schon verfallen war. Sie hatte aber schon den nächsten Mann in der Falle. Man brauchte die Frau ja nur anzufassen, da hat jeder Verstand aufgehört. Ich habe ganz schön geheult, es dann aber relativ schnell wieder weggesteckt.

Die Wirkung dieser Frau auf mich war doch größer. Man hat mal mitgekriegt, was es für Spaß machen kann – auch ohne Liebe. Das war eine völlig neue Erfahrung für mich. Da habe ich mir danach gedacht: Mensch, so kannste doch ein bisschen weitermachen. Und dann bin ich, und darauf bin ich gar nicht stolz, total abgesumpft. Ja, ich habe es in den letzten fünf Jahren hin und wieder auch mit Bezahlung gemacht. Ich kotze mich eigentlich selber an, aber es ist so und macht mir eigentlich Spaß.

Zuerst dachte ich auch, ich könne nicht mit einer Prostituierten schlafen, ich hatte sogar Angst davor. Aber nachdem die Lust in mir durch Martina in dem Maße geweckt worden ist, bin ich auf die Idee gekommen, das so zu machen, auch als Ausgleich für zu Hause. Beim ersten Mal war ich unheimlich aufgeregt, aber es klappte.

Diese Frauen sind eigentlich alle nett. Das ist auch so eine irrige Vorstellung, dass Huren alle Schlampen sind und dumm und Geld verdienen müssen. Das sind meistens nette Mädchen, oftmals intelligente Mädchen, die mehrheitlich Spaß am Sex haben. Hätte ich vorher nicht für möglich gehalten. Also, ich denke mal, dass sie vor mir nicht geschauspielert haben. Es war auch eine angenehme Umgebung, ich habe mich nicht einmal geekelt. Ich gehe allerdings nicht zu Ausländerinnen, weil man da Angst haben muss, dass die gezwungen worden sind.

Tja, ich muss zu meiner Schande gestehen, das macht echt Spaß. Ich bin aber jetzt an dem Punkt angekommen, wo ich mir ein bisschen vorgenommen habe, wieder damit aufzuhören. Ich brauche es im Grunde nicht unbedingt.

Ich hätte eigentlich lieber eine feste Partnerin dafür, wenn ich es überhaupt noch will. Ich bin oft auch zur gleichen Prostituierten gegangen. Man kann sich dann auch gut unterhalten und kennt sich schon ein bisschen. Ich staune ja selber über mich, ich habe eigentlich keine Probleme mehr damit gegenüber meiner Frau. Die Gewissensbisse sind nur noch kurz über Null. Ich muss auch mal sagen, wenn ich noch offene Wünsche gegenüber meiner Frau habe, dann gleicht sich das eben dadurch etwas aus. Kurz nach der Wende habe ich eine Prostituierte im Interview sagen hören, sie wirke ja für die Ehe stabilisierend, weil sich die Männer bei ihr austoben könnten. Da habe ich das noch als absurd betrachtet, aber jetzt habe ich eine totale innere Ruhe. Ich habe absolut nicht mehr das Gefühl, irgendetwas verpasst zu haben. Ich kann das mit meiner Frau auch genießen. Ich denke nicht jedes Mal: Ach, wäre sie doch anders. Als ich mit Prostituierten anfing, war ich dreiundfünfzig.

Ja, das kostet Geld, aber es ist nicht so viel. Einmal im Monat 50 Euro, das fällt bei uns nicht auf, das muss ich mal so profan sagen. Wobei es natürlich ein limitierender Faktor ist, klar. Also, wenn ich jetzt öfter wollte, würde es schon dadurch nicht gehen. Wir haben ja auch ein gemeinsames Konto, dort könnte ich nicht einfach was abheben, das ist klar. Das geht wegen meiner Frau nicht.

Wenn ich ehrlich bin, muss ich sagen, dass ich die früheren moralischen Ansprüche nicht mehr habe. Also etwa, dass man nicht fremdgehen darf. Ob das nun besser oder schlechter ist, das will ich nicht werten. In der DDR war das ja alles ein bisschen anders. Ich finde es nicht nur positiv, dass sich das so entwickelt hat. Wenn der ökonomische Druck nicht wäre, wäre die Scheidungsrate doch noch höher. Dieses Unstete im Leben ist viel schlimmer geworden. Die DDR hat auch eine hohe Scheidungsrate gehabt. Na ja, die Fähigkeit des Menschen, mit nur einem Partner sein Leben zu gestalten, ist eben begrenzt.

Ich habe mir früher auch mal das Buch *Mann und Frau intim* von Professor Schnabel gekauft. Ich finde, es ist ein phänomenales Buch, wo man nicht in reißerischer Form, sondern auf wissenschaftlicher Basis viele wichtige Informationen über Sexualität und Liebe bekommt. Das Buch hat meine Frau nie gelesen. Ich habe es ihr mal mit einer Widmung geschenkt, aber es interessiert sie nicht.

Trotz unserer guten Ehe frage ich mich, ob ich sie wieder nehmen würde – und zucke dabei. Weil ich das andere vielleicht auch noch gern hätte. Dabei haben wir wirklich eine gleichberechtigte Beziehung. Ich mache jetzt auch mehr in der Küche, das hat sich geändert, obwohl das nicht gerade der Bereich ist, in dem ich unheimlich gern wirtschafte.

Angst vorm Alter habe ich keine, überhaupt nicht. Ich habe die Fähigkeit, die Tatsachen zur Kenntnis zu nehmen. Die Wende habe ich ja auch gepackt, dafür habe ich allerdings etwas länger gebraucht. Es ist sicherlich nicht unbedingt schön, alt zu werden, aber man kann es nicht aufhalten, es wäre völlig sinnlos, sich dagegenzustemmen. Was man dagegen tun kann, das tue ich.

Ich bin auch dankbar, dass ich durch das Studium Kenntnisse habe, was man tun kann, um sich fit zu halten. Auf diesem Gebiet wird ja auch ziemlich viel gelogen. Was da alles in der Zeitung steht, wie man schlank werden kann, davon stimmt nichts. Man muss einfach Ausdauertraining machen und weniger essen. Eine andere Möglichkeit gibt es nicht. Aber das ist anstrengend, darum wollen es viele nicht.

Ich gucke nicht in den Spiegel und ärgere mich über eine Falte. Meine Haut hat monatelang keine Creme mehr gesehen. Höchstens im Sommer creme ich mich mal ein bisschen ein. Vor zehn Jahren hatte ich noch Probleme zu entscheiden, ob ich bei höheren Temperaturen eine kurze Hose tragen sollte, weil ich etwas dünne Beine habe. (Lacht) Aber heute stört mich das nicht mehr.

Auf Anhieb könnte ich niemanden nennen, mit dem ich mich über das, was mit mir in den letzten Jahren passiert ist, reden könnte. Früher gab es solche Menschen in meinem Leben und ich fand das immer unheimlich schön. Der letzte war ein Arbeitskollege, den sie aber vor vier oder fünf Jahren entlassen haben. Ich denke mal, dass es solche Menschen auch relativ selten auf der Welt gibt.

Ja, auch über sexuelle Vorlieben könnte man sich unterhalten, obwohl es so ausgeprägte bei mir eigentlich gar nicht gibt. Es gab da nämlich noch eine Patientin, bei der nicht zu übersehen war, dass sie Interesse an mir hatte. Mit der habe ich es dann auch noch gemacht. Das war eine Perserin mit sehr hübschen Augen. Sie wollte es mal anders, jetzt muss ich mal überlegen, wie das heißt – nicht oral, sondern sie wollte es – ja, anal wollte sie es mit mir machen. Aber das wollte ich nicht, das entsprach nicht meinen Vorstellungen.

Im Übrigen, das muss man wohl noch sagen, war ich ein totaler Spätentwickler. Ich würde sagen, ich hatte gar keine pubertäre Phase. Mit neunzehn habe ich zum ersten Mal ein Mädchen geküsst. Das war eine Klassenkameradin, mit der war ich zwei Wochen mal ein bisschen liiert. Aber mehr als Küssen war da nicht. Ich habe ihr auch nicht an die Bluse gefasst, das hätte ich mich nicht getraut. Und die nächste Frau war dann schon im Studium meine Frau.

So ein generelles Bild von einer Frau habe ich eigentlich nicht. Na gut, sie darf nicht dick sein und sie darf nicht rauchen. Aber ich denke mal, dass es fast in jeder Frau was Schönes zu entdecken gibt: schöne Augen oder Haare, ein schönes Gesicht oder eine schöne Brust, die Beine – die Figur insgesamt. Je mehr davon stimmt, umso schöner ist sie eben. Ich kann mich ästhetisch an einer Frau erfreuen, wie an einer schönen Bewegung beim Sport, einem schönen Laufstil oder einer turnerischen Übung.

Ich tanze auch gerne mal mit einer anderen Frau. Dieser Körperkontakt ist ja auch was Erotisches, das ist etwas unheimlich Schönes. Frauen sind für mich mit das Schönste auf der Welt. Ich würde nie einer Frau ein Leid antun können. Selbst wenn ich gegen Bezahlung mit einer Frau zusammen bin, wird die auch gestreichelt.

Meine Frau weiß, dass ich da noch Wünsche offen habe, die sie mir nicht erfüllt. Aber es ist gegen ihre Natur, darum ist es für sie kein Thema. Es ist für einen Mann ja auch schön, wenn es die Frau mal mit dem Mund macht. Das hat meine Frau früher überhaupt nicht gemacht. Heute macht sie es manchmal im Rahmen des Vorspiels, auch ohne dass ich sie darum bitte, aber sie macht es eben nicht richtig. Ich kann es von ihr aber auch nicht verlangen, das wäre unanständig. Ich habe mich damit abgefunden und andere Dinge gehabt und denke, dass wir mit unserem Sexualleben – trotz der kleinen Abstriche – weit über dem Durchschnitt liegen in Deutschland. Ich will auch selber heute nicht mehr irgendwelche verrückten Stellungen ausprobieren. Eigentlich mag ich selber alles harmonisch und die Stellung, bei der man am meisten Körperkontakt hat.

Ja, ja, Fremdgehen, natürlich kann das zur Sucht ausarten, aber ich denke mal, die Gefahr ist bei mir nicht. Ich könnte wieder aufhören und will es eigentlich auch. Ob ich es mache oder ob ich es mir nicht gönne, ich weiß es nicht. Vielleicht hin und wieder gelegentlich, wenn es sich zeitlich anbietet.

Sicher ist da immer die Angst, von Bekannten gesehen zu werden. Das ist auch ein Grund, es zu reduzieren oder vielleicht gar nicht mehr zu machen. Selbst wenn meine Frau jetzt auf Reisen ist und ich irgendwohin fahre und habe auf der Strecke einen Unfall, da stellt sich doch die Frage: Was wollte der Kerl dort? Ja, diese Gefahr ist permanent vorhanden, das lässt mich auch innerlich unsicher werden. Aber die Frage, ob es schon eine Sucht ist, die kann ich eindeutig mit Nein beantworten. Es ist so: Ich habe zu Hause den Kuchen oder die Torte und das ist das Sahnehäubchen dazu. (Lacht)

Ja, ich könnte mir schon vorstellen, mit einer gleichaltrigen Frau fremdzugehen. Ist auch schon passiert. Es muss nicht unbedingt eine jüngere, knackige sein. Es käme mehr auf die Art der Beziehung an. Aber die kann es ja außerhalb der Ehe nicht geben, für eine Zweitfrau ist ja gar keine Zeit.

Ja, ich hatte schon eine, die älter war. Nun haben wir ja endlich alle zusammen. Doch damit aus dem Schwein, das jetzt vor Ihnen sitzt, ein richtiges Bild wird, muss ich noch etwas sagen: Ich bin mit fünf Frauen fremdgegangen und dazu kommt noch das mit den Prostituierten. Und ich glaube, was die Anzahl betrifft, bin ich noch unterm Schnitt.

Ich hoffe schon, dass Erotik und Sex weiter eine große Rolle für mich spielen werden. Ich hoffe auch, dass es noch lange mit meiner Frau klappt.

Diese weit verbreiteten Probleme mit der Erektion haben ja eine Ursache: Das Ding muss schließlich durchblutet werden. Und wenn man sportlich ist, der Kreislauf in Ordnung ist, gibt es ja auch eine Chance, dass es länger klappt. Rauchen spielt ja bei mir auch keine Rolle, so dass ich hoffe, noch lange Zeit daran Freude zu haben. Ob es dann irgendwann mal aufhört, weiß ich nicht.

Es gibt wissenschaftliche Untersuchungen, wonach das Sexualleben in der DDR qualitativ besser gewesen sei als in der BRD. Das sagt ja doch einiges darüber aus, dass sich die Menschen bei uns in dieser Hinsicht ein bisschen wohler gefühlt haben. Meine Frau und ich gehen seit eh und je an den FKK. Das ist alles völlig normal, wir kennen das gar nicht anders. Aber wenn ich das jetzt vergleichen soll, dann ist das Sexualleben der Wessis trotz Pornographie und allem wohl ein bissel verklemmter als im Osten gewesen.

Na ja, jeder hält es eben anders. Ich habe einen Bekannten, der bumst durch die Gegend wie ein Weltmeister. Der hat mir erzählt, dass er mal sieben Tage in der Woche mit sieben verschiedenen Frauen geschlafen hat. Der ist vierundfünfzig. Also, das ist nun absolut nicht mein Ding, das Herz möchte schon ein bisschen mit dabei sein.

Wobei das Zusammensein mit anderen Frauen sich auch auf das erotische Verhältnis mit meiner Frau auswirkt. Sie weiß vielleicht gar nicht, dass es erotische Phantasien gibt. Ich muss zugeben, dass ich manchmal, um bei ihr zum Höhepunkt zu kommen, solche erotischen Phantasien habe.

Noch mal zurück zum Wehtun. Diese Patientin aus Persien, die hat sich ein bisschen an mich geklammert. Die war Sozialhilfeempfängerin und hat ihr Leben nicht in den Griff gekriegt, hat mir hundertmal versprochen, mit dem Rauchen aufzuhören – und hat weiter geraucht. Hat mir hundertmal versprochen, Sport zu machen – und hat nichts gemacht. Irgendwann wollte ich überhaupt nicht mehr, aber ich habe es dann aus Mitleid ein bisschen länger gemacht, habe die Abstände vergrößert und es dann ausklingen lassen. Ich wollte ihr wirklich nicht wehtun, aber es war eine schwierige Beziehung. Sie war fünfzehn Jahre jünger.

Nein, Angst, dass eine der Frauen meine eigene anrufen könnte, habe ich nicht. Ich hatte noch nie einen Grund dazu. Bei den

Frauen, mit denen ich zusammen war, hatte ich das Vertrauen, dass das nicht passiert. Warum auch, ich habe ihnen doch nicht wehgetan.

IN MEINEN TRÄUMEN HABE ICH
SEX MIT MEINEM EX

Birgit, 56

Über Sex im Alter wird meiner Meinung nach bislang viel zu wenig geschrieben. Als die Zeitschrift LENZ – das ist eine für Menschen ab vierzig – letztes Jahr erschien, da ging es auch um Sexualität zwischen Paaren, bei denen nach fünfundzwanzig, dreißig Jahren eben nicht mehr alles so läuft, wie es am Anfang war. Dieses Prickeln und diese erotische Anziehung lassen natürlich auch nach.

Abgesehen davon bin ich mit meinem Körper nach wie vor zufrieden. Nur dass er eben älter geworden ist und natürlich einige Falten und Runzeln bekommen hat. Ich mag mich und meinen Körper, das muss ich schon sagen. Ich stehe dazu, auch zu den Falten. Obwohl ich mich manchmal kritisch angucke und mich frage, ob ein Mann da auch drüber hinwegsehen kann.

Aber ich suche ja auch nicht einen dreißigjährigen Partner, sondern einen in meinem Alter, plus minus fünf oder acht Jahre. Und ich denke, ein Mann in dem Alter hat genauso seine Runzeln, seine kleinen Pölsterchen. Ich könnte vielleicht so um den Bauch zwei Kilo weniger haben, aber im Großen und Ganzen bin ich mit mir zufrieden.

Und ich denke, es ist auch wichtig, mit sich zufrieden zu sein und sich anzunehmen, so wie man ist. Ich achte auf meinen Körper und ich achte auf meine Figur. Ich halte auch schon seit vielen Jahren mein Gewicht. Als junges Mädchen hatte ich fünfzig Kilo und jetzt habe ich sechzig Kilo. Ich gehe regelmäßig zum Sport. Ich fahre, wenn es irgendwie geht, viel mit dem Fahrrad und versuche, mich zu beherrschen. Zum Glück bin ich nicht so wild auf Süßes. Ich ernähre mich schon bewusst. Ich koche auch bewusst für mich und meine Kinder, viel Gemüse, wenig Fleisch, viele Salate.

Seit einem viertel Jahr lebe ich jetzt allein. Und es ist schon so, dass der Wunsch nach Sex nicht erlischt, wenn man über fünfzig ist. Vielleicht wäre das schön, aber leider ist es nicht so. Diese Sehnsucht und dieses Bedürfnis nach Sexualität sind weiter da, doch es ist schwierig, den entsprechenden Partner zu finden.

Ich bin Krankenschwester und arbeite halbtags, habe zwei Kinder und bin seit neun Jahren geschieden. Ich lebe allerdings schon seit 1986 allein und habe auch meine Kinder allein groß gezogen. In diesen sechzehn Jahren hatte ich natürlich wechselnde längere oder kürzere Partnerschaften.

Dazu muss ich sagen, dass meine Ehe aus Mangel an Erfahrung mit der Sexualität gescheitert ist. Mein Mann und ich waren beide unerfahren. Bei meiner Mutter galt, dass Sexualität nicht Freude bringt und etwas Schönes ist, sondern etwas Unangenehmes. So wurde es mir vermittelt. Also, ich bin mit dem erhobenen Zeigefinger aufgewachsen: »Komm mir bloß nicht mit einem unehelichen Kind nach Hause!« Meine Mutter hat mich und auch meine Schwester so erzogen. Als ich groß geworden bin, gab es ja auch noch nicht die Pille.

Meine ersten Erfahrungen mit Sexualität oder auch nur mit dem Gedanken daran – mit dem Kontakt zum anderen Geschlecht – waren ganz viel mit Angst verbunden. Angst! Das, denke ich, ist sehr, sehr wichtig. Und aus diesem Grund habe ich mich natürlich auch selbst nicht so ausleben können, wie ich wollte.

Dann habe ich meinen Mann kennen gelernt, der auch keine Erfahrungen hatte. Wir waren natürlich verliebt, aber er wollte auch nicht, dass ich gleich schwanger werde. Wir haben geheiratet, als ich vierundzwanzig war und mein Mann siebenundzwanzig. Eine lustvolle Sexualität in dem Sinne haben wir nicht gelebt, das muss ich schon sagen. Das war eher krampfig. So nach dem Motto: Jetzt sind wir verheiratet, jetzt müssen wir auch miteinander schlafen.

Ich erinnere mich noch gut, wie ich meine Tage bekommen habe. Ich war so vierzehn, fünfzehn. An diesem ersten Tag der Regel war ich im Badezimmer auf der Toilette. Da kam dann dieses Blut und die Unterhose war rot.

Ich rief damals meine Mutter auf Arbeit an und die sagte nur: »Das musste ausziehen. Das ist nun mal so, wenn man Frau wird.« Ich war völlig entsetzt, mit einem Mal blutete es da. Ich hatte keine Ahnung. Als meine Mutter dann nach Hause kam, sagte sie ganz lapidar: »Hier haste 'ne Binde, das haste jetzt alle vier Wochen.« Auch so lieblos, ich muss sagen, das war ganz, ganz schlimm. Sie hat mich nicht in den Arm genommen – was ich dann später mit meiner Tochter gemacht habe –, sondern es war eher kalt.

Ich habe mich schon als Kind befummelt und mich selbst befriedigt. Das war, denke ich, schon mit zehn, zwölf Jahren. Aber als ich dann durch die Blutungen Frau wurde, bekam ich von meiner Mutter also diese Angst eingeredet. Ich habe das so verinnerlicht, dass ich nicht einmal mehr Selbstbefriedigung gemacht habe.

Meinen Mann habe ich mit achtzehn Jahren kennen gelernt. Wir sind erst ein halbes Jahr nur miteinander befreundet gewesen. Er war ein sehr liebevoller Mann, sehr einfühlsam, aber auch mit den Ängsten, die ich geschildert habe. Also haben wir Fummelspiele gemacht. Der erste Sex fand statt, als ich neunzehn war, und das war dann doch eigentlich sehr schön. Obwohl ich nicht sagen würde, dass es jetzt für mich der Kick oder wirklich *das* Erlebnis gewesen wäre. Auch bei den ersten Malen stand nach wie vor die Angst im Vordergrund.

Mit meinen Eltern habe ich nie über Sexualität geredet. Nie. Während ich das heute mit meinen Kindern eher ... also, ich rede nicht mit ihnen über Sexualität, aber sie machen mir so Andeutungen. Meine Tochter hat jetzt seit einem halben Jahr einen Freund. Gut, ich merke, dass da nicht viele Gemeinsamkeiten sind, bis auf die Sexualität. Sie treffen sich so zweimal die Woche und schlafen scheinbar miteinander. Und ich sage dann nur zu ihr: »Ich hoffe, dass da noch ein bisschen mehr ist.« Aber, na ja, gut, letztendlich entscheidet sie das ganz allein. Er ist ein liebevoller, auch ein sehr netter Junge. Ich denke, das ist in Ordnung. Meine Tochter ist jetzt achtzehn geworden.

Ich habe meine Kinder aufgeklärt, und es fand auch von Seiten der Schule Aufklärung statt. Ich denke, dass ich meinen Kindern auch Zärtlichkeit gezeigt habe. In ihrer Anwesenheit sind mein Partner und ich sehr liebevoll miteinander umgegangen, also wir haben uns auch geküsst und gestreichelt. Einfach liebevoll über den Arm streicheln oder die Schulter streicheln, dass sie sehen, dass man sich mag. Ich denke, das haben die Kinder erlebt. Und das ist sehr wichtig. Das sind Sachen, die ich bei meinen Eltern nicht erlebt habe.

Aber Erotik vor den Kindern ausleben, also dass ich meinen Partner ans Gesäß gefasst habe oder in den Schritt, das nicht, das finde ich auch nicht unbedingt passend und das sollte man auch nicht tun. Ganz gleich, wie alt sie sind. Da bin ich nach wie vor altmodisch, ich weiß nicht.

Wenn ich den Sex meiner Tochter mit meinem ersten Sex vergleiche – das war bei mir nur Angst. Neugier war es überhaupt nicht. Ich hatte ja auch kein Geld, mir die BRAVO zu kaufen, ich habe mir diese Erfahrungen von meinen Klassenkameradinnen geholt. Die hatten zum Teil schon handfesten und, wenn ich mich heute erinnere, auch schönen Sex. Ich saß neben einer Klassenkameradin, die hatte schon Sex mit vierzehn und der Junge war ein Jahr älter. Die sind dafür auch in den Wald gegangen. Und das war Sexualität, wie ich sie mir auch gewünscht hätte. Ich habe das weder mit meinem Mann leben können, noch aus mir selbst heraus. Aber ich weiß nicht, woraus meine Schulkameradin ihre Sicherheit gewonnen hat.

Ich habe noch eine Schwester, die drei Jahre jünger ist als ich. Interessant ist, dass wir beide das Gleiche erlebt haben zu Hause. Das Gleiche dann auch mit dem Partner. Das heißt, wir haben beide zwar liebevolle Männer geheiratet, die aber auch beide unerfahren waren. Wir haben beide mit diesen Männern keine Kinder haben können und sind dann von ihnen verlassen worden.

Ich habe mit meinem Mann zwei Kinder adoptiert, weil wir keine eigenen kriegen konnten. Dabei war bei uns organisch alles in Ordnung. Das Fatale ist, dass mein Mann dann mit einer anderen Frau eine Tochter hatte. Und ich war schwanger von einem anderen Mann und habe das Kind abgetrieben, weil ich ja schon zwei Kinder hatte. Ich bereue es heute. Ja, heute bereue ich es. Zwei Jahre nachdem wir das zweite Kind adoptiert hatten, bin ich zum ersten Mal schwanger geworden. Meinem Mann und mir fehlte einfach die Lockerheit.

Kein Wunder, in meinem Elternhaus habe ich keine Erotik gespürt. Das Wort kenne ich gar nicht von meinen Eltern. Da muss ich schmunzeln oder lachen, weil die für mich asexuell waren. Und für meine Schwester auch. Es gab keine Zärtlichkeiten zwischen meinen Eltern. Vielleicht einen Kuss zum Geburtstag.

Ganz abgesehen davon, kann ich mir auch gar nicht vorstellen, dass ich als Tochter im Hause meiner Eltern meine Sexualität so hätte leben können, wie das meine Tochter jetzt lebt. Ich habe ja hier in Zehlendorf ein eigenes Haus. Meistens halte ich mich am Abend unten auf und gucke Fernsehen oder lese. Sie könnte dann jederzeit mit ihrem Freund in ihrem Zimmer sein, aber sie geht komischerweise oft zu ihm. Der hat wohl im Haus seiner Eltern eine ganze Etage für sich.

Während es damals bei mir zu Hause gar keine Möglichkeit gab, die Zimmer abzuschließen, weil die Türen alle einen Drehknauf hatten. Und ich kann mir nicht vorstellen, dass ich da mit irgendjemandem Sex gehabt haben könnte. Da hätte ich mich so verkrampft, das wäre gar nicht gegangen.

Mein Vater war ein Mann, der seine Gefühle total unter Verschluss hatte. Deshalb haben meine Schwester und ich vielleicht ganz gegenteilige Männer gewählt. Letztendlich war er auch ein Macho, wie er im Buche steht. Ein Despot, der bestimmen wollte, obwohl er zu uns schon liebevoll war. Wir waren ja bewusst gewollte Kinder. Er war jedoch enttäuscht, dass ich ein Mädchen war, denn er wollte einen Jungen. Und er war noch enttäuschter, als meine Schwester kam und leider auch nur ein Mädchen war. Ich dagegen war froh, dass ich eine Schwester hatte und keinen Bruder. Wir haben bis heute ein sehr gutes Verhältnis.

Zur Sexualität meiner Eltern muss ich noch sagen, dass mein Vater schon achtundvierzig war, als ich kam, und meine Mutter knapp vierzig. Vorher – und das ist eine interessante Parallele in unserer Familie – war mein Vater mal kinderlos verheiratet. Er hatte diese Frau über eine Annonce kennen gelernt und sie konnten keine Kinder bekommen.

Nach dem Kriege lernte er dann meine Mutter kennen, die Ende dreißig war. Dann wurde sie schwanger und ich kam zur Welt. Mein Vater war irgendwie glücklich, weil er unter Beweis stellen konnte, dass es in der ersten Ehe nicht an ihm lag, dass keine Kinder kamen. Ich denke, für viele Männer ist es ganz schlimm, wenn sie glauben, schuld daran zu sein, dass eine Ehe kinderlos bleibt. Erst als ich ungefähr acht Jahre alt war, haben meine Eltern geheiratet. Aber wir haben nie mitbekommen, wann sich mein Vater letztendlich hat scheiden lassen von seiner ersten Frau.

Nein, ich habe Erotik wirklich nicht gesucht in meiner Ehe. Oft war ich auch zu müde dafür. Aber wenn sich mein Mann und ich am Nachmittag hingelegt haben, dann gab es eine Sexualität, die ich eigentlich auch schön fand, weil ich sie bewusst leben konnte.

Bis heute lehne ich für mich so ein Spielchen noch schnell nach Mitternacht ab. Ich möchte es lieber tagsüber bewusst leben. Meine eigene Sexualität habe ich erst gefunden, nachdem mein Mann sich von mir getrennt hatte. Und letztlich hat er das Gleiche mit der Frau erlebt, die er dann kennen lernte.

Das lag wohl auch an dem, was ich aus der Kindheit mitbrachte. Diesen erhobenen Zeigefinger meiner Mutter vor allem: »Männer wollen nur das Eine!« All diese Sprüche, die unsere Generation zu hören bekommen hat: »Die wollen nur mit dir schlafen.« Aber das wurde nicht mal genau angesprochen. Sie wollen nur »das Eine«, dann lassen sie dich fallen. Das war es. Nicht mal, was das Eine eigentlich war.

Meine Mutter war auch Krankenschwester und hat schon im Krankenhaus erlebt, was da so abging zwischen Ärzten und Krankenschwestern. Sie hat mir gegenüber auch einige Andeutungen gemacht. Also etwa, dass jüngere Schwestern einen Arzt anhimmelten und dann eine Affäre mit ihm hatten. Und dass er sie – nachdem er sie gehabt hat – nicht mehr ansah. Aber es wurde eben nicht gesagt, dass die miteinander geschlafen haben, geschweige denn in anderen Worten. Erst sehr viel später, nach meiner Trennung, habe ich mich damit auseinander gesetzt.

Mein Mann war eigentlich meine große Liebe. Und wenn ich ihn mir heute so angucke, wenn ich ihn so sehe und wir miteinander reden, dann denke ich schon ... Na ja, es ist schon kein Groll, weil wir nach wie vor viele Gespräche haben, aber keinen Sex. Wir hatten nach der Trennung nie mehr Sex. Interessant ist allerdings, dass ich in meinen Träumen mit meinem Mann Sex habe. Da scheint also irgendwo ein Wunsch vorhanden zu sein. In meinen Träumen habe ich schönen Sex mit meinem Ex und auch in ganz absurden Situationen, wo dann sogar auch meine Kinder dabei sind, wo wir unter einer Decke liegen und miteinander Sex haben. Also eher versteckt, nach dem Motto: Die Kinder sollen das nicht merken, aber sie reden mit uns.

Das sind ganz absonderliche und absurde Träume. Ich habe überhaupt viele sexuelle Träume. Gerade nach der Beziehung mit meinem letzten Partner, mit dem ich – was vielleicht auch interessant ist – schon die letzten zwei Jahre keinen Sex mehr hatte. Der konnte mit meiner offensiven Art, Sex haben zu wollen, nicht umgehen. Ich habe meine Wünsche angemeldet und er kam damit nicht zurecht. Dass ich ihn verführt habe, am hellichten Tag auf seiner Couch, das war für ihn unvorstellbar.

Das hatte ich eben gelernt nach meiner Ehe, nach der Trennung von meinem Mann, als ich drei Jahre mit einem ebenfalls liebevollen Partner zusammen war, mit dem ich wirklich ganz tollen Sex hatte. Uns fehlte jedoch diese andere Basis. Wir haben uns gut verstanden, auch intellektuell, aber es fehlte die emotionale Ebene. Und auch bei späteren Partnerschaften ist es immer daran gescheitert, dass etwas fehlte.

Bei dem letzten Partner war wirklich die gefühlsmäßige Ebene da. Ich habe seine Gefühle gut verstanden und er hat meine Emotionen gut verstanden. Aber er konnte mit meiner Sexualität nicht umgehen. Er wollte Sex abends, wenn man schlafen geht, also Licht aus und Sex im Dunkeln.

Und ich kann mir nichts Schöneres vorstellen, als zum Beispiel hier auf der Couch zu sitzen und dann anzufangen zu fummeln. Und dann auch zu sagen: »Entweder wir machen hier weiter oder wir gehen hoch ins Bett« oder so etwas, aber das konnte er nicht leben. Eine unwahrscheinliche Verklemmtheit.

Wir sind dann auch in eine Paartherapie gegangen, weil er mir schon sehr wichtig war. Wir waren ja sieben Jahre zusammen und hatten eben die letzten zwei Jahre keinen Sex mehr miteinander. Wir haben viel darüber gesprochen, aber er konnte auch danach nicht. Und ich habe dann irgendwann aufgegeben. Wenn ich mir das heute überlege, mache ich mir natürlich auch Vorwürfe. Ich frage mich, ob ich zu wenig behutsam gewesen bin. Aber dann denke ich wieder, dass ich wirklich behutsam war.

Ich kann mich erinnern, dass ich ihn ein halbes Jahr nicht angefasst habe. Wir sind mit einem Gute-Nacht-Kuss ins Bett gegangen und mit einem Guten-Morgen-Kuss wieder aufgestanden. Nicht mal berührt habe ich ihn, weil ich dachte, ich muss warten, muss ihm Zeit lassen.

Aber er hat mich auch nicht angefasst, hat mich in Ruhe gelassen.

Als wir uns dann trennten, hat er mir gesagt, dass er auch so große Angst hatte, denn bei den letzten Malen, wenn er in mich eingedrungen ist, bekam er sofort einen Orgasmus. Und ich war natürlich entsprechend enttäuscht, habe auch meiner Traurigkeit Ausdruck gegeben und geweint. Damit konnte er überhaupt nicht umgehen. Na ja, vielleicht habe ich mich da falsch verhalten. Vielleicht hätte ich meine Traurigkeit zurückhalten müssen. Ich weiß es nicht.

Nach der Trennung von meinem Mann hatte ich einige Beziehungen. Den ersten habe ich in einem Lokal kennen gelernt. Mit dem hatte ich eine schöne Sexualität. Dann habe ich Männer über Anzeigen kennen gelernt oder auch beim Tanzen. Einer davon war verheiratet und aus Kiel. Wir hatten auch einen sehr schönen Sex. Anfangs kam der dann alle vier Wochen und hat mir auch herrliche Briefe geschrieben. Das war schon eine große emotionale Nähe, aber letztlich war es ein tot geborenes Kind, weil er verheiratet war. Inzwischen ist er geschieden und lebt mit einer anderen Frau zusammen. Das ist in Ordnung für mich. Der wäre auf Dauer sicher kein Partner für mich gewesen, aber das stellt man meist erst hinterher fest.

Mit einem anderen Partner hatte ich ebenfalls eine traumhafte Sexualität. Den habe ich beim Tanzen kennen gelernt. Er war Lehrer. Als erstes begann er mich zu massieren, also Körperpflege und meine Haut berühren. Der war für mich, das kann ich sagen, der beste Liebhaber, den ich bis jetzt hatte. Es ist doch interessant, was für tolle Männer und Liebhaber ich hatte, aber eben auch weniger tolle.

Ich hatte zum Beispiel noch einen Partner, mit dem ich sogar hier im Haus zusammengelebt habe. Der zog zu mir – das ist jetzt zehn Jahre her – mit seinem fünfzehnjährigen Sohn. Meine beiden Kinder waren damals sechs und acht. Dieser pubertierende Junge hat sich natürlich ganz verschlossen. Dann hatte er noch einen zweiten Sohn, der gerade sein Abitur machte, der ist aber nicht mit zu mir gezogen.

Im Laufe der Zeit habe ich gemerkt, dass dieser Mann mich eigentlich nur brauchte, weil er für seinen Sohn ein schönes Zuhause wollte. Das Ambiente hier hat ihm gut gefallen. Sein Sohn wurde ja auch von mir versorgt, in jeder Hinsicht, emotional und mit Essen. Und seine Freunde durften herkommen, das hat ihm alles gut gefallen.

Doch mir wurde klar, dass ich zu wenig von dem Mann bekomme. Die Sexualität war von seiner Seite aus eher rücksichtslos. Das ist etwas, was ich gar nicht in Ordnung finde. Auch darum ist diese Beziehung auseinander gegangen. Nicht nur, weil ich mich von ihm emotional ausgenutzt fühlte, sondern weil er auch ein rücksichtsloser Mann war. Wenn er Sex haben wollte, hat er sich das genommen. Und ich habe das damals mit mir machen lassen. Das würde ich heute nicht mehr machen. Wenn ich darüber nachdenke, da kann ich nur sagen, ich war bescheuert.

Was meine Ehe angeht, habe ich auf jeden Fall einen Fehler gemacht. Wir haben die Kinder adoptiert – beim ersten war ich vierunddreißig – und ich habe mich auf diese Kinder gestürzt. Erst auf meinen Sohn, dann auf meine Tochter, die zwei Jahre später zu uns kam. Ich habe mich davon vereinnahmen lassen. Ich denke, ein Fehler war, dass ich mir da zu wenig Zeit für meinen Mann genommen habe.

Wir hätten uns damals so einen Oma-Dienst nehmen müssen und sagen: »Heute Abend gehen wir zusammen schön essen oder machen uns schick und gehen schön zusammen ins Theater.« Dass wir einfach miteinander im Gespräch bleiben. Und das habe ich versäumt, das muss ich wirklich sagen.

Mein Mann hat sich damals auch vernachlässigt gefühlt. Er kam nach Hause und fand mich zum Teil etwas genervt vor, weil ich manchmal ein bisschen überfordert war. Im Laufe der Zeit hat sich das dann gelegt, aber damals hat er dann eine Frau kennen gelernt, die auch noch zehn Jahre jünger ist als ich und schon in ihrer Jugend sexuell wesentlich aktiver war. Und sie hat, denke ich, das Richtige gemacht – sie hat ihn angetörnt. Meine Freunde haben gesagt: »Sein Verstand ist in die Hose gerutscht.«

Ist ja auch in Ordnung. Inzwischen ist er mit der Frau verheiratet, mehr oder weniger glücklich, und sie haben das Kind miteinander. Sie hat noch ein Kind aus einer anderen Beziehung und sie leben nun mit den Kindern zusammen in Westdeutschland.

Wenn ich einem Mann begegne, schaue ich übrigens zuerst auf die Augen und dann auf den Mund. Ich habe jetzt auch auf Anzeigen geantwortet und vier Herren kennen gelernt. Ich muss sagen, die Vorstellung, einen Mund zu küssen, war für mich immer wichtig. Also nicht nur den Mund zu küssen, sondern noch ein bisschen mehr. Es ist meist daran gescheitert, dass ich mir gesagt habe, auch wenn ich eine sehr schöne Gesprächsebene mit ihm hatte, hätte ich mir Küssen und mehr nicht vorstellen können. Ich kann mich nicht überwinden, irgendjemanden zu küssen und mit ihm Sex zu haben, der mich nicht anspricht.

Aber ich hoffe einfach auch weiterhin und glaube fest daran. Manchmal denke ich zwar: Vielleicht wirst du auch nie wieder jemand kennen lernen. Aber im Moment habe ich noch Hoffnung. Ich will die Hoffnung nicht aufgeben, sonst resigniert man doch. Und ich glaube –, das rede ich mir auch immer ein – es gibt irgendwo einen Mann, der genauso fühlt wie ich. Der nicht gleich eine Partnerschaft will, also nicht gleich mit mir zusammenziehen, sondern der mit mir in der Woche weggehen will und auch am Wochenende. Meine Kinder gehen ja irgendwann aus dem Haus.

Ich möchte nicht so eine Klammer, so eine enge Beziehung, weil ich auch bei meinen Freundinnen sehe, wie das ist, wenn die dreißig Jahre verheiratet sind, dass sich sexuell nichts mehr so bewegt, wie sie es sich wünschen. Da ist einiges eingeschlafen.

Es ist allerdings sehr unterschiedlich bei denen. Bei der einen Freundin will mehr der Mann. Sie ist so alt wie ich, möchte aber keine Sexualität mehr, für die ist das abgeschlossen. Sie hat drei Kinder. Die zweite Freundin – ihre Tochter ist schon aus dem Haus – sagt dagegen auch, dass sie sich andere Rituale dabei wünsche. Nicht so das Übliche, wo er immer nur sagt: »Ich gehe jetzt duschen, kommst du anschließend nach?« Ihr Mann geht also duschen und danach ins Bett und wartet, dass sie auch duscht und kommt. So etwas stelle ich mir schrecklich vor, aber das muss jeder für sich selbst wissen. Die dritte Freundin dagegen lebt das eher aus.

Ja, das Äußere kann bei einem Mann schon abstoßen. Es gibt auch Männer, die angeblich schön sein sollen und wo ich sage, die stoßen mich ab. Die also irgendetwas Brutales, Machomäßiges haben. Oder solche Schönlinge, diese Bodybuilder, das ist das, was mich eher abstößt. Ich bevorzuge eher weiche Männer, wo man auch sieht, dass die liebevoll sind.

Ich gucke ja, wie gesagt, zuerst auf die Augen und den Mund. Und dann sind die Hände wichtig. Auch wie ein Mensch spricht, ist für mich ganz wichtig, und was er sagt natürlich. Ich habe schon mal eine Beziehung zu einem großen, kräftigen Mann gehabt, obwohl ich gedacht habe: Dicke Männer könntest du nie attraktiv finden. Das war aber so ein liebevoller Mann – und ich habe ja auch keine Idealmaße.

Ich finde es lächerlich, wenn Männer annoncieren: »Suche Frau mit großem Busen.« Ich habe nun mal einen kleinen Busen. Da empfinde ich das schon als Diskriminierung, weil ich auch nicht sage: »Ich möchte gern einen 1,90 Meter großen Mann.« Der kann auch 1,70 sein, der kann klein, dick, dünn sein. Gut, er sollte jetzt nicht unbedingt kleiner sein als ich oder fett, das möchte ich nicht.

Beim Sex bin ich eher die Aktive. Sehr aktiv sogar. Ich denke, ich kann auch gut zeigen, was ich möchte. Wie gesagt, ich bevorzuge ganz normalen Sex, also keine Abartigkeiten. Einen passiven Mann versuche ich vorsichtig zu verführen. Ich denke, da bin ich schon sehr behutsam. Denn von einigen Männern habe ich die Rückmeldung bekommen, dass sie das toll finden, wie ich bin, eben aktiv, dass ich zeige, was ich will, und mitmache. Ich hatte zwei Beziehungen zu verheirateten Männern, die haben mir das ganz deutlich gesagt. Deswegen weiß ich, dass es nicht mein Problem ist.

Ich habe schon früher im Bauch gespürt, ob ein Mann der Richtige ist. Heute würde ich mich bald verabschieden, wenn ich ein negatives Gefühl hätte. Dazu habe ich lange Zeit gebraucht. Jetzt möchte ich erst mal, dass wir uns kennen lernen und dann erst Sexualität haben. Früher läuteten die Alarmglocken auch, aber weil ich verliebt war, habe ich immer gedacht, dass wir das alles schon hinkriegen.

Ich glaube, dass Männer ein Problem damit haben, wenn die Frau aktiv ist. Ich denke, dass es sie auch überrascht. Einige Männer haben mir sogar zu verstehen gegeben, dass eigentlich sie aktiv sein wollen. Dass sie das zum Teil fast, ja – hurenhaft finden. Ich hatte mal einen Mann, der hat mir ganz klar gesagt: »Du nimmst dir die Sexualität, wie das normalerweise Männer machen.« Der konnte damit gar nicht umgehen.

Ich denke, wenn ich jetzt noch einmal einen Mann kennen lernen würde, der mir gefällt, wäre ich da noch vorsichtiger. Ich würde auch nicht mehr über Erfahrungen reden, die ich mit anderen Männern gemacht habe. Das habe ich auch gelernt. Ich denke, dass ein Mann allein schon mit der Tatsache ein Problem hat, dass es mehrere Vorgänger gegeben hat. Und mehrere sind ja immer mehr als zwei oder drei. Das macht, denke ich, den Männern Angst. Natürlich müsste ich erst sehen, was für ein Mann das ist. Wenn es etwa einer wäre, der bisher nur mit zwei Frauen zu tun hatte, würde ich mich sehr zurückhalten.

Aber was für mich wichtig ist, das müsste er wissen: Dass ich auch schon mal Nein sage, wenn er Sex mit mir will. Vielleicht weil ich einfach zu müde bin, wenn es etwa nachts um Eins ist und man hat eine Flasche Wein zusammen getrunken.

Im Grunde lebe ich Sexualität – wenn ich sie lebe – heute viel bewusster und intensiver und lustvoller. Zur ersten Lebenshälfte ist das eine Steigerung um hundert Prozent, würde ich sagen. Daran haben auch die Wechseljahre nichts geändert. Ich stelle auch sonst nichts an mir fest, wo ich sagen könnte, das habe sich jetzt verändert. Nur dass mir jetzt vielleicht ein wenig die Erfahrung fehlt, weil ich seit zwei Jahren keinen Sex mehr hatte.

Von meinen Freundinnen habe ich gehört, dass ihre Scheide schon trockener wird. Bei der einen Freundin, die sexuell noch sehr aktiv ist, geht das trotzdem, weil sie mit Öl nachhilft. Aber das könnte ich nicht sagen, dass ich unter trockener Scheide leide. Ich habe auch keine Orgasmusstörungen wie viele andere Frauen, und ich werde nicht launischer, wenn ich längere Zeit keinen Sex habe.

Allerdings muss ich sagen, dass ich mich nach wie vor selbst befriedige. Das ist schon etwas, was ich wichtig finde. Dabei habe ich durchaus erotische Phantasien. Da fühle ich mich hervorragend, da geht es mir gut. Und trotzdem bin ich ein wenig traurig und sage mir: »Schade, dass du niemanden hast.« Aber ein schlechtes Gewissen habe ich überhaupt nicht mehr dabei. Dazu stehe ich einfach. Das ist etwas, das zu mir gehört.

Früher bin ich auch ab und zu in so einen Laden gegangen und habe mir ein Porno-Video ausgeliehen. Das fand ich ganz toll, mich mit einem Porno zu verlustieren, aber das habe ich schon lange nicht mehr gemacht. Einen Dildo benutze ich nicht.

Seit zwei Jahren menstruiere ich nicht mehr. Das hatte durchaus etwas Befreiendes für mich.

Ich flirte heute genauso wie früher, ich bin aber nicht der Mensch, der schnell mit jemandem schläft. Dazu muss ich sagen, dass ich auch schon meine One-Night-Stands hinter mich gebracht habe, aber das muss ich nicht mehr haben. Hinterher ging es mir nicht so gut, weil ich mich fragte: »Was tust du dir da an?« Deshalb habe ich es auch nie mit jüngeren Männern getan. Ich suche ja eine Partnerbeziehung und nicht nur Sex. Ich kann das nicht trennen, ich kann nicht mit jemandem schlafen und dann sagen – tschüs.

Ja, ich weiß, manche sagen, wenn man in einer Ehe, in der kein Sex mehr stattfindet, fremd gehe, rette man sie. Ich weiß nicht, ob ich das könnte. Ich konnte es mit meinem letzten Partner ja auch nicht. Nachdem wir sieben Jahre zusammen waren und die letzten zwei Jahre ohne Sex, hätte ich auch fremdgehen können. Aber wir haben uns ja trotzdem gut verstanden, er war so ein lieber Mensch – nee, das kann ich nicht.

Es hat sich auch keine Gelegenheit geboten. Wenn ich eine Gelegenheit gehabt hätte, dann will ich nicht ausschließen, dass ich fremdgegangen wäre. Einfach nur, um Sex zu haben. Männer, die ich über Annonce kennen gelernt habe, signalisierten mir ja auch, dass sie mich nett finden. Aber ich würde – auch wenn ich das Bedürfnis nach Sexualität hätte – nicht mehr mit einem Mann ins Bett gehen, nur weil der mich nett findet. Da habe ich sexuell doch nicht diesen starken Trieb. Da sind mir andere Dinge zu wichtig, um bei so einem tumben, geilen Bruder zu sagen: »Ich gehe mit dem ins Bett.« Das ist nicht meine Welt. Wenn wir eine emotionale und eine intellektuelle Ebene haben, dann ergibt sich das andere und kann vielleicht schön sein.

Die Reaktion der Umwelt auf Erotik im Alter ist unterschiedlich. Mit meinen Kindern habe ich nicht darüber diskutiert, warum beispielsweise meine Beziehung auseinander gegangen ist. Ich habe nur gesagt: »Wir haben uns einfach auseinander gelebt.« Darüber sprechen kann ich mit meinen Kindern nicht. Das ist ein zu großer Teil meiner Intimsphäre, das möchte ich einfach nicht mit meinen Kindern teilen. Und meine Freundinnen sprechen mich auch nicht darauf an, sie wissen ja, dass ich zurzeit keinen Sex habe.

Ich mache als Single nicht die Erfahrung, dass ich von befreundeten Paaren weniger eingeladen werde. Wir kennen uns zum Teil schon seit zwanzig Jahren, seit die Kinder klein waren. Meine älteste Freundin kenne ich schon seit fünfundzwanzig Jahren. Die Beziehungen laufen ja auch über uns Frauen und überwiegend unternehmen wir etwas gemeinsam, da spielen die Männer eigentlich keine Rolle. Ich muss allerdings feststellen, dass am Wochenende doch jede ihrer Wege geht. Da bin ich allein. Und in solchen Momenten – wenn man gemeinsam etwas unternehmen könnte – merke ich schon, dass ich keine Partnerschaft habe.

Ich lese im TAGESSPIEGEL auch die Partnerschaftsannoncen. Und da bedauere ich es schon sehr, dass Männer in meinem Alter meist eine Jüngere suchen – Frauen bis maximal Mitte vierzig. Ja, das finde ich bedauerlich. Einer von diesen Männern, der mich vom Text her angesprochen hätte, war so Anfang sechzig, aber der war mir einfach zu alt. Ich bin ja auch noch ein sehr aktiver und vielseitig interessierter Mensch. Ich will jetzt damit nicht sagen, dass ich nicht auch einen Sechzigjährigen nett finden könnte, aber der müsste eben ein ganz agiler Mensch sein, der irgendwo, ja, noch Power und Pep hat. Ich muss dazu sagen, dass ich mich in den Anzeigen jetzt etwas jünger gemacht habe, weil der letzte Mann, den ich getroffen habe, mir sagte: »Sie könnten noch gut mit achtundvierzig durchgehen.« Ich denke, ein Grund ist der, dass Männer gleichaltrige Frauen oft als Mamis erleben. Ich würde mich jetzt nicht unbedingt als Mami-Typ bezeichnen. Das sind wohl so Schubladen im Kopf eines Mannes: So eine Frau, die hast du gehabt und die willst du nicht noch mal haben.

Beim Sex mag ich durchaus Abwechslung. Ich möchte nicht immer die gleiche Stellung haben, also ich unten und er oben. Ich habe es auch gern mal auf einem Stuhl oder in der Badewanne, das ist für mich ganz wichtig. Das ist für mich lebendig gelebte Sexualität, und die konnte ich mit meinem letzten Partner leider nicht leben. Wobei ich auch nicht alles mag. Oralen Sex etwa, den habe ich auch praktiziert, doch das gibt mir nicht diesen Genuss wie normaler Sex.

Bei mir fängt es schon beim Küssen an, im Grunde auch einfach mit einem Blick, in den man schon etwas hineindeutet. Es kann natürlich auch eine Berührung sein, ein Streicheln. Zärtlichkeit ist ungeheuer wichtig. Ein Mann ohne Zärtlichkeit hätte bei mir keine Chance. Das ist das A und O.

Ob man sich dann zusammentut, ist eine andere Frage. Dem müsste schon eine sehr lange Zeit des Kennenlernens und auch des Prüfens vorausgehen. Ich müsste mich fragen, ob ich mit den Marotten des anderen leben kann. Jeder hat doch seine Marotten, ich auch. Aber ich denke, es gibt liebenswerte Dinge, mit denen ich gut leben könnte. Man muss zusammenpassen, mit den Vorlieben und Abneigungen.

Natürlich ist es in unserem Alter schwerer, einen Partner kennen zu lernen. Früher bin ich öfter ins *Café Keese* gegangen, in der Bismarckstraße, nahe dem Schillertheater. Dort gehen meist Leute in unserem Alter hin. Da habe ich mal zwei Männer kennen gelernt. Der Nachteil ist, es sind sehr viele Ausländer da und zum Teil Leute, die wirklich nur jemand für eine Nacht suchen.

Es gibt auch entsprechende Frauen, viele Polinnen etwa, also damals war das jedenfalls so. Ich war schon ein paar Jahre nicht mehr da, habe aber gehört, dass es inzwischen noch schlimmer geworden ist. Überwiegend Araber, Türken, die dann Polinnen abschleppen, auch Russinnen, also junge Frauen um die dreißig. Da ist man mit fünfzig schon zu alt.

Heute frage ich mich, wo bleibt eigentlich unsere Generation? Bei uns in der Nähe gibt es zwar einen Treff, aber wenn ich mir die Frauen dort angucke ... Was ich ganz schlimm finde, ist diese Konkurrenz unter den Frauen. Also nicht das Miteinander, sondern da wird sofort gegiftet, wenn ein Mann eine Frau anguckt. Das ist auch nicht mein Ding.

Beim TAGESSPIEGEL gibt es auch einen Singletreff, dort habe ich mich neulich mal erkundigt. 49 Euro wollen die im Monat haben. Das ist mir zu viel, auch wenn es dann so ein Heftchen gibt, das jedes halbe Jahr rauskommt. Aber für hundert Mark, da stelle ich demnächst lieber selber eine Anzeige in diese Zeitung, da habe ich vielleicht zehn Zuschriften und kann daraus etwas machen. Wenn nicht – dann eben nicht.

Ich kann mir nicht vorstellen, dass eine Zeit kommen wird, in der Erotik für mich gar keine Rolle mehr spielt. Das ist natürlich ein Wunsch, aber ob ich das jemals leben werde, weiß ich nicht. Kann sein, dass ich mit siebzig dasitzen und denken werde: Was du da vor fünfzehn Jahren gesagt hast, da hättest du nicht gedacht, dass du nun doch allein bist.

Aber in den Zeitungen findet man ab und zu auch Berichte von Paaren, die sich getroffen haben, als sie sechzig oder siebzig waren.

Also, ich gebe die Hoffnung einfach nicht auf. Ich bin ein offener Mensch und da hoffe ich auf einen ebenso offenen Partner. Und manchmal denke ich: Vielleicht gibt es ja irgendwo so einen Menschen, der seine Frau durch Krankheit verloren hat oder der eben auch einfach verlassen wurde.

Diesen Wunsch werde ich wahrscheinlich bis zum letzten Atemzug haben: einen Partner zu finden, mit dem ich mich nicht nur emotional und intellektuell austauschen, sondern auch zärtlich sein kann. Ich kann mir schon vorstellen, dass es mir dann auch mit siebzig und achtzig wichtig ist, sich zu streicheln, sich gegenseitig zu massieren, eben einfach liebevoll und zärtlich miteinander umzugehen. Wobei man dann nicht unbedingt Geschlechtsverkehr haben muss.

Ich möchte mit einem Menschen letztendlich auf der ganzen Ebene zusammen sein. Ich möchte mit ihm sportlich aktiv sein, kulturelle Sachen machen, ins Museum gehen, über einen Zeitungsartikel reden, über Politik streiten und eben miteinander sexuell aktiv sein. Ich habe es ja anders versucht, aber ich konnte nicht aus meiner Haut heraus.

ICH HABE NOCH GENUG
KOHLEN IM FEUER

Konrad, 59

Erotik war für mich immer so eine zweischneidige Sache. Wenn ich vom Kopf und auch vom Schwanz her die gleiche Steuerung in mir gespürt habe, dann war es ausgewogen. War ich nur auf den Körper eines Mannes scharf und es hat im Kopf nicht gebrummt, dann habe ich mir gesagt: O Gott, dieser Adonis. Und auf der anderen Seite gedacht: O Gott, der soll bloß nicht vor oder nach dem Ficken den Mund aufmachen, dann vergeht dir alles. Inzwischen bin ich ja schon in die Jahre gekommen und denke, ich muss mir diese Jugendsünden – mal husch rein und weg – nicht mehr antun. Aber gefallen will ich schon noch.

Also, ich bin derart eitel, dass man das eigentlich niemandem erzählen kann. Einfach aus der Furcht heraus, alt zu werden. Dabei ist das ja keine Schande, aber in meinem Alter sind die meisten Schwulen nicht mehr begehrt, da ist man längst abgetreten von der erotischen Bildfläche. Ich wünsche es mir nicht, und darum tue ich alles dagegen. Die Quintessenz ist, denke ich, dass ich heute noch immer vorzeigbar bin. Jeder fragt: »Was stimmt hier? Stimmt der Ausweis oder stimmt der Mann? Eins von beiden stimmt jedenfalls nicht.« (Lacht)

Eine gleichaltrige Dame würde wahrscheinlich staunen, welchen Aufwand ich dafür betreibe und was für einen hohen Preis ich dafür zahlen muss. Also, ich gehe jeden zweiten Morgen zwanzig Minuten in die Badewanne, mit ganz illustren Tinktürchen, mit Balsamen, damit die Haut atmen kann. Danach reibe ich mich mit reinem Sonnenblumenöl ein – übrigens das beste Rezept überhaupt, den Körper frisch zu halten. Natürlich darf man nicht vergessen, das Öl abends wieder herunterzuwischen. Und eine amerikanische Methode besagt, dass man jeden Morgen vor dem Frühstück fünf getrocknete Pflaumen essen soll, damit die Haut straff bleibt. Es kommt mir also kein Frühstück ohne getrocknete Pflaumen auf den Tisch.

Dazu habe ich mir sagen lassen, dass Rauchen den Altersprozess begünstige, darum habe ich vor vier Jahren mit dem Rauchen aufgehört. Und ich merke es an mir, auch im elastischen Bereich. Zudem sollte man Abend für Abend ein Gläschen Rotwein trinken. Na gut, da müsste ich noch eins von den beiden absetzen, dann würde das noch mehr meine Haut verjüngen. (Lacht) Ich gehe auch in Kosmetiksalons, benutze alle möglichen Cremes, nehme ägyptische Erde, da ist man im Winter gebräunt, so, als käme man direkt von den Pyramiden. Ich gehe auch oft zum Friseur und komme dann mit einer neuen Lockenpracht oder ein paar blonden Strähnchen an.

Eitel und sehr extravagant bin ich auch in meinem äußeren Auftreten. Das hat vielleicht der Beruf mit sich gebracht. Ich weiß, was ich tragen und womit ich auch provozieren kann. In einem Smoking mit einem Johannes-Heesters-Schal kann ich genauso faszinieren wie in einer zerrissenen Jeans, wo mir der Arsch rausguckt oder das Knie freigelegt ist, womit ich natürlich erotisch auf mich aufmerksam machen will. Als ich jung war und auf Männerpirsch ging, hatte ich das noch nicht nötig.

Gerade bin ich von einem Klassentreffen zurückgekommen. Der Anlass war 40 Jahre Abitur. Dort habe ich einen Mann getroffen, mit dem ich bis zum Schluss in eine Klasse gegangen bin. Den fand ich als Siebzehn-, Achtzehnjähriger erotisch, der war schön, der war prickelnd. Also, dem hätte ich damals gerne – das hört sich jetzt verrucht an – jeden Tag die Hose aufgerissen.

Diesen Schulkameraden treffe ich also nach so vielen Jahren wieder und sehe ihn als ein dünnes, verwelktes Männchen ohne Haare. Da habe ich gedacht: In welcher Zeit lebst du eigentlich? Wir haben uns dann sehr lange unterhalten, und während er erzählte, wurde er für mich immer interessanter und schöner. Aber immer, wenn er aufhörte, sah ich wieder das kleine, müde Männchen. Für den schien das Leben zu Ende zu sein. Und da habe ich gedacht wie Rumpelstilzchen: Ach wie gut, dass niemand weiß, dass ich für mein Alter eigentlich noch ganz gut drauf bin. (Lacht)

Manchmal kann ich selbst kaum glauben, was alles mit mir passiert ist, seit ich mein Elternhaus verlassen habe. Damals war ich ein blasser, blonder Jüngling. Und ich war unwahrscheinlich verklemmt.

Ich erinnere mich an eine Szene, die mich als Kind sehr geprägt hat. Da war ich vielleicht fünf oder sechs Jahre alt. Ich spielte im Hof einer Stadtrandsiedlung in Thüringen und wollte meine Eltern etwas fragen oder ihnen was erzählen. Jedenfalls rannte ich ins Haus, stürzte ins Wohnzimmer, wo ich sie nicht fand, rief: »Mama! Papa!«, lief weiter ins Schlafzimmer und da sehe ich – wie mein Vater auf meiner Mutter rumrammelt. Ich war völlig starr. Und während ich da ganz erschrocken stand, kletterte mein Vater von meiner Mutter herunter und hat mich bitterböse verprügelt. Das war ein aberwitziges, ein absurdes Bild: Ich sah, wie sein steifer Schwanz, den ich in diesem Moment zum ersten Mal sah, dabei langsam runterging. An diesem Tag habe ich meine Muter und meinen Vater zum ersten und zum letzten Mal nackt gesehen. Ich dachte danach: Was hast du denn so Abscheuliches getan? Und so hat sich das allmählich als Bild in mir verdichtet. Ist Sex was Besonderes? Ist es was Anrüchiges? Ist es was Heimliches? Erst als ich mich von meinen Eltern abgenabelt hatte, wurde ich allmählich dieses schlechte Gewissen los.

Wäre mein Elternhaus aufgeschlossener gewesen, hätte ich vielleicht meine ersten Beziehungen besser bewältigen können. Meine Eltern gehörten ja zur Kriegsgeneration und die war doch verklemmt hoch drei. Diese Szene übrigens, die ich damals in ihrem Schlafzimmer erlebte, verfolgt mich bis heute. Und heute bin ich fast sechzig.

Mein damaliger Russischlehrer geht mir auch nicht aus dem Sinn. Das war absolut mein Typ, von dem war ich fasziniert. Der war groß, der war irisch und hatte rotes Haar. Das war so ein Mann zum Anpacken. Und ich denke, nur darum waren meine Noten in Russisch so gut, weil ich den geliebt habe. Sicher hatte es auch damit zu tun, dass ich schon – ohne mir dessen bewusst zu sein – stärker auf einen männlichen Körper reflektierte.

Witzig war, dass ich im Kreis meiner Klassenkameraden immer als der Gute galt. Wenn wir Jungs damals mit den Mädchen spielten, gehörte ich nie zu denen, die sie jagten oder grob zu ihnen waren, sondern zu denen, die sie vor den Räubern beschützten. Bis heute habe ich zu Frauen ein wunderbares Verhältnis.

Natürlich haben meine Eltern mitbekommen, dass ich »andersherum« bin, wie das die Leute dort nennen. Aber es wurde nie darüber gesprochen. Ganz sicher war das kleinbürgerliche Milieu auch der Grund, dass ich damals mein Schwulsein nicht zugeben wollte. Auch mir selbst gegenüber nicht.

Dabei hat meine Mutter die ersten sexuellen Gefühle in mir erweckt. Da war ich vielleicht sieben. Ich lag mit ihr im Bett und kuschelte mich an sie. Auf einmal kam mir so ein eigenartiger Juckreiz und ich fummelte an meinem kleinen, zauberhaften Schniepel herum. Meine Mutter merkte das und durchbrach mit ihrem Geschimpfe diese wunderbare Stille, die ich mit mir hatte. Es war so angenehm, so ein Kribbeleffekt, was sich dann später tausendmal wiederholte. Doch als sie mich damals dabei ertappte, bekam ich wieder so ein Gefühl von einer großen Schweinerei.

Von da an habe ich das eigentlich nur noch klammheimlich getan. Wir hatten die Toilette über den Hof, und dort war ich unkontrolliert und habe später – so zwischen meinem achten und zwölften Lebensjahr – fleißig masturbiert. Obwohl ich ein Spätentwickler bin, kam das ziemlich zeitig bei mir. Das kann ich auch heute noch sehr gut. Und ich denke, das ist okay. Ich habe mir sogar ein Buch besorgt, wie man das selber am besten mit sich macht. Ich brauche keine Pornofilme, gar nichts. Ich konzentriere mich einfach auf mich, auf diese Lust, dieses schöne Gefühl.

Wenn meine Gedanken dabei so mit mir durchbrennen, dann denke ich meist an gut gebaute, schwarze Männer mit ungeheuren Schwänzen. Dabei wüsste ich im realen Leben damit gar nicht umzugehen. Aber das sind so meine dunklen Gedanken. Ich hatte nur ein einziges Mal eine Beziehung zu einem Schwarzen, das war ein farbiger Amerikaner. Den habe ich aber bald abgeblockt, denn das war ein Narziss hoch drei. Also, der war so krankhaft eitel, dass ich das nicht lange ertragen konnte.

In der Phantasie beim Masturbieren ist das was anderes, da können die Szenen nicht wild genug sein. Man lernt dabei zwar keine Leute kennen, aber ich denke, es ist gesund und ein Allheilmittel ist es auch. Denn mein sexuelles Verlangen, da rede ich jetzt nicht von Liebe, ist mit den Jahren immer stärker geworden. Allerdings habe ich derzeit keinen festen Partner. Ich erzwinge es auch nicht mehr, aber der Trieb ist fast immer da. Und ich denke, es muss wirklich bald wieder passieren. Es juckt so und brummelt in meinem Körper, dass ich am liebsten den ganzen Winter in eine Nacht legen möchte.

In den vergangenen Jahren war ich da in einer besseren Situation. Ich habe ein Theater geleitet und mein ganzes Herz da reingelegt. Da gab es eigentlich kein Privatleben mehr für mich, aber es war eine sehr erotische und sexuell wohl meine aktivste Zeit. Denn ich konnte mir die Männer in meinem Theater aussuchen. Ich habe diese meist kurzen Beziehungen, da waren auch One-Night-Stands darunter, so sauber gehalten, dass ich weder mich noch den jeweiligen Partner dabei beschädigt habe.

Daraus habe ich auch die Impulse für meine künstlerische Arbeit geschöpft. Ich bin immer gut dabei gefahren, wenn ich sowohl vom Kopf als auch vom Schwanz die gleiche Steuerung in mir gespürt habe. Ein Mann muss mich auch auf eine ganz besondere Art kippen können. Das heißt, wenn einer kommt und ist romantisch, dann verzaubert er mich. Dann gehe ich erst einmal dieses Gleis der Verzauberung mit. Oder es ist jemand ein Draufgänger oder jemand, der mich dadurch fasziniert, dass er sich Verrücktheiten ausdenkt. Das heißt, dass zwei und zwei nie vier ist, sondern mindestens dreizehn. Dann finde ich das spannend, so dass ich mir sage: »Der Mensch interessiert mich.« Dagegen stoßen mich Borniertheit, Selbstgefälligkeit oder Selbstherrlichkeit ab. Auch wenn mich einer plump anmachen oder aufdringlich an mir rumfummeln will, das finde ich widerlich.

Dazu muss ich allerdings sagen, dass keiner von diesen jungen Männern, die ich am Theater hatte, richtig schwul war. Singles waren darunter, einige waren verheiratet und manche hatten sogar Kinder. Diese Männertypen werden in Schwulenkreisen, meist etwas abwertend »Heten« genannt. Mir ist auch nicht klar, wie weit die dann im Alltag mit ihren Frauen wieder klarkommen. Vielleicht waren es auch »Spätzugereiste« wie ich.

Ich war Anfang zwanzig, als ich mich in die Beziehung mit einer Frau stürzte. Die war vier Jahre älter, noch in einer bereits kaputten Ehe und auch gleich von mir schwanger. Allerdings litt ich zunehmend darunter, dass sie einfach viel reifer, viel erwachsener war als ich. Ich war gerade mit dem Studium fertig und ein armer brotloser Künstler. Und ich spürte auch, wie sie mich menschlich erdrückte. Sie wollte das Kind nicht, aber Abtreibung war damals noch nicht möglich, und zwischen uns begann ein unerträglicher Nervenkrieg. Sie war die Stärkere. Als Mann, denke ich heute, war ich einfach zu unerfahren. Ich konnte mich überhaupt nicht beweisen und litt unwahrscheinlich. Das alles spielte sich zudem in einer sächsischen Stadt ab, die mir völlig fremd war.

Ich habe diese Frau geheiratet, bin zu ihr gezogen und habe mich einfach aufgegeben. Dabei hatte ich damals gerade ein tolles Angebot von einem großen Theater in Berlin bekommen, was ich ausgeschlagen habe. Warum ich das damals für mich so entschieden habe, hatte wahrscheinlich zwei Gründe: Zum einen war es eine Frau, die ich unwahrscheinlich liebte. Und zum anderen war es wohl die Angst davor, schwul zu werden.

Die große Enttäuschung war nur, dass mir diese Frau meine Schwächen massiv vorwarf. Und weil ich auch keine Freunde in der Stadt hatte, bin ich eines Tages in eine Kneipe gegangen, um meinen Frust abzulassen. Und ich – bis zum heutigen Tag ein Ästhet hoch drei – finde mich in dieser Nacht mit einem Mann am Gartenzaun wieder. Wenn mir das jemand ein halbes Jahr davor gesagt hätte, ich hätte ihn für verrückt erklärt. Es war eine Faszination. Erst dadurch bin ich auch den Brustring, der mir in der Beziehung zu meiner Frau die Luft genommen hatte, losgeworden. In jener Nacht war ich im Vollrausch. Und ich komme nach Hause und sage zu meiner Frau: »Ich bin schwul.«

Daraufhin habe ich meine wenigen Utensilien zusammengepackt und bin nach Berlin gegangen. Meine Frau war hochschwanger, als ich sie verließ, und wir haben sieben Jahre lang kaum Kontakt gehabt. Na ja, für sie war es ja auch nicht einfach. Heute haben wir wieder Kontakt miteinander, sind viel aufgeklärter und können uns in die Augen sehen.

Nach der Scheidung hatte ich noch mal was mit einer Frau, aber diese Beziehung endete auch schlecht. Ich machte damals an der Schauspielschule ein Szenenstudium aus *Kabale und Lie-*

be, und da war eine Schauspielstudentin aus dem zweiten Studienjahr, so der Typ spanische Jüdin. Ich war fasziniert von ihr und ihrer Begabung. Dieses Mädchen war wie ein halber Kerl, also weder Frau noch Mann, die war genau das Richtige für mich in dieser Situation. Ich verliebte mich unwahrscheinlich in sie.

Ich lud sie also ein, machte meinen ersten Hirschbraten in Rotwein und dachte, das sei meine große Stunde. Nach einem Vierteljahr der Annäherung, das atemberaubend und sehr romantisch war, wollte ich ihr nun mein Herz offenbaren und mit ihr schlafen. Aber sie teilte mir mit: »Gib dir keine Mühe mehr, ich bin lesbisch und gehe mit meiner Freundin zusammen ins Engagement an ein Theater.« Ich habe mich dann damit getröstet, dass ich mir gesagt habe: »Der liebe Gott will, dass ich am anderen Ufer ankomme und lebe.«

Der erste Mann, mit dem ich dann eine Beziehung hatte, war Monteur. Der sah aus wie einer aus dem Bilderbuch, aber ich konnte mich mit ihm nicht richtig unterhalten. Diese Beziehung hat auch böse geendet, mit einem Selbstmordversuch seinerseits, was mich sehr irritierte. Und da habe ich mich gefragt: »Bist du bindungsfähig oder solltest du lieber in ein Kloster gehen?« Ich bin nicht ins Kloster gegangen.

Aber als ich jung war und anfing, mein Unwesen zu treiben, gab es ja noch diesen Paragraphen 175, der besagte, dass Homosexualität strafrechtlich verfolgt wird. Zum Beispiel kannte ich damals einen Optiker, der musste ins Gefängnis, weil er heimlich mit Männern geschlafen hat. Der war verheiratet und hatte zwei Kinder.

Als dieser Paragraph dann abgeschafft wurde, entstand eine ganz absurde Situation in der DDR. Für die Regierenden gab es dann einfach keine Schwulen mehr und es wurde nie wieder Bezug auf sie genommen. Also, dieses Thema wurde einfach totgeschwiegen.

Zu der Zeit gab es den Paragraphen 175 noch in der BRD, und ich habe gespannt verfolgt, wie der Regisseur Rosa von Praunheim an die Öffentlichkeit ging und für die Abschaffung des Paragraphen und die Rechte der Schwulen in der BRD kämpfte.

In der DDR gab es aber Berufsgruppen, die so ein gewisses Freiwild waren, wenn man schwul war und noch dazu ein kleines bisschen feminin wirkte. Das war zum Beispiel die Kellnergilde, das waren die so genannten Künstler insgesamt, auch Lebenskünstler, und es waren die Mediziner. Also von den Ärzten angefangen bis zu den Krankenpflegern. Und die Gastronomie um den Bahnhof Friedrichstraße herum, dieser kleine Grenzverkehr zwischen Ost und West. Aber die Schwulenkneipen wurden dann ganz schnell in die Außenbezirke verlagert, wovon noch die *Busche* am Bahnhof Warschauer Straße übrig geblieben ist.

Als meine Tochter sieben Jahre alt war, durfte sie zum ersten Mal zu mir nach Berlin. Als ich sie in Empfang nahm, war das ein sehr rührender und beglückender Moment für mich. Das Bild sehe ich heute noch vor mir, wie ich diese kleine zarte Hand zum ersten Mal in meine große starke Männerhand nahm. Und als wir den Bahnhof verließen, sagte meine kleine Tochter zu mir: »Wenn wir Männer besuchen, habe ich keine Angst, denn ich weiß ja, du gehst mit Männern ins Bett.« Da war ich geplättet. Wir haben uns fünf Minuten gesehen und sie wollte mir wohl damit sagen: »Alter, ich weiß, wer du bist.« Natürlich hatte ihre Mutter sie aufgeklärt, weil sie nicht wusste, was dem Kind bei mir widerfährt. Sie dachte wohl, ich würde jeden Abend in meiner Wohnung Partys mit schwulen Männern veranstalten.

Doch davon war ich weit entfernt. Meine Tochter hat mich bis zu ihrem einundzwanzigsten Lebensjahr, als sie im Sommer 1989 die DDR über Ungarn verließ, regelmäßig besucht. Unser Verhältnis war sehr vertraut. Manchmal sind wir mit einem Glas

Sekt in die Badewanne und sie hat mir von ihren Bedrängnissen erzählt und ich habe offen über meine Probleme gesprochen.

Heute bin ich froh, dass ich sie habe, denn im Unterschied zu anderen Schwulen konnte ich meine Liebe auch an eigenes Fleisch und Blut abgeben. Heute ist meine Tochter eine gestandene Frau, die sich in Westdeutschland mit zwei Kindern allein durchschlägt. Und sie ist genauso ein verrückter Vogel wie der Vater. Nur dass sie eben noch ein jüngerer Vogel ist als ich, der noch seine Federn lassen muss.

Nicht lange nach der Scheidung, Anfang der siebziger Jahre, habe ich in Berlin einen Arzt aus Potsdam kennen gelernt, der war acht Jahre älter als ich. Mit dem war ich dann elf Jahre zusammen. Das war ein ausgesprochener Schöngeist. Auch vom Erscheinungsbild her war er sehr ästhetisch. Er hatte zwar eine etwas feminine Gestik, was ich nicht so mag, aber durch seinen Vollbart wirkte er auch sehr männlich. Zudem hatte er so ein italienisches Temperament, was mir auch sehr gefiel. Diese Beziehung war von einer ungeheuren Zärtlichkeit geprägt. Also, ich mag das, da bin ich wie Frauen, die das Bedürfnis haben, sich erst anzunähern, bevor es zur Sache geht. Bei mir spielt bis heute dieser zärtliche Moment davor eine große Rolle.

Ich wohnte mit ihm zusammen an einem wunderschönen See. Sieben Jahre lang war ich fasziniert von unserem Sex. Seine Wohnung war voll mit Antiquitäten, alles Biedermeier, was mich damals – ich war Mitte zwanzig – sehr inspirierte. Er konnte unwahrscheinliche romantische Stimmungen zaubern und hat aus mir einen reifen Mann gemacht. Das hat er ganz vorsichtig getan, ohne zu pädagogisch an mir zu arbeiten. Das war sehr liebevoll, aber auch heimtückisch, muss ich sagen. Später war ich nämlich der Lehrmeister und drückte ihm meine Stimmungen auf. Jeden Wunsch hat er mir von den Augen abgelesen. Wir sind gemeinsam in den Süden gefahren. Nach Italien ging ja nicht, also haben wir in Bulgarien oder Rumänien Urlaub gemacht.

Oder wir waren an der Ostsee, auf Hiddensee, dieser geistigen Ausruhinsel für Ostberliner damals.

Über die damit verbundenen Kosten sprach er nie. Ich war damals freischaffender Regisseur und tourte mit dem Koffer durch die gesamte Theaterlandschaft der DDR. Für mich allein hätte das Honorar gereicht, aber ich kann bis heute nicht gut mit Geld umgehen. Unverschämt war ich zwar nicht, aber einmal habe ich eine Forderung an ihn gestellt, weil ich wollte, dass unsere Beziehung überlebt. Ich habe zu ihm gesagt: »Wenn du schon nicht mit mir an den See vor deiner Haustür oder in die wunderschönen Wälder deiner Umgebung gehst, dann lass uns doch bitte einen gebrauchten Trabant kaufen, so dass wir einfach mal schnell vor die Tore der Mark Brandenburg kommen.« Das hat er getan und mir ungeheure Unternehmungen versprochen. Aber wir sind nur zu Ostern oder zu Weihnachten bis an die Müritz gekommen, weil dort seine Mutter wohnte. Das waren unsere tollen Ausflüge mit dem Trabbi. (Lacht)

Am liebsten wollte er mit mir zu Hause sitzen, Kohlroulade essen und beim Fernsehen mein Händchen halten. Das war für mich die größte Grausamkeit. Er wollte auch nicht mit mir ins Theater gehen. Ich hatte damals zwar den beruflichen Stress von Berlin, aber ich wollte mich abends oder an den Wochenenden ausleben mit diesem ganz nahen Menschen. Und ich kann mich nicht ausleben, wenn ich nur vor der verdammten Röhre hocke. Wahrscheinlich habe ich mir deshalb nie einen Fernseher angeschafft. Auf diese Weise jedenfalls hätten wir 300 Jahre zusammenleben können. Doch an dieser Eintönigkeit ist auch zum Schluss unsere Beziehung gescheitert.

Auch unser Sex war sehr eintönig und lahm geworden. Wenn ich gemerkt habe, dass im Bett ein Handtuch unter uns lag, war mir Vieles vergangen. Wenn Sex, dann richtig. Da soll es zärtlich zugehen, aber auch schweinisch. Ein Handtuch hat weder was mit Romantik, noch mit Schweinerei zu tun. Das war meine Auffassung dazu. Und darum bin ich dann fremdgegangen. Er wurde auch immer kränker, bis er dann eines Tages sagte, ich solle sein Liebhaber bleiben und nicht Krankenpfleger spielen.

Ab dem siebten Jahr unserer Beziehung ging ich fremd. Das war was Atemberaubendes, denn ich musste ja aufpassen, dass er keinen Verdacht schöpfte. Aber ich denke, er hat dann doch Verdacht geschöpft. Weil er Arzt war, hat er angefangen, meinen Samen zwischen Daumen und Zeigefinger zu untersuchen, also meinen Samen auseinandergezogen. Wenn das Sperma klumpt, ist man eigentlich krank. Und wenn sich das wie ein langer Faden spinnt, dann ist man gesund. Das war dann für mich ein Punkt, wo ich mich gefragt habe: Wer ist als erster ehrlich und sagt, wollen wir das nicht beenden? Mir tat es nur leid, weil er inzwischen so ein kränkelnder Mann war.

Aber er hat dann das Format gehabt und unsere Beziehung von sich aus beendet. Ich weiß nicht, ob er gehofft hat, dass ich sage: »Nein, wir sind schon so lange gemeinsam durchs Leben gegangen, durch Höhen und Tiefen, ich bleibe bei dir.« Ich war aber sichtlich befreit.

Dass ich es am Ende elf Jahre an der Seite dieses Mannes ausgehalten habe, muss mit seiner Faszination zusammengehangen haben. Denn alle anderen Beziehungen – nur zwei waren danach noch von Wert für mich – gingen nur so zwei, drei Jahre. So viele Jahre zusammen sind in einem Schwulenleben eigentlich unwahrscheinlich.

Es gibt Beispiele, wo auch schwule Leute zusammen alt werden, aber die sind ganz selten. Elf Jahre auf der Waagschale eines Lebens, das hat, denke ich, mit Kraft, mit Anerkennung, mit Ausdauer und mit gegenseitiger Achtung zu tun, was alles dann wohl in dem Wort Liebe gipfelte.

Heute ist es für mich unvorstellbar, einen acht Jahre älteren Mann an meiner Seite zu haben. Der müsste mindestens acht Jahre jünger sein, aber auch da müsste ich mich überwinden. Manchmal kann ich es kaum glauben, dass ich einmal einen ganz normalen Haushalt geführt habe, mit aller Zärtlichkeit, mit aller Liebe, mit aller Zuneigung.

Heute mache ich sexuell fast alles, was einen Mann ausmachen kann. Ich bin wild und kann auch ein Ferkel sein, wenn mich jemand so fasziniert, dass ich um mich herum alles vergesse. Das heißt, zwischen diesen beiden Polen bewegt sich alles. Dieser stille feine Oberästhet und dann dieses Schwein in mir. Aber das hängt immer mit der anderen Person zusammen, da kenne ich keine Grenzen. Ich würde mich auch für nichts schämen, überhaupt nicht. Denn ich mache das ja nur mit einer Person, die das ebenso mit mir machen möchte und der es auch gut tut.

Es gibt allerdings ein Tabu. Das war mal eine sehr schmerzliche Erfahrung aus den Jahren, als ich noch wild durch Ostberlin gehetzt bin und krampfhaft eine Partnerschaft suchte. Damals hat mich ein ganz interessanter Mann mit zu sich in die Wohnung genommen und der vögelte mich in den Arsch, was ich bis dahin nicht kannte. Ich habe geblutet wie eine Sau, musste ins Krankenhaus und hatte eine richtige Magen- und Darmverschiebung. Und das ist mir bis auf den heutigen Tag widerlich, weil ich auch Schmerzen hatte und geschrien habe. Dieser Mann war pervers, er hat nur seinen Trieb befriedigt und dabei nicht an mich gedacht. Und ich habe mir geschworen, diese Art Perversion darf nie wieder passieren. Nie wieder darf ich Objekt sein.

Seit dem Ende der Beziehung mit dem älteren Mann, der meine große Liebe war, habe ich immer alleine gelebt. Es gab nur eine einzige Ausnahme, und das war ein junger Mann aus dem Schwarzwald. Das war im Jahr der Wiedervereinigung, in dem auch ich mich unbedingt wiedervereinen wollte. Und da bin ich gleich so sehr übers Ziel hinaus geschossen, dass ich diese Wiedervereinigung in meinem Haushalt ertragen musste. (Lacht) In einer Wohnung mit drei großen Berliner Räumen, vollgestopft mit Biedermeier, da zieht also ein Student ein mit ein paar De-signer-Automaten aus dem gastronomischen Bereich. Und ich dachte: Bauhaus und Biedermeier, das sind Antipoden, die ver-tragen sich vielleicht nicht von vornherein.

Und so war die Beziehung nach einem Jahr. Es waren nur noch Tuchfetzen davon übrig. Das war die zu große Nähe, die ich zu-gelassen habe. Ganz innig, ganz warm, aber bitte jeder mit sei-nem eigenen Haushalt. Und wenn ich höre: »Wir wollen ehe-ähnliche Verhältnisse!«, dann denke ich: O Gott, wir armen Menschen. Die Schwulen sind ja anders als die Heterosexuel-len, die meist Verantwortung gegenüber Kindern haben. Schwu-le kommen zusammen und laufen auseinander. Ich bin gespannt, ob die Verantwortung für einen Haushalt eine Schwulenehe zu-sammenhält. Oder ob sie sich dermaßen betrügen, dass auch so eine Ehe auf dem Papier wieder als Nonsens erklärt wird. Er-kenntnisse darüber gibt es ja noch nicht.

Ich habe nichts dagegen, wenn Schwule heute heiraten. Wenn sie keine Kinder oder Enkel haben wie ich, kann man testamen-tarisch einiges regeln. Aber ich möchte es überhaupt nicht mehr. Eine Beziehung muss für mich produktiv sein. Sie darf es im Bett und muss es unbedingt im Kopf sein. Da will ich nicht, dass je-mand zu Hause auf mich wartet und das Abendessen 17.15 Uhr bereitgestellt hat. Wo ich dann ein schlechtes Gewissen habe, wenn ich noch in der S-Bahn sitze oder im Stau stecke. Ich ken-ne Verantwortung. Ich kenne auch Verbindlichkeiten. Aber so weit soll es nie wieder gehen.

Natürlich bin ich auf der Suche. Ständig. Ich bin kein Typ, der in Schwulenkneipen oder so geht. Wenn der Druck zu groß wird, dann inseriere ich schon mal. Es ist noch gar nicht lange her, da habe ich in einem Berliner Stadtmagazin inseriert. Das war ei-ne sehr ehrliche Annonce, also nicht schwülstig. Auf die haben sich acht Männer gemeldet, die ich dann aufgesucht habe. Das war eine ganz illustre Gesellschaft. Mit einem Rechtsanwalt aus

Westberlin habe ich eine Flasche Rotwein getrunken und über die Schwulenszene in Ost und West geredet. Der war mir sehr angenehm und ich ihm scheinbar auch, aber die Chemie zwischen uns beiden hat überhaupt nicht gestimmt.

Bei einem zwanzig Jahre Jüngeren bin ich ein Vierteljahr hängen geblieben. Wir sind sogar zusammen nach Paris gefahren, wo dann schon der erste Kleinkrieg begann. Und als wir zurück waren, habe ich Schluss gemacht. Er hat sehr viel geweint und angerufen, aber ich wollte ihm und mir die Qual ersparen. Ich habe mit Annoncen keine guten Erfahrungen gemacht. Es ist sehr kompliziert und die Zeit ist für Schwule sehr verderbt. Übrigens habe ich bei der Annonce mein Alter heruntergespielt. Das konnte ich ruhigen Gewissens tun, weil ja alle Welt sagt, ich sähe viel jünger aus. Ich weiß auch, dass ich noch viele Kohlen im Feuer habe, die richtig knistern oder brennen können.

Manchmal bedaure ich, dass ich so ein unruhiger Vogel bin. Ich glaube, ich bin kein Beziehungsmensch, denn sonst wäre ich bei dem Arzt, dem ich sehr viel zu verdanken habe, ab dem siebten Jahr nicht fremdgegangen. Auch in späteren Beziehungen war das so. Wenn es mich nicht mehr interessierte, brauchte ich neue Sinnesräusche. Und das ekelt mich ein bisschen an. Vielleicht lerne ich jetzt, da ich älter werde, um den Partner zu kämpfen.

Schade finde ich, dass es heute nur um Jugend, Jugend, Jugend geht. Die ganze Werbung ist ja darauf orientiert. Wunderbare Körper – männliche, weibliche. Diese Zauberhaftigkeit von älteren Menschen wird eigentlich vernachlässigt.

Wenn ich heute unterwegs bin, sehe ich viele faszinierende junge Menschen. Und da ziehe ich den Vergleich und sage: Wie interessant und schön warst du selbst mal. Das bleibt für dich heute unerreichbar, das kannst du nicht wieder bekommen, du kennst deinen Marktwert. Heute geht es ja nicht um Geistiges. Heute geht es vielmehr um Karriere und jugendliche Ausstrah-

lung. Und ich sage mir: Sie haben ihre Welt, sie haben ihren Körper, sie können konkurrieren damit. Aber auch sie leben nur eine kurze Zeitspanne damit.

Ich habe mich inzwischen vom dem Theater gelöst, das ich
viele Jahre geführt habe. Und ich bin am dritten Lebensabschnitt
meines beruflichen Lebens angekommen, so möchte ich das bezeichnen. Dazu gehört auch die Suche nach einer ernsthaften
Partnerschaft. In der Vergangenheit konnte ich mit meinem Beruf locken, das war ein Aushängeschild, ein Etikett. Heute be-
wege ich mich auf einem anderen Terrain und möchte ganz gern
wieder eine feste Partnerschaft haben, so ähnlich wie die mit
dem älteren Arzt.

Die Voraussetzung dafür ist vielleicht ein größeres Maß an To-
leranz; dass ich meine emotionale Welt nicht mehr so heroisch
nach oben stilisiere; dass ich meine Erwartungen an einen Mann
ein kleines bisschen herunterschraube. Ich habe mir überlegt,
dass sich Männer immer nach mir gerichtet haben, und ich denke, ich müsste etwas mehr dazu beitragen, auch auf den Partner
einzugehen. Aber ob ich noch einmal eine Liebe finde, weiß ich
nicht. Ein Leben ohne Erotik und Sex kann ich mir jedenfalls
nicht vorstellen. Es weckt in meinem Gehirn viele Wünsche,
Träume und Hoffnungen, die sich auch ganz eng mit meinem
Beruf, mit meiner Berufung verbinden. Würde ich das abschneiden, könnte ich nach Hause gehen und mich verabschieden.
Aber wer in mein Bett kommt, das bestimme immer noch ich.
Auch dort bin ich der Regisseur.

Ich habe keine Angst vor dem Älterwerden. Ich fühle mich fit
und habe noch viel vor. Ich habe nur Angst vor dem Moment,
wenn ich sagen muss: »So, jetzt bist du allein. Ab diesem Punkt
kannst du nur noch auf Freunde oder gute Bekannte hoffen. Und
lass alle Hoffnungen fahren.« Und da hätte ich Angst, dass ich
vielleicht meine Ästhetik vernachlässige. Doch es gibt so tolle
Menschen um mich herum, ganz wenige, die ich mir auserwählt

habe. Mit denen kann ich ungeheure Gespräche führen. Und es gibt gute Bücher. Das erfüllt dann vielleicht mein Leben.

Ich glaube, das ist etwas ganz Wesentliches, heute schon zu überlegen, über alle Ängste hinweg: Wie gestalte ich meinen Lebensabend – ohne begehrt zu sein? Im Augenblick habe ich noch das Glück und darf es genießen, doch was ist in zehn Jahren? Also, da setzt schon ein Umdenken bei mir ein. Aber ich denke nicht, dass ich daran kaputtgehe. Ich will nur genügend vorbereitet sein, wenn es so weit ist. Dass ich dann einfach eine andere Qualität dagegensetzen kann.

ICH MÖCHTE EINEN MANN,
DER MICH NICHT BRAUCHT

Beate, 51

Nein, monogam bin ich nun wirklich nicht – eher im Gegenteil. Vor einiger Zeit habe ich mal meine Männer gezählt,
die ich bis dahin hatte. Auf insgesamt 136 bin ich dabei gekommen. Das kann man ja wohl wirklich nicht monogam nennen.
(Lacht)

Den ersten sexuellen Kontakt hatte ich mit vierzehn. Was heißt
so früh? Wenn jemand vorbeigekommen wäre, der das hätte machen wollen, dann wäre das schon früher möglich gewesen. Also ich fand damals, dass ich reichlich gewartet hatte.

Mit diesem Jungen war ich schon drei Wochen zusammen.
Wir haben uns immer getroffen, ein bisschen geküsst und rum-
gefummelt. Dann sind wir mal nach Hause zu ihm, aber seine
Schwester war in der Wohnung. Er war sechzehn, die Schwester dreizehn und ich vierzehn. Der Schwester wurde gesagt, sie
solle im Nebenzimmer bleiben und nicht stören. Wir lagen dann
so schräg auf seinem Bett, und er versuchte, mich auszuziehen.
Das ging aber nicht, weil er nicht gecheckt hatte, dass meine
Bluse hinten zu knöpfen war. Ich habe da auch keine Veranlas-
sung gefühlt, ihm einen Tipp zu geben. Ich habe den so lange
herummachen lassen, bis er auf die Idee kam, mal zu gucken,
was hinten ist. Dann hat er die Jalousien runtergelassen und –
nun ja. Danach hat er mich zur Straßenbahn gebracht und ich
bin nach Hause gefahren.

Meine Mutter hat mich gefragt: »Was hast du denn heute gemacht?« – »Na, ich war bei meinem Freund und wir sind spa-

zieren gegangen.« – »Was denn, bei *dem* Regen?« Da habe ich einen Augenblick gestutzt und gedacht: Es war doch Sonne. Doch dann fiel mir ein, dass ich auf dem Nachhauseweg überall Pfützen gesehen und mich noch gewundert habe, woher die plötzlich kommen. Dann habe ich gelacht und gelacht, weil ich dachte, eine blödere Story konntest du dir wohl nicht einfallen lassen. (Lacht)

Natürlich habe ich meiner Mutter davon nichts erzählt, das war mein Ding. Dabei bin ich gut mit ihr ausgekommen. Meine Mutter war eigentlich eine sehr liebevolle Frau, sie hatte zu mir und meinen Geschwistern auch sehr viel Körperkontakt. Bis zu meinem dreißigsten Lebensjahr habe ich gedacht, dass ich ein sehr gutes Verhältnis zu meiner Mutter hätte. Sie hat auch sehr viel mit mir geredet, weil sie niemanden hatte, mit dem sie sich sonst hätte unterhalten können. Sie war, denke ich mal, ein Stück weit einsam und allein und sie war intellektuell überhaupt nicht gefordert. Sie hat sich auch ein Stück weit über mich verwirklicht, wenn man das so sehen will, denn ich habe gemacht, was sie nicht machen konnte. Sie hat mir sehr viel Anregung gegeben und auch sehr viel Freiheit für eigene Entscheidungen gelassen. Ich habe eigentlich alles von ihr gelernt, was man wissen muss, um einen Haushalt zu führen, um ein Kind zu erziehen. Ich habe als Kind auch sehr viel gearbeitet, was ich heute immer noch als positiv empfinde.

Heute sehe ich unser Verhältnis aber bisschen anders. Ich denke, dass meine Mutter sehr viel hat durchgehen lassen, weil es sie überhaupt nicht interessiert hat. Ich denke auch, dass sie nicht so warmherzig war, wie ich sie in Erinnerung habe. Ich habe seit vielen Jahren keinen Kontakt mehr zu meiner Mutter, obwohl sie hier in Berlin lebt. Es sind Dinge passiert, die nicht passiert wären, wenn sie wirklich an mir interessiert gewesen wäre. Selbst Freundinnen haben zu mir gesagt: »Was, *das* macht deine Mutter, so reagiert die? Das kann doch nicht sein! Ihr hattet doch immer ein gutes Verhältnis.« Ja, und nun muss ich sagen, dass ich mich offensichtlich geirrt habe. Ich habe unser Verhältnis anders eingeschätzt, als es gewesen ist.

Meinen Vater konnte ich dagegen noch nie leiden, an keinem Tag meiner Kindheit. Er war schon Anfang vierzig, als ich geboren wurde, und ein schlanker, gut aussehender Mann. Ich denke, er hatte einen großen Stein im Brett bei den Frauen, er war auch intelligent und gut ausgebildet.

Aber irgendwann, so um 1933, denke ich mal, muss etwas passiert sein, was ihn aus der Bahn geworfen hat, denn er hat den Krieg nie wirklich verloren. Ich würde heute sagen, er war faschistoid. Dadurch ist mein Bruder heute sicher im rechtsradikalen Milieu unterwegs.

Mein Vater war rechthaberisch und auf eine spezielle Art verlogen, der Schein sollte gewahrt bleiben. Also, die Beziehung meiner Eltern war sicher mal eine Liebesbeziehung, aber ich denke, das hat nicht allzu lange gedauert, denn sie war doch sehr von Machtkämpfen bestimmt. Mein Vater war ein merkwürdig dominanter Mann. Er hatte immer fixe Ideen, die er durchsetzen wollte, aber er hat sich dann nicht mehr darum gekümmert, was mit seinen Anweisungen geschehen ist.

Er war auch bis zu einem gewissen Grade gewalttätig, er hat mich und meinen Bruder geschlagen, oftmals wegen Lappalien. Meine Mutter hat nur passiven Widerstand geleistet. Ich denke, auch er war mit seinem Leben nicht besonders zufrieden

Von Erotik zwischen ihnen habe ich wenig mitbekommen. Ja, man begrüßte sich mit einem Kuss auf die Wange und verabschiedete sich damit. Wir Kinder haben lange im Schlafzimmer der Eltern geschlafen, aber Sex hatten die wahrscheinlich nicht, wenn wir da waren. Meine Mutter hatte mich auch schon aufgeklärt, als ich sieben Jahre alt war.

Trotz allem war meine Kindheit glücklich. Kindheit wird ja zum Glück nicht nur von den Eltern bestimmt, sondern auch von vielen anderen Dingen. Ich hatte ein sehr freies, ein sehr selbstbestimmtes Leben – ja.

Einmal hat mich mein Vater mit der Faust aufs Auge geschlagen, weil ich mit meinem Bruder, der Papas Liebling war, einen heftigen Streit hatte. Dabei bin ich mit dem Kopf an den Ofen geschlagen. Da war ich siebzehn. Mit dem blauen Veilchen musste ich damals ein Bewerbungsfoto für den Studentenausweis machen lassen, den habe ich heute noch. Ich bin dann für vierzehn Tage von zu Hause ausgezogen. Und die Direktorin meiner Schule hatte mir empfohlen, meinen Vater wegen Körperverletzung anzuzeigen. Ich habe es nicht getan, weil ich dachte: Erstens ist es der Vater und zweitens würde meine Mutter Probleme kriegen. Damals hätte ich aber schon merken müssen, dass etwas mit ihr nicht stimmt, dass sie sich immer auf die Seite der Macht stellt.

Tja, ich wollte dann meinem Vater nicht nur passiven Widerstand leisten, ich habe aktiven Widerstand geleistet. Ich habe fast anderthalb Jahren nicht mit meinen Eltern gesprochen, obwohl ich mit ihnen wieder in der Wohnung lebte. Danach bin ich zum Studium gegangen und damit war die Sache mit meinem Vater für mich abgegessen. Er hatte dann einen Schlaganfall, und ich denke, dass ich daran eine Aktie habe. Zwei- oder dreimal habe ich ihn noch im Pflegeheim besucht, aber ich hatte ihm nichts mehr zu sagen. Ich weiß zwar, wo er beerdigt ist, denn ich war noch auf seiner Beerdigung, weil ich sehen wollte, dass er wirklich verbuddelt wird, aber heute würde ich das Grab überhaupt nicht mehr finden. Ich habe null Emotionen für diesen Mann.

Meinen kleinen Bruder habe ich dagegen abgöttisch geliebt, den habe ich sozusagen ein Stück weit mit aufgezogen. Aber als ich zum Studium ging und plötzlich nicht mehr da war, hat er das nicht so richtig verstanden und auch nicht verkraftet, vor allem, dass ich dann auch kaum zurückkam. Mit diesem Bruch ist er nie fertig geworden. Ich habe also heute überhaupt keinen Kontakt mehr – weder zu meiner Mutter noch zu meinem Bruder.

Meine allerersten »sexuellen Erfahrungen« habe ich vom Lande, obwohl ich Sex nie mit Tieren in Verbindung gebracht habe. Bei meiner Großmutter habe ich zugeguckt, wie die Sau gedeckt wurde oder auch die Hündin, aber das war einfach eine Notwendigkeit, damit es neue Tiere gab. Wenn sich also heute meine Schüler totlachen, wenn der Hahn eine Henne besteigt – so etwas habe ich als Kind überhaupt nicht mit Sex in Verbindung gebracht.

Sex waren für mich Menschen. Mein Vater las immer das *Magazin*, das damals schwer zu kriegen war, weil da Aktfotos drin waren. Mit diesen Aktfotos habe ich mir später einen ganzen Hefter angelegt und fand es ganz toll, dass ich die meinen Freundinnen zeigen konnte. Natürlich waren das Aktfotos von Frauen, von Männern gab es ja keine. Ich fand diese Fotos immer ästhetisch, ich fand sie schön. In dem Punkt sind wir auch frei aufgewachsen.

Ich habe meine Eltern immer nackt gesehen, wir hatten ja kein Bad in der Wohnung. Wenn meine Mutter in der Waschküche gewaschen hatte, wurde noch einmal ein Kessel Wasser heiß gemacht, und da gab es zwei Zinkbadewannen, in denen haben wir dann gebadet. Mein Vater mit meinem Bruder in der einen Wanne und meine Mutter mit mir in der anderen.

Ich habe das mit meinen Kindern natürlich auch nicht anders gehalten, wir sehen uns fast täglich nackt. Ich gehe mit ihnen auch sehr offen beim Thema Sex und Erotik um. Ich möchte gern, dass sie dazu ein sehr natürliches Verhältnis haben und es als etwas Schönes empfinden. Und ich denke, das ist mir auch gelungen.

Von meiner ersten sexuellen Erfahrung bis zur zweiten sind dann ungefähr zwei Jahre vergangen. Mit sechzehn traf ich auf einen achtundzwanzigjährigen Mann, den habe ich am Alex kennen gelernt, am Neptun-Brunnen. Plötzlich stieß mich einer an und ich wurde nass gespritzt. Ich drehte mich wütend um und sah einen schwarzhaarigen, gut aussehenden Mann, der sich auch gleich entschuldigte.

Das wurde dann eine Beziehung, die über ein Jahr hielt. Von ihm habe ich alles gelernt, denn er war sexuell sehr vielseitig und auch fordernd. Das war ein türkischer Student aus Westberlin. Der hatte schon ein paar Frauen vor mir beglückt und wusste, was man mit den Teilen so macht. (Lacht) Er war auch sehr aufgeschlossen, nicht so wie die verklemmten Fundamentalisten. Der war ein Macher.

Also, ich bevorzuge Männer, die nicht sehr viel größer sind als ich – ich bin Einssechzig. Gerade hatte ich eine Beziehung mit jemand, der war 1,96 groß. Wenn ich den ganzen Tag mit ihm zu tun hatte, hat mir der Hals wehgetan, weil ich immer nach oben gucken musste. Bis maximal einsachtzig finde ich das in Ordnung, da war der Türke genau richtig. Leider ist er dann schon bald an Magenkrebs gestorben, was ich sehr traurig fand. Ich war damals in der zwölften Klasse und stand vor dem Abitur.

Danach habe ich gesehen, dass es nicht nur *einen* gut aussehenden, tollen Mann gibt, sondern jede Menge, und dass es Mühe macht, sich zu entscheiden. Ich habe damals noch gedacht, dass man immer nur einen Geliebten haben sollte, wegen der Ehrlichkeit oder was weiß ich. Also hatte ich kräftig immer einen nach dem anderen. Während des Studiums habe ich angefangen, als Fotomodell zu arbeiten. Ich denke mal, wenn ich heute die Fotos sehe, dass ich eine schöne Frau war. Also, ich hätte das damals nicht so formuliert, aber ich habe schon gewusst, dass ich gut aussehe und dass ich vor allem auf Leute wirke. Natürlich habe ich das genossen.

Auch bei der Kleidung hatte ich schon sehr früh eigene Vorstellungen, wie ich aussehen und was ich anziehen wollte. Ich erinnere mich an die Zeit, als Miniröcke modern waren und die kleinen Mädchen alle das Knie zeigen sollten. Da habe ich gesagt: »Nein! Entweder der Rock geht bis zur Wade oder ich ziehe ihn nicht an.« Meine Großmutter, meine Mutter und meine Tante sind damals wie aufgescheuchte Hühner um mich herumgesprungen und haben um jeden Zentimeter gefeilscht. Es gibt noch Fotos, wo wirklich alle mit kurzen Röcken herumliefen und meiner ging bis zur halben Wade. Meine Mutter hat sich immer wahnsinnig geschämt und gesagt: »Die Leute denken bestimmt, dass wir nichts Vernünftiges anzuziehen haben.« Mein Stil war auch immer feminin, schon als Kind. Ich habe selten Hosen angezogen, nur, wenn es im Winter kalt war. Und ich habe schon sehr früh Absatzschuhe getragen.

Später war ich eigentlich immer verliebt, sonst wäre eine Beziehung für mich gar nicht möglich gewesen. Ich habe mich schnell verliebt und verliebe mich auch heute noch schnell. Ich kann jemanden sehen und sagen: »Ja, mit dem könnte ich, und mit dem kann ich nicht.« Manches verschiebt sich natürlich noch. Wenn einer den Mund aufmacht und sagt etwas Blödes, dann fällt er hinten runter, ich kann mich innerhalb weniger Minuten entscheiden.

Ich erwarte von einem Mann, dass er sexuell aufgeschlossen ist, willig ist und dass er Löcher in die Wand bohren kann. Ich habe eine Neubauwohnung und eine Bohrmaschine, aber meine Kräfte reichen für diese Wände nicht aus. Was den Körper angeht, war ich früher noch radikaler und stärker fixiert. Heute ist das nicht mehr so krass, aber ein Mann muss schlank sein. Mit einem Mann, der Bauch hat, kann ich nicht, da ist meine Grenze.

Wobei ich heute auch schon verschiedene Abstriche mache. Haare bis zur Schulter fand ich immer ganz furchtbar, und einer meiner Geliebten hat heute welche. Gut, da gucke ich eben nicht mehr so genau hin.

Viel verändert hat sich meine Sexualität im Laufe der Jahre eigentlich nicht. Anders ist nur, dass ich heute noch offensiver darüber spreche als damals. Masturbiert habe ich beispielsweise kaum, bis vor einem Jahr eigentlich überhaupt nicht. Ich hätte gar nicht gewusst, wie man das macht, ich hatte ja immer Männer bei der Hand. Wenn kein Mann da ist, der mir gefällt, habe ich eigentlich auch kein sexuelles Bedürfnis. Ich habe ein Bedürfnis nach Nähe, nach Schmusen. Das könnte ich aber auch über die Kinder, über Freundinnen, über meine Großmutter oder meinetwegen über Tiere ausleben. Ich nehme gern jemanden in den Arm und ich fasse Leute auch wirklich an. Manche sagen: »Warum machst du denn das? Das ist doch nicht normal.« Also nicht unsittlich berühren, sondern nur anfassen, weil ich denke, Haut ist etwas ganz Tolles. Aber sexuelle Bedürfnisse habe ich eigentlich nur, wenn »Material« vorhanden ist. (Lacht)

Ich habe auch schon zwei Verhältnisse mit Frauen gehabt. Bei Frauen gibt es das Problem, dass sie sich zu spät outen. Ich hatte eine Arbeitskollegin, mit der ich mal im Bett war, nachdem wir uns schon anderthalb Jahre kannten. Erst dann ist sie damit rausgekommen, und da war es eigentlich schon zu spät. Aus Geliebten können bei mir zwar Freunde werden, aber aus Freunden keine Geliebten – mit Freunden schläft man einfach nicht. Freundschaft ist ja auch eine besondere Art von Liebe. Wenn ich jemanden schon so genau kenne, kann ich mal mit dem schlafen, aber das ist wirklich keine wiederholbare Angelegenheit.

Also, da müsste schon eine Frau kommen und sagen: »Hej, Baby, du bist es!«, dann könnte so etwas funktionieren. Es gibt auch Frauen, die mir gefallen, rein optisch oder von ihrer Art, aber da käme ich gar nicht auf die Idee, mich in sie zu verlieben. Ich bin nicht wirklich lesbisch, aber ich denke, jeder ist mehr oder minder bisexuell.

Ich könnte mir vorstellen, dass ich mich in eine Frau verliebe und mit ihr ein Verhältnis anfange, da ich mich eh mit Frauen besser verstehe, mit denen weniger Probleme habe als mit Männern. Ich kann Frauen auch länger und näher ertragen als Männer. Ich bin mal mit einer Freundin vier Wochen in Urlaub gefahren, und es gab nicht einen Moment, wo wir uns gestritten hätten. Beim Mann ist das Maß schon nach einer Woche erreicht.

Angst vor Schwangerschaft hatte ich eigentlich kaum. Ich habe nur zweimal in meinem Leben kurzfristig die Pille genommen. Und zweimal hatte das fatale Folgen, weil es bei mir einen Fresszwang freigesetzt hat. Ich habe mich in kürzester Zeit zu einer Kugel aufgeblasen und 15 Kilo zugenommen. Dann habe ich die Pille abgesetzt und oft auf Kondomen bestanden, ansonsten habe ich gedacht: Kriegen wir in den Griff.

Erst mit zweiundzwanzig bin ich schwanger geworden, am Ende des Studiums. Das war reiner Zufall. Ich war damals mit einem Sudanesen zusammen – das war die große Liebe. Er kam aus einer ganz reichen Familie und hat in Leipzig privat studiert und promoviert, aber er musste wieder nach Afrika zurück. Danach habe ich einen Landsmann von ihm getroffen, mit dem hatte ich ein kleines Verhältnis. Aber ich wusste, dass ich Leipzig bald verlassen werde und auch er nach Afrika zurück musste.

In meinem letzten Studentensommer wurde ich also schwanger, wusste aber nicht genau, von wem, denn ich hatte in der Zeit mit mehreren geschlafen. Aber mir war das auch egal. Man kennt die Mutter, das ist das Entscheidende. Alle meine Geliebten waren prädestiniert, Vater zu werden. Abgesehen davon, dass ich nicht vorhatte, mit einem davon zusammenzuleben. Ich wusste ja schon, dass ich nach dem Studium als Lehrerin in den Bezirk Cottbus musste. Ich wusste auch, da kann es Probleme geben, wenn die in dem Dorf wissen, dass ich einen schwarzen Mann habe.

Gut, wenn ich mich zu ihm hätte bekennen wollen, wäre das eine andere Entscheidung gewesen, da hätte ich gesagt: »Was die Leute denken, ist mir wurst.« Aber ich habe ja damals schon gewusst, mit *dem* nicht. Ich dachte auch, der ist sehr reich und kann zweimal im Jahr herkommen, um sein Kind zu sehen, was ich ihm moralisch nicht hätte verwehren können.

Andererseits, wenn ich dann mit einem anderen Mann gelebt hätte und da wäre einer zweimal im Jahr gekommen, um sein Kind zu sehen ... Ich dachte mir, das muss nicht sein. Also habe ich auf seine Frage, ob das Kind von ihm sei, Nein geantwortet.

Als das Kind kam, konnte ich gar nicht feststellen, ob es von dem Sudanesen war, auch Afrikaner bekommen ja weiße Kinder. Bei solchen Mischverhältnissen dauert das manchmal Jahre, ehe sie dunkler werden. Mein Kind war jedenfalls total weiß. Es hatte zwar dunkle Augen und schwarze Haare, aber da habe ich mir keine Gedanken gemacht. Das war mein Kind! Und ob ich nun weiß, wer der Vater ist, war völlig egal.

Ich habe dann nach einem Namen für das Kind gesucht, bei dem keiner auf die Idee kam, das nachzumachen. Erst habe ich an einen indischen Namen gedacht, aber da kannte ich nicht so viele, dass ich einen tollen hätte auswählen können. Ich habe mich dann für einen arabischen entschieden – die Europäer reagieren ja böse auf die Araber. Ich habe mir gedacht: Der Name muss dir gefallen und deinen Vater ärgern. Das war also auch eine Provokation. Und mein Vater hat sich geärgert!

Eine Freundin hat mich dann darauf hingewiesen, von wem das Kind nun wirklich war. Denn Mischlingskinder haben so genannte Mongolen-Flecken, das wissen manche Ärzte noch nicht mal. Das sind Hautverfärbungen im Bereich der Hüfte und am Hintern. Mit zwei bis zweieinhalb Jahren fing mein Sohn an, dunkler zu werden, und bekam auch Locken. Heute ist er hellbraun.

In der Kleinstadt, wo ich unterrichtete, hatte ich bald ein Verhältnis mit einem Busfahrer. Seine Mutter war ungarische Zigeunerin und sein Vater Russe – ein Supertyp. Natürlich haben mich meine Kollegen gleich gewarnt: »Der taugt nichts, der ist verheiratet und hat überall welche laufen.« Da habe ich gedacht: Das ist genau der Richtige. Wenn er verheiratet ist, will er mich nicht heiraten. Wunderbar!

Ich habe mir gesagt, warum soll ich eigentlich heiraten? Früher hatte die Ehe ja noch eine Versorgungsfunktion, da konnte einer alleine gar nicht leben. Heute kann ich das, ich brauche keinen. Ich bin auch heute noch der Meinung, dass ich niemanden möchte, der mich braucht. Ich möchte jemanden, der mich nicht braucht und trotzdem mit mir zusammen sein will. Eine Beziehung zu jemandem soll das Leben ja bereichern, verschönern, leichter machen, was auch immer. Aber nicht, weil ich den brauche.

Ich bin immer so lange mit jemandem zusammengeblieben, solange das Verhältnis mehr gut als schlecht war. Die Bilanz muss im Prinzip positiv sein. Wenn das kippt oder wenn das negativ wird und Stress macht oder jemand auf die Idee kommt, mich heiraten zu wollen – dann ist Schluss. Familie hatte ich durch meine Kinder. Heiraten kam für mich jedenfalls nie in Frage. Das wäre genauso, als wenn ich sage, ich ziehe nur noch grüne Socken an.

Wer heiraten möchte, bitte schön, nur zu, ich komme gern zur Feier, ich war auch schon mal Trauzeugin. Für mich selbst hat das keinen Wert. Wenn es nicht mehr geht, lasse ich mich scheiden. Warum muss ich dann erst heiraten? Viele bleiben doch nur aus wirtschaftlichen Gründen zusammen. Das muss ich nicht.

Nach zwei Jahren Arbeit in der Provinz konnte ich wieder nach Berlin ziehen und dort als Lehrerin arbeiten. Und am sechsten Geburtstag meines ersten Sohnes kam mein zweiter zur Welt, der einen deutschen Vater hatte. Mein drittes Kind ist das Ein-

zige, das ich wirklich »gebastelt« habe. Mein damaliger Geliebter war ein Vietnamese, und der hat gesagt, wenn er viele Kinder haben will, dann muss er die im Ausland kriegen. In Vietnam geht das nicht, wegen der Ein-Kind-Familie und so. Da habe ich gesagt: »Das ist ja bestens, du siehst gut aus und bist ein
wahnsinnig intelligenter Typ, also alle Zeichen sprechen dafür.
Komm, lass uns ein Kind machen.«

Der war so groß wie ich, Vietnamesen sind ja klein, also Absatzschuhe konnte ich mit dem nicht anziehen. Natürlich war
klar, dass von seinen Landsleuten niemand wissen durfte, dass
er ein Kind hat, den hätten sie sonst sofort zurückgeschickt. Das
war für ihn schon ein Risiko. Und dann haben wir also ein Kind
gemacht. Es ist ein sehr schönes Kind geworden, leider auch ein
holzköpfiges. Der Vater ist ganz ruhig und zurückhaltend und
weichherzig, aber das Kind kommt charakterlich sehr nach mir.
Leider musste der Vater nach der Geburt zurück nach Vietnam.

Ja, das stimmt, keiner der Männer hat Alimente gezahlt. Der
Vater meines vierten Kindes – das war auch ein Vietnamese –
hat ebenfalls nicht gezahlt. Mit dem hat es gleich beim zweiten
Mal geklappt. Geschützt hatte ich mich nicht, wozu auch, Aids
war ja damals noch kein Thema. Ich habe den dann auch nur
noch zweimal wiedergesehen, denn die Vietnamesen wollten
sich in der Regel nicht mit deutschen Frauen binden. Das ging
von Vietnam aus, das ist ja ein armes Land. Wenn hier ein Vietnamese heiratete, dann war dort klar, dass er in Europa bleibt
und nicht wieder zurückgeht. Also für den vietnamesischen Staat
bedeutete das, die verlieren dann ihre Leute.

Zu der Zeit hatte ich aber schon eine Beziehung mit dem Vater meines fünften Kindes. Nur für dieses Kind gibt es überhaupt
eine Vaterschaftsanerkennung, weil der Vater das wollte und ich
in meiner Blödheit darauf eingegangen bin. Das würde ich nicht
noch mal machen. Der hat dann auch Alimente gezahlt, aber ich
meine, darauf könnten wir nun auch noch verzichten.

Ja, das Problem ist, dass alles, was ich anfange, irgendwo ausufert, aber wirklich alles. Die einzige Möglichkeit für mich, es irgendwie zu beherrschen, ist, es nicht zu tun. Ich hätte das zweite Kind nicht kriegen dürfen, da wurde sozusagen der Hebel umgelegt. Wenn die Wende nicht gekommen wäre, hätte ich bestimmt noch eins oder zwei nachgeschoben, aber durch die Wende waren dann die Möglichkeiten gekappt.

Die längste Beziehung am Stück hatte ich mit dem Vater meines fünften Kindes. Dieser Mann ist liebenswert und nett, aber eigentlich kann man es mit ihm nicht aushalten. Ich hatte erst gestern wieder ein Telefonat mit ihm, wo ich mitten im Gespräch aufgelegt habe. Mit ihm war ich sechs Jahre zusammen, wovon ich vier Jahre so zehn Zentimeter über dem Teppich geschwebt bin. Dieser Mann hat unsere Beziehung auch immer wieder unterbrochen, denn er hatte »ein kleines Problem«: Er hatte eine andere Frau kennen gelernt und musste mit mir Schluss machen, weil das ja die Frau fürs Leben sein könnte.

Aber nach drei Wochen stellte sich natürlich raus, dass es nicht die Frau fürs Leben war, nicht mal die Frau für drei Wochen. Dann kam er wieder zu mir zurück und so immer hin und her. Und als er wieder mal die Beziehung zu mir unterbrochen hatte, habe ich gedacht: Na ja, überbrücken wir eben die Zeit. Und diese Überbrückung war dann eben der Vater meines vierten Kindes.

Dabei wäre das vierte Kind fast nicht zur Welt gekommen. Denn als mein Geliebter wieder zu mir zurückgekehrt war, haben wir uns geeinigt, dass ich das Kind von dem zweiten Vietnamesen nicht bekomme. Ich war schon beim Arzt gewesen und hatte einen Test machen lassen, der nicht ganz eindeutig ausfiel. Es wurde ein zweiter Test gemacht und ich sollte dann wegen des Ergebnisses hinkommen. Inzwischen hatte mein Geliebter aber wieder Stress gemacht und war nicht zu sprechen. Ich hatte gerade mein drittes Kind auf dem Arm und sagte: »Na, rufen wir ihn doch mal an. Wenn er ans Telefon geht und nett ist, mache ich den Abbruch. Wenn nicht, dann wollen wir mal sehen.« Jedenfalls ging er nicht ans Telefon, er hatte mal wieder den Stecker gezogen.

Ich bin dann zum Arzt, der hatte schon den Zettel für die Schwangerschaftsunterbrechung vorbereitet, und ich sagte: »Nix ist mit Zettel, nix Interruption.« – »Was, Sie wollen wirklich das Kind? Sie haben doch schon drei.« »Ja, und jetzt wollen wir auch das vierte«, sagte ich. Das konnte der Arzt gar nicht verstehen, der hat noch mit mir diskutiert, dass es zu viel sei, alleinstehend mit vier Kindern. »Nein«, habe ich gesagt, »dieses Kind *muss* sein!«

Es ist dann eine Frühgeburt geworden. Ich hatte zu viel Fruchtwasser, musste ins Krankenhaus und habe am Antiwehentropf gehangen. Dieses Kind ist dann sozusagen unser ganz besonderer Liebling geworden.

Als ich dann noch mal von diesem Geliebten schwanger wurde, habe ich gedacht, dass es auch gut für ihn wäre, ein zweites Kind zu haben. Er hatte schon eines aus einer anderen Beziehung, mit dessen Mutter er große Probleme hatte. Da hat er dann mehr oder weniger zugestimmt, sich geschlagen gegeben oder wie auch immer. Heute ist er mir dankbar dafür, dass sein zweites Kind auf der Welt ist.

Aber es gab wegen des gemeinsamen Kindes viel Stress mit dem Vater. Ohne das Kind hätte es den vielleicht nicht gegeben. Ich habe die Beziehung zwar beendet, aber ich konnte das nicht endgültig machen, da er ja immer wieder über dieses Kind mit mir Kontakt aufnehmen konnte und musste.

Ja, wer war am besten im Bett? Also, ich muss sagen, dass ich immer Geschichten von schlechtem Sex höre, das kann ich gar nicht so richtig nachvollziehen, denn was ist schlechter Sex? Wenn mir irgendetwas nicht gefällt, dann unterbinde ich das oder mache das anders. Ich kann nur sagen, mit allen Männern, mit denen ich im Bett war, war das sexuell gut. Man muss darüber, was man will, auch gar nicht sprechen. Wenn der Mann mich irgendwo anfassen soll, dann nehme ich seine Hand und lege die dorthin.

Mein stärkstes erotisches Erlebnis habe ich übrigens mit einem impotenten Iraner gehabt. Der hat sich nämlich ganz besondere Mühe gegeben, auch im Vorfeld. Und er hat mir auch von vornherein gesagt, warum er nicht verheiratet ist. Ja, mit ihm war es ein sehr schönes Erlebnis. Er war zwar impotent, aber er hatte zwei gesunde Hände, nicht wahr? – Und eine Zunge. Ich meine, der war ja in einer Situation, die ich für mich so nicht hätte haben wollen.

Er hatte diesbezüglich in seinem Leben bestimmt schon eine Menge Sachen erlebt, die nicht so gut waren, und war trotzdem so offen. Dass er es zugegeben hat, war schon sehr beeindruckend und hat mich erotisch sehr angemacht. Sex findet ja im Kopf statt, und dazu kommt die Stimmung, was so drum herum passiert.

Sexuelle Beziehungen lasse ich auch auf mich zukommen. Ich denke mal, wenn man krampfhaft sucht und unbedingt jemanden finden will, findet man in der Regel nichts. Man muss ganz einfach offen sein und ganz locker, dann kommt es von alleine. Bislang habe ich auch noch keine Probleme mit meinem Alter. Ich habe jetzt Männer kennen gelernt, die gesagt haben, reifere Frauen machten sie gerade an.

Sie wollen nicht das aus den Hochglanzmagazinen, also diese glatten Frauen. Auch jüngere Männer wollen Frauen, mit denen man sich unterhalten kann. Frauen, die wissen, was sie wollen, und das auch artikulieren. Nicht die achtzehnjährigen Miezen, die auf dem Rücken liegen und nicht Miff oder Maff sagen. Sie sagen, dass sie einer Frau auch sichtbar Freude machen wollen, und bei jungen Frauen sei das so unheimlich schwer, die seien zu ichbezogen.

Natürlich hat man schon ein Problem damit, dass man älter wird. Wenn ich mir mein Bad anschaue und die ganzen Cremes und Tinkturen sehe, dann ist das natürlich ein Zeichen, dass man ein Problem hat. Man möchte es so weit wie möglich aufhalten. In dieser Gesellschaft ist Jugendlichkeit gefragt, Glätte und Dürre. Ein Mann mit grauen Haaren ist ein interessanter Typ. Eine Frau mit grauen Haaren ist eine alte Frau. Und wenn ein Mann mit fünfzig eine Frau mit zwanzig nimmt, ist er ein flotter Hengst. Wenn eine Frau mit fünfzig einen Mann mit zwanzig im Bett hat, ist das Mumienschändung.

Natürlich möchte ich mein Aussehen so lange wie möglich erhalten, weil ich mir damit meine Möglichkeiten offenhalte. Und natürlich gibt es Männer, für die auch eine Siebzigjährige noch attraktiv sein kann. Aber es gibt drei Milliarden Männer und davon sehen vielleicht fünf die Sache so. Aber diese Fünf wohnen in Indonesien und da komme ich nie hin. Die Möglichkeit, Männer zu treffen, die ältere Frauen mögen, wird immer geringer. Aber wenn es dann mal nicht mehr geht, dann geht es eben nicht mehr. Zwanzig möchte ich jedenfalls nicht mehr sein. Ohne Zweifel sah ich damals besser aus als heute, aber ich war natürlich auch viel blöder. Und so blöd wie damals möchte ich nicht mehr sein.

Ob meine sexuellen Praktiken normal sind? Jein. Ich lasse mich nicht quälen, so etwas brauche ich nicht, aber ich bin natürlich auf Männer gestoßen, die gewisse Vorlieben hatten. Ich hatte gerade eine vierjährige Beziehung zu einem Vierunddreißigjährigen, der auf Lack und Leder steht und gerne Damenwäsche trägt. Der hat sich regelrecht als Frau verkleidet, obwohl er ein sehr männlicher Typ ist. Damit habe ich überhaupt kein Problem.

Ich hatte sogar Vergnügen daran, wenn er seine Strapse angezogen hat. Es war auch erstaunlich, wie wandlungsfähig der Typ war. Der geht ins Fitnessstudio und hat einen ausgesprochen männlichen, muskulösen Körper, und wenn er Damenstrümpfe angezogen hat, war das sagenhaft, wie diese Männerbeine zu klasse Frauenbeinen wurden.

Für mich gibt es zwei Sachen, die ich ausschließe – Sex mit Kindern und etwas gegen den Willen eines anderen zu machen. Alles, was zwischen zwei erwachsenen Menschen im Einvernehmen passiert, ist in Ordnung.

Seit ein paar Jahren habe ich nur jüngere Männer. Ich habe noch nie mit einem Mann geschlafen, der so alt ist wie ich jetzt. Allerdings bin ich auch offener geworden, früher waren meine Grenzen enger. Ein Mann muss mir gefallen. Schlank muss er sein, daran hat sich nichts geändert, sein Gesicht muss ich ertragen können, denn das Gesicht sieht man immer. Die anderen Teile kann man zudecken. Wenn ich jemanden sehe, frage ich mich: Könntest du den ertragen, wenn er sich über dich beugt? Ja. Und heute kann ich mehr ertragen, als ich früher konnte.

Früher war ich auch mal eine große Knutscherin vor dem Herrn. Das ist lange vorbei, auch weil ich eine Zahnprothese trage, aber das hat nicht nur damit zu tun. Ich küsse heute gern auf den Körper und auf das Gesicht. Wenn der Mann das gern möchte, küsse ich ihn auch auf den Mund, aber es ist nicht mehr mein Ding. Ich tue das für ihn, aber es muss nicht sein.

Im Moment habe ich dreieinhalb Geliebte. (Lacht) Der eine ist Kolumbianer und zurzeit in Spanien. Er ist Bildhauer und will nach Deutschland kommen und hier arbeiten. Das ist also der halbe Liebhaber, den kenne ich schon mehrere Jahre, der ist jetzt auch vierunddreißig. Er ist sehr erotisch und ein schöner Mann, so ein lateinamerikanischer Macho, aber auf die angenehme Art. Also ein Gentleman mit hervorragenden Umgangsformen. Er lässt mich auch sehr nah an sich heran und kann mir sehr nahe kommen. Damit haben ja viele Männer ein Problem.

Die anderen drei Geliebten sind auch jünger als ich. Einer ist ein einundvierzigjähriger englischer Journalist, der schon länger hier lebt. Er hat auf eine Annonce von mir geschrieben, und den finde ich schon richtig alt. Dann habe ich einen siebenundzwanzig Jahre alten Krankenpfleger und einen Dreiunddreißigjährigen, der singt und Pornofilme schneidet. Die letzten zwei wissen voneinander und der Engländer weiß auch, dass ich nicht monogam bin. Er möchte das aber nicht konkreter wissen.

Der mit den Strapsen hat sich letztes Jahr von mir getrennt. Er ist gerade in der Phase der Selbstfindung und macht jetzt Sachen, die man eigentlich macht, wenn man sechzehn oder achtzehn ist. Der möchte mich gern als Freundin behalten. Ich schwanke zwischen der Meinung: Ja, diese Beziehung ist es wert, und Nein, ich breche alles rigoros ab. Ich bin eben finanziell unabhängig durch meinen Lehrerinnenjob, kann für mich und meine Kinder aufkommen und mich frei entscheiden.

Inzwischen bin ich sterilisiert, aber ich verkehre nur mit Kondom. Ohne Aids-Test läuft bei mir auch nichts, also da bin ich vorsichtig. Mein Lebensmotto lautet zwar: »Jeder Tag kann der letzte sein«, aber das ist ja kein Grund, unvorsichtig zu werden.

Ja, sicher, angefeindet wurde ich wegen meiner Kinder natürlich auch schon. Das Umfeld sieht meine Lebensweise also mit sehr gemischten Gefühlen. Sicher denken viele: Die mit ihren fünf so verschiedenen Kindern, und dann hat die immer andere Männer im Haus.

Ja, Nutte haben sie mich auch schon genannt, aber ich weiß, dass ich keine bin. Und wenn ich mir die Leute dann angucke, die das sagen, kann ich eigentlich nur lachen. Einer aus meinem Haus ist mir mal richtig patzig gekommen, da habe ich sogar mit dem Staatsanwalt gedroht. Ich habe auch gesagt: »Wenn ich Sie mal wieder hier im Haus besoffen liegen sehe, steige ich nicht drüber, da trete ich zu, da können Sie sicher sein und sich schon drauf freuen.« Ich habe schon als Kind gelernt, mich zu wehren.

Ich sehe auch Unterschiede zwischen Männern aus Ost und West, wo ich mich inzwischen ganz gut auskenne – ich arbeite ja im Westteil der Stadt. Ich denke, »Psychos« gibt es mehr im Westen. Das Wort haben wir doch früher gar nicht gekannt. Viele Leute im Westen, nicht nur Männer, auch Frauen, aber Männer viel stärker, sind meiner Meinung nach emotional beschädigt. Die halten sich auch mehr zurück. Man will etwas darstellen, man muss erst mal abwarten, ob der andere einen negativen Schluss daraus zieht oder nicht. Ostleute sind direkter, offener in vielen Fällen, man hat mit ihnen auch eine gemeinsame Vergangenheit. Da gibt es Sachen, über die nicht diskutiert werden muss, die sind einfach klar.

Es gibt heute zu viele Zwänge, zu viel Konkurrenz auch um elementare Sachen. Im Osten zum Beispiel lagen im Lehrerzimmer alle Gehalts-Streifen im Kasten. Wenn mich das interessiert hätte, hätte ich gucken können und gewusst, was meine Kollegen verdienen. Heute ist es ein Kündigungsgrund, wenn man sein Gehalt nennt. Also auch da hält man sich bedeckt. Ich weiß von den meisten Kollegen noch nicht einmal, ob sie verheiratet sind oder nicht, ob sie Kinder haben oder nicht. Man redet nur noch über oberflächliche Sachen, das Privatleben lässt man aus dem Spiel. Deshalb bin ich ja ein so großer Exot, weil ich das nicht mache.

Dabei wissen die Leute sehr wohl, dass ihnen etwas fehlt. Sie möchten auch darüber reden, trauen sich aber nicht, weil sie denken, es hätte Nachteile, wenn man seine Probleme zugibt und seine Schwächen zeigt. Man muss die Fassade wahren und denken, dass alles ganz toll ist. Der Druck, der so auf den Leuten lastet, macht viele psychisch krank.

Ja, was würde ich anders machen, wenn ich noch einmal dürfte? Vielleicht würde ich heutzutage, also unter den jetzigen Bedingungen, nicht mehr so viele Kinder kriegen – oder gar keine Kinder kriegen? Vielleicht würde ich ins Ausland gehen oder was weiß ich. Aber ich denke mal, diese Überlegung ist sowieso müßig. Im Großen und Ganzen bin ich mit meinem Leben zufrieden. Ich finde, dass ich das richtig gemacht habe. Wobei ich aber nicht meine, dass diese Variante die einzig richtige ist. Jeder muss für sich entscheiden, was richtig ist und was nicht. Aber mehr hätte ich nicht machen können.

ES IST EHER ALLES BESSER GEWORDEN

Fred, 69

Zu meinem derzeitigen erotischen Leben kann ich nur eines sagen: Es ist sehr erfüllt, ich bin sehr zufrieden und wir beide haben sehr viel Spaß dabei. Das hätte ich in jüngeren Jahren auch nicht für möglich gehalten. Genau genommen ist es heute nämlich sogar besser als es früher war. Angelika ist wirklich sehr sexy, das törnt mich ungemein an, und zwischen uns beiden klappt es einwandfrei. Es läuft absolut ohne Probleme und, um das gleich auch zu sagen, ohne Tabletten. Man kann wirklich sagen, dass ich regelrecht einen zweiten Frühling erlebe.

Mit meiner festen Partnerin läuft das mit Sex und Erotik entschieden langsamer. Mein Gott, wenn man den ganzen Tag beieinander ist und tut es miteinander, dann ist das natürlich nicht mehr so interessant wie in einer Beziehung, in der man sich bloß stundenweise sieht, nicht. Und wenn man sich mit einer Partnerin zusammentut, weiß man ja nicht gleich, was man bekommen hat, das stellt sich meistens erst heraus, wenn die Dame bei einem eingezogen ist. Das erste halbe Jahr ist alles okay, und dann kommt diese Beschwernis und jene, so kommt eines zum anderen und irgendwann ist es dann im Bett sehr ruhig. Am Anfang ist also Sex und Erotik im Spiel, aber dann wird stark abgebaut. So läuft es doch in der Regel, wenn man mit einer Partnerin zusammenzieht.

Diese Erfahrung habe ich eigentlich mein Leben lang gemacht. Ich bin ja geschieden. Meine Frau war damals meine erste Liebe, da waren wir beide noch weit jünger als achtzehn. Und dann haben wir geheiratet, gleich ein Kind bekommen, und die Zeiten waren damals ziemlich schlecht. Damals hast du ja von Sex überhaupt keine Ahnung gehabt. Bis wir später durch diverse Sendungen im Fernsehen aufgeklärt worden sind, aber das kam natürlich ziemlich spät.

Überhaupt sind die Verhältnisse, in denen ich aufgewachsen bin, äußerst ungünstig gewesen, das muss man schon sagen. Hier in Nürnberg war ja alles zerstört, auch unsere Schule, die ganze Umgebung. Ich habe das Glück gehabt, wenigstens acht Volksschulklassen besuchen zu können, weil ich evakuiert war. Dann sind wir nach Nürnberg zurückgekommen, mussten Schutt schaufeln und das Haus wieder in Schuss bringen.

Damals habe ich nebenbei noch Musikunterricht gehabt, und da ist mal der Pfarrer gekommen und hat mit uns allen einen Ausflug gemacht. Er hat zu meinem Vater und meiner Mutter gesagt: »Der Fred könnte mitfahren, das kostet auch nichts, wenn er Musik macht.« Na ja, und auf diesem Ausflug habe ich meine spätere Frau kennen gelernt. Danach sind wir jeden Tag miteinander gegangen, wie man das damals nannte. Aber auf das, was auf uns zukam, waren wir natürlich überhaupt nicht vorbereitet. Meine Eltern wären nie auf die Idee gekommen, mit mir über so etwas zu reden. Das gab es bei uns nicht, das hat es früher hier überhaupt nicht gegeben.

Meine Frau und ich sind damals erst ein Jahr miteinander gegangen, bis das so weit war, dass wir uns mal erotisch näher gekommen sind. Auch das war in der Zeit eben so üblich. An den ersten Sex – also mit meiner späteren Frau – habe ich schon schöne Erinnerungen, aber das lief natürlich praktisch alles gleich mit Eheversprechen und so. Gut, eine Sturm- und Drangzeit habe ich natürlich auch erlebt. Da hast du geschaut, dass du zum Ziel gekommen bist, und dich nicht viel um die Frau gekümmert.

Auch in unserer Ehe hat das erotische Leben nicht lange vorgehalten. Das hat dann ganz stark abgebaut und ich hatte natürlich dann als Musiker auch meine Möglichkeiten. Obwohl die bei weitem nicht so gut sind, wie die Leute im Allgemeinen glauben, denn das geht alles nur so lange, wie die Tanzfläche belegt ist. Wenn es dann ans Heimgehen geht, sind die Frauen natürlich wieder schön mit ihren eigenen Männern abgezogen. Und wenn etwas übrig geblieben ist, wollten wir das meistens nicht haben, so wählerisch waren wir dann auch noch. Aber es gab trotzdem immer wieder Gelegenheiten, es ist schon was gelaufen – neben meiner Ehe.

Mit meiner Frau darüber reden? Um Gotteswillen! Das gab es damals alles gar nicht. Man muss ja auch sagen, dass sie eigentlich sehr wenig an Erotik interessiert war. Allerdings haben wir immerhin nach mehreren Jahren noch ein zweites Kind gekriegt, also es hat schon noch Sex zwischen uns gegeben, ab und zu.

Mit unseren Kindern lief das mit der Aufklärung auch mehr oder weniger eher schlecht. Aber damals sind die schon in der Schule aufgeklärt worden und meine Frau hat sich auch bemüht. Man muss auch mal sagen, dass wir damals viel haben schaffen müssen. Wir hatten den ganzen Tag und den Abend zu tun, ich habe tagsüber geschafft und abends Musik gespielt, am Freitag und Samstag, da war ich kaum zu Hause. Das mit der Aufklärung hat deshalb mehr oder weniger meine Frau gemacht.

Nein, das Gefühl, ich müsste aus dieser Ehe raus, hatte ich an und für sich nicht so direkt. Es hat sich halt auseinander gelebt, wir waren ja weit über zwanzig Jahre verheiratet. Daran hatte der fehlende Sex einen wesentlichen Anteil, denn sie hat es sicher gemerkt, dass ich immer Freundinnen gehabt habe. Sie ist dann übrigens auf Kur gefahren und hat auch andere Freunde gehabt, da hat eins das andere ausgespielt, und da ist es halt zum Bruch gekommen, nicht.

Na ja, das mit dem Stabilisieren der Ehe durch Fremdgehen hat bei uns nicht so funktioniert. Da gab es irgendwann eine andere Frau, und die hat mich vor die Wahl gestellt, entweder meine Frau oder sie, und da wählt man eben das Bequemere. Mittlerweile war ja meine Frau auch über viele Jahre schwer krank gewesen, was sich natürlich auf unsere sexuellen Beziehungen ausgewirkt hat. Auch deshalb habe ich den Ausweg in anderen Verhältnissen gesucht, so kann man das schon sagen.

Klar hat man in diesen Verhältnissen dann auch Sachen kennen gelernt, die man beim Sex in der Ehe nicht praktizierte. Es hat ja jeder ein bisschen was anderes drauf, das ist doch ganz normal. Offen gestanden habe ich Liebe, Sex und Erotik am liebsten zusammen, denn wenn man es zusammen kriegen kann, ist es in jedem Fall am besten. Aber wenn das in der Ehe eben nicht zusammengeht, dann sucht man es nebenher und nimmt ein bisschen den Druck vom Alltag.

Ich kann jedenfalls sagen, dass Sex und Erotik in der zweiten Hälfte meines Lebens bisher entschieden besser laufen als in der ersten. Gerade, was nun meine ganz speziellen Wünsche und Vorstellungen angeht. Das kommt allerdings auch immer auf die jeweilige Partnerin an, das ist meine Erfahrung. Es liegt also nicht an den Männern. Das ganze Impotenzgeschrei schiebe ich mindestens zu fünfzig, wenn nicht zu sechzig Prozent auf die Frauen. Denn wenn du den Doktor fragst, dann sagt der: »Üben, üben, üben!« Nicht wahr? Und es ist tatsächlich das Einzige, was hilft. Ich habe in jungen Jahren Spritzen vom Hautarzt bekommen und das hat nichts genützt. Jetzt bin ich älter, alt schon, wollen wir mal sagen, und brauche keine Spritzen, und es geht jeden Tag. Das waren damals Vitaminspritzen, Aufbauspritzen oder so etwas. Ich hatte damals das Gefühl, dass ich so etwas brauchte, weil es nicht mehr so ging, wie ich mir das wünschte. Aber das war kalter Kaffee, man braucht nur die richtige Frau dafür.

Im Grunde wäre es mit jeder Frau alles ganz einfach, wenn es so bliebe, wie es in den ersten Wochen ist. Aber meistens lässt es schon ab der fünften Woche nach. Es liegt wohl daran, dass dann der alltägliche Ärger dazu kommt, es geht nicht mehr nur um Liebe, sondern um viele andere Sachen auch. Geld war ja schon immer ein Problem gewesen, ganz gleich, wie viel du hast, es langt sowieso nicht. Daraus entstehen dann natürlich alle möglichen Schwierigkeiten.

Bei einer Frau muss zunächst mal, ich würde sagen, die Gesamtansicht stimmen. Stark anziehen tut mich natürlich die Brust, aber ich könnte nie eine dunkelhäutige Frau haben. Obwohl ich ja selber ziemlich dunkel bin und meine Schwester auch, aber das wäre nichts für mich, ich möchte eine Frau mit heller Haut. Sie sollte außerdem auftreten können, sollte etwas hermachen, mit Mauerblümchen kann ich nichts anfangen, das sage ich ganz ehrlich. Sie muss etwas darstellen und eine selbstbewusste Frau sein. Ich habe mal eine Millionärin und Großunternehmerin gehabt, und das spielte schon eine Rolle.

Erotisch würde ich mir wünschen, dass sie sich Dessous anzieht. Was mich da grundsätzlich ärgert und was bei achtzig oder neunzig Prozent der Frauen der Fall ist, das ist ihre Neigung, zu Hause weniger gut angezogen oder gar schlampig herumzulaufen und sich aufzudonnern, wenn man weggeht. Da frage ich doch: »Wieso dann nicht daheim?« Das passt mir wirklich nicht und das habe ich auch meiner ständigen Partnerin schon oft erklärt. Aber wenn ich ihr sage: »Du putzt dich ja bloß für die anderen Männer raus«, dann antwortet sie mir: »Das ist ja ein Blödsinn!« Aber meine Frage, warum sie es dann nicht auch daheim macht, kann sie nicht beantworten. Wenn man weggeht, dann im Abendkleid, und zu Hause läuft man in der Schürze herum.

Ich bin natürlich bereit, es meinerseits anders zu machen. Meiner Partnerin habe ich mehrmals gesagt, dass sie mir sagen soll, wenn ihr etwas nicht passt. Dann würde ich anziehen, was sie für mich kauft oder was ich mir auf ihren Wunsch selbst kaufe, einfach um ihr eine Freude zu machen. Aber sie hat kein Interesse daran, und dann lasse ich es eben. Aber ich finde schon, dass man sich auch anständig kleiden sollte, wenn man zu zweit zu Hause ist, dass man sich im Alltag nicht so gehen lassen dürfte. Ich würde mir also eine Frau wünschen, die nicht nur bei besonderen Anlässen auf sich achtet, sondern auch sonst.

Wie man sich einer Frau am erfolgreichsten nähert? Nach meiner Erfahrung muss man frech sein, das ist das Einzige, was zieht. Also bei dieser Großunternehmerin habe ich einfach eine eindeutige Geste über den Tisch hinweg gemacht, und habe ihr damit zu verstehen gegeben, dass ich mit ihr die nächste Runde tanzen will. Das habe ich vorher noch nie gemacht und es war mir in dem Moment vollkommen wurscht, ob es läuft oder nicht. Na ja, sie hat darauf reagiert und dann haben wir getanzt und da sagt die zu mir: »Es gibt schon unverschämte Männer!« Ich weiß das noch, als wäre es erst heute gewesen. Und sie sagt weiter: »Da war einer, mit dem ich getanzt habe und den ich gar nicht kenne, der mich einfach zum Essen eingeladen hat.« – »Na und, was haben Sie dem geantwortet?« – »Das mache ich nicht.« »Schade«, sagte ich. Da guckt sie mich ganz erstaunt an und fragt: »Warum?« – »Weil ich Sie auch gerade zum Essen einladen wollte.« Und meine Einladung hat sie angenommen. (Lacht) Es ist eben immer ein bisschen Glück dabei.

Wegen der habe ich mich dann scheiden lassen. Das lief mit ihr zunächst verhältnismäßig gut, sogar sehr gut. Natürlich war das ein Problem, dass sie die Chefin war. Ich war ja auch Chef gewesen und bekam dann nach einer Weile in ihrem Unternehmen eine untergeordnete Rolle.

Ich bin da halt nicht so zur Geltung gekommen, wie ich das gewohnt war. Wenn wir mit anderen Leuten zusammen waren und die beispielsweise gefragt haben, wie viel Kinder wir hätten, dann hat sie gesagt: »Zwei Mädele.« Das waren aber nur ihre beiden, und dann habe ich immer laut geschrien: »Und zwei Buben!« Denn ich habe ja zwei Buben gehabt, das hat sie immer vergessen.

Dann gab es am Ende noch andere Probleme. Bei mir kommt zuerst der Mensch und dann das Tier. Ich mag Tiere und schlage sie nicht, aber wenn das Tier vor dem Menschen rangiert, bin ich damit nicht mehr einverstanden. Es ging irgendwann bei ihr immer nur noch um ihren Hund. Da hat dann ein Wort das andere gegeben. Außerdem hat sie am Ende alles alleine bestimmt, also wohin wir fahren oder so, ohne mich zu fragen. Gut, sie hat es bezahlt, aber damit erwirbt sie für mich kein Recht, einfach über mich zu verfügen. Ich habe es dann auch darauf ankommen lassen, und schließlich haben wir uns getrennt.

Erotisch lief es mit ihr eigentlich eher mittelmäßig, aber es war nicht schlecht gewesen. Da wurde nicht viel ausprobiert, das war nämlich eine große Lady und große Ladies neigen nicht zum Ausprobieren. Außerdem kam natürlich dazwischen, dass sie sich benahm, als würde sie mich aushalten. Für so etwas war ich aber schon zu alt und zu selbstständig. Ich habe schließlich denselben Mercedes gefahren wie sie. Sie hat mich schon behalten wollen, aber ich habe nicht mehr gewollt.

Heiraten wollte sie mich nie – nein, nein, nein! –, denn sie hat Angst gehabt, dass ich sie nach einer Heirat beerben könnte. Dabei wollte ich wirklich nichts von ihr, ich habe selber genug gehabt. Das war jedenfalls auf meiner Seite nie ein Motiv für diese Beziehung. Wobei ich überhaupt sagen muss, dass ich in meinen Beziehungen zu Frauen nie das Gefühl gehabt habe, dass Geld wichtiger war als Gefühle – nein, das habe ich nie erlebt.

Tja, was meinen Körper angeht, also ich wüsste nicht, was da für größere Veränderungen bislang passiert sein sollen. Gut, man wird nicht jünger und man kriegt zum Beispiel einen Bauch und eine halbe Platte. Früher war ich ja ganz schwarz gewesen und in Amerika haben sie nur gesagt, ich wäre ein Spanier. Da bin ich übrigens noch besser angekommen als hier, denn Amerika steht ja auf Spanier, das war ganz verrückt. Ich war dort beruflich, aber auch auf Kreuzfahrten, wir sind damals im Urlaub viel

mit dem Schiff unterwegs gewesen. Da lernt man die Amerikaner kennen, die ja von Haus aus ohnehin viel gastfreundlicher
sind als wir. Da sagte der Taxifahrer gleich »Brother Fred« zu
mir und der hat mich dann einem anderen Taxifahrer vorgestellt: »Das ist mein Brother Fred und der kommt aus Germa-
ny.« Welchen deutschen Taxifahrer interessiert denn, woher du
kommst?

Ja, man verändert sich natürlich, aber dass es abwärts geht,
das Gefühl hatte ich eigentlich noch nicht, dafür bin ich wohl
zu sehr Optimist. Gut, wenn ich in den Spiegel schaue, bin ich
nicht unbedingt zufrieden mit mir, aber so generell fühle ich
mich schon wohl. Die Beziehung zu Angelika hat natürlich auch
ganz klar ihren Einfluss, man achtet eben wieder mehr auf sich.
Du schaust, ob die Frisur sitzt und ob du gut rasiert bist, du
nimmst ein besonderes Parfüm – ja, sicher. Man wird auch sich
selbst gegenüber aufmerksamer.

Ich meine, Angelika ist ja auch etwas ganz anderes, das ist ja
nicht bloß eine flüchtige Bekanntschaft, mit der ich mal Sex mache. Mit ihr ist das ein sehr intensives Verhältnis. Ich habe auch
sie ganz frech kennen gelernt, indem ich sie einfach auf der Straße angesprochen habe. Ich bilde mir ja ein, ich hätte sie schon
mal vorher getroffen, sie sagt aber, sie könne sich daran nicht
erinnern. Ich habe sie jedenfalls wieder aus den Augen verloren
und bin dann mit meinem Roller in ihrer Gegend so lange he-
rumgefahren, bis ich sie mal an ihrem Auto stehen sah. Und dann
habe ich sie zum Kaffee eingeladen. So fing das an.

Den Unterschied zu anderen Frauen haben Sie ja gesehen, sie
hat also einen Riesenvorbau, einen Riesenbusen, und das ist das,
was ich immer gesucht habe. Die meisten Frauen haben ja nicht
viel dran und daheim war es besonders schlecht gewesen. Das
war bei Angelika natürlich besonders gut. Dazu kommt, dass
man mit ihr experimentieren kann, wenn Sie das so ausdrücken
wollen, ich würde eher sagen, Liebesspiele erfinden. Experimen-

tieren tut der Doktor, der nimmt dafür Ratten und Mäuse, damit habe ich nichts zu tun. Ich sage dazu auch »erkunden«, und, mein Gott, wenn du frech bist, dann probierst du es halt und du hörst natürlich auf, wenn sie sich beschwert, aber das ist bisher alles sehr gut gelaufen. Ich bin da vollends zufrieden.

Ja, Angelika ist verheiratet und ich bin gebunden, da gibt es natürlich ein Platzproblem, aber dafür haben wir schon das Auto. Sicher schätzt man im Alter den Komfort, und es wäre schöner, wenn es anders möglich wäre, aber das alles lässt sich hervorragend im Auto machen. Tagsüber gehen wir ja auch mal zum Essen fort und das geht genauso gut, alles machen wir also nicht im Auto. Ja, man kann schon sagen, dass wir ein sehr reges erotisches Leben haben, und ich tue praktisch gar nichts dafür, dass es funktioniert. Es ist nur dieses Üben, Üben, Üben und nochmals Üben. Ich könnte auch nicht sagen, dass es mit Ende Sechzig nachlässt, es ist eher alles immer besser geworden, zu hundert Prozent.

Bislang gehe ich mal davon aus, dass es auch so bleibt, wie es jetzt ist. Ich habe bislang keine Angst, es nicht mehr durchzustehen. Wie gesagt, das liegt an der Frau, ich mache mir um mich da keine Sorgen. Ich habe auch kein besonderes Fitnessprogramm, eher im Gegenteil, denn ich habe Zucker und muss dagegen Tabletten nehmen, und alle Ärzte sagen, es lasse bei Zucker mit der Potenz nach, aber das kann ich nicht bestätigen.

Ich muss sogar sagen, dass Erotik mir jetzt viel mehr gibt als früher, sie ist einfach schöner. Die Sturm-und-Drang-Zeit ist vorbei, der Druck, besondere Leistungen vollbringen zu müssen, auch. Nach fünfzig ist das Drum und Dran viel schöner, man geht gelassener heran, und der Sex kommt genauso, er kann sogar länger dauern als in jungen Jahren, weil man sich eben mehr Zeit nimmt. Ich bin zum Beispiel heute auch viel aufmerksamer der Frau gegenüber als in jungen Jahren. Früher war mir das mehr oder weniger wurscht, wie das bei der Frau klappte, nicht wahr. Man reagiert auch mehr auf die Frau, spürt eher, was sie will und was nicht, wenn sie also zurückzieht, dann macht man nicht weiter. Ich würde das mal so sagen: Was Frauen wollen, das will ich auch. Frauen wollen schön essen gehen, und das will ich auch. Ich fahre gern in Urlaub, das möchten Frauen auch, und wir wollen gemeinsam guten Sex, also, wer den noch will.

Obwohl ich zugeben muss, dass es schwierig in Erfahrung zu bringen ist, was Frauen beim Sex wirklich wollen, weil sie ja noch weniger darüber sprechen als Männer. Ich sage, was ich möchte, und das habe ich eigentlich fast immer so gehalten, das hängt meiner Meinung nach nicht mit dem Alter zusammen, sondern auch wieder mit der Frau. Wenn die Frau offen gewesen ist, dann bin auch ich offen gewesen.

Das muss ja nicht die ersten vier oder acht Wochen sein, denn da läuft es noch von allein, aber im Laufe des ersten Jahres kann man das ja mal rauskriegen. Doch wenn sich die Frauen dagegen sperren – und das ist bei neunzig Prozent von ihnen der Fall –, dann läuft es eben nicht. Und bei jüngeren Frauen ist das noch schwieriger. Ich habe da jedenfalls keine sehr positiven Erfahrungen gemacht. Mit Angelika schon.

Ich wäre natürlich gern mit der Angelika auf Dauer zusammen, aber sie hat noch den jüngsten Sohn zu Hause und sie ist ja auch verheiratet ... Außerdem habe ich doch schon gesagt, dass unsere Chance eben auch darin liegt, dass wir nicht den ganzen Tag zusammen sind. So halten wir die Sache besser am Kochen. Außerdem geht es im Moment nicht anders. Andererseits könnte ich mir schon vorstellen, dass man sich, wenn es denn ginge, ein paar schöne Sachen verderben würde, die jetzt viel besser laufen.

Dass Angelika fast fünfzehn Jahre jünger ist als ich, ist für mich kein wesentlicher Faktor, denn ich stehe grundsätzlich nicht auf jüngere Frauen. Wobei ich natürlich sagen muss, dass es mit Frauen meiner Generation ganz schlecht aussieht. Wenn Frauen auf die Sechzig zugehen, da lässt es mit dem Sex ganz heftig nach – in festen Verhältnissen, aber auch in losen –, weil dann der Zeitpunkt kommt, wo sie aufhören zu arbeiten und sich sagen: »Wenn ich jetzt fremdgehe und mein Mann erwischt mich dabei, dann stehe ich da und bin finanziell nicht versorgt.« Vorher haben sie ja Arbeit gehabt und haben das lockerer gesehen, aber wenn sie mit sechzig in die Rente kommen, ist das grundsätzlich aus.

Bei alleinstehenden Frauen müssen Sie wiederum vorsichtig sein, denn die sind selbstständig und durchschauen einen schon schnell. Das ist ja bei uns Männern wie bei den Frauen, dass du gewisse Gewohnheiten einfährst, die du nicht mehr ablegen kannst. Diese Gewohnheiten werden in den berühmten ersten vier bis sechs Wochen verdrängt, aber dann kommen sie halt wieder zum Vorschein und es gibt großen Knatsch und Ärger. Sonst habe ich mit älteren Frauen keine Schwierigkeiten.

Und was die jüngeren angeht, so toll sehen die oft auch nicht aus. Angelika ist zwar dick, aber dafür hat sie auch noch keine Falten. In unserer Nähe gibt es eine junge Frau von achtundzwanzig, die zieht die Falten quer über die Stirn rüber, das bringe nicht einmal ich zusammen, selbst wenn ich mir vor dem Spiegel Mühe gebe. Da lobe ich mir doch die Angelika.

Mal eine Gelegenheit mit einer jungen Frau mitnehmen, das ist schon in Ordnung, aber die junge Frau mit den Falten auf der Stirn ist außerdem so dünn, dass du nicht weißt, wo vorn und hinten ist.

Das wäre für mich gar nichts. Da können die meinetwegen auch erst fünfzehn oder sechzehn sein, das wäre mir wurscht. Gut, wenn sie üppig wären und Ende zwanzig, das wäre natürlich etwas anderes, freilich, aber was will eine solche Frau mit mir? Die haben doch ganz andere Erwartungen, da passe ich doch gar nicht dazu. Außerdem ist das doch sowieso nicht so einfach, du musst doch erst einmal nehmen, was du kriegst.

Da kann man schon schlechte Erfahrungen machen, nicht unbedingt ich selbst, aber ich hatte mal ein Erlebnis, das vergesse ich nicht. Ich saß in einem bekannten Nürnberger Tanzlokal und hörte zwei gepflegten Herren hinter mir zu. Die haben auch gejammert, dass sie keine Frau kriegen und so, und da hat der eine gesagt: »Stell dir vor, ich habe ein größeres Haus, und wenn ich eine Frau zu mir einlade und die sieht mein Haus, da dreht die sich auf der Stelle um und geht fort, weil sie sich sagt: ›Der sucht doch bloß eine billige Putzfrau.‹« Ich habe mich darüber so geärgert! Ich habe ja selbst kein Haus gebaut, aber wenn jemand sein ganzes Leben lang an so einem Haus schafft, muss er sich doch von so einer dahergelaufenen Frau nicht sagen lassen, dass er nur eine billige Putzfrau sucht. Die muss doch ihre Wohnung auch putzen! Meinetwegen könnte sie ja sagen: »Hör zu, du hast zehn Zimmer, die brauchen wir nicht, da schließen wir fünf zu. Und die anderen fünf mache ich sauber.«

Na gut, vielleicht hat der Mann ja selbst den Frauen auch nicht gefallen, aber dann muss man die Sache mit der billigen Putzfrau nicht bemühen. Dann kann man doch auch als Frau den richtigen Grund nennen.

Da läge für mich ein Risiko bei jüngeren Frauen, obwohl man sicher auch in dem Punkt nicht alle Frauen über einen Kamm scheren darf, aber das Risiko wäre erheblich. Und dann kommt bei jüngeren Frauen immer die Frage hinzu: Nehmen sie einen älteren Mann aus Liebe oder als soziale Sicherheit?

Ja, meine erotischen Vorlieben? Was soll ich da sagen? Also SM kommt für mich jedenfalls nicht in Frage, ansonsten bin ich für jede Variante offen. Das kommt auf die Stimmung an. Wenn ich etwas getrunken habe, da mache ich es auch gern mal heftiger, und normalerweise mache ich es, wie soll ich sagen, normal, denn Frauen wollen es ja oft sanft. Aber auch das ist wieder sehr davon abhängig, in welcher Stimmung die Frau ist, und dementsprechend lege ich los. Ich kann mich da auf die jeweilige Situation einstellen. Mit Angelika ist das schon deshalb kein Problem, weil wir auch darüber reden können, auf jeden Fall, ganz offen. Dass ich sie kennen gelernt habe, betrachte ich für mich als einen Glücksfall. Ich fühle mich seither rundum besser, das kann man so sagen, auch zuversichtlicher.

Ja, das geheimzuhalten ist hier in Nürnberg nicht ganz einfach, ich bin schon ziemlich bekannt, weil ich ein größeres Geschäft hatte, aber im Moment sage ich mir: »Es ist mir vollkommen wurscht.« Wenn mich mal jemand anspricht: »Ich habe dich da mit der Frau gesehen«, dann sage ich sofort: »Ja und? Willst du mal mitgehen?« Da nehme ich also gleich den Wind aus den Segeln, ganz frech und offensiv. Mich machen solche Bemerkungen auch nicht unruhig, denn ich habe zwanzig Jahre auf der Bühne gestanden. Da habe ich genug gesehen, wer mit wem was machte, wenn ich da jedes Mal hingegangen wäre und gesagt hätte: »Hör mal, deine Frau war gestern abend da und da«, da hätte ich viel zu tun gehabt. Da habe ich auch Leute erlebt, die ich gut kannte.

Nein, von meinen Freunden spricht keiner mit mir über Angelika. Ich habe auch keine Freunde, mit denen man über solche Dinge viel reden würde. Der eine ist auf gut Deutsch gesagt zu deppert, der ist zu naiv, und der andere ist überspitzt, da hätte ich dann das Gefühl, dass er am Ende käme und sagen würde, ob er nicht auch mal ... Sie verstehen? Und dass der sich dann irgendwie rächt, wenn er zurückgestoßen wird. Da gehe ich doch lieber kein Risiko ein, aber sonst bin ich frech wie Oskar.

Ja, von meiner festen Partnerin hat es da schon einmal so etwas wie Protest gegeben, da habe ich gesagt: »Entweder du gehst oder du akzeptierst.« Aus.

Ich denke schon, dass auch andere in meiner Generation so ähnlich leben wie ich, die meisten geben es nur nicht zu, sagen wir mal so. Oder sie trauen sich nicht, und manche haben sicher auch kein Interesse mehr. Ich kenne da einen, der sogar eine

Zweitwohnung besitzt und damit ideale Möglichkeiten hätte und vor allem auch einen Grund, denn ich weiß so ziemlich, dass seine Frau nicht mehr will. Er macht es trotzdem nicht.

Ja, ich habe auch Wünsche offen, sicher. Zum Beispiel was die Männer alle wollen, eventuell mal in einen Swingerklub gehen, aber das ist ja fast nur abends und da kann ich schlecht. Es geht mir dabei nicht um das wilde Herumbumsen oder so, mich würde das Gepflegte mehr interessieren. Aber ich weiß nicht, wie es tatsächlich läuft, denn ich bin noch nicht drinnen gewesen. Die sagen einem ja auch nichts, ich habe da schon angerufen, aber die sagen weder ihre Adresse, noch erklären sie einem die Regeln am Telefon, zum Beispiel wie man sich kleidet. Hat man da ein Negligé an oder was? Ich habe da keine Ahnung. Aber so könnte ich mir das vorstellen und das würde mir schon gefallen. Also nicht nackig, FKK ist nichts für mich, das mag ich nicht. Mir ist ein schönes Dessous lieber als nackig.

Was ich gern anders gemacht hätte? Na ja, ich hätte es gern so gehalten, wie es heute im Grunde Sitte ist, dass man erst mal zwei, drei Jahre zusammen ist, ehe man heiratet. Früher hat man eben gleich geheiratet und dann erst gewusst, worauf man sich eigentlich eingelassen hat. Nach drei Jahren, würde ich sagen, zeigt der Partner sein Gesicht und was er will und nicht will. Aber diese Möglichkeit hatten wir damals nicht. Obwohl man natürlich auch nach den drei Jahren noch nicht wirklich Bescheid weiß. Ich finde jedenfalls, wenn man nicht mehr will oder aus Krankheit nicht kann, wie ich das erlebt habe, dann sollte man dem Partner Möglichkeiten einräumen. Da kann man nicht sagen: »Du bleibst jetzt daheim!«

Ich habe nur eine Regel, wenn Frauen allein fortgehen: Nicht nach Mitternacht nach Hause kommen. Bis dahin ist es immer noch okay, danach nicht mehr. Aber das meine ich nur aus Sicherheitsgründen, denn wenn sie fremdgehen will, kann sie das ja auch jederzeit am Tage machen. Ich will eher das Gefühl haben, dass die Sache für sie nicht gefährlich wird, denn man weiß ja nie.

Ob ich damit leben könnte, wenn meine Partnerin fremdgeht? Wenn du eine Freundin hast, die verheiratet ist, musst du es ja schon akzeptieren. Aber wenn die eigene Partnerin das täte, wäre es auf jeden Fall eine Belastung. Da kommt nun das alte Sprichwort: Wenn zwei das Gleiche tun, ist es noch lange nicht dasselbe. Ich denke schon, dass der Mann sich in einem solchen Fall stärker betroffen fühlt. Bei den Männern ist es ja oft so, die machen eben Sex und dann ist für sie der Fall erledigt. Aber wenn Frauen Sex machen und es dauert mal länger als vier oder sechs Wochen, dann ist bei ihnen da grundsätzlich mehr dabei als bei den Männern. Und das ist gefährlich. Bei einer Frau ist es einfach intensiver als bei einem Mann, sie lebt solche Verhältnisse anders als wir.

Man liest ja auch Sachen, dass ein Mann seine Frau mit einem anderen erwischt hat, wie sie dem das auf Französisch gemacht hat, während sie es bei ihm daheim immer ablehnt. Dann wird es natürlich schon kompliziert. Aber so ist das eben mit den Beziehungen und den Ehen, es läuft eben deutlich anders.

ICH HABE ALLES MÖGLICHE AUSPROBIERT

Angelika, 54

Ich kann eigentlich nicht sagen, dass ich zu wenig über Erotik und Sex rede, denn ich kann mich darüber eigentlich mit allen Freundinnen austauschen. Nur mit meinem Mann geht das leider nicht. Ich habe mich also nicht aus Mangel an Gesprächen zum Thema gemeldet, sondern weil es mich gereizt hat, das mal öffentlich zu tun. Es gibt allerdings auch eine Freundin, mit der ich über meinen Sex nicht sprechen kann. Die würde das skandalös finden, deshalb lasse ich sie damit in Ruhe. Die käme schon gar nicht damit zurecht, dass ich ein Verhältnis habe. Außerdem kennt sie diesen Mann, und das würde die Sache noch schlimmer machen. Ich habe sie mal nach Fred gefragt, weil ihr Mann einen Laden in der Nähe von Freds Laden hatte. Ich wollte ein bisschen über ihn wissen, noch bevor wir zusammengekommen waren. Da hat sie so negativ auf ihn reagiert, dass ich das lieber bleiben ließ. Ich muss auch nicht mit ihr darüber reden.

Mein jetziger seelischer Liebeszustand ist nicht so ganz eindeutig. Einerseits fühle ich mich toll, weil ich so bewundert und begehrt werde von Fred, andererseits aber auch ziemlich zerrissen, weil ich immer noch ein großes Verantwortungsgefühl gegenüber meinem Mann habe. Der würde es weder verstehen noch verkraften, glaube ich.

Ja, warum habe ich noch etwas neben der Ehe gesucht? Weil mir der Sex mit meinem Mann nicht gefällt, ich mag überhaupt nicht mit ihm schlafen. Es ist jedes Mal eine Überwindung, eigentlich schon immer, und das seit über dreißig Jahren. Ich weiß

auch nicht mehr so genau, wieso wir trotzdem aneinander geraten sind. Es war wohl vor allem mein dringender Wunsch, von
zu Hause wegzukommen, und er war der Einzige, der mir die
Chance gegeben hat, überhaupt aus der Gegend wegzuziehen.
Da gab es noch so einen Anwärter, bei dem hätte ich aber ins
Elternhaus ziehen müssen, da würde ich wohl heute noch wohnen, und das wollte ich nicht.

Ja, geliebt haben wir uns schon, aber für mich war die erotische Anziehung bei ihm nie doll. Leider wirke ich auf meinen
Mann bis heute noch stark erotisch. Das ist das Problem. Ich habe es in diesen mehr als dreißig Jahren immer auf ein Minimum
reduziert, und er ist deshalb fest der Meinung, dass ich Sex nicht
mag. Dass es nur mit ihm so ist, das kann ich ihm schließlich
nicht sagen. Ich mag ihn allein schon nicht riechen. Er hat so einen ganz merkwürdigen Körpergeruch. Wenn er frisch geduscht
ist, dann geht es, aber das tut er ungern und ich muss ihn immer erst dazu zwingen. Allein da vergeht mir dann schon alles,
wenn ich sagen muss: »Geh erst mal duschen.«

Das hat er bis heute nicht begriffen. Dabei ist er nicht etwa
der Typ: Rein, raus und weg. Nein, im Gegenteil, es geht eher
endlos, bis er zum Orgasmus kommt. Und ich muss ihn schon
mächtig anheizen, damit es schneller geht. (Lacht) Der Wunsch,
mit ihm zu schlafen, war bei mir bald weg. Ich brauche das nicht
mit ihm, ich habe es immer mehr gemacht, um ihn bei Laune zu
halten.

Aber der Wunsch nach gutem Sex war natürlich bei mir da
und ich habe ihn auch bei etlichen Männern gesucht. Aber nicht,
weil das meiner inneren Veranlagung entspricht, denn einem
Mann, mit dem ich sexuell und auch sonst zufrieden wäre, dem
wäre ich auch treu. Es ging mir dabei ja nie nur um Sex, sondern auch um Anerkennung. Mein Mann behauptet zwar immer, er liebe mich, aber das ist es dann schon. Ansonsten beach-
tet er mich so gut wie gar nicht.

Ich würde mir das so sehr anders wünschen, und wie ich es jetzt mit Fred habe, das ist ideal. Fred ist genau der Mann, dem ich absolut treu sein kann. Ich habe noch für keinen so tief empfunden wie für ihn. Und ich bin noch nie so umsorgt und verwöhnt worden – sowohl mit persönlicher Zuwendung als auch mit Unmengen liebevoller Geschenke.

Wir sind uns vor fast vier Jahren bei mir an der Straßenecke begegnet. Er sah mich, blieb mit offenem Mund stehen, und ich weiß nicht, was er zuerst gesagt hat, aber jedenfalls war gleich alles klar. Wirklich. Er hat mich gefragt, ob wir denn nicht mal Kaffee trinken gehen könnten, und da habe ich sofort zugesagt. Wir haben uns am nächsten Tag getroffen und stundenlang unterhalten. Das war einfach schön. Für ihn war es sicher zuerst erotische Anziehung, aber für mich war es nicht gleich so sehr erotisch, doch Sympathie war sofort da. Beim ersten Treffen habe ich mir eigentlich gar nichts gedacht, weil er immerhin schon ein älterer Herr ist. Und dass er so wild auf Sex ist, hätte ich da noch nicht geglaubt. Wir haben uns ein paar Mal getroffen, und gleich beim zweiten Treffen hat er mir, weil er meinen Schmuck so schön fand, passend zur Uhr einen Armreifen aus Silber geschenkt. Da war ich hin und weg, weil es so eine tolle Geste war, denn mein Mann schenkt mir fast nie etwas.

Fred übertreibt dabei maßlos, aber es tut mir auch unheimlich gut. Mein Schmuckkasten quillt inzwischen über von wunderschönen, geschmackvollen Dingen. Er schenkt mir ständig Blumen, Süßigkeiten und zu jedem Festtag etwas Größeres. Ich traue mich kaum noch, einen Wunsch zu äußern, er hört immer zu und erfüllt ihn mir, wenn er irgendwie kann. Und ich kann ihm das fast nur mit Liebe entgelten oder ihm mal ein erotisches Gedicht schreiben. Er erwartet wohl von mir auch keine materiellen Geschenke. Ich glaube – ich bin sein Geschenk, wirklich.

Mein Mann bemerkt nichts! Seine Geschenke von rund dreißig Ehejahren kann ich fast an einer Hand abzählen. Nicht mal zur Silberhochzeit habe ich etwas von ihm bekommen. Für ihn zählen auch Anschaffungen für den Haushalt, wie ein Geschirrspüler und so, als persönliche Geschenke an mich.

Nach diesem zweiten Treffen mit dem silbernen Armreifen sind Fred und ich ein bisschen rausgefahren zum Kaffeetrinken, aber dann haben wir uns aus den Augen verloren, weil er in den Urlaub fuhr. Da wusste er wohl noch nicht mal meinen Zunamen, auch keine Telefonnummer, praktisch nichts.

Als er zurück war, ist er mit seinem Motorroller immer in der Gegend herumgekurvt und alle Stellen abgefahren, wo er mich getroffen hatte, bis er mich wiederfand. Plötzlich stand er neben meinem Auto, und da hat es dann schon mehr gefunkt. Wir sind wieder auf einen Kaffee rausgefahren, und er ist nun sehr auf den Busen fixiert. Er musste immer irgendwie Bemerkungen machen, dass er zu gern mal anfassen würde, und so hat es sich halt ergeben – mitten auf einer Wiese. Das war ein Gefühl, Wow! kann ich da nur sagen. Es war einfach toll. Ich habe auch keinen Moment ein Gefühl der Angst gehabt.

Wir verstecken uns im Grunde bis heute nicht. Wir treffen uns mitten in der Stadt zum Kaffee und gehen Händchen haltend durch das Zentrum. Wir sind auch schon gesehen worden, meine beiden Töchter wissen ebenfalls von ihm, aber natürlich nicht, was da genauer läuft, nur dass es ihn gibt. Die Jüngere fragte mal: »Mama, bist du etwa verliebt?« Das habe ich dann ein bisschen runtergespielt. Die Große weiß wohl genauer Bescheid, aber sie fragt nicht. Wir reden also nicht darüber, denn das geht die Kinder meiner Meinung nach nichts an. Meine Söhne haben auch schon von Fred gehört, sie profitieren von seinem Geschäft, von wo er gelegentlich nützliche Sachen mitbringt, gerade für meine Söhne. Und da sage ich immer: »Schönen Gruß von Fred.«

Mit dem Sex ist es natürlich etwas schwieriger. Er lebt ja auch mit einer Frau fest zusammen, aber er hat ein schönes, großes

Auto. Und wenn ich sicher weiß, dass mein Mann den ganzen Tag außerhalb ist, dann kommt er auch mal zu mir. Wir treffen uns jeden Tag, das Wochenende ausgenommen, manchmal sogar zweimal am Tag. Und aus dem Grunde wird es manchmal auch schon ein bisschen anstrengend, aber es ist doch immer schön. Eigentlich wird es sogar immer schöner, und natürlich ist auch immer der Kick dabei, dass es alles heimlich läuft. Wir sind ja auch schon öfter beim Sex erwischt worden, von fremden Leuten, die gerufen haben: »Muss denn das jetzt sein?« Fred sagt dann immer: »Natürlich muss das jetzt sein!«

Die haben uns im Auto und auf der Wiese erwischt – Sie haben uns übrigens auch erwischt, als Sie zur Terminabsprache angerufen haben. Ja, da waren wir gerade dabei. Meistens treffen wir uns morgens um neun und dann geht es raus. Wenn es warm genug ist, fahren wir in unseren Garten, und da sind wir dann völlig in der freien Natur, wobei wir natürlich einen Nachbarn haben, der uns schon manchmal zwingt, schnell in die Kleider zu springen, wenn er auftaucht.

Ja, in die Wiege gelegt worden ist mir so ein Leben nicht. Bei uns zu Hause wurde über Sex und so etwas überhaupt nicht gesprochen. Meine Eltern sind beide sehr intelligent und belesen und im Grunde auch sehr offen, aber was solche Sachen angeht, nicht unbedingt. Meine Mutter hat mal versucht, mich aufzuklären, und fing von Bienen und Blümchen an, da dachte ich auch: Was ist denn jetzt los? Damals war ich vielleicht vierzehn Jahre alt, da hat sie mich richtig wie im Buch zur Seite genommen, aber wirklich weit gekommen sind wir dabei nicht.

Ich habe mir dann selber Bücher gesucht, aber das war im Osten ein bisschen schwierig. Ein kleines, von dem ich den Titel nicht mehr in Erinnerung habe, fand sich dann doch und dem konnte ich einiges entnehmen. Ich weiß auch nicht wie, aber irgendwann weiß man dann doch Bescheid. Bei meinen Geschwistern konnte ich mich jedenfalls nicht erkundigen, denn ich bin die Älteste. Ich habe es dann aber auch meinen Geschwistern nicht gesagt, das war in unserer Kindheit kein Thema zwischen uns. Ich weiß noch, dass wir Doktorspiele gemacht haben, im Hof unter der Treppe, und mal nachgeguckt haben, wie das bei uns unten aussieht. Aber heute kann ich mit meinen Schwestern über alles sprechen.

Ich bin dann später mit meinen Kindern eigentlich sehr offen umgegangen. Aufgeklärt hat mein Mann sie, ganz wissenschaftlich sozusagen. Er hat sich die beiden Großen an den Tisch geholt und hat mit ihnen alles durchgenommen. Für mich war das eher komisch, ich bin dann gegangen, weil er das so distanziert gemacht hat. Also, dass Sex auch Spaß machen kann, haben die dabei nicht erfahren.

Sie haben natürlich manchmal Fragen gestellt, als sie größer waren und es selber schon ausprobiert hatten. Meine große Tochter eher nicht, aber die zweite hat sich sehr detailliert erkundigt. Die hat mich zum Beispiel mal nach Analverkehr gefragt, wie das ist und was man da machen soll. Da habe ich ihr das aus Erfahrung beschrieben, und sie hat zum Glück nicht gefragt, mit wem ich das ausprobiert habe. Ich habe es so erzählt, dass nicht klar gewesen ist, ob es meine eigene Erfahrung war oder ob sie aus Büchern kam. Oder hat sie doch gefragt, ob ich es mal ausprobiert habe? Jedenfalls wollte sie nicht wissen, mit wem.

Mein erstes Mal war nicht so toll, es war wohl mehr eine Vergewaltigung. Das war ein Student, der mich lange furchtbar bedrängte und mich irgendwann einfach in den Wald gezerrt hat. Da war ich auch noch so naiv und erst sechzehn Jahre alt, da konnte ich mich wirklich nicht gegen ihn wehren. Lange hat das aber nicht nachgewirkt. Ich habe es wohl verdrängt und jahrelang regelrecht vergessen, es kam eigentlich erst wieder hoch, als Fred jetzt mal nach meinem ersten Mal gefragt hat. Da fiel es mir wieder ein.

Ich weiß, dass dieser Student mir meine weiße Hose zerrissen hat, aber auch, dass es mich nicht wirklich in Panik gebracht hat, denn ich fand ihn ja schon attraktiv, der war so ein Schrank von Kerl, gegen den kam man nicht an. Andererseits hatte ich danach doch ziemlich die Nase voll von Erotik. Der war dann auch verschwunden, er hatte seinen Kopf durchgesetzt und damit war es für ihn erledigt.

Mit achtzehn habe ich dann selbst mal einen Jüngling, der ein bisschen jünger war als ich, verführt, der hat mich so gereizt, dass ich ihn dazu gebracht habe, mich auf sein Zimmer mitzunehmen. Und das Erlebnis war dann ein sehr schnelles und kurzes. Es war für ihn das erste Mal, das habe ich aber erst später erfahren. Heute ist er immer noch ein netter Freund von uns. Über unseren Sex haben wir allerdings nie wieder geredet.

Ich habe mir damals immer gesagt, dass da doch noch irgendetwas sein müsse, denn so richtig toll fand ich es nie. Ich habe immer wieder versucht, darüber etwas zu lesen und herauszufinden, was da eigentlich fehlt. Erst mit vierzig habe ich es herausgefunden, denn da hatte ich endlich meinen ersten Orgasmus. Und den hat mir ein Münchener verschafft.

Ich war mit Freundinnen in einer Gaststätte, und am Nachbartisch saßen zwei attraktive Männer und flirteten immer rüber. Die anderen Frauen waren offensichtlich desinteressiert, aber mir gefielen die irgendwie alle beide. Die Frauen wollten sich nur unterhalten, und eine Frauenärztin erzählte dabei ganz laut Geschichten aus ihrer Praxis, das war ziemlich eklig. Die Männer hörten natürlich mit solchen Ohren zu. Nach einer Weile kamen sie zu uns an den Tisch und meinten, wenn sie sowieso alles mithörten, könnten sie sich ja auch dazu setzen.

Eine Frau, das vergesse ich nie, hatte einen Salat bestellt, auf den so mitten drauf ein Klecks Joghurt getitscht war. Und der eine Mann sagte: »Na, das passt ja genau zum Thema.« Diese Frau hatte überhaupt keinen Humor, sie ist regelrecht ausgeflippt, das war furchtbar, aber ich habe trotzdem mit den beiden Männern weiter Spaß gehabt.

Am Ende fragten die mich: »Und wohin gehen wir jetzt?« Da sind wir dann noch zusammen in einen Jazzkeller gezogen und haben etwas getrunken. Es war wirklich sehr lustig, und am Ende haben sie mich mit in ihr Hotel genommen und ich durfte entscheiden, wen ich will. Ich habe jedenfalls die falsche Entscheidung getroffen, weil ich den Attraktiveren gewählt habe, aber der Bessere war der andere. Das kann ich inzwischen beurteilen. Der rief mich jedenfalls ein paar Monate später an. Sein Freund, den ich mir ausgesucht hatte, war danach schlagartig eingeschlafen, der fiel regelrecht ins Koma, als er fertig war. Ich habe meinen Vornamen und meine Telefonnummer am Spiegel hinterlassen. Das hat aber der andere Münchener gefunden und mich dann angerufen. Er sagte, dass ihm das immer so ginge, alle fielen auf den schönen Heiner herein, aber er wäre der Bessere.

Der ist Vertreter, kommt viel herum und hat dann mal hier in Nürnberg im Hotel übernachtet. Da haben wir uns noch mal getroffen und er war wirklich der deutlich Bessere. Allein schon durch seine Geschicklichkeit, der wusste halt, wie es geht, und ich nicht. Ich hatte es auch nie alleine ausprobiert, denn ich wusste ja nicht wie. Aber seitdem weiß ich, wie es geht. Das war übrigens genau an meinem neunzehnten Hochzeitstag, das fiel mir mittendrin plötzlich ein. Ich dachte noch: O Gott, eigentlich solltest du den jetzt mit deinem Mann feiern, aber weil wir das sowieso immer vergessen hatten, war es auch egal.

Na ja, danach war Sex mit meinem Mann natürlich noch schwieriger. Aber man ist ja nach so vielen Jahren nicht nur über Sex miteinander verbunden, da ist noch vieles andere gewachsen. Obwohl er mich eigentlich jeden Tag enttäuscht, indem er unzuverlässig ist, indem er mir etwa nicht Bescheid sagt, wenn er nicht zum Essen kommen kann. Wie gestern, als er am Morgen sagte, er werde zum Mittagessen kommen, aber wer dann nicht kam, das war er. Er hat zwei Handys und ein Telefon auf dem Schreibtisch, warum kann er mir da nicht Bescheid sagen? Wenn er aus dem Haus ist, dann hat er, glaube ich, die Familie vergessen, dann zählt nur noch Arbeit.

So war es ziemlich von Anfang an. Er war lange Jahre Freischaffender. Wir haben damals in einem alten Pfarrhaus in Thüringen auf dem Lande gelebt, ich habe den Haushalt geschmissen und die Kinder versorgt. In der DDR ging das wirtschaftlich einigermaßen. Und da waren wir den ganzen Tag zusammen, fast rund um die Uhr. Heute schlägt er sich hier in Nürnberg mit kleinen Aufträgen durch.

Ja, was mich an ihm damals eigentlich angezogen hat, kann ich so genau nicht mehr sagen. Er war sicher auch ein hübscher Junge. Ich hatte damals so einen ständigen Begleiter, der mich von Veranstaltungen der Studentengemeinde nach Hause brachte, damit mir nichts passierte. Der war ein ganzes Stück älter als ich und ging regelmäßig mit mir in eine Kneipe. Eines Abends saßen wir dann dort mit einem anderen jungen Mann, und ich wollte wohl meinen ständigen Begleiter irgendwie provozieren, weil der überhaupt keine Initiative ergriff. Wir haben zwar geknutscht, aber das war auch alles. Und dieser andere, mein späterer Mann, sprang sofort auf mich an. Ich habe mit ihm herumgeflirtet, und das war wohl das erste Mal überhaupt, dass eine Frau an ihm Interesse zeigte. Ich bin ja ein wenig älter als er. Schöne Augen hatte er auch noch.

Ich war dann seine erste Frau und blieb leider auch seine einzige, da bin ich mir eigentlich bis heute absolut sicher. Er hat mal diese oder jene angehimmelt, das konnte er aber auch nie verbergen und musste es sofort erzählen. Da war nie etwas.

Sicher könnte man sagen, dass wir beide einiges falsch gemacht haben, aber er lässt sich auch nichts beibringen, er lässt sich nichts zeigen. Er weiß angeblich, was mir gut tut – und aus. Da habe ich es natürlich auch aufgegeben, weil es einfach sinnlos ist.

Seitdem spiele ich ihm eben Ekstase vor, wenn er meint, dass mir das gut tut, so ist es jedenfalls für mich einfacher. Und es ist schon deshalb unkompliziert, weil er ja keine Vergleichsmöglichkeiten hat. Da ist es letztlich sogar egal, wie ich das mache. Er ist jedenfalls immer der Meinung, dass ich vollkommen zufrieden bin.

Es ist schon verrückt. Ich habe oft darüber nachgedacht, ihn zu verlassen, aber ich kann es mir andererseits auch nicht vorstellen. Krisen hatten wir schon reichlich. Wir haben natürlich geheiratet, weil ein Kind unterwegs war. Meine Eltern haben zwar gesagt: »Du musst nicht heiraten«, denn die waren nicht so einverstanden mit dem grünen Jungen, aber ich wollte unbedingt. Erklären konnte ich das allerdings auch nicht. Und ich hätte ihm damals auch nicht sagen können, was er anders und besser machen soll, denn das wusste ich ja selber nicht. Da haben mir auch die Bücher nicht allzu sehr geholfen. Mir war eben bloß immer bewusst, dass etwas fehlt, sonst wäre ich ja zufriedener gewesen.

Bei meinen Seitensprüngen hat es mir zumindest immer Spaß gemacht, denn da habe ich teilweise auch unmögliche Sachen gemacht, noch dazu auf dem Dorf! Aber es war scheinbar auch nötig, und ich staune bis heute, dass mich da nie einer erwischt hat.

Einmal waren Freunde zu Besuch, die mit ihren Freunden auf unserem großen Grundstück zelteten, und der eine war mit Frau und Sohn da. Das war so ein ganz schlimmer Verführer. Nach einer Fete kam mein Mann, das werde ich nie vergessen, frisch geduscht in einem lachsfarbenen Jerseyhemd aus dem Bad und ich fand ihn irgendwie toll und sagte: »Meine Güte, siehst du sexy aus.« Und er: »Was ist denn jetzt los mit dir?« Da war es natürlich aus und schon hatte der andere gewonnen.

Richtig ertappt wurde ich mit dem auch nicht, aber dessen Frau hatte es mitgekriegt, weil er viel später ins Bett kam. Mein Mann schlief längst, der hätte das nicht gemerkt. Wir hatten so viele Räume in unserem Haus, da gab es wirklich Platz genug. Solche Affären fand ich immer ziemlich spannend und aufregend. Ein schlechtes Gewissen meinem Mann gegenüber hatte ich eigentlich nicht, auch bei keiner anderen Gelegenheit.

Bei solchen kurzen Affären kann ich auch zwischen Sex und Liebe unterscheiden, aber jetzt mit Fred ist das doch schon mehr. Ob es für meine Ehe gefährlich werden kann, weiß ich nicht, ich mache mir eigentlich wenig Gedanken darüber. Der Unterschied zwischen Fred und allen anderen Männern in meinem Leben ist schwer zu erklären. Es ist alles so leicht und wir lachen die ganze Zeit, es gibt viel Spaß zwischen uns. Am liebsten würde ich mit ihm reisen, das würde mit ihm unheimlich Spaß machen. Er reist gern, mein Mann auch, aber mit ihm ist es dermaßen langweilig. Wir waren neulich mal einen Tag auf der Schwäbischen Alb bei Schnee und Sonne, nur mal so für einen Tag. Aber es war ätzend langweilig, ihm fällt es einfach nicht ein, mal nach rechts oder links zu gucken. Er hat das Ziel vor Augen und da geht er hin. Wenn da rechts ein schöner Baum steht oder links ein schönes Haus, das sieht er einfach nicht und er hält deswegen auch nicht an.

Das ist mit Fred wirklich völlig anders. Was der alles sieht! Gestern sagte er irgendwas von meinen schönen, grünen Augen. Ich sage: »Dass du überhaupt weißt, was ich für eine Augenfarbe habe.«

Mein Mann weiß es, glaube ich, bis heute nicht. Bei Fred habe ich das Gefühl, dass es wirklich um mich geht. Wir können ganz toll reden, mit meinem Mann rede ich keine zehn Sätze am Tag.

Morgens sitzt er da und sagt keinen Ton, abends ist er müde und sagt nichts mehr. Maximal erzählt er was von seiner Arbeit, aber was mit den Kindern ist, interessiert ihn kaum, er möchte damit möglichst in Ruhe gelassen werden.

Ich würde vielleicht einen Schnitt machen, wenn ich wüsste, wie – wenn ich unabhängig wäre, dann wäre es kein Problem. Es fehlt natürlich auch das Geld, uns beiden übrigens, denn was er verdient, das ist so was von mickrig.

Ja, da ist die Vorstellung eines gemeinsamen Lebensabends für mich richtig gruselig. Ich fürchte mich ja jetzt schon vor dem nächsten Urlaub. Wir wollen Urlaub machen und können uns zunächst schon mal nicht einigen, wohin es eigentlich gehen soll. Er möchte am liebsten immer an denselben, altbewährten und guten Platz und mir ist es da einfach langweilig.

Gut, den Urlaub bringt man hinter sich, aber diese möglicherweise vielen Jahre, die noch vor uns liegen – ich weiß nicht, wie ich die überstehen soll. Ich habe Angst vor der Zeit, wenn mein Mann in Rente geht. Unsere Interessen liegen zu weit auseinander.

Und dann sind da auch immer noch die Kinder. Ich hätte vor allem Angst um meinen jüngsten Sohn, wenn ich ausbrechen würde. Der ist jetzt gerade im schwierigsten Alter, im Gymnasium hat er viele Probleme gehabt, findet eben gerade wieder eine Motivation und rappelt sich langsam hoch. Aber ich weiß nicht, wie der das verkraften würde, wenn wir uns trennten. Aber manchmal täuscht man sich ja auch. Er würde es vielleicht ganz locker nehmen.

Andererseits weiß ich gar nicht, ob die Kinder von meiner Krise überhaupt etwas merken, denn wir haben ja zu Hause nun nicht pausenlos Krach oder so. Auch deshalb könnte eine Trennung die Kinder ganz überraschend treffen.

Dass Fred sich von seiner Frau, mit der er nicht verheiratet ist, trennt, das glaube ich nicht. Die erpresst ihn, glaube ich – mit Selbstmorddrohungen. Die weiß von mir, und er leidet auch unter ihr, weil sie offenbar total unsensibel ist. Er möchte umhegt und gepflegt und verwöhnt werden und sie begreift das nicht. Ich würde das für ihn gern machen. Andererseits weiß ich nicht, ob ich mit ihm zusammenleben möchte, am liebsten würde ich allein leben. Und dann dürfte er mich besuchen, sooft er wollte.

Dass er einige Jahre älter ist, spielt da für mich keine Rolle. Ja, sicher, wenn man die durchschnittliche Lebenserwartung nimmt, dann dürfte er etliche Jahre vor mir sterben. Und letztes Jahr sah es ja schon einmal sehr kritisch aus. Da hatte er eine sehr schwere Operation, bei der die Ärzte etwas versaut haben.

Genau weiß ich es nicht, jedenfalls war er nicht nur ein paar Tage, sondern fünf Wochen im Krankenhaus. Und ich durfte ihn nicht besuchen, das war so furchtbar, weil er Schiss vor seiner Alten hatte. Die hat wohl den ganzen Tag an seinem Bett gewacht, sie hat ihn nicht betreut, sondern Wache gehalten. Die hat sich im Krankenhaus von der Verwaltung auch seine Telefonliste ausdrucken lassen, obwohl die nicht verheiratet sind. Das hätten die da eigentlich gar nicht herausgeben dürfen. Ich glaube, sie hat mich dann auch mal auf dem Handy angerufen. Sie hat zwar nichts gesagt, aber sie wird es gewesen sein.

Was ich mir bei Erotik und Sex noch wünsche? Eigentlich habe ich alles, was ich brauche. Ich finde manchmal, es müsste nicht unbedingt jeden Tag sein, aber nee, das ist schon okay. Fred genießt das so. Und wenn ich manchmal zu ihm sage: »Na, du bist vielleicht verrückt«, dann antwortet er: »Oder wolltest du einen Normalen?« Nee, einen Normalen wollte ich eigentlich nicht, zumal wir so viel Spaß miteinander haben, es ist ja nicht nur der Sex. Das hat mir immer gefehlt, mein Mann kann nämlich gar nicht mehr lachen.

Stimmt, auf der Wiese und im Auto, das sind eigentlich Sachen, die man eher in jungen Jahren macht. Aber das ist auch das Schöne daran. Manchmal müssen wir mein Auto nehmen, und dann wird es ganz schön eng. Samstags entführe ich ihn nämlich gern, das findet er auch toll. Da will er sein Auto lieber in der Garage lassen, weil seine Lebensgefährtin schon auf der Lauer liegt, und deshalb fahren wir mit meinem. Morgen werde ich meine Eltern besuchen und er wird einen Samstag mal nicht entführt, das ist dann immer schon ein Drama.

Durch diese fast vier Jahre mit ihm geht es mir jedenfalls einfach gut. Weit besser als vorher, denn vorher habe ich überhaupt keine Freude mehr gehabt, keinen Lichtblick. Und er sagt auch immer zu mir: »Wenn ich dich nicht hätte, du bist mein einziger Lichtblick.« Wir sind es eben jeweils füreinander. Wir gehen auch öfter mal schön essen, vorausgesetzt, mein Mann vermiest es mir nicht, indem er unerwartet auftaucht.

Fred will alles von mir wissen, auch alles, was vorher war, gerade über meine Verhältnisse. Das gibt ihm dann offenbar auch wieder einen Kick. Eifersüchtig ist er darauf eigentlich nicht, jedenfalls nicht direkt, aber wenn ich meine Geschichten erzähle, regt ihn das schon erotisch an. Manchmal lese ich ihm auch erotische Geschichten aus Büchern vor, das findet er gut, das törnt ihn an. Ich habe gerade ein Buch, das heißt *Die Venusblüte*, das sind so erotische Geschichten, von einer Frau geschrieben. Diese Geschichten spielen in den zwanziger Jahren in Paris. Daraus habe ich ihm einige heiße Szenen vorgelesen, danach war Fred noch mal so wild. (Lacht)

Er hat auch irgendwann ein Pornovideo mitgebracht, aber eigentlich haben wir es gar nicht angeguckt, das lief so nebenbei. Ansonsten haben wir alles Mögliche schon ausprobiert, auch verschiedene Hilfsmittel. Er hat nämlich auch nie ausleben können, was er sich so an Phantasien aufgebaut hat. Mit mir darf er nun, und das genießt er dermaßen und mir macht es auch Spaß. Wenn ich etwas nicht will, sage ich Nein und dann ist es gut. Ich war auch nicht überrascht, wie gern ich mit ihm experimentiert habe, denn neugierig bin ich schon immer gewesen, sonst hätte ich mich ja auch nicht auf solche einmaligen Affären eingelassen. Aber das alles hat sich durch Fred richtig schön beruhigt.

Es geht wirklich heftig zur Sache und wir staunen eigentlich beide, dass wir nicht schon spindeldürr sind. Eigentlich verbraucht das doch auch Kalorien, aber wahrscheinlich nicht genug. Ein guter Hahn wird nicht fett, ich weiß, aber er hat einen ganz schönen Bauch. Vielleicht bezieht er ja daraus auch die Kraft.

Fred möchte zu gern mit mir mal in einen Swingerklub gehen. Er sagt, er will mal zugucken, wenn es ein anderer mit mir macht. Ich kann es mir einerseits vorstellen, aber da er abends sowieso nicht weg darf, ist es eigentlich nicht möglich. Also aus Neugier würde ich wahrscheinlich schon mal mitgehen. Andererseits habe ich ein paar Hemmungen, dass da nur so ganz knackige Weiber sind, dann weiß ich nicht recht. Aber vielleicht sind ja da nicht nur knackige.

Wissen Sie, ich habe alles Mögliche ausprobiert und keinen Schaden dabei genommen. Vor einigen Jahren habe ich mal eine Annonce aufgegeben, einfach aus Jux, um meinen Marktwert zu testen.

Ich habe die auch ein bisschen frech gestaltet und rund hundertzwanzig Antworten gekriegt. Ich hatte natürlich meine Oberweite angegeben. Das Ergebnis fand ich eigentlich toll. Ich habe viele richtig nette Briefe bekommen, von einsamen Männern und auch von solchen, bei denen die Frau gesagt hat, das Thema sei für sie erledigt. Von solchen Frauen gibt es offenbar unheimlich viele. Ich habe mich natürlich nicht mit denen allen getroffen, aber mit einigen doch. Das war schon prickelnd.

Der eine war auch so ein Experimentierer, mit dem ist das dann vier oder fünf Jahre gegangen. Es war ein Beamter von der bayerischen Staatsregierung, der beim ersten Rendezvous vor einem Supermarkt mit einem Blumentopf in der Hand wartete. Den hat er mir geschenkt. Der wollte dann aber auch so Sachen ausprobieren, die ich nicht wollte. Das kann ich auch nicht so genau beschreiben. Das war mir dann doch zuviel.

Auch SM-Geschichten nehme ich mal aus, obwohl ich mit Fred ein paar Fesselspiele ausprobieren wollte, aber da wollte er nicht ran. Und mein Mann kriegte regelrecht Panik, als ich ihn nur mal gefragt habe, wie er das finden würde. Der ist fast ausgeflippt. Dabei wollte ich nur wissen, was er dazu meint, das habe ich aber auch nie wieder angesprochen. Ja, mein Mann hat noch Bedürfnisse, der will sogar ständig, das ist ja das Schlimme. Er hat immer Lust, genau wie Fred, ich weiß auch nicht, womit ich das verdient habe.

Eigentlich bin ich in einer beneidenswerten Situation, nur dass ich eben mit meinem Mann nicht mehr will. Er ist so ein richtiger Stier, das ist Wahnsinn, den muss ich nur angucken, dann geht schon die Post ab. Also gucke ich ihn lieber nicht mehr an, deshalb sagt er dann immer mal wieder: »Warum liebst du mich nicht mehr?« Er wünscht sich viel mehr Nähe und Streicheleinheiten. Früher hat er danach nie verlangt, aber bei ihm sind die Streicheleinheiten dann immer nur die Vorstufe zum Sex, und darum will ich das nicht.

Ich hätte überhaupt nichts dagegen, ihn in den Arm zu nehmen vor dem Einschlafen, aber ich weiß, dass er dann sofort anfängt zu drängeln, und das ist mir zu viel. Auch deshalb hat es mir nie Spaß gemacht, mit ihm zusammen zu sein, weil jede Berührung immer direkt auf Sex hinauslief. Und das begreift er nicht, für ihn muss das zwangsläufig so ablaufen.

Mit meinem Körper habe ich schon ein paar Probleme, ich bin beispielsweise nicht gerade begeistert, dass ich so übergewichtig bin, aber Fred verbietet mir Diäten, er sagt: »Ich liebe jedes Pfund an dir.«

Aber ich selbst wäre schon gern schlanker, nur dass ich wahnsinnig mit mir unzufrieden wäre, das könnte ich wirklich nicht sagen.

Ich habe auch noch keine größeren Veränderungen in mir gespürt. Wenn Sie da zum Beispiel die Wechseljahre meinen, da hat sich komischerweise bislang nichts getan. Vielleicht weil ich ja die Pille immer noch nehme, denn ohne Pille wäre es mir doch zu riskant bei meinem Liebesleben. Auch was meine erotischen Wünsche angeht, kann ich keine Veränderung entdecken, jedenfalls werden sie nicht weniger, eher mehr. Früher hatte ich eigentlich gar keine, als ich noch nicht wusste, wie schön es sein kann. Bei mir ist es erst nach vierzig richtig losgegangen. Das hat auch meine Lust zu experimentieren verstärkt.

Ich bin eigentlich ganz zuversichtlich, dass es noch eine Weile so bleibt. Und ich bin gespannt, wie lange Fred durchhält. Bis jetzt zeigt er keine Ermüdungserscheinungen. Fünfmal hintereinander ist nichts für ihn. Ich glaube, er kann das aufteilen, er geht mit seinen Kräften sehr sorgsam um.

Ja, es wäre natürlich schön gewesen, wenn im Liebesleben alles von Anfang an richtig geklappt hätte. Ich hätte eben eher wissen müssen, was für mich gut und richtig ist. Ich habe immer Literatur gesucht, die mir da helfen konnte, auch das *Magazin* habe ich immer verschlungen. Ich lese heute noch sehr gern diese erotischen Geschichten, keine harten Sachen, eher romantisch-erotisch. Normale Pornofilme törnen mich eher nicht an. Ich habe auch mal einen Dildo ausprobiert, aber das war es nicht. Wissen Sie, für Selbstbefriedigung brauche ich das nicht und auch nicht groß Fantasie. Ich stelle mir meistens vor, dass irgendwer zuschaut.

Gut, ich habe jetzt wirklich ausreichend Sex, aber Selbstbefriedigung gehört trotzdem dazu. Ich mache es und Fred schaut zu. Ich habe ja in den letzten fünfzehn Jahren gelernt, wo mir was gut tut.

Heute finde ich jederzeit die richtige Stelle, früher habe ich mich nicht getraut, sie überhaupt zu suchen. Obwohl meine Mutter nie gesagt hat: »So etwas macht man nicht.« Ich habe es trotzdem nicht gemacht, ich weiß auch nicht wieso. Aber das ist lange her, jetzt weiß ich wirklich Bescheid.

Ich habe jedenfalls bei Erotik keine Hemmungen, dass ich etwa nicht schön genug bin. Ich wollte es auch nie nur im Dunkeln tun. Vielleicht noch im T-Shirt oder so. Fred findet mich schön und das ist die Hauptsache, nicht wahr?

Mein Liebhaber

Neue Berichte von Frauen über ihre Begegnungen
mit dem besonderen Mann

*»Schade, dass ich dieses Buch so schnell durch hatte. Wird es eine Fortsetzung geben?«
So reagierten Leserinnen und Leser auf das erste Protokollbuch von Martina Rellin.
»Ich habe einen Liebhaber« wurde im Winter 2001/02 zum Bestseller mit inzwischen
50.000 verkauften Exemplaren. Verlag und Autorin beschlossen: »Ja! Es soll weitergehen.« Jetzt! Nach dem Buch mit Männer-Protokollen (»Wir sind die neuen Liebhaber«) folgen nun 20 neue intime Geständnisse von Frauen.*

*Martina Rellin hat mit ihrem Thema in ein Wespennest gestochen – kein Wunder,
geht es doch »... um Gefühle, Abenteuer und Romantik«, wie Der Spiegel schrieb.
Erstmals durften und dürfen – meist verheiratete oder in fester Partnerschaft leben-
de Frauen – selbstbewusst und leidenschaftlich von ihren Liebhabern berichten, ohne dass jemand mit dem Zeigefinger droht. Diese frischen Berichte haben nichts zu
tun mit der Klage der hingehaltenen Geliebten, die in Martina Rellins Büchern daher auch nicht vorkommt. Der Protokollband »Mein Liebhaber« überrascht mit neu-
en, teilweise noch gewagteren Berichten aus dem Liebesleben selbstbewusster
Frauen.*

*Da ist Verena, Anfang 30, frisch verheiratet, ein Kind ist unterwegs – ein Kind der
Liebe, von ihrem Liebhaber. »Ich wollte das so, mein Mann weiß nichts. Manchmal
finde ich mich fies ...«*

*Außerdem kommen drei Frauen zu Wort, deren Liebhaber bereits ihre Sicht der
Dinge im Männerbuch schilderten. Zum Beispiel L., 41, eine Geliebte von Adam,
dem Meister der erotischen Fantasien, über den sie sagt: »Er hilft mir durchs Reden
zu eigenen Gedanken.« Das schönste Kompliment, das ihr Liebhaber L. machte, ist:
»Bei dir kann ich so wunderbar Mann sein, weil du so wunderbar Frau bist.« Das gilt
für alle Frauen in diesem Buch ...*

Martina Rellin
MEIN LIEBHABER
Neue Berichte von Frauen über die Begegnung
mit dem ganz besonderen Mann.
288 Seiten, gebunden mit Schutzumschlag
ISBN 3-89602-452-3
14,90 Euro

Das Gesamtprogramm des Verlages finden Sie im Internet:

Generation Plus

Von der Lüge, dass Altwerden Spaß macht. Mit Interviews mit Peter Sodann, Konstantin Wecker, Margarete Mitscherlich und vielen anderen.

Jeder weiß es, keiner gibt es zu: Altwerden ist furchtbar. Sagt das aber mal einer im Freundeskreis, heißt es hinter seinem Rücken: Die/der Ärmste – tut sich schwer mit dem Alter! Es ist ärgerlich, wie das Altern verklärt wird. Bücher geben schlichte Tipps: Bleiben Sie schön und gesund! – Gewöhnen Sie sich das Altern ab! – Anti Aging löst alle Probleme. Lauter verlogene Titel. Die Generation plus hüpft selten über blühende Wiesen oder besteigt schwerelos das Matterhorn. Warum es nicht endlich einmal sagen: Altwerden ist mühsam. Niemandem gefällt es. Schönheit im Alter? Gelassenheit und Würde? Weisheit? Von wegen! Es ist befreiend, endlich nicht mehr so tun zu müssen, als bringe jedes neue Jahr Friede, Freude, Eierkuchen. Das haben die Autorinnen in vielen Gesprächen festgestellt. Mit 90-Jährigen ebenso wie mit den Thirtysomethings. Die Autorinnen schreiben weder politisch korrekt, noch ausgeglichen und weise. Das Buch ist subjektiv und böse. Zum Heulen, aber auch zum Lachen.

Barbara Feldmann steht vor dem Spiegel und wünscht sich, das Glas wäre blind. Das bin doch nicht ich, diese Falten. Was hängt da unter meinem Kinn? Sie ist 68 und fühlt sich zehn Jahre jünger. Sie entschließt sich zu einem zweiten Lifting, egal, was es kostet. Sieht sie jetzt jünger aus? Für Magdalena Zoch ist Sex ein Jungbrunnen. Nach den Wechseljahren war ihre Libido »einfach futsch«. Jetzt nimmt sie Hormone und hat einen 25 Jahre jüngeren schwarzen Liebhaber.

Als die Autorinnen mit ihren Gesprächen über das Alter anfingen, war es, als hätten sie Schleusen geöffnet. Immer wieder klingelte das Telefon, immer mehr Menschen wollten über das Thema sprechen. Über die Zustände in Pflegeheimen, über Drei-Liter-Windeln und Magensonden. Über die Angst vor Krankheit und Tod. Es sind interessante und anrührende Geschichten.

Christa Geissler & Monika Held
GENERATION PLUS
Von der Lüge,
dass Altwerden Spaß macht.
320 Seiten, Taschenbuch
ISBN 3-89602-433-7
12,90 Euro

www.schwarzkopf-schwarzkopf.de

Ich bin meines Vaters Sohn

Zweiundzwanzig Männer erzählen über
eine ganz besondere Beziehung

Jeder Sohn hat ihn: einen Vater. Ob leiblich oder sozial, dauerhaft oder temporär, gemocht oder abgelehnt. Für manche ist er Lehrer, Freund, Begleiter, für andere Unterdrücker und Despot. Und egal, ob der Vater anwesend ist oder aufgrund von Trennung nicht – der Vater ist eine grundlegende Bezugsperson, in Anziehung wie Abstoßung.

Jahrtausende lang war der Vater der Ernährer und »Bestimmer« in der Familie und gab diese Rolle an seinen Sohn weiter. Heute bricht dieses Verständnis allmählich auf. Daraus entsteht eine Reihe von Fragen: Wie sieht ein »modernes« Verständnis von Vaterschaft aus? Können Väter noch Vorbilder sein? Wollen Väter überhaupt Vorbilder sein?

Einige Söhne treten in Vaters Fußstapfen, andere grenzen sich bewusst ab. Wie sich Väter und Söhne gegenseitig empfinden, hängt unter anderem stark davon ab, wie Väter ihren Söhnen begegneten, als diese es am nötigsten hatten: in den Kindertagen und der Pubertät. Das ist das Fatale an der vaterlosen Gesellschaft: Viele Väter wissen nicht, wer ihre Söhne sind, und Söhne nicht, was ihre Väter ausmacht.

»Er ließ mir alle Freiheiten und Freiräume, mich so entwickeln zu können, wie es für mich passte ... Mein Vater besaß die nötige Klugheit und Weisheit, die allen Vätern eigen sein sollte, die sie aber nur selten besitzen: Er ließ seinen Sohn so sein, wie er war, und projizierte auf ihn nicht eigene unerfüllte Träume.« Der das erzählt, ist einer der wenigen Söhne, die von ihrem Vater sagen: Er war und ist mein Freund.

Andere Beziehungen sind geprägt von Hass und Zerstörung. Die Geschichten im vorliegenden Buch spiegeln die Bandbreite der Beziehungsgeflechte von Vätern und Söhnen wider: Adoption, soziale und biologische Vaterschaft, Homosexualität, Abwesenheit, Unterdrückung, Akzeptanz. 20 Söhne und Väter kommen zu Wort und erzählen gefühlvoll von Liebe und Abscheu, Tod und Verlassensein, Ängsten und Hoffnungen.

Simone Schmollack
ICH BIN MEINES VATERS SOHN
Zweiundzwanzig Männer erzählen
über eine ganz besondere Beziehung
268 Seiten, Taschenbuch
ISBN 3-89602-429-9
12,90 Euro

Das Gesamtprogramm des Verlages finden Sie im Internet:

Sie hat mich betrogen

Männer erzählen
von Liebe, Betrug und Verrat.

Als das Buch »Du hast mich betrogen, Frauen erzählen von Liebe, Betrug und Verrat« erschien, meldeten sich viele Frauen zu Wort, aber auch Männer. Zum Beispiel Peter, der fragt: »Warum geht es immer um die betrogenen Frauen? Diese Einseitigkeit finde ich irritierend, und deshalb möchte ich dieses Bild ein wenig zurechtrücken, denn bei mir war der Tathergang genau umgekehrt.«

Auch André lehnt vehement ab, es gäbe nur arme, betrogene Frauen: »Die Welt ist viel komplexer, differenzierter, denn zu jeder betrogenen Frau gehört eine betrügende Frau. Außerdem reichen heute achtzig Prozent der Scheidungen Frauen ein. Darüber wird endlos philosophiert. Aber wer fragt, wie sich Männer fühlen, wenn sie verlassen werden?« Georg fände ein Buch über betrogene Männer interessant, wenn die Interviews eine Frau macht, denn »da müssen Männer nicht Härte und Stärke zeigen, sondern können über Schwächen reden.«

Und Martin fordert vor dem Interview: »Ich erzähle Ihnen meine Geschichte nur, wenn im Vorwort dann nicht so schlaue Sachen stehen wie: Männer geraten in eine tiefere Krise, wenn sie verlassen werden, weil sie nicht wissen, ob man Socken und weiße Hemden besser getrennt wäscht.«

Auch nicht, wenn sie es zugeben?

Nicolai, 33, fühlt sich betrogen, als seine Freundin mitten in der Phase des Verliebtseins zu ihm sagt: »Ich war gestern bei Justus, und als der mir einen ›Keks‹ angeboten hat, habe ich nicht nein gesagt.«

Es verletzt ihn, denn »sie war meine erste Frau, mit der ich im Bett war und ich steckte voller Ängste, zu einfallslos, zu lasch oder zu derb zu sein. Aber ich konnte sie nicht loslassen. Ich brauchte ihre Zärtlichkeit. Das war sooo schön, das wollte ich nicht verlieren.«

Heide-Ulrike Wendt
SIE HAT MICH BETROGEN
Männer erzählen von
Liebe, Betrug und Verrat
304 Seiten, Taschenbuch
ISBN 3-89602-456-6
12,90 Euro

DIE AUTOREN

INGE LONA KOCH wurde 1948 geboren. Sie studierte Journalistik, war Redakteurin und Regisseurin im Hörfunk und nach der Wende Kulturkorrespondentin des Deutschlandsenders DS Kultur in Paris. Seit 1993 ist sie als freischaffende Autorin vor allem für den Hörfunk tätig. Für ihr RadioFeature »Vor meinem Leben kommt meine Ehre – die  Odyssee des Hasan Ö.« erhielt sie den CIVIS-Preis, der für die Verständigung mit Ausländern und kulturellen Minderheiten vergeben wird. Der Titel ihrer jüngsten Hörfunk-Dokumentation: »Fremde Heimat Kabul – eine Familie zwischen Deutschland und Afghanistan«. Inge Lona Koch lebt in Berlin.

RAINER KOCH wurde 1947 geboren. Nach dem Studium der Afrikanistik arbeitete er als Redakteur im Hörfunk, war Autor von Hörspielen und Features und von 1991 bis 2002 als freier Journalist für Hörfunk und Zeitungen in Prag, danach journalistische Tätigkeit für  den MDR in Dresden. Er gründete im April 2002 ein eigenes Medienbüro und betreibt seither u. a. das autobiografische Projekt »Mein Leben als Hörbuch«, das allen Interessierten die Möglichkeit gibt, ihr Leben für Kinder und Enkel auf einer CD zu erzählen – angereichert mit Musik und historischen O-Tönen. Rainer Koch lebt in Dresden und Berlin.

IMPRESSUM
SAG NIE, ICH BIN ZU ALT DAFÜR
EROTIK UND SEX AB FÜNFZIG
Achtundzwanzig Liebesläufe von Männern und Frauen
Aufgeschrieben von Inge Lona Koch & Rainer Koch

ISBN 3-89602-454-X
© bei Schwarzkopf & Schwarzkopf Verlag GmbH,
1. Auflage, Berlin 2003
2. Auflage, Berlin 2004
3. Auflage, Berlin 2005

BILDNACHWEIS
Titelbildgestaltung: Frank Wonneberg, Berlin
unter Verwendung einer Zeichnung von Gustav Klimt

KATALOG
Wir senden Ihnen gern unseren kostenlosen Katalog.
Schwarzkopf & Schwarzkopf Verlag GmbH / Abt. Service
Kastanienallee 32, 10435 Berlin.
Service-Telefon: 030 – 44 33 63 00 / Fax: 030 – 44 33 63 044

INTERNET / E-MAIL
Ausführliche Informationen zum Verlagsprogramm finden Sie im Internet.
www.schwarzkopf-schwarzkopf.de
info@schwarzkopf-schwarzkopf.de